U0512340

学术月刊 丛书

Academic Monthly

金福林◎主编

当代中国哲学
社会科学构建论集

金福林◎选编

上海人民出版社

序

《学术月刊》创于 1957 年 1 月，作为当时国内屈指可数的几家综合性人文社科期刊之一，其于我国学术思想文化界的影响一直延续至 20 世纪八九十年代。时过境迁，今天的同类期刊多以数千计，《学术月刊》依然能够保持其原有的办刊传统并在同类学术期刊中居于领先地位，这既得益于学术界的长期支持，也是编辑部同仁长期坚守的结果。

毋庸置疑，传统纸质学术期刊出版事业正面临移动互联技术革命带来的诸多影响，内容生产、制作、传播的数字化正在消解和改变学术传统生产和出版的样式乃至生态，信息获取的即时化和阅读的碎片化、娱乐化，更是直接分流了固有偏好严肃内容阅读的大量读者，人们似乎不再像印刷传播时代那样渴求深邃的思想和系统的知识，而诸如原创乏力、考评重量轻质等学术生产本身存在的问题也大大削弱了学术期刊应有的影响力。

近几年来学术期刊发行或订阅数的萎缩与停滞已成无法反转的趋势，同时一些商业或公益性数字化平台正式发挥其数字化传播的优势，以替代传统的纸质阅读和检索，这大大便利了数字化时代的学术传播与阅读。但这种趋势提醒我们，必须充分认识学术期刊出版的公益化趋势，即对学术期刊出版的评价不能再囿于发行数等经营指标，而应在内容的阅读和影响等方面建立起新的评价体系。

如此，如何放大、提升学术期刊优秀内容的传播力和影响力，就成了学术期刊在今天与未来要有价值地生存下去所必然要去破解的或着力去做的重要工作方向。

　　"学术月刊丛书"的编辑出版，即旨在精选历年所刊优秀论文，以专题的形式呈现，弥补刊发时序的零星，俾使不掩当代学人的经年累积，以利于人文社会科学相关学科的专业教学和研究者参阅，收其优秀学术成果嘉惠后学的应有功德。

　　是为序。

《学术月刊》总编辑　金福林

目录

论中国学术的
自我主张

吴晓明[*]

对于当今中国的人文学术和社会科学来说，一种意义重大的反省性自觉正在逐渐生成。这种发展起来的反省最为切近地牵涉中国学术的自我理解，亦即牵涉中国学术对于自身之当下处境和总体性质的基本判断：它是自律的，还是他律的？是自我主张的，还是依仗外部权威的？虽然这一问题从根本上来说深深地根植于当今中国的历史性实践中，但它在理论上无疑将直接成为中国的人文学术和社会科学日益关切并不断经受考验的重大问题。

一

任何一种真正的学术都有其自身的发展经历，而任何一种发展成熟并产生伟大成果的学术都在自身的发展进程中经历过一个决定性的转折，即逐渐摆脱它对于外部学术的"学徒状态"，并进而提出它的自我主张——其本己的自律性要求。这里所谓的自我主张或自律性要求，意味着某种学术批判地脱离自身以外的权威，意味着它是"自我—授权"的。很明显，只有当一种学术已然摆脱了它对于外部学术的学徒状态时，这种学术才开始达于其成熟阶段；同样明显的是，只有当一种学术坚定地获得了它的自我主张时，这种学术所取得的成果才从实质上来说是本己的，并因而才能成为伟大的。

* 作者为复旦大学马克思主义研究院院长、哲学学院教授、博士生导师。

近代西方哲学是从笛卡儿的"我思"开始的。这一决定性的开端意味着什么呢？它无非意味着：哲学摆脱了它对哲理神学的依傍，而使思维——理性的思维——获得了它的自我主张。黑格尔因此把笛卡儿称作一个"彻底从头做起，带头重建哲学基础"的英雄人物。笛卡儿的原则是思维，是从自身出发的思维；近代哲学正是从这一根本之点上，获得了它的自我主张，并开辟出它的繁盛时期。与中世纪的哲理神学相当不同，近代哲学把从自身出发的思维（内在性本身）当做最基本的立脚点，从而"抛弃僵死的外在性和权威"。因此，"从笛卡儿起，我们踏进了一种独立的哲学。这种哲学明白：它自己是独立地从理性而来的，自我意识是真理的主要环节"①。与此相类似，19 世纪末的历史哲学运动力图使"历史科学"摆脱它对自然科学的学徒状态，从而要求成为自律的、自我主张的学术体系。这种自我主张意味着："历史思想是不受自然科学统治的，而且是一种自律的科学。"②按照柯林武德的说法，近代以来的历史科学显然一开始在基本立场和方法上依赖于并模仿着她的"长姐"（即自然科学），并长期处于一种明显的"学徒状态"。唯当所谓历史批判清楚地意识到：历史学家对"过去"唯一可能的知识乃是转手的或推论的（绝不是经验的），而这种转手性的知识也不能由经验来证实或实现时，史学理论方始获得了它的自我主张——这一转折被称之为史学理论中的哥白尼革命："那就是发现，历史学家远不是依赖自身以外的权威……而且他的思想是自律的，自我—授权的，享有一种他所谓的权威们必须与之相符的、并且据之而受到批判的标准。"③

就不同民族的学术发展和学术成果而言，情形同样如此。在某种更为广泛的意义上，任何一个民族之充满活力并能取得伟大成果的文化建构及其学术，只要它遭遇到足够强大的外来影响或冲击，都一方面表明它具有充分的容受性并因而能够积极地对外学习，另一方面（也是更重要的方面）则必然表明它在发展进程中有能力获得其最坚决的自我主张。就此而言的一个典型例证就是希腊文化。尼采曾这样

---

①［德］黑格尔：《哲学史讲演录》第 4 卷，贺麟、王太庆译，商务印书馆 1978 年版，第 59 页，并参看第 59—63 页。

②［英］柯林武德：《历史的观念》，何兆武译，中国社会科学出版社 1986 年版，第 361 页，并参看第 269 页。

③［英］柯林武德：《历史的观念》，何兆武译，中国社会科学出版社 1986 年版，第 268 页，并参看第 319 页。

描述道：在很长的时间内，希腊人似乎要被外来的东西压倒了。他们的文化是一大堆外来形式和观念的混杂——包括闪族的、巴比伦的、吕底亚的、埃及的等，而他们的宗教则仿佛是东方诸神的一场混战。但希腊文化并没有因此成为一种机械的混合物或一种"装饰性文化"，因为希腊人听从了德尔斐神庙"认识你自己"的箴言，坚定而诚实地反省了自己真正的需要，换言之，希腊人终于取得了其文化上的自我主张。"由此他们逐渐学会了整理好这堆杂物，这样，他们又重新把握了自己，而没有长时间地背负着自己的遗产做整个东方的追随者。"①

由此可以清楚地看到，当我们以这种方式来谈论某一民族之文化和学术的自我主张并强调其意义时，决不意味着任何一种意义上的孤立主义或民族主义。事实上，一个伟大的文明及其恒久的学术，虽说必有其独特的起源和传统，但往往都经历与其他世界历史民族的接触，并将自身置于"文化结合"的锻炼之中。所以，黑格尔在谈到"希腊世界"时说，虽然希腊民族的来源和它的语言学的特质可以追溯到其他民族（甚至追溯到印度），但是"精神"之真实的再生，却首先要在希腊寻求。之所以如此，是因为希腊人一方面具有自己原有的文化，另一方面又面对东方世界的外来文化；正是通过这两重文化之结合的艰苦锻炼，才产生其"现实的和正当的活力"，并开辟出它的"胜利和繁荣的时期"。②这一过程的真正核心是希腊民族取得其文化上和学术上的自我主张。唯因其具备了这样的自我主张，所谓文化结合才显示其积极的和原创的意义来。世界史上真正伟大的复兴运动都必然是一个自我主张的原创性的胜利，而不是单纯的容受性。如卡西尔所说，文化精神史上最引人入胜的主题之一，便是去探寻自主性和容受性这两个方面如何彼此交织并相互决定。③

中国自近代以来的人文学术和社会科学，一方面背负着自己过去的遗产，另一方面也面对着、容受着各种外来的学说、思想和观念。就其基本的潮流和趋势而言，中国的学术是普遍地进入到一种"学徒状态"中去了，并由此而开展出一种史

---

① [德]尼采：《历史的用途与滥用》，陈涛、周辉荣译，上海人民出版社2005年版，第98页，并参看第97—99页。

② [德]黑格尔：《历史哲学》，王造时译，上海书店出版社2006年版，第209—210页。

③ [德]卡西尔：《人文科学的逻辑》，关子尹译，上海译文出版社2004年版，第177页。

无前例的和内容丰富的学习进程。这一学习进程是如此地波澜壮阔和激动人心，以至于我们对它的积极意义无论怎样估计都不会过高。然而，即便是在这样的学徒状态中，中国学术的对外学习从根本上来说也始终伴随着一种紧张的思虑，一种以"古—今"、"中—西"为枢轴的思虑；它深刻地出现在近代以来中国人文学术和社会科学的各个领域——无论是采取追问的形式，还是采取争论的形式。这种情形清楚地表明：中国的学术不能不处于所谓"文化结合"的锻炼之中。即便是最诚挚最虚心的对外学习，也不可能趋避于这种锻炼的艰难困苦。无论如何，中国学术的学徒状态决不是无谓的，由之而来的一切都可能成为一种积极的酝酿，也就是说，可能成为一种成果丰硕的积累；但其根本的前提是，中国学术必须在其发展进程中成为能思的和批判的，并从而获得它的自我主张。

就形式方面而言，学术之取得其自我主张的标记首先关涉语言现象。因为学术从本质上来说采取的是思想的形式，而思想总是为一定的民族精神所规模，并根植于这一民族之"活的语言"中。威廉·冯·洪堡特曾深刻地指证了语言在整个民族生活中的奠基作用：语言是一个民族生存的"呼吸"，它和民族精神是高度统一的；不同的语言是不同的"有机体"，并具有不同的从内部进行创造的原则——每一语言的内在形式甚至可以说是一种独特的"世界观"。① 因此，学术在特定语言中的发育、成熟、繁盛乃是该民族的学术取得其自我主张的显著标志之一。我们知道，德国人曾对马丁·路德的《圣经》德译表示了无穷无尽的感谢，而黑格尔则盛赞在哲学上罕有建树的沃尔夫所做出的"不朽的贡献"：因为这位"德国人的教师"开始让哲学讲德语，从而使哲学成了普遍的、属于德意志民族的科学。"只有当一个民族用自己的语言掌握了一门科学的时候，我们才能说这门科学属于这个民族；这一点，对于哲学来说最有必要。"②

这个简要的提示性说法比通常的想象具有深刻得多的内容。就人文学术和社会科学的本质而言，根本不存在抽象的和无内容的"真理"，就像它根本不可能诉诸

① ［德］洪堡特：《论人类语言结构的差异及其对人类精神发展的影响》，王小平译，商务印书馆1999年版，第25、33、49—50、52、72页。

② ［德］黑格尔：《哲学史讲录》第4卷，贺麟、王太庆译，商务印书馆1978年版，第187页，并参看第188页。

纯形式的或机械性质的"人工语言"一样。一种具有真正的生长力和自我主张的学术，只可能居留于特定民族之"活的语言"中。在这样的意义上，海德格尔力图表明：语言是对先行于一切反思态度的世界进行解释的模式。"一切思维都被限制在语言中，它既是一种限制，也是一种可能性。"① 反之，当某种学术的语言脱离其自然生长的可能性而僵化时，就像它把理论形式化和抽象化为"坏的无限性"时，这总是意味着思想的倾颓，意味着这种学术已然进入其终结阶段了（大体类似于斯宾格勒所说的由"大地"转变为"石化的世界都市"）。进而言之，当我们说"让某种学术讲某种语言"时，决不是说只要一个民族操自己的母语来讲述或谈论某种学术，就标志着这种学术是自我主张的。海德格尔曾引述洪堡的观点说：一个民族有可能给予它所继承的语言另一种形式，使之完全变成另一种崭新的语言；换言之，它可能不改变语言的语音、形式和规律，而把崭新的东西赋予语言，使同一个外壳获得另一个意义。但这种转化的条件是：（1）内在澄明——即让存在自身显示出来；（2）外部境况的守护——即防止语言脱离其自然生长的可能性而僵化。② 事实上，在所谓"文化结合"的场合，这种转化不仅发生在一个民族的当代语言与它所继承下来的语言之间，而且也发生在这个民族的语言与另一民族的语言之间。唯当上述两个条件具备时，一种语言上以开新为定向的建设性转化才是可能的；而唯当这样的转化实际地开展出来之时，我们才能说，某种学术在特定语言中是发育成熟了；它现在属于这个民族，并成为其学术之自我主张的形式标志。

二

如果说，自我主张的中国学术从形式上来说必然是讲"中国语"的，那么，就内容方面而言，中国的人文学术和社会科学之取得其自我主张的标志是：能够批判地脱离"主观思想"，特别是批判地脱离主观思想之最主要、最基本的形式，即"外部反思"。

"反思通常是以主观的意义被认为是判断力的运动。"③ 用哲学的方式来说，外

---

① ［德］伽达默尔：《哲学解释学》，夏镇平、宋建平译，上海译文出版社 1994 年版，第 126 页。
② ［法］F. 费迪耶：《晚期海德格尔的三天讨论班纪要》，丁耘译，《哲学译丛》2001 年第 3 期。
③ ［德］黑格尔：《逻辑学》下卷，杨一之译，商务印书馆 1976 年版，第 20 页。

部反思表现为一种忽此忽彼的推理能力，它不知道如何深入于特定的内容之中，而仅仅知道把一般的抽象原则运用到任何内容之上。在这个意义上，外部反思只是在"玩弄抽象空疏的形式"，而完全脱离于作为现实性的内容本身，即"自在自为地规定了的实质（Sache）"。[①] 在黑格尔看来，这种外部反思不仅从属于主观思想，而且不过是诡辩论的现代形式，是浪漫主义思想及其虚弱本质的病态表现。他很准确地把仅仅知道外部反思的学者叫做"门外汉"。

外部反思并不是离我们遥远或我们不熟悉的东西。恰好相反，我们很容易发现，在当今中国的人文学术和社会科学中，非常普遍地流行着那种"仅仅知道把一般原则运用到任何内容之上"的外部反思。其主要表现无非就是通常被称作形式主义或教条主义的东西。如果说，我们先前的外部反思曾特别地借重过来自苏联的一般原则，那么，当今中国的学术则更多地从西方世界取得其抽象原则，并把它们运用到——实则是先验地强加到——中国社会的任何内容之上。这种外部反思盛行的状况，部分地起源于中国学术界自近代以来对于外部学术的依赖或"学徒状态"，部分地根植于现代理智形而上学本身的抽象性质。就后者而言，这种形而上学意味着"反思的知性"占据了哲学，意味着一般的现代学术总体上只是立足于这种反思的知性之上。"在这个名词下，一般所了解的，是进行抽象的、因而是进行分离的知性，它在它的分离中僵化了。……理性限于只去认识主观的真理，只去认识现象，只去认识某种与事情本性不符的东西；知识降低为意见。"[②] 这个批判性观点的重要性在于：它指明了外部反思的现代形而上学本质，从而也指明了占主导地位的现代性学术立足其上的哲学根据。

正如我们在前面已经说过的那样，中国学术的"学徒状态"是有其重要性和意义的，它意味着学术成长的特定阶段以及对外学习的必要开展。同样，外部反思以及反思的知性也不是无谓的，它意味着理论思维的特定阶段，意味着通过主观性来建立形式的分解和抽象的普遍性等等。然而，正像更加深入的哲学不可能滞留于反思的知性一样，中国学术的成长也不可能长久地满足于它对于外部学术的"学徒状态"。当这种不满足充分地发展起来并被清楚地意识到时，中国学术的自我主张便

---

① [德] 黑格尔：《小逻辑》，贺麟译，商务印书馆1980年版，第300—305页。
② [德] 黑格尔：《逻辑学》上卷，杨一之译，商务印书馆1966年版，第26页。

会首先表现为与外部反思的批判性脱离。不仅如此，由于外部反思深深地根植于一般现代形而上学的本质之中，由于这种形而上学甚至构成现代性学术的主要根据，所以，中国学术的自我主张还必须表现为与现代性学术之形而上学根据的批判性脱离。

正是在这里，黑格尔批判"反思哲学"（Reflexionsphilosophie）的意义，便突出地显现出来。"……黑格尔殚精竭虑同这种哲学斗争了一生，他曾用他的整个哲学方法、过程和具体总体、辩证法和历史与之相对抗。"① 这一斗争和对抗的实质是：作为主观思想的外部反思只是拘执于一般的抽象原则，而与现实的内容分离隔绝，所以只是表现为纯粹空疏的理智；并且由于它仅仅从属于理智之抽象的同一性，所以最终完全是形式主义的。② 约言之，外部反思是以一般的抽象原则阉割了内容，亦即遮蔽了作为内容本身的"现实"（wirklicheit）。这里的真正要点是"现实"——它不是在知觉中能够被直接给予我们的东西，用黑格尔的话来说，它是"本质与存在的统一"（因此在《逻辑学》中，"现实"的概念出现在"本质论"中）。③ 主观思想—外部反思的要害在于使现实滞留于晦暗之中，而问题正在于揭示现实本身。伽达默尔曾就此写道："因为黑格尔哲学通过对主观意识观点进行清晰的批判，开辟了一条理解人类社会现实的道路，而我们今天仍然生活在这样的社会现实中。"④

马克思与黑格尔哲学的联系——无论是肯定性的联系还是否定性的联系——都是从这一根本之点发源的，亦即都是围绕着"社会现实"的真正发现而开展出来的。正是通过对主观思想—外部反思的全面批判，黑格尔把深入于社会现实当做一项根本的哲学任务提示出来了。就此而言，马克思乃是黑格尔哲学遗产的真正继承者。至于他们之间的根本差别，卢卡奇和洛维特说得对，两者是在"现实本身"上分道扬镳的⑤。当黑格尔把现实的本质性置放在客观精神中，而客观精神又在为绝对精神的超越中找到其真正的哲学证明时，他是把现实本身神秘化了。而在马克思

---

① [匈] 卢卡奇：《历史与阶级意识》，杜章智、任立、燕宏远译，商务印书馆1992年版，第67页。

② [德] 黑格尔：《小逻辑》，第142—144页；并参看 [德] 黑格尔：《哲学史讲演录》第4卷，贺麟、王太庆译，商务印书馆1978年版，第287—294页。

③ [德] 黑格尔：《逻辑学》下卷，杨一之译，商务印书馆1976年版，第177—178页。

④ [德] 伽达默尔：《哲学解释学》，夏镇平、宋建平译，上海译文出版社1994年版，第111页。

⑤ [匈] 卢卡奇：《历史与阶级意识》，杜章智、任立、燕宏远译，商务印书馆1992年版，第67页；参看 [德] 洛维特：《从黑格尔到尼采》，李秋零译，生活·读书·新知三联书店2006年版，第183—185、195—197页。

看来，社会现实固然意味着某种普遍者的决定性意义，意味着人们并不对之具有反思自由的境域，但其本质性却在"人们的现实生活过程"中。因此，社会现实便被把握为具体化了的社会关系和经济关系，被把握为在人们的历史性实践中不断生成的社会变动结构。这意味着社会现实在新的"存在论"（ontology）基础上被重新开启：当黑格尔把所谓"现实"的内容最终转变为理性思辨的形而上学本质时，马克思将它导回到理性前的物质生活过程之中。历史唯物主义的全部深刻洞见都是从重新开启通达于社会现实的道路中起源的。1969年，海德格尔在其晚期讨论班中，指证了现代性意识形态对社会现实的强势掩盖，从而提示了马克思主义在社会现实这个主题上的优越性和重要意义：现今的所谓"哲学"，只是满足于跟在知性科学后面亦步亦趋；这种哲学完全误解了我们时代的两重独特的现实，即经济发展以及这种发展所需要的架构；而马克思主义懂得这双重的现实。[①]

由此可见，与主观思想—外部反思的批判性脱离，必然意味着进入这样一个领域，一个具有实体性内容的领域，即"社会现实"的领域。如果说，中国学术的自我主张由摆脱其对于外部学术的"学徒状态"肇其始端，那么，这种自我主张从根本上来说就不能不要求从外部反思的抽象主观性中解放出来，因而就不能不要求深入于社会现实本身的内容之中。换言之，只要社会现实（特别是当今中国的社会现实）还不能被揭示着前来同我们照面，外部反思在学术中的垄断地位就是不可动摇的；而只要作为主观思想的外部反思依然盛行，则中国学术的自我主张就是根本不可能的。因此，就事情之总体的本质根据而言，中国的人文学术和社会科学之取得其自我主张的决定性标志是：能够真正深入到社会现实的实体性内容之中，能够真正揭示并切中当今中国的社会现实。

可以举一个简单的例子来说明主观思想—外部反思如何阻断了通达社会现实的道路，从而使得思想上或学术上的自我主张成为不可能。黑格尔曾多次论述拿破仑的伟大功业。他说，这位巨人打发掉一班舞文弄墨和只知道抽象原则的人，迅速解决掉法国内政的纠纷。不仅如此，他还征服了整个欧洲，使其开明的政制广为流布。可以说，古往今来没有人在征战中表现过更大的天才，但"军事胜利"的无能

---

① ［法］F. 费迪耶：《晚期海德格尔的三天讨论班纪要》，丁耘译，《哲学译丛》2001 年第 3 期。

为力，也没有比此时显现得更为清楚了。一个突出的例证是：拿破仑想要先验地把自由制度强加给西班牙，结果他不可避免地失败了。① 由此可以大略比拟的是：拿破仑的这种想法本身只能是先验的主观思想；如果此时有一个西班牙的拿破仑主义者也持相同的想法，那么他只是在进行抽象的外部反思。而在这里被抹杀、被遗忘的乃是西班牙的社会现实，是这一现实之全部实体性的内容。所以黑格尔的结论是：没有一种国家制度是单由主体制造出来的，每一个民族的国家制度总是取决于该民族的自我意识的性质和形成。"如果要先验地给一个民族以一种国家制度，即使其内容多少是合乎理性的，这种想法恰恰忽视了一个因素，这个因素使国家制度成为不仅仅是一个思想上的事物而已。所以每一个民族都有适合于它本身而属于它的国家制度。"②

由此而见，思想上或学术上的自我主张根本不意味着什么可以任意进行"自由反思"的权利，这种浮薄庸浅的自由反思只能表明它自身的无头脑和无根基，表明它屈从于幻想、任意和武断。与"形式的意志"及"形式的自由"相反，真正具有自我主张的学术懂得哲学上的"客观性"（sachlichkeit）告诫，即事物有其自身的存在并在自身中活动，并不受主观反思过程的自由游戏的支配。③ 因此，中国人文学术和社会科学的自我主张，只是在主观任意的外部反思被彻底中止的地方，从而是在社会现实得到理解和把握的地方，才有可能现实地成长起来。

如果说，中国学术的自我主张从总体上和根本上要求着揭示并切中当今中国的社会现实，那么，只有在这种自我主张开始起作用并具有积极效准的地方，所谓"中国经验"（或"中国问题"）才可能被真正构成。海德格尔在对意识进行存在论的批判时说：重要的是作出关于物自身的基本经验；但如果从"我思"出发，那就根本无法作出这种经验。④ 我们可以在类似的意义上说：对于自我主张的中国学术来说，重要的是作出关于中国自身的基本经验；但只要从主观思想—外部反思出发，就再也不可能作出这种经验了。之所以如此，是因为在这样的场合，对象是通过外

① ［德］黑格尔：《历史哲学》，王造时，上海书店出版社 2006 年版，第 421—423 页；［德］黑格尔：《法哲学原理》，范杨、张企泰译，商务印书馆 1961 年版，第 291—292 页。

② ［德］黑格尔：《法哲学原理》，范杨、张企泰译，商务印书馆 1961 年版，第 191 页。

③ ［德］伽达默尔：《哲学解释学》，夏镇平、宋建平译，上海译文出版社 1994 年版，第 71—72 页。

④ ［法］F. 费迪耶：《晚期海德格尔的三天讨论班纪要》，丁耘译，《哲学译丛》2001 年第 3 期。

部的反思规定被构成的；而只要中国自身的事物仅仅通过这样的反思规定从外部来构成，那它们就决不可能"首先由自身而在场"了。因此，中国学术之自我主张的题中应有之义是：揭示并把握中国的社会现实，从而使构成中国自身的基本经验真正成为可能。

三

也许有人会问：虽说中国学术的自我主张要求摆脱主观思想—外部反思，并深入到社会现实中去，但这种自我主张的诉求本身是否只是一种单纯主观的想象或愿望呢？

为了从根本上回答这一问题，必须首先明确的一点是：一般所谓学术本身的纯粹自律性（亦即学术仅仅依其自身而活动），是根本不存在的。现今依然颇为流行的所谓"纯学术"——为学术而学术——的观念，虽说有其形式上的理由和根源，但当它把自身设想为学术本身的纯粹自律性时，便成为一种意识形态幻觉了。这种幻觉将思想、意识等仅仅置放在它的"内部自身"，仿佛学术是纯粹由"无人身的理性"孕育出来的，而且还如此这般地永远躺在这种无人身理性的怀抱中。由这种神话而产生的另一种幻觉是，学术本身的"客观性"在于：就其不为内容所动是纯粹形式的和自律的，就其无所偏袒则是完全中性的、中立的。然而，这样一种所谓的学术客观性，难道不是稀薄到极顶的抽象，难道不是德罗伊森颇为尖刻地称之为"阉人般的客观性"吗？事实上，每一种人文学术和社会科学都在社会内部的冲突和历史实践的处境中有其现实的根苗。学术的真正客观性当然是存在的，但其深厚的基础和强大的保障，恰恰是由不断生成的社会现实来提供的，并且是经由特定的历史性实践来实现的。

那么，本文中所说的学术的"自我主张"、"自我—授权"或"自律性"等，又是什么意思呢？所有这些说法是在下述意义上使用的：（1）仅就学术的形式方面而言；（2）所有在形式上能够自我主张的学术必有其现实的根据——若没有这样的根据，则任何一种所谓的自我主张都不过是幻想、幻觉、自我夸大狂。因此，尽管本文特别强调学术根植其中的现实基础，却一点也不想否认学术本身的"形式方面"。就学术而言，这种形式方面同样是非常重要的，并且总是会作为形式的"学术规律"显现出来。放弃或丧失这种形式方面，我们所谈论的内容可以是任何别的什么东西，但惟独不再是学术了，就像放弃韵文之形式或规律的内容再也不可能是诗或词一样。然而，从根本上来说，任何一种人文学术和社会科学都有其实体性的内容，这样的内容是从特定的历史性实践发源并从而被具体化的——由此得到体现的乃是最关本质的学术规律。如果撇开特定历史进程中开展出来的实体性内容，虽说某些从过去或外部假借前提的形式推演还能暂时维持，但学术就其总体来说则必已成为无源之水、无本之木，并因而不得不滞留于既缺失当下定向又没有现实内容之主观的、形式的和抽象的反思中。

　　因此，除非中国学术的自我主张有其决定性的现实基础，否则的话，这种主张就根本不可能真正持立。然而，中国自近代以来的学术是有其自身的现实基础的，这个基础就是一百多年来中国已然开展出来的历史性实践。就总体的根据而言，中国自近代以来的整个学术深深地根植于这一实践，根植于由之而来的社会生活的持续改变。而中国学术的自我主张，则特别是以当今中国的发展实践为基础的。如果说，中国近代以来的学术既在相应的时期较为持久地保持其对于外来学术的学徒状态，又在一定的阶段上开始意识到并诉求其自我主张，那么，这两个方面归根到底都是从我们的历史性实践之命运的转折发源的。在这个意义上，如果没有一百多年来中国的整个发展实践，就不会有近代以来中国的人文学术和社会科学；如果没有当今中国在这一实践中所开启的独特阶段和面临的独特问题，就不会需要并欲求中国学术的自我主张。

　　然而，当我们将当今中国的历史性实践指证为中国学术之自我主张的现实基础时，必须避免对这一基础的狭隘理解。一方面，当今中国的历史性实践无疑是处于当代世界中的，是与当代世界的整个发展过程——包括它的基本状况，它所面临的问题、矛盾和挑战——密切相联、息息相关的，约言之，是与现代文明所开辟的"世界历史"进程不可避免地共属一体的。另一方面，当今中国的发展实践又决不是其自身历史的简单中断，仿佛它为了取得现代性而能够一笔抹杀其几千年文明的积累和整个文化传统似的。当今中国的历史性实践既意味着它的现代化任务是在相当独特的历史—文化的基地上被执行并得以展开的，又特别意味着中国自近代以来各发展阶段之多重经验的汇合与实践探索的聚集。除此之外，似乎本不必再提及的人尽皆知的一点是：作为思想、意识、理论形式的学术与其实践基础的联结是非常遥远、曲折和繁复的，我们根本不可能也不必去寻找两者之间一一对应的关系，但却有必要指明其总体趋势上的呼应与比照。

那么，在怎样一种现实的基础之上，中国学术的自我主张方始能够积极地生成并内在巩固地建立起来呢？我的回答大体包括以下三个方面：

其一，只有在其历史性实践中，中国现代化发展的独特道路（取向、途径）得到充分的发育并成熟起来，从而能够被整体的学术意识牢牢地把握住时，中国学术的自我主张才是现实地可能的。毫无疑问，中国自近代以来的历史性实践首先就包含着现代化的诉求，也就是说，包含着进入到现代世界并赢得现代发展的基本诉求。这种诉求有力地开辟了向西方资本主义国家寻求真理的广阔道路。然而，中国的现代发展在其实践中得到确凿证明的历史客观性在于：除非中国经历一场决定性的社会革命，否则就根本不可能取得其现代发展的稳固立脚点；而这场社会革命唯通过社会主义的道路方始能够真正实现。费正清在《伟大的中国革命》中曾这样写道：杜威对胡适说，军阀和教育不可能并行不悖；而我们的结论是，美国式的自由主义和中国革命也不可能并行不悖。对于中国必须经历的社会革命而言，它最需要的不是杜威的教义，而是一些别的东西。① 如果说，中国的现代发展只有通过一场真正的社会革命才能获得其客观的奠基，那么正是由于这一基础本身，社会主义的定向乃历史地成为其现代化发展进程的本质规定。很显然，这样的定向又特别地促成了向苏联学习的极大热情，就像改革开放以来的实践转向有力地推动了向发达国家的大规模借鉴一样。虽说这样的历史境遇使中国学术在一定阶段上主要地——并且也曾有益地——处于"学徒状态"中，但其实践基础的展开却总是持续不断地揭示出中国发展在其根本上的特殊性质，并通过一系列的调整步伐而强有力地开辟出中国道路的独特进程。当这样的进程在特定的关节点上无可置疑地赢得了其实践本身的自我主张，并达到其充分的自我意识和自我理解时，中国学术的自我主张就成为不可避免的了。

其二，就学术的现实基础而言，中国的历史性实践本身之取得自我主张的关

① ［美］费正清：《伟大的中国革命》，刘尊棋译，世界知识出版社 2001 年版，第 242—243 页。

节点在于：其发展的目标已不再可能从外部的任何一种形式中现成地取得，甚至不再可能从现代性（作为现代世界的本质根据——即资本和现代形而上学）本身中现成地取得。当中国的历史性实践在其展开过程中意识到，它的发展将迅速地并且不可避免地超越（扬弃）现代性本身时，换言之，当它的未来可能性将从其整全地进入现代文明（西方—资本主义文明）的不可能性中产生出来时，则它在实践基础上的自我主张便会牢固地建立起来。这样的转折正在我们的眼前发生。历史表明，中国当前阶段的发展实践是处于一个巨大的经济—社会转型过程中，而这样的发展实践正在产生两方面的重大后果。一方面是中国近期以来在经济领域获得了无与伦比的快速增长，而伴随着这一举世瞩目"经济奇迹"的乃是物质财富的极大扩展。另一方面，由于中国之全力而迅猛地投入（而不是拒斥）现代化进程，现代性本身的历史限度正在快速向我们临近，并正以一种独特的方式不可遏止地进入其终结阶段。因为正是在当今中国的历史性实践中，现代性本身的自然限度——生态、资源、能源的限度——正在迅速显现。我们已经不难看到："人类和地球的欧洲化如何在源泉那里消耗着一切本质性的东西。"[1] 与此同时，现代性本身的社会生活限度也以一种紧张的形式表现出来。这就是马克思在现代社会的"犹太本质"或"犹太精神"（Judentum）一词中所揭示的"市民社会的原则"[2]，即"唯利是图"的原则所具有的限度。在一个完全没有例如基督教实体性教义的社会中，如果仅由唯利是图引申出主观的"为所欲为"，则这种主观性的无度发展适足以破坏性地瓦解整个社会生活。[3] 这意味着，中国的历史性实践将很快面临一个根本的转折点，在这个转折点上，它实际地参与到现代世界中去的发展因素，将不可避免地转化为使现代资本主义文明处于解体状态的因素。因此，中国的未来要么仅仅作为从属的一支而一并（甚至更快）进入到此种解体状态中去，要么是在其历史性实践的自我主张中开启出新的文明类型。在这个意义上，中国的人文学术和社会科学如果有远大前程的话，就必将从这种新文明类型的可能性中，来获取其形式和内容之充分而完备的自我主张。

---

① 孙周兴选编：《海德格尔选集》下卷，上海三联书店1996年版，第1019—1020页。

② 《马克思恩格斯全集》第3卷，人民出版社2002年版，第191—198页。

③ 吴晓明：《当代中国的精神建设及其思想资源》，《中国社会科学》2012年第5期。

其三，中国学术之取得其自我主张的现实前提是：其实践基础本身在展开过程中形成一种汇聚其各个部分、各种要素的强大的统摄力，从而能够在实践中把它的传统质素和外来成果积极地加以占有，并整合成一种具有丰沛活力的有机体。这意味着，在生活—实践的领域中形成一种向着未来筹划的、并且是能够贯彻全体的生命力。尼采把这种具有强大统摄作用和成长因子的力量称为"可塑力"（plastic power），即一种"明确地改变自身的力量，那种将过去、陌生的东西与身边的、现在的东西融为一体的力量，那种治愈创伤、弥补损失、修补破碎模型的力量"①。要言之，就是形成一种出自生活本身的自主成长的生命力。只有当这种力量充分地发展起来，中国的人文学术和社会科学才有可能将它自近代以来多方撷取的思想资源当做必要的原料来使用，才有能力将各种零乱堆积的"杂物"——表现为一系列外部对抗及尖锐冲突的传统物或外来物——加以陶冶和熔铸，从而开展出立足于自身之上的学术创制。这种情形，用陆象山的话来说，就叫做"收拾精神，自作主宰"。

综上所述，中国学术的自我主张意味着自觉地意识到它所采取的思想形式根植于当今中国的历史性实践中，意味着这种思想的开展力图积极地深入于当今中国的社会现实中，并将自己的对象领域具体化为真正的"中国经验"和"中国问题"。不仅如此，这样的自我主张必定具有广泛的世界视野，在学术上是高度谦逊并采取学习态度的；但唯有通过它的自我主张，其博大的容受性才会切近地引导到自主的综合创新，引导到当代中国学术之真正的繁花盛开。可以肯定的是，中国学术的自我主张只能是中华民族之复兴事业的一部分，因为其积极的动力只能生成于当今中国历史性实践之进一步的展开过程中。这一过程的希望，既意味着中华民族所具有的实体性内容的再度青春化，又意味着在此基础上这一民族将守护和开启思想的任务托付给自我主张的中国学术了。

原刊《学术月刊》2012 年第 7 期

---

① ［德］尼采：《历史的用途与滥用》，陈涛、周辉荣译，上海人民出版社 2005 年版，第 4 页。

中华文明的
基本特质

马 戎[*]

我们讨论中国历史时，离不开对中国传统文化体系性质与特征的思考，正是在这样一个传统文化体系的形成、演变与发展进程中，演化出历史上和今天的"中国"[①]。中华文明的核心部分发源于黄河中下游中原地区，这里的平原河流和充沛雨水为农业文明提供了优越的地理气候条件和自然资源，孕育出早期的中原华夏文明，并逐步向周边区域扩展。无论从人口还是政治经济文化活动的重心几个维度来看，中原文化几千年来一直是中华文明主脉，甚至一度成为东亚大陆文明中心。中华文明在结构上不仅包括作为其主脉的中原华夏文明，也包括中原地区周边曾被称为"夷狄"的各文化群体，换言之，即包括今天的"汉文化"和中国境内的蒙古、藏、维吾尔、满、苗、瑶、彝等少数族群的文化，它们在几千年混杂共存和交往交流交融进程中最终形成了一个"多元一体"的中华文化。

如果从有文字可考的商代算起，中华文明三千多年的演变虽然历经风云变幻和朝代更替，仍然为我们留下一部主脉贯通的中国二十五史，其展现的中华文化核心内涵、叙事结构和基本话语始终未变，这一现象在人类文明史和政治史上绝无仅有。与其他古文明体系相比，中华文明有其特殊文化内涵和内在生命力。"在这样的一个延续性大于断裂性（与欧洲相比）的古老文明笼罩下，中国的空间虽然边缘

---

[*] 作者为北京大学社会学系、社会学人类学研究所教授。

① "中国"这一概念虽然很早就见于古代文物和汉文文献古籍，但直至近代，对其定义和内涵仍有争议。

比较模糊和移动，但中心始终相对清晰和稳定，中国的政治王朝虽然变更盛衰起伏，但历史始终有一个清晰延续的脉络，中国的文化虽然也经受各种外来文明的挑战，但是始终有一个相当稳定、层层积累的传统。"① 这里说的"中心"指的就是中原地区，"脉络"是中原文化，而传统则是中原文明主线的儒家思想。

作为一个结构复杂而丰富的文明体系，中华文化强韧的生命力是独一无二的，"中国人"作为共享这一文明的一个多元复合型人群在世界上是独一无二的，"中国"作为一个政治实体其特征在世界历史中也是独一无二的。因此，我们讨论中国的历史，分析历史上和今天"中国"的"内"与"外"，就不能不关注中华文明特别是作为其主脉的中原文化的基本特质，甚至可以说，正是中华文明的基本特质决定了历代的中国政体、中国人的"内""外"观和中国疆域的历史发展轨迹。即使在近代受到西方文明的强力冲击，中华文明体系及其特质必然会持续深刻影响中国的文化与社会演变，包括价值伦理的演化、话语体系的转变和国家体制的重新构建。

一、中华文明体系的世俗性

中华文明是在几千年历史长河中发展出来的。在这一过程中，形成了一个独特的文化思想体系，同时也产生了一个以中原皇朝②为主干的政治—文化共同体。这一文化体系核心思想的主脉发源于春秋战国时期的儒学和其他思想流派（诸子百家），是在各学派相互辩论与竞争中发展出来的一个具有独特宇宙观和社会伦理规范的思想体系。与世界上许多以宗教为核心的文明体系相比，中华文明体系最重要的基本特征就是其世俗性。

孔子不谈鬼神，主张"未能事人，焉能事鬼""未知生，焉知死"，③ "不语怪、力、乱、神"，④ "敬鬼神而远之"，⑤ 认为世人应"畏天命"，⑥ 对天道、祖先有诚敬之

---

① 葛兆光：《宅兹中国——重建有关"中国"的历史叙述》，中华书局 2011 年版，第 26 页。

② 自秦朝开始，中国历史上各代的君王都自称"皇帝"，所以把这些朝代称为"皇朝"，应该是适宜的。

③ 《论语·先进》。

④ 《论语·述而》。

⑤ 《论语·雍也》。

⑥ 《论语·季氏》。

心。以儒家为代表的诸子百家学说都没有对人死后"天堂""地狱"及"最后审判日"的描述。但是，儒家学说坚持的世俗性并不是站在无神论立场上反对所有鬼神信仰，而是以一种宽容态度对其"敬而远之"，既不排斥内部不同地区、不同人群的民间信仰，也不排斥源自其他文明体系的外来宗教流派。钱穆先生认为："孔子对于人世与天国，现实界与永生界，并已有一种开明近情而合理之解答也。"[①]

牟钟鉴认为"中华文化是人本主义，西方文化是神本主义"。[②]中国人尊崇的是人世间的圣贤先哲，祖先崇拜的实质是先贤崇拜，流传于基层社会的各种民间信仰（城隍、龙王、土地、山神等各路神仙）则是这一主流文化的草根性补充。中国的民间信仰也是高度世俗化的，并且与民众日常生活生产、人生礼仪、节日庆典密切结合，强调行善戒恶和因果报应，警示世人遵守社会伦理行为规范，可以被视为人间秩序在鬼神世界的投影。这些民间信仰倡导的伦理必须符合"天道"，否则就会被视为"邪神"被主流社会禁止。

苏秉琦认为："中国除了有些政教合一的少数民族以外，从来没有高于王权的宗教，也就是没有国教。一些外国人不能理解，于是想出来一个中国人自己并不认可的宗教——'儒教'，没有教主，没有教规，没有教仪，也没有宗教意义上的经典。但是在中国传统文化中确有最高崇拜的对象，这就是'天、地、君、师、亲'。"[③]春秋时代的孔孟以及后世的"二程"、朱熹被后世视为尘世的先师先贤，而不是天上的神或教主，其性质与基督教的上帝与基督、伊斯兰教的真主与穆罕默德、佛教的如来佛祖等全然不同。无神论和一神教宗教都是西方文化的产物。[④]不

---

① 钱穆：《国史大纲》（修订本），商务印书馆1994年版，第99页。任继愈先生指出："宋明理学……虽然它不讲出世，不主张有一个来世的天国，但是却把圣人的主观精神状态当作彼岸世界来追求，这和禅宗主张在尘世之中成佛是完全相同的"（任继愈：《论儒教的形成》，《中国社会科学》1980年第1期）。而禅宗则是"本土化"了的中国佛教流派。

② 牟钟鉴：《中华文化是人本主义，西方文化是神本主义》，《中国民族报》2017年1月17日。

③ 苏秉琦在同一页强调："我国古人对'天、地'赋予了超自然的属性。这里的'天'，是一种抽象的权威象征，一种不可抗拒的超自然正义力量……对于'地'的崇拜，反映了追求人与自然的协调。至于对'君'的崇拜，则反映着对社会秩序化即国泰民安的追求。对于'亲'的崇拜，我看至少包括'祖先崇拜'以来至现实生活中的'父慈子孝'、'兄友弟恭'等内容，是维系、协调人际关系的重要纽带。对'师'的崇拜，则是要求对文化、知识的尊重与继承"（苏秉琦：《中国文明起源新探》，辽宁人民出版社2013年版，第136页）。

④ 尽管近代以来西方社会把伊斯兰教"东方化"，但是从本源上看伊斯兰教继承了希伯来文明，是希伯来宗教的变体，从本质上依然可视为西方古代文明的一部分。

是对超越凡世的"造物者"崇拜和对"末日审判"的恐惧，而是人间尘世中的社会秩序和人际伦理（三纲五常、忠孝仁义礼智信等）①构成儒学和中华文明的宇宙观和基本社会伦理结构。②所以，中原皇朝大多数皇帝不把中华文明体系与任何具体宗教对立起来，③也不把自身的宗教倾向强加给臣民。宋真宗和宋徽宗崇信道教，明崇祯帝与大臣徐光启等信仰天主教，清雍正帝笃信藏传佛教，但没有在全国强力推广，④也没有利用权势加以推行。作为中华文明主脉的儒家学说，把鬼神宗教信仰看作是皇帝和臣民们的个人私事，只要信仰者的行为不违反"天道"，不触犯国家法律，不影响社会与经济活动的正常运行，就不主张强制干预，体现出"政教分离"的世俗化特质。

在中华文化的传统中，"儒学是不是宗教，这是一个古老的问题"。⑤钱穆认为："宗教为西方文化体系中重要一项目。中国文化中，则不自产宗教。凡属宗教，皆外来，并仅占次要地位。其与中国文化之传统精神，亦均各有不相融洽处。"⑥似乎中国传统的儒学很难被纳入西方文明的"宗教"范畴。

但是，一个高度发展的文明需要有一个自己的信仰体系来保持自身凝聚力并得以持续发展，否则不可能维系一个有着几千年文明史的政治—文化共同体。从这个角度来看，在中华传统里似乎也应当有自己的"宗教"。所以钱穆说："则果谓中国亦有宗教，宜称为孔教，亦无疑。"⑦任继愈认为"儒教的教主是孔子……儒教虽

①　孔子曰："知（智）、仁、勇三者，天下之达德也"（《中庸》）。"君子道者三，我无能焉；仁者不忧，知者不惑，勇者不惧。"（《论语》）"吾日三省吾身，为人谋而不忠乎？与朋友交而不信乎……信近于义，言可复也。"（《论语·学而》）孟子曰："恻隐之心，仁之端也；羞恶之心，义之端也；辞让之心，礼之端也；是非之心，智之端也。"（《孟子·公孙丑上》）董仲舒："仁义礼智信五常之道。"（《贤良对策》）

②　在分析"中国社会超稳定结构"时，金观涛、刘青峰系统讨论了儒家、墨家、道家学说的社会观、价值观、哲学观结构及其内在和谐（金观涛、刘青峰：《兴盛与危机：论中国社会超稳定结构》，法律出版社 2011 年版，第 271—283 页）。

③　三千年中国历史中有寿命可考的有 559 个皇帝，打击佛教的只有 4 个（北魏太武帝、北周武帝、唐武宗、周世宗），历时很短，且与当时的佛道之争和土地税收相关（http://baike.so.com/doc/6612896-6826688.html）。

④　http://bbs.tiexue.net/post2_4103846_1.html.

⑤　列文森：《儒教中国及其现代命运》，郑大华译，广西师范大学出版社 2009 年版，第 307 页。

⑥　钱穆：《现代中国学术论衡》，生活·读书·新知三联书店 2001 年版，第 1 页。

⑦　钱穆：《现代中国学术论衡》，生活·读书·新知三联书店 2001 年版，第 11 页。

然缺少一般宗教的外在特征，却具有宗教的一切本质属性"。① 钱穆在另一篇文章
中这样论及中国的"宗教"："或疑中国民族乃一无宗教无信仰之民族，是殊不然。
中国自有其宗教，自有其信仰，特其宗教信仰之发展，亦别自有其蹊径。……中国
古代宗教，有两大特点：一则政治与宗教平行合流，宗教着眼于大群全体，而不落
于小我私祈求、私吁请之范围，因此而遂得传成大社会，建立大统一之国家。……
中国宗教因早与政治合流，故其神与神之间，乃亦秩然有序，肃然有制。既不如
耶教、回教之单一而具不容忍性，亦不如印度希腊神话之离奇而有散漫性。"② 这表
明钱穆认为中华文化共同体还是有自己的信仰，但中华传统的信仰与其他宗教相
比具有不同特点，因此他将之归为不同于基督教、伊斯兰教的另类"宗教"。葛剑
雄认为"儒教具有准宗教的性质……我认为在中国社会真正起作用的并不是儒学，
而是儒教"。③ 刘小枫则指出："儒家在品质上是政治哲学，儒家与儒教的关系如
何，取决于儒生自己心里清楚自己与宗教的关系以及宗教与其他两种类型的灵魂的
关系。"④

　　在韦伯的宗教研究著作《宗教社会学论文集》中，有一篇的英文译名为
Confucianism and Taoism，该篇的中文篇名被译为《儒教与道教》⑤。中文"儒教"
这一概念的流行，可能与该文题目的译法有关。由于中文的"儒学"也被译为
Confucianism，英文中的 Confucianism 似乎也可以译为"儒学"。在这篇文章中，韦
伯认为"儒教纯粹是俗世内部一种俗人道德。与佛教形式更加显明对比的是，儒教
所要求的是对俗世及其秩序与习俗的适应，归根结底，它只不过是为受过教育的世
人确立政治准则与社会礼仪的一部大法典"。⑥ 这段话里的"儒教"（ Confucianism ），

---

　　① 任继愈：《论儒教的形成》，《中国社会科学》1980 年第 1 期。有学者曾系统论述"儒教"的基本理论
（参见李申：《关于儒教的几个问题》，《世界宗教研究》1995 年第 5 期；李申：《中国儒教史》，上海人民出版社
1999 年版），也有学者坚持理学是哲理而非宗教（参见张荣明：《中国的国教：从上古到东汉》，中国社会科学
出版社 2001 年版，第 25—28 页）。

　　② 钱穆：《灵魂与心》，广西师范大学出版社 2001 年版，第 22—24 页。

　　③ 葛剑雄：《中国人有没有宗教？》，《民族宗教研究动态》2016 年第 5 期。

　　④ 刘小枫：《儒教与民族国家》，华夏出版社 2007 年版，第 5 页。

　　⑤ [德] 马克斯·韦伯：《儒教与道教》，洪天富译，江苏人民出版社 1995 年版（ Max Weber, *Konfuzianismus
und Taoismus*, Tübingen: Mohr, 1978 ）。

　　⑥ [德] 马克斯·韦伯：《儒教与道教》，洪天富译，江苏人民出版社 1995 年版，第 178 页。

完全可以换做"儒学",而且韦伯指出的恰恰是儒学的世俗性。

今天国内学者们使用的许多概念均是近代从西方社会传入的意识形态和话语体系。中国传统讲的"教""族""国"与今天我们所使用的、源自西方"普世概念"的"宗教"（religion）、"民族"（nation）、"国"（state）很不一样。作为一个延续几千年的政治—文明共同体,中国人当然有自己的思想信仰体系,但正如苏秉琦和钱穆两位先生所言,中国人的传统信仰自有其特质,就像中国的文字[①]不同于其他文明所创造的文字一样。人类历史上出现的信仰种类很多,古代的自然崇拜,近代的马克思主义、自由主义、无神论、法西斯主义等都可以被视为信仰,但未必都可以被归类为"宗教"。中华文化体系里的儒学是不是一定要纳入西方文明中的"宗教"（religion）范畴?是否需要在儒学之外再析出一个"儒教"?学者们对于这些议题所表达的不同观点,在很大程度上取决于各自对"宗教"概念的认识与定义。由于对"宗教"的概念定义与评判标准不同,各自得出的结论自然也不同。

但是我们必须承认,中原皇朝历史上从未发生真正意义上的宗教战争,中原地区也从未出现"政教合一"政权。[②]赵鼎新认为西汉之后中国成为"儒法国家",创造出一种"以帝国儒学思想作为官方统治意识形态和合法性基础,同时运用法家手段对国家进行实质性管理的国家模式"。[③]这与欧洲历史形成强烈反差。相比之下,宗教战争几乎贯穿基督教诞生后两千多年的欧洲和中东历史。这是中华文明与西方文明的重大差别之一。虽然欧洲国家在宗教改革后推行"政教分离",但是直至今日,西方国家的文化基调和道德基石仍是基督教。对于大多数西方人而言,没有宗教的道德是不可想象的。中国传统文化的基调是世俗性,这一点恐难否认。"大多数文明以宗教和法律作为政治及社会制度正当性根据,唯有中华文明历史上以道德作为政治制度和社会行动正当性的最终根据。可见中国文化历史有多么独特。这是中西方文化产生差异的源头。"[④]

① 这里指的是中原群体使用的方块字,不包括中国边疆地区其他族群的传统文字。

② 西藏地区 1751 年出现藏传佛教的"政教合一"政权（王辅仁:《西藏佛教史略》,青海人民出版社 1982 年版,第 226 页）。但这只是西藏地区性政体。

③ 赵鼎新:《东周战争与儒法国家的诞生》,夏江旗译,华东师范大学出版社 2011 年版,第 7 页。

④ 金观涛、刘青峰:《中国思想史十讲》,法律出版社 2015 年版,第 5—6 页。

二、中华文明追求的最高境界是"天道"而不是宗教情怀或个人主义

中华传统文化崇尚的是包括天下万物运行规则在内的"天道"，也被有些学者概括地表述为"天、地、君、亲、师"，这就是中国人的传统信仰。孔子曰："大道之行也，天下为公。选贤与能，讲信修睦。故人不独亲其亲，不独子其子，使老有所终，壮有所用，幼有所长，矜寡孤独废疾者皆有所养，男有分，女有归。货恶其弃于地也，不必藏于己；力恶其不出于身也，不必为己。是故谋闭而不兴，盗窃乱贼而不作，故外户而不闭，是谓大同。"[①]几千年来，历代中国人理想中的"大同世界"，就是这样一幅尘世间人尽其才、遵守公德、各得其所、和谐有序的社会图景。

中国人坚信"天下大同"的人类理想与"天道秩序"的终极力量，认为人应"畏天命"[②]，而在"有教无类"[③]宗旨指导下的"教化"过程则是"天下"人类各群体感悟并接受"天道"的过程，而且坚信所有的人群迟早都应能接受这一"天道"。"中国文化大统，乃常以教育第一，政治次之，宗教又次之，其事实大定于儒家之教义也。"[④]这就是钱穆先生心目中"宗教"在中国文化传统中的地位，也体现出中华文明对"宗教"的理解。中华文明可以包容外来的宗教，但其自身的土壤却无法产生西方一神教性质的宗教。"中国思想中不承认绝对在外的超越存在，也就是那种无论如何也'化'不进来的存在。这样，中国就不可能有宗教，也不可能有绝对不可化解的敌人。……承认超越存在的理论后果就是宗教以及与人为敌的政治理论。这是西方思想的底牌。从个人主义、异教徒到丛林假定以及民族/国家的国际政治理论等等陷世界于冲突和混论的观念都与承认超越者概念有关。"[⑤]

与西方文明不同，中华文明不提倡个人主义，强调的是社会公德和万物众生都应遵循的"天道"，这是另一种道德伦理体系。"对于制度的合法性的证明来说，'民心'比'民主'更为正确。……因为大众的选择缺乏稳定性，随着宣传、时尚和错误信息而变化无常，只是反映暂时偶然的心态，而不是由理性分析所

---

① 《礼记·礼运》。

② 《论语·季氏》。

③ 《论语·卫灵公》。

④ 钱穆：《灵魂与心》，广西师范大学出版社2004年版，第26页。

⑤ 赵汀阳：《天下体系》，江苏教育出版社2005年版，第14—15页。

控制的恒心……因此，民心并不就是大众的欲望，而是出于公心而为公而思的思想。"① 中国人所说的"得民心者得天下"，讲的决不是西方式"民主选举"中的多数，而是顺应天理、符合"为公而思"的公心，这种"公心"所考虑的是天下之人，不是某个宗教派别的信众，不是某个政权下辖的国民，也不是某个小群体或个人。

中华传统文化虽然强调社会公德和集体伦理，② 不强调个人权利，但并非没有平等观念。中国人的"平等"观念，既体现在与异文化异群体的交流中，体现在尊重境内不同族群传统和地方文化的多样性，也体现在财产继承制度中。中原地区的财产继承是男性子嗣均分制，而不是欧洲或日本社会的长子继承制。中国人没有欧洲社会的家族"世袭"概念，③ 不仅皇朝世系可以"改朝换代"，④ 民众和士人可以接受那些尊崇并继承中华文化的异族统治者（亡国而不亡天下）；贵胄世家也是"君子之泽，五世而斩"，⑤ "王侯将相，宁有种乎？"⑥ 中原皇朝历代选拔贤能的主要渠道是面向全体臣民的科举制。法国启蒙思想家伏尔泰曾十分赞赏中国的科举制，⑦ 认为比欧洲各国的爵位领地世袭制更加体现出平等精神。1721 年英国哈雷大学副校长沃尔夫在演讲中宣称："在中国的典籍里，没有提到上帝和对他的信仰，也没有提到对上帝的爱与恨，更谈不上对上帝的信心。"他告诉听众，孔子创立的儒家思想集理性、道德、传统、常识于一体，影响了中国上至皇帝下至百姓近两千年，这足以证明没有神权，人类依靠自己理性的力量也可以建立一套完整的伦理、道德体系。"世界上所有其他不相信上帝的民族都堕入偶像的崇拜，中国人唯一保持了自然所赋予人的力量。"不仅如此，古老的中华文明和伦理哲学比《圣经》和西方的基督

---

① 赵汀阳：《天下体系》，江苏教育出版社 2005 年版，第 28—29 页。

② 孔子曰："己所不欲，勿施于人。"（《论语·卫灵公》）"孟子曰：老吾老以及人之老，幼吾幼以及人之幼。"（《孟子·梁惠王上》）

③ 中国各朝代有不同的爵位"世袭"制度，如清朝的"世袭罔替"可保持原爵位，"世袭"类则爵位品级递减。这与欧洲封建制度中的爵位、领地、特权世袭制度并不一样。

④ "孔子曰：'夫君者舟也，人者水也。水可载舟，亦可覆舟。'"（《后汉书·皇甫规传》注引《孔子家语》）

⑤ 《孟子·离娄下》。

⑥ 《史记·陈涉世家》。

⑦ 伏尔泰曾这样评价中国的科举制度："通过层层严格考试的人才能进入……衙门任职……人们全然不可能谩想一个比这更好的政府……"http://www.mofangge.com/html/qDetail/07/g1/201408/cqk3g107258243.html。

教更古老，而且完全可以与之媲美，甚至更优越。①

　　在这种"天道"秩序中的中国皇帝，其角色与社会功能自然也不同于西方国家的帝王。在对《社会通诠》译本所作的评议中，19 世纪 70 年代曾留学英国的严复把中国帝王与欧洲帝王进行了比较："读此则知东西立国之相异，而国民资格，亦由是而大不同也。盖西国之王者，其事专于作君而已。而中国帝王，作君而外，兼以作师，且其社会，固宗法之社会也，故又曰，元后作民父母。夫彼专为君，故所重在兵刑，而礼乐、宗教、营造、树畜、工商乃至教育、文字之事，皆可放任其民，使自为之。中国帝王，下至守宰，皆以其身兼天、地、君、亲、师之众责，兵刑二者，不足以尽之也。"②直至今日，国家官员们在中国社会仍在一定程度上被视为"父母官"，在国内任何地区如果在经济财政、民生就业、物资供应、抢险救灾、基础设施建设、医疗保健、教育质量、宗教管理、社会保障、道德治安甚至环境生态等方面出现任何问题，中国国民都会指责政府部门的失职，而政府官员也会被问责，似乎官员们仍然"身兼天、地、君、亲、师之众责"。在西方国家中的政府，主要责任限于国防（"兵"）和执法（"刑"）。③中华传统文化中的"天道"观和民众对执政者角色功能的期望完全不同于西方社会，我们在理解古代甚至今天的中国社会时，要认识到中国政府与西方国家政府之间的本质性差别。

三、中华文明共同体的内部凝聚力、地区多样化和对外来文化的罕见包容度

　　正因为中华文明的基本特征是非无神论的世俗性，既没有一神教文明那种强烈的"零和结构"的排他性，没有严格无神论的反宗教性，也没有基于体质差异的西方种族主义观念，对于人们在相貌、语言、服饰、习俗等方面的差异也表现出不同于西方文明的宽容心态，甚至所谓的"华夷之辨"也仅仅是文化观念的差异，而不是本质性的区隔，所以，中华文明对于内部文化多样性和各种外部文明都表现出罕见的包容态度，但也恰恰是这种宽松的包容态度，客观上降低了周边群体的心理距

---

　　① 书云：《他们的胡子、眼睛、鼻子、耳朵及思维方式都不同于我们：欧洲启蒙时代的"中国"论》，《南方周末》2011 年 5 月 19 日。

　　② 甄克思原著：《社会通诠》，严复译，商务印书馆 1981 年版，第 133 页。

　　③ 香港特别行政区前行政长官曾荫权竞选时的口号是"做好这份工"，这或许可以代表西方文明体系中政府官员的心态与责任心。

离感，增强了周边群体潜在的情感向心力和凝聚力。

梁启超指出，关于中国传统中的"夷夏之辨"，完全不同于近代的"种族"（race）、"民族"（nation）或"族群"（ethnicity）概念。"春秋（指孔子的儒家经典）之号夷狄也，与后世特异。后世之号夷狄，谓其地与其种族，春秋之号夷狄，谓其政俗与其行事……春秋之中国夷狄，本无定名，其有夷狄之行者，虽中国人，靦然而夷狄矣。其无夷狄之行者，虽夷狄也，彬然而君子矣。"那么什么是"中国"？什么是"夷狄"？"春秋之治天下也，天下为公，选贤与能，讲信修睦，禁攻寝兵，勤政爱民，劝商惠工，土地辟，田野治，学校昌，人伦明，道路修，游民少，废疾养，盗贼息，由乎此者，谓之中国。反乎此者，谓之夷狄。"①

就社会内部而言，这种宽松的包容度为中国古代知识分子思想的活跃和民间创造力的萌发提供了空间，使春秋战国时期中原地区的哲学、史学、文学、医学、兵法、天文、科技、建筑、农耕、陶瓷、冶炼、丝绸纺织等领域出现了后世鲜见的"百花齐放"盛况。从中原各诸侯国"诸子百家"中衍生出儒学、老庄、法家、墨家等许多流派，许多学者跨流派互为师生，在交流与竞争中彼此借鉴、相互包容而不是强求同一，其结果反而促进了事实上的相互融合，这就是历史演进的辩证法。儒学通常被认为是中华文明的思想主脉，需要注意的是，儒学在其后续发展中不断吸收融汇其他学派的思想，始终处于演变过程之中。

秦统一中国后，建立了一个空前统一、涵盖辽阔地域的政治体系。为了推动管辖区域内的行政体制和文化体系的同质性，秦朝设立郡县，推行"书同文"，加快中原各地域之间的文化融合，逐步形成以统一文字为工具载体的中华文明体系。"由于表意性的文字书写系统能够脱离语音而使用，这极大地便利了使用不同方言乃至不同语言的人群之间的交流。春秋—战国时代之后的中国历史表明，虽然是帝国儒教为精英文化的统一提供了基础，但为这种文化的传布和绵延提供物质基础条件的却是表意性的汉语文字。"②在秦代，"以形、意为主又适应各地方言的方块字被大家所接受，成为其后数千年间维系民族共同体的文化纽带，产生了极强的凝聚

---

① 梁启超：《春秋中国夷狄辨序》，载《饮冰室合集》第1册，文集之二，中华书局1989年版，第48—49页。

② 赵鼎新：《东周战争与儒法国家的诞生》，夏江旗译，华东师范大学出版社2011年版，第36—37页。

力"。① 欧洲和世界一些地区发明了拼音字母，用以发展书写文字。由于各地区存在不同的语言发音，因此各地语音的差异在拼写中构成了今天许多不同文字的基础。虽然与拼音文字相比，中国的方块字较难记忆和书写，但是各地人群一旦学习使用方块字，便能够克服语音差异而相互交流，并很容易被吸收进中华文化体系和进入中国的经济贸易体系。同时，中原社会的繁荣发展也对这些地区的经济、文化发展起到促进作用。"象形表意的中国方块字，有利于克服由于地域辽阔所带来的方言繁杂的障碍，成为几千年来始终畅通的思想文化交流的工具。只有具备这种重要的通信工具，才有可能建立一种跨地域的文化联系。"②

与此同时，秦朝推行"车同轨"，统一货币与度量衡，有效地促进了地区间的贸易往来和统一经济体系的形成，秦朝的这些规范化的措施符合当时东亚大陆的社会发展趋势，推广传播了中原地区的思想体系、工艺技术、社会组织形式与文化艺术活动。印刷术和科举制进一步推进中原皇朝管辖地域内各地区之间的文化统合。凡是实行了科举制的地区，不论其存在哪些族属语言差异，当地的精英人士都逐步融入中华文化圈。③ "科举制更使'书同文'制度化为一种统一的全国性思想意识市场，恰起着类似近代西方全国性经济市场所起的维系作用。""科举制的社会功能并不止教育。它在整个传统中国社会结构中起着重要的联系和中介作用。"④ 中原文明的传播地域逐步从黄河和长江流域扩展到珠江流域和周边其他地区。⑤ 但是由于中国地域辽阔，交通不便，各地区地理自然风貌存在很大差异，因此春秋战国时期形成的齐鲁、燕赵、吴越、秦、楚等不同区域的地方性传统文化长期以来依然得以保留特色。共性与特性并存，一体与多元并存，这就是中华文明的另一个特质。

在中华文明发展的漫长历史过程中，作为东亚大陆人口与经济核心区的中原地区始终与周边地区保持密切与深入的文化互动，不仅中原地区的文化与科学技术被传播到周边地区，同时中原人群也积极学习和吸收周边地区的传统文化和科学技

---

① 苏秉琦：《中国文明起源新探》，辽宁人民出版社 2013 年版，第 135 页。

② 金观涛、刘青峰：《兴盛与危机：论中国社会超稳定结构》，法律出版社 2011 年版，第 30 页。

③ 今天我国西南地区（云南、贵州、广西等地）的民族关系相对比较和谐稳定，这与元朝以来历代中央政权在这些地区长期推行儒学教育和科举制度有关。

④ 罗志田：《民族主义与近代中国思想》（第二版），台北三民书局 2011 年版，第 55、172 页。

⑤ 汉字及它承载的中华文化（如儒学和大乘佛教）也一度传入邻近的朝鲜半岛、越南、琉球和日本等地。

术，地区之间的贸易、迁移与通婚（和亲）成为传统交流方式，从而逐步形成了以中原地区为核心区，以漠北草原、西域戈壁、青藏高原、云贵高原等周边地区为区域性文化中心的"大中华文化圈"。顾颉刚认为中国在发展过程中形成三大文化集团：汉文化集团、信仰伊斯兰教的"回文化集团"和信仰藏传佛教的"藏文化集团"。[①] 这几个"文化集团"在长期互相交往中彼此影响、相互交融，既有共性又保留特性，许多文化元素以共生的方式渗透到各地民众的思想观念和日常生活中。费孝通先生认为，在战国和秦代，在中原地区和北方草原形成了农牧两大统一体，也就是"南有大汉，北有强胡"，两大统一体对峙拉锯了上千年，长城便是这两大统一体相互征战的结果。最后清朝才真正把南农、北牧两大统一体聚合在一起，完成了中华民族真正意义上的统一。[②] 无论是三大文化集团，还是南北两大统一体，在古代中国人的观念中，都属于"四海之内"的"天下"，也都在这个"东亚大陆生态区"和中华文化圈的涵盖范围之内。

与此同时，在与来自"中华文化圈"之外其他文化的交流过程中，中华文明先后容纳了外部传入的佛教、伊斯兰教、基督教等宗教及教派，吸收了外来宗教的许多文化元素，包括哲学思想、话语体系、制度形式和文学艺术。在文化和思想交流中，孔子主张"中庸之道"，[③] 不偏狭不极端。中华文明的另一个代表人物老子则说："上善若水，水善利万物而不争。"[④] 正是这种主张"和而不同"和"己所不欲，勿施于人"[⑤] 的思想使中华文化对于内部多样化和外来异文化具有举世罕见的文化包容度和融合力。

在这样一个文化氛围中，我们可以看到外来宗教进入中原地区后出现不同程度的"中国化"现象。例如元代的回回穆斯林已在一些礼俗上接受汉人影响，如（1）取表字、采汉姓；（2）冠居名、堂号；（3）遵丁忧、汉丧之制；（4）行节义之礼。[⑥] 元代的"三掌教制"和伊玛目制"是中国伊斯兰教的一种创制，在一般伊斯兰国家

---

① 顾颉刚：《中华民族是一个》，《益世报》1939 年 2 月 13 日"边疆周刊"第 9 期。

② 费孝通：《中华民族多元一体格局》，《北京大学学报》1989 年第 4 期。

③ "中庸之为德也，其至矣乎。"（《论语·雍也》）

④ 《老子·道德经》。

⑤ 《论语·卫灵公》。

⑥ 《回族简史》修订本编写组：《回族简史》，民族出版社 2009 年版，第 104—107 页。

和地区尚属少见"。①中原地区清真寺在建筑风格上普遍采用了汉地的砖混结构、四合院形制和殿堂式建筑。明朝颁布法令推动穆斯林与本地人通婚，②促进族群交融，中原地区的汉语③成为回族的通用语言。明代穆斯林学者胡登洲精通儒学、阿拉伯语和波斯语，认为"回儒两教，道本同源，初无二理"。清代穆斯林学者王岱舆运用儒学思想诠释《古兰经》，提出"夫忠于真主，更忠于君父，方为正道"，④刘智认为"天方之经，大同孔孟之旨"，⑤"王者，代真主以治世者也"。⑥广大中国穆斯林不仅在政治上认同中国，在伊斯兰教与中华文化之间的相互交融中也出现文化上的"二元认同"现象（既认同伊斯兰教，也认同中华文化）。到了民国时期，中国化的伊斯兰教已成为中华文化的重要组成部分。

　　佛教在东汉时期自印度传入中土，中原学者高僧用《老子》《庄子》及《论语》语义来解读印度佛学义理，出现"格义佛学"。葛兆光认为："人们借助老庄对佛教进行解释，佛教也是在不断翻译和解释之中，加入了这一思想系统，并使之开始彰显它的系统性，在这个意义上，中国也征服了佛教。"⑦"唐朝佛教中国化，即佛教玄学化，这是化的第一步……佛教儒学化，是化的第二步。"⑧"佛教……到了中国之后，出家众的生活来源发生了变化，由托钵化缘式改变为坐拥土地及寺产的安居受供式……中国式的祖师清规就出现了……这在印度佛陀时代是未曾有的事"，⑨这就是佛教教仪和教制的中国化。同时，佛教传入西藏后，在与当地苯教交融中形成今天的藏传佛教。源自印度的佛教由此转化成为本土化的中华宗教，包括流传于中原地区的禅宗等流派和流传于蒙藏地区的藏传佛教各流派，发展成为中华文明的重

---

① 高占福、敏俊卿：《我国内地伊斯兰教中国化的历史经验》（上），《中国民族报》2017 年 8 月 15 日。

② 如《大明律》卷六规定："凡禁蒙古、色目人听与中国人为婚姻，不许本类自相嫁娶。违者杖八十，男女入官为奴"（《回族简史》修订本编写组：《回族简史》，民族出版社 2009 年版，第 144 页）。

③ 其实"汉语"一词也是近代出现的。清末才确立"汉语"作为超越单一族群、地区的帝国语言的法定地位。1911 年 7 月，《学部中央教育会议议决统一国语办法案》确立"以京音为主，审定标准音；以官话为主，审定标准语"的国语标准（湛晓白：《拼写方言：民国时期汉字拉丁化运动与国语运动之离合》，《学术月刊》2016 年第 11 期）。

④ 王岱舆：《正教真诠清真大学希真正答》，余振贵点校，宁夏人民出版社 1988 年版，第 88 页。

⑤ 丁俊：《多重维度中的伊斯兰教中国化问题》，《西北民族大学学报》2017 年第 1 期。

⑥ 高占福、敏俊卿：《我国内地伊斯兰教中国化的历史经验》（下），《中国民族报》2017 年 8 月 22 日。

⑦⑨ 义广：《佛教中国化的历史经验与现代实践》，《中国民族报》2017 年 1 月 10 日。

⑧ 范文澜：《中国通史简编》（修订本）第三编，人民出版社 1965 年版，第 614 页。

要组成部分。

唐代天主教即以"景教"之名传入中土，元代方济各会修士曾来中国传教，明、清时期利玛窦、汤若望等先后来华传教，"努力将天主教教义解释成与儒家义理完全相合的价值系统"，1700 年清朝的天主教徒达到 30 万人。[1]19 世纪初，基督教新教传入中原地区。20 世纪 20 年代中国的"基督教新思潮运动"推动中国基督教学者"将基督教伦理化并与中国传统文化相对接"，"主张基督教徒和教会要关心国家的命运和建设"，积极投身于当时的平民教育与抗日救亡运动。[2] 这些活动不仅推动几百万中国基督教众融入中国社会发展演变的大潮，也使基督教文化成为今天中华文明的重要组成部分。

从以上几个例子中，我们可以感受到中华文化对外来宗教与文化的强大包容力，感受到中华文明"海纳百川"、积极吸收和容纳外来文明的文化心态。"汉族以文化根柢之深……用克兼容并包，同仁一视，所吸收之民族愈众，斯国家之疆域愈恢。"[3]

四、中华文明开展跨文化交流的核心理念是"和而不同"和"有教无类"

中华文明之所以对外来文明与宗教表现出十分罕见的包容度，这与其世俗性的本质和文化自信密切相关。中华文明自认是各方面比较发达、在"天下"体系中居于核心的地位，对周边群体负有"教化"的责任与功能。在汉代成为中华文明主脉的儒学是一套有关世俗社会伦理秩序的价值体系和行为规范，接受这套文明规范的群体被视为"华夏"，尚未接受的群体被视为"蛮夷"，二者之间仅为"文明程度"的差异。

"中国的夷夏之辨……对外却有开放与封闭的两面，而且是以开放的一面为主流。夷夏之辨是以文野之分为基础的……故夷夏也应该是可以互变的。"[4] 在与其他群体交流过程中，中华文明所持的是"有教无类"的立场，采用"教化"的方法来"化夷为夏"，而不是简单地排斥其他信仰与学说，因此中国人从来没有"异教

① 赵士林、段琦主编：《基督教在中国——处境化的智慧》，宗教文化出版社 2009 年版，第 5 页。
② 赵士林、段琦主编：《基督教在中国——处境化的智慧》，宗教文化出版社 2009 年版，第 10—13 页。
③ 吕思勉：《中国民族史》，世界书局 1934 年版，第 8 页。
④ 罗志田：《民族主义与近代中国思想》（第二版），台北三民书局 2011 年版，第 37 页。

徒"的概念。由于在孔子的年代，中原地区居民的人种成分十分复杂，"所以，'有教无类'主要不是指社会贫富等级差别，而是种族特征差别"，① 表示对不同祖先血缘及语言文化群体施以教化时应一视同仁。在对人类群体进行划分时，中华文明注重的是可涵盖"天下"所有人群、具有"普世性"的社会秩序与伦理规范，而不是其他文明所强调的体质、语言、宗教信仰差异等族群特征。在与异族交往中推行"教化"的方法是"施仁政"，"远人不服，则修文德以来之"，② 主张以自身较高的文化修养和德行来对蛮夷进行感召，而不是使用武力手段强迫其他群体接受自己的文化。这种政策的前提是对中华文明优越性的高度自信。"行仁政而王，莫之能御也"，"万乘之国行仁政，民之悦之，犹解倒悬也"。③ 甚至连中国传统军事思想也强调"天子"的军队应为"仁义之师"，"不战而屈人之兵，善之善者也"。④

因为不同文明之间可以相互学习和传播，所以中国传统思想认为"夷夏之辨"中的"化内"和"化外"可以相互转化。"'天下'是绝对的，夷夏却是相对的，所需要辨认的，只是中原文明而已。血缘和种族是先天的、不可改变的，但文明却可以学习和模仿。因此，以华变夷，化狄为夏，不仅在中国历史中为常态，也是中华帝国文明扩张的使命所在。"⑤ "在古代观念上，四夷与诸夏实在有一个分别的标准，这个标准，不是'血统'而是'文化'。所谓'诸侯用夷礼则夷之，夷狄进于中国则中国之'，此即是以文化为华夷分别之明证，这里所谓文化，具体言之，则只是一种'生活习惯与政治方式'。"⑥ 夷夏之间存在的是一种动态与辩证的关系。"春秋之法，中国而用夷之道，即夷之……以此见中国夷狄之判，圣人以其行，不限以地明矣。"⑦ 因为中华传统的基本观念认为四周"蛮夷"与中原群体（"华夏"）同属一个"天下"且具有可被"教化"的前提，所以儒家提出"四海之内，皆兄弟也"⑧ 的观念，明确淡化"天下"各群体之间在体质、族源、语言、宗教、习俗等文化领域

---

① 苏秉琦：《中国文明起源新探》，辽宁人民出版社 2013 年版，第 2 页。

② 《论语·季氏》。

③ 《孟子·公孙丑上》。

④ 《孙子·谋攻》。

⑤ 许纪霖：《多元脉络中的"中国"》，《上海书评》2014 年 4 月 27 日。

⑥ 钱穆：《中国文化史导论》，商务印书馆 1994 年版，第 41 页。

⑦ 苏舆：《春秋繁露义证》卷二，中华书局 1992 年版，第 46 页。

⑧ 《论语·颜渊》。

差异的意义，强调不同人类群体在基本伦理和互动规则方面存在重要共性并完全能够做到"和而不同"与和睦共处。①

儒学发源于中原地区并在后世以汉人为人口主体的中原皇朝占据主导地位，这一观点得到普遍接受。但是在中原地区与周边地区几千年持续的文化与政治互动中，儒学就完全没有吸收周边群体的文化元素而有所变化吗？孔子的思想本身就是在春秋时期"华夏"与"蛮夷"的文化与政治互动中产生的，这种文化互动自孔孟之后应当仍在延续，二程和朱熹的理学思想就明显受到外来佛教的影响。②换言之，后世的儒学已不能被简单地视为"汉人之学"，而应当看作以中原地区文化传统为核心并吸收周边其他文化因素的"中华之学"。所以，如果把边疆政权在"入主中原"后对儒学思想的吸收和尊崇（"儒家化"）等同于"汉化"，③这样的观点就把中国历史上复杂的文化互动关系看得过于简单了。首先，我们不能把"儒学"简单地等同于"汉人文化"；其次，周边政权（包括"入主中原"的异族政权）吸收以儒学为主脉的中华文化传统的过程也包含了两个方面：一方面是一个动态的吸收过程，周边政权在不同时期对于中原文化有着不同的接纳态度和不同的吸收程度；另一方面周边政权必然努力保持自身原有文化传统和群体认同意识。这是两种努力并行并相互影响的文化互动策略和文化交融模式。

五、中华文明的群体认同核心是"天道"而不是西方文明的"民族主义"

与欧洲的文化传统全然不同，中华文明强调的是"天道"中的社会伦理与政治秩序，主张"和而不同"，领悟并遵从"天道"的群体即是享有文化素质的人，其他人群尚有待"教化"。孔子说："裔不谋夏，夷不乱华。"④"中国、夏、华三个名

---

① 引用较多的是唐太宗李世民的两段话："自古皆贵中华，贱夷狄，朕独爱之如一，故其种落皆依朕如父母。"（《资治通鉴》卷198"太宗贞观二十一年"条）"夷狄亦人耳，其情与中夏不殊。人主患德泽不加，不必猜忌异类。盖德泽洽，则四夷可使如一家；猜忌多，则骨肉不免为仇敌。"（《资治通鉴》卷197"太宗贞观十八年"条）

② 程朱理学是儒学发展的重要阶段，以儒学为宗，吸收佛、道，将天理、仁政、人伦、人欲内在统一起来，使儒学走向政治哲学化。

③ 关于何炳棣与罗友枝之争论（参见葛兆光：《宅兹中国——重建有关"中国"的历史叙述》，中华书局2011年版，第22页）。

④ 《左传·定公十年》。

称，最基本的涵义还是在于文化。文化高的地区即周礼地区称为夏，文化高的人或族称为华，华夏合起来称为中国。对文化低即不遵守周礼的人或族称为蛮、夷、戎、狄。"[1]"在儒家思想中，'华'与'夷'主要是一个文化、礼仪上的分野而不是种族、民族上的界限。……华夷之辨并不含有种族或民族上的排他性，而是对一个社会文化发展水平的认识和区分。"[2]王韬在《华夷辨》中指出："华夷之辨其不在地之内外，而系于礼之有无也明矣。苟有礼也，夷可进为华；苟无礼也，华则变为夷。"[3]因此，在中华文明的这种具有高度包容性、动态化和辩证思维的认同体系中，不可能产生西方式的僵化"民族"（nation）概念。

金耀基认为，作为一个政治实体，中国不同于近代任何其他的"民族—国家"（nation-state），而"是一个以文化而非种族为华夷区别的独立发展的政治文化体，有者称之为'文明体国家'（Civilizational state），它有一独特的文明秩序"。[4]白鲁恂（Lucian Pye）则径直把中国称为"一个伪装成民族国家的文明体系"。[5]即使晚清政府在某些形式上，特别是在与西方列强交往中表现得像是一个现代"民族国家"，如建立"总理各国事务衙门"（外交部），与各国互派公使并建使馆，设定国旗国歌，翻译《万国公法》，签订国际条约、设立海关等，但是在中国社会的基层组织中始终是一套传统的中华文明体系在发挥作用。民国时期学者在讨论"民族主义"概念时，曾努力从中国文化传统中加以发掘，如熊十力先生认为："民族思想之启发，自孔子作春秋，倡言民族主义，即内诸夏而外夷狄。但其诸夏夷狄之分，确非种界之狭陋观念，而实以文野与礼义之有无为判断标准。"[6]刘小枫进而认为"儒教不是种族区分的民族主义，而是文化区分的民族主义"。[7]孔子的群体分野确实没有西方文明中的种族主义观念，但中国文化传统中的"夷夏之辨"与源自西方现代观念中的"民族主义"应分属不同的思想体系，很难进行这样的概念比较。

---

① 范文澜：《中国通史简编》（修订本）第一编，人民出版社 1964 年版，第 180 页。

② 张磊、孔庆榕主编：《中华民族凝聚力学》，中国社会科学出版社 1999 年版，第 285 页。

③ 王韬：《华夷辨》，载《弢园文录外编》第 10 卷，上海书店出版社 2002 年版，第 245 页。

④ 金耀基：《中国政治与文化》，香港牛津大学出版社 1997 年版，第 614 页。

⑤ Pye, Lucian W., *The Spirit of Chinese Politics*, Cambridge, MS: Harvard University Press, 1992, p.235.

⑥ 熊十力：《读经示要》，台北乐天图书集团 1973 年版，第 130 页。

⑦ 刘小枫：《儒教与民族国家》，华夏出版社 2007 年版，第 144 页。

列文森（Joseph Levenson）认为中国传统族群观念中的实质是"中国文化主义"，"文化主义是一种明显不同于民族主义的意识形态。……文化主义指的是一种自然而然的对于文化自身优越感的信仰，而无需在文化之外寻求合法性或辩护词"。"士大夫阶层的文化、意识形态、身份认同主要是文化主义的形式，是对于一种普遍文明的道德目标和价值观念的认同"。① 杜赞奇认为这种文化主义"把文化——帝国独特的文化和儒家正统——看作一种界定群体的标准。群体中的成员身份取决于是否接受象征着效忠于中国观念和价值的礼制"。②

中国传统认同体系的核心是文化认同，对"天道"和儒家道德伦理的崇敬就是中国人的信仰体系。所以费正清特别指出，"毫无疑问，这种认为孔孟之道放之四海皆准的思想，意味着中国的文化（生活方式）是比民族主义更为基本的东西……一个人只要他熟习经书并能照此办理，他的肤色和语言是无关紧要的"。③ 这就是中国历史发展中以"文化"确定群体认同和"有教无类"的主导思想。在面对内部多样性和与外部文明相接触时，"'不拒他者'是中国的传统精神，而民族主义之类才是西方的思维"。④ 民族主义是某种具有"零和结构"和强烈排他性的群体认同意识形态，在中华文明的土壤中不可能出现类似西方话语中"nation"的"民族"概念，也不可能滋生出西方式的"民族主义"（nationalism）思想体系。

结语

中华文化延续了三千多年，这在人类文明史上十分罕见，这与作为中华文化主脉的中原文化的基本特质密切相关。起源于黄河流域的中原文化传统，在发展中演化出独特的语言文字体系，孕育出有特色的农耕文明和与之相关的社会组织，发展出非无神论的世俗性文明和与之相关的非体质血缘的群体认同体系。这一特质使得中华文明体系既可包容内部的文化多样性，在对外交流中也以"和而不同"和"有

① 杜赞奇：《从民族国家拯救历史：民族主义话语与中国现代史研究》，王宪明译，社会科学文献出版社2003年版，第44—45页。

② 杜赞奇：《从民族国家拯救历史：民族主义话语与中国现代史研究》，王宪明译，社会科学文献出版社2003年版，第46—47页。

③ 费正清：《美国与中国》（第四版），张理京译，商务印书馆1987年版，第73—74页。

④ 赵汀阳：《天下体系》，江苏教育出版社2005年版，第13页。

教无类"的精神呈现出对于外部文化的罕见包容性。在历史演变过程中，中华文明的群体认同体系逐渐发展出一种动态与辩证的立场与视角。概而言之，中华文明的这些特质与西方以一神论为主流的宗教特质以及僵化地看待体质—语言差异的民族主义之间，具有本质性的区别。这是我们今天在加强中华民族凝聚力、构建中华民族"多元一体"文化体系和政治格局时需要关注与继承的宝贵历史遗产。

　　近代以来，欧美帝国主义在对外关系中践行的是"以强凌弱"的丛林法则，地缘政治中的"霸权"理念和"修昔底斯法则"至今仍然主导着某些国家的外交思路。在今天的国际交往中，中华文明与外部文明—政体交往中遵循的"己所不欲，勿施于人"和"求同存异"的基本思路构成了中国外交活动的文化底色，使其具有不同于欧美国家外交的文化风格，赢得许多发展中国家的真诚友谊，也为 21 世纪的国际关系大格局注入新的元素。

原刊《学术月刊》2018 年第 1 期

"中国研究"的
国际视野与本土意义

周晓虹[*]

随着近三十年来中国社会日益快速的变化，尤其是由国内生产总值（GDP）的不断增长所凸显的中国经济的飞速发展，中国这个原本落后的东方大国现在越来越引起包括西方在内的整个世界的关注。无论是出于善意或是敌意，"中国崛起论""中国威胁论""中国独秀论"……这形形色色的有关中国的观点在基本立论上却是相同的，那就是：三十年来中国的全球影响力确实发生了巨大的变化。用德国不来梅大学史明（Nicola Spakowski）教授的话来说，"就今天的西方社会而言，'中国崛起'已然成为地缘政治学上一个重要的利益关涉"[①]。

显然，中国崛起所带来的全球影响力的提高，不能不对自20世纪50年代以来发端于美国的、以当代中国为研究对象或论述客体的地域研究——"中国研究"或"中国学"——产生多重影响，其中包括这一学科的相对学术地位、研究的国际化程度、研究范式的转换、理论的原创性意义，以及因为改革开放后中国学者的大批加入而产生的学术主体性问题等。我认为，在这些问题之中，当属"中国研究"的国际视野和本土意义这两个问题最为重要。前者涉及如何在从事"中国研究"的多

　＊作者为南京大学社会学院院长、教授、博士生导师。

　①［德］史明：《中国研究的国际化——国际中国研究的架构及其价值与视角》，载周晓虹、谢曙光主编：《中国研究》（总第5—6期），社会科学文献出版社2007年版。另外，在2010年暑期由南京大学和英国利兹大学、世界大学联盟联合举办的"'中国研究'国际暑期班"上，美国威斯康辛大学弗里德曼（Friedman）教授的讲演之一，就是"中国的全球影响力"；并且，弗里德曼教授正在世界大学联盟的支持下，拟于2011年5月在美国威斯康辛大学举办一场同名研讨会。

元主体之间形成某种超民族的国际视野，从而真正能够在一种全球语境中讨论中国问题；后者则涉及"中国研究"的路径在何种程度上能够帮助我们更好地认识中国和中国社会。显然，"中国研究"的国际视野和本土意义的获得将会有效地促成这一学科的原有范式实现成功转换。

一、"中国研究"：范式转换与学科历史

"中国研究"（China Studies）又称"当代中国研究"（Modern China Studies），它是自 1949 年后在西方尤其是美国社会科学界形成的有关当代中国社会、经济、政治与文化诸方面的多学科研究，今天它已经成为包括中国学者参与的有关中国社会变迁与发展的一门综合性社会科学。[①]

"中国研究"与传统"汉学"（Sinology）之间的关系近来一直是一个相当热门的议题。在 2010 年 6 月出版的《中国社会科学报》上有一期有关"全球视野下的汉学热"的"特别策划"，其中有相当的篇幅涉及这两个称谓间的关系讨论。严绍璗认为，应该将现在流行的"汉学""中国研究"和"中国学"等概念，统一定名为"国际中国学"，并且认为新的名称不仅有利于反映这一学科近代以来"在内涵的价值层面与外在的研究材料层面"的重大变迁和改观，而且还能够关照中华民族多元一体的现实格局，以避免"汉学"的单一民族局限。[②]但异议同样理由充分。刘梦溪就认为，源自欧洲传统的"汉学"和发端于美国的"中国学"或"中国研究"从来就不是一回事，"美国'中国学'的特点是比较重视问题意识，欧洲'汉学'整体注重资料"。[③]因此，统一上述学科称谓的倡议并没有获得一致的意见。

我同意刘梦溪的观点，"中国研究"或"中国学"确实和"汉学"不一样，一般也不宜作强行的称谓统一，尽管两者间事实上存在着千丝万缕的联系。"汉学"

---

① 周晓虹：《当代中国研究的历史与现状》，《南京大学学报》2002 年第 3 期。

② 严绍璗：《"汉学"应正名为"国际中国学"》，《中国社会科学报》2010 年 6 月 1 日；持相同看法的还有《当代国外中国学》一书的主编何培忠，他认为"'中国学'是传统'汉学'在现代的延伸和发展。而使用'中国学'这一称谓，不仅可以包容所有有关中国问题的研究，也可以使人们对历史的中国有更深刻的认识，对现代中国有更好的理解"［何培忠：《国外中国研究的发展及学科的称谓》，《社会科学论坛》2008 年第 5 期］。

③ 刘梦溪：《"汉学""中国学"可否不统称》，《中国社会科学报》2010 年 6 月 1 日。

与"中国研究"的区别，不仅表现在研究对象上，而且也表现在研究方法上。具体说来，"汉学"是一门以中国传统文化为研究对象的人文学科，即英文所谓的"humanities"；而"中国研究"或"当代中国研究"则是一门综合性的社会科学，即所谓"social sciences"。"汉学"与"中国研究"在学科性质上的区别，是由它们的研究对象和研究方法所决定的。具体说来，"汉学"主要以中国的历史、传统文化典籍和文学作品作为研究对象，其研究方法主要为训诂考据等人文学科的手段；"中国研究"则以广义上的社会结构和社会行为作为研究对象，涉及的学科主要包括经济学、社会学、政治学、人类学、传播学以及心理学等，其研究方法是现代社会科学所倡导的实证手段。如果说"汉学"研究的历史已有数百年甚至上千年[①]，那么"中国研究"的历史则不过六十余年，它是因"冷战"而起的美国地域研究的直接产物。

我们可以将"中国研究"六十年的学科历史划分为前后相续的两个主要阶段，并且这两个阶段从科学史的角度说都经历了重大的范式转换。"中国研究"的第一个历史阶段始于 1949 年中华人民共和国成立，止于 1978 年的改革开放，前后历时三十年。在这第一个三十年中，从学科发展的角度来说，最为重大的范式转换，当属传统"汉学"向"当代中国研究"的转换，而这一转换的助产士是美国历史学家费正清（John King Fairbank，1907—1991）。

费正清最早也是一位秉承汉学传统的历史学家，他与中国结缘于 20 世纪 30 年代。当时，从哈佛大学转学到牛津大学的费正清，为了完成自己的博士论文《中国沿海的贸易与外交》，在罗兹基金会的支持下来到北京，学习语言并查阅与中英外交关系和海关贸易有关的档案资料。我以为，促成费正清这样一个汉学家转向创建"中国研究"与其个人经历有关：其一，1932—1936 年在中国的四年研究和游历（其中包括对山西和河南农村的考察），不仅使他对中国"普遍存在的贫困和堕落……感到震惊"，而且也使"他发现了作为一种文化和一个社会经济实体的中国

---

① 日本、韩国和越南等国家的汉学传统有上千年，欧洲的传教士汉学传统也有数百年，但如果以大学里开设的经院式汉学为计算起点，西方汉学的历史则始自法国汉学家雷慕沙（Abel Rémusat，1788—1832）1814年在法兰西学院创设的"汉语—鞑靼语—满语语言文学"讲座〔何培忠：《国外中国研究的发展及学科的称谓》，《社会科学论坛》2008 年第 5 期〕。

的新含义"；^① 其二，第二次世界大战期间，作为美国战略情报服务处的中国代表，费正清于 1942 年重回中国，这一机遇使得他的自由主义价值观和现时的中国社会呼应起来。1948 年，后来为费正清赢得了崇高声誉的《美国与中国》一书出版，他出色地论证了中国革命不能简单地归结为苏俄的影响，而是近代以来中国社会的政治、经济和文化诸多领域的变化的逻辑发展。^②

再往后，转向"中国研究"的动力就更多地来源于由"冷战"决定的国际关系，以及战后社会科学的发展。客观说来，"冷战"对"中国研究"是一把双刃剑：一方面，"冷战"中两大阵营的对立尤其是 20 世纪 50 年代朝鲜战争的爆发，促成了美国了解中国尤其是体制高度整合的新中国的需求；另一方面，同样因为"冷战"，麦卡锡主义的盛行，使得包括费正清在内的最早的一批中国研究者举步维艰，以致如傅高义（Ezra Vogel，1930—2020）所言，"1950 年代是中国研究缺席的年代"^③。不过，从学术的角度说，此时兴盛的科学统一观，以及马克斯·韦伯（Max Weber，1864—1920）在《儒教与道教》一书中提出的"理性资本主义在中国能否产生"的问题，启发了费正清将"中国研究"锻造成与传统"汉学"不同的一门综合性的社会科学。此后，"中国研究"开始沿着两条路径发展：在历史学的路径中，关注近代中国变迁的费正清的"冲击—反应论"，在同一向度上引发了列文森（Joseph R. Levenson，1920—1969）的"传统—现代论"和佩克（James Peck）的"帝国主义论"；而在社会科学的路径中，关注 1949 年后新中国的国家起源、性质和结构的社会科学家们，如舒尔曼（Franz Schurmann，1926—2010）和傅高义等人，则将国家与社会作为毛泽东时代中国的叙事主线。

"中国研究"的第二个历史阶段始于 1978 年的改革开放之后。在这第二个三十年中，同样从学科发展的角度而言，最为重大的范式转换，则当属"中国研究"从

---

① [加拿大] 保罗·埃文斯：《费正清看中国》，陈同、罗苏文等译，上海人民出版社 1995 年版，第 44、28 页。

② 邓鹏：《费正清：西方中国学的拓荒者》，载周晓虹主编：《中国社会与中国研究》，社会科学文献出版社 2004 年版。

③ Ezra F. Vogel, "Contemporary China Studies in North America: Marginals in a Superpower," In Hsin-chi Kuan (ed.), *The Development of Contemporary China Studies*, Tokyo: The Center of East Asian Cultural Studies for Unesco, 1994, p.188.

一项服务于美国对华战略利益的地域研究成为一门世界性的学术工作 ①，或者说从"海外中国研究"成为"中国研究"。② 促成这一转换的原因很多，其中最主要的自然是 1978 年后中国社会的改革开放。这一方面使得"中华人民共和国在国际体系中成为一种建设性的力量"③，另一方面促进了原先限于海外的中国研究进入中国。后者带来的交流和融合产生了诸多新的变化，其中包括中国学者对这一领域中中国学术主体性的吁求，以及非中国学者为了真正理解中国这个"他者"而作出的沟口雄三所说的"他者化"的努力。进一步，具体的研究范式也在发生转换：在历史学的路径上，保罗·柯文（Paul A. Cohen，1934—　　）开始思考是否有可能"把中国历史的中心放在中国"④；而在社会科学的路径上，人们则以各种设计精当的经验研究来论证国家与社会之间的多元复杂性。这三十年来，伴随着中国经济狂飙突进式的飞速增长，中国社会的转型越来越复杂，加之全球化带来的研究主体的多元化，这一切都使得"中国研究"变得比以往任何时候都更具创造性和挑战性。

二、全球化与"中国研究"的国际视野

"中国研究"导源于西方尤其是美国的历史，常常容易使人误以为这一研究领域天然地具有国际视野，这是因为近代以来包括美国在内的西方主宰世界的历史使人常常容易在西方和国际或西方和世界之间画上等号。记得 1978 年改革开放之际，面对外部世界，主要是面对发达的西方世界，一百多年来一直欲奋发图强的中国，在国门洞开之后，十分容易产生将西方视为目标、视为现代化本身追赶的冲动，即黄万盛所说的那种"现代性冲动"。⑤

现在已经清楚，用今天的眼光来看，最早发源于第二次世界大战后的美国学术界的"中国研究"或"当代中国研究"，在相当长的时间里并没有形成什么"国

---

① 周晓虹：《当代中国研究的历史与现状》，《南京大学学报》2002 年第 3 期。

② 吕德文：《中国研究三十年》，《长春市委党校学报》2009 年第 3 期。

③ Brian Hook, "Sinology and the Social Science: Stages in the Development of the Research Base in Britain," in Hsin-chi Kuan (ed.), *The Development of Contemporary China Studies*, Tokyo: The Center of East Asian Cultural Studies for Unesco, 1994, p.163.

④ ［美］保罗·柯文：《在中国发现历史——中国中心观在美国的兴起》，林同奇译，中华书局 1989 年版。

⑤ 黄万盛、刘涛：《全球化时代的中国价值》，《开放时代》2009 年第 7 期。

际视野"。尽管"中国研究"的现代创建者费正清对中国充满热爱，而第一代美国"中国研究"的观察家们像傅高义所言，也"都不属于激愤的冷战斗士"[①]，但"中国研究"及更为广泛的"地域研究"（Area Studies/Regional Studies）本身在美国的创建和兴盛确实是第二次世界大战后美国"冷战"政策的一部分，它受到战后以美国为代表的新殖民主义在全球的扩张主义政策的影响。这一切使得包括"中国研究"在内的地域研究像加加美光行所言，自然"就成了'国策研究'不可缺少的内容"[②]。至于"中国研究"为什么会成为地域研究的核心组成，大概与这样两个因素有关：其一，战后与麦肯（Donald C. Mckey）等人在哈佛大学组建"国际与地域研究专业委员会"（Faculty Committee on International and Regional Studies）、积极推进地域研究的费正清本人就是一个标准的"中国通"，早在 20 世纪 30 年代，中国就成了他观察世界的重要窗口；[③] 其二，也许更为重要的是，50 年代爆发的朝鲜战争及中国的"抗美援朝"运动，在强化了战后美国的"冷战"体制的同时，也使美国人眼中的新的"红色巨人"——中国的重要性凸显了出来。

　　除了美国的战略利益以外，从学术立场出发，在"中国研究"领域一直未能形成"国际视野"的另一个原因，自然与长期以来在"中国研究"以及整个地域研究中盛行的西方中心主义或东方主义立场有关。尽管在"中国研究"领域形成了历史学和社会学两种分析路径，其下又有各种不同的理论范式，但认真分析能够发现它们都有鲜明的相似之处：即不但都是将中国仅仅作为研究客体，而且有关中国的讨论都是建立在某种相互对立的传统—现代的二元分析结构之上的。其实，这种偏好不仅为"中国研究"学者所独有，它也是整个西方社会科学的胎记之一。现代社会科学孕育于欧洲从传统农业社会向现代工业社会的转型之中，那么十分自然的是，从一开始建立在单线进化论基础之上的有关传统与现代的讨论就会成为韦伯所说的

---

① Ezra F. Vogel, "Contemporary China Studies in North America: Marginals in a Superpower," In Hsin-chi Kuan (ed.), *The Development of Contemporary China Studies*, Tokyo: The Center of East Asian Cultural Studies for Unesco, 1994, p.190.

② Mitsuyuki Kagami, "A New Paradigm for Modern Chinaology: A Call for Co-Behaviorism," in Kawai, Shinichi (ed.), *New Challenges and Perspectives of Modern Chinese Studies*, Tokyo: Universal Academy Press, Inc., 2008, p.4.

③ John King Fairbank, *Chinabound: A Fifty-year Memoir*, New York: Harper & Row, Publishers, 1982, pp.324—325.

"理想类型"（ideal type）。具体在"中国研究"中，既然西方世界最早体验到了从传统向现代的转变，并且对这一转变的普遍性深信不疑，那么，无论从认识还是实践的角度，他们都会自然地站在西方主位的立场上，用西方的经验来看待非西方世界的变迁，即形成有关中国研究的东方学视角。①

　　造成"中国研究"中"国际视野"缺失的第三个原因，是在这一研究领域中，不仅长期以来作为研究对象或客体的中国学者一直处在缺席的状态，而且包括日本在内的其他受西方或美国影响的"中国研究"学者如竹内好和沟口雄三所言，实际上也一直处在一种亦步亦趋的"主体缺席"的地位。②1994 年，傅高义曾直言，在他四十余年的中国研究生涯中，基本上从未考虑过北美和其他地方的"中国研究"学者会有什么不同。因为美国学者占据了"中国研究"中的相当比例，以致在中国研究领域硬行区分美国学者和非美国学者就有些不自然。③但是，这一为西方主要是美国学者视为"理所当然"的现实，却使得包括中国在内的非西方学者多少显得不那么自然：1982 年，台湾的叶启政教授就出于民族自尊心和对美国学术霸权的不满说过："中国社会学所具有的'移植'和'加工'的性格，就是令人难以忍受的。"④而在今天这个全球化的时代，任何一个中国知识分子面对"读着'洋书'去认知中国的场景"⑤大概既会像刘东一样感到奇妙，也会多多少少感到难堪。显然，这种建立在对他民族自说自话的基础之上的西方人的"中国研究"，因为研究主体的一元特性，加之缺乏来自研究客体——中国的反馈与交流，是不可能具备真正的国际视野的。

　　"中国研究"的国际视野问题，是在现在越来越深入的全球化的背景下提出来

---

　　① 周晓虹：《中国研究的可能立场与范式重构》，《社会学研究》2010 年第 2 期。

　　② ［日］沟口雄三：《作为"态度"的中国研究》，《读书》2005 年第 4 期。

　　③ Ezra F. Vogel, "Contemporary China Studies in North America: Marginals in a Superpower," in Hsin-chi Kuan (ed.), *The Development of Contemporary China Studies*, Tokyo: The Center of East Asian Cultural Studies for Unesco, 1994, p.187. 史明也说道："西方学者确实很少意识到在国际中国研究中的制度机制和学术偏见。"［［德］史明：《中国研究的国际化——国际中国研究的架构及其价值与视角》，载周晓虹、谢曙光主编：《中国研究》（总第 5—6 期），社会科学文献出版社 2007 年版。]

　　④ 叶启政：《从社会学研究的既有性格论社会学研究中国化的方向与问题》，载杨国枢、文崇一主编：《社会及行为科学研究的中国化》，台北"中研院"民族学研究所 1982 年版。

　　⑤ 刘东：《熬成传统——写给〈海外中国研究丛书〉十五周年》，《开放时代》2004 年第 6 期。

的。正是因为全球化，因为中国有几分主动又有几分被动地卷入这个"整个世界正在变成一个单一的场所的过程"①，一方面，中国社会科学正在积极介入国际学术界、寻求其学术活动和研究成果的"国际化"，并因此察觉且不满于在国际社会科学界尤其是国际中国学界所处的"边际性地位"（因为这毕竟是关于自己祖国的知识体系），他们开始积极吁求在"中国研究"中恢复表述的双向性或确立中国学术的主体性；②另一方面，随着研究视角的改变，更主要地是随着西方和非西方国家接触中国便捷性的提高，在海外中国研究领域也出现了两种有助于国际视野形成的趋势：其一，20世纪80年代后由柯文提出的"中国中心论"的观点尽管仍然存在"主体悬置"的问题，但毕竟已经看到了先前的中国研究存在将中国以及整个东方视为不属于自己的"他者"（the other）并加以定义和阐释的不足；其二，与柯文十分相似的是，非中国的研究者为了真正获得理解中国这个"他者"的能力，也在尝试通过沟口雄三所说的"他者化"而成为"中国研究"这个国际性的学术活动的思考或影响对象。

应该承认，不断推进的全球化确实对作为"区域研究"的中国研究产生了相当的影响，也为在这一领域形成一种国际视野提供了可能。具体说来：（1）全球性的生产和市场的形成，如石之渝所言，模糊了先前"客观的区域界线，以地理疆域界定的研究对象，已经溢出了疆界……迫使研究课题由国家行为者转向低层次的行为者"，民族国家象征的意义消解，使得中国与西方或中国与世界的对峙相对弱化；（2）全球性的劳动力市场的形成，促进了不同国籍的研究者在全球范围内的"跨界"流动，这混淆了社会科学家的主体意识，而在海外中国研究中大批华人学者的加盟，又"动摇了原本欧美学者观察中国时为自己所预设的客观基础"③；（3）全球化的推进不仅带来了不同国家和民族相互理解和认识的必要性，也为实现这种理解和认识提供了现实的基础；在这样的背景下，不仅原先处在劣势的中国学者期待通

① ［美］詹姆斯·米特尔曼：《全球化综合征》，刘得手译，新华出版社2002年版，第4页。

② ［美］黄宗智：《认识中国——走向从实践出发的社会科学》，《中国社会科学》2005年第1期；王铭铭：《西方作为他者——论中国"西方学"的谱系与意义》，世界图书出版公司2007年版，第11页；吕德文：《在中国做海外中国研究》，《社会》2007年第6期。

③ 石之渝：《中国研究文献中的知识伦理问题：拼凑、累读与开展》，载王荣华主编：《多元视野下的中国》，学林出版社2006年版。

过"文化会通"①，"在不同文化之间达成相互理解，进而谋求某种价值共识"②，即使原先处在优势地位的西方学者也能够从批判的立场出发，产生建立一种"超民族"的分析视角的希望。③

需要说明的是，全球化为"中国研究"的国际视野的形成提供了可能，但国际视野的形成并不是一个自发的学术积累过程，而是一个需要我们有意识建构的问题。显然，建构一种真正的能够称之为"国际的"学术视野，不仅需要提升中国学术在"中国研究"中的主体性，打破西方在"中国研究"中的学术霸权，而且也不能仅仅限于致力于确立"双向"或"多元"表述（多元主义的视角并不能够真正调和各种不同视角之间的矛盾），我们还必须像史明所说的那样，力图超越民族国家的立场，在全球语境中形成一种"超民族的视角"。④只有通过在不同的研究主体甚至研究主体和研究客体之间实现"视界融合"，我们才能再造具有国际视野的有关中国的新的认知模式。

三、"中国研究"的本土意义

再造有关中国的新的认知模式，除了国际视野的考量外，还必须关注它的另外一个向量：那就是"中国研究"所具有的本土意义问题。这里所说的本土意义可以有两层不同的含义：其一，发源于西方尤其是美国的海外中国研究，究竟有没有本土意义？即它对我们理解和分析中国和中国社会有无帮助？其二，更重要的是，在西方或美国学者创建的"海外中国研究"的基础上发展而来的"中国研究"，在何种程度上能够通过对中国社会现实资源的运用，对国际社会科学或人类认识系统的

---

① 任剑涛：《文化间的踌躇：中西学者间的汉学与中国学》，载周晓虹、谢曙光主编：《中国研究》（总第5—6期），社会科学文献出版社2007年版。

② 王小章：《中国研究的价值归依：普遍主义抑或特殊主义》，载周晓虹、谢曙光主编：《中国研究》（总第5—6期），社会科学文献出版社2007年版。

③ ［德］史明：《中国研究的国际化：国际中国研究的构架及其价值与视角》，载周晓虹、谢曙光主编：《中国研究》（总第5—6期），社会科学文献出版社2007年版。

④ 当然，这种视角的形成可能是阶段性的，在最近的将来，对致力于中国研究的学者们来说，也许更重要的是先建立一种超越民族国家立场的"亚洲视角"。这种创建亚洲"知识共同体"的吁求获得了来自不同亚洲国家和地区的学者们的认同（参见葛兆光、陈光兴、杜赞奇和沟口雄三的相关论述），以致石之渝会说，"把中国放进亚洲而削减民族的身份是未来十年中国学研究的趋势"［参见黄凯峰：《和衷共济：中国与世界的共存之道——第三届世界中国学论坛海外学者观点评述》，《社会科学》2009年第2期］。

发展作出自己的本土贡献？显然，这两层含义都涉及帕森斯提出的普遍主义和特殊主义两种价值倾向。就第一层含义而言，它涉及受西方社会科学的普遍律则所支配的"海外中国研究"是否能够解释中国社会的特殊现实的问题；就第二层含义而言，它涉及来自中国特殊的社会现实的经验与知识在何种程度上能够"与人类普遍性的行为律则理论衔接"[①] 的问题。

先来看"海外中国研究"的本土意义问题。诚然，自 20 世纪 50 年代费正清创建这一领域开始，作为区域研究的"中国研究"一直受到具有西方中心主义色彩的社会科学一般理论的影响或左右。不仅韦伯的"理性资本主义在中国能否存在"的命题影响到费正清的"冲击—回应"模式的提出，而且当时他还邀请同在哈佛大学任教的政治学家卡尔·费里德里奇、经济学家爱德华·梅森和社会学家塔尔科特·帕森斯，用最简要的词汇概括各自学科的基本原理，用这些原理简要解释中国的具体情况，并坦陈由此获益匪浅。[②] 费正清之后，无论是历史学的路径还是社会学的路径，在相当长的时间里也都存在着通过西方来看东方、看中国的偏颇。借用萨义德（Edward Wadie Said，1935—2003）的观点，在这种含有东方学性质的知识体系中，有关"中国"的表述实际上是镶嵌在西方研究者的语言中的，因此也是镶嵌在他们所处的制度、文化和政治环境中的。这使所有对东方主义怀有警惕的学者都不能不对这套知识体系与中国现实间的吻合程度发生怀疑。

不过，无论是怀疑还是不满，我们还是不能全盘否定"海外中国研究"对认识和分析中国社会所具有的本土意义。这样说的理由在于，首先，无论是作为一般意义上的人类社会成员，还是作为处在某一特定时期的社会结构中的人，中国人及由中国人所组成的中国社会，和包括西方社会在内的人类群体之间除了可以肯定的差异以外，一定也具有相当大的一致性与普遍性。我觉得，先前的"海外中国研究"以及各种不同的区域研究中存在的西方中心主义或东方主义，都是通过将中国或东方的普遍性特殊化，以及与此同时将西方的特殊性普遍化形成的。因此，在力求"还原西方普遍性话语的特殊性"[③] 的同时，我们一样有必要揭示或承认自己的普遍

① 石之渝：《中国研究文献中的知识伦理问题：拼凑、累读与开展》，载王荣华主编：《多元视野下的中国》，学林出版社 2006 年版。

② [美] 费正清：《费正清对华回忆录》，陆惠勤、陈祖怀等译，知识出版社 1991 年版，第 395 页。

③ 于治中：《全球化之下的中国研究》，《读书》2007 年第 3 期。

性的一面。否则，中国或东方就只能永远是具有特殊意义的"他者"。正是在这样的意义上，我觉得在先前的海外中国研究中，并不都是盲人摸象的分析与结论，研究者们根据西方社会科学的一般流行概念和方法所做的中国研究，在某种程度上还是还原或揭示了中国社会的本来面目或内在规则。以在"中国研究"领域一直广泛存在争议的历史学路径下的"传统—现代模式"（包括此前的"冲击—回应模式"和此后的"帝国主义模式"）与社会学路径下的"国家—社会模式"为例，前一种模式虽然存在以西方经验来替代中国道路、将西方化视为现代化的偏颇，但它毕竟部分揭示了近代中国社会在"西方冲击"（或侵略）下被迫转型的历史事实；后一种模式虽然也存在以西方历史中派生出来的分析模式来说明中国社会的历史和现实的倾向，并且在许多研究中为了契合国家—社会的分析范式而虚拟或夸大了社会的实在情景，但它毕竟同样部分揭示了在当代中国社会的发展中，国家与其权力运作的对应部分（你可以称之为社会，也可以称之为民间或民间社会）一直存在着不容忽视的结构性紧张。

　　其次，对社会心理学略有了解的人都知道，在自我的建构过程中他人或他者是不可或缺的，任何主体性都建立在对相关客体的了解基础之上。社会学家查尔斯·库利（Charles Horton Cooley，1864—1929）用"镜中我"（a looking-glass ego）的概念来说明，每个他人都是自我的一面镜子，而每种社会关系也都反映着自我。费孝通形象地将自我的获得途径称为"我看人看我"[1]，而米德（George Herbert Mead，1863—1931）则进一步提出，这个他人常常不是一个而是一组，他将这种"赋予个体以自我统一性的有组织的共同体或社会群体"称作"概化他人"（generalized other）。[2] 其实，更早一些，黑格尔（Georg Wilhelm Friedrich Hegel，1770—1831）在《精神现象学》中就描述过，自我或自我意识是如何经过它的对象而获得自身的存在的。回到我们的主题上，既然现代社会科学体系源自西方，关于中国及我们生活于其间的中国社会的表述也只能在这一概念框架中进行，那么，我们大概确实"无法跳出世界历史的语境讨论中国，更无法在西方之外建构出一个自

---

① 费孝通：《我看人看我》，《读书》1983 年第 3 期。

② George Herbert Mead, *Mind, Self, and Society: From the Standpoint of a Social Behaviorist*, Chicago: University of Chicago Press, 1934/1962, p.154.

给自足的中国"①。一句话，海外中国研究对我们认识自我或建构自己的主体性还是具有本土意义的。

再次，退一万步说，即使用西方中心论和西方经验来解释中国的东方学视角，不可避免地会导致对中国的误读，但这种误读如任剑涛所言也并非没有价值。②误读的价值除了为西方人了解中国提供了粗略的线索，并进一步使人们意识到理解中国或中国文化的艰巨性外，它也推动了中国学者尝试着转换解读的立场，即在"中国研究"中力求采取中国主位之立场，或者确立中国在"中国研究"中的主体性。现在我们看到，积极呼求在"中国研究"中确立中国学术主体性的学者，大多有留学英美或迻译西学的经历。也就是说，对中国及中国学术主体性的追求，确实首先是通过对"海外中国研究"的反思凸显出来的。③

接着来看"中国研究"是否有可能对社会科学的发展作出自己的本土贡献。这样的讨论基于中国社会这三十年来的巨大转型以及因此获得的中国经验的意义提升。对"中国研究"的历史有所了解的人都知道，在1978年的改革开放前，中国对西方人的日常生活影响很小，因此"中国研究"的观察家们像傅高义所说，除了是"冷淡的冷战斗士"和"过于自信的道德家"外，还是"边缘化的社会科学家"。④但是，经过三十年的改革开放，中国发生了巨大的变化，在其全球影响力提高的同时，从中国社会的转型中获得的所谓中国经验开始具备了向外推演或表述的意义，这使得"中国研究"的边缘地位获得了鲜明的改善。人们开始意识到，获自中国三十年改革开放的经验教训或许也能够为解释或解决世界上其他地区的发展问题提供有效的思路。如此，"中国研究"如裴宜理（Elizabeth Perry，1948—　）教授所言，就有可能从一个单纯的学术"消费领域"逐渐成长为一个"生产领域"。⑤

① 于治中：《全球化之下的中国研究》，《读书》2007年第3期。

② 任剑涛：《文化间的踌躇：中西学者间的汉学与中国学》，载周晓虹、谢曙光主编：《中国研究》（总第5—6期），社会科学文献出版社2007年版。

③ 吕德文：《在中国做"海外中国研究"》，《社会》2007年第6期。

④ Ezra F. Vogel, "Contemporary China Studies in North America: Marginals in a Superpower," In Hsin-chi Kuan (ed.), *The Development of Contemporary China Studies*, Tokyo: The Center of East Asian Cultural Studies for Unesco, 1994, p.189.

⑤ Elizabeth Perry, "Partners at Fifty: American China Studies and PRC," Washington: Paper for Conference on Trends in China Watching, 1999.

从对社会科学和人类一般性知识体系的贡献而言，我们起码可以从这样两个方面去理解"中国研究"的本土意义：（1）中华人民共和国成立以来尤其是改革开放以来的成就与进步，不仅影响到现有的世界经济和政治格局，而且也使人意识到从中进行学术转换的潜在可能性。熟知西方社会科学发展历史的人都知道，其内在的主要成就和基本律则基本都来自从17世纪开始到20世纪为止的那场所谓从传统到现代的大变革。说简单一些，变革的路径及其动因分析，就是西方或现代社会科学的全部知识遗产。既然现有的社会科学知识是西方社会的变革之子，那么你就会像黄万盛一样十分自然地想到："中国这么巨大的变化不能转变为学术，这无论对中国还是西方都是巨大的损失。"[1]（2）中国的崛起及在此过程中形成的中国经验与中国体验，或"中国模式"与"北京共识"，因其发展和意义的独特性，使人们尤其是从事"中国研究"的学者们意识到能够成为他们从事具有原创性的理论提升的经验来源。如此，我们也能够像林南一样深信，"对这些东方模式的认知，不仅给了我们希望，也给了我们线索去建构或再建构理论"。并且，最为重要的是，如果我们承认中国经验同样也有（不同程度上的）普遍性的价值和意义，那么，"一个理论图式无论在西方或是在东方形成，它都有可能超越社会界限去解释经验现象"。[2]我深信，东方和西方也许并没有我们想象的那么多的不同，以往在西方形成的理论图式和未来在东方形成的理论图式的差异，可能只是我们在不同的发展时期触摸到的人类不同的发展侧面而已。

四、朝向一种主客体并置的新范式

如果说"中国研究"的国际视野需要我们有意识地建构，那么这一研究领域的本土意义同样不会是一个自然的学术积累过程。无论是将中国的社会转型转化为学术资源，还是从中国经验中概括出具有原创性的社会科学理论范式，都一样需要对现有的社会科学范式进行创造性的转化。具体到"中国研究"中，一种具有本土意义的国际视野的形成，有赖于在不同的研究主体甚至在研究主体和研究客体之间实

---

[1] 黄万盛、刘涛：《全球化时代的中国价值》，《开放时代》2009年第7期。

[2] 林南：《中国研究如何为社会学理论做贡献》，载周晓虹主编：《中国社会与中国研究》，社会科学文献出版社2004年版，第92、91页。

现"视界融合"，这就是主客体并置的新范式。①

提倡在不同的研究主体之间实现"视界融合"，首先需要在"中国研究"中确立中国学术的主体性，改变以舶来的概念构架和西方经验来分析中国社会的基本研究路径；其次需要在"中国研究"中承认多元主体性，也就是说，在今天这样一个全球化的时代，在"中国研究"逐渐成为一种国际社会科学的共同论域的过程中，我们不应以一种主体性取代另一种主体性。就第一点而言，确立中国学术在"中国研究"乃至现代社会科学中的主体性问题，并不单单取决于有多少中国学生和学者从国际性大学获得学位、参与国际性的学术活动，甚至也不取决于包括语言在内的从事国际学术交流的能力，中国与西方的关系或中国在国际事务中的重要性，以及研究者"对中国现实问题的关怀"程度。从本质上说，它取决于我们是否有能力运用中国的经验或沟口雄三所说的中国的"方法"，重新界定已经为西方学术话语界定的那些涉及人类社会行为的普遍性律则。而就第二点而言，我和沟口雄三一样，也认为并非只存在一种主体性，"认识中国"的重任也并非只能由中国学者来独立担当。② 既然"中国研究"已经逐渐成为一项全球性的学术活动，在不久的将来包括韩国、越南、印度和俄罗斯在内的研究者都有可能产生在"中国研究"中确立自己的主体性的吁求，我们就应该在承认各式各样的学术主体性的基础上，通过多元文化的交流实现视界的融合。

提倡在研究主体和研究客体之间实现"视界融合"，首先涉及在"中国研究"中，非中国的研究者为了获得真正理解中国这个研究客体或"他者"的能力，是否能够通过沟口雄三所倡导的"他者化"，在作为"中国研究"的主体的同时也成为这个国际性的学术活动的思考或影响对象；其次涉及包括中国和非中国在内的研究者即研究主体，是否有可能与被研究者即研究客体（同时也是行动主体）之间达成某种认识上的共通性，即形成研究者（认识主体）和被研究者（行动主体）之间的"视界融合"。就第一点而言，客观地说，沟口雄三所说的"他者化"并非始于

① 周晓虹：《中国研究的可能立场与范式重构》，《社会学研究》2010 年第 2 期。

② 在前引的文献中，任剑涛已经通过对陈平原与顾彬之争的分析，否认了从内部观察中国一定比从外部观察中国更优越的想象；赵旭东则进一步提出，因为受制于各种制度安排，而且受到自身经济与社会需求的驱使，使得处在某种社会位置上的本土研究者可能出现的偏差，往往比置身事外的国际研究者还严重得多（赵旭东：《反思本土文化建构》，北京大学出版社 2003 年版，第 204 页）。

今天，即使在殖民主义盛行于西方之际，那些对非西方文明抱以同情之心的人类学家们也做过这种有意识的系统努力。比如，马林诺夫斯基（Malinowski Bronislaw Kaspar，1884—1942）就一直倡导"主位研究"，即以文化持有者内部的眼界，去"洞悉土著民族的内心世界"。① 客观地说，这种"他者化"的努力在西方研究东方的过程中一直没有间断，以致石之渝会感慨万分地说道："令人回味的是：关于中国中心的研究观点不是以中国为母语的学者提出来的。"② 我觉得，在"中国研究"中，或像沟口雄三所说"把自己作为异国文化中之人"，或像柯文所说以中国人的立场看待中国，确实有利于研究主体（外国人）和研究客体（中国）之间的视界融合。不过，相比之下，第二点可能更为困难，那就是如何在研究者和被研究者之间达成"视界融合"。我这里所指的研究者不仅包括非中国人，也包括中国人，即使中国的研究者与其研究对象普通中国人之间的差异，我想也不会小于中国研究者和非中国研究者之间的差异。赵旭东在反思中国乡村研究模式时指出，我们所以无法摆脱将中国乡村视为有问题的乡村的思考模式，是因为我们这些研究者一直在运用自己接纳的现代性观念表述农村，并将近代以来的中国农村塑造成了与城市文明相对立的他者。在这样的结构关系中，乡村和农民自然都成了需要表述或"被表述"的对象。显然，在这样的案例中，中国的研究者们离西方的研究者更近，而离他们欲图研究的人民更远。如果我们真的能够意识到这点，意识到也应该站在乡民的立场上看待现时的中国乡村及乡村治理的策略，就像加加美光行所说，在环境污染的研究中只有全面考察造成污染的化工厂、当地居民、中央和地方政府、当地大学的研究者以及外国研究者表现出的不同的立场、价值和态度，也许才能发现真正的解决之道，③ 并使我们所参与的"中国研究"成为赵旭东所说的"自己看自己"的生活实践④。

---

① ［美］巴尔诺：《人格：文化的积淀》，周晓虹等译，辽宁人民出版社1988年版，第248页。

② 黄凯峰：《和衷共济：中国与世界的共存之道——第三届世界中国学论坛海外学者观点评述》，《社会科学》2009年第2期。

③ Mitsuyuki Kagami, "A New Paradigm for Modern Chinaology: A Call for Co-Behaviorism," in Kawai, Shinichi (ed.), *New Challenges and Perspectives of Modern Chinese Studies*, Tokyo: Universal Academy Press, Inc., 2008, p.29.

④ 赵旭东：《从"问题中国"到"理解中国"》，《社会科学》2009年第2期。

　　上述思路一方面承认在"中国研究"中研究主体的多元性，另一方面也呼吁将研究客体或实践主体与前者相并置、互为关照。因为这种主客体的并置实现了多元主体性，或者说没有用一种主体性取代另一种主体性，才使得我们有可能在不同的主体之间获得某种共通性，抑或如胡塞尔所说的交互主体性或"主体间性"（inter-subjectivity）。这样我们就有可能形成"视界融合"，站在他人的立场上去理解他人（也包括理解自己），由"交互主体性互相地构造客观的世界"。[1] 并且我也相信，通过"视界融合"获得的那些共通性的知识，一部分有助于人们意识到中国社会的特殊性，一部分有助于人们将其与人类普遍性的行为律则相衔接。在这样的路径下，"中国研究"就一定能够获得自己的创造性转化和新的生命。

原刊《学术月刊》2010 年第 9 期

---

[1] 倪梁康主编：《胡塞尔选集》，上海三联书店 1997 年版，第 894 页。

中国学术国际话语权的
立体化建构

胡钦太[*]

    自 20 世纪 80 年代开始，无论是自然科学还是人文社会科学领域，中国均大量引进了西方的学术成果，国内高校和研究机构也不遗余力地联系海外学者并将国内学者海外学术交流项目常规化。尽管中国学术界努力与国际接轨，却仍未改变自近代以来逐渐确立的以欧美等西方国家为中心的学术知识生产体系，学术研究的前沿方向、研究评价标准和学术研究的资源平台几乎都由西方国家统领。尤其是国内中青年学者受西方学术思维的影响较大，总体上已构建了一整套西方的学术话语体系和学术评价体系，从而使得中国学术仍处于依附地位，国际话语权微弱。最明显的例子是近年来国际学术界对"中国模式"（也称"中国道路"）的热烈讨论。实际上，"中国模式"由提出到进入国际视野进而成为学术研究热点，这背后都是以欧美为主的西方学者和具有官方背景的研究机构所推动的；相比之下，中国学术界在舆论导向上处于被动一方，对"中国模式"的研究反应滞后，国内学者的观点和相关议题并未及时传播到国际学术界。这种现象，与近年来中国综合实力的崛起并不相称。那么，中国学术国际化的目标是什么？中国学术国际化过程出现了什么困境？面对越来越以软实力占据国际高地的竞争趋势，中国学术应走什么样的发展路线？

---

  * 作者为华南师范大学副校长，教授。

一、学术话语权的基本逻辑维度考量

中国学术国际化呈现"外冷内热""外强中弱"的困局，这与以往比较重视学术国际化的表面形式而忽视其根本目标有很大关系。学术作为公共知识生产，既有交流与共享的特性，又有国家和社会群体的利益作为后盾。无论从学术本身的发展还是从背后的国家利益考虑，学术国际化最重要的目标是增强一国学术话语权以谋求国际领先地位。

学术话语权的实质，"就是在学术领域中，说话权利和说话权力的统一，话语资格和话语权威的统一，也就是'权'的主体方面与客体方面的统一。权利着重指行动者作为主体所具有的话语自由；权力则着重指主体作为权威话语者对客体的多方面影响"①。从这一意义上说，中国学术国际话语权不应只停留在能说话的地步，还要将话说清楚、说动听，从而影响国外学者的研究取向、国际学术评价标准的改变。也就是说，当前中国学术国际化的目标是争取更具"权力"分量的学术话语权：注重说话主体具有影响对方意愿或选择的隐性权力，通过国内学术话语的生产和传播来提升中国的软实力。

学术话语权是知识生产与知识传播的结果，较一般话语权而言有特定的因素和建构过程。学术话语权首先是立足于主体所进行的知识生产情况，即学术研究的质量；其次要经历外界对学术成果的认知和接受，即一整套由外部制定并操作的学术评价标准和体系；再次是展示和传播学术成果的媒介载体，即学术传播的平台。三者共同建构学术话语权，直接影响学术话语权的大小和作用范围。

（一）质量是学术话语权的逻辑起点

学术质量是形成学术话语权的核心要素。无论学术评价还是学术平台，其宗旨都是为了反映和提升学术质量。强势学术话语权离不开高水平的学术质量——具备较发达的自然科学和人文社会科学。要提升学术话语权，首先要树立学术质量意识，区分学术质量的层次，诊断学术研究成果的规范性、创新性、社会价值性。由此涉及一个基本问题：如何界定学术质量？我们可以从 20 世纪 90 年代管理学提出的卓越绩效管理理论受到启发。

---

① 郑杭生：《学术话语权与中国社会学发展》，《中国社会科学》2011 年第 2 期。

卓越绩效管理理论强调企业进行生产应以过程为中心，注重对产品生产过程的控制；以顾客和市场为关注焦点，鼓励管理创新；关注未来，追求持续稳定发展，重视结果和创造价值，建立学习型组织和个人。卓越绩效管理理论对于质量的理解是整合的、系统的，它体现的是过程与结果并重观、持续稳定发展观以及创新观，是对以往只注重结果和量化数据的质量观念的革新。尽管学术话语生产与企业生产有很大区别，但以卓越替代传统质量的观念值得我们在学术质量的界定上深思。

美国学者格威狄·博格等人吸收卓越绩效管理理论后提出自己对学术质量的理解："质量保障不仅仅是一种体系或是技术，还是一种涵盖道德良心和能力的工程。……我们更多地将重点都集中在质量定义和测量的哲学和技术内在关联的争论上。这样的争论使我们对质量保证所付出的努力僵化在那里。"[1] "质量是根植于数字和精神层面的。"[2] 由于学术话语以人的主观意识形式表现出来，对于学术质量的界定就要考虑到知识生产的特殊规律。因此，理解学术质量要考虑两个方面：一是学术成果符合学术规范，即遵循学术界一般公认的、比较标准的研究程序、操作方式和文本形式，这关乎选题、资料、援引、写作等各个学术研究环节；二是学术成果具有创新性，即区别于学术界嗤之以鼻却又不断出现的低水平重复研究。[3] 学术是专业、严谨的，这是国际共识。只有从源头上讲出有内容、有质量的学术话语，才能吸引国际学术界的目光，为学术影响力的扩大打下基础。

（二）评价是学术话语权的过程要素

学术话语的生产并非一蹴而就，好的学术话语具有持续的学术影响力。而对于学术话语的权力感知，则依赖于除学术话语生产者以外的外界机制——学术评价标准或评价体系对学术话语的鉴别和认可。学术评价是为了客观反映学术研究水平，令内部学术成果获得较公正合理的外部认知，使对方了解到学术话语的内容、质量，从而感受到其中的影响力。因此，学术评价是以提高学术质量为其价值目标的

---

[1] ［美］格威狄·博格、金伯利·宾汉·霍尔:《高等教育中的质量与问责》，毛亚庆、刘冷馨译，北京师范大学出版社 2008 年版，第 5 页。

[2] ［美］格威狄·博格、金伯利·宾汉·霍尔:《高等教育中的质量与问责》，毛亚庆、刘冷馨译，北京师范大学出版社 2008 年版，第 9 页。

[3] 时殷弘:《人文社会科学研究的学术质量评判问题》，载《中国书评》第五辑，上海人民出版社 2006 年版，第 55 页。

一套制度和标准，它是建构学术话语权的过程要素。学者叶继元认为："学术评价是指根据一定的目的和标准，采用一定的理论和方法，对学术成果、人员、机构、学术媒体展开的价值判断活动，以衡量学术活动及其相关事项的有无、多少、作用和价值。"①如此说来，学术评价标准或评价体系本身对学术研究带有导向性，是引起学术繁荣和学术共鸣的"加速器"。

欧美尤其是美国学术国际话语权的强势，与其不断改进的学术评价体系密切相关。第二次世界大战结束后，美国高校曾一度将学术狭隘地等同于研究，进而将研究等同于发表论著的数量，忽略了学术知识的传播和应用。在这种认知下，学术评价和奖励制度与学术地位挂钩，研究型高校教师得不到应有的鼓励，这对大学学术生产和学生的培养产生了消极的影响。20世纪80年代，美国高教界意识到问题的严重性，并进行深刻的学术反思。这场反思带来最重要的结果是拓宽对学术的理解。对于学者的学术评价，除了量化评价以外还注重同行评议，包括专业同行对学者学术成果和学者个人学术品质的评价；除了学术研究以外还注重对教师教学情况的评价，辅以学生评定制。考虑到学术活动的长期性和复杂性，在学术评价强调结果的同时也予以阶段性划分。日本从明治维新开始，走了一条"借鉴超越"的学术国际化发展道路。20世纪90年代末，日本高校的学术评价体系开始借鉴美国，并渐具特色。学术评价体系从大学自我内部评价逐渐转变为由大学、政府以及中立的专业团体三方组成的评价体系，并且偏重向第三方——中立的专业团体评价转换。②政府行政权力对高校教师及科研人员的学术评价干涉减少了，依据中立的专业团体评价能更多地发挥专业的作用。这种制度有利于对科研人员的学术水平做出相对客观的评价。相应地，学术职称的评定也不与行政级别挂钩，更主要地从学术水平上来甄别学者水平的高低。综合美日学术评价体系可以看出，学术评价的核心功能是：保证和激励高校教师和科研人员的学术创新能力，引导从追求成果的数量转向追求成果的质量，驱动本国学术走向国际领先地位，维持强势的学术话语权。

---

① 叶继元：《人文社会科学评价体系探讨》，《南京大学学报》(哲学·人文科学·社会科学) 2010年第1期。

② 有本章：《变化中的日本学术评价体系：从自我评价向第三方评价的转换》，《国家教育行政学院学报》2006年第12期。

（三）平台是学术话语权的主要载体

学术话语的传播必须借助一定的媒介，因为强大的媒介会对学术话语权的提升起到事半功倍的效果。具体来说，学术期刊和学术检索系统是当今学术研究成果发表和传播的平台，也是构成学术话语权的主要媒介载体。从现实历史来看，学术成果（学术论文）、学术期刊和学术检索系统三者几乎是互为增强的关系。美国顶级科技期刊的高知名度，最初源于其收录论文本身的学术价值。随着每期论文学术影响力的与日俱增，刊物的知名度也似"滚雪球"地产生集聚效应，最后形成学术界公认的权威期刊。多数研究者希望借助权威期刊扩大其研究成果的影响力。事实上，即使论文稿源众多，筛选出来的也并非篇篇都是经典之作。然而学术论文一旦经专业权威期刊发表，则或多或少沾上权威刊物的知名度，产生类似于社会心理学提出的"晕轮效应"①。另一个现实例子是，当今国际最著名的三大科技论文检索系统"SCI"（科学引文索引）、"EI"（工程索引）、"ISTP"（科技会议录索引）和两大人文社科论文检索系统"SSCI"（社会科学引文索引）、"AHCI"（艺术与人文科学引文索引）几乎成为各国学术期刊扩大国际学术影响力的主要途径，也是各国研究者了解国际学术动态、提升学术成果国际影响力、引导学术研究方向的最主要平台。而这些著名检索系统都由美国相关科研情报机构编辑出版，选刊原则渗透了美国的学术偏好和学术价值标准。由此可见，美国强势的学术国际话语权不仅仅在于科研成果的高质量，也不止于美国开放多元的学术评价机制，还有赖于美国掌握了整合国际学术资源的资源平台，既充当国际学术界的"裁判者"又是"比赛者"。别国研究者若想在国际上获得学术承认，就必须进入美国所构建的学术资源平台，被其中的标准和规范约束，因而受美国学术话语的影响。

总之，学术质量、学术评价和学术平台是提升学术话语权的基本要素。由于知识生产具有个体性和共享性，三者环环相扣，三位一体。中国要提升学术国际话语权，需将三者作为一个系统，将全面的、过程的、可持续的质量理念贯穿在学术研究、学术评价、学术平台的立体化构建之中，以卓越为目标，提升中国学术国际话

---

① "晕轮效应"指人们对他人的认知判断首先主要是根据个人的好恶得出的，然后再从这个判断推论出认知对象的其他品质的现象。如果认知对象被标明是"好"的，他就会被"好"的光圈笼罩着，并被赋予一切好的品质，反之亦然。"晕轮效应"是在人际相互作用过程中形成的一种夸大的社会现象。

语权。

二、中国学术国际话语权演变的历史考量

考察中国学术国际话语权的演变路径，它与历史上中国国际地位的沉浮相一致，与中国学术的质量的波动相一致，经历了从引导者到跟随者到复兴者的演变过程。

1.先秦至明初：以儒学为中心，兼收并蓄，引领东亚文化圈。古代中国国力强盛，建立在农耕生产方式基础上的中华文化蔚为大观，绵延不绝。从先秦时期的诸子蜂起、百家争鸣到秦汉的独尊儒术，从魏晋南北朝的玄学清谈到唐宋时期佛学汉化、文化输出，以及宋明时的程朱理学等，中华文化在世界同时代文化中占有足够分量，吸引了来自世界各地人士的慕名求学。以儒学为例，无论是先秦儒学、汉唐经学、还是宋明理学，都曾长期影响周边国家诸如朝鲜、日本、越南的思想和政治舞台，对西方亦产生影响。明朝万历年间的利玛窦于 1582 年到达中国，在中国生活了二十七年。他将《论语》翻译成了拉丁文，于 1687 年在法国巴黎出版，其后有英文的《论语》在西方流传，这立即成为西方启蒙学者们狂热追逐的对象，欧洲许多有识之士深受启发鼓舞。法兰西启蒙运动杰出先导伏尔泰（Voltaire，1694—1778）说："欧洲的王族和商人发现东方，只晓得追求财富，而哲学家则在那里发现了一个新的精神与物质的世界。"[①] 他赞美孔子"只诉诸道德，不宣传神怪"。德国哲学家和数学家莱布尼兹（Leibnitz，Gottfried Wilhelm von. 1646—1716）和伏尔泰一样，对中国文化特别是孔子思想中的理性救世精神深表景仰。百科全书派的另一位代表人物，法国哲学家霍尔巴赫（Paul Henri Holbach，1723—1789）主张以儒家理性道德观念代替基督教神性道德观念，并且像中国那样把政治和道德结合起来。他说："在这片广大的土地上（中国），道德成为一切理性的人们的唯一宗教。"[②] 中国文化不仅在学术思潮上"东学西渐"，而且在科学技术领域扩大着影响。当西方正值"漫长而黑暗的中世纪"时，中华文明在同时期大踏步前进，形成独具特色的农学、中医药学、天文学和筹算数学这四大传统科学体系，尤以指南针、造纸术、

---

①② 转引自庞忠甲：《孔子密码：儒家学说的现代诠释》，中华书局 2005 年版。

印刷术、火药这四大发明为标志的传统技术更为世人所称道。诚如英国著名科学史家贝尔纳（1901—1971）在为其《历史上的科学》中译本所写的序中说："中国许多世纪以来，一直是人类文明和科学的巨大中心之一。已经可以看出，在西方文艺复兴时期从希腊的抽象数理科学转变为近代机械的、物理的科学的过程中，中国在技术上的贡献指南针、火药、纸和印刷术曾起了作用，而且也许是有决定意义的作用。"① 英国另一位著名科学家弗朗西斯·培根（1561—1626）在其名著《新工具》（1620年）中写道："发明的力量、效能和后果，是会充分看得到的，这从古人所不知且来源不明的俨然是较近的三项发明中表现得再明显不过了，这就是印刷术、火药和磁针。因为这三项发明已经改变了整个世界的面貌和事物的状态……以致任何帝国、任何教派、任何名人对人类事务方面似乎都不及这些机械发明更有力量和影响。"② 19世纪中期，马克思（1818—1883）在《机器·自然力和科学的应用》（1863年）中进一步指出："火药、指南针、印刷术这是预告资产阶级社会到来的三大发明。火药把骑士阶层炸得粉碎，指南针打开了世界市场并建立了殖民地，而印刷术则变成新教的工具，总的来说变成科学复兴的手段，变成对精神发展创造必要前提的最强大的杠杆。"③ 尽管古代中国对于学术研究的规范意识较模糊，但由于文化学术水平和技术水平的先进，中国学术国际话语权处于强势地位，在国际学术界充当引导者的角色。

2. 明中后期至晚清：西学东渐下的惊醒与反思。明朝中后期，中国开始固步自封；到了晚清，在西方列强炮舰政策和先进工业文明、商业文明的共同冲击下，中国国力日渐衰微，建立在农耕生产方式上的中国学术文化也面临生死存亡的转折点，即历史向世界历史转变，工业文明取代农耕文明已成为时代发展的大趋势。这期间，西方国家经过文艺复兴、启蒙时代，从而完成了对封建专制思想的彻底改造；通过工业革命的推动，使得科学技术水平、人文社科知识水平实现了跨越式发展，并利用先进的研究成果逐步建立强势的学术国际话语权。相比之下，晚清王朝仍沉睡在陈旧的科举教育体制和迂腐的学术观念以及"文字狱"式的思想文化氛围中，致使中国学术更为落后。1840年，第一次鸦片战争的炮声令国人惊醒；1894

---

①②③ 王渝生：《解读古代科技"中国高度"》，《新华日报》2012年10月3日。

年，在中日甲午战争中，曾经的学习者日本割中国领土、掠中国金银。这段屈辱的历史，不仅仅是政治上腐败的结果，更是学术上无为的结果。难怪维新运动的先驱谭嗣同望着腐朽即将坠落的清王朝，不禁黯然神伤，大感"世间无物抵春愁，合向苍冥一哭休。四万万人齐下泪，天涯何处是神州"。这期间，中国学术从引导者降格为跟随者，中国基本丧失了学术国际话语权。① 于是，西方的学术门类被移植过来，中国旧有的学术研究成果、学术评价惯例逐渐被近代中国一系列的现代化运动所推翻。同时，清末又是中国近代大学的起步阶段，大学学术评价制度尚未建立，有关学术评价的少许规定仅存在于教员聘任、学术奖励制度之中。

3. 民国：西式教育体制的引进与学术评价制度初建。民国时期，国民政府从西方引入大学教育体制和学术评价制度，中国学术界在动荡的政局中开始了现代意义上的学术研究。民国初期，北洋政府颁布了一系列与大学学术评价制度有关的法规、条例，但由于政局动荡、学术研究成果不多等原因，学术评价制度一直没有付诸实践；南京国民政府成立后，政府加强了对大学学术评价的管理，成立了中央研究院，并设立了中央研究院评议会，负责对学者的学术成就进行总体性评估，还授予符合资格的学者以评议员或者院士等崇高学术荣誉称号。抗日战争时期，国民政府于 1940 年正式成立了教育部学术审议委员会，负责评估和奖励具体的学术成果，使大学学术评价制度更趋完善。② 但国力的衰弱，使得民国学术在内忧外患的年代里发展十分缓慢，学术也不能大踏步走出国门。

4. 今日中国：构建中国风格、中国气派的学术话语权序幕的拉开。新中国成立后，特别是改革开放以来，中国的经济高速发展，综合国力也迅速提升。20 世纪90 年代，中国学术界走向国际化的愿望日趋强烈，提出了国内学术要与国际接轨。在这一背景下，无论是自然科学还是社会科学研究者，都有意识地学习国外先进成果，大量出版学术译著。国家教育行政部门提倡学术成果走向国际，鼓励学者在各专业顶尖国际期刊发表研究成果，并以此设立一系列级别的学术评价制度和学术职称评定制度。尽管付出了相当大的努力，但从总体而言，目前中国在国际学术界只

---

① 杜祖贻：《建立利己利人客观自主的国际学术水平》，载胡显章、杜祖贻、曾国屏：《国家创新系统与学术评价：学术的国际化与自主性》，山东教育出版社 2000 年版，第 6 页。

② 徐斯雄：《民国大学学术评价制度研究》，西南大学博士学位论文 2011 年。

能说实现了"话语权利",而"话语权力"依然十分微弱,任重而道远。

三、中国学术重构国际话语权面临的基本问题

西方学术体系自近代被移植至中国后,经历了近百年的本土化过程。现实状况是,当代中国的传统学术资源和根基已被边缘化,而外来的西方学术核心精神又未被完全领会和制度化。这使得中国"亦步亦趋"的学术国际化模式[①]产生一系列问题,也成为中国学术重构国际话语权所必须正视的基本问题。

（一）质量与数量的结构性失衡

1. 以数量为重的中国学术国际化"繁荣"现状。近年来,中国学术研究成果大步迈向国际化,这主要体现在,被国际著名检索系统收录的论文数量大,尤其是自然应用类学科,国际化程度较高。据中国科学技术信息研究所统计,从2001年至2011年11月1日为止,"SCI"数据库收录中国科技论文(含港澳地区)83.63万篇。仅2010年,就收录中国科技论文(含港澳地区)14.84万篇,占世界总数的10.4%。其中,中国大陆共计发表论文12.15万篇,占世界总数的8.6%,排在世界第二位,仅次于美国。[②]从图1可见,中国科研国际论文数量在2006年以后出现了较大飞跃。

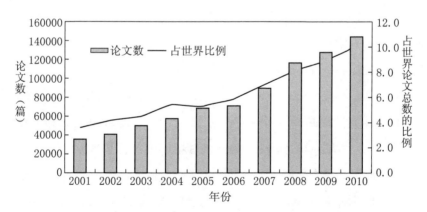

图1 "SCI"收录中国科技论文占世界论文总数比例的变化趋势

与自然科学庞大的国际论文数量相比,中国人文社会科学领域国际化程度偏

① 杜祖贻:《建立利己利人客观自主的国际学术水平》,载胡显章、杜祖贻、曾国屏:《国家创新系统与学术评价: 学术的国际化与自主性》,山东教育出版社2000年版,第6页。

② 张蕾、袁于飞:《看中国科技论文的一"喜"一"忧"》,《光明日报》2011年4月4日。

低，但与前些年相比，发表的国际论文数量总体呈增长态势。2010 年"SSCI"数据库收录中国论文（含港澳地区）为 5287 篇，占世界论文总数的 2.41%，比 2009 年增加了 223 篇；按论文总量排序居世界第八位，较 2009 年上升一位，其中收录中国大陆论文 5393 篇，以中国机构为第一署名单位的论文为 2304 篇。①

2. 缺失质量的中国学术国际化"尴尬"实情。这些为数众多的中国国际学术论文，它们的质量如何？即学术论文影响力处于国际上哪个水平？中国科学技术信息研究所数据表明，从 2001 年到 2011 年 11 月 1 日止，"SCI"收录中国科技人员的国际论文平均每篇被引用 6.21 次，尽管较 2010 年的统计次数（5.87 次）有所提高，但世界平均值为 10.71 次。中国科技论文的学术质量与国际整体水平相比，仍有一段不小的距离。② 至于中国人文社会科学领域，2010 年被"SSCI"数据库收录的 5393 篇论文里，有 624 篇论文在当年被引用，仅占总数的 11.6%，其中以中国机构为第一署名单位的 249 篇论文，被引用 10 次以上的仅 3 篇。③ 中国各学科论文在 2001—2011 年被引用次数处于世界前 1% 的高被引论文数量为 5856 篇，排在世界第六位。而处于首位的美国高被引论文数量达 55953 篇，位于第二位的英国和第三位的德国高被引论文数量分别为 12232 篇和 11391 篇。④ 从这些数据可见，中国学术的国际影响力极其有限，目前仍属于"跟随者"，踏着以欧美国家为主导的学术科研步伐。

另一方面，中国学术期刊的国际影响力也非常有限，与中国不断增加的国际论文数量并不相称。2011 年，中国进入国际著名检索系统"SCI"的期刊为 156 种，虽然较 2001 年的 67 种增长一倍多，但影响因子大多在 0.3—1.5 之间，超过 3 的学术期刊屈指可数。然而，英国著名刊物《自然》2011 年的影响因子达 36.101，美国知名刊物《科学》2011 年的影响因子为 31.364。从引文分析的角度看，中国入选期刊与国际一些权威期刊相比影响力差距甚远。这说明，中国期刊国际化仍处于初级阶段。中国学术若仅仅依赖相对庞大的数量而忽视了国际认可的质量，又不重视学术平台建设的话，就不能从根本上提升学术国际话语权。

（二）评价体系错位以及学术标准功利化偏移

尽管中国学术在自身评价体系上不断向国际主流评价体系进行学习和借鉴，但

---

① ② ③ ④ 张蕾、袁于飞：《看中国科技论文的一"喜"一"忧"》，《光明日报》2011 年 4 月 4 日。

是中国化下的学术评价体系囿于具体国情，从而存在评价体系的错位和学术标准功利化偏移。

1. 评价标准未考虑学术分科的复杂性和专业性，实行"一刀切"。统一的体系要求看起来似乎很公平，但学科的性质及其具体特点不同，论文的要求也应不同。对于基础学科来说，应偏重长期积淀，因为一个新的理论体系有时要耗费学者一生的精力。而对于应用学科来说，更关注其时效性、可操作性。即使是同样性质的学科，也有自己具体的传统。例如，在人文学科中，历史学内部门类繁多，且可细分为史学理论和专门史；自然科学中的物理学又可分为理论物理学和实验物理学，各自的要求和成果的产出率不尽相同。由此可见，采取一刀切的办法只会引发人们偏重应用学科研究，忽视基础学科研究。而基础学科的突破，是应用学科发展的基石和不竭动力。

2. 评价体系量化取向严重。学术评价体系应坚持定量和定性两大维度，但由于定性不易把握，故而在现行体系具体设计过程中凸显了量化指标，即发的越多越能获取有利的评价效果，客观上为一些论文批量生产者提供了政策上的诱导。在学术评价与学术职称评定相互交织、行政权力广泛介入的前提下，评价体系被行政权力掏空，沦为行政权力干预学术利益分配的手段。而行政权力为了操作上的方便性，加强了量化评价，过分数量化。造成的后果是，大量平庸、重复之作或中等水平的文章、著作充斥其间，甚至有意抄袭、造假之作也应运而生，使得具有原始创新的成果鲜见，大师级学者难出，反过来违背了学术评价的初衷，即客观公正地反映学者研究水平。

3. 评价标准功利化偏移。学术评价标准理应由权威的评价机构来制定，但是在职称、论文数量及其档次的诱惑下，评价标准倾向于功利化。见怪不怪的现象是：论文数量就是生产力，行政权力包打天下。于是，就有了为课题跑"部""钱"进，出现"傍大树""抱大腿"的学术生态。正如学者蔡曙山说："目前最令学界担忧的是各种名目的圈内评奖活动。"[①] 为了证明出版的著作的档次，出版管理部门、学术和科研管理部门或学术组织每年都要组织评奖活动。这些活动中的评委既当裁判员又当运动员，结果是人情关系左右评价结果。更有甚者，一些学术期刊背靠行政权

---

① 刘景钊、蔡曙山：《20世纪西方哲学的主流与中国学术的国际化——蔡曙山教授访谈录》，《晋阳学刊》2006年第2期。

力，借发表论文向投稿者进行寻租，大肆收取版面费。其后果是滋生学术掮客，扼杀学者个性，推动全民学术泡沫，诱发资源外流，误识良莠人才。

（三）国际化的传播平台建设的滞后

国际化的传播平台既是中国学术走向世界、也是世界学人了解中国学术的窗口。但是，中国的学术平台建设尽管在借鉴发达国家的学术论坛、学术合作项目、互派访问学者等形式方面取得了较好效果，却依然存在如下问题。

1. 国内评价机制导向国际水准，促使优秀论文外流严重。长期以来，具有国际知名学术论文检索系统（如"SCI""SSCI""AHCI"三大科学引文索引收录的学术期刊）都由欧美发达国家所主导。这种主导，意味着对话语权的掌控，意味着巨大的产权利益的归属。三大权威检索平台通过较小代价收录权威期刊，不断增强国际影响力；相反，国内的中国知网、万方、维普等数据库起步较晚，能收录的大多是国内刊物，并且国内核心期刊在质量、规范和评价机制上不尽如人意，因此出现国内优秀论文大量外流。早在 2007 年 6 月的两院院士大会上，中国科学院院士王鼎盛就曾经以物理期刊和物理论文为例，探讨了影响因子带来的"误区"。他在报告中指出，2006 年的统计数字表明，国产物理论文中具有国际交流价值的每年达 2 万篇，但是 5 个主要国内物理学刊物仅刊登了其中的 3400 余篇，约占 18%。从这些统计数据可看到，现今国内更多优秀论文流向了国外期刊。[①]

2. 平台管理理念与运营模式滞后。首先，目前中国的学术期刊绝大部分都不是市场经济条件下的产物，而是在带有强烈行政性质和计划经济色彩体制管理下的产物。大部分期刊内部组织结构官僚化严重，主编一般不参与具体的编辑部日常工作，聚集着很多院士级和教授级的编委会委员多数也不会参与期刊稿件的处理工作，于是常务副主编、编辑部主任和责任编辑成为了编辑部具体工作负责人。专家评审显然在平台管理上有名无实。其次，大部分科技期刊的人事、经费和财务的管理权都在承办单位手里，科技期刊的规模和发展方向上强烈受到承办单位领导决策层的制约，办刊观念强烈受到常务副主编或编辑部主任的影响。此外，大多编辑仅是兼职，待遇和地位不高，直接影响到优秀人才参与到平台建设中去。

---

① 王鼎盛：《科技论文水平决定影响力》，《科学时报》2011 年 4 月 22 日。

总之，办刊观念的落后，管理体制的滞后，学术自主权的缺失，优秀平台建设人才的缺乏，优秀稿件的流失阻碍着国际化传播平台的建设步伐。

四、中国学术重构国际话语权的立体化策略

学术话语权是知识生产与知识传播的结果，较一般话语权而言有特定的因素，是一个系统的建构过程——学术话语权是立足于学术质量、学术评价、学术平台三者的立体化系统。中国学术重构国际话语权，应采取立体化、系统化的策略，整体提升中国学术的内涵和外延。

（一）构建基于全面质量管理的学术成果质量管理体系

学术成果的质量是其走向国际化的生命线。重构中国学术国际话语权，第一步就要引导中国学术成果由量到质的转型。无论是国家教育行政主管部门还是学术界内部，均须改变以往对学术质量的片面理解，准确把握国际学术水平的实情，鼓励高质量学术成果的产出。

全面质量管理根植于学术研究的全过程，并且始终强调学术的规范性和创新性。学术规范是学术质量的程序性内容。近些年中国学术界对学术规范的建设力度不小，到目前为止大部分学科的研究都引进并参照了国际同行的学术规范，中国学术界初步建立了学术规范意识。下一步则应提高和巩固各学科学术规范被遵守的程度，研究符合学术自身发展规律的更具可操作性的学术规范体系。另一方面，学术创新是学术质量的实质性内容。发现新问题、挖掘新材料、采集新数据、提出新观点、采用新方法、构建新理论，这些都是学术成果创新、衡量学术研究质量高低的主要内容。而这一切所围绕的核心，则应是研究主题的本土化关怀。尤其在人文社会科学领域，应鼓励学术研究关注中国转型社会凸显的问题，突出学术成果的社会价值性。具体来说，则是在减少行政力量干预学术研究的基础上，各学科领域成立专业性国际学术研究中心，并且邀请有经验的专家学者，整合、判断当前国际学术的实情和趋势，结合中国社会发展和学术发展的需要，拟定有参考价值的研究方向和优先发展的课题项目。[①] 只有从学术研究的起点开始，以符合国际标准的学术规

---

① 杜祖贻：《建立利己利人客观自主的国际学术水平》，载胡显章、杜祖贻、曾国屏：《国家创新系统与学术评价：学术的国际化与自主性》，第 19 页。

范约束学术研究的过程，生产有本土关怀和时代特色的学术成果，学术成果的质量才是立体的，能作为学术话语权的强硬内核。

还应看到，当前无论国际还是国内，学术成果大多以学术论文的形式公之于众。那么，构建基于全面质量管理的学术成果质量管理体系，不仅要坚持学术论文研究起点、研究过程的规范性和创新性，还要延伸至学术论文发表的环节，即学术主体的另一方——学术期刊对学术论文质量的把关。具体来说，从学术论文的审稿、编辑、反馈三个环节来看，要做到层层监控。首先，开发先进的论文检测软件，完善论文检测系统，打击学术不端行为。其次，统筹安排刊物出版时限，加快稿件的处理速度，缩短稿件的刊出周期。尤其在稿件处理上，应坚持一个重要原则，对国家社科基金资助课题或资助项目优先审核并及时跟踪。从采稿的源头引导科研的方向，保证科研的质量。再次，完善审稿制度。匿名审稿固然能在一定层面保证用稿质量，但并非十全十美。因此，一是在匿名审稿之前，需要着手建立和健全论文的社会评价机制。例如，建立网上评议制度，扩大与各领域研究者的沟通。二是明确主编与匿名专家各自审稿范围和权限。例如，主编对论文的筛选有主导权，而匿名专家则在审稿环节对编辑无法判断的具体技术性问题负责，同时也有向编辑部提供其他参考意见的义务。三是杂志社应当尊重专家实事求是的客观分析，尤其要尊重和鼓励那些对文章提出建设性修改意见的专家。然而对于那些无论证的表态，编辑部不能作为用稿与否的根据。[①]最后，完善论文发表与事后质量跟踪以及评估制度。当今世界很多著名期刊非常重视文章质量后续跟踪，而引文分析法成为后续跟踪和评估的重要方法。引文分析法主要采用影响因子、被引频次、即年指数、稳定指数、趋势指数等指标，应在正确理解引文分析各项指标的涵义和联系基础上，不断研究并提高学术期刊后续评价制度的科学性。

（二）构建中国文化特色的学术评价体系

"西学东渐"的延续长期让国人沉浸在欧风美雨的熏陶之中，完全照搬西方学术评价体系自然也顺理成章；但是，不同的国度自然有不同的文化传统和政治体制。西方的评价体系只有与中国文化结合起来，才能适应中国土壤。

---

① 鲁品越：《专家匿名审稿制度之反思》，《中国社会科学报》2010 年 2 月 23 日。

　　首先，应加快学术评价体系去行政化步伐，完善新评价机制。行政权力的介入，使学术评价体系不可避免地带有功利化倾向，并为学术腐败的滋生提供了温柔的土壤。学术评价体系去行政化后，主导学术发展未来的是应当学术共同体。"在现行的学术评价实践中，评价主体是多元的……但起主导作用的应该是学术共同体的评价，或同行评价。"① 中国学术若要摆脱功利化怪圈，进入一种常态的良性循环，一是需全面反思当下学术制度，摆脱传统国家学术体制运行的历史惯性，强化学术活动的内在逻辑，在外部权力与内在逻辑间保持一种必要而合理的张力，形成一种彼此和谐的关系；二是大力加强内部公正、民主和透明的制度建设（尤其在如今学术群体规模壮大的情势下）和伦理重建（尤其对学术精英而言），以便学术共同体和学术机构获取相对独立的资格，赢得行政权力的制度信任。完善同行评价机制也是增进同行之间交流，凝聚学术共识，促进学术评价公正的重要渠道。

　　其次，评价机制灵活变通，考虑不同学科的性质。基础学科探索十分艰辛，应用学科见效快，但是没有基础学科提供强有力的理论支撑，应用学科自然行不远。评价机制只有立足学科性质，才能做到有的放矢，既能鼓励基础创新，又能推动应用创新。此外，人文社科同自然科学的学科特征的差异需要评价机制体现中国文化特色。人文社科的特殊性，即人文社科有着或多或少的意识形态偏向，因此在民族国家共存的时代，从事人文社科研究必须把握一个重要原则，"构建中国特色社会科学评价体系，需要把握好政治与学术关系"②。尽管学术评价需要减少行政干预，但是人文社科必须注意一个国家的核心价值取向，否则就会授人以柄。

　　（三）打造数字化的国际学术传播平台

　　自 20 世纪 90 年代以来，随着信息技术和互联网的快速发展，全球信息化浪潮不断高涨。国际三大著名学术论文检索系统"SCI""SSCI""AHCI"也随之加快数字化进程。它们所收录的学术期刊都基于网络数字媒体而实现了升级。国际学术期刊出版格局仍由 Elsevier、Springer、Wiley、Nature 以及西方各大专业学会共同把持。相比之下，尽管中国有 6000 多种学术期刊，数目不少，一部分学术资源检索

---

① 叶继元：《人文社会科学评价体系探讨》，《南京大学学报》（哲学·人文科学·社会科学）2010 年第 1 期。

② 苏长和：《学术评价体系的国际借鉴》，《人民论坛》2012 年第 12 期。

平台（如中国知网、读秀检索平台）初步搭建并获得较广泛的国内用户市场，但目前还缺乏能充分整合各类学术期刊和学术专著资源的数字化国际学术传播平台。可见，抓住信息时代的特点，朝数字化媒体方向发展具有国际影响力的学术传播平台，是提升中国学术国际话语权的必由之路。这不仅需要技术的运用，还需在出版体制和专业团队因素上加以转变和打造。

首先，以先进的数字媒体技术为依托，倡导分享、体验观念。数字媒体技术更加注重用户的个人体验，更加注重分享。一个好的学术出版单位或学术期刊的网站群至少要做到：各个网站资源共享，母网站可以对所有网站进行有效监督和管理；灵活和强大的信息发布系统，先进的内容管理系统保证网站内容的及时更新。

其次，以改革旧体制、创新管理和营销模式为内在动力。旧的以行政权力为主导的办刊体制制约了学术期刊的正常发展。在市场经济体制下，打造国际化的传播平台必须以知识产权为依托，转变过去以收取作者版面费为主的期刊盈利模式；组建权威的学术共同体，提高用稿稿酬，扩大优秀稿件的来源渠道。

再次，以培养专业人才为保证。规范学术翻译队伍，致力将国内专业领域的电子文献资源集结到数字化学术平台上，建立数字化学术平台的国外镜像，以此提高学术平台的使用率和影响力。

原刊《学术月刊》2013 年第 3 期

理论自觉与当今中国
哲学社会科学研究

邹诗鹏*

"理论自觉"并非今天才被提出来。20 世纪 90 年代以来，中国学术界已经明确提出中国哲学社会科学研究的理论自觉问题，且开启了一些新的研究领域并有相应的理论建树，但在随后掀起的人文社会科学建设潮流中，理论自觉问题则延宕为次要问题，甚至转化为近乎空洞的理论体系或"××学"的建构。进入 21 世纪，尽管问题意识不断被强化，但仍然没有很好地实现向理论自觉的转化与提升。近些年来，一些人文社会学科如哲学、社会学、历史学等再次提出了学科层面的理论自觉问题，但理论自觉不只是某一理论领域或某一个具体学科的问题，而是中国人文社会学科面对时代变化及其挑战的整体性问题，需要予以全面的讨论。为了把问题本身凸显出来，呈现其急迫性，本文着重就"理论自觉"铺陈若干想法，愿与人文社科界同仁分享。

一

问题意识，虽源于问题，但却是对问题本身的超越。问题本身是多样且杂多的。有重要的或根本性的问题，也有一般的甚至是琐碎的和枝节性的问题；有真问题，也有假问题；有学科性的特殊问题，也有且主要是诸人文社会学科共同面临的问题。并不是所有的问题都能构成有质量的和有分量的研究课题，因而还需要对复

* 作者为复旦大学哲学学院教授、博士生导师，国外马克思主义与国外思潮研究国家创新基地研究员。

杂的问题本身进行区分、归纳、提炼与批判，从而集约为问题意识。问题本身还是经验层面的，而问题意识则进入到了理性及理论层面。提出问题意识，其实已意味着研究者形成了一定的理论自觉，且具备了一定的分析与把握问题的理论能力。因此，循着问题意识的内在进路，必然要求实现相应的理论自觉。重大的实践问题，其实都是依据现成的经验与既有理论难以解决的问题，也都要求相应的理论自觉，进而实现理论上的突破、创新或新的阐释。因此，原则上讲，问题意识与理论自觉并不是前后相继的两个步骤，而是一个问题的两个方面。但在实际的哲学社会科学研究活动中，因理论能力、视域局限、学科壁垒以及其他一些原因，导致问题意识的凸显常常会过多地停留于经验与姿态层面，而本来应当与问题意识同步的理论自觉反而滞后甚或受阻。

新时期特别是进入 21 世纪以来，中国哲学社会科学研究其实是存在着问题意识滞后于理论自觉现象的。近十年来，中国人文社科领域出现频率最高的词汇恐怕要算是"问题意识"了；至于"理论自觉"，虽有了一些呼吁，但总体上远没有跟上所谓问题意识，且成为当下中国哲学社会科学发展的一个症结。

问题还得从新时期三十年以来特别是 20 世纪 90 年代以来中国人文社科的状况说起。其实，20 世纪 80 年代，中国哲学社会科学研究就已经提出了理论自主性问题，但此时的理论自觉还停留于政治话语层面。90 年代以来，随着从启蒙主题向市场主题的急转，悬搁了理论上的探讨与争议，也使得刚刚形成的理论自觉问题迅速地边缘化，并延宕、让位或消解于学科性的问题及其境遇之中。市场逻辑的兴起无疑消解了理论自觉甚至于视理论自觉为伪问题，一度对西方经济学的过度推崇其实就是这方面的一个证明。90 年代初，所谓人文精神及人文学科的危机，倒也切入了理论的存在及价值困境，但却以学者及学术的生存困境掩盖了理论自觉的滞后与不足。高等院校扩招及其国际化发展态势，直接带来整个哲学社会科学在格局及态势上的新变化——经济管理类市场型学科兴盛，人文类基础学科冷清；应用型研究强，理论型研究弱；学科性及学院性渐强，思想性及跨学科性渐弱。这种非均衡的格局与态势，大体上属于人文社会学科回应市场社会的分化与科层化，从而作出的被动的结构与功能调整，但不是内在的调整，因而也就不可能形成一个有益于理论自觉的学科生态结构。国家在政策及资源配置上的扶持及保护，的确缓解了人文及理论学科的生存危机，但隔离式的扶持与保护，无助于真正实现和提升这类学科的生存能力，包括理论自觉。90 年代中后期开始并一直延续至今的大规模的学科建设，成为新时期以来哲学社会科学研究毋庸置疑的中心任务，并直接促成了学院性学术的兴起。

学院性学术的基础，其实是 90 年代中后期兴起的各种研究领域及其理论探索，这些研究原本反映了学术界关于社会及文化转型的问题意识与理论自觉，只是在随后服从于形式化且多少功利化的学科建设过程中，在从领域及其理论研究向学院性学术的转变过程中，先前的问题意识逐渐钝化，而 21 世纪以来形成的新的关于问题意识的话语，又很快泛化为一般的、情绪化且缺乏理论实质意义的意见，并没有实质性地启动理论自觉。

21 世纪以来，一度在坊间流行的所谓"学术凸显，思想淡出"的说法，很能说明学院性学术拒斥思想理论的情形。所谓"思想淡出"，是指告别 20 世纪 80 年代以彰显思想为主旨的启蒙传统。这里表达的不仅是对某种空疏无当的思想的不满，也是对各种呈现为宏大叙事的理论话语的拒斥。所谓"学术凸显"，是用学术替代思想，并形成所谓后启蒙时代的规范化及专业化的学术研究模式。"学术凸显"中的"学术"，即学院性学术。其实，仅仅靠对思想理论的拒斥是难以确立学院性学术的。"思想淡出"并不足以支持"学术凸显"，作为一种姿态的"思想淡出"不可能支撑起相应的学术模式；学院性学术所依靠的，主要是大规模的学科建设工程，或者说，学科建设本质上的科层化特征加速了思想的淡出以及学院性学术的形成。显然，疏离于理论自觉的形式化的学科建设，无助于形成一个良好的学术研究模式。从现象上看，学院性学术的症结，就在于仅仅满足于学科建设需要。学科建设的规模化目标助长了学术研究的数量化取向，在这种情况下，很多所谓的学术成果其实是"学科建设产品"而不是研究成果。与此同时，学术界加紧引入国外各色学术，好像谁搞的人最新，谁的水平就最高，有些学科迅速沦为洋思想、洋理论的跑马场（当然，在糟糕的情况下，连"跑马场"也不是，如食洋不化、粗制滥译，甚至于抄袭剽窃，诸如此类，学术翻译市场的现状委实堪忧）。至于学科建设中的功利取向以及无批评的交往方式，则形成了一种新型的学院生存法则及潜规则，既不利于学术的深化与开放，也使学院性学术更加封闭。

21 世纪以来问题意识的凸显，是对僵化的理论教条、被动而空洞的研究模式以及种种盲目且食洋不化的学术引进方式的批评，由此希望中国哲学社会科学在针对性以及研究质量上能有一个大的提高。问题意识针对的就是学院性学术。问题意识的提出，在一定程度巩固或开启了一些学术领域及新兴学科，并出现了一些理论创新成果。但是，总的说来，问题意识主要还是限于经验层面，是简单化的分析框架，且过多地停留于话语、姿态与情绪层面，纷扰的问题意识及其焦虑，越来越成为深入分析和把握现实问题的困扰；与此同时，也卷入了学科建设的焦虑，还没有很好地实现从问题意识到理论自觉的转换与提升（至少没有实现两者的有效结合），即没有能够真正上升为理论与学术问题。问题意识呈现出了学院性学术的很多症状。但是，关于症状的诊断，人们听得最多的不外乎是脱离"生活世界"，而克服学院性学术的不二法则，也就是"回归生活世界"；从提出问题意识到回到生活世界，也成为这一时期很多批评文字的基本模式，家族相似。还有一种观点，竟有意无意地把学院性学术等同于学术本身，从而通过强调问题意识而否定学术。好在学院性学术实在不能代表这一时代的学术。当然不是指所有的批评，事实上已有相当一批颇具洞察力与理论深度的批评文字，正是在这些文字中，人们看到了从问题意识转化为理论自觉的急迫性与可能性。

学院性学术是由形式化乃至于功利化的学科建设支撑起来的，但正如学科建设的形式化及功利化取向本身乃是学科发展主题的一个症候，因而，导致学院性学术的症结其实并不在学科建设，而在于学术研究对重大现实问题及其理论自觉的疏离。学术应当超越学科，因此，把学院性学术的责任推给学科建设是不公允的。学科建设终归是服务于学术研究以及人才培养的，人们也有理由相信，经过逐渐完善，一定会形成真正符合学术发展内在规律的学科结构与生态体系。

理论自觉绝非今日才被提起，只是它不属于学院性学术的特定框架，正如现时代并非一切在诸如大学及科研院所进行的学术研究并不都属于形式化的学科建设，也并不都被称为学院性学术。实际上，当代中国一批敏锐的思想家与理论家们，已经意识到必须从理论上面对二十年来中国所遭遇到的前所未有的社会与文化转型问题，强化理论研究的本土意识与自主意识。例如，20 世纪 90 年代中期，"文革"期间已故思想家顾准的有关中国社会道路的独特研究与思考，重新引起了学术界的极大关注；费孝通、汤一介、杜维明等，明确倡导面对全球化时代中华传统的文化自觉及哲学自觉问题；高清海在 90 年代至世纪之交有关当代中国需要有自己的社会发展理论以及哲学理论的呼吁；一些重要的刊物如《哲学研究》等，明确提出"通过重大的现实问题带动学术研究的研究与创新"的办刊方针。又如，近年来，郑杭生、陆学艺等明确提出社会学的理论自觉，并要求对新时期重大的社会现实进行深入的理论探讨；更多的中青年学者如李德顺、孙正聿、赵敦华、衣俊卿、吴晓明、张曙光等十分强调理论自觉及哲学自觉的重要性，并影响到哲学、社会学、传播学、文艺学、马克思主义理论、历史学等诸人文社会学科。有关外来学术本土化的探讨、存在论与生存论的探讨、中国哲学合法性的探讨、中国发展道路的理论探讨等，其实质或问题域同样是理论自觉问题。

尽管存在上述努力，且这些努力注定会转化为今日理论创新的资源及其传统，但是，依据当代中国境遇对中国哲学社会科学面临的前所未有的难题与课题，依然需要大力倡导并促进由问题意识向理论自觉的转化，倡导从学科建设所主导的学术模式向理论自觉为主导的学术模式的转化，提升哲学社会科学的研究水准。而面向全球时代中国社会的变迁与转型，尤其是面对大量复杂难解的社会现实问题及其矛盾，已经到了仅靠提问、经验乃至于实践智慧难以解决的程度，必须要求实现理论意义上的深化与探讨。当问题积累到一定程度时，必然要求转化为理论问题。

二

理论自觉，本质地要求把实践问题转化为理论问题。人们在现实中见到的变动不居而又困惑不已的实践问题，实际上是一个相对稳定的历史时代的确定的理论问题的表现形式。在现代性背景下，实践由理论所定向，乃现代性的一个特征。而且，对于国家与民族而言，所有现代性的总问题，都隶属于现代化所规定的世界历史的总背景。在这一背景下，理论问题一方面表现为实践问题由以形成的历史及思想史前提，另一方面构成应对实践问题的理论思维能力、理论论域、方法乃至于信念基础。

当代中国哲学社会科学理论自觉的根由在于，正在生成的中国模式与同样变化了的世界历史时代之间的关系，需要进行新的把握与阐释。

　　首先，必须要对中国模式以及马克思主义中国化的世界历史意义有足够的估计。

　　前溯一百七十年，正是西方资本主义大举扩张的时代，也是中国被迫拖入全球化进程的关键时期，国力渐弱、内忧外患，时李鸿章断言中国面临"三千年未有之大变局"。中华帝国的确遭遇自形成以来前所未有的挑战，实际上是遭遇现代性的全面挑战。这个历经劫数、甚至看起来已难逃被西方列强肢解命运的泱泱古国，不仅渡过危难，而且发奋图强，在经过一个半世纪艰苦卓绝的努力，形成了一个举世瞩目的中国模式。中国崛起不仅改变了西方近代以来对于非西方世界的殖民化逻辑，而且事实上已经并将继续影响世界历史进程。

　　当然，人们有足够的理由把中国模式的形成及其对世界历史进程的影响归结于中国自身的努力；不过需要注意的是，中国模式的形成过程，恰恰又是世界历史之现代进程的内在过程，是中国人参与世界历史过程的具体进程。博弈从来都是相互的。中华帝国遭遇西方列强，同时也暴露了西方以全球资本主义及其殖民化所主导的世界历史逻辑的问题，并激起西方思想家对欧洲现代性及其世界历史观的反思。在那些近代早期的欧洲思想家的观念中，中华帝国无疑是文明典范，即使在启蒙时代，也被一些欧洲思想家视为教化的目标。强势的工业文明，在几十年间竟在欧洲成就了一种看起来强大的历史哲学，并成为诠释现代化历史进程的主导理论——这个理论框架，把中国以及非西方的自主的现代性及其现代化排斥在外。但是，从马克思开始，这一框架即遭到西方思想家的激烈批判，事实上，马克思之后的现代思想家，诸如叔本华、尼采、施本格勒、胡塞尔、海德格尔、雅斯贝尔斯从不同层面提出了"西方的危机"，其背后都直接或间接地包含着对中国以及非西方问题之复杂性的考量；至于后现代主义，在此意义上正是西方思想家对历史哲学的自我解构。

　　在当代思想中不断受到批判和自我批判的西式现代性模式，实际上在西方列强最初遭遇来自古老的中华帝国的强烈的现代化诉求时，就已经要求进行实践与理论上的变革。在这一意义上，马克思学说是对西式现代性思想的最初、同时也是最彻底的突破，并实现了从区域史向世界史的转变；以共产主义运动为主导的现代社会运动，正是这样一种转变的体现。中国的现代化道路最终选择并从属于这样一种运动，实属历史之必然。马克思主义中国化，其实质是现代中国选择并借助于马克思学说所成功开启的现代化道路。这一道路本身就是世界历史时代的新的展开方式，但显然需要在理论上作更加深入的阐释。在相当长的时期内，非西方的社会主义及共产主义运动，实际上只是在否定西式历史观的意义上得到把握的，这也巩固和加剧了西式主流现代化思想及历史观对非西方历史观的拒斥。中国也由此被推向世界前台。尽管目前西方思想界（甚至于西方左翼界）依据一些表象，愿意把中国模式看成是西式现代化乃至全球资本主义的附属乃至于典型，但是，本质的方面仍然在于，中国正在形成一个有益于革新并增益世界历史的发展模式——除了通过革命而成功地带来世界历史时代的新转变，还应该在全面的社会建设方面较西式现代化模式有更大的作为。在这一意义上说，中国模式更多的是在近二十年全球现代资本主义景象中特别呈现出来的，是中国经验的提炼。对于这一模式，并没有一种既定的理论给予全面深刻的解释。正是中国模式的生成，要求变革世界历史时代的固有的解释框架。这必然要求理论界立足于当代中国的社会实践阐释中国模式的世界历史意义，借此丰富和发展马克思主义理论。

其次，中国模式在实践与理论上也要求指认西式现代化模式的症结，并与之区分进而展示自身的方向与任务。

西式现代性及其现代化模式设定了一种普遍性的因而也是抽象的人类模式，但却蕴涵了如下四个方面的理论框架及其解释系统：一是资本主义制度及其物化逻辑；二是民族—国家式的政治框架；三是理性化的解释系统；四是欧洲中心主义的世界观。上述四个方面共同构成西方现代性话语系统，形成西式现代性模式的实质，由此也实质性地构成对中国模式之现代性的排斥。中国的社会形态类型被本质地规定为亚细亚的即前资本主义的类型，且不可能自主地实现向资本主义即私有制的转变，因为要资本主义就必然走殖民化等依附类型。依据西式现代性的观点，现代化运动以来的基本政治格局，是民族—国家的基本政治结构。按照这样的分析，中国这样未经西式政治变革的多民族国家是不可能的。有关分裂论之所以在西方有很大市场，其实是有其根深蒂固的理论基础的。这种基础由其哲学存在论所定向，并形成看起来毋庸置疑的政治观念。但是，对于中国的政治文化结构而言，这种观念即使不造成直接危害，也是冲突的。近现代以来，西方文化进一步强化了其理性主义传统，不仅视理性为思维方式，而且视之为一切社会存在的结构方式。由此，把现代性与理性直接等同起来，把技术与工业等现代性物化要素看成是理性化的实现因素，进而把理性化看成是现代性以及西方文化自身的合法性基础。至于欧洲中心主义世界观，则是上述三个方面在地理、地缘以及历史观上的典型表现，反映了西式模式在文化上根深蒂固的文化认同。

如此说来，中国模式显然无法纳入西方既有的现代性模式。马克思对西式现代性模式的批判的确瓦解了西式模式。马克思对西式模式的最本质的批判是从第一个方面展开的，并由此在意识形态批判的框架内整合了另外几个方面，且蕴涵着现代性价值观念的变革。但马克思并没有从制度上改变西方世界，西方主流思想界也没有完全接受他的价值观。在马克思同时或之后，斯宾塞、迪尔凯姆以及韦伯，实际上又通过实证主义、结构化、功能化、保守主义乃至于实用主义等等方法与路径，再次在改良主义的背景下复兴和巩固了西式现代性观念。在欧洲中心主义框架下，马克思本人的社会形态理论，也可以解读为对中国以及东方社会不可能发展出资本主义的一种支持。至于当代西方虽然有形形色色的西方文明危机论，但大都把这一危机看成是西方文明固有的高贵的悲剧史观，甚至于看成是西方文明自我治疗与修复功能的表现。通过对目前国外各种政治思潮的研究与观察，人们会发现，无论是右翼仍然盛行的帝国主义及保守主义，还是左翼的激进的反全球化思想，抑或是主张公民社会的"第三条道路"，其实都不可能真正切入中国的问题，因而最多只是我们考察中国问题的参考。至于后现代视野中的中国以及中国模式，完全是一幅莫可名状、不可理喻的图像，对于中国的分析更不靠谱。"中国威胁论"的论调有一个基本观点，即认为中国模式存在着不可遏止的扩张企图及其恶果，然而这实际上是把中国模式看成了西方现代化以来强力扩张为主要特征的帝国主义模式，而忽视了中国模式一定是一个内生型以及文化认同为核心的和谐型大国模式。

在强势的西式现代性话语背景下，中国模式的哲学阐释变得异常重要。中国模式的哲学阐释，需要明确同西方现代性模式的区分与差异，但肯定不是与西方话语完全对立起来，走入自我封闭。中国模式一定是在意识到西方现代性模式的症结的情况下突破既定世界历史时代的结果，因而一定包含着对西方现代性模式的扬弃。在这里，扬弃表现为肯定，而不是如西方现代性模式那样不断表现为抛弃和单纯的进步强制。以自身的方式克服了西方现代性的负面方面，才是真正的历史进步。迥异于另一种模式的模式，一定会在实践中以另一种方式重复这一模式的症状。人们其实已经发现，说明中西两种文明的差异乃至于区分容易，但要分析其可沟通性不易。面对共同的现代性难题，仅仅靠强化诸如"推己及人"以及普遍主义之类的哲学人类学话语仍然不够。不管是马克思主义的研究路向，还是现代新儒家或国学式的研究路向，在批判西方学术资源时，完全不必否定和拒斥其合理性。无论如何，这些资源及"前沿"，依然是我们在打量世界时必要的镜像。其实，单一的马克思主义路向，同单一的儒家路向，对于中国哲学的哲学阐释不仅是不够的，而且通常是错误的。马克思主义中国化与中国传统的现代转化是本质同一的。研究应当自觉地基于当代中国的主导实践。在这方面，教条化的理论说教，学院化的研究模式，想象性的中国现实，仅以周围儒家文化圈为文本基础的现实观照，心理分析化的现实分析，偏执的文化姿态，恐怕都不利于研究的深化。中国模式，正如中国文化本质固有的和谐、多样、共生以及对异文化的欣赏与学习心态那样，一定是世界多极模式中最具有开放因而最具有团结能力的一极。所以，如果把中国文化看成是固步自封的一极，那事实上就是从根本上误解了中国传统。中国模式的哲学阐释，不仅是一种合法性的阐释，更是对其世界历史意义与贡献的阐释与希望。

三

马克思主义理论，本身就是从问题意识到理论自觉的范例。这一范例，对于今日实现中国人文社会科学的理论自觉及其创新来说，既是激励也是挑战。

马克思的时代注定是问题多多且困境重重的时代。当时，青年黑格尔派最为集中地表达了当时德国的问题焦虑。这些问题焦虑深深地影响了青年马克思，而且马克思从一开始就表现了对这些问题的独到且卓越的把握与分析。在这一意义上，马克思从来就不是青年黑格尔主义者。马克思绝不满足于喋喋不休地抱怨这些问题，而是通过理论自觉及其独立思考，从这些问题中抽取最实质的问题，进行艰苦卓绝的理论探索。这些问题，在当时看上去是德国面对"先进国家"的焦虑问题，实质的问题则是面向世界历史时代资本主义所面临的矛盾与困境。实质问题的发现及其理论自觉，意味着马克思要求在世界历史时代的背景下展开资本主义批判，并立足于无产阶级的普遍化及其人类解放论，从而超越片面的和单纯的"德国人"立场，从历史变革及其进步的意义上全面地分析和解决问题。对一流的社会科学家而言，发现问题必然连带着理论自觉，并进而成为自己理论创新与重构的内在动力。因此，当青年黑格尔派把所有的问题都归结为宗教批判时，马克思是坚决不同意的。1843 年，马克思在《〈黑格尔法哲学批判〉导言》一开篇就肯定地讲："对德国来说，对宗教的批判基本上已经结束；而对宗教的批判是其他一切批判的前提。"[①] 在此，其他一切批判之首只能是政治批判，而政治批判的目标，即是作为真正的人类史得以开启的人类解放。这也是解决当时德国问题的抓手。马克思意识到，面对一个正在到来的世界历史时代，既有的理论框架——不管是英国古典政治经济学、法国空想社会主义还是德国古典哲学，既有的政治思想资源——不管是自由主义、保守主义、浪漫主义、历史主义、民粹主义、无政府主义、民族主义还是当时的各种社会主义与共产主义思潮，都不可能成为一个正在到来的世界历史时代的主导理论，必须切入现时代的问题意识，实现理论自觉，展开对一系列既有理论学说及其思想资源的批判，如法哲学批判、政治经济学批判、实践批判、意识形态批判、资本主义批判，并建构新的社会历史理论与政治学说，这就是唯物史观、剩余价值学说以及科学社会主义的理论体系。

马克思主义的兴起，其实是对西方近代以来民族—国家现代化模式及其理论（理性化）阐释方式的反叛。这一反叛部分地改变了民族—国家现代化模式及其理论，也改变了先前那种仅以哲学家自己的族性及地方性承担世界历史的思想惯例，从而为一种多样性的世界文化体系的出现提供了理论上的可能。马克思并没有站在一个特定的民族—国家立场，相反，其立场是人类解放。马克思把无产阶级作为历史主体，并把先前所有的现代化模式纳入资本主义经济与政治制度的分析框架。在这一分析框架内，整个西方被资本主义本质化和同一化，殖民化则是这样一种本质化与同一化的延伸方式。由此，马克思不仅否定了民族—国家模式，而且也否定了在世界历史理论中的欧洲中心主义。按照这样的理路，世界历史的未来前进方向应当是非西方，而且是一个坚决反对资本主义化的非西方。世界主义者马克思坚决反

---

① 《马克思恩格斯选集》第 1 卷，人民出版社 1995 年版，第 1 页。

对欧洲中心框架中的民族—国家观念，也在很大程度上支持了非西方民族与国家的自由和独立。马克思主义产生以后，其"势力范围"迅速向非西方拓展，不是没有原因的。马克思学说，就其对资本主义的坚定的批判以及在其实际的历史效应而言，恰恰是欧洲中心论的批判者与终结者，而且也是以民族—国家观念为主导的欧洲哲学社会科学传统的终结者。在马克思那里，理论自觉无疑表现为一种服务于全人类的哲学社会科学抱负与实践。

以马克思主义为理论自觉的范例，无疑给中国哲学社会科学研究提出了更高的要求。我们今天面对的问题，虽说基本上还从属于马克思当年所洞察的问题，问题的解决也从属于他所开辟的历史方向，但问题更为复杂，更需要理论上的把握与建构能力。呼唤理论自觉，其实是呼唤一种新的哲学理论。当下中国最需要的，正是这样一种哲学理论，一种与这一伟大时代相比肩的哲学理论。这也正是理论自觉的最重要的成果，是思想对这一时代的交代，也是历史时代合理性的一份强有力的证明。

凡是现代化成功的国家，除了物质与制度的现代化之外，也体现着并要求体现为相应的哲学与理论贡献，体现为时代精神与民族精神，体现为哲学人物、思潮以及自主性的哲学社会科学理论与范式。如果没有相应的哲学与理论贡献，必定会反过来使其物质与制度上的成就大打折扣甚至于受到根本质疑与动摇。在现代化过程中，意大利、葡萄牙、西班牙、荷兰、英国、法国、美国、德国、日本、俄罗斯等，都拥有相应的经验与历史，但是否能够成为稳定的现代化模式，除了一定有其具体的经济、政治、文化传统以及地缘上的原因，还必须要求体现为哲学与理论贡献，要求体现为哲学社会科学的创造性贡献。事实上，意大利的人文主义、英国的经验主义、法国的启蒙思想、德国的古典哲学、美国的实用主义以及俄罗斯的社会主义，连同一大批划时代的哲学家思想家，正是见证了这样的哲学贡献及其理论成果。这些贡献，连同取得的物质与制度成就，使所在的国家及民族成为全球现代化的典范，不仅大大地彰显了其民族精神，也促进了世界历史的进程。反过来讲，如果没有形成相应的哲学与理论贡献，几乎可以断定，所在国家及民族即使形成了一定的物质与制度现代性，也很难说是典范的现代性模式。以葡萄牙、西班牙、荷兰为例，这些国家因为现代化过程中的某种原因而获得现代化的先机，但终因各种主客观原因，而无法继续引领时代精神，从而难以真正成为现代化的典范；其中，哲学上缺乏建树，既是这些国家与民族衰落的结果，也是其原因。人们注意到，在思想深邃、才华横溢的近代哲学家思想家中，鲜少葡萄牙、西班牙以及荷兰的身影，即使是少数几位，诸如伊拉斯谟、格劳修斯、斯宾诺莎，人们也很难把其哲学与理论贡献同其祖国直接联系在一起。这些思想巨匠及其成就，更多的是属于欧洲文艺复兴运动的成果，是欧洲近代哲学认识论兴起的伟大成果。他们在理论上的贡献，也不像其他近代思想家那样，能够让他们本人与他们所在国家及民族的现代化进程中打下烙印。① 如果说哲学家的理论贡献同所在国家在全球现代化道路中的地位基本匹配，那么，上述情形恰恰表明，他们成就的国家归属却因为所在国家的世界地位而淡化了。这些国家的现代性地位在现代化进程中被选择掉了。

但中国模式注定不会重蹈葡萄牙、西班牙与荷兰的覆辙。中国模式的哲学阐释，乃今日中国哲学社会科学的当然使命。有一点是肯定的，中国哲学社会科学的理论自觉，一定是高度融合了自身文化传统的结果。在这一意义上，马克思主义中国化与中国文化传统的创造性转化交互运动的结果，一定表征着当代中国人追求的哲学理念。同一个具有世界历史意义的中国模式相匹配的，一定有一个响当当的哲学称谓。这一称谓其实已经形成，这就是以马克思主义中国化为形式指引与路径依赖、同时根植于中国传统之创造转化而开出的实践哲学。这是一种同英国的经验主义、法国的启蒙思想、德国的古典哲学、美国的实用主义相比肩的哲学理论。诠释当代中国的实践哲学，恰是当代中国哲学社会科学的任务。

原刊《学术月刊》2011 年第 6 期

---

① 斯宾诺莎反倒是一个反例，荷兰政府对斯宾诺莎的迫害，同古希腊民主制之判处苏格拉底死刑与马克思之被普鲁士政府驱逐，常常被教科书看成是政府压制思想自由的典型案例。

走向知识
共同体的学术

——兼论回到中国语境的重要性

汪涌豪[*]

随着东西方交往的日趋频繁与深入，"跨文化"交流已然成为当今世界最重要的关键词之一。但事实上，发生在世界各地的"跨文化"事件有许多都是单向度的，是只见西方文化跨进来要人消化，而很少见到其他文化跨出去让人认同。这使得许多时候，在许多地方发生的全球化，实际成了单一社会模式的普及与推展。尤其20世纪以来，人类赖以思想的知识范本，从政治民主、文化多元到增加就业、保护环境，大多来自西方，这使得一切以西方为中心的示范效应被无限度地放大了。这种放大效应连同由此形成的话语霸权，很大程度阻碍了多元文化的正常发育，压抑了弱势一方的意愿表达，以致当其投身于交往交流，会发现只能用别人的语言说话，即使讨论自己的问题也如此。

这种窘迫与无奈在发展中国家尤其经常见到。它使得这些国家在很多时候只能成为国际大家庭中一个沉默的倾听者，而很难发出自己的声音，即使偶尔发声也很少有人留意。显然，这种单向度的"文化入超"已不同程度地影响了这些国家在世界上的存在感。当然，上述情况之所以产生，与这些国家常忽视自己的文化传统和既有价值有一定的关系，有时甚至有很大的关系。正是这种忽视及由此引出的文化认同危机，使得他们通常不能通过对自己所秉承的文化传统的积聚和彰显，最大程

---

* 作者为复旦大学中文系教授。

度地影响全球性的价值观念和制度安排，以至于在日渐走向边缘的过程中，最终沦落为一个陌生的"他者"。

具体到转型中的中国以及中国的学界，应该说在自己的身份认同与文化定位方面也存在着一些认识误区。基于中国的国门早已打开，我们早已是一种跨文化的存在。要图谋远大的发展，仅仅与自己的历史文化、学术传统对话显然是不够的，还要与其他民族、国家的历史文化和学术传统对话。如何在积极吸纳外来文化的同时，更有效地表达自己的主张、推进自己的研究，已成为中国学人普遍关注的问题。

一、知识共同体的另一种意涵

我们的基本主张是，有鉴于世界各文明体独立发展已成过去，人类已进入柯慎士（Ewert Cousins）所说的"第二轴心时代"。而这个时代又明显不再是"独白时代"（Age of monologue），而是"对话时代"（Age of Dialogue）。生当此际，如果真的承认这个世界上不同文明、文化在价值上是同等的，那么面对未来，全球化就应该是多元文化的相互对待与作用，跨文化也应该是不同文化的多边互镜与视野交融。并且，它的目的是通过成员间的建设性互动，合理均衡地配置知识资源，以便发展出一种更完整更有价值的思想体系，并最终催生既能交集有效共识、又符合当代知识论公义的共同体。

"共同体"（community）一词原本来自社会学，由德国社会学家滕尼斯在《共同体与社会》一书中首度提出，大体指由共同思想、目标和职业的人、国家组成的社团或团体，或一种为同一个目标努力，并具有统一感的群体。滕尼斯之所以提出这一概念，目的在强调人与人之间因拥有共同的精神意识和相近的社会归属感、认同感而结成的亲密关系。他将这种关系具体分梳为血缘、地缘和精神三个层次，认为基于这些关联结成的人的聚合，是共同体最一般的存在形式，其中"血缘共同体作为行为的统一体发展为和分离为地缘共同体，地缘共同体直接表现为居住在一起，而地缘共同体又发展为精神共同体"。他尤其重视后者，认为"作为在相同的方向上和相同的意向上的纯粹的相互作用和支配"，[①] 精神的共同体是一种比血亲和

---

① ［德］斐迪尼·滕尼斯：《共同体与社会——纯粹社会学的基本概念》，林荣远译，商务印书馆1999年版，第65页。

地域更具有凝聚力的共同体形式，是人类社会共同体从低级走向高级的动态体现。同时代韦伯的表述是，能表现出某种同质性并因共识而达成协议的群体。显然，他所说的就是精神的共同体。

此后，认为共同体是由目标相同、利益相关的人组成的社会团体这种功能主义定义，较之仅将它视作在某处共同生活的有组织的人群的地区性观点，带给人更多的启发。结合杜威的"教育即社会"，在教育心理学领域有所谓"学习共同体"；结合福柯的对"知识"（episteme）阐释，在国际政治领域，它又成为针对不确定的世界形势，人们在共同专业知识和价值信仰基础上形成"共同期望"的重要依据，其所揭示的方法，更被认为可与新现实主义、依赖理论和后结构主义拥有同等的地位。[1] 其实，若要进一步追究此概念的源头，则康德《纯粹理性批判》中对知识何以成为可能的探究，已为构建"知识共同体"和"科学共同体"提供了重要的理论基础。康德并对自己所属意的"伦理共同体"作了精辟的论述，认为共同体成员如人人能依照道德律令行事，则每个个体成员皆有自由，由此组成的共同体也一定是一个和谐的共同体。以后，黑格尔对扬弃了家庭和市民社会的"普遍共同体"的探讨，更突出了共同体中共同利益实现的重要性。在他看来，个体是整体的个体，共同利益的实现意味着个人利益的实现，一旦整体获益，生活在整体中的个体就必能获益无疑。

此处我们引用这个概念，还更多受到哈贝马斯"交往行为"理论的影响，突出的是人与人之间的相互理解和一致。由于事实上，与凭教育规训等共同因素结合在一起，被认为能专门探讨共同的目标，因而内部交流充分、专业看法一致，甚至能吸收相同文献、引出类似教训的理想中的"科学共同体"不同，人们"总是注意不同的问题，所以超出集团范围进行交流很困难，常常引起误会，勉强进行还会造成严重分歧"，[2] 哈贝马斯认为有必要对"交往行为"提出理论理性表达真实性、实践理性表达真诚性和审美理性表达正确性等有效性的要求，其中理性的作用尤其具有决定性意义。所谓"交往行为"的合理化，正指通过对话实现并完成符合一定社会

---

① 曹云华、周玉渊：《知识共同体方法及其局限性》，《河南社会科学》2009 年第 2 期。

② ［美］托马斯·库恩：《必要的张力》，纪树立、范岱年、罗慧生等译，福建人民出版社 1981 年版，第 292 页。

规范、能在交往者之间达成协调一致与相互理解的理性行为。故从某种意义上说，它更多地与运用知识的方式联系在一起，而较少与知识本身相纠缠。以此，哈贝马斯探讨改变人类生活状况的"理想的言谈环境"，要求让所有处于同一环境的人们能自由地通过商谈和对话得出一致的结论。显然，此时的"共同体"已经不专指同一职业的共同知识基础，甚至不再指知识人在一定共识基础上形成的区域性学术群体，所谓"community of knowledge"，而指一种可以造成共享性知识的、跨越文化、国家与时代的共同性的知识立场，所谓"commonwealth of knowledge"。质言之，能否通过对话形成共识，是哈贝马斯看重的关键。这在某种意义上可视为对滕尼斯所说的"精神共同体"的重要补充和发展。

以此对照今天的学界，日本和东亚学者专意于造成特定人群的集团关注，似更重视前者，虽仍可称为具有共识性的群体，但客观上常予人以排他的印象；欧美学者强调普世关照，期待通过交流结束知识分裂的状态，赋予共同体以空间和平台的意义，似更推崇后者。当然，在卡尔·波普尔所说的"开放的社会"，全球化大行其道的今天，随着交往与交流日益成为常态，以信息、事实为基础而不一味以观点、主义为准绳，人类相互依赖的共同体意识日渐深入人心，如今，后者意义上的共同体打造已经赢得越来越多人的认同；而其大致具有的三个层面的内容——本土文化的梳理与重构、跨文化的对话与交流，还有跨时代的互应与照察，也越来越获得人们的关注与肯定。如何不以解决具体问题为满足，如何通过对人类普遍性境遇的了解，形成一整套可资共享的信念、原则和规范，已经成为意欲实现知识共享的现代人孜孜以求的目标。对此，我们的主张是：共享的合法性标准端赖上述三个层面的相互介入与促进。只有这样，共同体的内部才有可能形成相关知识的明确标准，人所研究的关联性问题才有可能得到最大限度的澄清与解决。因此，从这个意义上说，我们完全可以认为，知识共同体其实是一种"实践共同体"。

二、理想共同体建设的迫切性及其前提

之所以知识共同体的建设在今天变得如此重要，是因为与自然科学本身是一个整体、分科而治不过基于人的认知局限一样，人文社会科学也是一个彼此联系的整体，有时单一学科的眼光根本无法弥合分歧，将问题彻底解决，此其一。其二，是

因为知识发生与传播的方式业已发生革命性的改变，各门学科的发展常需以与他相邻学科产生话语的交叠和共鸣来实现自身的更新，故非常需要获得来自这些学科的支持与奥援。至于今人愈加深刻地体认到，与普遍联系相割裂的事物本身就不存在，也不可理解，更从根本上决定了人要突破自身认识边界，必须摒弃自我中心式的傲慢独白，走向去中心的交流与融合。所以，一如科学的共同体最终成了科学知识增长和科学革命发生的基础，人文社会科学的共同体也必然性地成了推动人们自身观念与意识进化的重要力量。它由本领域内相互联系的行为体组成，并以更生动具体的方式，象征了知识共同体是人的"类存在"的一种基本方式。

只是有些遗憾，因长久置身于"分业"的时代，今天研究者对自己专业的识别能力虽有大幅提升，但专业外的知识互动却明显不足，多样性规则的操练更显得匮乏，由此不能周洽自如地应对上述普遍联系中的复杂对象，得到立体而周延的结论。也因为是这个缘故，许多人对阿诺德选择"所以你们要整全"作为《文化与无政府状态》的开篇题词深有感触。基于文化是一种致力于扩展视界、健全心智的活动，阿诺德标举"整全"（whole）这个最基本的文化观念和原则，正意在突出文化所具有的超越宗派、阶层的无私立场，以及有利于人性全面和谐与整体发展的特性。他认为过分细化的专业知识很容易导致精神的封闭与狭隘，而这种狭隘的"工具性知识"或"学问"，又决不利于"世界上所有最优秀的思想和知识"的产生。这对此间多少怀有学科特殊性迷思和狭隘性陋习的学人不能不说是一种警示，让他们有以意识到敞开自己之与更新学术的重要性。这也就是近三十年来学界普遍注重跨学科交流、近十年来又特别注重协同中心创设的原因。

事实证明，唯有拆毁边界，跨越协同，才能助推研究个体走出习惯的思维方式与认知模式，赢得多角度、多个观察点、多层次切入问题的机会，才能在研究中真正由关注自身的境遇而及他人的问题，由关注当下的事实而及更深广的历史经纬，由单向度的专题研究而及长时段与小概率的结合、恒定规律与一切变量的关系，并对一切底层、边缘与混沌保持一种弹性和张力、一种可以不断修补和改写的自我更新能力，最终实现自我颠覆，完成创新任务。在这个过程中，尽可能多的问题被揭示了出来，跨越性框架的思考基点得到了开显，一种清新的未完成的形象得以建立。由于着眼于新知识的汇聚，研究的边际效应被最大限度地释放，既有知识的刷新与颠覆就此成为可能。又由于不断延展出新的问题甚至新学科，新学派的出现也因此变得不再杳不可期。从这个意义上说，知识共同体的建设是信息时代实现"巨群知识"创新所必需的一种组织模式。

需要特别指出的是，基于知识共同体的立场，除了强调通过对话，由交往互动达成共通性觉解外，参与者须具备对当下知识生产的不满足感和危机意识，对现有知识处境的自省精神，还有对"只知其一，等于一无所知"这样的至理箴言的深刻省思，是达成共同体目标相当重要的前提。此其一。其二，知识共同体作为一开放性的复杂系统，其功能在将主体分散性的资源，投入转化为群体性的知识产出过程中，它的一些基本的实现基础与准则需要被遵守与尊重。譬如，基于许多问题常常牵涉复杂的关系，而人的认知不能一次性地处理这些关系，只能将其放置在一个论说平面，先考虑其中某个部分，形成初步理解后，再以此为基础追问其背后的复杂关系，从而既求得问题的最终解决，又让它所包含的题外之旨得到抉发和延展。在此过程中，研究者应尽可能地将自己所据有的证据、资料投入共同体与人共享，并尽可能地使一种主观知识变为"客观知识"（objective knowledge），然后让它安居在公共性的知识空间中，等等。但这并不意味着研究者主体身份的消解，更不意味着差别性学术的终结。知识共同体的基础仍然应以人各自据有的知识为思考的基点。唯此，它在坚持一切思想均须服从理性原则、做到有序的同时，又鼓励怀疑各种价值、原理与主义，乐见各种思想、观念与文化在最大范围内自由地集聚，无序地生长。此即德里达《暴力与形而上学》所提倡的"质疑共同体"，它构成了知识共同体的另一个重要面相。

所以，倘要说得完整，理想的状况应该是这样的：知识共同体建成之初，不同文化与学术的交往，其输入与输出的流量可能不尽相等，也不一定一下子达到融会无间，但只要真正取一种多元和包容的态度，和谐共生，并杂语共存，渐渐地，它们就会融合在一起。这样就给了东西方不同的文化学术一个机会，使它们可以为这个共同体提供各自的经验，并通过它使自己的文化得到保持，自己的学术得到发扬。其间，能否超越既有知识范式的崇拜，直面世界的真相与事理的逻辑，尤其能否取罗素《我是一个无神论者还是不可知论者》中所主张的"不持绝对肯定的态度"，显得尤其重要，因为这种被他称为"是理性的精髓之一"的审慎的批判性态度，大有助于人获得这样一个明确的认识，即这个世界没有一种文化可以作为另一种文化绝对的评判尺度，没有一种知识可以以自己的标准、习俗、惯例，以自己对正统与异端的区隔，以及"对付异端的有效方法"，^① 强加于另一种文化。这样行之日久，在学术外，一旦纠纷产生，冲突纷起，利益的双方退无可退，此时本着相互尊重的原则，体会彼此决策的内在动因和心理背景，学会易地而处，换位思考，进而催生出相互尊重的诚意，以及相忍相成的耐心，就能变鸡同鸭讲为柳暗花明，最终，一种以应对人类共同挑战为目的的全球价值观就容易形成，并进而成为国际共识。在学术内，一旦一种理论或解说得不到赞同与理解，其他人也会基于对其所处的特殊历史环境的了解，从对方的文化传统中搜求，到各自的观念世界中去复核，即既基于一种"理解之同情"，又善意地提出异文化的见解，由此内外结合，裁量比照，让旧问题滋育出新的意义，新的意义又得以具有与人类全体更多的相关性，并最终更清晰地呈现人类作为"命运共同体"（Human destiny community）所面临的基本处境。

　　放眼世界，人类的生存方式已经发生了巨大的改变，由"自存"日益走向"共存"，相应地，由以往一味崇尚武力对抗，走向科学、文化和意识形态的和平竞争。与之相伴随的是，通过平等对话与有效协商，寻求在思想、文化和价值观念等方面达成基础性共识，越来越成为当今世界构建"全球伦理"乃至共同生活秩序的基础。此所以，奥尔特加·加塞特（Jose Ortegay Y Gasset）会选择以"从内部建立起来的平衡"，而不是"以外部强加给社会的压力"来界定"秩序"一词。^② 人文社会科学研究的整合发展自然也不自外于这种变化，相反，随着全球化时代知识生产的交融态势日趋明显，也必将并一定会以自己的特殊贡献，不断为这个过程提供丰富生动的注解。

三、回到中国语境的全球知识共同体

　　以这样的立场，我们讨论当下学术研究之必须回到中国语境，就不单单是出于

　　① ［美］伊安·G·马伯：《科学与宗教》，阮伟、曾传辉、陈红炬、陈昆路译，四川人民出版社 1993 年版，第 127 页。
　　② 转引自［英］弗里德利希·冯·哈耶克：《自由秩序原理》（上），邓正来译，生活·读书·新知三联书店 1997 年版，第 183 页。

在全球化知识体系中凸显中国地位的目的，也不仅仅是为了中国文化能更多更快地走出去，而是基于建立更合理均衡的人类知识共同体的深远图谋，希望中国的思想能作为人类普遍理性的重要部分，实质性地被认可，中国的文化能真正汇入人类知识体系的洪流，成为这种新文化最活跃的分子。

必须承认，自近代以来，整个中国知识界少有这样的图谋，也少有以实现这种图谋为自己职命的知识人。相反，对自身学术传统的轻弃与否定，如胡适那样认为"百事不如人"的倒时常可以见到。这固然有彼时彼地不得不然的原因，以至于到20世纪80年代，中国的学术仍基本上沿依西学的路数，在向西方学习的过程中逐次展开。至于这种不带水土的移植与缺乏究问的吸收，会不会使人陷入一种"他者化"和"文化后殖民化"，深究者不多。这么多年过去了，经过持久而成规模的译介与引入，此间学人已渐渐看清一个事实，即一方面，诚如宗教对话和全球伦理倡导者、《走向全球伦理宣言》的发起人史威德勒（Leonard Swidler）所说，"不对话，即死亡"，引入和参酌异文化，足以构成不同理念与方法的多边互镜，绝对有助于加深我们对他人乃至自己文化的理解，并且基于这种显然的意义，更持久和高质量的译介与引入，还有加大力度继续推进的必要。但另一方面，译介引入后该如何放出自己的眼光，理性地裁量取用；裁量取用的目的是"移中就西"，还是有以更深刻地认识自己，进而开显出传统的潜在意义，类似的问题一直没有得到很好的解决。特别是，有鉴于西人对中国的种种表述常基于自身社会话语中的所谓"自传性"（autobiographical nature），这种根深蒂固的自我叙述欲望无时无刻不在支配他们的表达，在助长他们"获取知识和生成知识的渴望"的同时，"又反过来为欲望提供合理性，助力于欲望的实现"，[①] 使得一些无意的误读甚或有意的误解始终未能得到及时而充分的解答。有鉴于此，我们认为中国的知识人有责任以深细的研究，有效地祛除误解，以便双方都能秉一种清明的理性，尊重特殊，增信释疑。

这里专门谈西方的汉学研究。必须承认，许多西方汉学研究因择取角度新颖，叙述方法独特，结论清新可采，常给此间人文社科研究提供诸多有益的启示。但不能不指出，其人在驱遣载籍的广度和比较分析的深度方面，也常存在着程度不同的

---

① 潘成鑫：《国际政治中的知识、欲望与权力——中国崛起的西方叙事》，张旗译，社会科学文献出版社2016年版，第26页。

问题，有些还较严重。遗憾的是，我们在译介引入时较少揭出这些问题，并提出有说服力的批评。相反，有时因译者并非行内专家，只依凭外语专长，其不确当的哄抬与评赞，助长了过分迷信的风气；有时则因研究者自身的盲目遵信，造成一些谬误广为流传。

举一例，如意大利汉学家、罗马大学东方学院东亚史教授史华罗（Paolo Santangelo）的《中国之爱情——对中华帝国数百年来文学作品中爱情问题的研究》一书，通篇泛泛而论，就谈不到广度与深度。仅就典籍而言，古典除一些最重要的言情小说和少数几个戏曲作品外，其他正史笔记、偏霸杂乘引用得少之又少。既不及明清两朝的正史及《通鉴》《实录》等书，又不及《寓圃杂记》《江花品藻》等笔记杂撰，《坤德宝鉴》《名媛玑囊》等女教书，《万宝全书》《闺媛丛谈》等专书类钞，《列朝诗集》《明诗综》等诗歌总集。今人著作引用最多的是马克梦（R. Keith McMahon）、高彦颐（Dorothy Ko）的研究，而全不及从王书奴《中国娼妓史》、梁乙真《中国妇女文学史纲》、谭正璧《中国女性文学史》，到雷良波等人的《中国女子教育史》、鲍家麟的《中国妇女史论集》、高世瑜的《中国古代的妇女生活》。而实际是，研究中国古代小说中的情感问题，上述典籍是不可或缺的。至于注释之混乱杂沓，甚至与欲注正文重复；参考书目编次之失序无状，甚至有不署、错署或虽署而脱误名字者；有的书虽纳入参考书目，但于正文展开实未见有丝毫反映，真让人难以相信这是出于学术规范通常严谨的西方学者之手。

这还只是面上的问题。作者将明清时代视作中国的文艺复兴，声称之所以选择从明清人的情感问题入手，是想通过对这两个时代人的情感—欲望的考察，来判明其时社会意识的变化消息，为探究更深层次的核心文化意识，以及中国人如何理解自身提供一种新的维度。在复述文学故事时，他常常为一些彼此夹缠的复杂现象所阻。譬如，有的作品中，主人公一方面充斥着世俗的趣味，另一方面又偏能局守诗礼传统；一方面不能抵御情欲的诱惑，另一方面又常常用文字来劝惩教诲；有时佛教"色空"与"果报"思想抬头，道教"息虑"与"养心"训教作祟，笔底常翻澜着你贪我爱的热俗，但曲终奏雅式的说教却从不缺位。其实，这种种相互对立的碰撞与交缠，本可以形象地揭示中国人"以情为教"的困境。但因为他没能吃透古人在放任浪漫、出入世俗的同时，心中长存道义崇拜和自我期许，终未能解释其何以既重真情发抒，又不离"驯化"与"协调"的原因。事实是，世俗力量已强大到足以裹挟当世最著名的文人，而这些文人仍会执拗地坚守道德说教的底线，把男女之事先归为阴阳再归为人伦，进而将人道归为天道，哪怕欲拒还迎有些虚伪，曲终奏雅又太过直白，正是因为在他们那里，道的思想从来是清晰而稳定地横亘在自己心中，并成为自己精神的"内结构"的。准此，所谓"男子作闺音"也好，"借男女之真情，发名教之伪药"也好，都不是什么故弄玄虚或欲盖弥彰，也不能说是基于内心有太深刻的矛盾纠葛或由此造成思想与创作两张皮，毋宁说正与古人从来将创作视为问道之具有关。

还有，作者很重视研究概念和词语，认为可借以进入对象的精神结构，重构其心理状态，理解其价值观和无意识，即对理解"在各种不同的文化中，对性欲和爱情冲动的控制方法是不同的"事实也大有帮助。[①] 但遗憾的是，由于隔膜于中国文化特有的思维及表达方式，他的解说并没能获得中国古人字训字义传统的支持，既未顾及概念与词语是否有深湛的哲学涵指，也未注意其在不同历史语境中的意义变化，而仅限于词典上的一般解说随文敷衍。如仅将"媚"解释为"美好""可爱"，将"天理"解释为"上天的道德准则"。又离开特定的历史文化背景解说"风情"与"灵气"，并将之与诸如"思""念""忆""恋"这类意指显豁的字放在一起。有的词如"火热""快乐""宝爱""钟情"与"同心"不唯意指显豁，还不专指爱欲，将其尽数引入又不加说明，显然易生误解，并会消减古人在表达情感方面实际达到的深度与广度。此外，还有些此语如"淫"，意义更为显豁，但作者反复予以申说，而对"艳"这样指事更切的词却反而无说，既没有由《方言》所谓"秦晋之间美色曰艳"而及其引申义，又没有再及六朝至唐宋出现的数量众多的艳诗艳词，以及明清两代出现的数量更多的戏曲小说，明显轻重失当。要之，明清两代如《学海群玉》《万用正宗》《文林聚宝》《五车拔锦》《万书渊海》这类实用类专书有许多，其中"风月"一门存有太多生动的语料可以参考与研究，但因前述缺乏对基本典籍的了解和对文化传统的把握，结果像"花柳"这样人人熟知的词被作者特别表出，而更能反映万历以来热俗世风以及妓女嫖客互动实态的词如"打乖儿""帮闲"与"连

[①] ［意］史华罗：《中国之爱情——对中华帝国数百年来文学作品中爱情问题的研究》，王军、王苏娜译，中国社会科学出版社 2012 年版，第 2 页。

手"等等反而被悉数遗漏了。这不能不让人感到，作者与中国人的用情用语其实是隔了好几道公案的。①

又如德国汉学家、特里尔大学汉学系教授卜松山（Karl-Heinz Pohl）的《中国的美学和文学理论——从传统到现代》一书，尽管申言"尽可能回避将中国与西方的文学及美学理论进行联系比较"，但基于"这种情况却不能完全避免"，②每每有中西比较之论。按理，这些比较是中国学人最想看到的，因为这种异域之眼正可以照见那些被我们忽视的问题的背面，而作者的西学背景，也可以让人获得难得的教益。但实际上，作者常以西学观念作为全书结撰的锁钥，但为何这些观念可以成为结撰与评赞的主要参照却并没有些许展开，以致类似陆机《文赋》对写作技巧与避忌的讨论一如欧洲的诗学，特别是巴洛克时期的诗学；杜甫创作之集大成与巴赫在欧洲音乐领域的情况相类似；英国作曲家卡迪尤（Cornelius Cardew）《即兴创作伦理》中所说的"质朴必须包含对其形成过程困难程度的记忆"是对皎然关于艺术创作婉媚与质朴之间特殊关系的补充；苏轼的泽被广远可比歌德之于德国文化史的影响；黄庭坚对诗法的尊崇带给人如同欣赏巴赫赋格曲和贝多芬奏鸣曲一样的体验；公安派和袁枚的"性灵说"可用艾布拉姆斯的"表现"（expressive）来说明等判断，都显得既空泛又随意，让人看了一头雾水，不明所以。至于用德语"Wahrheit"（意为"真理"和"真相"）来对应老子的"道"，将中国人推崇的"味"等同于弗朗索瓦·于连的"隐喻价值"（La valeur allusive），又将"境界"等同于叔本华的"Idee"（即理念），而未及李又安（Adele Rickett）之以"realm"、刘象愚（James Liu）与波恩（Joey Bonner）之以"worlds"来译"境界"，则因缺乏深度说明，明显不能餍足人心，③尽管他已经意识到，"很多中文术语、甚至某些汉字本身具有非常多的含义，因此在将它们翻译成德语时必须考虑其在不同意义间的细微差别"。

又，他说得恳切，"中国丰富的美学遗产在其走向现代的进程中同样会进一步成为其自新的源泉，这种可能性是绝对存在的，甚至它们或许能在与欧洲进行创造

---

① 汪涌豪：《是罗列式的复述，还是发覆与解剖》，载《书生言》，海豚出版社 2014 年版，第 266—296 页。

② ［德］卜松山：《中国的美学和文学理论——从传统到现代》，向开译，华东师范大学出版社 2010 年版，第 2 页。

③ 汪涌豪：《异域的知解与祛魅》，载《书生言》，海豚出版社 2014 年版，第 252—265 页。

性的碰撞以及成效卓著的交流中重新迸发出活力，成为一笔宝贵的财富"，因为全球化赋予了它"一个新的维度"，[1] 但又说"在中国古代，有关哲学（或与之相关）主题的讨论很少有像古希腊人那样的严密论证，更多时候是模糊的"。[2] 这种来自西方的观察对中国学界的影响可谓深远，有时还几成定论。但事实是，类似判断既是不明就里的皮相之论，也因存在太多的例外而不符合古代中国人思考与言语的经验事实。因为中国人从来讲究以道治天下，自然主张以道治万物。这里的"物"既指客观存在的百千万物，也指事理之幽眇与人心之精微，乃至一种学说、一种价值。由于认为此道须臾不可离，如清人唐甄在被梁启超《中国近三百年学术史》称作诚为王符《潜夫论》、荀悦《申鉴》、徐干《中论》和颜之推《家训》之亚的《潜书》中讨论"心之种"基于德而根于道时说的那样，"道绝则治绝"，倘若没有基于德性的制约，尤其是对道的遵信，则"人人言治，而天下愈乱"，"人人为学，而世无真学"，[3] 故钻研学问之于古人，很多时候被视为"体道"的过程，当做"成人""立人"的实践来对待，并不截然服从于一般意义上的认知目的。如果一定要指实这种意义，或许可以说，它归服于一种更高尚的问道的目的。如果再结合古代士大夫所充任的社会角色和人生趣味的多重性，还有其所持有的悟道者身份，则他对万物终极之道的追求，要远超过对万物本身的辨析；对不同理论之间的相互关系，乃或理论主张与人生实践关系的重视，要远超过对这一理论本身的重视，就非常可以理解了。由此，他们无意于追求论说的系统整严与观念的边界清晰。相反，如朱熹所说，"圣人之心，浑然一理，而泛应曲当，用各不同"。[4] 以至于到最后，能进入各个时代理论系统的多半不是可达成体系性建构的纯粹理念和范畴，而更多是灵光乍现的了悟片断，就一点也不奇怪。当然，这种片断能全息地指向对象的整体，透露出其人对整个人生乃至宇宙的根本性看法。

惟其如此，人们称中国人的思维是"象思维"或"意象思维"，即不设任何预设

---

① ［德］卜松山：《中国的美学和文学理论——从传统到现代》，向开译，华东师范大学出版社 2010 年版，第 302—303、351 页。

② ［德］卜松山：《中国的美学和文学理论——从传统到现代》，向开译，华东师范大学出版社 2010 年版，第 98 页。

③ 《潜书》上篇下《去名》，四川人民出版社 1984 年版，第 182 页。

④ 真德秀：《大学衍义》卷十一引，明嘉靖六年刊本。

条件，力求在自然的状态下，寻找事物运动的规律和应对方法。《周易》是典型的代表。由于这种思维不靠抽象思辨和实验方法，不以研究事物静态本质为目的，也不抛弃大量随机的个别联系，相反，很重视让事物各以自己的天性自然地发挥作用，又重视其在自然状态下的生成与演化，故有顺畅地将对象的复杂性、随机性和无穷变动性容纳其中的特点。其所得出的结论有时看似不够精准，既难以验证，也不可重复，但因为始终不丧失对现象丰富性与特异性的敏感，最终反而保住了对象的气足神完。要之，它不像西方以空间为主、时间为辅，空间统摄时间；而以时间为主、空间为辅，时间统摄空间，且主要采用自然整体的方法和意象的方法，着重在"象"，从而构成了人类观念世界的另一种图景。[①] 或以为，正如一味形而上学容易失去人生关切，过于经验哲学难道不会缺乏深度超越。但我们想说，这不是一个可以选择的问题，对共同体中居于不同区位的东方学术而言，这是一个需要尊重、理解并解释的问题。更何况，那种与经验世界相分离或先于经验存在的观念或许够深刻，但有时反不能深入人心也是有的。也正因为是这样，维也纳现代派的核心人物施尼茨勒（Arthur Schnitzler）才说："深邃从未昭示过世界，明晰才更深地看入世界。"

作为一个长期从事汉学研究的专家，作者尽管能够体认到，"中国哲学和文学批评的一个特征是对事物本质的自觉领会，而非理性把握"，它比喻性、启示性的表达方式是富有张力的，需要今人正确理的解，俾一种"期待视野"得以真正的融合，但还是认为它缺乏"明确性"，甚至"在今天看起来似乎有些矫揉造作"。[②] 这除了说明与史华罗相同，他对中国古代文学与美学理论的原型根基没有真正消化吃透外，更在在突出了跨文化比较的困难，以及构建真正有质量的知识共同体的困境。那种习惯性的主观认同，自我中心的偏执理性，常会阻碍人走不出观念的桎梏，即使意欲走出，也找不到契合与化约的途径，以致其许多言说和结论，不免沦为囿于个体认知的经验性独白。以这样的观察，我们再来看他书中的种种缺失，殊感距真正均衡有效的知识建构还有悠长的距离。这固然可称遗憾，但换个角度，未尝不是一种提醒与邀请，提醒中国学人负有不可回避的责任，同时邀请中国学人将

---

① 吴怀仁：《论汉语写作中的意象思维定位》，《陇东学院学报》2010 年第 6 期。

② ［德］卜松山：《中国的美学和文学理论——从传统到现代》，向开译，华东师范大学出版社 2010 年版，第 310、99 页。

要到来的投入与参与。

四、"他性"的接受与"自性"的发扬

如何超越时代，连通古今，尤其超越地域、民族与国家的界域，还有对固有历史—文化传统和知识范式的执念，力戒固守前见、过持主见和惑于偏见，以及将地方性经验放大为普遍性真理的片面强势，真正推动知识共同体朝向合理、均衡与有效的方向发展，亟待东西方知识人的共同努力。

而要让这个艰难的过程得以展开并让人看到希望，正确处理"自性"与"他性"的关系非常重要。21 世纪的世界已经进入"后危机"时代，随着保护主义和孤立主义的卷土重来，强势文化以不容置疑的"掠食者"的姿态，迫使其他文化只能充当其拥趸的情况虽已有所改变，但基于长久积累的惯性，那种自我中心主义和文化沙文主义的作风，在人类生活的各个领域依然可以看到，甚至文化部落主义也有所抬头。学界的情况似乎要好些，但一些学人不能放弃欧洲中心主义的偏见或自身的认知局限，设身处地地切入异文化的内里，也常可见到，这其实就是过尚"自性"漠视"他性"的表现，或者说是以"自性"覆盖与掩夺其他文化的个别性，并进而使之沦为边缘的"他性"。所以，我们强调知识共同体的建构，就是为了要在研究中凸显不同对象的"历史性"（Geschichtlichkeit），这当中，当然包括应更多地关注"中国语境"。毕竟，一个合理均衡的共同体只有向一切差异性甚至异质性开放，才能有助于"关联性问题"的解决，才能真正培育出一个真正意义上的"公共知识空间"。这个空间对共识的追求与知见狭隘者对高度同质性的追求是不一样的，后者常常会削弱、否定和掩盖共同体内部所包含的多样性和异质性，而前者正赖此来凸显自身所秉持的"共享"的核心理念。或者说，它更重视由对"他性"的尊重，达到对更高层次的"自性"的把握。

有鉴于当今世界，人类所遭遇到的所有重大挑战，从本质上说都是全球性的，而推动互联网的潜在技术又只会把人更紧密地联系在一起，人们需要借助彼此的智慧，协同应对挑战。这样才能给自己一个机会，使得各自的文明与文化得以延续和发扬。故可以说，"自性"与"他性"的互动，因此成为全球范围内文化整合与学术推展的关键，也是一个合理均衡的知识共同体得以最终建成的关键。

其间，中国文化尤其可为这种共同体的建成提供助力。因为它从来尊尚"自性"，并将之与"天命"相挂连。此所以《荀子·正名篇》讲"生之所以然者谓之性"，《礼记·中庸》讲"自诚明谓之性"。"自性"在中国文化中，是与人对自身本质的自我确认、开显和发扬联系在一起的，乃至是与人对自己人生的规划、设计与展开联系在一起的。一个人实现并发扬了"自性"，常意味着他人格的真正确立和人生的根本性完成。但与此同时，中国文化又讲"和而不同"，有"不同同之之谓大，有万不同之谓富"的开阔胸怀。所以，我们要正视自己的历史文化与学术传统，有鉴于它存在种种观念的滞后与认知的局限，其未臻完满的研究现状确实亟待来自"他者"的质疑与抉发，但另一方面，又要珍视自己的传统，当遭遇不当的阐释或过度的解读，应基于对"自性"的体认，作出有力的回应，这不是要违反阐释学的一般原理，更不是拘守"科学客观主义"。相反，对异域的观察者而言，这样做有助于他们保持研究的准确性；而对我们自己来说，也大有助于中国学术更多更快地走向世界。说到底，对"他性"的接受与对"自性"的发扬的结合，必有利于一种更有权威、更具开放性的"知识共同体"的建立。倘若还像 20 世纪末，每个人都逃无所逃地领受着被裹挟与趋同的无奈，让由此生出的无力感与挫败感吞噬本应有的独立判断和学术自尊，就失了交往引介的本义，也失了建立共同体的本义。

回到 20 世纪初，距今将近百年，梁启超已提出中国文化要时时"反省自己从前的缺点，振奋自己往后的精神"，并常怀"对于世界文明之大责任"。他并列出具体的四个步骤：由"人人存一个尊重爱护本国文化的诚意"，再经"用那西洋人研究学问的方法去研究他，得他的真相"，以及"把自己的文化综合起来，还拿别人的补助他……成了一个新文化系统"的"化合作用"，最后"把这新系统往外扩充，叫全人类都得着他好处"。[①] 这与今天我们讲要将中国的经验引入人类的知识共同体，使之更完整更具典范性是一个意思。这既是我们对自己身份的自我澄明，也是必须承担的文化宿命。

原刊《学术月刊》2016 年第 12 期

---

① 吴松等点校：《欧游心影录》，《饮冰室文集》第六集，云南教育出版社 2001 年版，第 3495—3496 页。

概念史研究的中国转向

孙 江[*]

一

"中国史学何以落了伍？"1949 年，齐思和在《近百年来中国史学的发展》一文开篇如是追问道。齐思和认为，"在一百多年前，西洋史学，无论在质或量方面，皆远不及中国"，而近百年西洋史学之所以超过中国，"不但是由于西洋历史家的努力，而且是整个西洋文化进展的结果"，西洋的政治、经济和科学的进步"对于史学发生了空前的影响"。[①] 时过近七十年，重温齐思和之问，笔者关心的要点不在于"中国史学何以落了伍"——史学是否有进步与落后之别大可讨论，而在于这种落后的焦灼感并非个别的一时现象，如果以百年为单位来审视的话，可以说具有共时性的特征，是一种全球化与本土化张力关系的反映，是时人思考和实践"全球本土化"（glocalization）——从全球范围思考，进行地方性实践——的产物。

回顾以往的历史叙事，美国历史学家特莱恩·斯托恩诺维奇（Traian Stoianovich）认为存在三种历史叙事样式：古希腊"训诫的历史"（exemplar history），包括中国对"传统的敬畏"（traditional piety），18 世纪以降"发展的历史"（developmental history）以及以社会史为代表的"功能—结构的历史"（functional-structural

---

＊ 作者为南京大学政府管理学院暨学衡研究院教授。

① 齐思和：《近百年来中国史学的发展》，《燕京社会科学》1949 年第 2 期。转引自王学典、陈峰编：《二十世纪中国史学史论》，北京大学出版社 2010 年版，第 1—2 页。

history）。① 在中国，20 世纪 80 年代中叶兴起的社会史研究虽然欠乏理论自觉，但提示了历史学发展的一个新方向。20 世纪 90 年代兴起的学术史研究虽然令人对本应成为学术常识的这一"显学"感到费解，但内含了重审近代的可能性。当世纪翻开新的一页，关于近代知识的研究悄然勃兴，就其荦荦大端，有制度、学科、观念、新名词等，出版了若干相关的研究论著。② 论者在讨论 19 世纪中叶以降西方知识在东亚传播和再生产的过程时发现，一些译自西方的概念，借用德国概念史大家科塞雷克（Reinhart Koselleck）的说法，既是东亚"近代"出现的标志（Indikator），又是影响其进程的"要素"（Faktor）。③ 概念史既是亚洲各国自我主张的依据，亦是理解他者的桥梁，同时通过概念史研究还可以从"现代性"（modernity）的角度展开与西方的对话。以下，本文首先考察概念史在中国兴起的缘由，继而梳理德国概念史的基本理念和源流，最后讨论概念史方法在中国运用的问题。

二

所谓近代，如果不避粗糙而取其最大公约数的话，是指时间、空间、人群以及秩序等由"杂质性"迈向"匀质化"的过程。微观史学大家金斯伯格（Carlo Ginzburg）在《奶酪与蛆虫》一书中谈到 16 世纪末发生的一桩无法按以往标准归类的异端事件。原来，伴随印刷术所带来的新知识的普及，异端梅诺乔（Menocchio）脑海中的旧知识和新知识发生了龃龉，他抨击教会，称爱邻人比爱上帝更为重要。④ 见微知著，金斯伯格揭示了由混沌而清晰的欧洲近代知识发生的契机，这种知识经过一百年左右的发酵，在 1800 年前后其轮廓清晰起来。概念史研究的先驱布

① Traian Stoianovich, *French Historical Method: The Annales Paradigm*, Ithaca and London: Cornell University Press, 1976, pp.26—38.

② 早前的研究回顾与评论，参见李里峰：《概念史研究在中国：回顾与展望》，《福建论坛》2012 年第 5 期。

③ Reinhart Koselleck, Einleitung, *Geschichtliche Grundbegriffe: Historisches Lexikon zur Politisch-sozialen Sprache in Deutschland*, Bd. 1, S.XII—XXVII.

④ Carlo Ginzburg, *The Cheese and the Worms: The Cosmos of a Sixteenth Century Miller*, Baltimore: Johns Hopkins University Press, 1980.

鲁内尔（Otto Brunner）称之为"门槛时代"（Schwellenzeit），[①] 科塞雷克（Reinhart Koselleck）则将其命名为"马鞍时代"（Sattelzeit）的开端。[②]

晚于欧洲一百余年，19世纪的中国和东亚在欧风美雨的浸淫下经历了前所未有的时代更替，固有的知识无法对应新时代，新时代在扬弃以往的知识体系。1873年，李鸿章奏称："臣窃惟欧洲诸国，百十年来，由印度而南洋，由南洋而中国，阑入边界腹地，凡前史所未载，亘古所未通，无不款关而求互市。我皇上如天之度，概与立约通商，以牢笼之，合地球东西南朔九万里之遥，胥聚于中国，此三千余年一大变局也。"[③] 在日本，江户时代的儒者憧憬中国，甚至有儒者从日本桥迁至品川后会高兴地说："离唐土近了二里"；从芝口搬到河崎后则说："离中华近了一点。"[④] 明治维新后，日本政府推行"文明开化"，为解决财政危机，突然宣布废除旧历法而改用新历法：1872年12月13日为1873年1月1日。其后很长一个时期，官方和民间各过其年，有道是城里过"明治的正月"（新历）、乡下过"德川的正月"（旧历）。上述中日两国发生的事项揭示了在旧与新、东与西碰撞下同时代人的恍惚。

对于近代知识由杂质而匀质、从混沌到清晰的变化，欧洲学者的研究异彩纷呈。法国"年鉴学派"通过心性史、社会史之考察，展示了近代前夜——中世纪晚期蠕动的多种变化；德国布鲁内尔的"社会史"和孔茨（Werner Conze）的"结构史"旨在究明社会变动的内在结构；在英国，"剑桥学派"的政治思想研究揭示了特定语境下历史转折的契机。无论是关注深藏在变化表层之后的结构，还是关注人心中的情感、信仰、思想，抑或关键时点上的转折，学者们试图揭示"近代"缘起的秘密。

东亚的近代凸显于19世纪，但早在大航海时代、东西遭遇的16世纪末，东

---

① Reinhard Blänkner, "Begriffsgeschichte in der Geschichtswissenschaft, Otto Brunner und die Geschichtlichen Grundbegriffe," *Forum Interdisziplinäre Begriffsgeschichte*, 1(2012), Heft 2, S.107.

② Reinhart Koselleck, Einleitung, *Geschichtliche Grundbegriffe: Historisches Lexikon zur Politisch-sozialen Sprache in Deutschland*, Bd. 1, S.XII—XXVII.

③ 李鸿章：《奏为密陈遵旨通盘筹画制造轮船未可裁撤事》(同治十一年五月十五日)，中国第一历史档案馆《录副奏折》，档案号：03-9402-019。

④ 延广真治：《唐物屋の店先から》，《しにか》1993年10月号。

亚世界即已酝酿着变化的契机。就中国看，其后 400 年间的知识迁徙似可概括为："宋学西迁""西学东渐""东学入中"和"借鉴苏俄"等样式。

"宋学西迁"既是实在的事实，亦为抽象的比喻，泛指中国知识对西方的影响。16 世纪末以降耶稣会士将中国知识陆续传到欧洲后，引起了不同的反应，影响了 18 世纪启蒙思想家思考自我和他者的方式。① 欧洲人蓦然发现在自身的文明之外还存在另一种不同的文明，激起了对东方 / 中国的想象，也正是在此时，耶稣纪年出现了公元前与公元后的区分。即使在 19 世纪，来华西人传播的知识仍然对欧洲人有着重要的影响。马克斯·韦伯（Max Weber）的《儒教与道教》是至今为论者称道的名著，但细看其所征引的二手资料，为什么韦伯会接受高延（De Groot J. J. M）关于异端迫害的论述，而非更有诠释力的艾约瑟（Joseph Edkins）的宗教研究，是值得深思的问题。② 400 年间断断续续生产的西方人的东方论述构成了今日东方主义的滥觞。

与中国知识西迁相对，"西学东渐"上起于 16 世纪以降的耶稣会士，继起于 19 世纪的来华西人，东渐的西学知识在东亚产生了因与本土知识碰撞而发生的变化："解构"（deconstruction）和"转位"（dislocation）。西学知识的再生产重塑了东亚人的自他认识，开启了中国、日本、韩国等建设近代国家的历程。这种再生产不单单在中西之间发生，来自近邻的中介作用近年也受到论者的关注。正如鸦片战争后中国发生的巨变和汉译西学知识对日本近代转型起到作用一样，甲午战争后中国知识人惊觉明治维新的成功，大举东渡，移植日本化的西学知识（包括来华西人传播的中文西学知识），这可谓"东学入中"的知识往返。③ 尽管晚清官员和士人不乏抵制东学入中者，但大都淹没在"东学"的大潮中。④ 如果说，大众化、商业化的

---

① 参见 Arthur O. Lovejoy, *The Great Chain of Being: A Study of the History of an Idea*, Cambridge: Harvard University Press, 1936. 新近的力作参见井川 义次：《宋学の西遷——近代啓蒙への道》，東京人文書院 2009 年版。

② 曹新宇：《异端的谱系：从传教士汉学到社会科学》，黄兴涛主编：《新史学——文化史研究的再出发》第 3 卷，中华书局 2009 年版。

③ 沈国威：《近代中日词汇交流研究：汉字新词的创制、容受与共享》，中华书局 2010 年版；陈力卫：《現代中国語にどのくらいの日本借用語があるのか》，内田慶市、沈国威編：《東アジア言語接触の研究》，大阪関西大学出版部 2016 年版。

④ 参见罗志田：《抵制东瀛文体：清季围绕语言文字的思想论争》，《历史研究》2001 年第 6 期；黄克武：《新语战争：清末严复译语与和制汉语的竞赛》，《惟适之安：严复与近代中国的文化转型》，社会科学文献出版社 2012 年版；章清：《晚清中国接纳新名词、新概念遭遇的三重障碍》，《南国学术》2015 年第 4 期；张仲民：《"文以载政"：清末民初的"新名词"论述》，《学术月刊》2018 年第 2 期。

"东学"推进了近代知识在中国的普及和再生产，新文化运动及继起的"借鉴苏俄"则呈现出近代知识强匀质化的趋势，在近代知识的意识形态化和政治运动中，苏联化的西学知识成为导引中国革命的航标。

需要赘言的是，本文所说的"西方"不能一概而论，不消说西欧与东、中欧的差异历历在目。日本亦非本质主义的日本，所谓明治日本有以英国为师的"文明开化"，还有排斥英国、取法德国的帝国构想。而韩国身处特殊的近代情境——疏离中国后成为日本帝国的殖民地，为理解东亚近代知识的往返提供了另一个观察的视角。反过来看，近代语境下本质主义的他者理解与对自身的本质主义的理解密切相关，论者可以从中西、中日、中韩、日韩等二元对立的构图上对亚洲的近代加以诠释。

三

对于中国"近代"的轮廓可以使用多种方法加以深描，概念史方法无疑是当下需要借鉴的一种方法。十余年前，有论者对笔者倡言的中国概念史研究提出疑义，① 这种担心不无道理，恰如当年梁启超或其他晚清士人将来自日本的"概念"曲解为"大概想念"一样，② 尽管有不少学者如方维规 ③、陈建守 ④ 以及冯凯（Kai Vogelsang）⑤ 等先后对德国概念史进行了介绍和评论，但各种误解似已蔓延，有"大概想念"重来之势。概念史研究环绕着两个挥之不去的影子：洛夫乔伊（Arthur Oncken Lovejoy）的"观念史"和以波考克（J. G. A. Pocock）、斯金纳（Quentin Skinner）等为代表的剑桥政治思想史。论者对概念史与观念史方法的区别似不在意，如《东亚观念史集刊》一名，这和林毓生主导的"公民社会基本观念"研究以

---

① 贺照田：《橘逾淮而为枳？警惕把概念史研究引入中国近代史》，《中华读书报》2008 年 9 月 3 日；孙江：《近代指示亟需"考古"——我为什么提倡概念史研究？》，《中华读书报》2008 年 9 月 3 日。

② 梁启超：《和文汉读法》，京都大学藏梦花芦氏本，第 64 页。"观念"则解释为"观而想念"，第 90 页。

③ 方维规有多篇介绍概念史方法的论文，最详者参见《概念史八论——一门显学的理论与实践及其争议与影响》，《东亚观念史集刊》2013 年第 4 期。

④ 陈建守：《语言转向与社会史：科塞雷克及其概念史研究》，《东亚观念史集刊》2013 年第 4 期。

⑤ [德] 冯凯（Kai Vogelsang）：《概念史：德国的传统》，计秋枫译，载张凤阳、孙江主编：《亚洲概念史研究》第 3 辑，生活·读书·新知三联书店 2017 年版，第 249—250 页。

及金观涛、刘青峰的著作的影响不无关系。[①]冯天瑜嫌"语义学"/"历史语义学"（Semantik）不够中国化，生造出"历史文化语义学"。[②]李宏图受里希特（Melvin Richter）等试图勾连德国概念史与剑桥学派的影响，将"剑桥学派"视为概念史研究的一脉，因而受到方维规的批评。[③]本来，观念史（history of idea）和概念史各有出自，观念史将观念视为"常数"，虽然一个观念可以用来表达不同的历史形象，但观念本身没有发生实质变化。[④]斯金纳批评观念史没有"真正的历史"（genuine histories）。[⑤]基于中国学界对概念史存在误解之问题，对概念史内涵实有必要作一番梳理。

概念史是德国的学术传统，但是，作为德国学术传统的概念史亦非一成不变，现在人们目为概念史研究的标志性成果——8卷本《历史性基础概念：德国政治—社会语言历史辞典》（ *Geschichtliche Grundbegriffe: historisches Lexikon zur politisch-sozialen Sprache in Deutschland* ），与主编之一科塞雷克20世纪70年代以降阐释的概念史有不小的差别。2002年科塞雷克说道："我的概念史研究与《历史性基础概念：德国政治—社会语言历史辞典》这一庞大研究课题紧密相关。这部辞典30多年前（1972）开始出版，而其理论和方法论思考是我40年前就已阐释的，这至少对我来说成了理论上的束缚。一方面，为了推动《历史性基础概念》这一共同课题，严格遵守理论设定是必须的；另一方面，我自己的概念史理论却在不断变化。"[⑥]一方面，为了推动《历史性基础概念》这一共同研究课题，必须遵守事先约

---

① 金观涛、刘青峰：《观念史研究：中国现代重要政治术语的形成》，法律出版社2009年版。林毓生：《公民社会基本观念》（上、下卷），"中研院"人文社会科学研究中心专书，2014年。林毓生主持的研究计划开始于1999年初，历时十余年。就内容看，东西方不同观念混杂，作者各扬所长，缺乏整合性。

② 冯天瑜：《"历史文化语义学"弁言》，《武汉大学学报》（人文社科版）2011年第6期。

③ 方维规：《臆断生造的"剑桥学派概念史"》，《读书》2018年第3期。

④ Reinhart Koselleck, *The Practice of Conceptual History: Timing History, Spacing Concepts*, Stanford: Stanford University Press, 2002, p.22.

⑤ Quentin Skinner, *The Foundations of Modern Political Thought*, vol. 1, *The Renaissance*, Cambridge: Cambridge University Press, 1978, p.xi.

⑥ Reinhart Koselleck, "Hinweise auf die temporalen Strukturen begriffsgeschichtlichen Wandels", *Begriffsgeschichte, Diskursgeschichte, Metapherngeschichte*, hrsg. von Hans Erich Bödeker, Göttingen: Wallstein, 2002, S.31. 译文参考方维规前揭《概念史八论——一门显学的理论与实践及其争议与影响》。一般将 Geschichtliche Gruadbegriffe 译作"历史的基本概念"，本文为避免将概念史误解为仅属于历史学范畴的研究，译作"历史性基础概念"。

定的规范；另一方面，科塞雷克自身的认识在不断深化。这就是说，虽然 20 世纪 60 年代初科塞雷克与另外两位主编布鲁内尔、孔茨（Werner Conze）确立了大辞典的编纂方针，但在漫长的编写和出版过程中，科塞雷克关于概念史的认识已经发生了很大变化，而这并没有反映在其后出版的词条写作中。

　　"概念史"（Begriffsgeschichte）一语最早见诸黑格尔（Friedrich Hegel）《历史哲学》，该书是黑格尔去世后由门人整理于 1838 年出版的。黑格尔认为存在三种历史："原初的历史"（die ursprüngliche Geschichte）、"反思的历史"（die reflektierte Geschichte）和"哲学的历史"（die philosophische）。"原初的历史"仅仅描述当下所见到的、听到的事件，不能超越自身所处的时代精神。"反思的历史"超越自身的时代，是一种比较抽象的、具有批判性的历史；"反思的历史"近乎普遍历史，但还不是哲学的历史，比如艺术、法律、宗教等，可称为"概念史"（In unserer Zeit ist diese Weise der *Begriffsgeschichte* mehr ausgebildet und hervorgehoben worden）。[①]在《历史哲学》中，"概念史"一语仅出现过一次，撰写"概念史"词条的梅尔（H. G. Meier）认为黑格尔的用法十分特别。[②] 在黑格尔之前，1726 年，沃尔克（J. G. Walch）在《哲学词典》（*Philosophisches Lexicon*）序言中注意到"概念的历史方面"（historischer Aspekt der Begriffe），但他对哲学概念的"历史介绍"缺乏批判性。1774 年费德（J. G. H. Feder）试图重新编写哲学词典，通过对概念的"真正的内容和本源"（„Aufklärung des wahren Gehaltes und Ursprungs" der Begriffe）的介绍得到更为准确的哲学概念的定义。1806 年，克鲁格（W. T. Krug）第一次提出超越概念的历史性、建立历史批判性的哲学词典的主张，"一部叙述所有哲学的概念和句子的作品肯定是很有意义的，它应该按字母顺序排列，应该论述概念和句子的本源，迄今为止的发展、变化、挑战与辩护、扭曲、更正，而且它应该说明它用了什么样的数据，数据的作者与时间"。但是，直到 1879 年由欧肯（R. Euckens）编写的《哲学术语史》（*Geschichte der philosophischen Terminologie*）的出版，德语世界才有

---

① Georg Wilhelm Friedrich Hegel, *Vorlesungen über die Philosophie der Geschichte*, Stuttgart: Philipp Reclam jun, 1961, S.47. 黑格尔：《历史哲学》，王造时译，上海书店出版社 2001 年版，第 7 页。

② H. G. Meier, Begriffsgeschichte, *Historisches Wörterbuch der Philosophie*, Basel, hrsg. Von Joachim Ritter, Stuttgart: Schwabe & Co., 1971, Bd.1, S.788—807.

了第一部涉及语言和历史的哲学辞典。①

　　概念史成为一项跨学科的研究并在哲学和历史学领域开花结果是在第二次世界大战以后。20 世纪 50 年代以降，概念史在德国一枝两叶：哲学思路的概念史是将概念史当作理解当下哲学术语的背景，或者说完全是为了解决哲学问题。与哲学思路的概念史不同，历史学意义的概念史之目的在于理解历史上不同社会的特性（虽然二者在人员和词条上有关联）。人们通常谈论的概念史是指后者，即科塞雷克与布鲁内尔、孔茨等主编的《历史性基础概念》，② 这项研究起始于由孔茨发起、布鲁内尔参加的"近代社会史研究小组"。

　　《历史性基础概念》第 1 卷于 1972 年出版，至 8 卷（第 9 卷系目录索引）出齐，费时二十余年。这部卷帙浩繁的大辞典收录的大小概念堪称字数多寡不等的论著，远远超出了汉语"大辞典"的涵义。在第 1 卷，科塞雷克撰写了一篇《导论》，提纲挈领地概述了衡量"历史性基础概念"的标准，这就是通常所说的"四化"。现下理解的概念史有将大辞典与科塞雷克的阐释混为一谈之嫌，所谓德国概念史，首先应该紧扣这部大辞典来讨论。科塞雷克拟出的历史性基础概念的标准如下：

　　（1）民主化（Demokratisierung）。随着古腾堡印刷术的发明和知识的普及，所有阶层都被卷入宗教的、社会的和政治的论战中，但直到启蒙运动，政治词汇才有了很大的变化，从前仅为特定等级所有的表述方式开始越过等级界限，与此同时，随着等级制度的解体，相关词义也在消失。（2）时间化（Verzeitlichung）。基础概念被赋予了所期望的特征，如共和政体（Republik），曾是无所不包的法制（宪法）集合概念，现在成为党派概念，党派进而提出唯一合法的法制要求。当"民主制"取代"共和制"后，同样也有作为唯一合法的法制诉求。"-主义"（-ismus）构词的大量出现，成为区分不同阶层的动力和指标，但这些"主义"从来就没有完全涵盖阶层分化的过程。（3）意识形态化（Ideologisierbarkeit）③。概念的抽象程度越来越高，不能及时应对事件的变化或社会结构的变化。这些复合单数词以其特有的普遍

---

① H. G. Meier, Begriffsgeschichte, *Historisches Wörterbuch der Philosophie*, Basel, hrsg. Von Joachim Ritter, Stuttgart: Schwabe & Co., 1971, Bd.1, S.788—807.

② Otto Brunner, Werner Conze, Reinhart Koselleck, *Geschichtliche Grundbegriffe: Historisches Lexikon zur Politisch-sozialen Sprache in Deutschland*, 8Bd., Stuttgart: Klett-Cotta, 1972—1997.

③ Ideologisierbarkeit 有意识形态化的"可能性"之意。

性和多义性来对应空洞化和模糊化，不同阶级根据其嗜好而选择不同用法，甚至是截然相反的用法。（4）政治化（Politisierung）。语言操纵技术的发达，如口号，带有理论要求的概念按照自身意图对概念加以塑造或应用。①

科塞雷克指出，上述"四化"标准并非绝对的，不同标准常常会出现交叉。重要的是这些德语概念虽然与法语、英语的相关概念不无关系，甚至其源头可上推至古希腊语、拉丁语，但都是在德国历史语境中成长、变化的，换言之，脱离了德国/德语历史和文化，就无法理解之。所谓德国/德语的历史并非漫无边际的——尽管每一个词语都可追溯到久远的过去，真正发生质的变化的是18世纪末以后，在此，科塞雷克导入了一个重要的概念：马鞍时代。科塞雷克认为，在1750—1850年从启蒙时代转向近代的期间，基础概念发生了如同上述"四化"所表征的变化。发生在德语世界的现象告诉读者，对于历史性基础概念的理解需要置于特定的语言和情境中，同样，在理解基础概念的内涵时也需要有意识地区分内涵的变迁——哪些是曾经有过的，哪些是后来叠加上去的。

在概念史大辞典出版期间，三位编者中的布鲁内尔和孔茨先后去世，科塞雷克成为第6卷以后的单独主编。科塞雷克关于概念史的想法在变化。如果比较《历史性基础概念》词条与科塞雷克关于概念史研究方法的论述，之间的不对称关系不难看到，如，近400页的nation词条是冗长的关于词语、文本及其含义变化的介绍，理论指向并不显明；而科塞雷克在20世纪80年代以后发表的论文则凸显出明确的理论指向，既不像布鲁内尔、孔茨拘泥于社会史，也不似传统解释学执着于概念的含义，而是追求更具涵盖性的关于概念史的理论阐释，他显然意识到历史学界和政治学界的两座大山——法国的"年鉴学派"和英国的"剑桥学派"。在历史时间的阐释上，科塞雷克继袭胡塞尔（Edmund Gustav Albrecht Husserl）、海德格尔（Martin Heidegger）现象学的时间诠释，既不同于"剑桥学派"关注关键"时刻"（moment）人的行动，也别异于"年鉴学派"布罗代尔（Fernand Braudel）长时段、中时段、短时段的历史建构。在科塞雷克看来，"历史"这一概念不是过去的经验所能解释的，因为它在18世纪末和"新出的进步"如双胞胎获得了新生，从此对

---

① Reinhart Koselleck, Einleitung, *Geschichtliche Grundbegriffe: Historisches Lexikon zur Politisch-sozialen Sprache in Deutschland*, Bd. 1, S.XII—XXVII.

未来的期待地平进入历史概念，所谓历史即缩短过去与未来、经验与期待之间的距离。①

　　基于历史沉淀于概念的认识，科塞雷克把概念史作为一个单独的探究历史的单位而与社会史相提并论。② 本来，概念史是从社会史（Sozialgeschichte）传统中生长起来的，布鲁内尔在第二次世界大战期间出版的关于中世纪《土地与领邦》（Land und Herrschaft）的著作至今仍是经典之作，在这本书中，布鲁内尔反对19世纪以降自由主义的历史诠释——用"国家""社会"等现代概念来理解中世纪历史，强调基于史料的概念建构，因此借用了施密特（Karl Schmitt）政治理论中法制（Verfassung）概念，从法制史（Verfassungsgeschichte）角度重构中世纪的历史。该书在战后再版时，布鲁内尔隐去了与施密特理论的关系，但基本想法没有变。③ 这也深深地嵌入《历史性基础概念》的词条写作的理念中：用当时的人的想法和术语撰写历史。在此之外，科塞雷克一直在思考社会史与概念史的关系，认为概念史关心概念（历史）中的语言与结构不同，而社会史侧重于概念得以生成和变化的背后的情景。④

　　科塞雷克关于概念史的理论阐释逐渐产生了影响。20世纪80年代，"语言学的转向"（linguistic turn）席卷英美学界，历史叙述乃是由基于语言的方法和认识所决定的观点唤起了人们关注德国解释学和概念史研究的传统，海登·怀特（Hyden White）称科塞雷克为20世纪重要的历史理论家，在其主导下，科塞雷克的著作被译介到英语世界。科塞雷克的著作还被译为法语、西班牙语、波兰语、丹麦语、意大利语以及日语、韩语。与此同时，概念史研究方法正在向欧洲大陆以及欧洲以外的地方传播。在欧洲，研究概念史的中心不在德国，在北欧。

　　里希特（Melvin Richter）等将概念史研究视为德国版的"语言学的转向"，试

---

① Reinhart Koselleck, *The Practice of Conceptual History: Timing History, Spacing Concept*, Stanford: Stanford University Press, 2002, pp.115—130.

② Reinhart Koselleck, *The Practice of Conceptual History: Timing History, Spacing Concept*, Stanford: Stanford University Press, 2002, pp.20—37.

③ Otto Brunner, *Land und Herrschaft. Grundfragen der territorialen Verfassungsgeschichte Südostdeutschlands*, 1 Aufl., Brünn/Leipzig/Prag, 1939; 3 Aufl., Brünn/München/Wien, 1943; 4 Aufl., Wien, 1959.

④ Reinhart Hercolleck, *The Practice of Conceptual History: Timing History, Spacing Concept*, Stanford: Stanford University Press, 2002, pp.20—37.

图勾连德国概念史与剑桥学派政治思想研究的联系。① 但是，概念史研究所存在的局限招致了斯金纳的发难。首先，概念史研究缺乏体系化，对历史性基础概念的实证研究不可能漫无边际，那么边界设置在何处呢？关于一个个基础概念的研究最终要建构怎样的基于概念的历史图像？并不清晰。其次，斯金纳认为"不可能有概念本身的历史，只有争论中使用的概念的历史"。科塞雷克认为观念史中的"观念"是个"常数"，而概念史的"概念"则由一组相关的概念群构成，由概念群固定的概念发生变化后，必会产生新的概念，人们不可能对一个概念的两个或两个以上的形态进行研究，斯金纳将以聚焦一个连续的词语进行的概念史研究视为"词语崇拜"（fetishism of words）。②

四

那么，德国概念史研究方法是否能成为诠释中国"近代"的方法呢？回答是肯定的。一个最显明的理由是，19 世纪中叶以降，大量的外来词汇、术语、概念被翻译到汉语世界，这是德国和欧洲其他国家所没有的现象，如果离开了这些词汇、术语、概念，人们就无法理解中国乃至东亚的近代。当然，也必须看到德国概念史方法在运用到中国研究上的问题点。汉语"概念史"很难与 Begriffsgeschichte 对接。Begriffsgeschichte 由 Begriff 和 Geschichte 两部分构成，前者来自拉丁语 conceptus，一如怀孕产子，指感觉和思维活动及其过程，后者来自古德语，意为事件；18 世纪末 Geschichte 与 Historie（叙述）交融后被赋予含有事件、叙述、知识等内涵的概念。比较而言，汉语"概念史"一语作为新出的翻译概念没有如此复杂的内涵。科塞雷克提出了衡量历史的基础概念的"四化"标准，这也不可随意套用到中国研究上。在西方概念转译为汉字概念后，中国和东亚概念的"四化"过程与德国不尽相同。"民主化"似乎可以适用于明治维新后的日本，因为在明治以前的封建制下有受教育资格的是武士阶层，但作为"文明开化"一部分的翻译概念不可能由

① Melvin Richter, *The History of Political and Social Concept, A Critical Introduction*, New York: Oxford University Press, 1995. 中译本参见 [英] 梅尔文·里克特：《政治和社会概念史研究》，张智译，华东师范大学出版社 2010 年版。

② Winfried Schrodet, "Was heißt, Geschichte eines Philosophischen Begriffs?," in *Archive für Begriffsgeschichte, Sonderheft*, 2000, S.164—165.

哪个特定阶层垄断，在义务教育体制下，人人皆可接受和使用新概念。同样，中国也不存在概念的"民主化"这一过程，我们只能以"群"或"社会"为单位观察和界定新思想和新概念的载体。"时间化""意识形态化""政治化"等均需要紧扣中国语境来理解，一个原本抽象的西方概念被翻译为汉语术语后，就脱离了其所依托的语境，成为不同使用者不同政治社会诉求（期待或想象）的概念工具，常常出现意义前后矛盾、背离西语原来意义的现象。很多基础概念是随着人们理解的深入，特别是 20 世纪的政治运动才真正开始"时间化"和"政治化"的，而"意识形态化"则要到迟至围绕"借鉴苏俄"的政治博弈之后。总之，科塞雷克所提出的"四化"标准只能适用于他所界定的"马鞍时代"。对于科塞雷克的"四化"所存在的问题，格伦（Christian Geulen）提出了衡量 20 世纪概念的新"四化"标准："科学化"（Verwissenschaftlichung）、"通俗化"（Popularisierung）、"空间化"（Verräumlichung）、液体化（Verflüssigung）。"科学化"指科学的理论和概念成为日常语言；"通俗化"不同于"民主化"，强调媒体的巨大影响；"空间化"与"时间化"相对，指科技发展造成空间越来越小。"液体化"指多元化和流动化造成概念意义的不确定。[1] 对格伦的新"四化"标准，科塞雷克的后继者斯坦梅茨（Willibald Steinmetz）持批评意见，认为 20 世纪的概念只有以下两个特点：第一是反思性（reflexivity），不能从绝对的立场创造一个概念或判断一个概念，每个概念都需反思自身，没有绝对的真理。第二是英语化（anglicization），英语霸权成为吸收和转译其他语言概念的装置。[2] 科塞雷克的"马鞍时代"是个最受人非议的说法，我们很难绘出一个属于近代中国的"马鞍时代"。张灏认为，从 1895 年到 20 世纪 20 年代初期是中国近代历史上的"转型时代"，"无论是思想知识的传播媒介或者是思想的内容均有突破性的巨变"。[3] 如果这个"转型时代"可以对应"马鞍时代"，上限似乎没有多大争议，因为经过半个世纪的"西学东渐"，甲午战争后新知识的重要性凸显出来了。下限似可后推至 1931 年前后，因为随着九一八事变日本侵华战争的开始，此前杂质的、

---

[1] Christian Geulen, Plädoyer für eine Geschichte der Grundbegriffe des 20. Jahrhunderts, in *Zeithistorische Forschungen: Studies in Contemporary History*, 7 (2010), S.79—97.

[2] Willibald Steinmetz, "Some Thoughts on a History of Twentieth-Century German Basic Concepts," *Contributions to the History of Concepts* 7, No.2, 2012, pp.99—100.

[3] 张灏：《中国近代思想史的转型时代》，《二十一世纪》1999 年 4 月号。

多元的基础概念被收敛进国族的诉求之中了。

概念史作为理解中国近代特质的方法，选择和研究怎样的概念是必须考虑的问题。1910 年 5 月，章炳麟在《教育今语杂志》上撰文强调中国的教育要"从自国自心发出来"："法国人有句话，说中国人种，原是从巴比伦来。又说中国地方，本来都是苗人，后来被汉人驱逐了。以前我也颇信这句话，近来细细考证，晓得实在不然。"① 原来，主张革命的章太炎一度接受拉克伯里关于中国人种和文明起源于巴比伦的说法，并试图借助其丰富的小学知识和历史知识加以比附证明，但当觉悟到这有违寻找中国文化本真性（authenticity）的诉求后，很快将其弃之不问。② 在概念史方法的运用上，所谓"自国"就是贴近中国自身的问题，德国的历史性基础概念未必是中国的基础概念，反之亦然。黄兴涛研究的"她"字是一个不见于德国概念史研究的中国概念，看似一个普通的代名词，但"她"涉及的文化的、社会的和政治的问题之大，足以使其成为中国的历史性基础概念。③ 即使对两国同样重要的基础概念，也可能还有主次上下之别。如晚清的"地方自治"概念来自日本（当然有中国式的理解），而日本的地方自治又脱胎于普鲁士的地方自治，普鲁士和日本的地方自治制度成为现代国家的支柱，在民国时期，除阎锡山在山西实施的"村治"外，基本变成了另一套政治话语了。④

所谓"自心"就是时人的时代经验。刘鹗在《老残游记》说："吾人生今之时，有身世之感情，有家国之感情，有社会之感情，有种教之感情。其感情愈深者，其哭泣愈痛。"⑤ 反映中国近代的历史基础概念积淀了同时代人的情感、思想和行为，应该挖掘这些内涵从而揭示中国的而不是他国的近代经验。西班牙、葡萄牙及拉丁美洲 7 个国家 75 位学者合作编撰大辞典，第 1 卷包含十个重要概念，如 América/Americano（美洲）、Ciudadano/Vecino（公民）、Constitución（宪法）、Federación/Federalismo（联邦）、Historia（历史）、Liberal/Liberalismo（自由主义）、

---

① 章炳麟：《论教育的根本要从自国自心发出来》（1910 年），汤志钧主编：《章太炎政论选集》上册，中华书局 1977 年版，第 514 页。

② 孙江：《拉克伯里"中国文明西来说"在东亚的传布及文本之比较》，《历史研究》2010 年第 1 期。

③ 黄兴涛：《"她"字的文化史》（增订版），北京师范大学出版社 2015 年版。

④ 黄东兰：《近代中国の地方自治と明治日本》，東京汲古書院 2005 年版。

⑤ 刘鹗：《老残游记》，陈翔鹤校，戴鸿森注，人民文学出版社 1982 年版，第 2 页。

Nación（民族）、Opinión pública（公共舆论）、Pueblo/Pueblos（民众）、República/
Republicano（共和国）等，第 1 卷名为《伊比利亚美洲世界政治—社会辞典——革
命年代，1750—1850》，这是科塞雷克等主编的大辞典所没有的；但选择的时段为
1750—1850 年，受到"马鞍时代"的影响。[1] 而意欲与中国、日本相区别的韩国概
念史研究，则强调殖民地的历史经验，近年又转向社会层面的概念研究。[2] 这两个
发生在德国以外的概念史方法的运用对于中国的概念史研究无疑有启发意义。

　　作为探寻中国近代概念史研究计划的一环，基于"自国"原则，我们选择了
一百多个概念作为研究对象，这些概念的特点可以从四个角度来观察：（1）国族概
念；（2）学科概念；（3）社会—文化概念；（4）"主义"（-ism）概念。四个角度相互
关联，并非截然有别。比如，社会和社会学、政治与政治学、民族与民族学等涉及
的内容多有交叉，但是，前者侧重概念本身的生产与历史进程的关系，后者则限定
在特定的学科体系内部考察其内涵的演变，因此，前者更为复杂，后者较为清晰。[3]
此外，对有些概念研究不可脱离对其他相关概念的研究，如"民族"和"种族"（人
种）概念在 19—20 世纪形成过程中，往往是纠缠在一起的，现在讨论民族概念几
乎均不探讨人种 / 种族概念，这就忽视了民族概念生成的复杂的历史过程。

　　强调"自国"，自然就要触及"自心"了。由外力推动的中国近代化，一开始
即纠缠于或中或西、亦中亦西的龃龉之中，基础概念的再生产积淀了时人的主观感
受和时代经验。如"条约"概念，前文李鸿章的"三千年未有之变"的感叹绝非空
穴来风。中法《北京条约》汉文本第六款规定天主教会可以在内地"租买田地，建
造自便"，把土地卖给外国人不是一桩小事，李鸿章等地方大员曾想方设法予以抵
制，最后虽然没有成功，却换来了修辞上的胜利。同治四年正月二十五日（1865 年
2 月 20 日），总理衙门致法国驻华全权公使柏尔德密函称："嗣后法国传教士如入

---

　　[1] Javier Fernández Sebastián [Dir.]，*Diccionario politico y social del mundo iberoamericano, la era de las revoluciones*, 1750—1850, Madrid: Fundación Carolina, 2009.

　　[2] 韩国翰林大学的概念史研究引领韩国学界，出版有개념과소통（概念与疏通）、*Concepts and Contexts in East Asia*，此外还有概念史译丛和研究丛书。

　　[3] 南京大学学衡研究院致力于概念史研究，先后创办了《亚洲概念史研究》（生活·读书·新知三联出版社，现改为商务印书馆）、"学衡现代知识研究丛书"（凤凰出版社），不久还将在 Peter Lang 出版社 Cultura 开设概念史研究特辑，将中国的概念史研究成果逐步推向英语世界。

内地置买田地房屋，其契据内写明'立文契人某某（此系卖产人姓名），卖为本处天主堂公产'字样，不必专列传教士及奉教人之名。"① 总理衙门在给李鸿章函中的解释是："其契据内只写立文契人某某，卖为本处天主堂公产字样。契据内特书本处字样，则其仍为中国之地，并为中国人之产可知。"② 另一方面，应该注意政治层面的经验未必反映地方经验，笔者关于广东巴黎外方会地契文书的研究揭示了国家（政治）与地方（民间）的差异性。③

迄今，中国的概念史研究已有十余年了，比照前述不同"四化"标准，作为对以往中国概念史研究的一个粗浅的总结，笔者在此提出研究中国历史性基础概念的"四化"标准，具体如下：第一，规范化（standardization）。19世纪以来汉语中出现的重要的新词语有数百种，我们遴选其中一百多个作为研究对象，这些词语几乎都有一个共同性：互译性。所谓翻译，既有不同语言之间的翻译，也有同语言内的翻译。这一百多个词语一方面可以说是外来语，另一方面也可以说"古已有之"，新的意义到底来自古汉语，还是由外来语赋予的，或者兼而有之，最终不是由新词语的复杂的语义所决定，而是由使用者来决定。构成基础概念的词语，其翻译、阐释及再阐释是个复杂的规范化过程，这离不开对相关文本以及思想家和政治家的论著的研究，如晚清的《万国公法》《民约论》，民国时期的《共产党宣言》《国际歌》，这些文本影响了人们对相关词语内涵的比较规范的认识。笔者之所以不用格伦所说的"科学化"，乃是因为"科学"作为晚清出现的新词语，其本身新旧含意杂陈，最后逐渐成为一个现代意义的"科学"概念。

第二，通俗化（popularization）。对词语的互译及阐释的研究必然要涉及其社会层面的流通——通俗化问题。严复是一位孤高的启蒙思想家，他所翻译的术语大都没有流传下来，如"民直"（right）、群己权界（liberty/freedom）直指原义，但分别被"权利""自由"所取代。晚清士人囫囵吞枣地搬回的大量日本（语）化的西学汉字概念得以流通和普及，这一方面与读书市场的需求相关——濒临倒闭的商务印书馆就是靠翻

①② 《总署致法国柏尔德密函，附致李鸿章函，申明嗣后教堂购地视为教内公产不得列教士及奉教者之名并附函知照李大臣》（同治四年正月二十五日），"中央研究院"近代史研究所编：《教务教案档》第1辑（一），台北"中央研究院"近代史研究所1974年印，第52页。

③ 参见孙江：《〈北京条约〉第六款中法文本之辨析——兼论巴黎外方传教会广东地契文书》，《清史研究》2018年第3期。

译日文书籍而起死回生的，另一方面与这些词语、术语、概念的实用性不无关系，即它们通俗易懂，很容易与使用者的固有知识嫁接，从而产生转义或误读。其实，在日本也有一位类似严复的启蒙思想家——西周，西周小心翼翼地寻找汉字与西语之间的对应关系，但曲高和寡，最终留下的只有"思想""哲学"为数不多的出色译语。

第三，政治化（politicization）。词语、术语要成为概念，特别是历史性基础概念，必须与政治—社会的结构性变化发生关联。反过来说，正是时代的变化赋予了词语、术语以特定的政治—社会意涵，从而使之成为理解该当时代的历史性的基础概念。概念的定型和政治—社会运动、政治—社会制度关系密切，如国家、改良、革命、共和等均涉及历史进程中的政治制度的设计和政治运动；教育、结社、宗教、自治等概念可能与特定的社会制度的建构关系更密切。

第四，衍生化（derivatization）。当一个概念具备规范化、通俗化和政治化而成为历史性基础概念后，就可能在具体的历史情景中衍生出与该概念相关的"下位概念"，一方面我们可以通过"下位概念"观察历史性基础概念的多义性，另一方面这些貌似"下位"的概念，有可能取代"上位"的基础概念而成为具有本土意义的基础概念。革命是20世纪中国最伟大的事件。政治学家阿伦特（Hannah Arendt）的说法，现代意义的革命的诞生，"历史进程突然重新开始，一个全新的故事，一个不为人们所知或所闻的故事即将开始"。[1] 在中国革命中产生出来的诸如某某阶级、民主集中制、统一战线、思想改造等概念既是中国化的新概念，也是革命实践所衍生出来的新的基础概念。

围绕上述"四化"特性，我们不难对很多中国历史性基础概念进行对号入座，以往学者的研究给这一概括提供了众多极具说明性的事例。而笔者长期进行的革命/改良、宗教/迷信、社会/结社、民族/人种等研究也提供了支持这一"四化"概括的实证研究基础。有关中国近代历史性基础概念的研究是借助过去的遗迹——语言和术语进行的知识考古，随着研究和认识的深化，必然要随时调整研究的内容和重新界定概念的边界，就此而言，中国化的概念史研究刚刚开始，但正当其时。

原刊《学术月刊》2018年第10期

---

[1] Hannah Arendt, *On Revolution*, Penguin Books, 1990 [1963], p.28.

从特殊中发现一般

——反思中国经验的阐述问题

张　静[*]

一、问题意识

社会科学正在努力让世界"读懂中国"，普遍采用的方式，是论证我们的独特性——本土特征、差异模式、独特道路。这么做不是不对，但效果有限。于是有尖锐的批评出现：有理说不清，说了没人听。为什么如此？我们需要反思自己。有一个问题不可回避，那就是如何阐述独特性？

在学术界，理解的前提在于评估是否值得了解。"值得"是一个特指的专业性判断，指是否具有知识价值。有知识价值意味着两点：提供事实而不是论断，揭示事实中的原理。学界的信念仍是培根所言：知识就是力量，而非力量就是知识，所以光声音大不行，得有内容。这内容必须是通过事实证明的解释原理。事实和原理阐述有助于提升立场的正当性，至少是可论辩性及可接受性，但单纯的立场表达无法等同于事实可靠或原理真实。这种关系提示了一个问题：从事社会科学研究，如果疏于阐述事实和原理，将使交流遇到困难。

立场不同可能产生认同（积极标准）或者接受（消极标准）吗？世界上不乏这样的例子，所以才有"值得尊敬的对手""有建设性的竞争"的说法。这里的"值得尊敬"和"有建设性"，通常来自对行为基本原理的了解。虽然社会科学研究并非与价值立场无涉，但立场需要通过验证原理得到说明。这有别于用学术语言谈政

---

* 作者为北京大学社会学系教授。

治，因为学术针对知识，而政治针对对手。知识发现虽然有竞争性，但目的是通过学习克服人类无知，所以在严谨的学者看来，一种现象是否包含值得了解的知识，与行为者是谁关系不大。而在政治斗争中，如果承认对手的做法符合原理，就可能出现政治不正确问题。这个差别，用社会学常用的分类表述就是，知识视角是普遍主义（针对行为）的，衡量的标准一致，否则难以说服取信他人，政治视角是特殊主义（针对对象）的，衡量的标准多元，否则无法打击敌手。由于存在敌友阵营，政治必须首先识别立场，展示力量控制对方，但知识需要一视同仁，探索不同经验的行动原理，增益对人类自身的认识。如果承认这一差别，那么仅以知识之形施政治之实，能否真正促进相互了解？我对此持怀疑态度。

很不幸，由特殊主义原则指导论述，常常支配着社会科学的问题意识。这表现在放弃求知型提问，代之以用学术话语伸张权力意志，用普遍主义概念包装特殊主义事实。这种情况在中外都有表现。比如，在英语界，常见有这样的提问模式：根据标准本应……，但（某国）为什么没有……在华语界，以国别或者人群为边界，提问"何谓普世，谁之价值"的也不罕见。这些从对象出发的提问，看上去立场互相针对，但实际上共享同样的特殊主义原则。真正的研究者与社会受众的区别在于，他会因为某原理可以解释现实、出现进一步了解的兴趣，而单纯的立场论述，很难对独立的思考者产生有力影响。

特殊主义原则的局限性，在于采用温暖的"同理心"对待事实。这是善意的，然而从研究角度看又是不合格的："如果只通过'同理心'去了解人类行为，我们就永远不能证伪描述性假设、或者为它们提供自己经验之外的证据，从中获得的结论，也永远无法超越那些未经检验的假设，这样的阐释将止步于个人理解，而非科学研究。"① "同理心"常常以识别对象为前提，难免忽略系统性思维和参照系比较，结果往往是排斥超越自我经验的证据，陷于对有限经验的绝对信仰。这种"思想视阈的内陷"，特点是缺乏批评审视，满足于自我专注甚至自恋② ——这个警示虽然

---

① ［美］加里·金、罗伯特·基欧汉、悉尼·维巴：《社会科学中的研究设计》，陈硕译，格致出版社2014年版，第35—36页。

② 转引自亚历山大·伍思德：《在西方发展乏力时代：中国和西方理论世界的调和》，载黄宗智主编：《中国研究的范式问题讨论》，社会科学文献出版社2003年版，第27—42页。

针对西方知识分子共同体，但值得全世界知识界记取。因为将学术问题转化为政治问题，使原理探索变成立场宣示，在中国学界的"辩论"中也不乏案例。比如将费孝通提出的，农工混合乡土经济形态何以在中国存在，变成不同发展模式问题——为何中国乡村工业化没有走西方的道路；把彭玉生提出的，在缺乏个体产权的情况下，宗族团结和信任为什么能够保护非正式产权，变成特殊的工业化模式问题——为何家族才是解释温州工业化的谜底。

这类针对点的转变，反映了在问题意识深处，对一般性知识追求的无感，试图以学术政治替代学术原理竞争：指出一般的工业化道路或现代企业制度在中国社会不能成立。倘若是此，那么怎样解释，人类上百年来的工业化现象作为更具效率的生产方式在中国的出现？又怎么解释，从长程历史来看，中国企业的各种管理规则和世界的趋同大于趋异？对这类问题的转化习以为常，是否缺乏整体关照的自我专注呢？特殊主义的提问逻辑也许适合战斗，但不适合探索——如果我们的成功，说明我们做对了什么，这种"对"的行为原理是什么呢？和其他的成功经验相比，原理上相似还是迥异？如果是后者，需要从特殊经验中揭示新的、可解释的一般性原理，并经受其他经验的挑战和检验，方能产生说服力。

二、整体性与系统性

与此相关的一个常见问题，是说理活动要不要以地域为界？我尚不确定这个问题对于知识产出的意义，原因在于知识流动的复杂性。知识虽然来自某个地域，但它的价值往往不受地缘限定，全球学界和业界都将参与评价。这意味着，判断知识是否有价值，和广泛的认可有关，因而新知识需要和已有的知识系统发生关系，很难仅由单方面定义。也就是说，所有新的探索，都不能不在已有知识的基础上进行。

为什么要和已有知识相联系？社会科学的持续性和系统性特点，要求知识之间具有牢固的支撑关系："在比较成熟的科学里，有一些相互关联的模式，可以称之为假设和理论，为研究者个人提供了牢固的支撑。这些假设和理论的发展，通过不断的逆向反馈，和具体资料及数据进展结合在一起。""如果没有从前的那些步骤，就不可能有后来的这些步骤，后来的步骤超越从前的步骤，然而从前步骤的意义，作为研究工作整个链条上的一环仍然保持不变。"这种"牢固支撑"不仅来自具体的经验，也来自经验和理论的系统性关联："如果没有一些比较自治的、相互关联的模式以及比较自治的理论发展，而仅仅从汗牛充栋的文献里选择一些个别的文献资料，就会被一些短命的、难以经受检验的研究惯例所主宰"，从而无法避免在"时代动摇不定转瞬即逝的各种派别影响"下，"历史总是被改写"的命运。①

社会科学的整体性和系统性，还与是否指向非短期、非偶然、非特定的一般性相关。这里，短期是指暂时性的关系，偶然是指较少概率出现、不是常态的情况，特定是指必须依赖大量的限定条件，而限定意味着不易自然出现。在社会科学研究中，对短期、偶然和特定因素的探索，不是没有意义，但其相对的重要性程度较低：因为没有识别——不会出现和尚未出现的差异、耦变和反复出现的差别，更没有辨清——无关紧要的日常活动，与改变社会结构（社会关系）、观念力量（思想和信仰）和经济政治关系（力量分布）的不同。社会科学要寻找的，是推动重要改变发生的常态因，而非条件稍微变化，因果关联就即刻瓦解的偶然因。并非所有的活动都起着同等重要的作用，大部分的人类活动，结果不过是在延续或重复社会和文化结构，并未带来显著和有意义的变化，②所以从复杂的社会现象中识别常态因，对于引发其他研究者的注意十分重要。

显然，在整体性和系统性要求下，"熟悉"不等于"知道"。熟悉有关经验现象，而知道有关原理知识。现象是零碎和多变的，原理则必须有关联和稳定理由。原理能够解释现象，但现象甲不能解释现象乙，③现象之间的关键联系在被一般化成理论关系后，方能解释同类现象。比如，中国的扶贫实践获得全世界承认，此乃现象，可无法用此解释其他地方的贫困现象，也不能解释未来的贫困现象。但为何会总有人陷入贫困？《贫穷的本质：我们为什么摆脱不了贫穷》④这本著作通过大量访谈和对比实验，探索了特定群体陷入贫困的原因，用以解释大部分贫困现象的产

---

① [德]诺贝特·埃利亚斯：《宫廷社会：关于君主制和宫廷贵族制的社会学研究》，林荣远译，上海译文出版社 2020 年版，第 9—11 页。

② [美]理查德·拉赫曼：《历史社会学概论》，赵丽妍译，商务印书馆 2017 年版。

③ 张五常：《经济解释》第 1 卷，商务印书馆 2003 年版。

④ [印度]阿比吉特·班纳吉、[法]埃斯特·迪弗洛：《贫穷的本质：我们为什么摆脱不了贫穷？》，景芳译，中信出版社 2013 年版。

生。如果这个解释对多地贫困经验具有广泛的解释性，就形成了一般性知识，成为不同地区解决贫困问题的参照基础。

社会科学研究致力于通过局部经验，提供一般知识，这不仅需要知自己，还需要知他人，不仅需要阐述经验，还需要将经验转化为原理。这种转化离不开系统的参照系比较。借用一个比喻：想象中国是一个房间，如果只待在房间里，我虽然可以告诉你房间内的每一个细节，"但无法告诉你房间所处的位置"。[①] 要知道这个位置，必须能走出房间了解整体，将对中国的所知，放入整个人类的知识系统中，方能看到它的价值。所以在理论形态上和已有的知识系统交流，发现不同故事背后的一般原理，局部经验才可能和他人的经验产生关联，这是不同的局部经验能否顺利交流的必经之路。如果不能从局部经验中发现一般关系，要么是这些经验不存在一般意义，要么是研究者缺少发现一般的认知能力。

发现一般性要求以理论产出为中心，这与以经验（个案）产出为中心有所不同。后者是就事论事的（case-specific），[②] 不需要关注案例结论与人类整体知识的联系，而前者必须对已有的知识作出系统性回应，明确新结论在知识系统中的位置。如果缺少把局部经验进行一般化的意图，很多中国经验就止于特殊性故事，无法以一般知识的面貌出现。如果某一独特性同时具有普遍性意义，那么它的知识价值会提高，更容易吸引他人运用本地经验验证，通过交流过程向外扩散。倘若研究只针对我们熟悉的中国故事自己，无法面对整个人类提供行为原理，那么他人有什么动力要弄懂一个与己无关的经验？

三、本体论与历史论

更进一步，面对中国经验，为何我们不去探索——独特中的一般——这一价值更高、更容易传播的知识，可能与更深层的思维特点有关。哲学是体现思维方式的途径，所以我们需要暂时进入哲学讨论。

古希腊哲学的目标，是回答事物的本质或自然属性，即探寻本体论问题。在

---

① ［加］卜正民：《挣扎的帝国：元与明》，潘玮琳译，中信出版社 2020 年版，第 15 页。
② ［丹麦］德里克·比奇、拉斯穆斯·布伦·佩德森：《过程追踪法：基本原理与指导方针》，汪卫华译，格致出版社 2020 年版，第 4 页。

这种目标驱使下，区分客观事实和主观感受之间的固定差异，构造有关事实的分类特征及客观定义，以此作为进一步分析的基础十分重要。这意味着，在基本原则方面，认识者和被认识对象有别，如果认识对象不具备固定的客观性质，或者这个性质可以被认识者的想象随意改变，它就不是事实。这预设了，事实必须有超越性的、自在的、稳定的特征，方能作为范畴奠定认识的基础。

这一点是否当然成为不同思维方式的认识论前提？未必。不同哲学的比较分析发现，在中国哲学中，客观和主观之间并不存在不容改变的固定差异，事实也未必具有自在的稳定特征用于"援引"。① "中国文化的形成，并不企图诉诸那些规定人的本性，并确立人类统一的普遍范畴，中国人更愿意用中部之国的人、或汉人等地域性语言讨论他们自己……在对文化和历史的理解中，古代中国的思想家都不会援用超越的原则，来为他们的见解寻因作证。"② 理由是："义理之说与时势之说往往不能相符，则有不可全执义理者。盖义理必参之以时势，乃为真义理也。"③

为了容易区分，暂且称此为历史论思维，对应上述的本体论思维。有关客观事物的认识方式，这里存在值得注意的差别：特定和恒定的性质预设。历史论对事物的定义不同：它视事物是主客交融的、具体的、变化的、相互联系的，而不是有恒定的、客观的、独立的、超越的一般特质的。历史论思维较少将事物特征一般化的企图，因为一般化，通常意味着较高程度的恒定分类，与基本预设有违。比较而言，本体论思维则在恒定的分类特征基础上，试图认识那些"确立人类统一的普遍范畴"，即一般特质。比如这些概念——具体的人（man），一般的人类（mankind）；特殊的个人（person），普遍的个体（individual）；单一行为（behavior），集体行为模式（collective patterns of behavior）；等等。在这几组概念中，所指事实都同时具有特殊性和一般性：前者是独特的但后者是一般的，前者是

---

① ［美］郝大维、安乐哲：《期望中国：对中西文化的哲学思考》，施忠连、何锡蓉、马迅、李琍译，学林出版社 2005 年版，第 75 页。

② ［美］郝大维、安乐哲：《期望中国：对中西文化的哲学思考》，施忠连、何锡蓉、马迅、李琍译，学林出版社 2005 年版，第 91 页。

③ 转引自［美］史华慈：《中国的世界秩序观：过去与现在》，载［美］费正清编：《中国的世界秩序：传统中国的对外关系》，杜继东译，中国社会科学出版社 2010 年版，第 298 页。

具体的但后者是普遍的。就像张三和李四是不同的个人，但他们作为个体具有的权利，是共同的、可以援引作为一般比较的依据。在这种区分里，特殊性不是普遍性，具体性也不是一般性，二者无法相互替代，但独特性中有普遍性特征、具体性中有一般性特征可以认识，它们具有特殊具体的事实基础（根据）。

　　这个曲折绕口的概念区分有什么意义？不同的思维方式会有不同的回答。重要的差别在这一点：思维方式与认知信念——在个别中寻找一般、在特殊中探寻普遍——究竟有没有价值。在本体论的思维方式下，追求客观的普遍性、抽象性原理，超越具体、特殊经验的限定，去探寻事物一般的恒定本质，是研究工作的重要目标。在历史论的思维方式下，事物是变化的、历史的、具体的，不以恒定、一般的抽象特质作为存在前提。那么，谁会探索自认为不存在的事物特质呢？合乎逻辑地，如果根本不认为一般特质客观上存在，如何可能去探索它们？进一步，如果没有这样的区分前提作为先验援引，在具体/特殊的故事讲述中，如何会对一些关键不同——经验的（可见的）/超越的（可期的），再生的（从有到有）/构造的（从无到有）有所视见？如果不认为，把认识推进到定理/公理/原理的一般层次很重要，有什么必要从特殊发现一般？

　　问题的确很棘手：由于原理属于事物的一般性特质，那么，如果不存在对一般特质的（恒定）信念，所谓探索原理探索的究竟是什么？会以什么方式进行？是否眼前的经验所见就是原理？经验所见能举出一个事物的过程实例，但探索原理需要说出它的一般含义、普遍特征和不断重现的原因。当认识者这样做时，"就无可避免地，要走出过程的特殊性世界，进入观念和形式的认识领域"。[①] 显然，"走出过程的特殊性世界"去认识一般，是否有用，是否可期，是否有价值，都和认识信念密切相关。两种思维信念处理事实的方式很不同。我们都已经知道，本体论思维是现代科学的认识论基础。在自然科学方面，对这个基础是一致承认的，但社会科学的认识论基础仍充满分歧，在中国这个人文传统深厚的国家，此问题尤其明显。

　　葛瑞汉曾经借助于"因果思维"和"关联思维"的对比，来说明本体论和历史

---

① [美] 郝大维、安乐哲：《期望中国：对中西文化的哲学思考》，施忠连、何锡蓉、马迅、李珂译，学林出版社 2005 年版，第 40 页。

论思维的差异，^① 他发现这两种思维由于逻辑不同，注意的面向和能力有异。关联思维的信念基于经验本身，假定事实是历史的、变化的、互为关联的，但并不进行同质和异质的定义之分，也不使用统属的特征区别作为援引依据。因果思维的信念在认识一般性，假定事物按照性质不同各有统属，在同质性事物之间，存在普遍和一般性原理（因果关系）可以探求。这两种思维导向有异，因果导向为纵向的（具体到抽象，特殊到普遍），而关联导向为横向的（平行的类比，指向具体可体验的事物，不求助于任何超凡的领域）。横向思维和纵向思维能不能产生共同的知识目标？笔者没有答案。

但我们无法回避，因为这关系到什么是知识，要去认识什么——此信念极大地影响着思维逻辑。只要观察——面对同样的资料，为何不同的人常有不同的认识和分析深度——就可以发现：和掌握材料（经验现象）相比，思维逻辑（分析能力）一点也不次要，（因为）"思维会给自然的事件和物体，赋予很不相同的地位和价值"。^② "特殊性世界"的经验材料是零散随机的，它们的意义在于组成相互联系，而建立这种联系依靠的是认识过程，经验材料可以用于证实，但如何组织它们用于解释，则依赖理论系统和分析逻辑。往往是它们、而非眼见本身，决定了认识者能从经验中"看"到什么。所以在发现因果关系方面，思维甚至胜于数据，^③ 因为运用逻辑方能发现数据之间的关键联系。堆积数据和材料可以"产生出好的故事，但通常产生不出知识。因为它只是感觉的绽放，目的是强化人们的心情或感受，其联结的纽带是感情的连贯。……（而）思维则立足于某种有根据的信念，这种根据并非直接感受到的事物，而是真实的知识，被信以为真的知识"。^④

四、事实与意愿

上述思维方式的区分，可以帮助研究者辨别，在面对现象的时候，所谓"认

---

① ［美］郝大维、安乐哲：《期望中国：对中西文化的哲学思考》，施忠连、何锡蓉、马迅、李玶译，学林出版社 2005 年版，第 148 页。

② ［美］约翰·杜威：《我们如何思维》，伍中友译，新华出版社 2010 年版，第 15 页。

③ ［美］朱迪亚·珀尔、达纳·麦肯齐：《为什么：关于因果关系的新科学》，江生、于华译，中信出版集团 2019 年版。

④ ［美］约翰·杜威：《我们如何思维》，伍中友译，新华出版社 2010 年版，第 5 页。

识"，究竟是发现事实，还是阐述意愿。这两个东西有时混在一起进入交流，但区分它们对于沟通能不能建立共同的基础很关键。意愿是一种对事实的看法，常常陷入分歧，因为意愿很难不加入对利、益、势、德及结果的考量，但事实是超脱这些考量的。事实论证必须依靠展示可共享的证据，并且允许各方加入新的证据信息，支持、补充、修正甚至推翻旧证据。如果证据真实明显，则更容易被持有不同意愿的人接受。比如，在交通事故发生后，当事者说，是对方的错，自己没有责任，这是意愿，不一定是事实证据。还比如法庭辩论，控辩双方相互斥责表达的是道德意愿，也不一定是事实证据。

在知识交流中，事实之所以比意愿更容易接受，因为它有超越于不同的情感、立场、意识形态、利益、道德、个体经验和偏好的特点，这一特点，不妨称之为事实的独立性。而意愿则受限于不同的情感、立场、意识形态、利益、道德、个体经验和偏好的影响，它没有办法"独立于"这些影响存在。事实的独立性使之纯粹：它不是愿望，和是否喜欢无关，和应该怎么样、希望它怎么样也无关。这确实非常冷酷，常常被有情感有温度有道德的常见思维所不喜。但之所以揭示事实才能使人信服，就在于它区别于文学虚构、情感宣泄、道德评判和个体偏好。如果把事实发现和意愿表达混淆，就很难区分愿望和事实，这样，面对的事物是什么，和它应该是什么，我希望它成为什么，就变成了同一个问题。

这种混淆——把关于事实的特征定义当成喜好和意愿，给社会科学研究的交流增加了困难和不解。比如社会学者经常使用"现代性"和"传统性"，指涉两种社会的异质特征。它们不是自然经验时间，而是基于特质的定义时间，用于理解不同的社会现象和结构。把这个定义看成一个事实描述，还是看成一个抬高自己、贬低他者的意愿表达，极大地影响着人们的交流效果。把它当成事实的人，认为这个概念提供了有益的事实特征概括，把它当成意愿的人，认为执此定义者欢迎现代、厌弃传统，还把自己社会的特殊历史说成现代性的起源地。对他们而言，这两个概念不是中性的。事实和意愿不分，很容易会把事理理解为意愿。

事实现象无论如何定义，必须有经验基础和证据，但意愿未必。比如前述的"现代性"，它们是什么，为什么出现，以及如何扩散的，是必须要用史实证明的，这和人们是否喜好它，是否应该推动它，完全是两个问题。詹姆斯·弗农从英国历史中发现，人口流动促进了超地方的交易发生，一系列的社会变化随之出现：与之前有限不变的生活区域不同，广泛的人口流动提供了差异性（陌生人社会），导致不同的客观评价在新的生活地点交汇。为了区别，必须给在家乡和迁入地的不同规则命名，于是前者被定义为传统性，后者被定义为现代性，以区分依据对象识别和关系定责的特殊主义规则，还是根据行为识别和身份定则的普遍主义规则。作者观察到，普遍主义规则在陌生社会更加盛行，这助长了更多抽象社会关系的形成。同时，随着个人和原生地的关系不断弱化，家乡在他们的生命历程中越来越不重要，植根于个人和原生地的旧关系模式渐渐难以为继。旧世界是围绕亲密的地方及个人关系而构建的，而陌生人必须在与彼此的交往中发展出新的律例、约束和道德规范。它们是熟人社会无法提供的，因为规则根本不同。陌生人社会面临一系列彼此协调的新问题，为了解决这些问题，抽象化、不同于家乡的规则应运而生。正是这些挑战，激发了对抽象规则的植入和再造。① 社交活动的新法则及更细致的社会分类渐渐成形，以便于彼此陌生的人们在各类场合，能正确预期和应付对方；权力和权威不再由那些显要的、认识的人物所掌握，而是逐渐移交给了抽象且匿名的官僚机构；伴随着许多新组织出现，长久依赖于地方网络和个人信用的贸易被逐渐重构，经济活动开始受控于抽象、规范化的全新交易规则（法律）；新型职业群体不断出现（士兵、工匠、临时工、牧师、国家职员包括收税人员、邮政人员等，以及激进的政治领袖），产生了新兴的市民类别；在更为开放、流动性更强的城市，陌生人共同工作的概率增加，频繁与陌生人邂逅的机会，产生了维护私人空间、人际恰当交流、建立社交距离等问题；关于抽象概念的印刷品广泛传播，促进了基于认同感而非地理分区和关系的共同体建立；地方面对面交流的市场，被重新构建为抽象的空间，商品交换的模式不再以个人识别为条件，广泛的、跨地方的交易才成为可能。

这些基于事实的现象描述，并不代表作者的意愿在使传统衰落。这里，传统在衰落是一个事实判断，而非价值判断。作为一个事实它不受发现者的意愿支配，在独立地发生，它们被描述是因为该事实真实出现了，而不是因为表述人持有让传统

①［美］詹姆斯·弗农：《远方的陌生人：英国怎样成为一个现代国家》，张祝馨译，商务印书馆2017年版。

消失的意愿。弗农描述了一系列传统规则的瓦解及现代规则的扩散，她用"规则抽象化"（指不是针对某特定对象的通用规则，它无需再以辨认对象为前提，由此降低了传统社会面对面交往的巨大成本），概括变化中出现的一般性现象。[①] 为何这是一般性现象？因为它虽在英国历史经验中发现，但所描述的异质性出现，在很多国家的社会变迁中都可见到。因此，类似的事实完全可以从任何地域经验包括中国经验中得到证明。但如果我们缺乏从特殊经验阐发一般事实的能力，就会把他人的阐释当作独特经验，同时也把自己看作独特经验。如果独特经验无法互通，不存在普遍共享的事实，等于否定了从自己独特经验中挖掘一般性的可能。

五、目标设定和推理逻辑

在任何思维方式的交流中，阐述自己都可能出现两种后果：强化或缓解沟通不解。为何会强化沟通不解？变成你说你的我说我的？缺乏可共享的目标设定和推理逻辑是也。从反思出发警示问题，我简要讨论以下几个常见的方面：（1）轻视将经验和理论问题相联系，主动弱化二者关联的必要性；（2）忽略分析框架和预设等观念架构的参与，无法让叙事服从于解释顺序；（3）用道德解读和意识形态评判，替代理论解释和事实归因；（4）停留在有限（局部）经验的现象因上，忽略探索有系统性价值的理论因；（5）用现象的复杂性拒绝超越经验的模式简化。这五点，简单说，就是研究目标、分析框架、推理逻辑、抽象化和形式化，这些问题可能限制从特殊经验中发现一般理论的能力。

（一）研究目标

社会科学经验研究的基本目标是什么？学界没有充分讨论，似乎可以任由研究者自我选择。事实上，以研究为名的实际目标可以有多种，其中不少虽不可或缺，但与探索知识关系不大。比如，如果研究目标是彰显成就，要点就是成绩罗列，并且假定原因已知——不然怎么会取得成就？较少会自动走向进一步探寻——究竟做对了什么，为何做对了，原理是什么，和其他已知的原理是什么关系，如何回应不同的解释，等等。还比如，如果研究目标是教化，提升求学者的思想境界，那么通

---

① [美] 詹姆斯·弗农：《远方的陌生人：英国怎样成为一个现代国家》，张祝馨译，商务印书馆 2017 年版。

常是居高临下、自我确信的，作为老师带领学生，怎么会去和他们一起平等探索未知？再比如，如果研究目标是战斗，要争取把敌手打败，必预设自己正确对方谬误，怎么可能将不同的经验进行比较，并试图发现通用原理？显然，研究的目的有很多种，不是所有的目标都会自然指向知识探索。

　　知识探索的目标实际上是简单的，它关心的问题限定且纯粹：发现了什么事实？其原因为何？已有的解释是否正确？由于研究的探索性，完全可能出现不同的答案，这没有关系，经历批评检验可以辨别真伪，所以思想论辩市场的存在，对于知识竞争不可或缺。比如，研究者观察到，在一些情况下，社会财富有巨大增长，而另一些情况下并非如此。这是一个现象发现，要让这个现象引起学界关切，需要进一步寻找解释——为何如此，原理在哪儿。很多研究者为此目标工作，探讨什么样的制度条件能够创造财富生产的诱因。对此问题，哈耶克的回答是，能够有效利用分散（于社会成员中的）知识的制度；[1] 贝克尔的回答是，能够促进人力资本广泛投资的制度；[2] 蒂约尔的回答是，具有相容激励，可形成利益分享最大化的制度。[3] 这三个回答虽然不一样，但都试图发现有关制度激励的一般知识，解释财富增长的成因。这样，来自不同经验的成果，就可以产生相互了解的兴趣。

　　（二）分析框架

　　分析框架类似于理想类型，是一项将事实要素的关系理论化的努力。分析框架具有竞争性，代表着流派传统，所以有多少分析框架，实际上就会有多少分析标准。这些标准往往影响着研究者对于具体事实的看法，在研究中起到发现事实、确定价值、提供标准、组织证据的作用。如果没有分析框架的帮助，很多差异现象就会隐藏于历史而不见。因为判断何者为关键要素，并非由材料自动给出，而是由分析者从材料中找出。[4]

---

　　① [英]哈耶克：《知识在社会中的运用》，载美国经济学会主编：《美国经济评论百年经典论文》，杨春学等译，社会科学文献出版社 2019 年版，第 409 页。

　　② [美]加里·贝克尔：《人力资本：关于教育的理论和经验分析》，陈耿宣译，机械工业出版社 2016 年版。

　　③ Eric Maskin, Jean Tirole, "Unforeseen Contingencies and Incomplete Contracts," *Review of Economic Studies*, Vol.66, No.1, 1999, pp.83—114.

　　④ 张静：《社会转型的分析框架问题》，《北京大学学报》（哲学社会科学版）2019 年第 5 期。

　　比如，对于社会转型的分析，一种分析框架是：生产力的发展，改变了生产关系，从而出现了有产者支配的社会形态……因此，生产力的变化是社会形态转型的原因。另一种分析框架则是，产权关系确定，激励了效率追求行为，推动了生产力的研发更新，更多的生产剩余转向投资，从而出现了有产者支配的社会形态……因此，产权关系的变化是社会形态转型的原因。那么，究竟是生产力推动了社会转型，还是产权关系推动了社会转型？与其说是碎片化的资料本身，不如说是分析框架对于资料的组织方能给出答案。没有分析框架，很难揭示因果联动机制，这种揭示必须有观念架构的参与。托克维尔对法国革命历史的叙述，就服务于他对法国社会关键性局限条件的发掘：绝对专制、集权官僚体系、观念的抽象性和政治经验的匮乏。他使用史实，是为了揭示这些关键变量塑造变化的作用，而不是为了书写史实本身。所以他摒弃了自然编年的秩序，让叙事服从于观念构造的秩序。①

　　（三）推理逻辑

　　不同的语言，由于历史和文化的原因，往往重视的焦点不同。很多时候，人们互相不懂，问题不在观点（有分歧在学界很正常），而在论证的逻辑。比如，采用证明还是评断，属于不同的逻辑。证明需要展示证据，证据要有多元来源并各自独立，而评断通常不区分证据和意见，也不要求多元证据的独立性。如果从证明的逻辑出发，评断应是证据的结果而不是证据本身。还比如，解释问题需要合乎推论的程式，一层一层拨开条件，揭示影响因素的作用，展示他人可见、可复核验证的事实，"用一步步的检验呈现，而不是以该个案中事件的叙事方式写成"。②这些逻辑不是观点，而是产出观点的推论方式，如果拒斥推论逻辑，观点就无法赢得严肃学者的重视。

　　不同语言的交流尤其需要了解对方的逻辑基础，因为思维沿着语言所设定的路径前行，每个研究者都无法逃脱习惯母语的影响，"一种语言是一个组织体，它系统地关注现实世界及认识领域的某些方面，同时系统地舍弃其他语言所关注的那些

---

　　① 马嘉鸿：《〈旧制度与大革命〉究竟说了些什么？》，王涛主编：《托克维尔与现代政治》（思想史研究第十辑），上海人民出版社 2016 年版。

　　② ［丹麦］德里克·比奇、拉斯穆斯·布伦·佩德森：《过程追踪法：基本原理与指导方针》，汪卫华译，格致出版社 2020 年版，第 5 页。

特征。用这种语言的人完全意识不到存在这种组织性,(因为)他受到这种语言的彻底制约"。①语言的制约常常表现为逻辑差异,比如记录事实,用概念概括事实间的关系,与"传达情感、指导行为"的逻辑②就很不同。这提示了研究者自我反思的必要性:在逻辑上,是否习惯评判而非证明?是否将自己对事实的看法当成对事实的描述?是否将道德或意识形态判断当作因果原理陈述?任何语言的使用者都需要警惕自己的局限性,寻找共同的逻辑基础,思想交流才能增进互懂。

（四）抽象化

寻找一般性知识是一种理论探寻,理论是社会现象背后的原理关系,表现为超越具体现象的抽象命题。理论不是和具体对象绑定的,而是对一类行动模式影响关系的抽象,理论不是说某人对了,而是说某一类行为对了,如果这种理论具有原理含义,那么应该在同样的条件下,任何主体采用这一行为,都可能出现相似结果,这才是抽象化了的理论因。理论不是简单的现象归纳,需要演绎和分析,如果仅靠观察发生链就能发现因果关系,"科学就太容易了"。③理论必须揭示关键性因果影响,同时回答这一问题:任何事件如果被观察到以某种特定的顺序发生,为何我们确信,这是源于某个自然稳定的因果规则,而不是源于偶然?具体经验虽是地域性的,但理论是全局和系统性的,如果无法抽象为理论命题,任何经验都难以在他人的世界中具有意义。

抽象化要求在现象的上位概念中寻求解释因,并用简化的命题形式表达出来。假设从经验到理论是一个纵向阶梯,经验呈现具体、多变、复杂的多样性,理论则是呈现一般、(相对)恒定、简洁的关系。寻找理论的工作,需要沿着这个阶梯进行抽象水平上升,使来自经验的发现能够(暂时)脱离经验,独立成为一组因果关系命题。理论抽象只凸显关键因果关系,比如马克思揭示的原理——生产力决定生产关系,当其脱离了特定的经验(英德工业化),可以解释其他的工业化经验时,就成为一般性的理论命题。理论是可以脱离某一经验独立存在的、具有自洽性、非矛盾性的、简洁关系的表达形式,其不是仅仅解释一个经验现象,而是对一类现象

---

① 转引自［英］罗伯特·沃迪:《亚里士多德在中国》,韩小强译,江苏人民出版社 2019 年版,第 15 页。
② 转引自［英］罗伯特·沃迪:《亚里士多德在中国》,韩小强译,江苏人民出版社 2019 年版,第 30 页。
③ 彭玉生:《社会科学中的因果分析》,《社会学研究》2011 年第 3 期。

因果动因的描述。

（五）形式化

形式化在汉语中容易引起负面的"形式主义"联想，所以未能引起应有的重视。但社会科学的形式化表达，并非人们通常厌恶的形式主义，而是指知识演绎的一种呈现形态：类似于几何图形，也可以用文字、数字和连线表达的、可推论分析的简洁式。在多数学科中，形式化是常态——比如，运用公式模型表达事物之间的关系。部分文科拒斥这一点的理由，是它不能呈现复杂性。如果复杂性是一个目标，可以用其他的方式——比如叙事——呈现，但这不能成为否定形式化的理由。因为社会科学更重要的目标，是从复杂性中拎出关键联系和特征，这恰恰需要形式化能力。

除了表达结论，形式化往往还是分析得以展开的必要起点。比如我们分析资本主义和社会主义两种现象，必须从二者的形式特征出发，这些特征由前辈学者经由具体的经验事实建构起来：一个是资本驱动的、高度竞争的，主要由市场调节的资源配置体系，对福利保护较少，风险由抉择者个人承担；另一个是由行政组织驱动的，主要由中央计划调节的资源配置体系，对福利保护较多，风险依靠组织承担。这些特征将经验现象形式化为模型形态，通过知识传播，被广大的学界所熟知接纳。对社会现象和关系的形式化表述，具有系统提供特征基准的作用。应当说，社会科学的大量概念，以及概念（所表达的经验事实）之间的关系，都是形式化的成果。没有这种形式化工作，学界只能陷入各讲各话的境地，根本无法运用关键特征作为标准，展开分析，更无法运用形式化模型的比较展开对话。

原刊《学术月刊》2022 年第 3 期

当代学术话语建设：
一个长时段的思考

章　清[*]

　　提出中国学术话语的建设问题，非自今日始，甚至可以说，这实际是近代以来时有浮现的问题。问题之实质，是缘于"他者"的影响，肇端于晚清所遭逢的"三千年来所未有之变局"。正所谓"道术将为天下裂"，近代中国学术也是在这样的背景中逐步成长起来的。既如此，也有必要将此置于近代中国思想学术发展较为长程的时段加以考量。基于此，则不仅问题之缘起便于把握，同时亦可注意到，类似的问题发展至今日仍然引起热议，检讨的方向或也需要有所调整。如若不然，则百余年来无非是不断重复以往的话题，难以使问题得以深化。

　　以分科为标识的学科知识，于中国来说乃"援西入中"的产物，然所谓"西方知识"或"西方学科"都是历史性的范畴，其图景并不是清晰的。而且，从一开始，中国所接纳的"西方知识"，即亦加入了"中国"元素。

　　用不着特别指明，今日所谓之"学术话语"问题，乃近代知识逐渐成长的直接映射。而中国逐步建立以分科知识为特质的现代学科，则可归于"援西入中"的产物。对此有两方面的问题值得关注：其一是西方分科观念是如何传入的，其二是中国本土是如何接引的。之所以要追问所援之"西"为何？乃是因为并不存在"已知"的西方背景，况且就中国近代知识的成长来说，西方因素之外，日本因素的作用也颇为显明。

　　学科是特定历史时空的形式，西方学科知识的形成同样走过漫长的历程。[①] 有一点是清楚的，科学的进展不是同时取得的，一般认为，"带头的是天文学，继而是 16 世纪的物理学，化学在 18 世纪得到发展"，生物学"直到 19 世纪才取得进展"。[①] 华勒斯坦（Immanuel Wallerstein）还揭示了，19 世纪后半叶主要有三种方法促成了学科的制度化：大学以学科名称设立学系（或至少设立教授职位），成立国家学者机构（后来更成立国际学者机构），图书馆亦开始以学科作为书籍分类系统。具体说来，包括人类学、经济学、历史学、政治学和社会学等今天习以为常的学科，不少在 19 世纪以前是没有的，约在 19 世纪后半叶，这些学科才完成制度化的建制。[②] 此亦表明，学科知识于西方来说同样是社会转型的产物。

学科知识在近代中国的成长，与"西学"传播的各个阶段密切相关，通常上溯到明清之际，以寻求问题的起点。仅由此便不难看出，从一开始就蕴涵着本土的作用，并不存在单纯的"知识移植"。作为"传播者"，其身份已决定了所谓"援西"是有高度选择性的，甚至不免迎合本土的知识架构；"接引者"呢，也往往将外来知识纳入其所熟悉的知识架构。耶稣会士之"援西入中"，传递的是 15、16 世纪欧洲所形成的对知识的认知，如《西学凡》便可作为"欧西大学所授各科之课程纲要"。然而，本土的作用也颇为明显。[③] 因此，讨论西方知识对中国的渗透时，当认识到所谓"西方知识"或"西方学科"都是历史性的范畴，而且，从一开始，中国所接纳的"西方知识"，亦加入了"中国"元素。

不唯如此，正是消解了知识的"国别性"，晚清士人才化解了接纳学科知识的种种紧张。所谓"三千年来未有之变局"，在学术上也有所体现。章太炎《訄书》重订本首篇《原学》曾有言："视天之郁苍苍，立学术者无所因。各因地齐、政俗、材性发舒，而名一家。"太炎已感受到在"九隅既达"之世，由"地齐""材性"决

---

① ［英］亚·沃尔夫：《十六、十七世纪科学、技术和哲学史》上册，周昌宗等译，商务印书馆 1997 年版，第 1、10 页。

② ［美］华勒斯坦等：《学科·知识·权力》，刘健芝等译，生活·读书·新知三联书店 1999 年版，第 213—226 页。

③ 徐宗泽编著：《明清间耶稣会士译著提要》，中华书局 1949 年版，第 289 页。论者提出了"天学的圣学化"问题，指出徐光启、李之藻、杨廷筠"教中三大柱石"在接受"天学"时，最初是以一种拟同的态度将"天学"纳入圣学体系，以证明接受、学习先进的西洋科学是正当的。参见孙尚扬、钟鸣旦：《一八四○年前的中国基督教》，学苑出版社 2004 年版，第 206 页。

定学问方向的时代已经过去，"今之为术者，多观省社会，因其政俗，而明一指"。① 孙宝瑄读严复所译《天演论》后，则明确提出了中西学问分界问题："今日中西学问之分界，中人多治已往之学，西人多治未来之学。曷谓已往之学？考古是也。曷谓未来之学？经世格物是也。惟阐道之学，能察往知来，不在此例。"② 这里所显示的正是晚清士人会通中西学问之努力，期望能实现"国无异学"。

与之相应的，超越"国别性"的"学"也替代了"道"与"体"，在"普遍性"与"现代性"的论述中成长。严复对于"中体西用"之说即严加指斥："中学有中学之体用，西学有西学之体用，分之则并立，合之则两亡。"并强调，"中国所本无者，西学也，则西学为当务之急明矣"。其所规划之教育，也是沿着知识的进阶展开（小学堂、中学堂、高等学堂）。③ 在《论学术之势力左右世界》一文中，梁启超也提出："天地间独一无二之大势力，何在乎？曰智慧而已矣，学术而已矣。"④ 明确将中西之间的区别归于"学"，中西之间的竞争归于"学"。进一步的，学无新旧、学无中西的看法，也将中西学术之交流暂时画上一个句号。王国维即将有用无用之争、中学新学之争和古今新旧之争，均归于"学之义不明"："今之言学者，有新旧之争，有中西之争，有有用之学与无用之学之争。余正告天下曰：学无新旧也，无中西也，无有用无用也。凡立此名者，均不学之徒，即学焉而未尝知学者也。"⑤

不难看出，其中真正的改变是西学转化为新学，中西之争也转化为新旧之争。如论者所说的，"西学本身也跨越中西认同的紧张，获得了一个更具普世性的名称——新学"。⑥ 各种新学丛书替代各种西学书籍的出版，颇能说明问题。其中，既有以"皇朝"命名的《皇朝新学类纂》，也有主要取法日本的《新学大丛书》，显示在 19、20 世纪之交日本渐成中国摄取新知的国度。由"西学"到"新学"，突出的是学之"普世性"，不仅接受中国处于落后位置，还将世界之竞争定位于"学"，晚

---

① 章太炎：《原学》，载徐复：《訄书详注》，上海古籍出版社 2000 年版，第 37—43 页。

② 孙宝瑄：《忘山庐日记》上册，上海古籍出版社 1983 年版，第 156 页。

③ 严复：《与〈外交报〉主人书》，载王栻主编：《严复集》第 3 册，中华书局 1986 年版，第 557—565 页。

④ 梁启超：《论学术之势力左右世界》，载《饮冰室合集》第 1 册，中华书局 1989 年版，"文集之六"，第 110—116 页。

⑤ 王国维：《〈国学丛刊〉序》，载《王国维遗书》第 3 册，上海书店出版社 1983 年版，第 202 页。

⑥ 罗志田：《传教士与近代中西文化竞争》，《历史研究》1996 年第 6 期。

清士人逐渐也接受中西文化竞争最终是一场"学战"。

近代中国在"知识论危机"背景下实现的"权势转移"，很大程度上即表现为"知识转型"，不过，亦要看到，近代知识的建构乃全球性的普遍问题。

中国接纳以分科为标识的近代知识，原因必多，最基本的乃是因为中国文化在近代遭遇"知识论危机"（epistemological crisis）。麦金泰尔（Alasdair MacIntyre）阐述的"知识论危机"，近似于托马斯·库恩（Thomas Kuhn）阐述的"典范的危机"概念，指的是生活于某一文化传统中的人，接受了一套观察世界、认知世界的模式或架构，当一个新的世界变得不能理解，以往的观念架构非但不能有所襄助，反倒成为障碍时，这个传统所面临的即是"知识论的危机"。[1] 近代中国在"知识论危机"背景下实现的"权势转移"，很大程度上即表现为"知识转型"，即论证现实世界及社会理念合法性的思想资源或知识学基础，都立足于各分科知识展开，传统不再构成"知识资源"。如论者所揭示的，其间所发生的决定性的变化之一，即是社会理念的合法性论证逐渐脱离传统的思想资源，采纳欧洲启蒙运动以来的近代知识，以"平等论""自由论""民族论"为政治诉求的社会思想，在社会学、人类学、政治学等新兴学科的论说中找寻到合法性知识论证资源。[2]

然而，这样的知识转型，却并非发生于局部。实际上，自19世纪以来，近代知识的建构就成为全球性的普遍问题，它直接发端于中心社会对边缘社会权威与势力的增强。希尔斯（Edward Shils）曾将此作为现代社会中最惊人的变化之一，并强调这种变迁既可能是经由中心社会向边缘社会扩张而实现的，部分也直接来自边缘社会认同于中心社会的结果。[3] 中国社会与文化近百年来的变迁，即是19世纪以来人类世界呈现为世界性的"中心—边缘"格局的直接结果。伴随着本土社会渐次丧失其所捍卫的信仰、价值与象征秩序，中国社会依据"中心社会"的样式重新建构起具有外倾依赖倾向的价值、信仰与秩序。因此，近代知识在中国的建构，只

---

[1] 石元康：《传统，理性与相对主义》，载《从中国文化到现代性：典范转移？》，台北东大图书公司1998年版，第3—28页。

[2] 刘小枫：《中国无政府主义与现代乌托邦思维》，《二十一世纪》总第27期，1995年2月。

[3] Edward Shils, *Center and Periphery*, The University of Chicago Press, 1975. 此据叶启政：《边陲性与学术发展——再论科学中国化》，载杨国枢等编著：《现代化与中国化论集》，台北桂冠图书出版公司1990年版，第221—262页。

是中国社会与文化由原初区域性的"中心"跌入"边缘"的反映，不仅向中心社会的学术认同，而且还产生了几近完全的依赖——当然，是否达致这一目标是另一回事。

从历史演绎的脉络中也可看到，早在1905年科举废止前后，这些分科知识以新学的名义早已在中国社会的政治、经济、文化、教育诸领域扮演着救世的角色；而如同1923年发生的"科学与人生观"论战所昭示的那样，斯时知识界展开的种种争论，包括历史的、社会的和文化的，在根本上也都是围绕着这些分科知识展开。从中既能看到最具轰动效应的一幕，即随着古史辨运动的兴起，以往构成中国社会合理性论辩重要基石的黄金三代观念被拆毁，同时，经历这样的扫荡与破坏，学术重建的工作也慢慢长出果实来，如钱穆所说的，"三十年代的中国学术界已酝酿出一种客观的标准"。[①] 所谓客观标准，不只是突破原来讲究"师门"与"家法"的现代学科得以确立，相关的学术机构与学科共同体也建立起来，有了制度性安排。

当然，将近代知识的建构作为全球性的普遍问题，并不意味着各种知识相应具有普遍性，也绝非把中国学术的发展简化为移植与模仿，但从中或许我们更能理解那一代人所经历的艰辛。足以令人虑及的是，一百余年来培育中国人文学科与社会科学品质的，就是具有"普世性"意义的以科学标识起来的近代知识，它不仅垄断了对社会理念合法性的论证，还构成了催生与培育中国现代文明的决定性因素。因此，倘若我们承认近代以来中国在基本的价值取向以及认知方式上发生了急遽转型，那么就应当重视那一代学者在学术层面的工作。正是那一代人的努力，为中国奠定了以分科为特质的近代知识体系。

中国现代学科的建立，是近代以来世界范围内全方位文化迁移的结果，其"国别性"的色彩已逐渐淡化，业已构成人类文明的共同财富。

将中国"学术话语"建设的问题置于近代的背景，并无意说明此类问题早已有之，并以此否认当下提出这样问题的价值，只是试图阐明，如果不能在源头上辨析问题之实质，则再从原则上去重复以往的论调，对于问题的解决，并不能有太大

---

① 余英时：《犹记风吹水上鳞》，载《钱穆与中国文化》，上海远东出版社1994年版，第15页。

帮助。而通过梳理中国现代学科的建立这一过程，即不难了解这是近代以来世界范围内全方位文化迁移的结果，并非唯有中国才有此遭遇。中国社会有关现实世界及社会理念合法性论证的思想资源，渐次脱离传统中国的知识样式，转而采纳现代型的知识样式，不仅构成近代中国学术变迁的重要一环，也构成全球性学术发展的一部分。换言之，当下统称为自然科学、社会科学及人文学科的一系列学科知识，其"国别性"的色彩已逐渐淡化，业已构成人类文明的共同财富。

相比于自然科学，人文及社会科学存在着更浓厚的"国别性"色彩，这一点毋庸讳言。以中国研究来说，国外的中国学基本上是一个外国史，即他们的外国史，欧洲也好、日本也好、美国也好，都是在各自所积累的学术史的基础上发展起来的，有其独特的学术脉络和问题意识，并形成独特的话语系统和符号系统。举例来说，美国中国学所探讨的问题是如何延续下来的？每一代学者之间所关注的问题的联系与差异又如何？以及每一代学者的社会和学术背景有何变化和差异？这些问题，不是一成不变的，美国学者本身也在检讨。正如论者所阐明的，"是否只有西方的中国史家将其文化偏见带入研究当中，而一些深植于中国学界中的诠释典范是否也需要拿出来重新检验"。① 比照中国"外国史"学科的发展，其实同样如此。

尽管中外学问存在差异，但无论怎样，今日之学术，早已超越以出身论英雄的时代，所谓"出身"，除通常指向的学术训练之类外，尤指研究者之国别、性别等因素。唯有摆脱这样的"身份论"，针对具体的研究成果进行学术性的批评，才可能回到学术本身，去检讨其中的得失。坦率地说，时下所谓中国话语、中国经验这一类话语，究其实，即往往纠缠于"身份论"，只是在学术的外延部分进行学术批评。而且，这种话语背后流露出的一种理直气壮，一种自傲的情绪，更应该警惕。这很容易将问题引向学术的外延，似乎唯有中国人才真正了解中国历史、中国社会，而中国学者针对中国的研究也自然超越其他国家的学者所做的研究。

各国学术发展留下的可贵经验也值得我们借鉴。其一，就国家的学术积累来说，还显出不小差距。今天有不少人批评海外的中国学，但我们有没有想过，无论是在欧美还是日本，他们对中国的研究有多久的积累，有多少研究机构，培养了多

---

① 朱政惠：《美国学者对中国学研究的回顾与反思》，《江海学刊》2011年第3期。

少人才呢？反观我们，情况又如何呢？以历史研究来说，不少大国，实际上都缺乏研究这些国家的机构和人才，更遑论拉美、非洲的一些国度。其二，开展学术研究所依赖的一些条件，我们同样有不小差距。国外的历史不说，即便做中国史研究，往往也需要到国外的图书馆去利用那里收藏的图书资料。其三，学术的公信力还缺乏权威的发表、出版、批评的平台予以保障。这也已经说了不少年头，单是匿名评审制度，恐也没有多少刊物与出版社能真正做到。凡此都构成今天推动学术发展需要面对的问题，或者说需要去完善、解决的问题。

原刊《学术月刊》2015 年第 3 期

学术创新
与论辩合理性的扩充

高瑞泉[*]

作为一项文化实践活动的人文社会科学，本身包含了知识的传承与创新。从文化哲学的意义上说，文化即人的创造性活动，文化创新是知识生产的本然状态，缺乏创新的学术必定不能传之久远。对于中国学者而言，由于我们曾经有过一段激烈反传统的曲折，作为一种历史反拨，最近 20 年来古典知识传承的重要性被提到相当的高度，这自然有充分的理由。但是，今人阐发传统，如欲真有价值，也不会简单地重复前人，而一定包含了某种程度的创新。更何况，学术研究虽然有其自身之价值，为学术而学术也有其理由，但是，学者从事学术活动不仅是个人安身立命的事情，以学术为职志同样还包括对社会的承诺。从近代开始，中国社会就进入了一个历史性的大转型的时代，这一转变造成了中国的崛起，但至今"大转型"尚在途中。而它更广阔的背景是整个世界的剧烈变化、人类社会共同面临的诸多新挑战，以及在思想理论等方面的"世界性百家争鸣"。人文社会科学的学术研究不可能完全脱离现实的挑战，或者说真正有价值的学术研究，归根到底是以不同的方式回应着现实的问题。从知识社会学的角度看，随着中国现代化的进程，从传统的四部之学转变而来的现代人文学术和社会科学，正是在"创新"成为现代传统的过程中才建立和发展起来的。因为在古典的经学范式中，个人的创造精神处于"贵求新"与"专守旧"的紧张之中。所以著名经学家皮锡瑞说道："盖凡学皆贵求新，唯经学必

---

* 作者为华东师范大学哲学系教授。

专守旧，世世递嬗，毋得改易。"①经学时代结束以后，曾经有人用"信古—疑古—释古"来描述近代以来国人学问路径取向的三个阶段，那么不妨说，今天我们特别强调传统的创造性转化和创新性发展，恰恰是经历了历史的"正—反—合"以后的理论自觉。

就其现实性而言，理论自觉转变为成功的学术创新，需要内外的条件，需要特定的因缘际会。当初梁启超就说过："新之义有二：一曰，粹厉其本有而新之；二曰，采补其所本无而新之。"(《新民说》)现在我们更清楚，创新必定是在传统基础上的创新，中华文化具有悠久的传统，经过一百多年的反复清理，使得我们有更强的自信展现中华文化的现代生命力。同时，这一百多年又在现代化进程中积累了极为丰赡独特，也是极端复杂的中国经验，它同时融摄了西方等外来文化，形成了生活世界极为丰富的现象，有待于我们作观念的提升。这是当代学术创新的两个基本条件，姑且说是客观的条件。客观条件的充足化转变为社会期待即客观的要求，换言之，当代人之所以对传统的创造性转化与创新性发展如此热烈地追求，恰恰表明，无论对传统中国还是对现实中国，这一代人都不能自诩知之甚多。即使是对像中国何以能够从1900年那样的衰微危亡，到今天仅仅一个世纪有余即开始被人们热议"未来将如何领导世界"这样的问题，我们也知之甚少。从这样的意义上说，即使对于同时代的中国人，"中国何以崛起"尚是一个待解的秘密，更何况未来有如此之多的变数。显而易见，人文社会科学的学术创新，除了需要客观条件以外，尚需要主观方面的条件，需要当代人文社会科学学者具有必要的思想准备。

当前中国学术创新面临着历史学范式转移的困境，如何从对进步论的弥漫性批评中上升为更具有解释力的范式，既能去除西方中心论的烙印，又能避免相对主义的流弊。至少就我的浅见而言，这一转移尚未成功。如果说前述问题可以简化为"古今"，那么后一个问题可以简化为"中外"：我们如何看待世界；如何看待当今世界中的中国；如何看待中国的崛起对于变动的世界的意义？周有光老先生说他自己，以前是从中国看世界，现在是从世界看中国。也许理想的境界应该是两种视角的重叠，不过看来我们离这种理想境界还有距离。也许我们以为自己对美国、俄罗

---

① 皮锡瑞：《经学历史》，中华书局1981年版，第139页。

斯有比较多的了解，那么我们对两个最重要的亚洲近邻日本和印度的了解有多少？这不是对普通民众的要求，而是对顶尖的外国史专家的要求；或者说非专业的人文社会科学的学者如欲对其有所了解，可以有什么可靠的途径？世界是多种民族和文明组成的共同体，只有对别的文明有更多了解以后，才可能做到前述两种视角的交融。

这是主观方面尚待解决的两个问题，细说起来可以议论处甚多，我在其他地方已经有过一些讨论，故今天不再赘述。其实主观方面还有第三个问题：学术创新需要扩充论辩的合理性。

一方面，现代学术本质上是现代社会生活的观念化表达，人文社会科学的学术创新离不开理论理性和实践理性，恰如现代社会需要发展工具理性和价值理性一样。另一方面，人们对现代化过程中工具理性的扩张及其危及价值理性的问题，已经有了高度的警觉。科学包括社会科学的发展，与人文学术的不同派别，对如何解决这一现代危机，显然并未达成可观的共识。它提示我们，扩充论辩的合理性尤其必要。

从认识论的角度说，人文社会科学的创新至少包括认知内容和认识主体两个向度。从认识内容的角度说，"创新"就意味着人的认知有一个从无知到知，从意见到知识（真理）的过程；从学术创新的主体而言，则有个体／群体的双重性。虽然从事具体的学术创新最初似乎是个人的独特的思维活动的成果，但是它总是社会意识，总是包含了非个人的知识，而且通常需要在知识共同体内生成和获得认可。从最普泛的意义上说，个人的知识创新最初都只是意见，或者说它是得到不同程度证明的"好"信念；但是它是否真正与实在相符合，是需要更进一步证明的，尤其是需要在学术共同体内经过与反对和批评的意见的对话，并或者加以修正或者得到进一步辩护的结果。在这些最初呈现为意见的认知中，真理与谬误并非截然二分的，如果将其理解成一开始就有一个现成的真理与谬误对立而存在的话，那就难免落入独断论的陷阱。意见要经过争论，才能形成知识，即扬弃错误的成分，达到认识中的真理性。这说明讨论（争鸣）是学术创新的自然途径，讨论表示参与知识创新的各方是平等对话的主体。对话的本质是倾听不同的意见，讲出自己的道理，即为自己的见解提出辩护，或对不同的意见提出反批评。讲道理需要分析与综合的统一，分析的态度与贴标签的态度不同，贴标签的态度是整全主义，要么全对要么全错，结果变成了立场优先。这一点中外哲学家论述者甚多，譬如荀子提出的"以仁心说，以学心听，以公心辩"，最为简明扼要。按照儒家著名的十六字心传"人心惟危，道心惟微，惟精惟一，允执厥中"，个人的明见能力是有限的，容易受到各种各样的遮蔽，而真理却常常处于幽明之间。所以如果说从其中包含了人的认识易错性来理解，也可以解立场优先之蔽。

拓展论辩的合理性还可以在中国哲学的智慧中获得某种道德辩护。中国人说，人皆有良知良能，现代人充分认可真理面前人人平等。而且由于教育的普及，高等教育的迅速发展，从事人文社会科学研究的学术人口的迅速增长，人文社会科学的学术活动不再是少数精神贵族的专利。毋宁说，鼓励人文社会科学的学术创新，将解放广大学术工作者的创造力。另一方面，我们不得不承认，随着学院制度的建立与不断调整，当今社会的学术生态颇为堪忧，最等而下之的自然是所谓学术不端，但是最根本性的危险却是缺乏平等的学术争论和正常的学术批评。历史上，学术创新最有成效的时代，通常都是学术争鸣发达的时代，先秦诸子互相批评，相得益彰，自然是如此，宋明理学也何尝不是如此，正如章学诚说的那样，"宋儒有朱陆，千古不可合之异同，亦千古不可无之异同"。一旦缺乏平等讨论的学术生态，"百花齐放，百家争鸣"将始终只是一个理想。现实中，最有力量的评价机制是依据行政级别来判定学术价值的等级，名人和青年学者的著述不大会得到同等的检视。这些都和扩充论辩合理性的要求背道而驰。金岳霖先生曾经说过："中国历史上各个时期数不清的新儒家、新道家，无论是不是独创冲动的复萌，却决不是那独创思想的再版。实际上绝不缺乏独创精神，只是从表面看来，缺少一种可以称为思想自由冒险的活动。"（《中国哲学》）鼓励学术工作者"自尊其心"，健全学术研究中的平等发表和平等讨论的制度，探讨学术评价的合理机制，才不至于使本来只是"表面"上的东西变成实质上妨碍学术繁荣的藩篱。

当然这里有一个如何看待权威的问题，学术研究作为一项社会活动并非单纯是自下而上或水平的过程，同时也有自上而下的力量活跃其中。因此，学术创造包括艺术鉴赏中，"权威"是不可或缺的要素，承认权威的地位与承认传统的价值有类似之处。不承认权威将导致学术无政府主义，"集体独白"是精神不成熟的表现之一，自然也不利于扩充论辩合理性。不过，权威是需要有理由的，而且会随着时间的迁移而变动。因此，学术创造活动中的权威，本质上不应该是单纯垂直赋予的，而同时有学术共同体内部自发形成的一面。我们讲学术共同体很重要，论辩的合理性由于健康的学术共同体而得到扩展。因此它不应该沦为学术江湖，不应该是小圈子之间争夺话语权，也不应该因学派之争而走向偏执和极端。

《周易》说"天下同归而殊途，一致而百虑。"此言甚好。通过扩展论辩合理性，改善学术生态，创新人文学术，有助于我们建立社会共识，而必要的社会共识又是社会团结的基础。反过来，中国人通过社会共识的建立发展自己的理性（包括论辩合理性）。建立社会共识属于"殊途同归"，同时又一致而百虑，就是求同存异，不同的意见即使是支流和少数也有存在的理由，社会应该有雅量容忍。这样一种学术风气推而广之，必将有利于舒缓社会的戾气和怨愤，扩展论辩的合理性，培养人的逻辑思维能力、说服人感染人的能力，才真正有利于使合理的价值成为人们心悦诚服的权威，进而可能平等化人，培养人的美德，兑现学术创新的社会承诺。

原刊《学术月刊》2016 年第 9 期

研究手段、
知识更新与价值诉求

陈　恒[*]

　　西方学术界近年来出了几本关于人文史的书，诸如《形成中的学科：对精英、学问与创新的跨文化研究》（2011）、《人文的形成》（*The Making of the Humanities*，3卷，2011—2015）、《新人文史：探寻自古至今的原则与模式》（*A New History of the Humanities: The Search for Principles and Patterns from Antiquity to the Present*, 2015）等，引起学术界的重视与讨论，其中《新人文史》甫一出版便很快售罄，2016年又再次印刷。今年芝加哥大学也创办了一份叫《人文史》（*History of Humanities*）的新期刊。为什么西方学术界会在这个时间段出现这样一个新的研究领域？为什么会出现一个整体的人文史研究呢？抑或说为什么西方学术界的知识体系会不断更新呢？以我们的通常经验来讲，西方学术界理论层出不穷，多标新立异，但大多局限于某一个领域的一个具体问题，很少有这么宏观的领域，这属于整个知识史范畴，又是以人文史面貌出现的，而且也引起了很多关注。期刊也出来了，期刊出版是一个学科成熟的标志，就说明人文史研究进入了一个大家认可的领域和研究范围了。

　　学术界进入了一个梳理人文知识体系的时代，这得益于数字时代互联网的快速发展与普及，这使得先前人们不敢想象的那些观念逐渐成为现实。人类知识保存的多少与范围在一定程度上取决于技术的不断进步，记忆外在载体的不断发展：文字的发明是一场智识革命，保存了人类的记忆，使后人有了可见识的物质证据可供参

＊ 作者为上海师范大学光启国际学者中心教授。

考；印刷术的出现则大大加快了人类知识的传播，使人们摆脱了必须记住所学东西的枷锁，实际上鼓励了自由表达与观念交流，也制造出了各类研究群体；而计算机的发明则大大延伸了人类的大脑，使知识呈现出爆炸式的发展，逐渐使得人们在获取知识面前是公平与平等的。

如果说文字、印刷术、互联网只是属于保存、传播知识之技术层面的东西，那么人类不断的精神追求则是形成知识所必需的内在动力。今天的人文精神追求放在前近代的背景下，可能就属于巫术、宗教一类的东西；换句话来说，巫术、宗教是特定时代的人文主义，不少巫术、宗教也在有意无意之间不断地促进知识的更新与发展。历史上的占星学与天文学、占卜学与医学、炼丹术与化学之间的关系最能说明问题，延伸开来的神学研究与经院哲学、金字塔学与埃及学之间的关系也大致属于此类。看似无聊的研究恰恰起到意想不到的作用。

被称为新赫尔墨斯的哈布斯堡皇帝鲁道夫二世（Rudolf II, 1552—1612）热衷神秘艺术研究，在其宫廷大臣、古物爱好者斯特拉达（Jacopo Strada, 1515？—1588）的帮助下，大力资助占星术、炼丹术、神秘哲学和大智（即知识分类）研究，这对后世的天文学、化学、数学和自然分类学产生了积极的影响。鲁道夫是当时最伟大的收藏家，他建立的"世界剧场"收集了大量新奇事物，并加以分类、展示，我们在植物、动物、语言分类等方面的知识至今还在沿用他的一些成果。天文学家第谷·布拉赫、约翰内斯·开普勒是鲁道夫二世的密友，开普勒在第谷观测资料的基础上于 1627 年发表了《鲁道夫星行表》，用以计算太阳、月亮和行星的运动。[①] 与鲁道夫二世交往的阿尔钦博托（Giuseppe Arcimboldo）、萨维里（Roelant Savery）、斯普兰格（Bartholomäus Spranger）等人形成了所谓的"鲁道夫绘画圈"，引领当时的艺术潮流。历史上诸如此类的事件还不少，都在有意无意之间制造着人类的知识。

知识传统与技术有关，与制度、理念有关，有时也与个人经历有关，人类看待知识的方式方法就是构建思想传统的方式方法。

艾略特在《磐石》中说：我们在知识中丢失的智慧何在？我们在信息中丢失

① [美] 菲利普·费尔南德兹-阿迈斯托：《世界：一部历史》，叶建军、庆学光、宋立宏等译，北京大学出版社 2010 年版，第 711—712 页。

的知识何在？知识是人类的精神遗产，也是一座蕴藏智慧的宝库，正等待世人去挖掘、整理。信息、知识、智慧三者之间的关系又是很微妙的。浮士德博士虽然是一位虚构的人物，但他向魔鬼出卖灵魂而换取获得知识的方法，代表着人类对知识的渴望与追求。难怪莎士比亚感慨：人类是一件多了了不起的杰作！多么高贵的理性！多么伟大的力量！多么优美的仪表！多么文雅的举动！在行为上多么像一个天使！在智慧上多么像一个天神！宇宙的精华！万物的灵长！我们可以把这个精灵定义为本质上的精神追求者、知识制造者。

《辞海》把知识定义为人类认知的成果或结晶，经验知识是知识的初级形态，系统的科学理论是知识的高级形态，知识借助于一定语言形式，可以交流和传递给下一代，成为人类共同的精彩财富。因此，在当下，总结知识史成为必须，西方学术界对知识史的关注始于 20 世纪早期，但真正成为一个研究领域，则是 20 世纪 90 年代以来的事。

如果说马克斯·舍勒（1874—1928）的《知识社会学问题》（1924）、卡尔·曼海姆（1893—1947）的《保守主义：知识社会学论稿》（1925）、《意识形态和乌托邦：知识社会学引论》（1929）这些著作还属于哲学家对知识问题的哲学思辨的话，那么福柯的《知识考古学》（1969）、彼得·伯克的《知识社会学》（2000—2012）、劳埃德的《形成中的学科》（2009）等著作则属于实证研究，是这一领域的扛鼎之作。伯克于 2015 年出版了《什么是知识史》（*What is the History of Knowledge?*）一书，从知识的历史、概念、方法、问题与展望等几个方面对这一领域进行了系统的梳理。伯克《社会知识史》分上下两卷，第一卷出版于 2000 年，第二卷出版于 2012 年。伯克是英国著名的文化史家，影响巨大。他主要是从知识人类学的角度考察知识的分类，从知识政治学的角度考察国家和权力之间的关系，从知识地理学的角度考察知识的分布。他从不同的角度对整个近代直到当代这几百年来产生的知识产生进行梳理。

劳埃德在《形成中的学科》中提出：不同时空中的人类经验是如何被组织起来的？作为经验的具体体现，不同学科是如何出现的？关于认知追求的理解是否是大多数人所共享的？不同社会的精英群体在学科形成和知识传递中发挥了怎样的作用？劳埃德深入知识生产与分配的内部，通过对不同学科的研究，比较东西方的异同，揭示跨文化的人类经验。该书结构简洁明了，选取了人类经验的八个不同领域进行研究，即哲学、数学、历史学、医学、艺术、法学、宗教学和科学，这是构成现代高等教育体系的基础学科，也是构成该书的基本章节。通过对比东西方尤其是古代希腊和中国，劳埃德在该书的各个章节中分别探讨了上述学科从古典时代直至当代的发展状况，是有关知识史的一个里程碑式的著作。

前互联网时代的知识存储环境是各种物态的载体，诸如碑铭、陶器、钱币、雕塑、绘画以及结绳记事、纸草书、羊皮书、纸质书等，图书馆为其藏身之处，占据大量的空间，知识处于静止状态，等待读者、研究者去激活。互联网时代的知识存储是存储器，一切都数字化了，理论上每个人都可以拥有这个世界的所有知识，这些知识处于可以被许多人同时使用的状态，知识处于不断调整的动态中，维基百科为典型代表。

我们这次讨论的主题是"人文社会科学创新与学术评价"，其中一个话题是话语体系、知识体系、学科体系三者之间的关系，抑或话语体系是如何最终成为学科体系的。人文社会科学工作者像工厂里的工人一样，也是生产者，是在传统基础上的精神产品生产者，不过这种生产更加无形，而且在很多场合是重于有形的。所有的知识创新，其背后都隐藏着一定的意识形态，有一定的寄托在里面，在研究任何一种观念时，心中都要持有谨慎的审视态度。

包括在人文史研究领域里面，我一直在想：西方自文艺复兴以来的各种话语体系是如何逐渐进入知识体系、学术体系的，又是如何进入学科体系的，诸如自由、民主、平等、博爱，文明野蛮等级观念等，他们又是如何把这些话语体系变为大多数人可追求的价值标准的，使整个地球不分种族文化，被纳入这个体系当中，成为一种自觉的追求。这是需要我们深刻反思的。

所有的知识创新，背后都隐藏巨大的价值诉求，蕴含了一定的渴望与需求，知识不会无中生有，有其强烈的现实需要。我们在关注某个知识体系时，又一定要保持谨慎的态度。比如近代西方的自由、民主、平等、博爱这类概念，我们不仅要研究其来龙去脉，更要研究其在社会实际中如何展现话语所包容的实际之需求，又是如何通过物质手段使其话语体系逐渐成为学术体系、学科体系的，从而最终实现了从技术霸权到知识霸权的历程，成为一个完整的思想体系，使这一思想体系完美地呈现出来，这一座巨大的思想磁场富有巨大的吸引力，让人们的观念、行为自觉遵循这一标准，最终陷入其所设定的价值陷阱。

近代文明史编纂起源于法国，到 19、20 世纪之交则转移到英国，威尔斯在 1920 年出版的《世界史纲》风靡一时，洛阳纸贵，在英国成为仅次于《圣经》销量的读物，这时的英国成为文明史体系研究的重镇。这种情况与当时这个号称"日不落帝国"的英国国力相匹配，但伴随着这个帝国衰落，整个文明研究事业也衰落了，逐渐转移到美国人那里。英国人的文明体系不同于美国人的文明体系，英国人强调扩张的合理性，美国人强调人权的合理性，都蕴含所谓的普世价值，值得我们深思。

原刊《学术月刊》2016 年第 9 期

向"中体西用"的
本义回归

李天纲[*]

　　"近三十年学术传统的重建与回溯"是我们这一代学人一直在思考的问题。"新三届"学人，即1977、1978、1979级的大学生，入校后，下意识的责任就是"拨乱反正"，重建学术史。复旦大学历史系近代史、思想文化史专业的师生提出"重写近代史"；中文系章培恒先生、骆玉明先生在重写文学史；1983年，吴晓明等"七君子"在桂林"发难"，也是要重估哲学史。大家一开始就有学术重建的企图，是因为面对的是一片思想废墟。三十多年过去了，这个重建过程并没有结束，也很难在我们这一代人手上完成。而且，我们中间已经产生了很大的分歧。

　　我看当代学术史，仍然是把它作为近代思想文化的一部分。因而，这三十多年的学术重建，其实也是中国近代思想文化重建的一部分。我把清末和民国初年以来的中国思想，根据它与外来文化的关系分为三个时期。在这三个时期中，"西方"一直是困扰我们的一个主要议题。自李鸿章有"三千年未有之大变局"的说法以后，清末以来的学者一直认为"古今""中外"是近代中国文化的两大命门。古今之变革，中外之冲突，成了中国社会的两大议题。今天的"改革""开放"也不例外。在那些持有民族主义和"中国中心论"立场的人看来，"中外"之大防，是比"古今"之崖岸更加重要的坚守。这种思想清末就有，比如在京师同文馆里学了几十年英语，只会一句"Good morning"的清朝贵族师生。按"中外"议题上的不同主张

────────────
　　* 作者为复旦大学哲学学院宗教学系、中华文明国际研究中心教授。

和实践，大致可分为清末、民国、近四十年三个时期。这三个时期，我们可以分别采用某一种主义或口号，也选一两个人物做代表，来描述大致的思想和主张。今后的历程算第四个时期。我们在前三个时期中客观地谈历史，只在第四个时期中谈理想，谈未来，谈可能性。这四个时期可以看作一次思想的循环和复归，借此可以看到一个半世纪以来的中国学术走过了怎样的曲折，在沉潜往复中艰难重建。

第一个时期是在清末，我用"中体西用"来标示，人物代表则选陈寅恪（1890—1969）先生。陈先生是民国学者，但他的学术却坚持了清末的理想——中体西用，与民国学界的"西化"主张并不混同。陈先生做的学术，明明白白是中国人的问题意识，隐隐约约又有很多新方法在里面。为什么说陈先生的方法是"中体西用"，我们可以看他的陈述，他在《冯友兰中国哲学史下册审查报告》中说："思想上自成系统，有所创获者，必须一方面吸收输入外来之学说，一方面不忘本来民族之地位。"我们知道，"中体西用"是"同光中兴"中汉族士大夫的开明思想，陈先生自陈他的"思想囿于咸丰同治之世，议论近乎曾湘乡张南皮之间"，明确说明了这一思想渊源。

这么多年来，"中体西用"是革命派以及国共两党意识形态的批判对象。严复嘲笑它是"牛之体"配"马之用"，牛头不对马嘴，这种批判在当时环境下是正确的。在张之洞的解释版本中，"中学为体，西学为用"被用作政治口号，其实是要把清朝最后的专制统治，涂上表面上的"西式"油彩，来保存旧制度，李鸿章实际上是在给清朝做"裱糊匠"。但是，"中体西用"的理论提出来的时候，远比李鸿章、张之洞的解释深刻，"洋务派"不能代表当时学人的想法，真正的"中体西用"不是这样解释的。"中体西用"在一开始不是一个文化保守主义的理论，更不是一个政治保守主义的说法，相反是一个更好接受西方现代学术的理论。张之洞在清末的政治行为，不能代表"中体西用"学说；陈寅恪先生在民国初年的学术主张，倒是真正实践了"中体西用"理论。

"中体西用"原来是基督徒学者提出来的，是他们利用传统的书院制度，提倡和学习西学，改造科举制的做法。学校借用传统的书院体制，这是"体"；书院里传授西学知识，这是"用"。上海的传教士学校"中西书院"（1881）、"中西女塾"（1892），就是这个意思。后来，戊戌变法前后各省举办新式学校，都叫"中西学堂",都是从传统书院改造过来的。上海办的格致书院、徐汇公学,蔡元培在绍兴办的"中西学堂",李提摩太在山西筹备的"中西大学堂",都是这个意思。大家要注意,当时中国还没有针对"西学"的"保教"理论,康有为版本的民族主义还没有形成。在"中外熙洽"的氛围中,大部分人觉得西学有助于中国文化的进步和发展,传教士认真地说:"救世教成全儒教。"这个时期的学术既有中国的根底,又是中国的问题,同时在引进西学,解决当时的问题,这是陈寅恪先生的父辈、祖辈从事的事业,也是他自己喜欢的。

1896年之前,基督教批评中国文化的裹小脚、吸鸦片、信风水等是有的,但全面否定儒教的理论是很少的。因此,说清末士大夫的保守,一般是指他们固步自封的惰性,以及面临"教案"时的激愤,而不是针对"西学"的系统排斥。曾国藩、李鸿章、郭嵩焘、容闳等提倡中西交流,一直到康有为、梁启超、章太炎,清末两代人的思想基本上是在"中体西用"的框架下形成的。甲午战败后,康、章一代学者意识到清朝和儒教的全面危机,开始激进化。很多人认为康有为是"文化保守主义",我看他倒是"文化激进主义",他的"侪孔子于耶稣"的说法,暗含着"全盘西化"的思路,抬孔子、改孔教,最后却害死了儒教。

第二个时期的思想自然是以胡适为代表,标语就是"全盘西化",而尤以北京大学文学院为阵地。胡适把自己的口号修正为"充分世界化",这就没有什么大问题了。但问题不在于口号,而在于做法。1915年创刊的《新青年》、1919年前后的新文化运动,"打倒孔家店""人过四十该枪毙",还有"线装书统统扔进茅屎坑里",这些话说出来以后就是板上钉钉了。这一时期的"新青年"们觉得中国文化不行了,真理只能从西方输入。他们也确实是言必称希腊、罗马、莫斯科。

民国初年的学术本身是不错的,清末中西会通,沉潜往复的探究精神保留在清华、燕京、交大、东南、圣约翰、震旦、复旦等各类高校中。陈寅恪先生读过复旦,游学海外,在清华教书,就是其中之人。1906年科举制废除以后,各省建立的大学都独立运行,自由发展,有国立、省立、私立、教会等综合体系,并不是像日本帝国大学和德国、法国大学区制度那样的中央集权体系,倒是和美国比较像。中国的教育传统深厚,书院林立,幅员庞大,生源充分,这个多元体系是比较合适的。民国初年的高等教育继承了明清书院的讲学风气,独立办学,自由竞争,民间有热情，政府也投入，初创之功甚伟。我们看到，马相伯在徐家汇办了震旦办复旦，到北京后又筹办辅仁，说着说着就办成了。民国初期的中国学术，理工科还不比欧美，但是就学术思想来讲，并不落后许多，文科尤其如此。不要忘记，美国的高等教育体系也是在 20 世纪以后才发展成型的。

　　但是，民国教育也有一个大问题，就是党派意识形态对大学、研究院的影响越来越大。1928 年以后，"收回教育权"运动使教会、私立大学的空间越来越小，大学区制度推广后，政府财政集中投入中央大学，"一个政党，一个领袖，一个主义"开始进入校园。而且，无论推行什么主义，都是用轰轰烈烈搞运动的激进方式，而不是学术讨论的温和方式。在此过程中，西学的翻译、介绍、实施并没有大的突破，反而还有倒退。这样的情况延续到 20 世纪 80 年代，到了我们这一代人开始反省，"全盘西化"可不可以再做下去，这是在"改革""开放"以后我们这一代人最关心的问题。

　　第三个时期是我们这个时代，用谁来做代表呢？就用李泽厚。李泽厚现在的看法改变了。1985 年复旦大学召开中国文化史国际学术研讨会，他在会上提出"西体中用"。他的发言是我记录、核对后发表的。"西体中用"是《历史研究》主编黎澍先说，李泽厚扩展了这个口号。李泽厚讲：为什么要用"西体中用"这个词，"其目的是想与'中体西用'和'全盘西化'相对立"。"西体中用"的概念提出后，李泽厚也没有认真定义，详细论述，只是说"西体中用"和"中国化""中国模式"是差不多的意思，"我的'西体'实质就是现代化"。这个概念提出来的时候确实有点随意，但是我们看"改革""开放"以来的实践，仍然是死死地盯住西方，认为"现代化"是一种输入的东西，而不是我们自身可以发展的东西。改编龚自珍"药方只贩古时丹"的说法，我们想的是"治病全赖洋药丸"。当然，治不好的病也就全部怪在"西方"头上，怎么洋老师给的药又是不灵？因此很多人又反过来批判西方，说他们卖的是假药、毒药，回到了原教旨的民族主义。

　　我理解李泽厚、黎澍的"西体中用"，是要把张之洞版本的"中体西用"反过来，兼而对"全盘西化"作出修正。就是说，西方制度做基本，涂上中国文化的色彩，以西方制度为本，以中国文化为用，相当于教义传播中的"本土化"。我一直在思考，采用"体用二分"的方法，讲"西体中用"，实现政治体制的现代化，意思大概是对的。1898 年张之洞《劝学篇》中的"中体西用"其实是一个文化保守理论,但在随后的革命思潮中,由于他的保清立场,便被批评为一个政治保守主张。中国搞现代化,加入了全球化,应该采用全世界通行的现代政治、经济和社会管理体制,这不是问题。问题在于,中国文化是否也要"西体中用",人文学者研究的哲学、宗教、思想、历史、文学、语言、文字等"传统文化"并不能随便替换、主体变更。"西体中用"的模式,在学术、思想和文化界显然是不行的,但也不是没有做过。曾经想用"罗马拼音"替代汉字,普及"世界语"为通用语言,用某一种不断更新的"先进理论"来解释一切,都属于这类行为。

　　政治体制和文化传统当然有关,但它不是文化问题本身。中国的主流学者似乎还没有充分注意到"政治进步"和"文化多元"是 20 世纪最重要的两项精神遗产,两者并行不悖。也就是说,具有"现代性"的制度,逐渐"现代化"的生活,是可以和本民族的文化传统同时发展的。最近十几年里,我们讨论"亚洲的现代性""江南的现代性",都是在"文化多样性"前提下讨论。回到民国初年,章太炎等人一面整理"国粹",一面主张宪政、民主和自治,还和日本、印度学者一起讨论"东方文化",这是一种与"五四"以来"西化"主张不同的思路。文化归文化,政治归政治,这样的关系有点像基督教讲的"凯撒的归凯撒,上帝的归上帝"。20 世纪80 年代"文化热"的一个教训就在于,混淆了政治与文化两个不同的概念,两者纠缠在一起,承担了不必要的责任。

　　从"中体西用"到"全盘西化",再到"西体中用",中国学术界是否找到了与世界各民族的现代文化的相处之道? 在下一阶段,中国学术界会用一个什么样的理论来总结我们这"古今中外"的一百五十年呢? 我觉得,中国学者处理中西文化之间的复杂关系,还是应该回到"中体西用"的模式,中西熙洽,文化会通,文明对话,近代中西文化关系的第四个时期应该这样发展。我当然知道"中体西用"在涉及政治体制改革的话语中,是一个被批臭了的名词。张之洞用过"中体西用",用来为清朝政治保驾,成了一首挽歌;严复批过"中体西用",批为牛之体,马之体,风马牛不相及,不能接在一起。但是,以我的体会,张之洞的版本,不是"中体西用"的真正含义。陈寅恪先生,还有钱锺书先生的治学实践,即所谓"东海西海,心理攸同",那才是"中体西用"的真精神。钱锺书先生在《管锥编》《谈艺录》中有一个很重要的思想，他认为，说中文、用汉语也能像西方学者一样讲哲学、讲思想、讲艺术。西方汉学一直有一个看法：中国文化是很了不起，用中文讲诗歌是行的，讲文学、艺术是行的，可是讲概念、形而上这些东西就不行，中国就没有逻辑，没有科学，没有哲学，no metaphysics。别看陈寅恪、钱锺书等先生做的是考据，其实他们是憋着一股劲，要把中国的学问说出来，说到中国人懂得，外国人佩服，古今中外融为一体，这种以中文为本、参照西学的新学问，才是真正的"中体西用"。它是中国学者从自身的文化出发，站在中国的实际，学习世界，跟世界融合，借鉴人类经验中一切有用的东西，这是我们今天的"中体西用"。

我并不是在这里重新编排"中体西用"，这个解释版本的"中体西用"早就有人说。这些人是谁呢？就是同光年间上海的报人群体沈毓桂（1807—1907）、王韬（1828—1897）和林乐知（Young J. Allen，1836—1907）。我们三十年前编的《〈万国公报〉文选》，其中有"中西书院掌教"沈毓桂写的《西学必以中学为本说》（1889）一文。他说："美国进士林乐知先生与仆，商立中西书院于沪上，假西学为中学之助，即以中学穷西学之源。"沈毓桂在另一篇文章《救时策》（1894）中说："中西学问，本自互有得失，为华人计，宜以中学为体，西学为用。"上海中西书院（1881）的"中体西用"，比《劝学篇》早十多年，完全不是保守主义的理论。1986年，我在复旦大学历史系思想文化史研究室做的硕士论文中说，中西书院的"中体西用"，是"通过主体文化的发展提高来更深刻地洞察外来文化"。在这里的中学和西学，是相互帮助、相互发明的合作者，并不对立，"体"所谓者，不过是在华言华，一个出发点而已。

我希望第四个时期的中国思想，能够回到"中体西用"的本义上，回到一个中外熙洽、环球合作的局面中。我们应该积极正面地解释"中体西用"。从这个角度来讲，今天的中国学者仍然还需要克服"中国中心论"的自大，同时更需要面对现实本身，借鉴外来经验。从这个意义上来说，中国学者在解释中国的时候，是和西方学者在同一个语境中的，并不需要特别区分中国学者、西方学者。还有，今天的中国学者，再也不应该不分青红皂白地谈"西学"。从文化类型上来讲，西方是法国、是英国、是美国、是德国、是西班牙、是葡萄牙，而不是一个整体概念。在今天，"西学"仅仅是中国以外文化的代名词，都需要仔细区分着使用。

　　在中国近代学术发展的第四个时期，我们仍然要立足本土，跟世界对话、交流，把中国看成是世界的一部分，而不是它的中心。中国文化固然有一些特点，但绝不是不可交流的"中国性"。另外，当中国站在世界面前的时候，中国学者自然有更大的义务来解释中华文明。因为我们对中华文明有认同，学业上也有些特长，研究中还有些积累，所以，以汉语为母语的学者有更多的优势，也有更大的责任来解释中华文明。所谓的"主体性"，不过如此，不能再多了。"中学为体，西学为用"，也只能在这个意义上得到正确的理解。这就是我对中国近代学术重建过程的一个分析。

原刊《学术月刊》2015 年第 3 期

学术主体意识与国际化：
中国人文社会科学评价规则往何处去？

郑　戈[*]

由于时间有限，我先把自己的主要观点表达出来，然后讲几个故事。我的主要观点是：这次研讨会的大标题是人文社会科学创新与学术评价，但在我看来，现行学术评价体制与人文社会科学创新是有矛盾的。只有当学术共同体而不是行政部门来主导学术评价的时候，学术创新才真正有可能。同时，对人文社会科学而言，创新是否应当成为主要的追求目标和评价标准，也值得商榷。

大家也知道最近各种媒体上讨论比较热烈的，有两位科学界的黑马，一位是屠呦呦，一位是韩春雨。两位科学家本来都不属于当下学术评价体系中的优胜者。如果屠呦呦没有获得拉斯克奖和诺贝尔奖，韩春雨没有在《自然·生物技术》(*Nature Biotechnology*)上发表文章，就很难得到如今这种关注度。尤其是韩春雨，据说十年没有发表过文章，放在很多学校可能早就被解聘了，所以他特别感谢自己所在的河北科大。他们最终获得承认，还是因为满足了学术评价体制的要求。但这个体制扼杀的潜在学术创新可能更多。每年的年终考核、三年左右的聘期考核都要求学者出短平快的成果，而真正有原创意义的成果即使不全是十年磨一剑，至少不可能是每年出三篇的。自然科学如此，人文社会科学更是如此。

就大学而言，除了生产文字成果以外，教书育人也是非常重要的职责。但在目前的评价体系里面，教学尤其是本科教学被严重边缘化了。这是个世界性的问题。

* 作者为上海交通大学凯原法学院教授。

我在美国的法学院教过学，在中国香港的大学任教更长达十年，中国内地目前的量化考评机制其实就是从美国和中国香港引进来的。在港大时有一位资深教授跟我说过，不要考虑你的论文发表出来之后有多少人读，大部分论文其实也就是期刊编辑、外部评阅人和申请职称、续约、评终身教职时的评审人读，可能总计不超过 10 个人。大学教师们被这样的考评机制逼迫，很难花心思在教学上面。本来，进入好大学的唯一好处就是有好的图书馆和好的同学，便于自学和相互学习。这不能不说是对大学精神的扭曲。

美国和我国香港地区的大学有一个好处，就是终身教职（tenure）制度。一旦获得了终身教职，自由度就会大很多，对教学有兴趣、有热情的教师，可以在教学中投入更多精力，并按照自己的研究规划和节奏来写论文和专著。但中国内地的学术评价体系和教学科研人事制度还处在变动不居的状态。人心浮躁，舍本逐末，是学术发展的大忌。下面讲的这几个故事都与此有关。

第一个故事。我最近读到著名历史学家杨天石先生的一篇文章，大意是说写历史一句假话都不能有。他在这篇文章里面提到历史学家要有勇气，不怕杀头，不怕坐牢，不怕撤职，不怕批判，将历史真实性视为最高原则。我在微信朋友圈转了这篇文章以后，有一位青年法律史学者，说了一句话，杨公立意高远，但我只想问，青年史学家怕不怕不能在核心期刊上面发表文章。这个问题其实会令大多数学者感同身受，不只是青年历史学者。我国当下所有的学者，不仅仅是青年学者，都身处在量化、短期的考评压力之下。比如清华大学最近正在搞的新一轮人事制度改革，教授职称也是终身的，也需要重新参评。如果达不到考评指标要求，可能降为副教授、讲师，甚至可能被解聘。这种体制下人人都没有安全感，不可能享有从事思考所需的从容心态。当学者们整天忙于码字、填表和贴发票的时候，损害的不仅是大学本科教育，也殃及学术研究本身。

既然大多数学者对这种情况都深感不满，为什么它还会延续下去呢？因为学术评估不是由学者说了算的。我的大学教师生涯始于 1998 年，那年我开始在北大法学院做讲师。当时的情况是很多老师不写东西，全院大会上院长经常拿人大法学院做例子，说你们看人家多么高产。这的确是个问题。"十年磨一剑"很容易成为偷懒的借口，如果没有一定的绩效评估和激励机制，大学很容易成为养懒人的地方。

后来北大的人事制度改革就轰轰烈烈展开了，国际化、期刊等级、影响因子等因素都被整合到考评标准中。当时这场改革就引发了激烈的讨论。争论点很多，但其中最实质性的问题是，这场本意在于引入竞争机制、激发科研活力的改革，最终成了保护既得利益的"改革"。教授职位被限定，而原有的教授一个都不能动。"青椒"（即青年教师）成为多干活、少享受的被压迫者。经过多年磨合、调整之后，这个体制中的不合理因素逐渐被变通，被调整了，青年教师们也有了稳定预期，但新一轮改革又启动了。教育和科研领域最应当奉行宽厚的黄老之术，即"不折腾"，但变动不居的考评机制和人事制度对于需要厚积薄发的人文社会科学事业来说，是致命的毒药。

第二个故事，涉及当前这一轮教育部学科评估。这个学科评估过程当中，教育部曾经公布一份 A 刊名录，也包括国际 A 刊。就法学而言，教育部公布的 A 刊里面，国际 A 刊有 5 份，分别是哈佛、耶鲁、牛津、斯坦福、哥伦比亚的法学期刊，我国内地学者从来没有在这 5 份期刊上发表过文章，教育部把它们列上去，是为了体现与国际接轨。但这 5 份期刊只是关注本国法律问题，美国期刊关注美国问题，英国关注英国问题，研究中国问题的论文基本没有机会在上面发表。把这 5 份刊物纳入我国的学术评价指标体系，然后显示发表数为零，用网友的话来说，这是自己打脸。其中折射出的深层问题，一是行政主导的学术评估基本无视学术研究本身的现实和内在逻辑，二是中国人文社会科学研究的主体意识缺失，三是简单粗暴的接轨方式。在艺术界有句老话，民族的才是世界的。人文社科学术研究也是如此。德国思想界早在 19 世纪就有过自然科学与精神/文化科学应遵循的不同标准的讨论。关于价值、规范、文化的研究，显然具有本土性，与一个国家、一个民族的具体生活世界息息相关。

这并不是全盘否定英文学术发表的重要性，而是想指出"国际化"语境中的主体意识和本土导向。仅仅按期刊的主办院校和影响因子排名来确定哪些是好的国际期刊，就会出现上述国际 A 刊与我们无关的尴尬局面。其实，在西文期刊里面也有很多学术声誉卓著、关注比较法和中国法问题、并刊登过中国学者论文的刊物，比如《美国比较法杂志》《法律与社会评论》《法律与经济学学刊》等。法学是一种"地方性知识"，不加选择地依从美国主导的英文期刊排名，就会陷入自我否定的奴性状态。为什么中国学者不能在《哈佛法律评论》发表文章？追问这样的问题，无异于追问美国法学家为何不能在《中国法学》上发表文章。

最后一个故事，涉及被称为"美国孔子"的爱默生（Ralph Emerson），他在1837年发表了一篇题为"美国学者"的演讲，这个演讲后来被称为"美国思想界的独立宣言"，其中说道，美国向其他国家学习的漫长学徒期即将结束，我们周围千百万人正在奋发向前，他们不甘心舔食欧洲思想的残羹冷炙。实际上中国当下也需要一部思想的独立宣言，宣告我们作为尾随者的时代结束。这并不意味着固步自封，盲目自信，而意味着我们不能连问题意识都跟着人家跑，美国人研究种族歧视问题，我们也研究这个问题，完全不管中国有没有这个问题。学术主体性的确立要求我们立足于自身的文化土壤，直面中国社会本身的问题，在中国自己的历史脉络和发展轨迹中寻求解决问题的方法。

爱默生的故事使我们看到，被我们笼统地划到西方，或者被认为与英国分享着同样价值和制度的美国，也不甘心做尾随者。美国学者，在国家独立、经济社会发展取得一定成就之后，在19世纪上半叶便开始寻求思想文化上的独立。正是因为这种主体意识的觉醒，以及随之而来的人才培养与引进、学术评价等各方面的配套制度建设，使得美国在经济、军事等方面崛起之后，在文化、学术方面也取得了优势地位。反观我国，在经济社会发展取得了举世瞩目的成就之后，人文社会科学的评价机制仍体现着一种尾随者气质，而这种机制因为决定着学者的生活而影响着学术研究的整体方向，这是我们应当思考并应对的问题。

原刊《学术月刊》2016年第9期

互联网时代的
两个学术场域与创新评价机制

许纪霖[*]

今日的中国与世界，已经进入了一个全球化的互联网时代。互联网的出现，是一场革命。这场革命的意义从全球文化史的角度来说，一点也不亚于近代印刷革命。没有印刷革命，我们很难想象有近代的启蒙运动，印刷革命使得面向知识大众的启蒙不仅在技术上成为可能，而且创造了一个以报纸和杂志为媒介的公共领域。

在 20 世纪之末出现的互联网，以加速度的方式改变了人们对时间和空间的理解，改变了我们对世界的想象，也改变了公共领域和公共文化的技术形式和理解方式。那么，互联网世界将对学术的生产和流通发生什么样的颠覆性影响？

近代的学术生产与流通，基本奠基于印刷媒体，借助于印刷技术。由作者在纸质物上书写，然后交由纸质的专业刊物或出版社印刷出版。其间的书写（生产）和发行（流通），在空间和时间上是分离的，由生产到流通，其间经过专业权威的审查，并由正式的学术生产体制过滤，最后作者的创造转化为被专业学术圈所承认和接纳的学术产品，进入学术流通领域。这套学术生产与流通秩序井然有序，具有一定的封闭性和排他性，保证了只有经过长期专业学术训练（至少 10 年）的学术精英才能进入神圣的学术象牙塔。那是一个少数的学术精英俱乐部，有与大众隔离的专业话语（俗称"行业黑话"），有自己的专业权威，有森严的等级秩序。这，就是我们非常熟悉的、延续至今的"专业学术场域"。

---

[*] 作者为华东师范大学历史学系教授。

　　然而，即使在印刷媒体时代，在"专业学术场域"之外，也有另一个学术市场的存在，那就是以各种科普读物和流行书籍为主体的学术市场，这是一个面对阅读公众的、开放的学术市场，采用的是大众喜闻乐见的通俗话语。这个市场从"专业学术场域"那里获取知识与智慧，并受到市场法则的支配。印刷媒体时代的学术市场，并没有形成足够与"专业学术场域"抗衡的另一个学术场域，其一是因为这个市场依然有准入资格，不是任何对学术有兴趣的普通作者都能够进入，依然需要有某种专业资格，需要得到出版机制的过滤和专家的审查。与其说这是一个独立的学术市场，不如说是"专业学术界"的通俗化版本，或者说是后者的次级市场而已。

　　然而，互联网的出现，在技术和空间上使得一个独立的、平行的甚至与"专业学术场域"抗衡的"网络学术场域"成为可能。互联网是一个反精英、反专业的平民世界，世界是平的，不再有道貌岸然的权威，不再有专业的审查过滤机制，只要你写得好，写得精彩，有人喜欢读，都可以将自己的文章自由送上网，通过网络论坛（BBS）、博客、微博、微信、视频，尤其是这几年风头最劲的微信公众号，将自己的研究成果传遍天下。

　　网络技术所提供的自媒体的诞生，是一场人类文化史的革命。印刷术的革命让每个人都成了读者，成为阅读公众的一分子；而互联网的革命则让每个人都成了作者——只要你愿意，只要你有足够的才华，没有任何权威可以审查你，没有专业的过滤机制可以阻碍你。一切皆有可能，这使得完全独立于"专业学术场域"之外的"网络学术场域"最终在21世纪之初的中国诞生了。

　　在中国，这一"网络学术场域"最活跃的有三个板块。一个是微信公众号，公众号借助微信社交平台，具有传统媒体所不具有的强大传播力，通过无中心、多渠道的社交网络高频次转发，瞬间传遍全国乃至全世界。一篇有阅读吸引力的文章，阅读量少则近万，多则10万以上，甚至更多。第二个是具有10年历史的豆瓣网，其读书和小组频道以其自由、灵活的交流与表达，以及高度小众化的分层，聚焦了大批有相当学术素质的知识公众，形成了一个个小众的学术共同体。第三个板块是知乎，这一网络问答社区，通过谁回答得更专业、更出彩的自由竞争，诞生了大量有不俗专业水准的学术普及文章，推出了一批有分量的网络名人。

　　中国的民间社会，一向藏龙卧虎，潜伏着各种奇奇怪怪又充满智慧的高人。他们没有接受过正规的专业规训，思想奇异，天马行空，不按学术牌理出牌，常常有神来之笔，惊人之思。比如，在 BBS 时代，以"局外人"为笔名的关于中国革命的对话，就曾经风靡一时。其主要作者于向东先生，近年来带领一批中国最优秀的学院派政治学年轻学者，研讨世界政治的大格局，提出了若干具有原创性的大命题，对墨守成规的专业学术界发出了尖锐的挑战。再比如，近年来在网络上大红大紫的刘仲敬，最初是在豆瓣上以"阿姨"的外号闻名于世，其视野纵横古今，贯穿中西，狂放不羁，汪洋恣肆，不啻民间学术圈中难得的怪才。虽然他的文章不拘小节，多有硬伤，为不少学院派人士所不屑，但在民间学术圈却有众多粉丝。英雄不问出身，类似的"民科"（"民间科学家"的简称）在网络上比比皆是，他们各有各的小圈子，各有各的崇拜者与追随者，这些粉丝多不是学科内部的专业人士，大多是企业白领、具人文雅趣的老板和具有各种专业背景的小文青。

"网络学术场域"在中国的出现，只有短短的一二十年时间，它的优点也是它的缺点，尚处于"野蛮生长"的阶段，没有行业准入，也就鱼龙混杂，泥沙俱下；因为开放，故一无秩序，二缺规则，呈现出混乱的无政府状态。在那里，没有众望所归的权威，多的是稍纵即逝的"网红"（"网络红人"的简称）。如果说在"专业学术场域"的学术竞争多少受到权力支配，那么，网络的学术竞争更多受到的是市场法则的支配，吸引眼球成为最高的目标，点击率就是一切，点击率高就意味着成功。为了博取更高的点击率，"标题党"比比皆是，一个好的标题，胜过十篇好的内容。中庸平和的声音常常无人问津，越是剑走偏锋、偏激极端，越是有阅读市场。于是，不少网络作者在修辞上大下工夫，语不惊人死不休。两个学术场域的产品，一个是"可爱者不可信"，网络文章时尚、有激情、有个性，但未必可信；而另一个是"可信者不可爱"，那些专业刊物的文章，充满"学术黑话"，除了少数专业同行，一般人难以卒读。

网络只是一个信息的交换和交易空间，缺乏建制化的知识储存和传承功能，许多思考和研究虽然富有生命的原创力，却是以非物化的方式存在，虽然传播的速度和力度为印刷媒体所无法比拟，却因为缺乏物态化的肉身，无法沉淀下来。要想被社会承认，进入学术脉络，依然需要转化为印刷读物，才能使网络的信息成为可以保存和传承的物化形态的知识。因此，从网络作品上升为印刷作品，通常是互联网作者成功的标志，当年明月、刘仲敬等网络名人的星光之路皆是如此。

"网络学术场域"最大的优势，乃是互联网无远弗届的传播力，其所覆盖的阅读公众，具有无限的开放性，是封闭的"专业学术场域"远远无法比肩的。当"网络学术场域"中的佼佼者急于将信息化的学术成果转化为物态化的印刷读物的时候，"专业学术场域"却出现了相反的趋势，许多学术刊物纷纷下海，开办微信公众号，通过自媒体将刊物中的学术文章经过通俗化的编辑，将知识转化为更容易消化的信息，通过网络加以推广。

由此可见，互联网时代的两个学术场域已经是你中有我、我中有你，互相渗透、互相转换，"专业学术场域"将专业的学术成果加以网络包装，转换为通俗易懂、流通性强的信息产品，流传到整个社会，实现专业学术的公共化；而"网络学术场域"将那些拥有较多阅读公众的网络作品，从网络的信息形态转化为印刷品的知识形态，通过可触摸的物态化方式加以保存和传承，并进一步嵌入与影响"专业学术场域"。

那么，两个学术场域的竞争与互动，将会对学术创新和学术评价机制产生什么样的微妙影响呢？

按照目前"专业学术界"普遍流行的外在的形式化评价标准，只要是在"权威刊物"发表的论文，必定就是有创新的好文章，各类奖项自然接踵而来，锦上添花。然而学术界的许多例子，恰恰告诉我们，真正意义上的学术创新，往往不是在公认的"权威刊物"，而是在学术共同体自办的同人刊物上首先发表的。因为一项真正的学术创新，由于其多少是对已有学术范式的反叛或发展，在一开始往往会引起较大的争议，很难在主流的学术刊物尤其是权威刊物上发表，只能在同人刊物中"试水"。这些年不少富有创意的好论文，都出自这些以书代刊的优秀同人集刊。每一本同人集刊，背后就是一个有共同学术趣味和研究范式的学术共同体。他们不是一个人在战斗，而是相濡以沫，相互呼应，形成了小小的专业学派，随着新的学术范式不断的修正、补充、完善，便逐渐从边缘走向中心，为主流学术界所接纳，甚至成为新的潮流。到这个时候，那些主流性的权威刊物才会注意这些真正具有范式突破意义的学术论文。

"网络学术场域"的出现，为学术创新提供了新的技术可能性和更大的空间，因为学术创新需要学术共同体。一个冷门的专业，最苦恼的是找不到同行和知音。

纸媒时代要找到知音如同大海里面捞针；网络出现之后，以其强大的传播功能，变得易如反掌。以往的学术共同体大多是面对面的共同体，但互联网的无限流动性与自由流通性，使得原来互相不认识但有共同情怀、关怀和学术志趣的人们，很容易形成一个"想象的共同体"，交流变得非常的简便，几乎是零成本。网络使得同行与知音的空间距离消失，只要在线，不管相隔天涯海角，永远要比在你对面的人心灵距离更接近。

学术上的创新，大多不是在中心爆发"革命"，而是"农村包围城市"，最后从边缘走向中心。这就意味着，如果我们最看重的是学术创新和学术突破，绝对不能以所谓的"权威刊物"文章为唯一的衡量尺度，而要本着"英雄不问出身"的平等态度，以学术共同体的内在尺度来检阅学者的每一篇论文是否具有增量的学术价值。一个真正的学术创新，如同库恩所说，是一场学术范式的革命。新旧范式的转换，未必是理性博弈的结果，因为各有各的理，各有各的学术信念与依赖路径。范式革命取决于新一代学人的涌现，拥有年龄优势的新人取代老一代学人，新范式最终战胜旧范式。等级化的学术体制——从权威刊物到学术关键岗位——往往由信仰旧范式的老人把持，而尝试新范式的年轻学人先是在"网络学术场域"聚集，抱团取暖，相濡以沫，随之创办同人刊物，向旧范式提出挑战；接着一步步向核心刊物渗透，最后攻下所谓的"权威刊物"，新范式最终取代旧范式，学术创新画上圆满的句号。

新的学术范式，也意味着一个新的学术评价标准。在专业学术界，因为有多种学术范式的存在，学术评价标准也是竞争的、多元的。然而，竞争的、多元的学术范式之上，是有可能也必须有一套为各家各派所共享的底线价值尺度。有没有这样一个超越具体范式的公共学术尺度，是一个专业是否成熟的标志。在发达国家的学术界，各个专业都有这样一套专业价值标准，它的价值很薄，可以包容各种学术流派，同时为新旧范式所共同承认和遵守。这是"学术共和国"内部的"不成文宪法"，不依赖于任何特定的人格化权威。

中国的"专业学术场域"长期以来所缺乏的，正是这一底线性的学术价值尺度。在民国时期，由于各个学科都有学术大师存在，他们的人格文章便成为人格化的价值尺度。1949 年之后，这些学术大师在历次政治运动中被批倒批臭，政治标准成为唯一的标准。改革开放以来，虽然各个学科重新繁荣，然而"学者共和国"中的公共价值尺度并没有随之建立起来，随着老一代学术大师的去世，人格化的学术权威陨落，在权威空白之际，一套中立的、去价值的、形式化的、以行政为中心的学术评价机制趁虚而入，以科学的名义主宰了"专业学术场域"。从表面而言，这套量化的评价机制具有形式上的合理性，但其实质未必是合理的，成了一个没有专业品位、缺乏内在价值的外在标准。

事实上，自主性的"学者共和国"唯一的评价尺度，是同行的"清议"。在各种学术风格和研究流派的竞争性对话之中，逐渐形成共享的专业价值尺度——所谓"不成文的宪法"。这一公共价值尺度并非外在的权力所赋予，乃是学者共同体在长期的学术互动中自然形成的，是一个哈耶克式的"自发扩展"的专业秩序。

"自发扩展"的专业学术秩序的形成，有赖于学术共同体的建立。这里说的是学术共同体，有两种形式，一种是具有共同研究旨趣和学术信念的小共同体，另一种是包括各种小共同体在内的学科大共同体。大小共同体的建立，都离不开充分的、自由的学术交流，而"网络学术场域"从技术角度为共同体的建立提供了物理的和心理的空间。然而，我们也要注意到，如同"专业学术场域"的评价尺度常常受到行政权力的干扰一样，"网络学术场域"也会被市场的逻辑所支配，过于追求传播的效果，而不惜哗众取宠；过于追求阅读量，而伤害内容的纯正；过于在乎受众的反应，而守不住学者的自我立场。无论是体制内，还是体制外，这两个学术场域都有学术之外的因素骚扰，都有无穷的功利性诱惑使得学术本身变味。如何坚守"学者共和国"内在的价值标准，让两个学术场域形成良性的互动，是互联网时代学术建设的新的话题。

一个新的技术革命，会对文化产生巨大的颠覆。近代印刷术产生以后，使得启蒙成为可能，没有近代印刷术就没有启蒙。互联网时代也正在为学术的生产与流通带来一场新的革命，只是这个革命带来的结果，无论是好还是坏，我们今天依然身临其境，无法有深刻的认识。不识庐山真面目，只缘身在此山中。作为两个学术场域的参与者，我试图写出我的观察和思考，期待着更多的学者对此作出更深入、更有分量的研究。

原刊《学术月刊》2016 年第 9 期

现代性视域下的
中国传奇

高瑞泉[*]

一

　　与实践向度的现代化运动相应，现代性研究曾经对中国现当代哲学社会科学产生广泛的影响，尽管这种影响深浅不一，而且研究者的出发点和实践取向也有深刻的差别。但是对于公共思想史而言，现代性研究的重要成果之一，是"中国的现代性"得以确立为一种共识。这一概念是长期的"古今中西"之争的结果，可以被视为当代中国"道路自信"的一种理论表达。当然，当代中国的"道路自信"根本上是建立在经济高速发展的绩效之上。在"摸着石头过河"以前，现代化在中国具有极大的实验性，即在"富强"的目标下，用中国可能具有的方式来学习西方经验、赶超西方。用"中国的现代性"来解释"中国传奇"的认识论路径，可以说是"摸着中国的石头，过现代化的河流"。正是在这一过程中，中国崛起了。经济建设的成就与国际政治中的地位上升，同时都期待在现代性研究中获得相应的理论肯定。与此同时，现代性的"一与多"始终萦绕在理论家脑际，"多元现代性"或"多重现代性"的概念已经在学理上被多方讨论。诸多论述都意在说明，现代性不再是单一的现代性，更不是西方模式的复制，而且并不存在什么单一的"西方模式"或者单一的"欧洲模式"。由此，"多元现代性"（Multiple Modernities）概念，即现代性是复数的，成为"中国的现代性"的必要前提。反过来，我们也可以说，由于"中国的现代性"，"多元现代性"获得一种实践上的证成。从艾森斯塔德到查尔斯·泰

　　* 作者为华东师范大学哲学系／中国现代思想文化研究所教授。

勒，都提升了我们在"多元现代性"的预设下研究"中国的现代性"的自觉。而奎纳尔·希尔贝克教授（Gunnar Skirbekk）的新著《多元现代性——一个斯堪的纳维亚经验的故事》^①，则通过描述挪威的现代化史来展开他对现代性的哲学分析。它出于作者对北欧国家的现代化历程的反思，结果达成了多元现代性视域下挪威现代化史的概念化。这部著作对于中国读者会有诸多启发，包括关于如何在"多元现代性"与"中国的现代性"互相证成的方向上思考合理性的诸形式，会有很大的启发意义。尤其是因为，"中国的现代性"与"挪威的现代性"，无论是它们形成的过程，还是对于世界格局的影响，都是如此不同，正如挪威现代性仿佛是一则北欧童话（Tale）^②，而"中国的现代性"注定是一场跌宕起伏的传奇（Legend）。这种强烈的对比，有助于更好地展示"中国的现代性"的特点。

二

说中国的现代性宛如一部现代传奇，首先是由于中国在现代世界史上出演的角色有强烈的戏剧性。以 20 世纪的一百年为例：从 1900 年八国联军进入北京，中国被迫与列强签订《辛丑条约》，面临进一步被瓜分的危险，到 2001 年高调进入 WTO，并且在而后的金融危机中被视为全球经济复苏的火车头，随着中国的 GDP 直逼美国，"中国崛起""中国奇迹"成为描述中国现代化的经典标题。在此语境下，理解"中国的现代性"概念的首要意义，变成了如何认识当下的中国。

以"多元现代性"为前提，当代中国最粗放的外部观察者会说，中国的现代性是三者的耦合：市场经济、社会主义的政治制度和儒家文化。不过这种观察结论一定会遭受许多质疑（包括后面我们会提及的，儒家文化据说是已经断裂的传统）。那么，什么是"中国的现代性"？"中国的现代性"作为描述性的概念，相对于西方

---

① [挪威] 奎纳尔·希尔贝克：《多元现代性——一个斯堪的纳维亚经验的故事》，刘进、王寅丽等译，上海人民出版社 2014 年版。

② 这本著作关注的首先不是 20 世纪中叶和战后所谓的"斯堪的纳维亚模式"，它的优越性已经被越来越多的人承认。希尔贝克专注于 19 世纪挪威的现代化历史：民众运动（自下而上）与精英（自上而下）互相配合，和平地、"以让工具合理性、解释合理性和论辩合理性相融合的方式，促进了基本的现代化过程"。（见上书，第 56 页）作者把传统与变革之间平稳对接，称作"田园式的启蒙"，令人想起鲁迅当初说斯堪的纳维亚是"安静而进步的国家"，而 20 世纪中国社会的进步通常都得显得如此曲折，并总要付出高昂的代价。

现代性而言是"中国"的，相对于传统中国而言，是"现代"的。问题并没有因此解决，毋宁说又回转：什么是传统（中国），什么是现代？因此，除了在合理性的诸形式的意义上理解现代性以外，我们似乎应该在中国经验的概念化层面上来回答问题。我曾经在一篇文章中讨论过，中国现代化的历史，是从"学习型的现代性"开始，转变为"反省型的现代性"。① 西方现代性是内生的现代性，是其社会自然演变的产物，其间受到过外部的影响，也主要不是以强制力或暴力的形式出现。而中国一开始就是以西方现代性在中国的实现为目标，具体地说，是以"富强"为目标导引而引发了一系列社会变革，首要的追求是"富强"和能够导致富强的科学技术，换言之，是工具合理性一开始就处于优先的地位。它相应地引起建制上的改变，包括学术学科和社会制度上的变革，后者连同"富强"的追求一起都需要意义世界的辩护，由此导致广泛而深刻的"重新评定一切价值"。价值重估固然促进了反思和自我批判的论辩合理性，同时也进一步压制了传统价值的空间，瓦解了意义世界的传统秩序。

毋庸讳言，工具理性和价值理性之间的持续紧张，在现代中国成为一个相当凸显的现象，不但表现为知识分子文化认同的分裂（如王国维"可信"与"可爱"的分裂），表现为人文主义与科学主义的分裂（如"科玄论战"所展示的那样），而且表现为传统主义与启蒙主义的对立，表现为以现代新儒家为代表的文化保守主义对于工具合理性的批判，以及以此为先导的某种"复魅"诉求。它们最后集合在一起，使得中国的现代价值重建成为一场旷日持久的斗争，而文化精英与政治精英都不能确保牢固地占据"社会重心"的地位，更难以达成以高度信任为基础的普遍团结。

从现代化是人类社会的一次历史性大转变的角度说，虽然可以依照合理性（rationality）的诸形式来理解现代化和现代性，但它的实现不会是纯粹理想的力量所推动，相反总是会伴随着怀特海所谓的"强制力"甚至"暴力"的作用。② 像诸多不幸而有被殖民的痛苦经验的国家一样，西方现代性在中国人面前呈现的，是

① 高瑞泉：《从学习型现代性到反省型现代性》，《学术月刊》2001 年第 1 期。

② 怀特海认为历史上有两种力量，一种是西方历史中如蛮族和蒸汽那样，"都是驱动它们各自的文明脱离传统秩序的无情感的力量（senseless agencies）"，可以分别表现为"强制力"或者"暴力"。另一种是"经深思熟虑的理想的力量"，"属于重铸它们时代的那些说服的力量"，指现代民主和罗马时代的基督教。但是这两者在与中国文化相遇的时候，呈现为"西人以动力横绝天下"的形态。

"无情感的力量"与"理想的力量"兼而有之，被怀特海视为"理想的力量"或
"说服的力量"的基督教和民主，也是挟着"强制力"乃至"暴力"进入中国。中
国的现代化的前一百年，几乎始终伴随着帝国主义的侵略与中国人民反侵略的
战争。

　　现代化需要相应的社会动员，以获得其动力。最初的动力来自外界的军事压
力，结果中国的现代化最初是自上而下的运动。由于国家幅员辽阔、多民族且人
口众多、主要是内陆国家、不同地区发展极不平衡，以及最初需要从专制统治下
获得解放等条件，在自上而下的运动遭遇挫折的时候，发生了自下而上、堪称激
烈的革命。革命和战争实现了前所未有的社会动员。[①]革命和革命以后的经济建
设，在是否采用常规化的现代化方案，以及采用何种具体方案的问题上，都伴随
着"学习"与"反思"的交织。日本、俄国、英美、法德、新加坡、匈牙利乃至
后来消失了的南斯拉夫，都曾经是中国人（至少是部分人）试图效法的对象，在
开放的条件下，中国人如饥似渴地向外部世界学习，但是真正被效法而成就建制
的，是苏俄和英美。不但战争和革命是在激烈的对抗和斗争中完成的，现代化方
案的选择与再选择，通常总是政治选择和建制化活动，不会用纯粹和平的方式温
和顺利地实现，而被处理为胜者全赢的斗争。正如 20 世纪中国许多学术讨论被冠
之为某某"论战"，学术问题不但被"是 / 非"二分，而且常常被处理成分清"敌 /
友"的活动，所有这些都表示（如果不是因此之故的话）中国的社会信任严重不
足，与此相应的是，现代性内在要求的论辩的合理性未能充分发育，它从根本上
限制了政治文明的建设。在经济高速发展的同时，全社会整体的富裕程度和国家
能力都前所未有地提升了；与此同时，贫富分化现象，在社会主义中国现身。

三

　　"中国的现代性"概念的展开，蕴含着对当代中国的深度理解；然而其最直接
的要求，还是对"中国的现代性"的生成的解释，即需要回答"何以有现在这样的
中国"，在最简化的意义上是问"中国经济持续增长的奇迹是如何发生的"，连带涉

---

　　① 与此相应的是所谓"救亡 VS 启蒙"的争论。中国的特殊性也许正表现为寓启蒙于救亡之中，救亡唤醒
了民族主义，后者是通向现代性的道路。但是通过救亡达到启蒙的路径，也影响到中国现代性的生成。

及百年来的文化争论，就演变为"传统文化在中国现代性中的地位与作用"的争论。这说明，研究"中国的现代性"必然是一个跨学科的综合研究，包含了社会学、政治学、政治经济学等视角，而最后一个问题，通常是中国哲学—思想史学者感兴趣的论域。然而，正是在这个问题上，贤智之伦的议论却很少能够中其肯綮。简而言之，在外部世界惊呼"中国崛起"以前，流行于国内学术界的一种最直白的论断是"五四运动打断了传统，所以中国的现代化长期止步不前"。转换成现代性批判的话语，就是"中国的现代性"缺乏传统的维度，是本土文化要素缺位的现代性。这当然不能被视为恰当的判断，也与外部观察者的观察相冲突。从亨廷顿、艾森斯塔德到墨子刻，都强调传统尤其是儒家传统在当代中国的连续性。而身历其中的中国人更应该冷暖自知。我们应该直接提出的问题是，蕴含在"中国崛起"历史过程内部的"中国的现代性"之中，直接或间接发生作用的是哪些传统要素，它们是如何起作用的？由于它们的作用，中国现代性才得以既与西方现代性有所区别，又依然是现代性。这才是真正的韦伯式的问题。显而易见，我们离回答这个问题的距离还相当遥远。

从更根本的意义上说，进行中的"中国现代性"尚未被客观化，理解"中国的现代性"问题，需要借助历史哲学或社会哲学的某些洞见。我们知道，韦伯是历史多元论者，在他看来，新教改革后的资本主义精神并非路德、加尔文辈设计所致。所以问题就转变为：在社会政治领域，人们的理想乃至政治措施可能引致的长期历史变迁，在多大的程度上是可控的？近代以来，自梁启超、孙中山之后，不少社会改革者都希望斟酌古今中外一切优秀的文化为我所用，可以造就一个既没有中国的陈腐、又没有西方弊病的新文化。不过，在对这些历史哲学问题保持追问的态度之中，我们依然可以在具体的问题上获得切实的进展，包括深入到研究现代人的心灵史，研究传统观念如何在现代社会条件下经过"创造性转化"，进入了现代意义世界；研究貌似"碎片化"的价值世界是如何构成的；研究它们在什么意义上是合理的，或者说如何促进了理性化的进程，更重要的，研究中国社会史如何新陈代谢。换言之，"中国的现代性"概念，向人们提出了正确理解当代中国、正确理解中国文化的更多问题。

四

研究"中国传奇"的目标，从更长远、更根本的意义上说，也许指向了某种理想，描画某种愿景，至少是带有某种期望。因此，"中国的现代性"研究是高度反思性的活动，包含了自身是否可以改写、如何改写，"中国的现代性"可望如何改变"现代以后"的世界这样的问题。当代历史学家不乏如此的担忧：中国和西方在各自独立发展以后相遇，其"运会"有某种倒错，在 20 世纪，"中国要从衰势回头的时候，欧美却从盛况转向衰退……中国挟其蓄势待发的'动能'，'接过'欧美留下的制度和观念，然而问题在于，中国人接过来的是一个正在腐烂的'现代文明'，我们怎么能盼望，已经衰败的种子能长出优良的成果"①？这虽然不是一个严格论证的结果，却是中国人真实的担忧。另一方面，"中国传奇"似乎引起了西方人对东方"墨菲斯特"的担忧，当里亚·格里菲尔德注意到中国人经过艰苦的学习，获得了西方文明的动力性、创造性和竞争力以后，情感复杂地对中国读者说："未来属于你们。我希望，你们能友好地对待我们，而且比我们更好地照料这个世界。"②

我们需要解除各种各样的顾虑和对中国传奇的误解，不过更重要的是，中国回望自身，"中国的现代性"是一个未完成的规划，民族复兴尚处于进行时态。"中国传奇"的下半部，能否真正"过现代化的河"，进入一马平川，就要看我们能否既保持强劲的动力性，又能够与自然环境保持一种更合理的关系，建设社会团结和具有高度信任的平等主义的政治文化，而人们也能采取更合乎情理的生活观念。

原刊《学术月刊》2014 年第 6 期

---

① 许倬云：《中西文明的对照》，浙江人民出版社 2013 年版，前言第 3 页。
② [美] 里亚·格里菲尔德：《民族主义：走向现代的五条道路》，王春华等译，上海三联书店 2010 年版，前言第 5 页。

现代性的认知维度

郁振华[*]

《多元现代性：一个斯堪的纳维亚经验的故事》[①]是挪威哲学家希尔贝克教授的新著。这部饶有趣味的著作，以哲学的方式讲述一个挪威现代化的故事，探讨了与多元现代性概念相关的一系列重大问题，对我们思考现代性问题有多方面的启示。

在这项研究中，希尔贝克给自己提出的问题是：如何对挪威的现代化历程加以概念化？他不满于流行的关于"斯堪的纳维亚模式"的老套说辞（混合经济、福利社会等），希望更为深入地理解"斯堪的纳维亚经验"。受韦伯、哈贝马斯的影响，他从合理性的角度切入现代性问题，提出了一个概念框架，以此来刻画挪威的现代化历史。这个概念框架涵盖三种合理性：工具合理性（instrumental rationality）、解释合理性（interpretive rationality）和论辩合理性（argumentative rationality）。工具合理性以因果说明的科学为基础；解释合理性以神学、法学等旨在理解的人文学科为基础；论辩合理性则不仅体现在各类科学研究中，而且体现在公共领域中：人们在反思、批判的过程中，追求更好的论证。

以此概念框架来观照挪威现代化的历史，希尔贝克聚焦于两个时期，即1814—1884 年的挪威（挪威立国时期）和第二次世界大战以后的挪威。有意思的

* 作者为华东师范大学哲学系 / 中国现代思想文化研究所教授。

① ［挪威］奎纳尔·希尔贝克：《多元现代性：一个斯堪的纳维亚经验的故事》，刘进、王寅丽等译，上海人民出版社 2014 年版。此书英文版于 2011 年由香港中文大学出版社出版。和英文版相比，中文版增加了一个希尔贝克的思想自述。

是，在讨论这两个时期时，他都提到了三种合理性的人格化体现，即作为"理想类型"的"象征性行动者"。比如，关于19世纪，他提到了施韦高、莫拉德和温尼耶，分别代表工具合理性、解释合理性和论辩合理性；而在"二战"以后的时期中，与这三种合理性相对应的象征性行动者分别是布伦特兰、兰格斯特和夏德瓦姆。虽然此书的重点是挪威历史的这两个时期，但希尔贝克的论述事实上涵盖了整部挪威史。在他看来，挪威现代化经验中的某些特征，可以追溯到维京时代（公元9—10世纪）。

这项研究的结果，是对于现代性之一和多、普遍和特殊，获得了一种比较平衡的看法。希尔贝克认为，对于完整的现代性来说，三种合理性都不可或缺，应该充分展开。他建议我们做一个思想实验，设想抽去与这三种合理性相关的种种设施、技术、建制、实践、文化，会是什么结果？他认为，抽空了这一切，现代人将面对一个十分陌生的世界，一个对现代人来说"不可欲"的世界。这是现代性之统一的、普遍的方面。同时他强调，三种合理性的展开，具有不同的时空条件，与各民族根深蒂固的历史经验相联系。比如，斯堪的纳维亚的五个国家，"二战"时期各自的经历很不一样。这是现代性之多样的、特殊的方面。这本以"多元现代性"为书名的著作，当然强调现代性之"多"的一面，强调斯堪的纳维亚的现代性叙事与主流的英、德、法的现代性叙事的差异，但却没有陷入特殊主义、语境主义，因为作者对于构成现代性之普遍方面的三种合理性，尤其是论辩合理性（特别是其在公共领域中的展开）再三致意。这种比较平衡的看法，对于正在展开中的中国现代化事业不无启发，提醒我们在强调"中国模式""中国道路""中国经验"之特殊性的时候，也应看到现代化之普遍的、统一的方面。

希尔贝克在阐述挪威现代化经验时，有一点令人印象深刻，那就是挪威的信任文化，即人和人之间、不同社会阶层之间、官员和民众之间以及政治对手之间的互信。这种互信是历史地形成的。在19世纪的挪威，有两个现代化过程引人注目，一个是由路德宗国家官员（以神学家和法学家为主）推动的"自上而下的现代化"，一个是由民众运动所推动的"自下而上的现代化"。两者的互动，在国家官员和民众之间，在政治对手之间，产生了基本的信任。希尔贝克认为，这是挪威平等主义民主的前政治条件。所以，在谈论北欧福利社会时，与一般人仅仅注意其经济方面不同，他特别强调其中包含了"一种以信任和普遍团结为基础的平等主义的政治文化"①。挪威政治的开明进步、社会的稳定和谐是建立在这种信任文化的基础之上的。反观今日中国严重的信任危机所导致的种种社会病象，更是彰显了挪威现代化经验中信任文化的价值！我倾向于认为，希尔贝克强调的信任文化，属于社会风习的范畴。一个社会之风习，或者醇厚，或者浇薄，或者不厚不薄。对此界分，尽可以作多方面的刻画，但互信之有无、强弱，当是其中较为核心的内容。在一个世风醇厚的社会里，在信任文化的支持下，社会进步事业的展开会比较顺畅，而在一个世风浇薄、互信短缺的社会中，则无疑会艰难得多。

从合理性角度切入现代性研究，不仅有建制分化的问题，而且有认知分化的问题。希尔贝克的研究对后者颇为重视，由此展示了现代性的认知维度。对此，笔者愿从以下三个方面作一番阐述和发挥：

首先，三种合理性的概念框架预设了一种广义的科学哲学和一种厚实的认识论。工具合理性立足于旨在因果说明的自然科学，近代自然科学的兴起是西方现代性的一个重要方面。解释合理性立足于旨在理解的人文科学，宗教改革是西方现代化过程的组成部分，而在 19 世纪挪威的现代化过程中，神学家和法学家构成了国家官员的主体，因此，希尔贝克特别强调了神学和法学的重要性。在英美哲学中，"philosophy of science"主要是关于自然科学的哲学。但是在挪威语中，"vitskapsteori"一词则涵盖了对自然科学、社会科学和人文科学的哲学反思，在语义上接近德文"wissenshaftstheorie"，体现了一种广义科学哲学的视野。这种视野在建制层面的体现，就是希尔贝克于 1987 年在挪威卑尔根大学创立的 SVT（Senter for vitskapsteori，科学论中心）。希尔贝克立足于合理性的不同形式来考察挪威的现代化历程，正是以此广义科学哲学概念为背景的。

希尔贝克认为，合理性是以行动为基础的，是置身于历史中的行动者和建制的，循此思路，他在考察现代性的认知维度时，比较倚重"专长"（expertise）概念。"专长"是一个内涵丰富的认识论概念，说某人拥有某方面的专长，意味着他不仅拥有相关的命题性知识（knowing that），而且具备相应的能力之知（knowing

---

① ［挪威］奎纳尔·希尔贝克：《多元现代性：一个斯堪的纳维亚经验的故事》，刘进、王寅丽等译，上海人民出版社 2014 年版，第 74 页。

how）。与此相关，希尔贝克强调，不是所有的洞见都是命题性的，有些洞见内在于行动，属于默会知识（tacit knowledge）的范畴。在此语境中，有个背景需要交代一下。自波兰尼于 1958 年提出默会知识概念以来，在西方哲学中，主要有三大哲学传统，即波兰尼传统、维特根斯坦传统和现象学传统，介入了对人类知识的默会维度及相关问题的研究。就默会知识问题上的维特根斯坦式进路而言，卑尔根大学哲学系的约翰内森教授（K. S. Johanessen）堪称领军人物，其原创性的工作产生了广泛的影响。① 希尔贝克和约翰内森是一个系的同事，几十年来，两人相互支持、相互砥砺，像一对哲学兄弟。希尔贝克对专长和默会知识的强调，明显受到了约翰内森的影响。默会知识概念有强弱之分，强的默会知识原则上不能用命题来充分表达，弱的默会知识事实上未被用命题来表达，但非原则上不能。此处我们聚焦前者，即强的默会知识概念，它包括能力之知和亲知（knowledge by acquaintance）两种基本形式。希尔贝克在其思想自述中，强调了游历对于哲学家的重要性。他指出，德文词"Erfahrung"（经验）的字面意思是游历（-fahren）的内在化（er-），就此而言，经验属于个人知识。哲学家通过游历而了解其他传统中的哲学家是如何工作的，由此展开一个反思性的学习过程，这是哲学教养的重要内容。这种由亲历而获得的见识，包含了亲知的成分。默会知识论认为，在归根结底的意义上，亲知和能力之知是命题性知识的基础。因此，若是将英美流行的聚焦于命题性知识的认识论称作"单薄的认识论"，那么，有理由将不限于命题性知识而进一步深深切入亲知和能力之知的认识论，称作"厚实的认识论"。希尔贝克对合理性概念的理解，是与他对专长、默会知识、游历的强调相联系的，这些东西都指向了一种厚实的认识论。

在此语境中，值得强调希尔贝克关于专长的一个重要观点。他认为，在现代化过程中，我们会面对前所未有的复杂而困难的问题，比如，生态危机。应对这类问题，单一专长完全不敷用，只有多重专长的合作才有希望带我们走出困境。鉴于此，希尔贝克反对某一学科、某一专长的独大，进而强调多学科、多重专长的平衡和合作。在现代性的语境中，单一专长的独大，不仅在认知上有盲点，在实践上也

① 郁振华：《人类知识的默会维度》，北京大学出版社 2012 年版，第一章。

困难重重。受他的启发，笔者认为，如果从这个角度来看思想史，那么，近代以来出现的机械主义思潮、生物主义思潮、心理主义思潮，以及这些年来大家谈论的"经济学帝国主义"，都可视为某一学科、某种专长独大的结果。在此理智方向上，对于哲学家来说，以下问题似乎是难以避免的：何谓哲学专长？它在应对现代社会的种种危机的过程中扮演何种角色？无疑，这都是些开放性问题。但是，我想，有一点可能大家会有共识，那就是，卓越的概念能力当是哲学专长比较核心的内容。在应对像生态危机这类复杂困难的问题时，哲学家的概念工作，是不可或缺的。在应对生态危机时，要摆脱盲目性，必须在全局视野中澄清所牵涉的各种基本概念关系，甚至像希尔贝克那样，在更为后设的（meta-）层次上，即从认识论、方法论的角度来阐明所牵涉的各种专长之间的关系，反对单一专长的独大，倡导多种专长的合作和平衡等。这样的概念工作，是其他学科、其他专长的经验工作所无法替代的。生态问题是如此，其他问题也是如此。在应对现代社会种种危机的过程中，凭借卓越的概念能力，哲学家是可以做出自己的独特贡献的。

其次，三种合理性之间不是简单的并列关系。在三种合理性中，前两种合理性构成一个概念对子，它们是目标导向的。工具合理性以近代自然科学为基础，其目标是因果说明和技术应用；解释合理性的基础是神学、法学这样的人文科学，其目标是意义理解；第三种合理性即论辩合理性更多地是程序导向的，它贯穿于自然科学和人文科学研究，可以说是前两种合理性的基础。有限的、可错的主体，在批判、反思的过程中，向更好的论证开放，这是论辩合理性的基本规定。那么，在概念上与之相对的是什么呢？构成这种程序导向的合理性之对立面的，一是形而上学的终极真理、绝对知识，一是相对主义、怀疑主义。在全球化时代的文化讨论中，论辩合理性同时反对各类原教旨主义和文化相对主义。

在三种合理性中，论辩合理性无疑是最核心的，因此我想从以下两个方面作进一步的阐发：第一，论辩合理性有破和立两方面的功能。消极地说，论辩合理性致力于意识形态批判；积极地说，它力图通过开放、开明的讨论，走向更好的论证。笔者认为，这两方面的功能，可以用夏德瓦姆的一个极富洞见的概念区分来加以说明。夏德瓦姆区分了"überreden"和"überzeugen"。前者是指通过各种操控技巧（如修辞、煽情、威逼、利诱等）来使人折服，后者是指通过有根有据的说理来使人信服。对"überreden"的揭露，属于意识形态批判的工作，而"überzeugen"则可视为对论辩活动的正面刻画。因此，对前者的克服和对后者的倡导，都是论辩合理性的题中应有之义。

第二，主体间的信任是论辩合理性的前认知条件。上文说到，信任文化是挪威平等主义民主的前政治条件。我认为，信任不仅在政治上重要，在认知上也很重要。钱锺书说，学问是"荒江野老屋中，二三素心人商量培养之事"。可以说，二三素心人构成了一个极简主义版本的学术共同体，他们在相互信任的基础上，商量学问，推进真理。学术的公共品格（communal character），预设了认知者的相互依赖、相互信任。在古今中外那些具有学派特征的学术共同体那里，可以看到一种在独立思考基础上师友切磋砥砺的生动情景。因此，研究者之间的互信和友情，有助于学术的健康发展，可视为论辩合理性的前认知条件。我相信，这一判断无论对旨在因果说明的自然科学，还是对旨在意义理解的人文科学，都是有效的。

再次，从方法论上来说，通过讲述挪威现代化的故事来探讨多元现代性概念，体现了一种实例导向的研究进路（case-oriented approach）。对实例的重视，是后期维特根斯坦运思的重要特征。他有句名言："不要想，而要看！"[1]意思是不要去想抽象的一般原则，而要多看具体实例。受维特根斯坦的影响，20世纪60年代，一种被称作"实践学"（praxeology）的思想倾向在卑尔根大学兴起，代表人物是雅可布·梅里（Jacob Meløe）。实践学强调实践之于被动知觉和纯粹认知的优先性，认为人类洞见主要体现在行动中。在方法论上，实践学的基本特征就是对实例的细致分析。梅里选取生活世界的各类具体例子，比如打铁、摘草莓、劈柴等，来分析人类行动的构成性条件，揭示行动者所拥有的洞见和能力。在过去的几十年中，实践学思想在斯堪的纳维亚产生了较大的影响。希尔贝克很重视实践学，但他觉得，梅里所选的例子太过琐细，而且因为主要体现了传统社会的生活形式而显得有些过时。为了充分展示实践学的概念潜力，他认为应该选一些更能反映现代社会本质的例子来加以考察。在本书中，他所选的例子是挪威现代化的历程。通过对挪威现代化过程的分析，希尔贝克指出，三种合理性的充分展开是现代性不可或缺的前提条

---

[1]　[英]维特根斯坦：《哲学研究》第66节，陈嘉映译，上海人民出版社2001年版。

件。这项研究充分地展示了实例导向的研究进路的概念潜力。

希尔贝克的这项研究，促使我们去思考"讲故事"的方法论意义。以讲故事的方式从事哲学研究，与用思想实验从事哲学研究，都属于实例导向的研究进路。为了更好地理解这一进路，有必要区分实例的教学法使用和哲学使用。平时我们在教学中，为了讲清一条原理，经常会举例子，这是实例的教学法使用。但是，实例还有更为积极的作用，可用来获得新的洞见，或用来检验某种洞见，这是实例的哲学使用。[①] 换言之，在实例的教学法使用中，义理是现成的，而在实例的哲学使用中，义理是有待我们去揭示、阐明的。梅里对打铁、摘草莓、劈柴等实践的细致描述，希尔贝克对挪威现代化历程的讲述，都旨在发明新的义理，是对实例的哲学使用。

总之，立足于三种合理性的概念框架，希尔贝克引人入胜地讲述了一个挪威现代化的故事，进而对现代性之一和多、普遍和特殊获得了一种比较平衡的看法。也许有人会说，这是一个在西方文化背景下提出的概念框架，对于非西方的现代性是否有效，是需要置疑的。这当然是一个十分复杂的问题，笔者在此只能根据"情景化理性"（situated reason）概念作一个简单的回应。情景化理性概念是起源和有效性、情境性和普遍性、内在和超越的统一：从起源上来说，理性内在于特定情境；但是从有效性上来说，它超越特定情境而具有普遍有效性。笔者倾向于将希尔贝克的三种合理性的概念框架视为情景化理性的一个例证：就其起源而言，当然是来自西方的历史经验，但就其有效性而言，则不限于西方现代性。我相信，这一框架可以为中国的现代性话语提供新的视角。

原刊《学术月刊》2014 年第 6 期

---

① [挪威] 奎纳尔·希尔贝克:《情境语用学和普遍语用学》，载 G. 希尔贝克、童世骏编:《跨越边界的哲学——挪威哲学文集》，浙江人民出版社 1999 年版，第 410 页。

中国崛起时代
如何重新思考现代性

丁　耘[*]

现代性与前现代的各文明之间的普遍与特殊，或不如说一与多的关系，是现代思想兴起后的老问题了。此问题不断被提出，这恰恰意味着，人们还没有形成共同的不移之见。本文不拟为众说纷纭再增新议，而是更倾向于，在直接正面解答这个问题之前，对问题的形态、背景和相应的诸方法论做一宏观的观察。这或者有助于做出较成熟的权衡和抉择。

现代性之一与多的关系，对于现代性在其中最初显露与成熟的文明来说，似乎是不成问题的。对于通过对外关系（无论经贸、外交、战争等）被动卷入另一文明之扩张过程的诸文明来说，这却构成了首要的思想问题。在那里，现代化的压力与处境，表现为"数千年未有之大变局"，更意味着对本位文明本身的"挑战"。因此"挑战—回应"模式不仅运用于中国，而且似乎也为一切前现代文明的非原发的现代化历程提供了基本的叙述框架。由于西方文明首先孕育和发展了现代性，而其他文明被迫但是无可避免地卷入了全球现代化的历史过程中，那么可想而知，其他文明与西方文明的关系似乎不仅是特殊文明之间的关系，而且是特殊与普遍之间的关系，或至少是学生和老师、模仿与原型的关系。近代以来中国思想的基本脉络——所谓古今中西问题，实际上可以追溯到一切前现代文明面对扩张的西方的共同焦虑。[①]

---

　* 作者为复旦大学哲学学院教授。

　① 丁耘：《儒家与启蒙》，生活·读书·新知三联书店 2011 年版，第 1—6 页。

这一焦虑的根本，在于以下两个判断：西方文明不仅是某一特殊文明，而同时是现代文明。现代文明是一切人类文明的共同归宿。因此，西方是现代的起源，也是其他文明的目的。所有其他文明的历史，都只是现代性之史前史。用现代性作为衡量标准，处于史前史的"文明"，其实是"野蛮"而已。

这一历史观的背景是现代文明的全球扩张。15 世纪以来，现代文明就处于一种增长和扩张之中。直到 18 世纪末，主要在 19 世纪，殖民主义时期的现代文明才开始越过西方文明的界限，把贸易之外的东西（即由政治、法律、社会、文化等体现的现代"文明"内容）送到了非西方文明之中。所谓现代文明与诸前现代文明的一／多问题，所谓"挑战—回应"模式，即属于现代文明的世界性扩张的题中应有之义。

当前，现代文明在全球范围内的扩张仍未结束。然而，在某些重要的方面，情况有了改变。自 15 世纪以来，西方文明从未像现在这样，不再垄断现代文明扩张的动力源泉。如果说，现代文明的世界性扩张曾为非西方文明带来了严重的文明"挑战"，那么 20 世纪末以来，它同样为西方文明带来了严重的危机。这种危机在冷战结束后一度表现为胜利者的孤独茫然，表现为无聊沉闷的历史终结感。但在今天，随着中国和其他非西方文明的崛起，它更多地表现为对丧失现代文明扩张主导权的焦虑。

形势的变化促使我们重新反省"挑战—回应"模式，努力换一种方式思考现代文明的一／多问题。在这个方向上，本文尝试提出一个主要观点，即将现代文明、西方文明、资本主义三者当作彼此交叠但不重合的历史范畴。这三个范畴的错位处，就是我们必须高度重视的、头等重大的世界历史时刻。非西方文明或社会主义理想所期待的光荣时刻，正是现代文明与西方文明的错开时刻，或现代文明与资本主义的错开时刻。而非西方文明面对现代化压力的特殊性焦虑，在相当大的程度上，源于对此三个历史范畴的重合式理解。篇幅不允许给出系统的论证，这里仅提出以下几条意见。

首先，显而易见的是，西方文明并不等于现代文明。西方文明有它自己的古今问题。无论西方思想家将现代性追溯到古代西方文明中的哪些要素（例如海德格尔追溯到技术，韦伯追溯到合理性，施特劳斯追溯到自然与律法、哲学与城邦的关系等），仅仅这些要素不等于现代性。它必须在其他历史条件下，才能作为现代性的要素起作用。在马克思那里，资本主义的兴起是决定性的。在韦伯那里，新教传统占据了同样重要的地位。另一方面，西方文明传统中，也有克制这些要素的力量。西方文明本身之于现代文明，也是一个特殊文明。现代性起源于西方文明，这并不意味着，它同样会终结于西方文明。中国与印度的崛起为现代性的结局提供了更多的想象空间。与其将西方文明整体上等同于现代文明加以崇拜或者批判，不如致力于研究现代性本身是如何孕育和脱胎于西方文明之内的。

其次，不那么显而易见的是，那些踏上现代化道路的"特殊文明"，其多重传统中同样具有某些潜在因素，可使其现代化免于被动的"回应"模式。在概括中国现代化道路的来历与前景时，深受韦伯影响的学者们乐于寻找儒教与资本主义或者社会主义的对接之处。甚至福山也在追溯中国崛起的历史渊源时指出，秦汉以来中国政府的治理传统中有着强大的现代要素。平心而论，中国政治制度中后封建的绝对主义皇权特征、皇权之下的非贵族官僚制度、平民精英的教育/选拔程序以及儒家传统中的温和理性色彩（非宗教神学色彩）甚至革命改制学说等都是非常现代的。在西欧，这些东西要到文艺复兴之后，乃至18、19世纪才逐步出现。其兴起过程中也不乏对中国的赞扬和学习。如果被粗鄙的西方中心论遮蔽了这些，那势必认为中国历史与西方历史高度相似，中国近代化（现代化）的历史障碍是"封建专制"、是"漫长而黑暗的中世纪"，现代化是"走出中世纪"，这就既不能解释中国现代化的成就、速度和特点，更无法给出人类现代性别样的未来。

再次，现代性要素、现代性思想、现代性的某些特征，所有这些都不等于完整的现代性和现代文明。没有资本主义，现代性大概只能停留在思想革命阶段。现代文明与现代思想的差别在于，资本主义将科学与资本结合起来，既需要知识本身的再生产，也需要同时作为资本主义发展条件和结果的现代市场、市民社会和政治法律制度的再生产。我们称之为现代文明的一切，从历史内容上看，无非是资本主义的上层建筑。真正在全球扩张的不是现代思想，而是流动的资本。所有其他东西都是资本之河上的漂浮物。给予非西方文明历史创伤，并将之拖入全球市场的，不是新教伦理或伽利略物理学，而是那个时代的资本主义形态——殖民主义。现代文明的"普遍性"，不是西方文明的普遍性，而是资本、市场、价值规律的普遍性。所有的文明都是特殊的，但世界市场只有一个。所有的文明都有一个"本地"，但资本可以在全世界流动。而现代文明，这个人类唯一的"非本地文明"，随着资本流向各地。它诞生于某个文明，但绝不会被此文明束缚。所有的产品都是特殊的，但它们据以交换的货币中介则是普遍的。普遍是什么？普遍就是交换关系的根据。哪里有交换、兑换、翻译，哪里就有普遍性。没有同一个普遍意义，翻译是不可能的；没有普遍价值和像物理空间那样唯一的世界市场 ① 及其规律，贸易是不可能的。资本主义绝不会被包括西方文明在内的任何文明所束缚。资本天生不受空间限制，抽象无形，超然于万物之上，又化为万物、创生万物、毁灭万物、为万物立法定则。它让有的民族兴起，让有的民族衰亡。资本在历史世界的神学普世性差不多相当于自然世界中的上帝。掌控资本最熟稔的那个民族正是那个数千年没有"本地"，但拥有人类最早唯一普世神的民族，这并不是偶然的。现代文明的唯一性不过是资本一神教的表现，是资本主义全球扩张的欲望和结果。西方文明的当前焦虑在于，面对这个它所培育的全球资本主义，它已力不从心。西方文明可能渐渐失去了对全球的强大控制力，但资本主义没有。它只是换个机车而已。

最后，包括马克思主义在内的所有对资本主义进行全面分析的思想学说，都值得重新重视。这里要重点说说马克思主义。随着自由主义与保守主义思潮的兴起，马克思主义在当前被进一步意识形态化了。但马克思主义的生命力在于科学分析，特别是对资本主义的起源与命运的科学分析。资本主义的全球扩张、中国和印度等的崛起在一定程度上削弱了西方中心论，削弱了西方文明在资本主义世界的主导权，加强了非西方文明的自信和自觉。但这并不会褫夺马克思主义的力量，恰恰相反，马克思主义比任何保守主义和自由主义都更多地注重资本主义的扩张本性对人类生活与交往带来的历史性影响。这正是马克思主义的政治经济学和社会学的力量所在。其具体结论或可科学地商榷，但这个视野对于考察现代文明则不可或缺。全球政治经济学与社会学的分析在保守主义那里是几乎找不到的。自由主义则过于依赖市场与市民社会的神话。在柄谷行人这样对现实保持高度敏锐的马克思主义学者

---

① 正如康德阐明的，只有一个空间。所谓不同的空间表象，只是唯一空间的不同部分。参见 [德] 康德：《纯粹理性批判》，A25/B39。

看来，经典马克思主义也没有注意到国家对于资本主义经济结构的独立性 ①，虽然他给出的方案是浪漫主义的。

要而言之，在中国崛起的历史时刻，既要始终保持对各特殊文明的历史传统的同情理解与解释（这一点是各种版本的保守主义的长处），也要运用政治经济学与完整的社会政治学说观察和分析仍在形成过程中的全球资本主义。现代文明与各特殊文明之间的一 / 多关系问题，可以从市场、资本、市民社会之普遍一元，与文化与历史传统之特殊多元之间得到更多的启发。物质、符号与生活方式的再生产是一条基本的线索，而政治、国家、媒体和个人生活，正处在一与多的这种绞合与紧张之中。换言之，现代文明自身表现为符号与生活 / 交往方式的生产—再生产形式，同时也取决于物质再生产的形式。

跳过更详细的具体分析，本文的结论是，如果允许我们扩大文明概念的内涵，将生产方式、市场制度等一切物质力量也收入其中，同时又保存文明之上层建筑意涵与物质力量的差别，那么现代文明可以被理解为双重的或者说两层的。在其底层，现代文明的物质动力层，物质生产和再生产为自己创造出经济形式；在上层，这种经济形式通过不同方式——社会与市场发生关系的方式、市场对社会的影响和塑造方式——奠基了不同的符号与交往关系形式。现代文明之一元的普遍性，存在于物质生产这个底层，这是资本—市场—技术—劳动与经济交换的世界。而现代文明之多元的特殊性，则存在于符号与交往关系再生产这个上层，这是伦理、法律、政治以及公共舆论、审美、宗教的世界，是传统和各种新兴力量的鏖战之地。

这是前互联网时代全球资本主义现代文明的大致情况。中国崛起的时代也正是互联网社会经济崛起的时代。这个时代的最根本特征是物质、符号和社会交往三者界限之扬弃。移动互联网经济学的本质是赋予这种扬弃以持续的技术动力和经济形式。物质生产成为高度符号性的（最高端时尚的物质产品就是各种符号的使用、接受和发送器），而符号拥有了无与伦比的物质力量。符号产物（作品、文本）从未像今天这样赤裸裸地和物质与货币结为一体。社会交往也随之高度符号—物质—抽象化了。在历史上，人类从未像今天这样接近于柏拉图的囚徒，他们所面对的"事

① 这是说国家和民族植根于另外的经济基础（柄谷的术语是"不同的交换样式"）。参见［日］柄谷行人：《世界史的构造》，赵京华译，中央编译出版社 2012 年版，第 11 页。

物"，无非是符号和影像。① 随着符号 / 影像的逻辑与资本的逻辑越来越步调一致，现代文明的单一与普遍就会越来越压倒其多元与特殊。世界各地的文明城市面貌日益趋同，市民和游客的面貌日益趋同，昭示着世界历史不仅开始进入了科耶夫所谓"普遍同质国家"（universal homogenous state），而且开始进入了普遍同质的社会关系、空间结构和心理状态之中。在黑格尔哲学那里，只有绝对才能真正终结历史。如果，一个集精神（符号、社会与自身批判）和物质于一身的绝对总体有朝一日最终出现，现代性文明无疑将成为世间唯一的文明。这意味着，现代文明的真正历史就此开始，而人类文明的历史将就此终结。

原刊《学术月刊》2014 年第 6 期

---

① 参见［古希腊］柏拉图：《理想国》，第 514—515 页。

汉语哲学：方法论的意义

韩水法[*]

引言

作为一个新兴的哲学领域，汉语哲学已经开辟了若干研究方向。经过研究和讨论，现在已经可以确定，汉语哲学关涉形而上学、认识论、语言哲学、语言科学、脑科学和逻辑等学科，以及哲学翻译和东亚传统哲学等范围。如果再将视野扩大，那么人们可以看到，不同文明和不同宗教之间的交流、理解，彼此之间共同点和差异的探讨和发现，亦落在汉语哲学的关切之内。

人们对此或会质疑，这些学科和领域原本就是哲学的场所，汉语哲学的介入具有何种新的意义和作用？进一步地，人们或许还可追问，汉语哲学又以何种方式介入这些既有的领域？对此，合理的回答是，汉语哲学从几种不同的角度和方式介入这些领域，发现或揭示了许多新的问题。在这些角度和方式之中，方法论就是重要的一个。这就是说，汉语哲学，除了其他的意义之外，它同时就是一种方法论。这一点最为典型地体现在对"Being"问题的处理。汉语哲学作为方法论，就此问题它所要追问的，并不限于如何翻译这个概念，而是要深入探讨为什么与其对应的概念和词语先前在汉语里面不存在，相应的观念在汉语思想中也付之阙如，而这种缺乏揭示了关于世界的何种认识和理解。

人们关于世界的认识不仅通过语言表达出来，而且也只有凭借语言才能够进行，而从历史上来说，一种语言的语法、词语和其他形式的特征不仅体现了操

---

* 作者为北京大学哲学系教授。

这种语言的人的认识方式，他们关于世界的知识的独特性，而且反过来也会影响和制约这种认识的进行和相应知识的形成，同时亦会影响和制约他们对待世界和自身的行为。印欧语系语言的系动词和形态就与一种特定的本体论直接相关，而这使得操这个语系语言的人群——主要是哲学和科学研究者——产生了关于事物及其秩序的特殊看法。在古代，人们更是倾向于将语词等于实际的事物，而把语言的时间秩序视为事物本身的秩序。这种秩序反过来或进一步会制约和影响人们对自然和人类社会之间关系的看法，甚至将它们视为自然和人类社会之间关系的秩序，或其根本。作为一种方法，汉语哲学着重研究那些赋予这类词语以意义的语言与其他语言之间差异的哲学意蕴，以及语言秩序与事物秩序之间关系的哲学意蕴。

从既有的研究情形来看，汉语哲学可以从广义和狭义两个方面来理解，它由此形成了不同的领域和方向。从广义上来理解，汉语哲学既关涉前面所说的哲学各类基本的和专业的问题，也从事传统哲学的重新阐释。有一些学者将汉语哲学理解为后一类研究，从而使汉语哲学几乎等同于中国古代哲学以及部分东亚古代哲学。我认为，汉语哲学的核心应当居于前一类问题的领域，即研究和处理从汉语哲学着眼而从这些学科和方向中揭示和引发的一系列问题，它们直接与形而上学、认识论和语言哲学等相关。这样来理解的就是狭义的汉语哲学，所研究和处理的问题都相对专业亦即技术化。从国内哲学研究的现状和汉语哲学的进展来看，狭义的汉语哲学的研究相对而言要艰难一些，但是，它突出地体现了汉语哲学作为方法论的作用和意义。

本文从汉语哲学整体着眼，分析和探讨它所揭示出来的主要问题和可能的领域，并同时分析和界定相应的观念，揭示汉语哲学方法论的意义、效果和面临的难题。

一、新视野之下的新领域

汉语哲学方法论的第一层意义和效果就是揭示了一个新视野，在这个视野之下，哲学的新领域、新层面和新角度就显露了出来，新的问题从而也就在熟视的既有现象之中呈现出来，而后者需要以新的方式、概念和观点来理解和研究，无疑，这也就会导致新的见解。

（一）视野即观点

科学革命的范式理论向人阐明了人类认识和行为转向的方法论的契机。人们如果以现成的知识、常识乃至成见来解释他们所熟悉的现象、事物及其秩序，就难以促进知识的扩展，甚至令人处于错误的判断之中而不自知。但当人们从一个新的角度着眼，以新的原则、理论、方法和实验仪器来看待、解释和处理常见的或已经观察到而无法解释的现象时[①]，这现象就会向人们呈现出一种新的面貌，并且还会展示更多先前被遮蔽的关系。"无论如何，范式确实导致科学家们以不同的样式看待他们研究—关涉的世界。只要他们对那个世界的唯一依赖是经由他们的所见和所行，那么，我们就要说，在革命之后，科学家是在应对一个不同的世界。"[②] 当人们以日心说来看待地球与太阳以及其他行星时，他们所观察到的世界及其秩序发生了根本的变化。爱因斯坦理论之下的宇宙之于牛顿物理学之下的宇宙，也出现了同样的差异。

汉语哲学作为一种新视野，它的方法论意义和作用与科学范式相似。不过，与科学范式不同，汉语哲学只是提供了一种新的视野，而并没有提供根本不同的原理、方法和理论。它只是通过汉语哲学这一着眼点揭示了先前不为人所知或被人忽略的哲学的一些层面和领域，一些重要的方式和问题。

然而，即便如此，作为一种新视野，一种新的方法，人们以此考察先前所熟知的现象和哲学问题时，这些熟知的现象和古老的问题就会别开生面，展现出独特的性质。比如，长期为"Being as being"或"Sein"的问题困扰的人们，如果考虑到现代哲学不再讨论这个问题，而且现代科学也不再支持这样的哲学追问时，那么，传统汉语哲学之中这样一个问题付诸阙如，没有相应的概念和术语，对此，我们的思考方向就不应当一再追问，汉语哲学在先前的时代遗漏了什么，而是应指向如下的方向：这个问题的哲学意义局限在什么样的范围，甚至在人类认识的历史上是否为多余的劳作，尽管是有益的无用功，就如人类历史中无法避免的迷信或天圆地方

---

① Thomas S. Kuhn, *The Structure of Scientific Revolutions*, Chicago: The University of Chicago Press, 1996, p.10.

② Kuhn, *The Structure of Scientific Revolution*, p.111；参见［美］托马斯·库恩：《科学革命的结构》，金吾伦、胡新和译，北京大学出版社 2003 年版，第 101 页。

的知识一样。当然，我们也可以追问，在历史上印欧语系的哲学之中，它为什么是不可避免的。这里可以断言，在古代，汉语哲学所思考和表达的存在及其秩序与印欧语系若干语言所思考和表达的存在及其秩序之间的区别，分别受到了语言本身的结构和形态的影响，于是，这种差异在哲学上就导致了相当不同的理论现象。因此，今天，出于传统和习惯等原因，关于"Being as being"或"Sein"问题的研究虽然不会轻易消失，但是，通过对比古代汉语哲学中这一问题的缺失以及现代哲学对这一问题的放弃，人们是否还需要考察和研究，这一问题究竟是为哲学思考带来了思想的负担，还是加深了人们对世界的认识？或者更准确地追问，它在哪些方面促进了哲学思考，而又在什么意义上乃是无用之思。

康德首次明确而有力地将"Being"问题归结为语言的和逻辑的功能。在《纯粹理性批判》中，他对此有一个清楚的说明："是显然不是实在的谓词，也就是说，不是关于任何一种东西的概念，这种东西可以增加到一个事物的概念之上。它纯然是对一个事物或某些规定本身的断定。在逻辑应用中，它仅仅是一个判断的系词。"[①]因此，康德认为，"上帝是全能的"这个命题，包含"上帝"和"全能"这两个概念，它们都有自己的对象，而"是"不是另外的一个谓词，它仅仅发挥了以与主体相关的方式设定谓词的作用。[②]康德的分析表明，具有特定功能的词语虽然在表达关于事物的认识中发挥了关键而一般的作用，但这仅仅是这类语言的特殊功能。反观汉语，古典汉语没有固定的系词，却并不妨碍对事物的认识，而近世发展出来的系动词只是相当单纯而明确地发挥联结功能，而几乎不衍生出其他功能和意义。

就此而论，我想稍微谈一点语言史的事实以佐证和加强这样的分析。在20世纪上半叶之前，许多语言学家和其他学者认为汉语是一种不发达的落后语言，汉语没有语法，而先进的和发达的语言都有复杂的和完善的语法，尤其是屈折语那样的

---

① 康德:《纯粹理性批判》B626，译文参照《康德全集》第3卷略有改动，第392页。德文原文为，"Sein ist offenbar kein reales Prädicat, d. i. ein Begriff von irgend etwas, was zu dem Begriffe eines Dinges hinzukommen könne. Es ist bloß die Position eines Dinges oder gewisser Bestimmungen an sich selbst. Im logischen Gebrauche ist es lediglich die Copula eines Urtheils"。

② 康德:《纯粹理性批判》B626—627。

语法。^①自 20 世纪以来，一些语言学家开始认识到，当代世界最为流行的语言英语事实上趋向于分析语，而到 20 世纪末本世纪初，主流的语言学家们则认为，现代语言发展的趋向就是分析语^②，虽然在语言发展史上现代这一概念要比人们通常理解的时段要长得多。而汉语则一向就被认为是一种分析语，分析语在 19 世纪被语言学界主流判定为一种幼稚的语言。现代语言学的成就颠覆了这种成见，原本被认为相当落后的汉语，与今天世界最强势亦被认为最发达的语言不仅具有相同的性质，而且同样代表了语言的发展方向。英语从一种综合语持续向分析语的发展，以及印欧语系诸语言同样的发展轨迹由于大量的研究而变得越来越清晰。但是，与此同时并且相应地，若干语言学家，尤其是汉语语言学家——当然主要是西方学者——通过研究也初步得出结论说，汉语在古代或是屈折语。这样，汉语也就被赋予了一个向现代语言主流方向发展的历史。

无论如何，语言学这个进展和相应的观念极大地改变了人们对汉语的看法，也改变了对语言性质的一般看法。比如，屈折语具有复杂的语法和词法，但它并不是一种语言发达和完善的标志。虽然多伊彻提出了双向发展的理论，即语言在现代的发展过程中依然有回归词的复杂格位性变化的圆圈运动的可能，但他看到的现象只是一个方向，即越来越简单的单词和词—结构。^③

虽然从形式上来看，古代屈折语精巧的结构总是令人惊叹，尤其可惊叹的是人类祖先是在无意识的情形下建筑了如此复杂的结构。今天人们已知的语言有 7000 多种^④，而在其中屈折语当是多数。如果考虑到那些在历史上已经消失的语言，那么

---

① 拉丁语、俄语、德语及波兰语等是颇为典型的屈折语，而大多数的印欧语系语言在一定程度上都算是屈折语。然而屈折并不只存在于印欧语系的语言，其他语系的语言亦有可能在某程度上算是屈折语，像芬乌语系中的某些萨米语，如斯科尔特萨米语（Skolt Sami）即为其例，而亚非语系的很多语言也算是屈折语。

② Deutscher 认为，"And most worrying of all, why do linguistic structures only seem to disintegrate when one follows them over the course of time?" 他又说："The Indo-European languages, for example, have seen a marked drift towards shorter words and simpler word-structure (or 'morphology', in linguistic jargon)." ——分别引自 Guy Deutscher, *The Unfolding of Language An Evolutionary Tour of Mankind's Greatest Invention*, New York: Metropolitan Books, 2005, p.260, p.268. 古英语亦为一种屈折语，虽然现代英语保有部分屈折语的词形变化，如动词第三人称现在时单数形结尾加 -s 的规则，但现代英语的词形变化已大量减少。有学者认为法语和保加利亚语的变格规则已大大简化，故法语及保加利亚语的语法基本上朝向分析语的方向发展。

③ Guy Deutscher, *The Unfolding of Language An Evolutionary Tour of Mankind's Greatest Invention*, New York: Metropolitan Books, 2005, p.268.

④ https://en.wikipedia.org/wiki/Language.

这个数量就会更多。在这几千种语言中，真正为人们认真研究过的只是极少数，而在今天被用作主流语言的就更是少之又少。面对人类语言的这样一种丰富的现象，许多问题和疑问就油然而生，尽管有一些基本性的问题永远也难以获得答案了，比如人类的语言是如何自然地形成的？现代语言学家虽然为若干语言构拟出上古的语音和文字阙如时代的句法，但是语言的形成过程在今天就只能是现代人的理论设计，即构拟。同样困难的问题是，人类的语言是从同一种语言衍生而来，还是有着不同的起源？或者更为复杂的情况，各自独立起源的语言在历史的进程中，不断彼此融合，又相互分离，它们的源流就不是单一的，而是混合的？

由此而观语言学和汉语本身，许多新的问题就自然而起。结合乔姆斯基的生成语法理论，首先的一个问题就是，人类共同的心智结构如何承载如此之多的语言结构，而语言在形式上的趋同又表明人类心智结构在某些方面的趋同。汉语分析化的历史和原因究竟是什么？这一点后面分析汉语哲学与生成语法理论时会详细讨论，不过这里可以先提出一个可供思考的现象。汉民族在历史上乃是一个文化的民族，在其形成和演化过程中同化了许多其他族类。汉语的分析化受到这种同化的影响，已经为语言史所证明。而这种影响是否就是多种语言的共同作用，从而导致语言形式的合理化？

从语言的发展来看，现代语言越来越趋向于简明、高效，以适应更复杂的表达方式的要求。而综合语与分析语之间的区别，可用围棋与象棋之间的区别来对比，规则越简单，棋局就越可以演变出复杂的变化。现代知识越来越复杂，而语言形式越来越趋于简明，语言容纳变化的能力就越来越强，就越能够适应表达复杂的世界和事物及其秩序和规则。①

哲学史相对于人类语言史来说，要短得多。当我们考察汉语的发展时，汉语这种极早的分析性特征，是否为认识准备了有效的结构，而不是妨碍了人们的认识？

---

① 石毓智说："斯坦福大学著名历史语言学家 Poul Kiparsky 教授在研究了大量印欧语言的发展历史后，得出结论：SVO 语序是最佳、最经济的语法手段（optimal structure），用以表示句子最重要的语法关系，动词居中作为参照点，其前的为主语（通常为施事），其后的则为宾语（通常为受事）。原始印欧语言是 SOV 语序，最近一千年来有不少已经变成了 SVO 语序或者开始向 SVO 语序转变。一种语言在由 SOV 向 SVO 的转变过程中，一个伴随特征是大量丢失形态标记。英语是其中一个典型例证。现代英语跟汉语一样，都是 SVO 语言，但是一千年之前的英语则是属于 SOV 类型的。"（石毓智：《汉语语法化的历程》，北京大学出版社 2001 年版，第 6 页）

这种认识的转变，必然也就带来对汉语表达包括哲学思想在内的各种知识和思想能力的看法。先前无论在西方还是在汉语学界，许多对汉语哲学思想和活动持怀疑的态度就深受若干语言学的影响。高本汉认为，语言乃是最有效的思维工具，汉语作为这样一种工具可以解释中国人的思维方式。[①] 因此，仅仅对汉语形式本身看法的改变，就导致了许多哲学问题的消失和产生。石毓智说，"通常人们认为，'因为汉语缺乏形态，所以词序和虚词显得特别重要'这句话应该倒过来说，因为汉语选择语序作为自己最重要的语法表现手段，所以语法标记或者形态相对就比较少或者不那么重要。这一论断可以从人类语言发展的共同规律和类型学的研究成果中得到支持"[②]。这个论断直接可以接上前面的论断，因为汉语不存在复杂的系动词及其形态变化，所以"Being"的问题也就不会出现。而在英语越来越趋向于分析词之时，"Being"的独立意义也同样越来越弱。

（二）哲学语言

自现代汉语哲学的转向和发展之初，日本人从欧洲的主要语言中将哲学这一概念和词语引入汉语，而通过翻译和介绍，西方哲学家和其他学者关于汉语的消极评价亦为汉语学界所知。因此之故，汉语是否适合于哲学思维的问题，以及更进一步的质疑，汉语思想中是否包含哲学的内容，即一般所谓关于世界、知识、理性、道德与审美以及语言等观念及其论证，就与现代汉语哲学并驾齐驱，直至今天依然还时而刺激人们的神经。

汉语与印欧语系诸语言分属两个语系，彼此拥有相当不同的语言结构和形态，从语法、语音到文字，汉语及汉藏语系代表着人类所有语言中不是唯一也是极其特殊的形态。在启蒙运动之后，尤其是19世纪在自然科学和人文社会科学等方面取得巨大进步、现代语言学逐渐形成之时，特别是在有关印欧语系的研究取得长足进展之时，西方语言学者对汉语也做了初步的研究。这些看起来以现代方法所从事的研究，得出了一些其实并不科学的结论。以语言来断定特定族类的文明与野蛮，是自古以来的习惯，譬如西方主要语言中野蛮的或野蛮人这个词就来源于对陌生语言的指代。

在现代早期语言学家中，洪堡算是对汉语持比较客观态度的一位，他指出了汉

---

① 高本汉：《汉语的本质和历史》，商务印书馆 2010 年版，第 3 页。

② 石毓智：《汉语语法化的历程》，北京大学出版社 2001 年版，第 6 页。

语的若干优点，但是，在事关科学和思想等重要之点上，他却对汉语持有消极的评价。"拿汉语来说，我得承认它的形式或许比任一其他语言的形式都更好地突出了纯思维的力量，正是由于汉语摒弃了所有缩小的、会起干扰作用的联系音，才使得心灵能够更全面、更有力地把握纯粹的思想……虽然如此，即使是最坚定地捍卫汉语的人恐怕也会意识到，汉语并没有把精神活动确立为真正的中心，使得诗歌、哲学、科学研究和雄辩术以精神活动为出发点同样成功地繁荣起来。"① 综观他的基本观点，洪堡对汉语的态度可以用一个俗语来说，就是抽象肯定，具体否定。虽然他的评价留有余地，但他的基本诊断就是：汉语乃是一种不发达的、停滞的古老的语言。在下文，我将概括洪堡有关汉语的主要评价。

首先，洪堡认为汉语是一种古代的、不发达的语言。这种观点在当时颇为流行，不是洪堡的独创。洪堡认为，以"一目了然的语法表达和自由伸屈的音节构造发展"为标准②，汉语与梵语处于两个极点，汉语是这个标准的另一面，即缺乏清楚的语法和屈折的音节。因此，梵语是发达的语言，而汉语是不发达的语言，或者汉语是古代的语言，而梵语是年轻的语言。③ 因为，汉语到现代为止一直保持古代的形式，所以在洪堡看来，汉语缺乏语言的创造力。④

其次，汉语缺乏表达一般概念的词语，比如，他举例说，汉语只有哥和弟，没有德语中一般意义的兄弟（Bruder）。由此，他得出结论说："这个特点可以归因于较早时期的未开化状态。那个时候，人们力图用词直观地表述事物及其特性，缺乏抽象的思考方式，这就导致人们忽略了概括起若干差异的一般表达，导致个别的、感性的认识领先于知性的普遍认识。"⑤ 在这里，值得关注的一点是，洪堡把汉语的性质与操汉语族类的性质关联了起来，他在谈到汉语语音的孤立与分离的特征时，

---

　　① ［德］威廉·冯·洪堡特：《论人类语言结构的差异及其对人类精神发展的影响》，姚小平译，商务印书馆 1999 年版，第 299 页。

　　② ［德］威廉·冯·洪堡特：《论人类语言结构的差异及其对人类精神发展的影响》，姚小平译，商务印书馆 1999 年版，第 393 页。

　　③ ［德］威廉·冯·洪堡特：《论人类语言结构的差异及其对人类精神发展的影响》，姚小平译，商务印书馆 1999 年版，第 318 页。

　　④ ［德］威廉·冯·洪堡特：《论人类语言结构的差异及其对人类精神发展的影响》，姚小平译，商务印书馆 1999 年版，第 194 页。

　　⑤ ［德］威廉·冯·洪堡特：《论人类语言结构的差异及其对人类精神发展的影响》，姚小平译，商务印书馆 1999 年版，第 368 页。

也将它与民族习惯联系了起来。①

　　当然，作为一个严肃的科学家，洪堡也不得不对他所不理解的汉语的一些现象做出肯定，这样，他自己的观点就不可避免地包含了矛盾。洪堡说："汉语所具备的外在的语法越少，它的内在的语法也就越多。渗透到汉语之中的语法观念是合乎逻辑的观念，这一观念给汉语带来了适当的语序，并且必将通过运用在这种正确地建立起来的语序而在人民的精神中继续发展。"②汉语的语法特征究竟是什么，这是今天依然尚未获得共识的难点，但词序对汉语结构的重要性则受到了洪堡的肯定。但是，洪堡引证那个时代的汉学家雷缪萨的话说，"汉语独到的优点表现在它具有偏离其他语言的系统"③，然而，正由于这一点，汉语实际上缺乏在他看来作为语言的最重要的作用，即就如上面所说的那样，作为科学、哲学和艺术的表达手段，它要远远逊于梵语，甚至闪米特诸语言。④

　　洪堡关于汉语的论断直接为黑格尔所采用，即认为汉语缺乏确定的语法⑤，所以汉语哲学就缺乏规定性。⑥他强化洪堡原本基于其对汉语的认识而做出的判断，即中国人有一个显著的民族特性："凡是属于'精神'的一切——在实际上和理论上，绝对没有束缚的伦常、道德、情绪、内在的'宗教''科学'和真正的'艺术'——一概都离他们很远。"⑦当然，其原因也可能是别的什么，不过，黑格尔还是谈到了汉语在其中的作用：汉语的"文字对于科学的发展，便是一个大障碍。或者，相反地，因为中国人没有一种真正的科学兴趣，所以他们得不到较好的工具来表达和灌输思想"⑧。

　　即使在现代中国学术界，这样的观点还有其遗响。国内有语言学家从汉语语法特点诠释中国传统哲学的特点，认为："古代中国人不善于抽象的理论思维，而善

---

　　①［德］威廉·冯·洪堡特：《论人类语言结构的差异及其对人类精神发展的影响》，姚小平译，商务印书馆1999年版，第282页。

　　②［德］威廉·冯·洪堡特：《论人类语言结构的差异及其对人类精神发展的影响》，姚小平译，商务印书馆1999年版，第351页。

　　③④［德］威廉·冯·洪堡特：《论人类语言结构的差异及其对人类精神发展的影响》，姚小平译，商务印书馆1999年版，第316页。

　　⑤［德］黑格尔：《哲学史讲演录》（第一卷），贺麟、王太庆译，商务印书馆1983年版，第127页。

　　⑥［德］黑格尔：《哲学史讲演录》（第一卷），贺麟、王太庆译，商务印书馆1983年版，第128页。

　　⑦［德］黑格尔：《历史哲学》，王造时译，上海人民出版社2001年版，第137页。

　　⑧［德］黑格尔：《历史哲学》，王造时译，上上海人民出版社2001年版，第134页。

于凭经验直觉行事。"为此所举出的证据一如下例："在口语中一些比较抽象的概念常常用具体的词来表达"，"在日常生活中，一般人更爱用形象的词汇，而不用或少用抽象的词汇"。① 上述说法几乎是近两百年前洪堡和黑格尔观点的翻版，只是这种观点的推出太过随意，而非认真研究的结论。致命的是，在世界语言学界的主流观点承认分析性乃是语言发展的基本趋势之时，此位作者还在重复一百多年前的欧洲语言学界的陈词，认为汉语缺乏印欧语系诸语言的词的形态变化等语法标记，句子之间缺乏连接词，而中国传统哲学思维缺乏严格的逻辑就与此有关。② 该作者认为，"如果从词序来考察，汉语是一种'绘画型''临摹型'的语言，即汉语词序的先后反映实际生活经验的时间顺序"③。这个结论同样出于对语言发展的现代趋势茫然无知。该位作者还认为："中国的古文不标点，不分句，不分段，一气呵成。现代的标点符号是从西方输入的。"④ 这个判断的错误就在于，绝大多数——如果不是全部的话——古代文字是没有标点符号的。

一种语言是否适合哲学活动，或究竟哪种语言更适合于哲学活动，在近现代是一个经常被提起的话题。莱布尼茨曾经评论过德语的优点和缺点，他认为，德语有两个缺点：第一，欠缺"心灵搏动的一些表达及德行和罪恶等与道德或政治有关的表达方式"；第二，欠缺"抽象而幻化的认知表达方式，包括逻辑和形而上学等术语"。而德语的优点在于："大凡一切涉及可以被吾人用五种感官能力去掌握的事物，特别是涉及物质世界的事物，和技术及手工艺方面的事物，德国人于语言表达上都已达致一很高的水平了。"⑤ 由是而观，德语就不适合表达哲学思想，莱布尼茨很少用德语写作或许与此有关。

不过，黑格尔则认为，德语最适合成为哲学语言，因为德语本身就包含辩证法的因素。在《逻辑学》中他强调，"德国语言在这里比其他近代语言有许多优点；德语有些字非常奇特，不仅有不同的意义，而且有相反的意义，以至于使人在那里不能不看到语言的思辨精神"⑥。因此，在黑格尔看来，德语原本就包含了对立统一

①② 游汝杰：《中国文化语言学引论》，高等教育出版社 1993 年版，第 177 页。

③ 游汝杰：《中国文化语言学引论》，高等教育出版社 1993 年版，第 178 页。

④ 游汝杰：《中国文化语言学引论》，高等教育出版社 1993 年版，第 180 页。

⑤ 关子尹：《语默无常　寻找定向中的哲学反思》，北京大学出版社 2009 年版，第 152 页。

⑥ ［德］黑格尔：《逻辑学》上，杨一之译，商务印书馆 1982 年版，第 8 页。

的因素。"一种语言，假如它具有丰富的逻辑词汇，即对思维规定本身有专门的和独特的词汇，那就是它的优点；介词和冠词中，已经有许多属于这样的基于思维的关系。"①与德语相反，黑格尔认为汉语则简直还没有或达到这样的程度。②德语经康德的手笔之后已经成为一种成熟的哲学语言，并且德语从正式进入德意志地区大学课堂成为学术语言到黑格尔时代，也才一百多年时间。不论黑格尔评价如何，运用乃是德语成为一种学术的和哲学的语言的唯一途径。

对黑格尔以汉语来反衬德语的哲学性，钱锺书在他著名的《管锥编》第一篇《论易之三名》中提出了反驳。他认为，汉语原本也富有包含对立两义的词语，这可由他从汉语古籍中拣出的许多语例证明。③如果套用黑格尔的说法，那么这就表明，汉语自古就是一种适合于思辨的语言。

洪堡认识到语言的发展变化，这当然是一个洞见，但他所持的是当时的主流观点，即语言的发展方向是从非屈折语到屈折语，而"汉语则不同，它完全沿着另一条道路发展，始终如一地遵循着自身的基本结构原则"④。因此，他的观点如果颠倒过来，刚好就切合了语言的实际发展方向，当然这样一来，他关于汉语的全部论断也就失去了基础。

从今天的语言学研究成果来看，现代早期语言学的一些理论，尤其是关于语言优劣的判断，颇受研究不足和经验匮乏的限制，因此，它们既没有正确地认识到语言发展的方向，也低估了任何一种语言本身的张力。乔姆斯基的普遍语法理论虽然尚没有提出最终的明确结构，但肯定了所有人类语言都源自同一的普遍语法，每一种语言因此也就具备了与任何其他语言同样地表达任何人类一般知识的条件，并且还为不同的语言同时以特定的方式表达人类特定的认识和情感保留了余地。

因此，诸语言之间优劣的区别是不存在的，也没有什么标准可用于判定任何一种语言是否更适合于任何一种学术，包括哲学。然而，这也并不与如下事实相冲突：即便在今天，不同的语言也处于不同的发展阶段，它们的词汇和句式的丰富性会有很大的差异，后者主要取决于此种语言的应用和实践的条件、范围和历史。

---

①② [德] 黑格尔：《逻辑学》上，杨一之译，商务印书馆1982年版，第8页。

③ 钱锺书：《管锥编》第一册，中华书局1979年版，第1—8页。

④ [德] 威廉·冯·洪堡特：《论人类语言结构的差异及其对人类精神发展的影响》，姚小平译，商务印书馆1999年版，第315页。

总之，关于哲学语言争执的一个基本结论是，任何一种语言在基本结构上都具备足够的潜能以从事任何的哲学思维，但是，并不是任何一种语言在任何一个特定的发展阶段都能够充分地承担哲学表达的重任，因为一种语言需要一段时间来展开自身，包括句式、词汇和足够的背景知识。语言的这种张力的发挥依赖于人类综合的实践和知识，而不可能在特定领域单兵突进。这就是说，倘若一种语言没有承载或表达过相应的数学、自然科学和人文社会科学知识，哲学思想也就难以得到有效的、充分的表达，即使翻译，现成的词语和句式或许不敷足用，即使硬行表达了，也无法准确地传达原来的意思，当然也无法让操此种语言的读者准确地理解和把握所移译过来的观念和理论。这种背景知识不足而导致的误解和错误的现象，不仅在哲学、人文科学和社会科学中存在，甚至在最容易对译的技术性文献中也会发生。①

（三）语言哲学

人们经常提出如下一个问题：在语言学之外，语言哲学为人们对语言的理解提供了其他什么帮助或知识？语言哲学家的回答或有差异，但无论如何都会指向一个中心，这就是语言的意义。那么，人们就会追问，难道语言学就不考察和研究语言的意义吗？语言哲学的主流观点会提出如下的区别，语言学并不关注语言或句子的意义的真假问题，而后者正是语言哲学的中心课题。

在这里我将讨论语言哲学文献中有关意义理论的一些最重要的观点，以说明语言哲学的主题，从而可进一步来阐明汉语哲学对语言哲学的可能的方法论意义。丘奇与弗雷格认为："一种恰当的关于自然语言的语义学必须为几乎一切语词既指定涵义又指定所指。"② 戴维森在塔尔斯基观点的基础上断定："关于一种语言的真理理论同时是一种意义理论。"③ 而斯特劳森论证说，"说某个东西为真也就是说话者意谓某个东西，因此，关于真陈述的概念必须依据一个说话者所意谓的东西加以分析"④。虽然我们不能说语言哲学就是认识论的后续发展，但是现代认识论确实要借

---

① 复杂的技术翻译，也会出现因语境不同而造成的误解，语境就包含实践的经验，如有一篇报道中国航空发动机"适航体系"建立的历史的文章说："别看只是引进翻译，但因为英语语境差异，以及工业实践缺乏，对许多条款理解各异，时常造成很大的技术分歧。"具体内容可参见该文：https://www.thepaper.cn/newsDetail_forward_2128031。

② ［美］马丁尼奇编：《语言哲学》，牟博、杨音莱、韩林合等译，商务印书馆1998年版，第14页。

③④ ［美］马丁尼奇编：《语言哲学》，牟博、杨音莱、韩林合等译，商务印书馆1998年版，第15页。

助语言哲学的工具，即确定表达知识的语句的真假的方式或可能的形式，因此任何认识论最终都必须回归到语言层面。由此，我也可以说，认识论在这里与语言哲学重合了。不过，这不是本文关心的重点，本文的重点在于，汉语哲学从其视角出发在现代语言哲学中发现了若干问题。现在，至少有如下四个问题值得分析和讨论。

第一，"truth"（真理）[①]和意义乃是现代语言哲学的核心问题，马蒂尼奇说，"主要的语义概念是真理（truth）和指称"[②]。但是，"truth"译为真理，为语言哲学的汉语表达带来了许多困难。在语言哲学中，"truth"是指一个句子所表达的事实，亦即句子的意义有其经验的根据。因此，"truth"就是指一个句子的意义的真实的性质，它的准确的对译应是真实性或真性——尽管这个词语不是现成的。在汉语里面，"真理"这一词语主要指某种先天的、不来自经验的理论或观念。

事实上，按照现代语言哲学的原则翻译"truth"，汉语应有许多可以用来对译的词语，比如情实、实情和真相等。但是，真理这一词语被随手拿来翻译，固然受到此前的传统哲学的影响，但也确实揭示了以汉语来研究语言哲学所遭受的语言表达上的若干困难。很显然，倘若"truth"这个词语的译法本身在意义上就是含混的，那么主要源于英语的意义理论在汉语中的表达就同样是含糊的，在传达和理解上都会出现偏差，这样，意义理论就无法准确地在汉语之中表达出来，或者，这个理论会以另一种方式建立起来。当然，这里最大的难点还在于：在英语和汉语之间是否能够建立一种完全等值的意义理论？这就是说，由某种语言表达的意义理论能否完全地在另一种语言中对译出来？倘若可能，那么"truth"就应当有其确定的对译；如果不可能，那么，意义理论本身的真值就成了问题：在不同的语言中，意义理论或许是不同的。

戴维森指出："我们能够把真理看作一种特性，这种特性不是语句的特性，而是话语（utterance）的特性，或言语行为的特性，或关于语句、时间和人的有序三元组的特性，而恰恰把真理看作语句、人与时间之间的关系，这是最简单不过的

---

① 在语言哲学范围内，我主张将 truth 译为真性。许多语言哲学译著都把它译为真理，为了简便起见，在本文中读者可将它都视为真性，而在引证时我并不一一予以修改。

② [美] 马丁尼奇编：《语言哲学》，牟博、杨音莱、韩林合等译，商务印书馆 1998 年版，第 3 页。

了。"① 倘若意义理论能够成立，那么这种特性，无论以何种语言表达出来，都是一致的和等值的。这应当是最简单不过的道理。

第二，如果语言哲学的原则是普遍有效的，那么，人们就要承认或设定，存在着一种跨语际的意义理论。这样的意义理论可以在不同的语言中完全地表达出来，而所谓完全的表达就是指，它们是可以一句对一句地完全对译的。或者，我们可以采用一种可行的办法来测试：它们之间完全可以重复对译，而在意义上不会有所耗赝。戴维森认为："一种不过是为语言定义真理的理论比起表面上的分析可能表明的要更接近于构造一种完全的意义理论。"② 这样的意义理论当然不会局限于英语。这样的完全的意义理论与乔姆斯基的普遍语法或有不同，普遍语法是所有语言都拥有的共同原则，它可以扩展为任何一种特定语言的语法，而后面这些具体语言彼此之间则容有相当大的差异。③ 但是，意义理论就不是这样，否则，意义的真实性在不同的语言是不同的，而语言哲学家的信念即"命题的相同性是跨越语言的"④ 就会崩溃。

奎因说："真理一般地依赖于语言和语言之外的事实两者。"⑤ 不过，他又说："说在任何个别陈述的真理性中都有一个语言成分和一个事实成分，乃是胡说，而且是许多胡说的根源。总的来看，科学双重地依赖于语言和经验；但这个两重性不是可以有意义地追溯到一个个依次考察的科学陈述的。"⑥ 奎因的观点无疑给意义理论带来了巨大的困难，许多并不包含事实成分的陈述的意义在跨语言翻译时因此就缺乏有效的约束，从而意义完全一致的对译就是不可能的，于是"命题的相同性是跨越语言的"这个说法只有在严格的约束条件之下才是正确的。

事实上，戴维森已经看到了如下的现象，即语言际的真值定义或真理受到不

---

① 戴维森：《真理与意义》，转引自［美］马丁尼奇编：《语言哲学》，牟博、杨音莱、韩林合等译，商务印书馆1998年版，第146—147页。

② 戴维森：《真理与意义》，转引自［美］马丁尼奇编：《语言哲学》，牟博、杨音莱、韩林合等译，商务印书馆1998年版，第148页。

③《乔姆斯基语言哲学文选》，徐烈炯、尹大贻、程雨民译，商务印书馆1992年版，第202、211、221—222等页。

④［美］马丁尼奇编：《语言哲学》，牟博、杨音莱、韩林合等译，商务印书馆1998年版，第7页。

⑤［美］威拉德·蒯因：《从逻辑的观点看》，江天骥、宋文淦、张家龙、陈启伟译，上海译文出版社1987年版，第34页。

⑥［美］威拉德·蒯因：《从逻辑的观点看》，江天骥、宋文淦、张家龙、陈启伟译，上海译文出版社1987年版，第39页。

同语言差异的影响："当对象语言里的量词的范围在某些方面过于宽泛时就会产生语义悖论。但是，没有真正搞清楚的是，把乌尔都语（Urdu）或文德语（Wendish）的量词范围看作不足以产生一种关于'在乌尔都语中为真'或'在文德语中为真'的明确定义这种看法，对这两种语言是如何不公平。或者，用另一种方式（如果这种方式不是更严肃的话）表述这个问题就是，在道理上，始终有可能出现这样的情况，即我们在理解另一个人的语言（真理概念）的过程中所把握住的某种东西，是我们不可能传达给他的。"① 如果一种意义理论中关于真性（truth）的定义和条件依赖特定的语言，那么，要么自然科学、数学、逻辑和其他相应知识的普遍性瓦解，要么这样的意义理论就是不成立的。诚然，汉语哲学的任务不是否定语言哲学，而是为语言哲学增加一个维度，意义理论、句法理论或一般的语法理论的语言际的有效性或同一性等问题就如上面所引述的文字所表明的那样，原本就存在，但汉语哲学则使这些问题更加清楚地凸显了出来。

第三，自然语言的含混、不确定因而包含语义悖论，使得人们倾向于寻找一种意义理论或形式化语言来解释自然语言的语句的意义。现在我们假定，撇开各种争论和不同意见，这样的意义理论或形式化语言是能够构造出来的。现在的问题是，这样的意义理论或形式化语言是否可以自在地发挥作用？我的意思是，这样的意义理论和形式化语言是否可以仅仅以其语言的形式产生效果，人们只需阅读它们就可以有意义地运用自然语言，或者从自然语言中获得意义？情况显然不是这样。即便假定意义理论和形式化语言的形成无需人们之间的交流和传达，它们之运用于自然语言，尤其是运用于他人的自然语言，必定要通过交流和传达才能产生效果，否则，它们是否有效就根本无法验证。

比如，塔尔斯基甚至认为，"语义学在诸如物理学、生物学等这类自然科学中不可能找到任何用途……因为在这些科学中没有一个与语言现象有关，与语言表达式和这些表达式所指称的物体之间的语义关系就更是毫不相关了"②。然而，物理学、

① 戴维森：《真理与意义》，转引自 [美] 马丁尼奇编：《语言哲学》，牟博、杨音莱、韩林合等译，商务印书馆 1998 年版，第 140 页。

② 塔尔斯基：《语义性真理概念和语义学的基础》，转引自 [美] 马丁尼奇编：《语言哲学》，牟博、杨音莱、韩林合等译，商务印书馆 1998 年版，第 113 页。在塔尔斯基看来，"真理概念与逻辑、数学中以及各种经验科学的理论性部分，比如理论物理学中的许多概念相比，并没有什么区别"。[美] 马丁尼奇编：《语言哲学》，牟博、杨音莱、韩林合等译，商务印书馆 1998 年版，第 111 页。

生物学和数学、逻辑之所以能够达到塔尔斯基所谓的真性的程度，就是因为从事这些研究的学者之间不仅通过这些科学语言，而且也通过自然语言进行交流和合作。塔尔斯基上述论断看来包含着这些科学本身在运作的意思，而这显然是不成立的。

斯特劳森有一段相当中肯的判断："当我们探究意义的性质时，它易于使我们忘记语句的用途是什么，我们把意义与真相联系，又（过于简单地）把真与语句相联系，而语句又属于语言。但是，作为理论工作者，除非我们理解了人类言语（Speech），否则的话，我们便对人类语言（language）一无所知。"① 无论真性甚至真理，意义理论还是形式化的语言，都是为了认识和交流，因此势必要通过言语才能达到。因此，以英语表达出来的物理学和以汉语表达出来的物理学，要在语言中达到真性，还必须通过科学家之间实际的交流和合作，而这种交流和合作甚至要持续很长的时间，比如关于爱因斯坦广义相对论中的引力波的验证差不多是一个世纪之后才完成的。只有直接关涉事物的合作的行动才能最终达到对句子的共同理解。因此，即便存在一种真性的理论，理想的意义理论或形式化的语言，可以在任何语言之中毫无差异地对译，它如果要付诸实践和应用，也必定要通过人与人之间的交流和传达。这种交流和传达当然也包括语言际的交流和传达。

于是，在汉语哲学的视野之下，语言哲学的语义、语用和语境就都遭遇了新的问题，这就是语言际的交流和传达。先前语言哲学的理论和观点基本上是以印欧语系的语言——主要是英语——为工具和对象发展和建立起来的。但是，真性、意义理论等都需要语言际的验证，比如，一个句子经过翻译之后，它在两种不同语言中的意义，就成了一个问题：一个句子用汉语表达出来，与用英语表达出来，是否会发生语义上的变化？或者更加准确地说，在什么样的环境和条件之下会发生变化，以及发生怎么样的变化。

因此，问题不仅涉及语义，而且还直接关涉语法和语境。语法的差异造成句子中的语词秩序的差异，而不同的语言又依赖于不同的语境。如果语法相对固定，那么，语境就取决于社会状态，乃至语言与该种状态之间的关系。因此，在这种情况下，我们就会发现一种现象：在相同的环境之中，人们的行为事实上还受到他所操

---

① 斯特劳森：《意义与真理》，转引自［美］马丁尼奇编：《语言哲学》，牟博、杨音莱、韩林合等译，商务印书馆 1998 年版，第 203—204 页。

的语言的意义的约束。这样的限制不仅体现在这些个体的对话之中，也发生在这些个体自己的思考之中。如果他不熟悉他在特定时间所处的特定场所的通用语言，亦无法通过别的手段与当地人交流，那么他要理解周围的世界、把握该世界的关系，必定要依赖于既有的经验，亦即要受制于他所操语言表达的那些意义。

　　塞尔在分析以言行事的现象时指出："一种语言的语义学被视为一系列构成规则的系统，并且以言行事的行为就是按照这种构成规则完成的行为。"[①] 不过，塞尔并没有区别不同的规则，比如科学规则与文化规则之间就容有相当的差异。理解一套叙述科学或数学或逻辑知识的规则即便需要借助交流和合作，人们也能够达到高度的一致性，他们的行为因此也能达到高度的契合。而对一套文化或社会的规范的规则，人们就难以达到一致的理解，因此，他们依照这种规则的行为也难以达到一致性，从而也难以实现密切的配合。当然，对一套文化或社会的规则，如果相关的人经过反复的学习、交流和训练，亦能达到较高程度的一致理解，并且达到行为的一致性。但是，这样一来，它就不再是文化或社会的规则，而成为技术的规则。由此，我们就可以明白塞尔如下的观点："陈述以言行事行为规则的努力也可以被视为是对在言语行为的背后存在着构成规则这个假设的一种检验。"[②]

　　还有一个需要考虑的重要事实是，语言哲学家，比如塞尔，关注的是日常语言。然而，日常生活中的简单句子只是在具体因而复杂的文化结构中才能够获得切实的意义，除非经过纯化，否则即便使用同一种语言，在不同的社会、历史和文化关联中，意义也会大有差别，更不用说在不同的语言和文化中了。比如，塞尔给出的以允诺为例子的"以言行事"的 5 条语义规则[③]，除了第 1 条外，其他的都是外在的规则，而这些规则都是要经过反复的确认或检验才能达到的，这已不是日常对话，而像是一种理想条件下的对话。他在此之前提出的 9 项条件[④]，也包含太多的心

---

① 塞尔：《什么是言语行为》，转引自［美］马丁尼奇编：《语言哲学》，牟博、杨音莱、韩林合等译，商务印书馆 1998 年版，第 233 页。

② 塞尔：《什么是言语行为》，转引自［美］马丁尼奇编：《语言哲学》，牟博、杨音莱、韩林合等译，商务印书馆 1998 年版，第 233 页。

③ 塞尔：《什么是言语行为》，转引自［美］马丁尼奇编：《语言哲学》，牟博、杨音莱、韩林合等译，商务印书馆 1998 年版，第 246 页。

④ 塞尔：《什么是言语行为》，转引自［美］马丁尼奇编：《语言哲学》，牟博、杨音莱、韩林合等译，商务印书馆 1998 年版，第 241—245 页。

理因素，是从语句中分析出来的主观意向，而不限制在字面意义。

总之，语言学的宗旨是研究语言的原则、形态、语言的社会境域和语言史，为此，它要利用有助于达到这些目的的各种方式和途径。而现代语言哲学的根本目的则是试图通过研究语言，来了解和把握人们的认识以及该种认识与行为的关系。因此，除了语言本身，它必须认识到，意义在语言际的传达还必须借助语言以外的东西。语言哲学要达到自己的目的必定需要语言以外的行为，而只有经过这个途径，语言哲学才能达到语言际的有效性。

二、汉语哲学与心智结构和认识 [①]

语言在现代哲学中不仅成为主要的研究对象，而且亦是现代哲学赖以存身的根据地。不仅如此，塞尔还认为，语言是人类根本的和基础的制度，"其他制度，诸如货币、政府、私有财产、婚姻、游戏等都需要语言，或者至少需要类似语言的符号系统的形式，而在某种程度上语言的存在并不需要其他的制度" [②]。然而，关于语言的性质，人们却依然持有相当分歧的观点。这种分歧当然也表明，尚有许多未揭明的关系以及未解决的问题，而这正是汉语哲学发挥作用的另一所在。

在乔姆斯基看来，语言学归根到底是研究"大脑的机能，研究这种机能的初始状态，以及能够达到的各种成熟状态" [③]。"总而言之，人的语言知识是通过物质机制的组合体现出来的心智状态。" [④] 他所专注的"普遍语法则反映了这些先天的、生物属性决定的原则。这些原则是人类心智的一个组成部分（即语言机能，或其中一个部分）" [⑤]。乔姆斯基把他的语言学研究归于认知科学，这种观点显然有别于当时语言哲学的主流理论。不过，当那种经验主义理论从以批判传统形而上学为主而转向以解决问题为要务时，其观点也就发生了变化。

---

① 一般而言，"mind"译为心智要比译为心灵更中肯，因为"mind"的本义是人的认知、思维和情感能力的综合，重在能力而不是状态。在本文中，为简便起见，所引证的文献中其译为心灵的一仍其旧，行文则改为心智。

② [美] 约翰·塞尔：《心灵、语言和社会》，李步楼译，上海译文出版社 2001 年版，第 147 页。

③《乔姆斯基语言哲学文选》，徐烈炯、尹大贻、程雨民译，商务印书馆 1992 年版，第 228 页。

④《乔姆斯基语言哲学文选》，徐烈炯、尹大贻、程雨民译，商务印书馆 1992 年版，第 230 页。

⑤《乔姆斯基语言哲学文选》，徐烈炯、尹大贻、程雨民译，商务印书馆 1992 年版，第 226 页。

塞尔认为，语言哲学是心智哲学的一个分支，语言是心智与世界关联的一种能力。① 这显然与那些想把心智当作形而上学残留而予以消除的理论不同。在塞尔看来，意识与意向性都是生物的现象，"意识是由内在的、质的、主观的状态和过程构成的"②。而"意识和意向性有一种本质的联系：我们只有通过意识才能理解意向性"③。显然，塞尔关于意识与意向性的界定不是那么清楚。不过，对本文来说关键的一点是，意向性乃是语言的特征，"意向性是心灵的一种特征，通过这种特征，心理状态指向，或者关于、论及、涉及、针对世界上的情况"④。因此，在塞尔看来，"'什么是意义？''语言怎样与实在相关联？''以言行事的行为的性质是什么？'这三个问题都是同一个问题……关于心灵如何对声音和符号赋予意向性，由此而对它们赋予意义，并因此将它们与实在相关联"⑤。因此，人们可以理解，在塞尔这里，语言主要落实了心智的意向性，或者反过来，赋予了意向性的声音和符号就成了语言。

由此可见，乔姆斯基和塞尔两人持有如下的共同观点：第一，语言是人的心智的体现；第二，语言是一种物质性的东西。但是，关于语言的性质，两人的观点是不同的，乔姆斯基认为，语言至少包含了一套先天原则为其核心，这就是普遍语法，而塞尔并不认为语言具有这样的性质。

不过，对本文来说，重要的一点是，无论是乔姆斯基还是塞尔，都将语言视为心智结构或意识的物质体现，而这正成为汉语哲学的一个领域，即从汉语哲学的视角来揭示和考察由汉语及与其他语言的比较而体现出来的人类心智结构的共同点和差异，以及人类认知或意义由不同语言而体现出来的变化。从语言来研究人类认识和意识，这是现代哲学的基本途径，不过，汉语哲学则可以让人们发现人类认识和意识之中的新问题，以及先前为人所忽略的维度。

（一）普遍语法与汉语哲学

语言如何产生以及人类所有的语言是否具有一个共同的核心语法，这是两个相互隐蕴的问题。如果能够揭明人类语言的起源，那么普遍语法就能够得到确切的验

① ［美］约翰·塞尔：《心灵的再发现》，王巍译，中国人民大学出版社2005年版，第78页。
② ［美］约翰·塞尔：《心灵、语言和社会》，李步楼译，上海译文出版社2001年版，第53页。
③ ［美］约翰·塞尔：《心灵、语言和社会》，李步楼译，上海译文出版社2001年版，第64页。
④ ［美］约翰·塞尔：《心灵、语言和社会》，李步楼译，上海译文出版社2001年版，第64页。
⑤ ［美］约翰·塞尔：《心灵、语言和社会》，李步楼译，上海译文出版社2001年版，第133页。

证；反之，倘若普遍语法能够被发现，那么人类语言的起源问题也就迎刃而解。与此相关，就每一世代的人来说，语言究竟是经验的习得还是得自于先天规则？进一步说，如果人类具有共同的语言的先天规则，那么人类历史上存在过的几千种语言之间的巨大差异如何解释？

乔姆斯基创立的生成语法理论认为，人先天就具有一种作为生物属性的普遍语法，它构成了人类千差万别的各种语言的基本结构。每一种具体的语言都是由这个普遍语法生成和转换而成的。

> 人人具有一种生物属性：一旦接触了适量的经验，就有一套符合要求的语法会演化出来——按上述观点，研究的重点就应该是弄清这种属性。不妨把这种生物属性看作一个函数式，它能把一定的经验化为一种语法。通常把这个函数式称为普遍语法，其中的一部分表现为一系列原则，这些原则规定可以允许存在哪些个别语法，并规定个别语法可以具有哪些性质。最近的研究工作表明，普遍语法应包含两个方面的理论：一方面是有关所谓核心语法（core grammar）的理论；另一方面是有关允许在怎么样的范围内扩展、修正核心语法的理论。普遍语法的内部结构错综复杂，足以说明为什么存在着从表面上看千差百异的各种语法和语言。①

乔姆斯基最后一句话十分含糊却也十分重要。千差万别的各种语法和语言之所以存在，正是因为普遍语法的内部结构十分复杂，然而，它如果复杂到了包含千差万别的各种具体语言的语法，那么普遍语法还有什么必要吗？在生成理论后期的最简方案之中，乔姆斯基的理论已经修正为原则—参数，从而使得普遍语法保持为基本原则，而参数使得基于经验的各种语法变化成为可能，而不必令普遍语法成为完备语法。

乔姆斯基关于普遍语法与多样化的外表语言之间的关系在开始主要还是一个理论设想，尽管是极其重要的设想，不过，他对普遍语法提出了颇强的论证。"在内部四通八达的大系统内，只要参数值作微小的变化，就会通过复杂的过程引起大

---

① 《乔姆斯基语言哲学文选》，徐烈炯、尹大贻、程雨民译，商务印书馆1992年版，第199页。

变动，出现截然不同的语言现象，形成不同的外表化语言。正确的理论应该反映这些特点，因为我们必须处理以下基本事实：各种语言表面看来大不相同，然而必然有共同的潜在结构，而且必然能在简单的事实材料基础上区分语言，否则就无法学会，而实际上语言都学得会。"①事实上，乔姆斯基最后一句话即"语言都学得会"是他的普遍语法的最重要的根据。我在这里还可以补充另外一个论证，即所有人类语言之间都是可以通过翻译交流和传达的。而且很重要的一点是，学得会语言的论证是以可传达为条件的。因此，就这里的语境而言，一种语言能够学会，首先是指掌握了另一种语言的人去学会它，其次，这种学会的现象是要通过翻译传达给持另一种语言的人。

生成理论在现代语言学中引起了方法论的革命，虽然其思想的某些因素可以追溯到古代，但作为一种语言学方法的整体却是乔姆斯基的首创。乔姆斯基清楚地描述了他的语言学方法与当时流行的语言学方法之间的区别："结构语言学、描写语言学、行为心理学以及当代其他一些学说倾向于把语言看成是一系列行为，或一系列话语，或一系列与意义结合的语言形式（词、话语、句子），或者把语言看成是一个语言形式系统或语言行为过程系统。以这种观点看，语法只是一系列有关外表化语言的描写性说明，而外表化的语言本身才是真正的研究对象。"②这种对现象的外在的研究主要是经验主义的归纳，它无法解释语言的一些最基本的特征。按照乔姆斯基的观点，人类所具有的一些"先天的、生物属性决定的原则"体现为"普遍语法"。"这些原则是人类心智的一个组成部分（即语言机能，或其中一个部分）……外表化的语言充其量只能看作附带现象。它的地位就和其他派生客体（例如押韵的对偶句）相仿，它们都是由人所获得的知识中包含的内在语法决定的。"③这样，语言学方法在乔姆斯基这里就是先天的、内在的和演绎的。

不仅如此，这个方法还有如下三个层面的重要意义：生成转换语法研究"从外表化语言转向语法是促使当代认知科学发展的一个因素。认知科学是研究心智表现及其运算的理论，说到头来是研究心智的物质体现……这一转变朝着把语言研究归

---

① 《乔姆斯基语言哲学文选》，徐烈炯、尹大贻、程雨民译，商务印书馆 1992 年版，第 253 页。
② 《乔姆斯基语言哲学文选》，徐烈炯、尹大贻、程雨民译，商务印书馆 1992 年版，第 225 页。
③ 《乔姆斯基语言哲学文选》，徐烈炯、尹大贻、程雨民译，商务印书馆 1992 年版，第 226 页。

入自然科学的方向迈出了一步"①。语言学的研究直接关涉认知科学、心智结构，并且最后它属于自然科学。

从汉语哲学角度着眼，生成语法理论至少包含如下的启示和问题。

第一，生成语法理论合理地解释了汉语与其他各种语言在表达自然科学、数学和逻辑等方面的共同性、高度可传达性和可理解性的先天——半康德意义上——基础。同时，它也解释了汉语与其他语言之间差异的原因。

第二，因为普遍语法是一种生物的属性，而它又属于人的认知功能，并且由于前一点所述的事实，那么我们就可以追问，语言与其所表达的世界之间的关系是怎样的？或者，我们是否可以进一步追问，人的大脑的认知的生物原则与世界和事物的秩序之间是否具有某种同构性？

更进一步亦更复杂的问题是：无论同构与否，究竟是同一个世界可以通过各种不同的语言来表达，还是不同的语言表达不同的世界？从直觉上来说，人们不太会承认或接受后一种可能性。但是，就前一个问题，我们需要追问：如果世界和事物的结构与大脑的结构或者语言的基本结构是一致的，那么与人类语言多样性所对应的事物多样性又做何种解释？

第三，乔姆斯基对普遍语法与特定语言和语法之间的关系做了如下的解释："人脑都有一个初始状态 S_O。这是全人类共有的，而且显然只有人类才具有。等到具备了适量的经验之后，某甲就会由 S_O 出发，经过一系列状态，最终到达一个相对稳固的状态 S_B，S_B 是语言机能的成熟状态。普遍语法只反映 S_O；语言学家描述的语法规则反映 S_B。"② 现在的问题是，成熟状态如果同样就是生物的属性，那么当一个人在掌握了一种语言之后又掌握了另一种语言，作为这种固定状态的大脑生物状态是否又要发生变化？而掌握多种语言的人是否就同时可处于多种状态？乔姆斯基似乎倾向于这样的观点："说有一个人某甲掌握英语，那就是说某甲头脑处于掌握英语的心智状态。这一状态有别于其他状态，例如：掌握日语。"③ 如果一个人既掌握英语，又掌握日语，那么这两种固定状态在大脑中是处于不同的生物区域，还是处于同一个语言区域？如果它们分别位于不同的区域，那么这就承带，大脑要为

①《乔姆斯基语言哲学文选》，徐烈炯、尹大贻、程雨民译，商务印书馆 1992 年版，第 233 页。

②③《乔姆斯基语言哲学文选》，徐烈炯、尹大贻、程雨民译，商务印书馆 1992 年版，第 226 页。

人类所有的语言预留位置，而这显然是不可能的。如果是处于同一语言区域，那么英语的心智状态就要与日语的心智状态相重叠和兼容，共享语言区域的神经网络。情况倘若如此，那么生成语法理论就蕴涵了内在的不一致。显然，从作为初始状态的普遍语法到固定状态特定语言的语法，并不是从一种生物状态进到另一种生物状态，而只可能是同一种生物状态中的不同关联。一种更加合理的解释可以这样设想：大脑原本就具备的神经连接可以满足任何一种具体语言的特殊关联的要求。这就承带，现象上千差万别的语言不仅在普遍语法上而且在具体语言上面都有共同的生物基础。原则—参数的最简方案比上面那种笨拙的说法要合理地解释了人可以学会任何一种语言的潜能，以及可以同时掌握几种或十几种语言的现实的条件。

第四，就本文的目的而言，汉语哲学既不挑战亦不肯定普遍语法，而是通过与生成理论的对比分析，既发现人类语言共通性的可能渊源，又从它们的差异中揭示汉语的特殊性。比如，我们看到，在生成理论的发展过程中，其理论模式和技术性方案因为与汉语等语言的语法无法匹配而做出了修正[1]，或者即便调整之后依然无法解释汉语语法的生成[2]，而这些都揭示了若干基础性的问题：或者生成语法尚未达到成为解释所有语言的最有效方案的高度，或者它可能永远无法达到这一目标。就人类目前所具有的语言学知识而言，生成语法理论，尤其其最新的模式和方案能否很好地解释汉语语法的变化规则，乃是生成理论能否成功的关键。

第五，就最后的《最简方案》而论，乔姆斯基及其合作者还是深受屈折语的影响，包括英语中存留的屈折语形式，所以他们在相当长的时间内无法抛开一切屈折形态，直接以核心词与词之间的逻辑支配关系，或者直接以词序来设计生成理论的方案，而后者就会简明得多。假定生成理论是以汉语为基础语言来思考和设计的，那么至少 S 结构不会作为一个基本结构出现在这个理论的模式中。[3]乔姆斯基如下一段话可为此提供论证，因为长期以来，主流的观点几乎都认为汉语缺乏印欧语系

---

① 吴刚：《生成语法研究》，上海外语教育出版社 2006 年版，第 54 页。

② ［美］乔姆斯基：《最简方案》，满在江、麦涛译，外语教学与研究出版社 2016 年版，第 167、180 页。

③ 有中国学者认为："D 结构和 S 结构的设想有利于展示句子结构的变化，如英语特殊疑问句的疑问词短语从 D 结构的原生位置移动至 S 结构的句首位置。最简方案把语句视为声音（音系式）和语义（逻辑式）匹配，任何匹配必须得到充分解读。由于句子的生成被处理为动态的推导变化，D 结构和 S 结构已无理论价值。"（戴曼纯：《什么是最简方案》，参见乔姆斯基：《最简方案》，第 xxi—xxii 页）

语言所具有的那些熟知的规则。但是，"尤其是认为语言是由形成语法结构式（关系子句、被动句等）的规则所组成的观念"①，在乔姆斯基看来属于被误导的观念。"根据原参理论，语言并没有一般所熟知的规则，也没有在理论上举足轻重的语法结构。语法结构只是人为分类而已。语言只有普遍原则和一组有限的关于普遍原则是如何运用的可选项（参数），而没有具体语言的规则，也没有传统意义上属于个别语言的或跨语言的语法结构。"②——这个判断有利于将汉语解释为一个最接近普遍语法的原型语言，即变化依照最简单的原则进行，符合乔姆斯基所说的经济性。参照乔姆斯基的这个思想，汉语研究可以直接摆脱传统的两条主要思路，要么依照印欧语系主要语言的语法结构来构造汉语语法，要么因为汉语缺乏与此相似的外在语法而否定汉语的内在原则，而直接构造与其他语言兼容的汉语基本原则，其思路类似于高本汉直接构拟出汉语中古语音系统的方法。这样，印欧语系语言的那些语法标记和形态等外在现象就不再成为汉语研究的约束，而汉语简明的词序约束不再是遮蔽汉语内在原则的迷雾，相反却是揭示普遍原则的指针。另一方面，参照普遍原则，寻找和确定造成汉语特殊变化的因素或规则，它们反过来也可以验证普遍原则的有效性。在这样一个思路之下，汉语形式或结构的研究，就能够进入直接而简明的正途。

（二）语言秩序与事物秩序

1. 语言的构成性

语言学家也曾尝试从语言起源的角度来研究语言秩序与社会秩序之间的关系，或者相反，从这种关系的互动来探讨语言的起源。多伊彻就认为，语言寻求秩序就是整理周围混乱的世界。③ 如果语言学家很早就着手研究那些在地球边远地区依然保存着的亘古以来的土著部落的原始文化和它的语言，以及两者之间的关系，那么这种研究还有一些可能获得成果。不过，令人失望的是，这种机会已经失去。这就意味着，人们不再有可能从最初的源头上来探讨那些古老的语言与古老的文化和社

---

①② ［美］乔姆斯基：《最简方案》，满在江、麦涛译，外语教学与研究出版社 2016 年版，第 5 页。

③ "The element of invention comes from thousands of spontaneous attempts by generation upon generation of order-craving minds to make sense of the chaotic world around them." 引自 Guy Deutscher, *The Unfolding of Language An Evolutionary Tour of Mankind's Greatest Invention*, New York: Metropolitan Books, 2005, p.173。

会结构之间的关系，从而求得对语言形成和发展的一些外在因素的理解。① 提及这一点是要说明，语言与世界和事物之间具有某种秩序的对应关系，这正是汉语哲学的一个视点。

前面关于语言哲学和乔姆斯基生成理论的分析和讨论表明，它们亦都蕴涵认识论的目的，即人的认知能力与世界和事物秩序之间的关系。哲学的语言学转向原本就承带：语言成为认识论研究的主要场所。同样，乔姆斯基的生成理论的方法论转向也带来了认识论转向的契机。

现代语言哲学虽然是经验主义的，但在其视角之下语言似乎是固定的，而不是变化的。生成理论现在关注的重心在于普遍语法，然而，后者如何生成特定的语法，同样也是至关重要的问题。并且我们看到，生成理论发展的实际过程是不断地从生成的效果来改进普遍语法的理论设计，从而逼近它的理想的模式。因此，就对语言形式的解释而言，它是演绎的；但是就这种理论模式的获得方式而言，它具有实证的性质。乔姆斯基说生成理论属于自然科学，应当蕴涵这一层意思。

生成理论的宗旨乃是解释千差万别的具体语言形成的共同根源，而这同时也要解释以普遍语法为初始状态的各种具体语言如何形成了千差万别的特殊状态。无论是普遍语法，还是各种具体语言，在乔姆斯基的理论中都是处于运动之中，生成或更早的生成—转换这一词语就表明了如此的性质。乔姆斯基说："语言能力最突出之处就是我们所谓的'语言的创造性'，说话者能够造出许多新句子，虽然这些新句子表面上与大家'熟悉'的句子并不相同，然而别人却一听就懂。"② 他所说的创造性实际上至少包含了两个层次的生成。第一，从普遍语法生成具体语言；第二，说话者在具体语言之中说出自己的句子，包括若干新句子，因为后者不是模仿的，因此就是当下创造的。

不过，在这里我要探讨的问题是，语言创造的动力是什么？当乔姆斯基把语言学研究归于认知心理学的领域，他事实上将语言创造的动力，乃至普遍语法的渊源指向了认知。乔姆斯基认为："语言官能 ③ 的状态可以理解为认知特性和认知能力的

---

① Guy Deutscher, *The Unfolding of Language An Evolutionary Tour of Mankind's Greatest Invention*, p.273.

②《乔姆斯基语言哲学文选》，徐烈炯、尹大贻、程雨民译，商务印书馆 1992 年版，第 2 页。

③ 在乔姆斯基的语境中，"faculty"的义项当为认知的和感觉的能力，译成官能显然不切合原意，因为它单指感觉的能力。

某种排列，是人类大脑心智的一个特殊组成部分……作为可靠的第一次理论逼近，初始状态对所有人来说都是相同的。"①

为了说明这一点，参照生成理论，我可以简要地设定在认知中语言需要对应的三种秩序。第一，世界和事物的秩序；第二，行为的秩序；第三，情绪。在这三种秩序里面，世界和事物的秩序最为确定，这正是数学、自然科学和逻辑的领域。因此，就如前面所引，塔尔斯基把它们排除在语言哲学研究的范围之外，它们等同于真性。在这种情形下，语言秩序直接对应世界和事物的秩序。关于行为的秩序，语言哲学中所谓以语行事就包含了这一层内容。人类文明的进展除了科学和技术的拓展，另一个层面就是行为规范的持续建立和完善。相对于世界和事物的秩序，行为的秩序要不确定得多，这一点也是社会科学和人文学科在普遍性和有效性上弱于自然科学的原因。情绪也表达秩序，但这种秩序通常是多重的、混合的和突发的，难以梳理出头绪，但也不等于无秩序。

人的行为秩序与世界和事物的秩序结合起来，就形成了更加复杂的秩序。但是，人们通常以世界和事物的秩序来规定行为的秩序，这也是为了使得行为秩序简明有规则，容易认知。

就如乔姆斯基所指出的那样，生成理论只是提供了认知和描写世界和事物的基本手段，因此近似于数学或逻辑体系。"我们可以预料语言官能相当简单，其基本属性在很大程度上由自然法则和语言之外的偶然事件所决定。既然语言毫无疑问是一个运算系统，那么相关的自然法则应当包括（有可能仅限于）高效运算的原则。这些考虑可以提供独立的理据来检测最简方案的研究方向是否正确。"② 数学是人类理解和描述物理世界的基本手段，因此，人们也可以这样理解：世界和事物的结构是以数学的方式构成的。但是，它不是世界本身，也不是事物及其秩序本身。生成理论的情况也是如此。它不是世界和事物的秩序的反映，而是认识和描述世界和事物的秩序的根本手段和原则。语言只有在这样的原则支配之下才能够起作用。

乔姆斯基说："普遍语法理论必须满足两项明显的条件。一方面，它必须与现存的（实在说，可能的）诸语法的多样性兼容。同时，普遍语法在它所容许的语法

① [美]乔姆斯基：《最简方案》，满在江、麦涛译，外语教学与研究出版社 2016 年版，第 9 页。
② [美]乔姆斯基：《最简方案》，满在江、麦涛译，外语教学与研究出版社 2016 年版，第 XVII 页。

选择方面必须受到足够的制约和限制，以便解释这些语法中的每一种都是在心里依据很有限的材料发展起来的这一事实……现有诸语法的基本特性从根本上并不完全取决于语言学习者所能得到的材料，因而必须诉诸普遍语法本身。"① 因此，即便按照生成理论，汉语的基本形式来自普遍语法原则，但是，汉语的具体形式或形态、各种表达方式，则是在这些原则之下进一步生成的，亦即持续构成的。

在《最简方案》时期，乔姆斯基的说法有重大调整："语言官能的某种状态不能视作是带有已定参数值的初始状态的实现，而应看作是不同经验的某种偶然产物，其本身并不令人特别感兴趣，自然界中的其他现象也是如此（这也正是为什么科学家是做实验而不是记录自然最简方案环境中所发生的事情）。"② 即便接受生成理论的原则—参数模式，具体语言状态被视为经验的偶然产物，但是，所有具体语言都具有其自身的特殊形态，而后者不仅可以证实，亦具有相当大的内在一致性。尤其重要的是，在日常交流中，人们不是仅仅理解普遍语法，而是理解每一个句子，并且通过这样的理解来行动。在这样的情形下，人们甚至根本不必知道普遍语法，就如乔姆斯基及其学派迄今尚未构成完整的普遍语法体系，而所有的语言交流一直都在进行一样。因此，对汉语哲学来说，具体语言的状态，尤其是汉语的经验状态，以及它与其他语言之间的差异和这种差异所揭示出来的问题，正是它的一个主要领域。譬如，就参数而言，问题就是这些参数如何而来，参数集内部之间的关系是如何形成的，而这关系到一种具体语言的具体生成。很显然，在一个特定的经验条件下，并不是每个人都可能随意生成各种具体语言，他对任何一种具体语言的掌握都需要该种语言的秩序条件。

这就关涉到具体语言的构成，而乔姆斯基的生成理论目前还不必考虑这些参数的内容及形成的经验条件。但是，当我们从汉语哲学视角考察诸语言的区别时，这样的问题就是重要的和基本的。生成理论所关注的是所有语言的共同原则和起源，而汉语哲学则要考察汉语不同于其他语言的原因和条件以及这种差异的哲学意义。在这里，所谓"以某种方式设定的参数"以及这些参数与普遍原则之间的关系，就

---

① [美]乔姆斯基：《支配和约束论集》，周流溪、林书武、沈家煊译，中国社会科学出版社 1993 年版，第 4 页。

② [美]乔姆斯基：《最简方案》，满在江、麦涛译，外语教学与研究出版社 2016 年版，第 5—6 页。

需要通过具体语言的研究以及与其他语言之间的比较研究才能揭示出来。虽然依照生成理论的假定，我也可以进一步推论说，这些参数或许也是因为人类在进化过程中基因突变而形成的，但是，基因突变而形成的稳定的遗传却还需要通过自然的选择，而这种选择就包含许多经验的条件。可以想象，这样的经验条件容有许多种情形。在这里，我只考虑其中的一个情形，即语言的秩序与世界和事物的秩序之间的关系。

我可以设想，具体语言的具体形式的形成，除了其他的因素之外，主要受到其与世界和事物的秩序之间相互作用的规定。操不同具体语言的人群在认识世界和事物、行为的秩序时形成了其认识的特殊性，而这体现在具体语言的形式和形态上面；反过来，具体语言的形式也同样作用于人们对世界和事物、行为的秩序的理解和表达。因此，一方面正是由于世界和事物、行为的秩序的某些基本的共同形式，决定了不同语言之间的可交流性和传达性；另一方面，也正是对世界和事物、行为的秩序的不同认知和理解，导致了不同的具体语言形成了不同的形式和形态。

在这样一种相互作用的关系之中，在普遍语法的支配之下，具体语言的生成与世界和事物、行为的秩序的构成是同步展开的。但是，就如世界和事物、行为的秩序又由不同的亚层次组成一样，语言的形式和形态也就因此形成了更为复杂的亚层次。考虑到语言的现代发展趋势是由屈折型向分析型发展，那么语言秩序与对世界和事物、行为的秩序的认知也受到合理的和节约的规则的支配，这就是说，语言秩序在发展过程中越来越回归到基本语法或原则，而那些具体的形式和形态或——倘若采用乔姆斯基的说法——参数越来越简化至最一般最兼容的元素。至于它们实际上究竟如何相互作用和影响，还有待于深入的研究。

2. 事物秩序的构成性

当人们对世界和事物秩序的科学认识发生重大变化时，原理、概念和实验方式即行为方式都会发生根本转变，这是范式理论所揭示的事实，作为结果，世界和事物也对人们呈现出了不同的面貌。[①] 同样，当一个社会的行为规范体系发生了重大

---

① [美] 托马斯·库恩：《科学革命的结构》，北京大学出版社 2003 年版，第 9 页。

的或根本的变化时，语言现象也会发生相应的变化。因此，生活于不同规范体系中的人们，就会采取不同的语言表达方式。在传统中国社会，在书面语上，文言文与民间的白话文即口语体同时通行，就是适用于不同的社会行为规范的例子。辛亥革命之后，白话文逐渐成为正式的学术的和官方的书面语言，也是因为社会行为规范发生了根本的变化。

就此而论，在这里我所关注和讨论的是如下两点：由语言秩序变化带来的对世界和事物、行为等秩序的理解和表达的变化，而这同样就意谓，不同的语言秩序造就了不同的世界和事物、行为的秩序。乔姆斯基认为，生成理论脱离了几千年的语言研究传统，虽然如此，语言学的其他理论却也提供了理解语言的不同维度。有认知语言学家认为："尽管框架的基本类型，如'位移事件—框架'可能是全人类所共有的，但是，它们在不同的语言中却以不同的方式表达。"[1] 他们用英语、德语、法语和西班牙语的例子证明了这一点。[2] 如果把汉语作为对照语言，差异可能就会更大。

语言秩序与行为秩序之间的关系要比其与世界和事物的秩序之间的关系更为密切，换言之，它们之间具有更强和更直接的互动作用，或者说，彼此的秩序构成明显体现在对方的秩序构成里面。譬如，在汉语里面，有着最为严密和完善的亲属称谓体系，相比而言，在英语、德语等印欧体系的语言中只有极其简单的亲属称谓。理由很显然，中国传统社会建立了世界上最为复杂的人伦规范和体系，而这套称谓体系又将这套人伦体系固定为一种语言规则。不仅如此，中国传统社会还通行同样复杂的政治的和社会的称谓体系，这也与中国传统社会的政治和社会规范体系直接相关。

虽然相比之下，欧洲的称谓体系要简单得多，但作为一种秩序的描述，却也引起了康德这样的哲学家的注意。在《实用人类学》有一节题目为《关于自我主义语言的格式》的附释，康德讨论了这种称谓所体现的人的社会秩序。

---

① [德] 温格瑞尔、施密特：《认知语言学导论》，彭利贞、许国萍、赵微译，复旦大学出版社 2009 年版，第 5 页。

② [德] 温格瑞尔、施密特：《认知语言学导论》，彭利贞、许国萍、赵微译，复旦大学出版社 2009 年版，第 259—264 页。

在我们的时代，国家元首对人民使用的语言通常是复数的（我们以神恩的名义，等等）……那种最高权威的格式最初应当意味着降尊纡贵（我们、国王及其议会或者各等级）……德国人还发明了两种暗示着对与之谈话的人物更加褒扬的表述，亦即"他"和"他们"（就好像根本不是称呼，而是在讲述不在场的人，更何况或者是一位，或者是多位）。此后，最终为了完成对被称呼者假意的卑躬屈膝和把别人抬举到自己之上这种荒唐事，被称呼者的地位品级的抽象概念（诸如"仁慈""尊贵""高贵""宽厚"等诸如此类的东西）取代人格而被使用。——这一切可能都是由于封建制度，封建制度所关心的是从国王的尊严开始，通过递减，直到人的尊严完全终止，只剩下了人，亦即直到被其主子只用"你"来称呼的农奴的等级，或者一个还不可以有自己意志的孩子的等级。——更高贵者应得的敬重的程度，是不会被弄错的。①

康德所说的这种等级秩序在汉语里有更为繁琐和明确的表现，至于表示不敢直接称呼对方本人而以指他人代称尊贵者，在汉语里亦有悠久的历史和丰富的形态，从陛下、阁下、足下到左右，皆是其例，而从皇帝自称的朕到普通人自谦的愚、在下和区区等，都是这种等级秩序的体现。在这里，语言秩序体现与事物的对等关系。这些不同的称谓词语表达和维持了人与人之间的社会秩序。这里值得注意的有两点。第一，这种情况在不同的语言中都存在，而这种共同性揭示了社会中人际关系的某种普遍因素。第二，这样的秩序在不同语言中有相当不同的表达，它所体现的正是社会秩序之间的差异，尤其重要的是，它体现了通过语言所表达的对社会秩序的不同理解和认知。

语言秩序对应世界和事物的秩序，这样的思想在维特根斯坦的前期和后期哲学中都有，并且是相通的，差别仅仅在于秩序本身应如何理解。维特根斯坦说："人们很容易想象一种仅仅由战斗中的命令和报告组成的语言。——或者想象一种仅仅由问题和是或否的答复表述所组成的语言。或者无数其他的语言。——想象一种语

---

① 康德：《康德全集》第 7 卷，中国人民大学出版社 2008 年版，第 123 页。

言就意味着想象一种生活形式。"① 我这里自然可以接着追问：想象不同的语言，是否就等于想象不同的生活？答案应当是肯定的，但是在这里，生活意谓一套世界和事物的、行为的秩序。同样地，这里可以提及一下，人们一再引证海德格尔的名言，语言乃存在之家，但是，很少人会去追问这个家的周围环境，而环境就蕴涵世界、事物和行为及其秩序，诚然，家本身也是有秩序和体现审美的居所。

3. 语言际的可传达性

语言际的可传达性就是指不同语言之间交流和理解的可能性，而这种可传达性先前通过人们的实际交往得以实现。生成理论则在语言的生物基础上假定了它的前提，即普遍语法，后者表明，那些看起来迥然有异的诸语言原本有其共同的原则，因此语言际的可传达性不仅是可能的，而且是必然的。但是，这仅仅是理论的必然。普遍语法的原则和参数都还是处于理论假设的阶段，因此，尽管这个假设获得了越来越多的有效论证，但即便它们得到证实，交流和传达也还是要由个人来付诸行动的实践活动。

在前面我将与语言秩序对应的对象秩序划分为三种类型，即世界和事物的秩序、行为的秩序和情绪。语言际的可传达性也依照这三种类型而分为三个层次。在语言际的传达中，有关世界和事物的秩序能够得到几乎对等的、确定的传达，就如前面多次提到过的，数学、逻辑和自然科学因为被视为真性，而使得它们能够在不同的语言之间相当准确地彼此传达，尽管这也受到一定条件的制约。

人的行为的秩序的可传达性就要弱于世界和事物的秩序的可传达性。这里有两个要点。第一，所谓人的行为的秩序，不是指人的行为的物理秩序，而是指人的行为的社会秩序，它包含对人的行为的目的和因果关系的理解。人的行为受人的意志支配，而准确地理解人的行为秩序，就需要理解行为的动机和目的，从而理解其意义。但是，无论动机和目的，还是意义，要予以准确的把握，都相当困难。虽然人的行为的理想规则可以被设计出来，就如微观经济学有关人的理性行为的描述一样，实际的人的行为却并非依循这些模式理想地发生。就是在同一语言之中，也同样存在着传达的障碍。社会、历史和文化等关系，包括语言本身，作为基本因素构

---

① ［奥］维特根斯坦：《哲学研究》，李步楼译，商务印书馆 1996 年版，第 12 页。

成了行为秩序，它们对理解行为都是必不可少的。人们理解同一个社会——包括操同一种语言——的人的行为要比理解不同时代的人的行为相对容易。就此进一步追问下去，人们就可以发现，不同的社会、历史和文化因素的不同组合，形成了理解的种种障碍和困难。

虽然不同语言关于人的日常基本行为的理解和传达可以达到高度的一致，但是，这些行为实际上都与不同的社会秩序、文化和习俗等因素结合在一起，因此，仅仅描述一个就餐的行为，在不同的语言中就会展现不同的秩序，比如是否以及如何使用餐具、进餐次序、入座礼仪等，而这些秩序翻译成另一种语言之后，在不熟悉此一社会、历史和文化环境的情形下，人们就会产生不同的理解。因此，这一方面表明，不同的语言对应不同的行为秩序，另一方面表明，关于行为秩序的认识的语言际可传达性要低于关于世界和事物的秩序的认识。

政治、社会等抽象行为秩序的人为性质是一望而知的，受到其通行语言的现实境域的极大约束，而这种约束无非就是错综复杂的关联。因此，它们在语言际的准确传达就更为困难。比如，启蒙这一概念对把握现代社会极其重要，亦是一个政治和思想的常用词，但是关于这个词语的理解在不同的语言中却显示出相当大的差异。英语、法语和德语中的启蒙一词分别表达不同的行为，有的意思相去颇远，如英语的"enlightenment"与德语"Aufklärung"，前者原义是照亮和启发，而后者是清理和澄清；至于汉语的"启蒙"之蒙的本义指缠绕遮蔽的菟丝子，引申为蒙昧，即缺乏知识的状态，启蒙就是教以知识，摆脱蒙昧。自西方18世纪启蒙运动以来，人们一直试图在什么是启蒙的见解上达成共识，但是，至今为止关于启蒙的理解依然存在巨大的分歧和争论，在语言际的传达方面更是如此。除了其他的因素之外，语言秩序的差异也是一个重要的原因。

在近来一本讨论生物技术时代的人的性质的著作中，有学者发现，"人文主义"（humanism）是一个难以把握的词语，"这个词语的意义依其文化境域而变化"[①]。"在英美传统中，人文主义被等同于世俗主义的普及，而在大陆传统中，它被等同于那种反人文运动所挑战的基本的、普遍的人道。"[②]值得注意的是，人文主义与启

---

①② Tamar Sharon, *Human Nature in an Age of Biotechnology*, Dordrecht: Springer, 2014, p.39.

蒙一样，亦是一个极其重要和广泛的词语，而非普通词语，它在不同的语言和社会境域中也有这么大的意义差异，而这种差异所体现的乃是不同语言所表达的对人的性质的不同理解。

行文至此，我要对语言际的可传达性做一个简单的总结。一种描述或对应世界和事物的秩序的语言秩序，因为在语言中所表达的世界和事物的秩序是清楚和明确的，因此语言际的可传达性是最高的，这就是说，这种秩序几乎可以在不同的语言之间对译。一种描述人的行为的秩序的语言秩序的可传达性要弱于前一种秩序，因为人的行为蕴涵动机和目的，后者使得构成行为的各种关系具有多重意义，并且它们之间的实际关联看起来是不清楚和不明确的。在原来的语言表达中，这些多义性与其社会、文化和习俗等境域一起共存，而经过语言际的传达，这种歧义和境域多半会丧失，在另一种语言中，它们的意义只能有限制地、片面地传达出来，而失去了原来的丰富性。人的情绪、审美体验——比如意境——和主要以概念的多义而展开的思辨的表达，自然、无意或有意地利用语言的复杂涵义和关联，亦属一种秩序，因为缺乏明确的指称、清楚的关联，这样的语言在语言际的传达中，可传达性是最低的。

除以上三种语言秩序之外，还有一种语言现象也属于语言际低可传达性的范围。一种具体语言的形态以及通过这类形态而实现的语言的特殊表达样式，是难以有效传达的，比如，汉语的律诗和词，无法以任何其他一种语言表达出来。另外，一种具体语言本身的形态和样式，亦是难以在语言际传达的。西方哲学的若干文献之所以难以翻译成汉语，就是因为那些作者利用印欧语系语言特有的形态进行了思想的游戏。

语言秩序的语言际的可传达性的程度也可以采用另一种方式来比较，即数学、逻辑学和自然科学，社会科学，人文学科，最后是文学艺术作品，可传达性依此次序而逐渐递减。人工智能翻译的理论和实践从另一个层面说明了这一点，凡是语言秩序包含复杂的社会关系和文化性质就难以通过人工智能翻译系统准确地翻译出来。人工智能翻译系统要求达到两种语言在意义上的等同，但是，它们无法在表达复杂的社会和文化现象的语言中找到规律。另一个值得注意的现象是，英语或其他语言译成汉语的准确率要远远高于汉语译成英语和其他语言的准确率，这无疑为考察汉语的独特性提供了一个切入点。①

三、传统哲学与汉语哲学界限

汉语哲学概念的提出，为理解中国传统哲学以及当代中国哲学提供了全新的思路和模式，看待既有哲学活动的维度和看法，同时也拎出了若干为人所忽略的问题。但是，汉语哲学不等于中国哲学，通常所谓中国哲学的若干问题当在汉语哲学的视野之外。下文我将分别来讨论这些问题。

（一）汉语哲学与传统哲学

中国传统哲学乃是当代汉语哲学活动的一个主要场所，那么，汉语哲学为人们考察以汉语书写的传统哲学指出了何种新角度，揭示了何种新问题，或者为人们重新考察传统哲学提供了何种方法？

首先，传统以汉语书写的哲学至少可以名正言顺地属于一个合适的共同领域，不再因国别而区分为不同国家的哲学。事实上，这些哲学因为在渊源、问题、概念、方法和风格等的一致性原本属于一个大的类型。相对于中国哲学这个名称，汉语哲学具有更大的包容性，可用来指一切以汉语为语言手段的哲学活动。因此，日本、朝鲜和越南等地的古代哲学的一部分就可以纳入汉语哲学的领域之内。相对来说，中国哲学这个词语具有明显的权宜之计的特征，它只是用一个地域的和政治的区域来粗略地指示一种在这个区域内发生的哲学活动，而这种哲学活动本身并不限于这个区域。汉语哲学这个名称则具有相当稳定的特征。当然，一系列的问题也就随之而起，传统汉语哲学的内在差异就会凸显出来。不过，通过汉语哲学的角度，传统哲学可以得到重新的审视，先前的若干困难，可以转化为技术性的问题而得到处理。先前一些被忽略的要点就会凸显出来而成为重要的问题。比如，通过汉语哲学的语言分析，就有可能消除传统哲学的某些疑难，如从汉语哲学的角度出发，就可以大部地消解来自西方的"Being"问题的重要性。

其次，汉语哲学将重点放在理论哲学，同时坚持多维度的研究途径，因此现代哲学的各种方法，以及现代科学的方法皆可用来研究传统汉语哲学，从而大大拓展

① http://ai.ofweek.com/news/2017-09/ART-201717-8420-30168536.html.

传统哲学研究的广度和深度。

同时，从汉语哲学角度着眼，汉语语言的特征，包括其形式特点和发展史，既成为研究的对象，而且是相当坚硬具有价值的问题域，又是拓展新的问题乃至领域的契机。相对于现在通行的西方主要语言，汉语是一门相当自然的语言，没有经受过大规模的人工规范化——当然文字的简化和标准化除外。因此，在今天，人们关于汉语的形式的认识乃至应用的分歧和争论远远大于共识。现行的汉语语法体系的基本规则主要是从英语等印欧语系语言那里借用过来的，虽然这一做法有其合适的理由，但是，如果承认乔姆斯基的生成理论，那么汉语语言相对于普遍语法的特定参数是什么？它们与普遍语法之间具有一种什么样的特殊关系，从而使得汉语形式的独特性具有充分的合理性？更为重要的是，汉语形式的特殊性与传统汉语哲学活动之间的关系，比如前面所提到三种秩序的对应，都需要从这个新的视野重新思考，先前既有的研究也可以因此而整合起来。

在现代汉语哲学发生和成长的时期，当传统哲学在新的方法和样式下重新成为研究对象的同时，汉语又经历了重大的现代变化，而这承带——在承认生成理论的前提下——汉语形式的参数发生了变化，而在表面上，从传统文言文及其整个知识和文献背景，转移到现代白话文以及现代社会和科学知识的背景上面，理解和解释的观念、思想和样式不仅面临语言的转换，同样也要应对知识境域的差异。这就既要求人们关注意义、语境和方法的变换，又要求人们清楚地认识到问题的重新定向。在这样的情形之下，当人们主张回到文本，回到古代哲学观念和思想本身时，他们所要表达的究竟是什么？我们可以设想几个情形来理解这种主张。

其一，今天的人能够以与文本同时代的语言、这些语言当时的语义来理解、处理和阐释经典文献，当然还要悬搁所有自那个时代之后的知识。这样的方式似乎能够让人回到这些经典文献当时实际所处的语境，或者至少接近于这些经典文献当时所处的语境，从而能够回到它们的本来意义。

其二，稍微宽泛一点，以一种一般的即不分时代的古典语言（文言文或古代的语体文）来理解、处理和阐释古代的经典文献。但是，这样的方式，包括所用的汉语的词语和句子，不可避免地混合了后来时代的观念和思想，因此，这会把古代的文献置于不同的语境。但是，相对于现代汉语来说，至少在语言形式和社会环境方面，这个方式或可使得人们更接近于那些经典文献。

其三，完全以现代汉语并在现代语境中来理解古代的经典文献。现代汉语从词语到句子都无可避免地吸收和融合了来源不同的各种现代意义，尤其是来自西方其他语言的各种意义，仿效了西方语言的表达方式。在这样一种情形之下，人们只是在现代的境域之中，采用现代的以及来自西方的方法，以现代的语言表达方式和现代的观念来理解、处理和阐释古代人的思想。

很显然，第一和第二情况在今天是不可能的，因此，回到经典文献和古典观念本身，与回到事物本身，都仅有思辨的和抽象的可能性，而无实际的可行性。① 原因是多重而且明显的，就汉语哲学而言，汉语形式及其语境的重大变化乃是基本的方面。就此，我可以做出一个一般的结论：汉语的演变造就传统观念和思想意义的变迁，在思辨命题方面，尤其如此。这一点与上面刚刚提到的问题直接相关，即一个词语或一个句子的意义离它所产生的时代和社会境域越远，它的意义就越抽象。因此，人们关于古典思想的理解、阐释必定具有现代的意义。

（二）不正当的"中国哲学合法性"问题

与回到中国传统哲学或思想本身相关的一个问题是"中国哲学合法性"的争论，而这也正属于汉语哲学及其方法论的范围。前一节通过分析表明，所有的古代观念、经典文献都只具有相对于我们而言的意义，它们并没有完全独立的意义。如果存在一种完全独立于我们的意义，那么这种意义与我们也是不相干的。

此外，"中国哲学合法性"这个说法本身就是不合适的。很显然，在这个世界上并不存在一种法律或法则，它清楚地规定了什么样的观念、思想和理论属于哲学，什么样的则不属于哲学。否则，这个引起人们长时间争论的问题就会很容易处理，人们只需取出那部或那套法律，用它们来衡量那些被视为中国哲学的传统观念、思想和理论，就可以判定它们是否属于哲学。这个问题如果要有意义，那么它的问题应当是"中国哲学的正当性"，因为正当性就是指明这样一种情况：缺乏现

---

① 一种主张以中国哲学解释中国哲学的所谓以中解中的策略，倘若在前两种情况下，还有合理性，但因为这两种情况在今天根本没有现实性，因此所谓以中解中就不免一厢情愿的困境。参见张立文：《中国哲学的"自己讲"、"讲自己"》，《中国人民大学学报》2003 年第 2 期。

成可用的法律或其他规范，以判定什么类型的观念和思想属于哲学或不属于哲学，因此有关正当性的讨论，就是需要人们来建立一套判定特定的观念和思想是否属于哲学的法则或标准。由此，我就可以从两个方面来分析所谓"中国哲学合法性"争论的意义。

第一，所谓"中国哲学合法性"的争论主要针对现代汉语哲学之前的传统哲学，而中国传统哲学，以及更为宽广意义上的传统汉语思想性文献，是否属于哲学，其中是否具有属于哲学的内容或包含了哲学思维，主要取决于当代学者和思想家，尤其是汉语哲学从业者对于哲学的理解，他们的哲学修养的深度和广度决定了汉语传统哲学的性质、地位和意义。当然，从一般意义来说，这也取决于当今哲学研究的深度和广度。

第二，同理，当代汉语哲学的研究者对汉语经典哲学和思想文献的理解决定了汉语传统思想之中是否有哲学的观念、理论和方法。事实上，我们看到，在关于中国传统哲学是否属于哲学的争论中，无论正面意见还是反面意见，大多援用过时的、不复属于哲学的观点，以及那些历史上有意义而今天为其他学科所消除的问题。

（三）汉语哲学不是什么？

汉语哲学近几年在学术界的兴起，已经成为一个不小的热点，若干重要的学者投入研究，参与讨论，拓展了汉语哲学的问题域和深度，也揭示了许多困难的问题。然而，自汉语哲学出现伊始就被提出的问题依然困扰人们，亦即什么是汉语哲学？这大概是汉语哲学所面临的最大的一个难题。对此，上文已经从正面论述了汉语哲学的一些重要方向和议题，尽管尚不全面。根据现在的研究状况、一些初步的结论和意见，下文我将从反面补充回答，即说明汉语哲学不是什么或不做什么，从而尝试勘定汉语哲学的界限，澄清它的任务和范围。

第一，汉语哲学的任务不是让哲学说汉语。江怡认为，汉语哲学的一个任务就是让哲学说汉语。[①]事实上，先前也有若干学者把让哲学说汉语视为西方哲学著作

①　江怡是汉语哲学的积极实践者，他在《哲学与汉语的世界对话》一文拈出了汉语哲学的若干问题，在他看来，这些问题向来存在，只是先前缺乏一个合适的考察的视野，而汉语哲学正好提供了这样一个视野。不过，他认为，教汉语说哲学乃是汉语哲学的一个任务。（参见江怡：《哲学与汉语的世纪对话》，《南国学术》2016年第4期）

翻译或研究那些自西方滥觞的问题的主要目的。这个说法之所以不正确，乃是因为哲学一直在说汉语，或者一直在用汉语从事哲学活动，尽管古典汉语哲学的方向、领域，关注的问题和方法，与其他地区的哲学有所差别。对此，我还要举出更深一层的理由：哲学原是与人类思维和意识俱生的活动，以不同语言为手段的哲学思想在广度和深度上或有差异，而不存在有无的差异。

第二，汉语哲学主要不关涉实践领域的问题。这并不是说，实践哲学对汉语来说不重要，或在汉语哲学视野之外，而是因为汉语哲学在这一领域并不开辟新的视角，也不揭示独特的问题。汉语哲学的重点在语言的和认识论的领域，对这一点前文已予以了较为充分的分析和阐述。与此相关，比如，汉语哲学在政治哲学领域也不会有其独特的意义。同理，当代汉语哲学之所以兴起的深层原因，乃是人类语言和心智的共同结构逐渐为人所认识，同样，诸语言之间的差异因素也得到更为合理的解释。

第三，汉语哲学亦不像诸如德意志哲学或欧洲大陆哲学那样，强调地区的特点。虽然以汉语从事哲学的人主要居于中国，但并不是以汉语从事哲学研究和思考的人，都从事汉语哲学活动。在这个意义上，汉语哲学是一个开放的和普遍的学术方向，凡有足够的汉语知识的人都可以从事汉语哲学研究，就如许多以其他语言为母语者成为相当出色的汉语语法、语音等领域的学者，甚至成为某些基础理论的创立者一样。进一步说，汉语哲学也不关涉民族性的问题，民族等问题虽然构成汉语哲学的社会境域，但是它们不构成汉语哲学的研究方向和问题。事实上，关于汉语哲学的思考，倘若不予以清楚地界定和自我约束，非常容易与民族主义等问题混淆起来。因此，汉语哲学并不能归结为去意识形态化、去政治化或去民族化、尽管在表面上它或许可以解读出这样的意义。何乏笔正确地意识到汉语哲学的普遍性，即它并不属于以汉语为母语的哲学家的特殊领域，但他将汉语哲学与去民族化和去政治化联系起来，并且认为它仅仅是一种现代的思想活动，这说明，他并未认识到汉语哲学深层的理论基础。①

原刊《学术月刊》2018 年第 7 期

---

① 何乏笔：《跨文化批判与当代汉语哲学》，《学术研究》2008 年第 3 期。

我们可以通过汉语
做何种哲学

孙周兴[*]

一开始，我对于"汉语哲学"的兴趣主要跟哲学翻译（西哲汉译）有关，尤其是与"存在／是"（on/einai）的译名讨论有关，早在我 1992 年完成的博士论文中就有此议论了。[①] 之后有《超越之辩与中西哲学的差异》一文以及几篇短章评论，算是业余做的事。[②] 唯一的长篇论文，是《存在与超越——西哲汉译的困境及其语言哲学意蕴》，而此篇也依然是从译名讨论切入的。[③]

在把自己有关"汉语哲学"这个主题的基本想法综合和清理之后，我形成的一个问题是：我们可以通过汉语做何种哲学？但立下这个题目后，我马上就有些后悔了——因为即便是现代欧式学科制度上的哲学，我们也已经用汉语做了近百年，今天不但有所谓"中西马"，而且在体制上有哲学八个二级学科，无论何种哲学，我们早已经用汉语在做了，从业人员甚众。这个时候问可以通过汉语做何种哲学，岂不是有点无厘头么？

其实正如我们所知道的，不但"我们可以用汉语做何种哲学"是一个问题，而

---

* 作者为同济大学哲学系教授。

① 孙周兴：《语言存在论：海德格尔后期思想研究》，商务印书馆 2011 年版，特别是第二章第 2 节。

② 孙周兴：《后哲学的哲学问题》，商务印书馆 2009 年版，第 106 页以下。相关讨论有孙周兴：《汉语神学与汉语哲学》，载《边界上的行者》，上海人民出版社 2011 年版，第 6 页以下；以及《汉语哲学的做法》和《实存哲学与现代汉语哲学》等，孙周兴：《一只革命的手》，商务印书馆 2016 年版，第 141 页以下。

③ 参见《中国社会科学》2012 年第 9 期，第 28 页以下。后收入孙周兴：《存在与超越——海德格尔与西哲汉译问题》，复旦大学出版社 2013 年版，第 110 页以下。

且到底能不能用汉语做哲学竟也成了一个问题，而且是一个被争议得更为激烈的问题。后面这个问题也经常被表达为：中国到底有没有"哲学"？或者也就是中国哲学界前些年争论颇多的关于"中国哲学的合法性"的问题。我想，这也是我们在做的"汉语哲学"的问题背景吧。汉语哲学的可能性问题首先起源于语言差异，特别是中西语言的差异；但同样关键的问题是，我们如何理解"哲学"，取什么样的哲学定义。所以，汉语是一个问题，哲学也是一个问题，合起来的"汉语哲学"当然更是一个问题了。

我们尝试把汉语哲学问题表达为"我们可以通过汉语做何种哲学"，由此有可能把这道难题具体化为三个层面的问题：第一，与欧洲语言相比较，汉语有何根本特性？汉语言的特性为汉语思维带来了何种规定和限制？第二，当我们说"汉语哲学"时，我们应当采取何种哲学定义？到底是一种哲学还是多种哲学？第三，更进一步地，与古代汉语相比较，现代汉语是否已经变得更适合于哲思了？所有这些区分性的问题都歧义丛生，难缠难解，而在我看来，这恰恰也表征着汉语哲学问题本身的重要性。

语言特性与中西思维差异 ①

据我所知，头一个明确地从语言差异的角度讨论汉语哲学的中国现代哲学家应该是张东荪（1886—1973 年）。张东荪具有自觉的语言哲学立场，这在今天看来是十分高明和超前的，因为我们知道，中国学界（主要是哲学界和文艺理论界）大概要到 20 世纪 90 年代才开始进入语言哲学领域和论题，大谈所谓"语言（学）转向"，从而逐步获得了语言哲学的方法论意识。而早在 1936 年发表的《从中国言语构造看中国哲学》一文中，张东荪就提出了如下基本主张：

> 中国言语上没有语尾变化，以致主语与谓语不能十分分别，这件事在思想上产生了很大的影响。现在以我所见可举出四点：第一点是因为主语不分明，遂致中国人没有"主体"（subject）的观念；第二点是因为主语不分明，遂致谓

① 此节可参见孙周兴：《存在与超越——西哲汉译的困境及其语言哲学意蕴》，《中国社会科学》2012 年第 9 期，第 28 页以下。

语亦不成立；第三点是因没有语尾，遂致没有 tense 与 mood 等语格；第四点是因此遂没有逻辑上的"辞句"（proposition）。①

　　上面讲的四点自然是有严重后果的，值得我们深思。而若要细究起来，张东荪的上述断言也是不无问题的，至少显得比较粗疏，未经细密的论证，但毕竟他敏感地把握到了汉语的一些本质性的东西，特别是看到了一个要害：汉语是没有词尾变化的，不是欧式的屈折语。德国语言学家威廉姆·洪堡也认为，汉语是典型的孤立语（分析语），而不是像梵语这样的典型的屈折语。洪堡进一步说，汉语不是通过语法范畴来联结句子的，汉语语法不是以词的分类为基础的；欧洲语言的语法有词源和句法，而汉语只有句法部分；等等。汉语这种语法上的缺失使洪堡得出一个结论：汉语是一门落后的语言，因为它没有欧式的语法，"汉语的风格以其令人惊诧的效果束缚了形式表达的发展"②。今天我们看到，洪堡显然是拿欧洲语言的尺子来衡量汉语的，由此自然会得出这样一个不妙的结论。

　　看起来，问题的焦点在于汉语有无形式语法——我们不能简单地断定汉语没有语法，而只能说汉语没有欧式语法。但说汉语没有欧式语法，这听起来差不多是一句废话，汉语怎么可能有欧式语法呢？所以我宁愿说：汉语没有形式语法。关键还在于落到实处，比如洪堡认为汉语语法不是以词的分类为基础的，而张东荪更进一步，说汉语没有词尾变化。确实，汉语词类界限不明，是因为汉语不像欧洲语言，后者通过词尾变化来实现词的形态变化，即词类之间的形式转换和区分。由此出发，张东荪把语法问题与哲学问题联系起来了，或者说，把形式语法视为哲学范畴的基础，认为亚里士多德的范畴是由文法上言语的格式而成的，均以词尾变化表现出来，而没有词尾变化的东方语言就不可能形成范畴。③张东荪的这一看法是深刻

　　① 张东荪：《从中国言语构造上看中国哲学》，载张汝伦编选：《理性与良知——张东荪文选》，上海远东出版社 1995 年版，第 337 页。

　　②［德］洪堡特：《洪堡特语言哲学文集》，姚小平编译，湖南教育出版社 2001 年版，第 121 页。

　　③ 张东荪：《从中国言语构造上看中国哲学》，载《理性与良知——张东荪文选》，上海远东出版社 1995 年版，第 344 页。张东荪此说与法国语言学家邦文尼斯特（Benveniste）的观点不谋而合，后者也认为，亚里士多德的"十范畴"乃是"一种特定语言状态的反映"。参见邦文尼斯特：《思想的类型和思想的类别》，转引自谢和耐：《中国和基督教》，耿升译，上海古籍出版社 1991 年版，第 346 页。

的。亚里士多德的范畴论是欧洲哲学史上第一个形式存在论 / 本体论体系，它首先确立了思维形式与存在形式的同一性①。要是没有形式语法的成熟在先，如何可能有这种存在论 / 本体论的形式规定？

于此必定触及一个在汉语学界聚讼纷纭的问题，即围绕"存在"（On）范畴以及所谓"存在学 / 本体论"（ontologia）展开的中西哲学之争。"存在"（On）范畴是西方—欧洲文明特有的吗？中国传统哲学中有没有"存在"范畴？"存在学 / 本体论"到底是一门什么样的学问？西方哲学进入汉语世界已经超百年，这些问题尚未得到彻底的澄清，特别在最近一些年的"中国哲学合法性"讨论中又得到了彰显和尖锐化。

笼统地说中国传统哲学中没有"存在"范畴，说古汉语中没有欧式的系动词"是"和"存在"，其实还是没有太大意义的。虽然没有"存在"范畴，但我们汉语中有"道""有"之类的基本词语，难道就不能与欧洲的"存在"对应起来吗？难道不能用它们来翻译表示"存在"的欧洲语言的词语吗？关键是要看到欧洲"存在"范畴所内含的形式语法特性和形式思维特性。比如，在古希腊语中，名词"存在"（on）是由系动词"是"（einai）的分词形式转换而来的，在"是"（einai）的各个词类（动词、分词、名词等）以及相应的数、性、格、态之间，有着一套形式转换规则。而汉语没有靠词尾变化来实现的不同词类和数、性、格、态的转换体系，比如在汉语的系词"是"与名词"存在"之间，就不是通过语法形式规则来实现词类区分的，汉语的"是"与"存在"（严格说来它们是两个译词）之间是完全没有语法上的联系的。②

法国汉学家谢和耐认识到了汉语言的特征以及中国文明的特殊性，并且认为中国人没有那种稳定的、永久的和超越可见事实的"存在"观念。③诚如上述，简单地断定中国古代没有"存在"观念，是没有多大意思的，在谢和耐的这个判断

---

① 或可简为：思维与存在的同一性。黑格尔把这种同一性的建立归于巴门尼德，但就思想史的总体进展来说，我们更愿意同意海德格尔的说法：巴门尼德所谓"思想与存在是同一的"还不是哲学性的或者概念性的规定，而顶多只是对这种同一性的开端性猜度。

② 似乎有越来越多的研究者主张要以统一的"是"来对译欧洲语言中的名词"存在"和动词"是"，但他们这种改译并不能改变我们这里揭示的情况。

③ 谢和耐：《中国和基督教》，第347—348页。

中，重要的是"存在"观念具有的"超越性"（Transzendenz），中国思想文化中没有"超越的""存在"观念。这就涉及欧洲—西方形而上学思维的本质特征问题了。在哲学—存在学 / 本体论层面上，我认为欧洲思维的根本特质是形式化思维，"存在"观念的"超越性"也必须在这种形式化思维意义上来理解，或者可以说，发端于希腊的哲学的"超越性"是一种形式的超越性，不同于后来从基督教神学中发展出来的"超越性"，后者是一种神性的超越性——为简化起见，我们完全可以把哲学（存在学 / 本体论）的"超越性"和神学的"超越性"分别命名为"形式超越性"与"神性超越性"，而这正是康德断然区分"先验的"（transzendental）与"超验的"（transzendent）两者的动机和原因。①

欧洲—西方哲学的"超越性"最典型地表现在前述的亚里士多德的形式范畴体系中，它当然建立在欧洲语言（希腊语）的基础之上。我们可以说，希腊语的形式语法是希腊哲学和科学的形式化思维的基础，希腊语法发生在希腊哲学之前；当然也可以说，希腊哲学和形式科学的思维的形成和发展，进一步促成了希腊语法走向成熟。但这只是大体上的说法，而且这种发生学的描述根本上只可能是一种猜度。不过无论如何，希腊哲学、希腊语法、希腊形式科学（几何学和逻辑学）之间究竟是何种关系？这无疑更是一个思想的课题。

何种哲学？ 一种还是多种哲学？

至此，我们似乎已经达到了一个否定性的结论：不具有欧式形式语法的汉语不是哲学语言，或者说，它不适合于做哲学，是不能用来从事哲思的。但显然，这个结论是会有问题的，因为它预设的前提是：哲学只是一种形式化思考，是一个形式范畴体系。应当承认，这种狭义的哲学规定合乎西方哲学主流传统，后者在现代形而上学批判思潮中经常被称为"本质主义"或"柏拉图主义"；但它显然太过狭隘了，而且也不合西方哲学的整体实情。

哲学当然首先是指向本质—共相、构成观念的思维。在现象学哲学家胡塞尔看来，哲学以及由哲学衍生出来的科学是一种"普遍化"（Verallgemeinerung）的思想

---

① 根据笔者在此的描述，近几年来渐成趋势的对"transzendental"一词的改译，即把"先验的"改译为"超越论的"，就是一个不当的建议。

方式，而所谓"普遍化"可分为两种：一是"总体化"（Generalisierung），二是"形式化"（Formalisierung）。并且胡塞尔认为，在这两种方式之间存在着一个"断裂"（Bruch）。所谓"总体化"是"按照种类的普遍化"，它对应于某个"实事区域"，或者说是受某个"实事区域"制约的，后者预先规定了"总体化"的方向。也就是说，"总体化"是实指的，好比我说"苏格拉底是男人，男人是人，人是动物，动物是生物，生物是生命"等，在这里，"男人""人""动物""生物""生命"等虽然"普遍化"程度不等，但都是实指的，都指示着某个"实事区域"。相反，所谓"形式化"则不是实指的，是与"实事"无关的，并不受制于对象的确定内容。比如，在上列说法中，如果我们接着说下去，说"生命是物质，物质是存在，存在是虚无"，我们就进入了"形式化"层次中了，不再有所实指了，"物质""存在""虚无"等只是形式的规定性，而非实事对象的描述。进一步，"总体化"与"形式化"还有一项区别："总体化"是一种排序，它达到的"普遍性"构成一个相对的等级序列（属、种）；而"形式化"则不然，它所达到的"普遍性"是形式的规定性，是所谓"一般对象"，相互之间并没有等级关系。于是我们可以看出，胡塞尔所讲的"断裂"实际上是指在"普遍化"过程达到"纯化/纯形式"层面出现的状况。①

必须看到，虽然胡塞尔区分了"普遍化"的两种方式，但他心里推崇的却是"形式化"，以及相应的"形式存在学/本体论"和"形式科学"。也就是说，胡塞尔其实是在"总体化"与"形式化"之间设定了一个等级差别，认为"形式化"是高于"总体化"的。欧洲—西方哲学的主体是以存在学/本体论（Ontologia）为核心的形式范畴体系。正是这种存在学/本体论的形式范畴体系为希腊的形式科学奠定了观念基础，从而也为近代欧洲的"普遍数理"的知识理想提供了一个可能性前提。

关键在于，"总体化"作为具体的经验科学的方法，并不能体现欧洲—西方思维的本质特征，相反，作为形式科学方法的"形式化"才真正构成欧洲—西方思维的根本要素及其特殊性，或者说欧洲—西方思维的标准范式。进一步我们似乎可以说，"形式化"是非欧民族文化都没有发展出来的思维方式，而"总体化"则是非

---

① 孙周兴：《后哲学的哲学问题》，第 231 页以下。

欧民族文化（包括中国文化）也可能包含和具有的思维—表达方式。倘若不是这样的话，倘若非欧民族没有"总体化"的普遍化思维方法，那么，我们如何理解非欧民族的文化世界和观念世界呢？我们总不能干脆否认非欧民族是有观念世界的吧？

就此而言，胡塞尔所揭示的"总体化"与"形式化"之间的"断裂"就显得极为重要了，因为这个"断裂"（Bruch）可能恰恰意味着欧洲思维与非欧思维的根本差别的分界，或者说，非欧民族的思维方式都没有达到"纯化/纯形式"的层面，完成这个"突破"——超越这个"断裂"——而形成"形式化思维"和"形式科学"。从哲学上讲，非欧民族的思想方式恐怕没有达到欧洲以形式范畴关系的论证为重点和基本任务的先验哲学境界。在此意义上，结论当然只可能是：哲学只是欧洲—西方的，非欧民族文化没有"哲学"，非欧民族的思维都不是"哲学思维"。

然而问题的关键在于：只有这种形式范畴论证的哲学吗？是只有这一种哲学还是有多种哲学呢？

答案是显而易见的。即使在西方内部，除了以本质主义或者柏拉图主义为特征的欧洲主流的哲学传统之外，还有一支在欧洲历史上一直未显山露水的支流，即可以说以"总体化"思维为特征的实存哲学，其中也理当包括欧洲历史上出现过的各色经验主义哲学。作为主流本质主义传统的对立面，实存主义或者以个体—实存为定向的哲学思考，在历史上向来都是欧洲—西方哲学科学文化传统的"异类"，在19世纪中期以来更是在欧洲哲学中兴起的形而上学传统批判工作的集中表现；而在学术立场上，实存哲学/实存主义本身包含着"非欧洲中心主义"的倾向，或者至少可以说，它推动了以本质主义、理性主义为基础和内核的欧洲哲学对于自身的欧洲中心主义立场的反省和批判。其中的内在联系不难理解。因为个体—实存之思在起点上就含有反对普遍—本质—形式思维的特质，而"欧洲中心主义"立场正是以本质主义为基础的（这在黑格尔那里是多么显赫！）。

前些年中国哲学界关于中国哲学合法性问题的讨论，恐怕更多的是取"本质主义"哲学为西方哲学的标本，甚至一般哲学的标本，以此来比照中国传统思想文化。而近些年来关于"存在"和"是"之译名的持久争论，同样地——更是——预设了一个简单等式：哲学＝存在学/本体论＝本质主义或者柏拉图主义。如果采用前述胡塞尔所做的区分，这个等式也就忽略了"普遍化"思维方式中的"总体化"

方式，只把"形式化"思维方式当作西方哲学思维的全部。然则我们很少思量：撇开了源远流长的"实存主义"或"实存哲学"的西方哲学还是完整的西方哲学吗？在哲学史上，就哲思的起点而言，实存哲学的开端至少应该落在亚里士多德那儿。

对于"总体化"这种"普遍化"方式，也即观念构成方式，我们更应该超出胡塞尔的区分和规定，做一种广义的和多元的理解。我们认为，"总体化"不仅是经验科学的观念来源，也是个体性的实存哲学的基本方法，而且也是文艺的诗意言说的方式，亦即维柯所谓的"诗性共相"的形成方式。这三者（经验科学、实存哲学与诗性文艺）之间的关系是相当复杂的。当年维柯就强调自己与经验主义者培根的亲近关系，认为培根的归纳法也就是他所谓"综合殊相来得出共相的方法"，也正是早期人类的创建者们（即神话诗人们）所用的想象的诗性方法。[①]只不过，维柯是要把培根的方法转用到"研究人类事务方面"的学问上去。

在近世，海德格尔在前期实存哲学和后期诗性言说两方面的努力最具典型性。前期海德格尔的"形式显示的现象学"正是从胡塞尔关于"总体化"与"形式化"这两种"普遍化"方法的区分入思的。海德格尔同意胡塞尔的这个区分，尤其赞赏胡塞尔通过意向性学说对"关联性思维"的启示，但认为这样还是不够的，还只是停留在"理论"层面。对应于胡塞尔讲的"总体化"与"形式化"，海德格尔区分了"客体性质的东西"与"对象性的形式逻辑的东西"，认为这两者构成"理论的东西"；进一步，海德格尔要向"前理论的东西"挺进，认为"理论的东西"是奠基于"前理论的东西"的，"客体性质的东西"起因于"真正的体验世界"（即"世界性质的东西"），而所谓"对象性的形式逻辑的东西"起因于"原始的东西"（即"前世界的东西"）。[②]海德格尔的这种理解已经把胡塞尔的思路实存哲学化了，从而深化和改造了胡塞尔的现象学，也扩大了胡塞尔的"总体化"方法。海德格尔所谓"前理论的东西"，其实首先是行动优先的实存生活世界以及更原始的神秘域（"原始的东西"）。正因为这样，海德格尔才把"现象"理解为"内容意义—关联意义—实行意义"三个方向构成的意义整体，并且认为"实行意义"才是其中的核心。在《存在与时间》之前，海德格尔显然是想以"形式显示的现象学"作为他的实存论

---

①［意］维柯：《新科学》，朱光潜译，人民文学出版社 1987 年版，第 93 页。

②［德］海德格尔：《论哲学的规定》，孙周兴、高松译，商务印书馆 2015 年版，第 232 页。

（实存哲学）的方法，以区别于胡塞尔所说的两种"普遍化"方式。但他这种尝试的哲学后果并不理想①，这才有了后期海德格尔向诗性言说的转向。不过，这种转向并不意味着海德格尔彻底放弃了前期的实存之思以及所谓"形式显示的现象学"的方法要求，而毋宁说是这种实存之思和方法要求的实现。②

　　有关实存哲学及其与现代汉语哲学的关系，我在别处已有所讨论。③在此我愿意再次强调指出的是，欧洲—西方主流哲学和科学的基本特征是"形式超越性"，是一种形式化思维，而因为汉语的非形式语法特性，也即汉语无形式语法，所以在中国传统文化中未形成欧式的形式化超越思维，也即未开展出欧洲哲学的"形式超越性"之维，当然也没有形成欧式的形式科学体系（逻辑、几何、算术等），后者是当今全球技术工业的基础。然而，各民族普遍观念世界的形成方式是多样的，非欧民族文化的文化观念世界不是通过"形式化"方法，而是通过"总体化"方法来构成的。而正如上述，这种"总体化"即便在欧洲哲学范围内也是可以被广义理解的，它不光与具体科学（经验科学）的方法纠缠在一起，也可以用来标识实存哲学（实存主义）的观念构成方式，甚至可以渗透到文艺之中，成为诗意的普遍意义表达的方式，就像海德格尔后期尝试的诗性之思。

　　因此，我们固然可以在形式存在学（本体论）意义上把哲学看作西方唯一的，在此意义上就可以说"哲学是西方的"④，但根据现实的语境以及我们上面揭示的理由，我们更应该开放地把哲学理解为复数，理解为多种哲学，从而为世界多元文化传统和思想方式留下平等交通的机会。我们看到，汉语思想文化一直保持着关联性思维的传统，与西方主流文化传统的超越性思维方式具有格格不入的异质性。与之相反，现代西方的实存哲学，特别是经过现象学哲学和方法的洗礼之后，开启出一

---

① 海德格尔前期哲学（以《存在与时间》为代表）的困难在于：以主体主义批判为出发点，但反而走向了极端主体主义的此在—世界论；以激活哲学语言的力量为己任，但仍旧囿于传统哲学的表达方式。

② 此处可参见孙周兴：《非推论的思想还能叫哲学吗？——海德格尔与后哲学的思想前景》，《社会科学战线》2010 年第 4 期，后收入孙周兴：《以创造抵御平庸——艺术现象学演讲录》，中国美术学院出版社 2014年版。

③ 主要参见孙周兴：《后哲学的哲学问题》，商务印书馆 2009 年版，第 42 页以下；以及孙周兴：《一只革命的手》，商务印书馆 2017 年版，第 149 页以下。

④ 20 世纪的思想家如海德格尔和德里达，当他们说"哲学是希腊的或西方的"时，其实并不持有"欧洲中心主义"的立场，而倒是为了通过这种区分，让非欧思想文化免受"哲学"的伤害。

种有别于传统哲学思维的关联性思维方式，从而更能与中国思想文化传统相互沟通和印证。

现代汉语变得更适合于哲学了吗？

正如我们会追问"何种哲学"一样，我们似乎同样也得提出一个问题："何种汉语？"尤其应该问一问：经过现代化——语法化和逻辑化——改造之后的现代汉语，是不是更适合于哲学了？

关于这个问题，我曾经在《存在与超越》一文的结尾部分做过一次讨论。[①] 我在文中指出：作为西方—欧洲形式科学的基础和核心，存在学／本体论（ontologia）是与印欧语系语言的形式／语法特性紧密联结的；而与存在学／本体论难解难分的神学体现的是西方—欧洲式的超验神性追问，同样植根于欧洲语言文化传统之中。企图用非形式／非语法的汉语言来表达欧洲—西方存在学／本体论的先验形式性，用非超越的汉语言[②] 来传达神学的超验神性，这正是一个多世纪以来中国学术界的一项基本任务，是中国几代学者的共同努力目标。

我们这种努力成功了吗？确实，令人吃惊的是汉语强大的吸收能力和对外来语的抵抗力。特别是在过去一个世纪里，我们汉语世界差不多吸纳了全部西方文明的内容，包括哲学、宗教、科学、艺术、技术等，而现代汉语的常用词汇却是不增反减。这在今日全球人类语言中恐怕是绝无仅有的一例了。而从"五四"一代知识分子对汉语的悲观和绝望心态，到今天国人终于重塑对于母语的信心，这种态度的巨大转变的基本动因却是技术上的，主要是因为 20 世纪 90 年代汉字进入了电脑系统。我们突然发现，汉字不仅进入了电脑和互联网，而且已经成了全球语言中输入操作速度最快的文字。

但我们的问题是：现代汉语是否变得更适合于哲学了？与古代汉语相比较，经

---

① 孙周兴：《存在与超越——西哲汉译的困境及其语言哲学意蕴》，《中国社会科学》2012 年第 9 期，第 28 页以下。后收入孙周兴：《存在与超越——海德格尔与西哲汉译问题》，复旦大学出版社 2013 年版，第 110 页以下。

② 安乐哲把以哲学和神学为核心标志的思想方式称为"超越性的思维"，把印欧语言称为"超越性的语言"，并认为汉语思想和汉语言是完全不同的"关联性的思维"和"关联性的语言"。（参见安乐哲：《和而不同：比较哲学与中西会通》，北京大学出版社 2002 年版，第 51 页以下和第 111 页以下）

过语法的引进、白话文运动、汉字简化运动，特别是通过大规模的学术文化的翻译，现代汉语无疑具有了相对而言的"弱语法"特性，但依然没有改变我们上文所讲的无形式语法的性质。拿前述张东荪的断言"中国言语上没有语尾变化"来说，现代汉语固然发生了巨大的变化，新兴词尾日益增加，并且得到普遍化使用，比如名词词尾"品""性""度"等，动词词尾"化"等，它们是在西语汉译过程中出现的，是为了对译西语中的词尾（比如"性"对应于英语词尾 -ty, -ce, -ness；"度"对应于英语词尾 -th；"化"对应于英语词尾 -ize），而且多半受到日本译文的影响。[①] 如此，张东荪所谓汉语无词尾变化的说法是不是还成立呢？问题恐怕在于，现代汉语中被丰富化的汉语词尾（诸如名词词尾"性"和动词词尾"化"等）是否构成一套形式转换规则，从而形成一个涉及词类区分和数、性、格、态转换的形式语法体系？

　　这个问题不好轻松作答，需要另行探讨。本人倾向于认为，现代汉语更多地在胡塞尔所谓"总体化"意义上获得语法范畴，但仍旧没有突破"形式化"意义上的作为形式科学的语法。在技术工业和全球现代性的巨大压力下，现代汉语思维不断尝试向"超越性思维"（"形式超越性"和"神性超越性"）接近，但其主体仍旧是"关联性思维"——时至今日，汉语在形式科学的表达上的局限，以及在西方哲学/存在学核心范畴的传译上的困难，比如汉语哲学界围绕"存在"（Sein）与"超越"（Transzendenz）这两个译名（以及相关译名）展开的持久争论，都可以表明这一点。

　　现代汉语固然已经变得更适于哲学了，但这是相对的和有限的，只是就它更能通过"总体化"方法表达实存经验来说的。这种表达变得愈加丰富，甚至也在一定程度上变得愈加明晰，但胡塞尔的"断裂"（Bruch）仍旧构成一种界限和限度。原因在于汉语和汉语思维对于欧洲语言和思维的根本异质性，或者说，就在于汉语对于外来语的强大抵抗性。

原刊《学术月刊》2018 年第 7 期

---

　　① 王力：《汉语语法史》，商务印书馆 2003 年版，第 16—17 页和第 100 页。特别值得关注的是，现代汉语中，名词词尾"性"和动词词尾"化"的普遍使用，所发挥的效应令人惊奇。

自觉的两种进路

——中国哲学与汉语哲学的论域

程乐松[*]

　　毋庸置疑，作为一个学术论域的汉语哲学仍然需要界定自身的边界，并且澄清基本内涵。界定和澄清的必要性来自汉语哲学这个术语所指的含混性。从最基础的字面意义来看，汉语哲学至少可以引申出以下四种意涵：其一，以汉语为语言载体的哲学活动，其中包括哲学命题、思考活动及阐释与论证。换言之，汉语是哲学活动的语言工具和场域。其二，以翻译和术语创生为基本形式的汉语的哲学化。从历史视角看，汉语系统及其运用中并不包含哲学性，从西文到汉语的哲学翻译很大程度上是汉语的哲学性衍生。这一过程对于作为一种自然语言的汉语而言是扩展性的。其三，汉语文本的哲学性"赋权"并对这些文本进行符合哲学"规范"的讨论。检视近代以来的中国哲学史和中国哲学学科的研究，可以看到，中国哲学的活动是建基于一个基本预设之上的，即对某些古典汉语文本进行哲学性质的"赋权"，认为某些文本具有哲学特性，关注了哲学问题。进而将这些文本视为哲学文本进行——概念或结构性的——"哲学式"解读，解读的过程中往往不可避免地将西方哲学的相应概念和分析方法当作参照系。与此同时，我们也要注意到，在汉语文本内部就存在着"翻译"的问题，即白话文与古典汉语之间的差异，以及由此产生的语义含混与诠释空间。其四，以哲学方法和视角对作为自然语言之一的汉语展开语言的哲学分析，即从语义学、句法学及语用学等角度展开对汉语的指称及意义系

---

　　* 作者为北京大学哲学系教授。

统的研究。当然，这一视角还要同时关注借由哲学翻译和原创性哲学写作推动的汉语自身的动态发展。由此，我们应该认为汉语哲学是一个层次丰富、主题众多的论域，而非一个或几个零散的议题，汉语与哲学以学术论域的方式联结在一起，意味着以汉语为基本语言的学术共同体的主动自觉，这样的自觉既是学术性的，更是文化性的。

以汉语为学术语言的中国哲学（或汉语哲学）共同体的自觉让汉语与哲学的关系成了一个重要的论题，这一论题的价值并不仅限于学术工作，还影响到以西方文化为参照的中国文化的自主性建构。进而论之，就汉语与哲学之间关系的讨论还将从以下两个方面推动源自西方却被预设为普适的哲学反思：一方面，汉语作为一种语言载体在多大程度上扩充了哲学反思的可能性？另一方面，哲学规范下的汉语哲学活动对中国传统思想和观念的改造为哲学反思的视野提供了怎样的空间？不妨这样说，作为一个论题的提出，汉语哲学首先要摈弃"合法性的情结"——这种情结以汉语作为哲学语言的合法性以及汉语哲学作为哲学活动的合法性的名义，用规范性的要求反映了一种文化立场，即中国的文化与语言进入到某种普适性的学术活动之前就要经过一个"合法性"的文化门槛。换言之，"合法性情结"指向的不是汉语哲学的规范性，而是它的文化属性。对于汉语哲学的讨论，不能忽视如下的事实，即以汉语为载体的哲学活动或对汉语哲学活动的规范化实际上已经展开，并且在持续进行。

因此，应该强调的是，作为一个论题的汉语哲学需要面对哲学、汉语、中国文化之间的相互推动，而不是自我反思式的合法性证成。从近百年以来在中国发生的、以汉语为载体的哲学活动的进程上看，汉语哲学需要从文化的主体性自觉走向一种学术的规范性自觉。

普适哲学的中国化：文化自觉的进路

显然，语言在当代哲学语境中极端重要的角色使得任何以语言为指向或围绕语言展开的哲学论述都十分复杂，更为重要的是，汉语哲学带来的不仅是哲学论述的丰富性，更是与中国文化及中国思想的复杂交织。不妨说，任何关于汉语哲学的谈论都不能脱离中国这一文化语境。以汉语为学术语言的哲学工作是以西方哲学的译介和中国哲学的历史性书写为起点的,将西方哲学的经典著作翻译为汉语的同时,自觉地以西方哲学为参照系梳理古代中国思想的特殊性。当然,这种特殊性也是双向的。中国学者在翻译和介绍西方哲学著作和思想时,一方面用新的语汇和语义内容拓展了汉语的边界,另一方面新的语汇和语义的加入实际上强化了西方哲学的"异质感"。在翻译过程中,为了传递西方哲学文本的含义——尽管不无难度——学者往往选择创制新的语汇,或对既有语汇的语义进行扩充,一种迥异于本土语言表达方式的书写和论证方式呈现了哲学的特殊性。然而,有趣的是,如果哲学要在翻译中实现中国化,或中国要有自己的哲学,就必须用某种方式消解这种特殊性和异质性,即如何说明中国传统思想中也有哲学或哲学式的思考与表达。上述两种特殊性从本质上说是一种文化差异,而哲学的中国化正是要用哲学的普适性假设消弭文化差异带来的异质性。

由此,在中国发生的哲学活动必须一方面说明中国文化中也具有哲学的关切,另一方面也论证了哲学在跨文化语境中的普遍性。换言之,从近代中国的哲学学科的发展进程看,以汉语为书写语言的哲学工作首先是以哲学为视角的中国文化的自觉——面对西方哲学的冲击,说明和论证中国思想的普遍性与特殊性。

如果从普遍性与特殊性之间的张力看,近代以来的中国哲学研究的基本预设就是哲学本身是跨语文和跨文化的,是人类思想中可以通约的组成部分。由此,中国哲学对于哲学的本质定义是论题性的,而非规范性的。哲学显然是西方的舶来品,那么对于哲学的谈论的第一目标就是说明在中国如何运用一种舶来品,并且论证其合理性。从哲学是什么入手,才可能说明中国何以有哲学,并进而说明中国哲学是什么。

胡适在《中国哲学史大纲》开首就强调:"凡研究人生中切要的问题,从根本上想,要寻一个根本的解决:这个学问叫作哲学。"在胡适看来,哲学的问题包括:"天地万物是怎样来的?知识思想的范围、作用及方法;人生在世应该如何行为?怎样才可使人有知识、能思想、行善去恶呢?社会国家应该如何组织、如何管理?人生究竟有何归宿?"[1]这样的哲学定义及论题叙述,实际上预设了哲学的普遍性,哲学在这个意义上可以被视为一种普遍的文化现象。这样一来,中国是否有哲学的

---

[1] 胡适:《中国哲学史大纲》,商务印书馆 2011 年版,第 7—11 页。

问题就成了一个不必讨论的课题，需要讨论的是，中国的哲学是什么？①

　　在此基础上，西方语言谈论的哲学问题对于中国的哲学而言，就是同一种关切的另一种表达，即所谓参照系。对于胡适而言，中国哲学史的写作就是以西方哲学为参照系对中国古典文本和思想的一次重述，"我做这部哲学史的最大奢望，在于把各家的哲学融会贯通，要使他们各成有头绪条理的学说。我所用的比较参证的材料，便是西洋的哲学……整理中国哲学史的史料，不可不借用别系的哲学，作一种解释演述的工具"②。在胡适的哲学史框架中，古代中国思想和文本的哲学性是无须论证的，哲学史就是既有的哲学进行"条理性"的分梳和重述。从这个意义上说，中国哲学史对于胡适而言就是一次改造行动，让中国古代思想符合哲学的"规范"，这一规范可以简单地理解为头绪条理。

　　相对于胡适对论题和参照系的关注，冯友兰对于哲学的定义可以分为两个层次看：哲学史与哲学。冯友兰在哲学史的意义上，更强调对中国文化精神的展现与展开。以他的看法，"哲学是人类精神的反思。所谓反思就是人类精神反过来以自己为对象而思之。人类的精神生活的主要部分是认识，所以也可以说，哲学是对于认识的认识"③。如果说哲学史是对人类精神的反思，那么中国哲学史就是对中国这一特殊人类群体的精神历史的反思，"一个民族的文化，是一个民族精神活动的结晶。一个民族的哲学史一个民族的精神对于它的精神活动的反思，从这个意义说，一个民族的哲学史一个民族文化的最高成就……学习哲学的活动，是对于人的精神活动作反思，在这种反思中发展锻炼人的理论思维的能力。在这种反思中，人可以对于自然、社会和个人的行事有一种理解。有一种理解就有一种看法。有一种看法就有一种态度。理解、看法和态度，总而言之，就是他本人的世界观"④。从上述引文中

---

　　① 这种方式在近代中国的学术译介中并不鲜见，译介者往往通过介绍西方学术体系中的学科的研究对象或研究方法，说明中国文化或学术中也有类似的相对物或者相似对象。换言之，一种比较视角中的比附成为西方学术译介过程中的重要方式。

　　② 胡适：《中国哲学史大纲》，商务印书馆 2011 年版，第 13 页。

　　③ 冯友兰：《中国哲学史新编（上）》，人民出版社 1999 年版，第 8 页。

　　④ 冯友兰：《中国哲学史新编（上）》，第 24 页。当然，我们应该注意到在这个时期冯友兰的哲学史写作是受到了马克思恩格斯的历史观和唯物主义立场的影响，与其早年哲学写作过程中对于哲学思辨性的强调有所差异。然而，对于冯友兰而言，中国哲学史内蕴的中国文化精神却是不变的主题和轴心目标。不妨说，哲学史的写作对于冯友兰而言就是中国文化精神哲学面相的展开。

可以看到，冯友兰与胡适在哲学史学术立场上的差异，胡适更强调的是有秩序的表述，而冯友兰则强调中国文化精神的特殊性和本然展现，从这个意义上说，冯友兰的哲学史是更具辩护性①的——突出中国文化及其哲学的特殊性。

　　与哲学史相对，冯友兰早期的哲学写作更加重视思想对于哲学的重要性，"照我们的看法，哲学乃自纯思之观点，对于经验作理智底分析、总结及解释，而又以名言说出之者。哲学之有靠人之思与辩"②。从思考到言说，冯友兰通过思想性说明了哲学的普遍性，从另一个角度消解了中国是否存在哲学的问题。在这一基础上，冯友兰强调了哲学思考的规范性以及它与经验世界的差异："哲学中之观念、命题，及其推论，多是形式底、逻辑底，而不是事实底、经验底……哲学对于真际，只形式地有所肯定，而不事实地有所肯定……真际与实际不同，真际是指凡可称为有者，亦可名为本然；实际是指有事实底存在者，亦可名为自然。真者，言其无妄；实者，言其不虚；本然者，本来即然；自然者，自己而然。"③应该说，哲学的普遍性是中国哲学成立的基本预设，而哲学的特殊性则是中国思想的哲学化的基本要求。有了这两个不同的层次，中国哲学从一开始就进入了比较研究的视野。④当然，这一比较研究视野不仅没有考虑到中西哲学比较中存在的语言工具及语义系统的巨大差异，而且隐藏着两种回应性的目标。中国哲学一方面要回应西方哲学作为参照系提出的中国语境中哲学的内容及其合法性的问题，另一方面也要回应古典中国思想体系中一直活跃的基本思想主题如何实现"哲学化"。

　　在以哲学思考的方式回应古代思想主题方面，冯友兰、熊十力、金岳霖、徐复观及钱穆都曾作出说明，这些学者要么强调中国思想和文化的特殊性，要么尝试以

---

　　①　因此，冯友兰也强调胡适的中国哲学史研究是"反中国哲学的"，中国哲学史是中国通史的核心部分，也是其中文化精神的反思性阐释，而不是对中国历史和思想的某种批判性反思。

　　②　冯友兰:《贞元六书》，中华书局 2014 年版，第 13 页。

　　③　冯友兰:《贞元六书》，中华书局 2014 年版，第 17—18 页。在冯友兰的哲学思想中，真际是一个十分关键的概念，它一方面区隔了日常经验，另一方面也尝试避免在中国传统思想文本中关于神秘精神境界的描述。

　　④　在近现代中国思想或哲学研究领域中，很多学者在运用哲学这一名词时并不考虑其内涵和特殊性。试举其中两例，汤用彤在《印度哲学史略》中对印度思想历史的叙述并不十分明确哲学一词的内涵。与此相对，梁漱溟在《东西文化及其哲学》中采用比较的视角理解中西文化的差异，并且将思维方式的特点直接理解为哲学，换言之，哲学的比较在这一语境中实际上指的是思维方式和价值观念的差异，这与哲学作为一种规范性思考的基本内涵是有区别的。

自身对哲学的理解重述或回答古代思想的主题。对于钱穆而言，他更强调中国哲学的中国特性以及与西方哲学的差异性，这种差异性必然导致一种比较性的分析，在哲学这一名词的模糊性基础上形成了中国哲学的特殊性。①《贞元六书》对于冯友兰而言，就是对中国古代思想主题的哲学式回应，"对于真际之理智底了解，可以作为讲'人道'之根据；对于真际之同情底了解，可以作为入'圣域'之门路"②。显然，"人道"与"圣域"是中国古代思想中的核心话题，而哲学思考就是进入这些话题的主要途径。与钱穆和冯友兰相对，金岳霖首先完全接纳哲学方法的普遍性，并且尝试将哲学方法运用于中国思想的原创性建构中，他也同时强调中国思想的特殊性的重要性：金岳霖一方面将哲学写作的主题直接定义为"道"，另一方面也十分强调"道"作为一个中国论题的特殊性，"中国思想中最崇高的概念似乎是道。所谓行道、修道、得道，都是以道为最终的目标。思想和情感两方面的最基本的原动力似乎也是道……不道之道，各家所欲言而不能尽的道，国人对之油然而生景仰之心的道，万事万物之所不得不由，不得不依，不得不归的道才是中国思想中最崇高的概念，最基本的原动力。对于这样的道，我在哲学底立场上，用我这多少年所用的方法去研究它，我不见得能懂，也不见得能说得清楚，但在人事底立场上，我不能独立于我自己，情感难免以役于这样的道为安，我底思想也难免以达于这样的道为得"③。金岳霖设定了两个并行的语境，即哲学的方法与中国的语境，哲学方法最终还是要受到文化语境的限制。

　　不难看出，哲学的普遍性和中国的特殊性是近代以来中国的哲学研究④的普遍自觉。这种普遍的学术自觉来自不可避免的比较文化的视角以及对中国民族文化的重视，中国思想的特殊性成了哲学研究的重要论证目标，而哲学的普遍性也成为

---

　　① 钱穆强调，哲学这一概念本身在中国是没有的，由此，中国本身没有哲学。但他认为不能因此认为中国没有思想。中国思想的诸如宋明理学等部分被称为中国哲学在钱穆看来是无可厚非的，前提是需要澄清中国哲学这一名词与西方哲学的差异。参见钱穆：《略论中国哲学》，载《现代中国学术论衡》，九州出版社 2011 年版，第 21 页。

　　② 冯友兰：《贞元六书》，中华书局 2014 年版，第 21 页。

　　③ 金岳霖：《论道》，商务印书馆 2015 年版，第 18 页。

　　④ 显然，以本文的篇幅和上文的论述而言，对于近代以来中国学术史中涉及的哲学或哲学史的分析和梳理是远未臻完善的，十分有限的引证只是尝试从学术史的角度说明在中国展开的哲学研究在开始阶段首先引发的是关于哲学普遍性和中国特殊性的自觉，这一阶段并没有涉及汉语作为一种学术语言的论域。

"中国哲学"合法性的重要辩护。事实上，这样的自觉一直是中国的哲学研究发展的重要推动力。在中国的中国哲学与西方哲学研究，分别通过经典诠释和译介研究的方式持续确立中国的哲学研究的特殊性。中国哲学研究的特殊性一方面来自对中国式的哲学问题及其价值的强调，另一方面则进一步强化了哲学活动中使用和衍生的汉语在整个汉语体系中的特殊性，即问题及其表述方式都是特殊的。中国哲学一方面必须说明中国古典思想文本中问题的特殊性，另一方面还需要进一步将这种特殊性与哲学语言的特殊性联结在一起。从这个意义上说，文化性的自觉不仅没有强化哲学普适性的假设，反而强化了哲学语言及其规范的特殊性。

汉语与哲学活动：另一种自觉的进路

与此相对，汉语哲学这一论域的提出，就直接越过了比较文化的视野，不再只是强调中国文化和思想语境面对哲学分析的特殊性及其中所见的文化精神的特色，而是直接进入了语言作为哲学载体的层次。从语言入手的研究，不仅涵盖了文化的特殊性，预设了哲学分析的普遍性，更需要凸显哲学进入中国的实质内涵——哲学与汉语的相遇和互动。相对于以中国文化特殊性的比较视野为出发点的哲学研究，我们可以将汉语哲学称为在中国的哲学学术共同体的第二层次的自觉。那么这种自觉意味着什么呢？对于我们理解汉语哲学作为一个论域有何价值？

我们不应该否认，汉语哲学这一论域的提出在某种程度上是受到了现当代西方哲学研究中的语言学转向的影响，也是对这种转向的一种回应。在现当代西方哲学的语言学转向中，语言不再是描述世界的工具，也不仅仅是一个简单的符号系统，而是在语言的体系和言语的运用中限定了可被谈论的世界，语言成为一切哲学问题的基石，我们不是在谈论世界，而是在谈论关于世界的谈论，即经验只能在语言的界限内才能达成可能性。[①] 如果说基于语言学转向而形成的对汉语的重视是对西方哲学发展的回应，那么汉语哲学的另一个重要价值在于从一个更技术的层次上澄清

---

① 弗雷格、维特根斯坦为代表的哲学家让语言和意义成为哲学的枢纽，而维特根斯坦关于日常语言的讨论则进一步凸显了语言的广度、深度和对思想可能性的限定。在这一大的趋势中，不能忽略包括罗蒂和普特南在内的当代实用主义哲学家对于语言与实在关系的讨论，以及以此为基础产生的新实在论。与此相对，海德格尔关于语言与存在的论断从另一个层面强化了哲学研究对于语言本身的倚赖。

了哲学与汉语互动的可能性和必要性。在中国，所有哲学活动和思维及其表达都是以汉语为语言载体的，中国哲学的合法性和特殊性问题也必然要涉及汉语。这样一来，中国哲学或者在汉语环境中进行的哲学活动的合理性和特殊性就直接指向了汉语，即汉语是否可以成为哲学思考的语言工具。如果从现当代哲学对于语言与哲学思考之间关系的基本认识出发，我们甚至可以说，中国哲学的问题中最为基本的问题是汉语带来的：汉语作为一种自然语言的特殊性是否能够塑造一种独特的哲学，与此同时，遵守严格规范的哲学思考又会给汉语本身的发展和意义体系带来什么变化？

如果我们以哲学史为视角，就会发现以不同语言为载体一直是哲学发展的基本形态。从哲学思考和书写的历史来看，除了古希腊语，其他所有的西方和非西方语言都并不是哲学思考的"原初语言"。[①] 质言之，包括德语、英语、法语在内的各种自然语言都不是天然的哲学语言，以这些语言为载体的哲学思考促使了它们成为哲学语言，汉语只是在这一序列中晚于上述自然语言。从这个意义上说，汉语与哲学的关系问题并不具有特殊性[②]。在历史的视角下看待哲学的发展，我们就应该承认，哲学语言不应该是固定的——哲学作为一种规范性的思考方式也是要在运用不同语言的语境中不断成熟和改变的，与此同时，任何一种自然语言天然地就有进行哲学活动的可能性。对某种语言及其文化传统的哲学性赋权，本质上说是一种论题的抽取和对照，而不是对其语言作为哲学反思工具的合法性的假设或论证。

与此同时，我们不得不承认的是，从第一次对西方哲学的译介开始，汉语哲学已经存在了，而且这一过程从未中断过，无论是对中国古代思想的哲学化分析，还

---

① 这里，我们对于哲学进行了历史性的限定。我们假定在古希腊文化中产生的思想形态就是最早的哲学模式，这一假定不是要强调哲学产生的民族性和区域性，而是说明"哲学"思考的最初语言载体是希腊语。

② 在中西哲学的比较视野中，学者的一种惯常选择往往是中西方思维方式和表达方式的差异造成的哲学差异，似乎这种差异与语言作为思想场域没有太多的关联。如果我们将言语行为和哲学活动的关系纳入视野，就不难发现，语言及其运用不仅完备地展示了思维和表达方式，更是特殊的思维和表达方式的唯一可能的载体和具象化途径。哲学史为语言与哲学的关系带来两重含混性：其一，哲学活动本身就是一种语言的运用，或者说是一种言语或书写行为，语言与哲学的关系——这一论题似乎影射了两者之间的二元关系，实际上这种二元关系是难以成立的；其二，从过往哲学活动中演进而来的当下哲学的论题往往会将历史中不断发生变化的语言载体、论述形式及论题焦点视为哲学本身的一部分，进而造成了哲学史与哲学之间的含混。汉语与哲学之间的问题，与德国古典哲学勃兴阶段德语与哲学的关系并无二致，我们在这一点上将哲学与某种语言的亲缘性仅仅做语言学意义上的约化。

是持续通过翻译和原创性写作产生的新的汉语哲学名词,都清晰地说明了汉语早已成为哲学语言的事实。从这个意义上讲,汉语是否有可能成为一种哲学语言的设问是完全没有必要的。对汉语哲学的关注,是在汉语作为哲学语言的现实性基础上展开的,关注汉语与哲学思考之间的互动——汉语是否具备了塑造某种哲学思考方式的可能性,哲学思考在多大程度上改造了汉语?换言之,汉语哲学应该关注的是汉语与哲学的复杂互动带来的汉语哲学的特殊性。汉语哲学的特殊性对于经历了无数历史变化和语言载体变迁的哲学发展而言,又是一种新的场域和可能性。

从汉语本身和作为鲜活、持续的活动本身的哲学出发,我们在探讨汉语哲学时尝试提出以下四个问题:其一,从横向的工具视角入手,作为一种哲学思考的语言,汉语的语法与语义结构是否有什么特殊性?其二,从纵向的历史视角看,以汉语为基本语言工具的哲学活动及其成果有什么特殊性?其三,哲学活动给汉语带来了什么样的变化?这种变化在多大程度上可以被命名为汉语的哲学化?其四,汉语与哲学的互动在多大程度上可以激发语言与哲学思考内在关系的哲学性讨论?上述的问题并不是彼此独立的,而是交叠在一起的。汉语的语义体系和语法结构是在语言的运用中逐步形成并且不断动态发展的。

以思考、书写与诠释为基本形式的思想经验及其成果在一定程度上构建了汉语的语义体系、语法结构及表达方式。与此同时,在中国展开的哲学活动不仅包括经典文本的研究,还包括当下的原创性的哲学思考。从古今、中西两个角度看,以汉语为载体的哲学活动在语言意义上持续进行着三种层次的翻译:其一,从经典思想文献到白话文的翻译,这一翻译不仅涉及文言和白话文之间的差异,还包含了对经典思想文献的文本性质的哲学化预设,以及抽取经典文本中的某些语词和语句作为哲学分析的对象、哲学叙述的线索,乃至哲学论述的过程。这样的翻译完成了对中国古典思想文本的哲学化(Philosophize),同时也推动了白话文与古典思想文本在语汇上的融合。其二,将外语哲学文本翻译成汉语,这样的翻译为白话文引入了更多的哲学词汇。翻译的特殊性决定了这些哲学词汇有明确的非汉语的对照词汇,这就造成了汉语与其他语言在哲学表达上的融合。显然,这种融合并不是简单的语义对应,而是还包括在翻译过程中造成的语义偏差及其带来的思想效应。其三,在汉学研究中,不少中国古典思想文本及当代哲学写作都被翻译为其他语言,同时很多比较哲学家也用汉语以外的其他语言直接讨论中国古代思想中的哲学课题。这样的翻译使得中国古典思想文本中的关键词和语句也拥有了外语的对照词汇。

通过上述三种翻译，汉语不仅通过哲学活动持续衍生和拓展，同时也不断融入跨语言的哲学表达语境和意义体系中。与此相对，翻译虽然追求语义和语汇上的直接对应，并且尽量避免意义的误差和损失乃至扭曲，但翻译的实际展开不得不面对语汇无法对应、表达方式差异、语法结构不同等诸多现实问题，最终造成在翻译过程中的意义转换、缺损和再造。更有甚者，如果我们将翻译之后的文本阅读、理解和再诠释也纳入这一观察视野的话，问题就会变得更加复杂。从事实上看，上述三重翻译推动了汉语的衍生和再造，产生新的语汇，并且以这些语汇为基本的表达元素展开哲学活动，从而形成了一种新的语言运用形式。新的语言运用形式不仅标志着以汉语为载体的哲学活动，而且也隐含着哲学活动以一种前所未见的方式在某种特殊语言系统中展开。然而，是否可以认为这是汉语的哲学化或哲学的汉语化呢？显然不能，如果我们将基于三重翻译以及翻译与诠释过程中的思想活动视为汉语的哲学化，那么就不得不面对"何谓哲学化"以及"何种哲学化"的问题。

"哲学化"这一命题可能包含了三个层次的含义：第一，对于汉语而言，哲学是外在的。显然，以汉语为基本形式的哲学思考与写作已经在进行，易言之，哲学活动与汉语不可分离。汉语并不是一种外在于哲学活动的语言。第二，有一种异质于汉语的语言形式是哲学语言的标准形式。这一标准形式将指向一种独特的语言，而不是一种学术研究的规范，那么，任何一种语言都不能被视为是哲学思考的标准语言。第三，自然语言与哲学语言之间存在某种区隔，哲学化就是这种区隔的消弭。就当代哲学的基本立场看，显然不存在所谓自然语言之外的哲学语言。由此，我们可以看到，汉语的哲学化是缺乏合理性的。应该认为，哲学活动推动了汉语的动态发展和衍生，而非对汉语进行了哲学性改造。进而言之，对某种语言进行哲学性改造，或者让某种语言成为哲学性语言，并不是为某种语言增加了符合哲学要求的"规范性"，而是以某种语言为载体的表达方式成为哲学思考和讨论的范式之一，这一点我们可以从德国古典哲学的发展历程中清楚地看到。

汉语的哲学性衍生并不仅仅来自上述的三重翻译，还有不断发生的原创性的哲学活动及其书写。以汉语为基本语言的原创性哲学活动很大程度上是在上述的汉语哲学性衍生基础上展开的，并且进一步丰富了汉语的哲学表达方式。这种原创性的哲学活动是在跨语言的哲学思考环境中展开的，既有对传统中国思想的理解和再诠释，也有对其他语言和文化传统中的哲学课题的回应，更包括了对当下中国社会经验的反思与建构，从这个意义上说，哲学活动保障了汉语动态发展的可能性。

　　与此相对，汉语哲学需要面对的另一个问题仍是从比较视野出发的。以汉语为基本语言载体的哲学活动在多大程度上产生了与以其他语言为基本载体的哲学活动不同的特殊性，进而拓展了哲学思考和表达的可能性？或者说，汉语能产生怎样的哲学？这样的设问似乎是要讨论哲学活动的中国特色。[①] 中国特色直接指向了比较文化的视野，而汉语是中国特色的组成部分，由此引发的问题就是对汉语本身的哲学性衍生的内在机制和语义模式的分析，并且还要同时考虑历史上的思想文本及其主题的表达特点对汉语的影响——这既是一个哲学史的问题，也是一个哲学问题。从这个意义上说，汉语本身就是内在于中国哲学的课题。

　　如前文所述，我们如果将汉语哲学视为中国的哲学发展的另一个层次上的自觉，那么这种自觉就设定了汉语作为哲学思考和表达语言的合理性，并且将汉语哲学视为整体哲学活动的一部分，在普遍性中明确特殊性。更为重要的是，汉语与中国的哲学活动都可以被纳入哲学分析和反思的整体框架中，从这个意义上说，汉语哲学完成了对汉语的"哲学赋权"。当然，不得不承认的一个事实就是，关于汉语哲学的讨论本身就是内在于汉语的，汉语哲学的讨论可以成为汉语的哲学衍生的组成部分。换言之，我们在描述这一过程，而不是尝试论证任何结论。

原刊《学术月刊》2018 年第 7 期

[①] 陈少明在《做中国哲学：一些方法论的思考》中提及中国哲学的特色应该基于中国的生活经验。他尝试从经验出发理解哲学的普遍性："哲学的普遍性可以是逻辑的，但也应当是经验，两者可以相通。"（参见陈少明：《做中国哲学》，生活·读书·新知三联书店 2015 年版，第 5 页）

巨变时代的中国政治学研究议程

杨光斌[*]

政治学是时代的产物，因此政治学说史上才有各种说法的"新政治学"或"新政治科学"。遗憾的是，在政治学学科而非政治思想意义上，百年来中国政治学一直缺乏自己的重大议程设置。政治学的中国叙事时代应该到来了，这不仅是因为世界秩序正在深刻变革之中，历经百年发展的中国政治学有了学科自觉，而且世界级大国必然会产生的政治实践经验需要概念化表述。事实上，基于政治学知识贡献的"国家治理体系与治理能力的现代化"这一政治表述，就是政治学议程设置的一次重大突破。正在发生的世界秩序的深刻变革将进一步彰显这一新议程的世界性意义，而且还将对国际问题研究提出新议程的要求。我们知道，于 2018 年由美国发起的中美"贸易战（科技战）"无疑是世界政治变革中的标志性事件，意味着美国主宰的"自由世界秩序"在自我解构之中；更有甚者，暴发于 2020 年初的全球新冠肺炎疫情让很多人都将其视作是世界秩序的分水岭，基辛格甚至认为疫情将永久性地改变世界秩序。^①如果说中美"贸易战（科技战）"是检验社会科学的试验场，呼唤新的社会科学研究议程，那么新冠肺炎疫情则至少为政治学研究设置了确定性新议程。本文首先总体性反思社会科学的一般状况，然后集中讨论政治学研究的议程设置问题，前者是后者的背景性知识。

---

* 作者为中国人民大学政治学特聘教授，北京大学国家治理研究院研究员。

① Henry A. Kissinger, "The Coronavirus Pandemic Will Forever Alter the World Order," *The Wall Street Journal*, April 3, 2020.

一、社会科学的一般状况：需要一场范式革命

正如沃勒斯坦在《现代世界体系》（第四卷）所述，伴随着资本主义世界经济体的形成，论述资本主义合理化的社会科学学科政治学、经济学和社会学也一一出现，到第二次世界大战，英国、德国、法国、美国、意大利等五国提供了百分之九十以上的社会科学知识产品，而且研究对象也基本上是这些国家。[①]"二战"后流行的国际社会科学，更是美国人主导的。那么，"美式社会科学"具有什么内在属性呢？美国人自己指出，战后美国社会科学乃"冷战学"。[②]有些人却不认同，认为它们是"科学"。即使是"科学"，也是一种忽略掉历史过程的终端性叙事，将终端模式理论化。如果走进美国人的历史过程，各种真相让人愕然，比如贸易保护主义理论起源于美国、白人对印第安人的事实性种族清洗，不胜枚举。美国企图肢解华为公司的国家行为，也是历史进程中的故事，是明天的"历史"。身处进程之中的我们，自然不能错过这个反思、重建社会科学的千载难逢的机遇。社会科学是一个"大词"，既有社会中心主义的社会科学知识体系，也有国家中心主义的社会科学知识体系，但前者的宰制性地位显而易见，而且美国社会科学的本体论就是自由主义之个人主义假设，贯穿于各学科之中。

（1）自由民主之政治学。政治学乃是关于共同体善业的学问，但在美国却被简化为作为研究范式的"自由主义民主"，即只要实现了法治下的个人权利（主要是财产权）和个人投票的民主，政治生活就万事大吉了。其理论基础是，古典的人民主权概念被置换为选举式民主，所谓选举等于民主，民主等于选举。在改造民主概念的基础上进一步改造合法性概念，将原来的"合法律性"改造为"选举授权才有合法性"，即以选举置换了合法律性。从此，"选举式民主"和基于选举式民主的合法性概念，就变成了评价一个国家政治制度好坏的标准。[③]很多国家因此发生了"民主化转型"，结果又纷纷地因无效治理而出现"民主回潮"，又被美国人冠以"选举

① ［美］伊曼纽尔·沃勒斯坦：《现代世界体系（第四卷）——自由主义的胜利：1789—1914》，吴英译，社会科学文献出版社 2013 年版，第 310 页。

② Mark Solovey and Hamilton Cravens eds., *Cold War Social Science: Knowledge Production, Liberal Democracy, and Human Nature*, New York: Palgrave Macmillan, 2012.

③ 曾毅、杨光斌：《西方如何建构民主话语权——自由主义民主的理论逻辑解析》，《国际政治研究》2016 年第 2 期。

式威权主义"（competitive authoritarianism）。[①] 即便如此，自由民主的优越性对于西方人而言深入骨髓，比如把新冠肺炎疫情当做是制度的结果，认为拥有自由民主制度的西方将不会受到感染。制度偏见和"制度迷信"到如此程度，真是惊天地泣鬼神。

基于自由主义民主政治学而衍生的国际关系理论，去国家化达到了空前的程度。柏林墙倒塌、苏联解体，是对当时流行的以国家为分析单元的结构现实主义理论的致命性打击，取而代之的国际关系理论，是福山一鸣惊人的"历史终结论"所奠定的自由制度主义理论，将个人主义本体论为基础的国际制度视为"自由世界秩序"的普世价值。相应地，呼应"历史终结论"的"软实力""民主和平论"一度成为炙手可热的概念。在这个过程中，全球治理理论诞生了，罗西瑙（James N. Rosenau）等认为可以实现"无政府的治理"，主张的是公民组织的替代性作用。[②] 伴随着英国脱欧公投尤其是特朗普上台后的所作所为，这些以自由主义民主为理论基础的各种概念，让人有种恍若隔世的感觉，自由制度主义，主张美国以"软实力"而吸纳其他国家，却也被特朗普政府的各种"退群"、践踏国际规则所证伪，美国政府对其"软实力"不再抱有信心。但观念的固执性决定了流行观念并不会随着时代巨变而立刻烟消云散。

（2）自由市场之新古典经济学。20世纪80年代开始的撒切尔主义、里根主义掀起了新自由主义浪潮，核心是私有化和自由化。这股政治思潮在经济学上体现为新古典主义经济学尤其是其中的新制度经济学，认为只要形成市场化意识形态，政府保护了有效产权即私有产权，国家就能兴旺发达，认为"西方兴起"的奥秘就在于这三要素——国家理论、产权理论和意识形态理论。国家建设是如此多面向的、情境性的宏业，几个要素怎么可能回答国家的兴衰。这种所谓基于经济史而事实上非历史性的学说，其实正是发展中国家所以不能发展的根源。发展中国家的土地制度大多是世袭制的土地私有制，这种制度到底是有助于发展还是阻碍了发展？土地私有化前后的绩效到底如何？看看墨西哥20世纪80年代以来的故事就知道了，想

---

① 参见 Steven Levitskyand Lucan Way, *Competitive Authoritarianism: Hybrid Regimes After the Cold War*, New York: Cambridge University Press, 2010。

② [美] 詹姆斯·N. 罗西瑙主编：《没有政府的治理》，张胜军、刘小林等译，江西人民出版社2001年版。

想印尼"雅万高铁"项目的流产就应该明白究竟。只要放眼世界政治，就知道这种理论与现实的巨大反差。当然，在新古典经济学那里，历史并不重要，经济学变成了信仰政治。

（3）"投资人民"之社会学说。伴随着政治民主化、经济自由化所出现的治理理论，认为发展中国家不能发展的根源在于无效率的政府，因此主张压缩国家的生存边界，转而"投资人民"，让社会组织和个人担负起治理国家的重任。这种理论流行了三十年之后，发展中国家并没有因此而变得更好。究其原因，在于这种理论根本性地颠倒了因果关系。发展中国家的无效政府，不是政府本身想无效，而是求效能而不得，政府只是众多"强社会"中的一个组织，所谓"强龙不压地头蛇"。发展中国家的国家建设的真正任务是将国家组织起来，在国家权力碎片化的前提下再主张去国家化的社会权利，结果是进一步弱化了本来就很弱的国家权力，治理理论给这些国家雪上加霜。

（4）权利主义之法律思想。鉴于"文革"践踏个人权利的沉痛教训，改革开放后才有的法学必然要反思以国家为核心的工具主义法学，倡导保护人权的权利主义的法学。这是中国法学的巨大进步。但凡事过犹不及，原因很简单，正如孟德斯鸠在《论法的精神》中所言，法律是政体的延伸。也就是说，法律首先是用来保护政权的，用来维护政治秩序，将政治秩序法律化进而制度化，这是法律的首要议程，或者政治功能是第一位的。其次，罗马法传统就是为了捍卫私有财产权，所谓的"自然权利""天赋人权"等社会契约说，无不是在证成这一点。这是法律的经济功能。政治功能和经济功能就是事实上的工具主义法律观。最后，法律的社会功能是维护基本的治安秩序，保护个人的基本权益。只有明白了法律的政治功能、经济功能和社会功能，才能理解美国宪法所捍卫的政治制度与经济制度，以及经济制度与社会权利之间的巨大张力。为什么美国枪支泛滥而得不到控制以至于每年死伤 3 万人以上，最发达的国家依然有 4000 万人没有医保，单维度的权利主义之法学如何解释？更重要的是，最发达最富有的美国，新冠肺炎病毒感染人数最多而不能有效保护公民生命权，这大概是权利主义法学的新难题。

（5）美式社会科学需要一场"范式革命"。社会科学是回答一个国家面临的重大社会问题的学说，是对特定国家特定历史时期的特定经验或危机的理论化，因此，所有门类的社会科学必然具有历史的情境性、维度的多面向性以及现实问题的高度复杂性与极端不确定性。在这个意义上，贯穿着自由主义个体权利本体论的政治学、经济学、社会学和法学，可以被视为对以捍卫财产权的资产阶级革命成果的证成，而非一般性的共同体善业的学说，否则，"历史终结论"就已经大功告成。事实上，上述门类的社会科学不但与世界政治的现实产生了巨大的张力，更难以解释特朗普政府滥用国家权力的行为。不但如此，特朗普政府的行为还是对流行的社会科学的一种巨大嘲弄，前述的政治学、经济学、社会学和法学，说到底都是为了"去国家化"，而特朗普政府却将国家权力发挥甚至滥用到极致；而新冠肺炎疫情更是检验国家能力的一把尺子。

特朗普政府非法地对待孟晚舟女士进而试图肢解华为公司的行为，根本性地违反了美国社会科学之精神和使命。具体而言，政治学之个人权利受到法律的保护，但逮捕孟晚舟完全置法律于不顾；国际关系理论中的现实主义，其实依旧是帝国主义世界政治结构中的一个面向的权力政治，并不能反映强国与弱国之间的国际关系；[①] 经济学所倡导的有效产权之信仰，被特朗普政府踩在脚下，要知道华为公司可是一家典型的民营企业；社会学之"没有政府的治理"假设，特朗普政府更视之为无物；法学之权利主义，在孟晚舟事件上就是一个历史性国际性笑柄。这一切的一切，都意味着美国的社会科学之精神与美国政府的治国之道南辕北辙。当理论不能解释现实的时候，理论本身就需要反思与重建。

我认为，在根本上，美式社会科学需要一场"范式革命"。以去国家化为目的的美式社会科学是怎么来的呢？自由主义社会科学是建立在"理性人"假设基础之上。在霍布斯看来，国家的最基本成分是人，要认识国家，就要首先分析作为国家最基本单元的人，认识"人性"，理解了人性，一切问题就迎刃而解了；而人是自利的利益最大化的"理性人"。"二战"后，美国人将起源于欧洲的以研究国家为对象的社会科学，降至个体和社会行为研究，主张个体主义的"理性人"假设得以成为整个社会科学的本体论性质的命题。

显然，基于"理性人"假设的"社会科学"完全是非历史的，既偏离了西方

---

① 杨光斌：《历史政治学视野下的现实主义国际政治理论》，《教学与研究》2020 年第 7 期。

自己的固有传统——比如亚里士多德就是在情境性、历史性的前提下探索政体问题
的；也不能解释西方国家自己的治理行为——国家是不可或缺的宰制性主体，更与
很多非西方国家的政治传统无关，所以才最终出现与现实的对抗。背离历史、有违
传统、对抗现实的研究范式，理应被终结，急需一场新的"范式革命"取而代之。
范式革命既体现在学科建设的新议程上，也包括新型研究路径。

二、比较政治学的新议程：从制度比较到治理能力比较

我们已经知道，"二战"后发展起来的美国比较政治学，先是从 20 世纪 50—
70 年代的政治发展研究或现代化研究，转型到 20 世纪 80 年代以来的民主化研究或
转型学研究。起步较晚的中国政治学自然跟着美国政治学的研究议程而研究，在 80
年代以现代化研究为主，90 年代之后开始研究民主转型与民主巩固问题。其实，无
论是现代化研究还是民主化研究，都是比较政治制度研究，这是对美国比较政治学
的一个总概括。

当然，在现代化研究的浪潮中，又可以划分为两大流派，一是以阿尔蒙德
（Gabriel A. Almond）为代表的典型的制度学派，其表现形式就是结构功能主义，认
为无论什么类型的国家，只要具备了从美国政治制度中提炼出的 7 大功能以及相应
的结构，这个国家的现代化就成功了，这一学科史的最大教条主义之作就是 1959
年出版的《发展地区的政治》，[①] 以结构功能主义范式分析所有不同文化类型的国家
和地区。结构功能主义范式在美国流行到 20 世纪 70 年代，其中的大多数学者适
时地转型到理性选择主义。可见，制度学派的方法论至上特征显著，或者说方法论
就是为了验证某种制度的合理性，这也算是对方法论与政治制度之间关系的一点
新认识。现代化研究中的另一大流派就是以巴林顿·摩尔（Barrington Moore）为
代表的历史社会学，意在发掘现代国家是怎么发生的，或者称之为国家建设学派，
70 年代后走红的查尔斯·梯利（Charles Tilly）、伊曼纽尔·沃勒斯坦（Immanuel
Wallerstein）等一大批学者，都在研究这个主题。相对而言，从历史出发的历史社
会学，意识形态色彩相对少些，因此其留下的知识遗产更为丰富，其知识体系所造

---

① [美] 加布里埃尔·A. 阿尔蒙德、詹姆斯·S. 科尔曼等：《发展中地区的政治》，任晓晋等译，上海人民
出版社 2017 年版。

就的话语体系至今仍然影响着国际社会科学尤其是政治学的基本走向。这两个流派的不同命运给中国政治学的重大启示是，政治学的知识来自历史，源自历史研究的政治理论研究是有历史意义的，当然，投身历史研究的工程更为艰巨；相反，用概念或工具丈量现实的方法论至上的制度学派，其研究成果少有经得起历史考验的，多为昙花一现型。

由于众所周知的原因，到 20 世纪八九十年代，民主的"第三波浪潮"使得上述两大流派合流了，都致力于民主化研究或者说转型学研究，曾经如日中天的历史社会学的大历史研究走向式微，只有极少数学者还在苦苦挣扎。民主化研究变成了典型的意识形态推广，致力于国家之"善"的政治学变成了概念修辞学，民主化、国家转型等概念成为政治正确。在民主化研究盛行 30 年后（20 世纪 80 年代到 21 世纪 10 年代），终于有美国学者呼唤"转型学的终结"①，福山也承认"历史终结论"的终结，其中一个重要原因就是大量国家出现的"无效的民主"。②

"二战"后兴起的比较政治学一开始就是为美国国家战略服务的，因此具有与生俱来的意识形态属性，这是现代化研究和民主化研究的共同之处。③ 但是，二者仍旧存在不同。第一，民主化研究的意识形态色彩更加鲜明。因为现代化研究中至少还有以知识贡献为使命的历史社会学及国家建设学派，而民主化研究甚至包括晚年的罗伯特·达尔这样受人尊重的大师级学者，已经没有了知识社会学意义的追求。第二，研究维度的差异。民主化研究以有无多党制竞争性选举为标准，维度单一。这是民主化研究受挫的根本原因，因为政治制度的多维度性决定了，竞争性选举只是民主的纵向民主形式，民主还有其他形式比如协商民主和参与式民主；即使研究多种形式的民主，民主也只不过是政治的一个维度，怎么可以以一个维度而取代多维度的政治？比较而言，现代化研究虽然也是意识形态导向的，但至少是多维度的研究，比如政治人的培养与塑造，精英吸纳的渠道、政治沟通的方法，等等，而且还如李普塞特等人，他们念念不忘民主的社会条件，认为社会条件比民主本身

---

① Thomas Carothers, "The End of the Transition Paradigm," *Journal of Democracy*, Vol.13, No.1, 2002, pp.5—21.

② Francis Fukuyama, "Why is Democracy Performing so Poorly?" *Journal of Democracy*, Vol.26, No.1, 2015, pp.11—24.

③ 参见［美］雷迅马：《作为意识形态的现代化：社会科学与美国对第三世界政策》，牛可译，中央编译出版社 2003 年版。

更重要。

现代化研究成为历史，民主化研究或转型学范式也正在式微，那么取而代之的研究议程或研究范式应该是什么呢？笔者曾经主张，比较政治研究应该是"国家建设—政治制度—公共政策"的三位一体的知识体系，当然研究各有侧重。三者之间的关系是：以人体做比拟，国家建设是整体性的躯体，政治制度是支撑躯体的骨骼，而公共政策则是躯体内流动的血液。① 这是对流行的以转型学为范式的制度比较的一种反思，力图寻找比较政治研究的新出路。

今天看来，这个反思依然有需要补充之处。比如比较国家建设，事实上不仅是西方历史社会学视野下的战争与国家的诞生的关系。战争所制造的"民族国家"是欧美人的事，因此查尔斯·梯利等开辟了"战争制造国家"研究范式。许多海外华人的有关研究，比如许田波、赵鼎新对古代中国的分析，其实都是在与梯利对话，并最终以中国作为案例来丰富这个命题。② 但是，对于中国而言，战争制造国家发生于两千多年前了，人们更感兴趣的是两千年来这个国家为什么能一以贯之地延续下来。"中华帝国"显然不能以民族主体性即不能以"民族国家"来衡量，因为不同民族的统治者都是"中华帝国"的一个部分，不存在"新清史"所说的满族非中国性的臆想，"新清史"完全是"民族国家"的话术。那么，如果不能用"民族国家"来套中国的国家建设，中国是一个什么样的国家呢？或者说中国性是什么呢？"文教国家"大概是一个好的概括，只要信奉这个儒家之"文教"，不管是什么宗教的人和什么民族的人，都是中国人。这样，"国家建设"在中国语境的意义就是"文教国家"的传承与延续问题，"文教国家"的当代意义，而非"战争制造国家"。可见，比较国家建设研究离不开历史政治学的路径，不同的历史有着完全不同的政治理论意义，抽象的国家建设历程，一个抽象出的是"民族国家"概念，另一个则归纳出"文教国家"概念。

关于比较政治制度研究，我在《比较政治学：理论与方法》中指出，几乎没有

---

① 杨光斌：《比较政治学：理论与方法》，北京大学出版社 2016 年版。

② ［美］许田波：《战争与国家形成：春秋战国与近代早期欧洲之比较》，徐进译，上海人民出版社 2018 年版；Dingxin Zhao, *The Confucian-Legalist State: A New Theory of Chinese History*, Oxford: Oxford University Press, 2015。

不同制度之间的比较了，都是不同国家如何走向"历史的终结"。因此我主张，不但要研究代议制民主政体，还要把民主集中制政体放在与代议制民主政体同等重要的位置加以比较研究。不但如此，即使做政体比较，也要弄清楚政体的含义到底是什么，不能把竞争性选举当做政体的唯一标准，否则就不能解释为什么转型为竞争性选举制度的国家依然是无效治理甚至国家失败。政治学是用来搞建设的，即实现共同体的善。把共同体组织起来的维度是多方面的，只顾一个维度的政治学肯定不是求治的政治学，或者说达不到"善"之终极目标。

比较公共政策置换为比较国家治理能力更为恰当，这不但是因为政策的制定与执行是治理能力的核心指标，更重要的是治理能力能直接衡量政治制度的效能，即我们常说的制度的优劣需要依靠治理绩效去衡量。我们经常看到的现象是，不同国家的同样一个政策产生完全不同的效果，政策与效果之间的中介机制就可能是因为治理能力的差异。因此，治理能力不但是比公共政策更能揭示政策背后的条件性因素，同时也满足了因果关系的解释。

将比较政治研究的重心从制度研究转移到国家治理能力上来，不但是理论和概念层面的推演，更是大时代的呼唤。2020 年初暴发的全球新冠疫情是对各国治理能力的一次大检验，一个百年不遇的比较研究大案例，因为这是发生在同一个时间段、同一性质的主题，最具可比性，而之前的很多案例比较，牵强附会的成分很大。比如，制度转型之比较，对"制度"本身的理解就存在很大差异，因此同样是选举式民主，有的被称为"竞争性威权主义"。再比如，反贫困的比较研究，事实性拥有土地和不动产的中国农村贫困户，和南亚、南美的贫困户的内涵有很大不同，不同含义上的"贫困"难以比较。但是，新冠疫情的标准是确定的，感染率和死亡率也是确定的，对经济的威胁程度也是确定的，对教学的影响程度也是确定的。面对共同敌人的共同威胁，感染率、死亡率、经济复苏能力、替代线下教学的线上教学的普及率，都是衡量制度效能即治理能力的直观标准。在这些意义上，我们说全球新冠疫情是比较政治学研究的百年不遇的大案例，它将根本性地终结以制度为中心的"转型学"。如果说此前的"转型学的终结"是因为转型国家的乏善可陈而发出的理性声音，那么这次的新冠疫情则直接冲击了被视为历史终点的西方国家的制度自信。当疫情在武汉暴发时，西方主流媒体归之为非自由的制度，而自由民主国家可以高枕无忧。制度优越论背后是"白人优越论"，甚至认为这是黄种人才会染上的病毒，白种人不会被传染。现实无情地打击了西方的制度优越论和种族优越论，不是形式上的制度而是实质性的治理能力决定了不同的结局。

在新冠疫情期间，我们发现以下几种现象：第一，不同的制度，比如中国和美国、意大利之间，有着不同的治理能力；第二，不同的制度，比如中国和韩国之间，有着类似的治理能力；第三，相同的制度，既有相同的治理能力比如韩国和德国，也有完全不同的治理能力比如韩国、日本和意大利、美国。这几个现象告诉我们，简单的制度比较未必有效，政策分析也没有说服力，因为相同的政策产生不同的结果，只能用终端性的结果即治理能力作为最大公约数变量去进行比较研究，用治理能力比较反向解释制度差异、文化差异，这样对于比较政治学的研究更有落地感。我认为，制度分析相当于演绎法，用一个一般性概念为分析变量而研究不同的国家，这些国家的人民的福祉到底如何，不是比较制度研究的重点；而治理能力比较相当于归纳法，用事实说话，从结果性事实去比较制度的差异、文化的作用和政治领导力的差异。

观察发现，不同国家治理能力的根本原因在于社会与国家的合作能力。国家—社会关系是比较政治研究的重要路径，但往往以"二元对立"世界观来服务于比较政治制度研究，强调的是社会独立于乃至于对抗国家的程度，因此属于比较制度分析的一种从属性方法。本文所指称的社会与国家合作能力，不但是一种宏观制度，更是文化意义上的深层结构（deep structure），更具体地说是一种社会制度，作为基础性结构的社会制度直接反映在政治制度乃至经济制度上。不管什么政治制度，有国家与社会的合作能力或者合作传统，治理能力就强，相反则弱甚至会变成无可奈何的"群体免疫"。东亚国家和地区，包括中国大陆、台湾地区、韩国和日本，欧洲的德国，历史上均存在强大的社会与国家的合作传统，这种政治传统被称为"国家统合主义"，德国、日本、韩国的经济制度可以被视为社会资本主义或福利资本主义，中国的经济制度被称为社会主义市场经济，都是在强调政治与市场的协调性。相反，英美属于典型的以个人为中心的自由主义传统，其政治制度被称为"社会统合主义"，经济制度被称为"自由资本主义"，强调自由市场的决定性作用。可见，这些异同的根源，都来自作为深层结构或者基础性结构的社会制度。

国家治理能力的变量不但有社会制度意义上的国家—社会关系，还有政治制度上的权力关系与政治过程中的政策制定与执行。政治制度是由权力关系构成的，不但包括根本政治制度即政体，政体还通过央地关系、政治经济关系、民族关系、政党关系等方面表现出来，如此复杂的、多维度的权力关系随时、到处可能出现"否决点"而让制度运行陷入僵局，荒废了国家治理。因此，要使复杂的权力关系运转有序有效，就需要制度整合能力。在理想类型学的意义上，目前世界上主要有两大政体类型——民主集中制和代议制民主，其各自的制度整合能力又受制于特定的基础性社会结构，比如同样是代议制民主的德国、日本、韩国，和美国、英国、意大利的制度整合能力完全不同。

制度整合力决定了一个国家的政策执行力。我们看到，同样的"抗疫"政策，在各国的落地程度差异很大，其中有前述的国家—社会的合作能力，也有政治制度的整合能力，联邦制的美国很难由一个联邦政府下达一个统一的政策；由于市场观念深入骨髓，抗疫物资的配置也是按照竞价方式进行。除此之外，我认为政策执行主体即公务员队伍的素质与使命感，是决定政策制定程度的一个关键变量。

这样，国家治理能力就不再是一个宏大的、不可测量的概念，而是一组变量组合，其中关键者包括衡量国家—社会关系的合作能力、政治制度的整合能力以及政治过程中的政策执行力，这一变量组合堪称"国家治理能力的一般理论"，也许可以称之为国家治理能力的研究路径或者研究范式。关于这个研究范式的一般特征，在以前的研究中有详细讨论，不再赘述。[①] 总的发现是，按照这个变量组合去分析，国家治理能力的强弱具有相对性，没有一个国家在所有方面都是强有力的，几乎所有国家的治理能力都面临着程度不同的挑战甚至危机，有学者称之为"治理危机"。

国家治理能力之比较研究一定是抛去各种理论预设的实质性研究，因为各种变量关系都是看得见摸得着的，是实质性结构和实质性结果之比较研究，从结果中归纳出关于国家治理的理论和事关治理的制度设计。比较而言，制度比较更具有形式主义性质，假设一种"好制度"推而广之，以特定制度的几个维度去衡量全世界，

---

① 杨光斌：《关于国家治理能力的一般理论》，《教学与研究》2017 年第 1 期。

因而是一种典型的演绎法研究。比较政治学的演绎法研究根本性地违反了"亚里士多德传统"——政治学的开山鼻祖亚里士多德在比较研究 158 个城邦国家后归纳出政体类型及其优劣，并深刻地指出一个城邦的优良政体在另一个城邦就可能是坏政体。而从制度比较转型到治理能力之比较，又验证了 40 年前亨廷顿提出的命题：国家与国家之间的差异，不在于其政府形式，而在于其统治能力。① 有意思的是，比较政治研究的路径转换自然地影响到国际关系研究的转型升级。

三、国际问题研究的新议程：从国际关系学到世界政治学

在此前的研究中，我们已经呼吁国际关系学转型升级为世界政治学，论证了转型的若干理由和必要性，在此不再赘述。② 在即将出版的拙作《世界政治理论》中，我对世界政治学的定义是：政治思潮诱发的国内政治变迁所塑造的国际关系与世界秩序。这里至少有以下几个含义：

第一，对于中小型国家而言，只重视国家间关系至多是地区政治就能满足国家利益的需要了；但是对于大国尤其是具有跨地区影响的大国而言，大国关系是重要的，但世界秩序这个宏观的深层的结构性问题同等重要。中国变化太快，迅速地从大而不强的国家跻身于大而强的国家。对大而不强的国家而言，似乎没有资格谈论世界秩序——尽管也不乏相关说法，但更关心的是对国内建设有利的大国关系；对于大而强的国家而言，世界秩序就是绕不开的头等重要的问题。从几十年来中国对外关系来看，国际关系学和世界秩序研究都是以中国为中心的，但国际关系研究为的是中国的内倾型发展即为国内经济建设服务，中美关系、中欧关系、中日关系等大国关系才会成为优先议程；世界秩序研究指向中国的外倾型拓展，即为中国经济走出去并扩大中国影响力服务，中国与非西方国家的关系也就成了重要议程，并以我为中心而建立起相应的国际制度诸如亚投行、上海合作组织以及"一带一路"倡议。国际关系学和世界政治学代表了中国在不同时代的不同使命。

第二，这个定义比较性地给出了国际关系和世界政治的发生学原理。我们知道，国际关系学是基于研究威斯特伐利亚体系而诞生的，这个体系是如何形成的

---

① [美] 塞缪尔·P. 亨廷顿：《变化社会中的政治秩序》，王冠华译，上海人民出版社 2008 年版，第 1 页。
② 杨光斌：《关于建设世界政治学科的初步思考》，《世界政治研究》2018 年第 1 辑。

呢？国家之间是战争状态或准战争状态，即依靠战争而改变国家间关系并以此为基础而形成世界秩序。研究这个历史的国际关系学因而以讲究"实力政治""均势"的现实主义为主要线索。沿着这条历史线索而诞生的现实主义国际关系理论也没错，因为从威斯特伐利亚体系到雅尔塔体系，都是国家间战争的产物。可以认为，国际关系是战争手段这样的外在改变的结果，属于外源性强制性制度变迁。

事情早已经有了变化。至少在第二次世界大战之后，虽然战争依然是常见的政治形式，但战争更多地是用来维护既有的世界秩序，很难以战争来建构新秩序，而新秩序的形成更多地是依靠内在改变或内生性制度突变的作用。这就是需要重新书写的世界政治史：第一轮，十月革命根本性改变了已经形成的帝国主义殖民主义世界体系，俄国以改变自己的方式而改变了第一次世界大战的结局并进而改变和重组了世界体系；第二轮，中国革命的成功改变了中国并因此而改变了东亚秩序，与此同时，新兴民族国家的解放运动根本性地瓦解了世界殖民体系；第三轮，中国以改革开放而改变了自己并动摇了冷战秩序，苏联解体终结了冷战，这对当时流行的国际关系理论是一次大地震；第四轮即当下，中国以自己的规模而改变了冷战后美国的单一霸权秩序，而且单极秩序的改变也来自美国国内的认同政治所导致的政治分裂和否决型政治。

上述每一轮国内制度变迁都是由某种政治思潮推动的，可以视为诱致性制度变迁。马克思列宁主义引发了十月革命，中国革命以及随后的民族独立运动也是由马克思主义和民族主义推动的，推动第三波变迁的则是全球化中的各种思潮，第四轮变迁则源自认同政治和民族主义。

观念建构了政治秩序，但研究政治秩序的观念学说却忽视了观念本身的作用，实在是一大缺憾，建构主义国际关系理论显然不是在讨论这些推动世界政治变迁的政治思潮诸如社会主义运动和民族解放运动，重视观念与外交政策关系的基欧汉等人也只是局限于观念对于个案性政策的影响[①]，而没有宏观历史的世界秩序视野。

理论总是滞后于时代，对于已经发生的如此巨大的变化，国际关系学不能停留在"旧历史"建构的视野和思维方式上，不能对已经不再是个案的"新历史"漠然

[①] [美] 朱迪斯·戈尔茨坦、罗伯特·O.基欧汉主编：《观念与外交政策：信念、制度与政治变迁》，刘东国译，北京大学出版社 2005 年版。

处之。研究"新历史"是中国学人的历史责任。

第三，全球新冠疫情是世界政治学形成的关键时刻。如果说观念建构的政治变迁的"新历史"还不足于让我们重视观念的作用，这次突发性事件必将建构一代人的观念，而这也必然从反思"旧历史"开始。

基于威斯特伐利亚体系的"旧历史"，国家安全战略目标是在国家之间寻找敌人、制造敌人，从而出现国际安全悖论，越追求安全越不安全，为此就必然要建立国民经济的军事—工业复合体，军备竞赛事实性地成为经济发展的首要目标，于是针对陆地敌人、海上敌人、空中敌人和太空敌人的各式先进技术、先进武器竞相发明出来，各大国的经济最发达部分总是与国防有关的产业。传统的国际关系因此堪称战争状态或准战争状态，而这种状态完全是"旧历史"路径依赖的产物。

"旧历史"不但回答不了"新历史"的问题，更无法面对流行病这种非传统威胁。"二战"后人类虽然经历了若干次流行病的威胁，但从来没有遇到新冠疫情这样严重的全球性威胁。面对这种威胁，各国为应对国家敌人而花巨资建构的国防体系和先进武器几乎完全派不上用场；不仅如此，疫情还瘫痪了美军多艘航空母舰。

这次疫情的后遗症或结果将是多方面的。首先，民族主义政治将更加强化，这必将是对全球化的一种逆动，而中国可能会成为民族主义政治的受害者，民族主义对于世界秩序的影响有待观察；其次，各国应对疫情的能力将彰显其国家实力和国家治理能力，改写其在世界政治中的地位，以中国为中心的全球化时代将提前到来；再次，反思国民经济体系，过去都是因为国家安全而竞逐富强，但是流行病这种非传统威胁则要求各国以富国养民为基本目的，不同的国家目的决定了各国发展经济体系的不同。进而，这也是对传统的国家理论的反思，传统国家理论的国家首要目的是安全与秩序，指向的都是国家这个外部敌人；现在看来，威胁国民安全和社会秩序的，不但来自他国，还有威胁所有国家的流行病。

"二战"以来，全人类第一次受到一个共同敌人的威胁，这种政治不再是国家间关系，而是真正意义上的全球政治。国家间关系的敌人各有不同，美国的敌人可能是俄罗斯的朋友也可能是欧洲的非敌非友，但全球政治的敌人却可能只有一个，中国的敌人也是其他国家的敌人。这就决定了，如果说国际关系的目的是寻找差异和国家安全，而全球政治则因为共同敌人的存在而寻求合作和人类共同安全。"人类命运共同体"从来没有像今天这样显得鲜活而且具有迫切性。

第四，世界政治学的难点与希望。寻求合作与人类共同安全的世界政治应该成为一代人的观念，但当下的一代人又是从"旧历史"中过来，而且"旧历史"所建构的利益结构时刻在约束着人的思维和行为方式。我们知道，西方自古希腊以来的历史就走不出"修昔底德陷阱"，国家间的战争或准战争状态是历史常态。这个长时间进程足以建构起思维结构而形成民族性，而且具有民族性的政治心理结构一旦形成就有超强的稳定性和滞后性。反过来，这种历史进程中所建立起来的现状性利益结构又在强化着历史结构。具体而言，美国的军事工业复合体豢养了无数个依附其上的利益集团，不但包括军队、工业集团，还有科研机构和所谓的智库。路径依赖中的报酬递增原则决定了，这种主宰美国命运的深层结构必然要把自己的利益最大化，而寻找外部的"国家敌人"一直是最有效的方式。因此，亨廷顿说美国需要适度的外部敌人而凝聚国内；因此，即使倡导"世界政治的思维框架"的亨廷顿虽然开创了世界政治学的典范，最终也不过是为了寻找敌人即"文明的冲突"。对于西方历史文明中的"立法者"而言，他们已经因路径锁定而难以自拔。

世界政治学的命运既取决于美国的情势，也取决于中国的发展状况，因为世界秩序说到底由特定时代的中心国家的国家治理能力决定的。如果形成以中国为中心的全球化，中国在国际组织和观念上的供给能力将对世界秩序有着重大影响。可以想象，以共商、共建、共享为原则的"人类命运共同体"理念将对世界秩序的走向有着毋庸置疑的重要性。不得不说，"人类命运共同体"也是时间进程中的一种自然延续，既是千年天下大同思想的现代表述，也是新中国外交理念的发扬光大。毛泽东时代讲的是和平共处，改革开放之后先是和平与发展，接着是和平崛起，都是"和为贵"，而人类命运共同体则是"和"的最高境界。当然，同样是"和"，不同时代有着不同的内涵，此前之"和"均是致力于建构一种有利于国内发展的国际环境，今天之"和"则是在倡导一种新型世界秩序，是"内向之和"到"外向之和"的演变过程。

四、比较政治学和世界政治学的研究路径：历史政治学

新研究议程需要新研究路径或者研究范式去落地。我们提出的历史政治学，①既可以用来研究以国家治理能力为主题的比较政治研究，也可以用来研究世界政治学。所谓历史政治学，就是研究历史的情景性（认识论）、方法论上的时间性和本体论上的结构性关系主义而提炼概念和知识，并总结善治之道。历史政治学已经被普遍地认为是中国本土的政治学，是发展中国政治学的一种新路径。这种源自本土的研究路径，因其特别重视历史研究之发现，而世界政治学在根本上是以深层的历史结构而立论的学科，因而历史政治学之于世界政治学具有亲缘性。

（一）历史政治学与国家治理能力比较研究

如前所述，比较政治制度研究主要基于演绎法的逻辑，如著名的"历史终结论"就是根据霍布斯的理性人假设而推演出来的，而政治学一直强调的历史文化和社会条件被束之高阁。一个常识是，不同的国家实行同样的政体，治理状况天壤之别，比如印度与英国之间、菲律宾与美国之间，这其中的内在逻辑显然不是制度问题，而是治理能力问题。

国家治理能力由国家—社会合作能力、制度整合力和政策执行力构成，其中每一种能力都来自时间进程所积累起来的社会结构之中。每一个国家的文明史都是既定的，而且发展中国家的民族民主解放运动只完成了民族在政治形式上的解放，大多数国家并没有进行以土地革命为核心的社会革命，而且殖民地遗产即分而治之形成的碎片化政治即强社会政治非常普遍，这种时间进程所塑造的社会结构根本性地约束了国家治理能力。

同样，即使对发达国家而言，"先发优势"取决于很多情景性条件，比如美国可以大张旗鼓地对印第安人搞种族清洗，可以掠夺殖民地，可以肆无忌惮地搞不平等条约，等等。今天，这一切都变了或至少改变很大了，而后发国家"逆袭"而上，根本性改变了过去三百年先发的历史情景和社会条件，西方国家和非西方国家

---

① 杨光斌：《什么是历史政治学》，《中国政治学》2019 年第 2 辑；姚中秋：《历史政治学的中国研究议程》，《中国政治学》2019 年第 2 辑；杨光斌、释启鹏：《历史政治学的功能分析》，《政治学研究》2020 年第 1 期；姚中秋：《学科视野中的历史政治学：以历史社会学、政治史、比较政治学为参照》，《政治学研究》2020 年第 1 期。

可以在一个尺度上比较国家治理能力，可以弄清楚实行西方制度的非西方国家的治理能力是什么状况，也可以发现走自己道路的非西方国家的不同治理能力。

可见，历史政治学几乎是为国家治理能力研究量身定制的一种研究路径。更重要的是，历史政治学的求善治功能，不但历史地回答了各国国家治理能力之差异，还可以为各国的国家治理汲取智慧。其实，在各个文明体中，不管在政治制度上具有多少形式上的同一性，宏观制度下的中观制度安排，尤其是微观的政治习惯和政治机制，都是本土的。在这个意义上，研究中观—微观层面的制度和行为方式，就是在研究有关国家的历史政治；反之，每个国家的治理实践和治理能力，深深地根植于各自的历史，因而理解各自的历史可以提升对不同国家治理能力的理解。

（二）历史政治学与世界政治学研究

世界政治学主要讲的是政治思潮所诱发的国内制度变迁和由此而形成的国际关系和世界秩序。这里，"世界政治的思维框架"（亨廷顿语）首先是一种时间进程所建构的深层结构。无论是时间进程还是深层结构的研究，都离不开历史政治学；同时，世界政治学是基于比较政治研究而来的，为国家治理能力比较研究而量身定制的方法论，自然地适用于世界政治学。

笔者在既往的研究中指出，世界政治是一个层次性概念，分为时间进程所建构的深层结构、国家单元层次构成的现状性结构和社会次单元层次的微观结构，不同的层次有不同的研究单元或者研究路径。[①] 我们最关心的是历史进程所建构的深层结构，关于深层结构研究，至少有霍布森的帝国主义论、沃勒斯坦的资本主义世界经济体论、亨廷顿的文明冲突论，每一种研究都是事实性的历史政治学路径。

五、结语

作为一种研究路径的历史政治学之于新研究议程的意义重大。之所以如此，一个重要原因在于历史就是中国人的宗教，中国学者几乎是与生俱来的"历史学家"，这不但是因为中华文明历史悠久性与连续性，还因为中国历史一直以政治史为主，由此而形成的历史想象力自然是可遇不可求的知识财富和思想财富。世界秩序大变

---

① 杨光斌：《世界政治的研究范式：世界政治的层次性与研究单元的多样性》，《世界政治研究》2020 年第 1 辑。

局在某种程度上是治理思想与治理学说诱发的，当一种思想和学说所论述的世界秩序动摇后，必然呼唤新思想新学说的出现，而全球新冠疫情无疑会助推这种转换。中国人可以向世界贡献的最宝贵资源还是自己的历史文明和在此基础上形成的政治思想，历史政治学是这种政治思想的一种学理化、学科性表述。

原刊《学术月刊》2020 年第 9 期

重建中国政治思想史范式

姚中秋[*]

当下中国政治思想史研究在政治学和社会科学体系中之地位相当卑微，其原因在于，它从一诞生就被历史主义所控制，而生产着没有多少"意义"的学术，或者贩卖种种粗鄙的意识形态。政治思想史要在政治学体系内、在整个人文与社会科学领域内，以及在一般知识民众中获得尊重，就必须果断地告别历史主义，追寻意义。

一、古典的政治思想史范式

政治思想史实为一门古老的学科。

文明的治理必依赖于治理之知识与智慧，为此，人们必探究、寻绎先人之言、行、制，其中自有今人所云之政治思想史内容。夏、商之制不可知矣，然至少在周代，王室、公室、大夫之家等各级封建之君子，皆有师、祝、史，以不同方式分别保存不同性质之先王文诰、典册、盟约、契书等。比如，瞽师借助于口耳记诵，史官侧重于典册之保存。各级君子之室也设有"府"，保存各类文献。

不过，周人并无现代历史观念。相反，他们具有典型的"习惯法心智"[①]，礼就

---

* 作者为北京航空航天大学人文与社会科学高等研究院教授。

① 波考克提及英格兰人之普通法心智（common-law mind），参看 J. G. A. Pocock, *The Ancient Constitution and the Feudal Law: a study of English Historical Thought in the Seventeenth Century*, Cambridge University Press, 1987, p.56 及以后。然普通法乃一种特殊的习惯法，故此处将其一般化，称为习惯法心智。

是习惯法。上自尧舜，下至当今之王的各类文书都被认为具有永恒而普遍的约束力。人们以记诵或者文字的方式记录已发生之事，如《春秋》，亦因为在那些事件、行为中包含了可在当下适用之先例，所谓"故"。

换言之，周人认为，过去的事情并没有过去，而构成今日之法律。因此，先王之典册就不是单纯的史料，而是法律汇编。《尚书》就是礼法之汇编，其原理、准则、规则在当下仍然具有礼法之约束力。因此，周代之史官不是现代意义上的历史学家，而是法律家（lawyer），他们借助自己所掌握之先例，协助君子解决当下各种类型之纠纷。①

孔子的时代，礼崩乐坏，封建的礼治秩序崩解，在此废墟上出现一个新世界：现代性世界。而历史主义乃是现代性意识之根本特征，法家非常精当地表达了这样的观念，如《商君书·更法篇》：

> 公孙鞅曰：前世不同教，何古之法？帝王不相复，何礼之循？伏羲、神农教而不诛，黄帝、尧、舜诛而不怒。及至文武，各当时而立法，因事而制礼。礼法以时而定，制令各顺其宜，兵甲器备各便其用。臣故曰："治世不一道，便国不必法古。"汤、武之王也，不循古而兴；殷、夏之灭也，不易礼而亡。

商君完成了历史主义与法律的实证主义之理论构建，其核心命题为："当时而立法，因事而制礼。"时者，时间也，时代也。显然，商君已具有明确的现代时间意识，也即单向的、不可逆的时间意识。时代之单向的变动就是历史之过程，就是历史。这是历史意识之觉醒。

严格说来，礼治时代其实没有"历史"观念，历史观念是现代的。此一观念具有深刻的文化、政治内涵，法家之全部理念就立基于此一理念之上，《韩非子》重复了商君的历史主义理念。历史主义内含着奇妙的反转机制——历史主义宣称，历史在变动，而且是根本性变动，古对今也就没有任何意义：历史主义形成之时其实就是历史死亡之时。过去的一切已彻底死亡，乃是纯粹客观的对象。这种观念在现

---

① 上述观点之详尽论述，参看拙著《华夏治理秩序史》第 2 卷下册，海南出版社 2012 年版。

代历史学的奠基人那里表现得十分明显。历史主义是虚无主义的。

不过，法家所凸显之历史主义遭到了强有力的反抗：新兴的儒家反对新兴的历史主义。不过，儒家也未被习惯法心智所约束，而秉持中庸之道，发展出古典史学范式。

孔子之理念是"复礼"，此论背后乃是礼之永恒性观念。不过，孔子也清楚地意识到变、易之重要性。孔子曾广泛探究三代之人、事、制，并论断其高下、得失，《论语》对此多有记载。孔子之历史观最为清楚地体现于下面一段话中："殷因于夏礼，所损、益，可知也；周因于殷礼，所损、益，可知也；其或继周者，虽百世，可知也。"① 三代之制，有因，有损、有益。孔子之立国纲领则见于颜渊问为邦章："行夏之时，乘殷之辂，服周之冕，乐则韶舞。放郑声，远佞人：郑声淫，佞人殆。"② 这与上引商君思想形成鲜明对比。"行夏之时"云云就是"因"，"放郑声"就是"损"。

由此可以看出，孔子已走出三代之"习惯法心智"，然又拒绝后世法家所发展之现代的历史主义。如同孔子整个思想体系，孔子之历史观也持守中道。孔子相信，历史具有连续性，尽管也会变化。因此，孔子拒绝空想，而相信经验对于政治至关重要，立法者设计制度时应高度关注经验。由此形成"古典史学"之范式，它当然也支配着古典的政治思想史研究。

汉儒系统地发展了古典范式之政治思想史。首先，汉代史家均十分重视政治思想史，而有专业论著。《史记·太史公自序》所记司马谈《论六家要旨》，对数百年之政治思想进行系统概括，显示了政治思想史之自觉。

其次，汉代经学也始终具有政治思想史之维度。比如，郑玄遍注群经，有意识地旁采古今各家之说，保存诸多思想史资料，并对各家之说有所辨正、论断。汉代经师之间，比如许慎、郑玄、何休之间相互辩驳，也可视为一种理性的政治思想史辩论。

至关重要的是，不论史家、经师，皆有历史的视野；然而，历史的维度决不是其政治思想史研究之唯一维度。司马迁、班固、郑玄等普遍采取一种综合的进路，或者说经学的进路。《太史公自序》明确宣称：

---

① 《论语·为政篇》。

② 《论语·卫灵公篇》。

太史公曰："先人有言：自周公卒五百岁而有孔子，孔子卒后至于今五百岁，有能绍明世、正《易》传、继《春秋》、本《诗》、《书》、《礼》、《乐》之际？意在斯乎！意在斯乎！小子何敢让焉。"

司马迁具有伟大抱负，《报任安书》中谓己之理想为"究天人之际，通古今之变，成一家之言"，《太史公自序》说得更为显豁："以拾遗补艺，成一家之言；厥协六经异传，整齐百家杂语；藏之名山，副在京师，俟后世圣人君子。"此处之"家"，就是诸子百家之家，也就是传经而立自家之言的家。但是，司马迁实又自视为经学家，其史学被置于经学框架内。其作史旨在透过研究历史，揭示优良治理之法度，供后世圣王君子据以治国平天下。司马光之"资治"，表达了同样的学术取向。

司马迁揭示了古典史学之基本特征。古典史学有别于经学，但在经学框架内。经者，常也，经所载者为常道，既关乎个人之修身，更关乎家国之治理。至关重要的是，"天不变，道亦不变"。从政治思想史的角度看，过往的理念、价值并不是一过性的历史，而仍然是活的，在当下具有正当性，人们可据此构建制度。

因此，古典的政治思想史其实是政治哲学的组成部分，具有明确的现实指向。它并不外在于面向现实的政治思考，而是其组成部分。政治思想史之探究，实为人们基于解决当下问题之意识，对既有理念、价值、思想进行的"第二次思考"，由此而生长出解决当下问题之理念、价值、制度。

二、历史主义之兴起及其意识形态化

现代历史学乃是历史主义的产物。此一历史主义的历史观摧毁了古典史学，包括古典之政治思想史学，令其丧失意义。也即现代历史学自其一诞生起就自我矮化，而陷入不死不活的境地，这一点，在中国尤甚。

如同法家思想所表明的，现代性之核心理念乃是历史主义。[①]西方之历史主义理念最初借助进化论传入中国，而促成激进变法之思想。士大夫尤其是后来的新兴知识分子之现代意识的觉醒，社会达尔文主义居功甚伟。此后，新文化运动中，启

---

① 关于这一点，可参考列奥·施特劳斯在《自然权利与历史》中之论述。

蒙知识分子则通过中西之别强化了古今之别，从而形成极端进步主义理念。知识分子相信，中西之别的背后乃是古今之别，中国文明固有之政治价值、理念因为属于古代而丧失正当性，因为，当时中国所面临的任务是走入现代。古代的中国与现代的西方之间就有根本的区别，进而知识分子又将此予以简化而相信，中国与西方有本质区别：古今之别反过来又突出了中西之别。

由此，中国之现代的历史学诞生。这是一个黑洞性质的泛历史学，在古今之变的关键时刻扮演了宣告中国固有之"旧学"死亡之角色。此前中国已有之一切知识均被进步主义划入已经死亡的范围，而不具有生成新理念、新价值，构造新制度之任何能力。它们没有资格成为现代的伦理学、政治哲学、法学、经济学等人文与社会科学思考的起点，更不要说提供范式。此为现代观念史上至关重要的"历史学化"现象：中国既有知识体系被扫荡而沦为历史学之研究对象，历史学吞噬了中西接触之前中国固有之一切学问。

此即"整理国故"运动之本质。"国故"一词清楚表明，中国固有之学已成为"故"，已经死亡而不再具有现实的效力。胡适 1923 年为北京大学《国学季刊》写的《发刊宣言》，系统阐述"整理国故"主张。胡适设想的"整理国故"分为三步：第一是"索引式的整理"；第二是"结账式的整理"。"结账"一词已经清楚地说明，古代的知识已经死亡，不需要继续阐释，今人已可对其予以盖棺论定。最后则是"专史式的整理"：

> 索引式的整理是要使古书人人能用；结账式的整理是要使古书人人能读：这两项都只是提倡国学的设备。但我们在上文曾主张，国学的使命是要使大家懂得中国的过去的文化史；国学的方法是要用历史的眼光来整理一切过去文化的历史。国学的目的是要做成中国文化史。国学的系统的研究，要以此为归宿。一切国学的研究，无论时代古今，无论问题大小，都要朝着这一个大方向走。只有这个目的可以整统一切材料；只有这个任务可以容纳一切努力；只有这种眼光可以破除一切门户畛域。①

---

① 《〈国学季刊〉发刊宣言》，载《胡适文存》（二集），黄山书社 1996 年版，第 10 页。

胡适说明了整理国故运动的基本价值取向：此前中国人之价值、观念、思想对于当下的中国人构建美好生活和优良治理秩序的努力，已经没有任何意义。[①] 因此，传统中国的经、史、子之学，皆已死亡，集之文学也毫无价值。既然如此，古典之学只能变成历史学研究的对象。中国固有之政治思想仅仅是政治思想史研究之对象。

正是在这种历史主义支配下，接受过经学训练之周予同氏坦言，新时代需要的不是经学，而是经学史。[②] 同样接受过系统经学训练的蒙文通、李源澄甚至金景芳等先生之从事上古历史学研究[③]，也显示了"历史学化"之巨大冲击力。

这样的历史学化实为现代意识形态规划中的一个组成部分。从事这一意识形态事业的人们毫不掩饰其目的。"整理国故"之预设是：中国正在进入一个"新时代"，此前则是旧时代、旧社会。新时代不需要旧观念、旧经典。不唯如此，旧观念还在妨碍新时代的降临，为了新时代早日降临，先进知识分子必须承担起自己的历史使命：摧毁旧观念的伪装。胡适即曾以"捉妖打鬼"一词来概括"整理国故的目的与功用"。他还说："我所以要整理国故，只是要人明白这些东西原来'也不过如此'！本来'不过如此'，我所以还他一个'不过如此'。这叫做'化神奇为臭腐，化玄妙为平常'。"[④]

揭穿经、子的伪装，令其不能再妨碍新时代，也是"古史辨运动"的文化政治目的，顾颉刚曾非常骄傲地宣称过这一点：

> 我要使古书仅为古书而不为现代的知识，要使古史仅为古史而不为现代的

---

① 牟宗三、徐复观、张君劢、唐君毅四先生1958年发表之《为中国文化敬告世界人士宣言》沉痛指出："我们首先要恳求：中国与世界人士研究中国学术文化者，须肯定承认中国文化之活的生命之存在。我们不能否认，在许多西方人与中国人之心目中，中国文化已经死了。如斯宾格勒，即以中国文化到汉代已死。而中国五四运动以来流行之整理国故之口号，亦是把中国以前之学术文化，统于一'国故'之名词之下，而不免视之如字纸篓中之物，只待整理一番，以便归档存案的。"（张君劢：《中西印哲学文集》，程文熙编，台湾学生书局1980年版，第855页）

② 周予同在1961年说："五四运动以后，'经学'退出了历史舞台，但'经学史'的研究却急待开展。"（《中国经学史的研究任务》，载《周予同经学史论著选集》，上海人民出版社1996年版，第661页）

③ 周予同在1936年观察指出："中国经学研究的现阶段，是在用正确的史学来统一经学。"（《治经与治史》，载《周予同经学史论著选集》，第624页）

④ 《胡适文存》（三集），黄山书社1996年版，第105—106页。

政治与伦理，要使古人仅为古人而不为现代思想的权威者。换句话说，我要把宗教性的封建经典——'经'整理好了，送进了封建博物院，剥除它的尊严，然后旧思想不能再在新时代里延续下去。[①]

两人的自白已非常清楚地说明，替代经学而兴起的现代历史学，从一开始就是带有明确的文化政治目的：摧毁古典价值和知识体系。它是启蒙知识分子的一件重要武器。也就是说，现代历史学从一开始就是宏大的现代意识形态构建规划中的组成部分，且为基础性部分。

这是现代中国的历史学最令人迷惑之处：一方面，它高举"科学"的口号。胡适等人特别强调自己所用方法之科学性，为此，不惜把"乾嘉汉学"夸耀为所谓科学方法。然而，这些历史学的现代创始人又毫不掩饰其意识形态偏见，公开宣称自己是古典及其知识体系之破坏者。这一点也许并不奇怪：在20世纪，作为一个政治口号的"科学"本身就是一个意识形态。

正是现代历史学与生俱来的意识形态性质，令其在20世纪辉煌一时。现代中国的诸多文化、政治力量试图构建现代国家秩序，为此，它们通常致力于摧毁传统。此时，现代历史学有了用武之地：它被用于论证彻底摧毁中国传统的激进破坏、变革之正当性。新文化运动知识分子以这样的历史学论证自己反传统之正当性，当然，它本身就是反传统最为锐利的武器。发动社会、经济革命的政治力量则以现代历史学论证中国必须按照一定既定的规划完成革命的正当性。这就是围绕着"社会性质大辩论"而展开的现代主流历史学之功用。可见，现代中国历史学之繁荣，主要是因为历史学曾有幸依附于意识形态，而现代革命的时代乃是意识形态的时代。

成也萧何，败也萧何，意识形态的衰落也带来了历史学无可挽回的衰落。20世纪90年代之后，历史学回归常态，结果让人大为吃惊：常态之历史学显得异乎寻常的微不足道。

这并不奇怪。现代历史学是先天不足的。现代历史学本身就是没有意义的：它

---

① 顾颉刚：《古史辨》第1册，上海古籍出版社1982年版，第28页。

明确地宣称，自己追求所谓的真相，而并不关心意义。历史主义断言，过去就是过去，现在就是现在，两者之间有截然的分界。在中国，中西之别更是畸形地强化了这种古今之别。因此，过去已经发生的事情对于当下没有任何意义，历史学家不必费心寻找这种意义。它只需追求客观真实即可。不幸的是，现代历史学围绕着所谓的"真相"所构建之知识，又根本不可能是科学、也即自然科学意义上的知识——关于人的知识永远不可能达到那种状态。于是，现代历史学两头不靠，它既不能生产客观的科学知识，又放弃对意义的追寻，因而对于当代中国理念、价值、制度之构造，没有任何意义。

现代历史学之开创者胡适本人就已证明了这一点。胡适之思想学术结构是一个怪胎，其价值与学术之间严重断裂：胡适被公认为自由主义者，他也经常这样自我期许。然而，胡适的学术工作与此价值几乎毫无关系。他的哲学史、《水经注》研究、白话小说研究、禅宗研究等，都是"整理国故"式的历史学研究。令人惊讶的是，这些研究与他终生坚持的自由价值之间，没有任何内在关系。因此，胡适尽管被尊为自由主义代表人物，却没有发展出一套支持自由之伦理学或者政治哲学的思想体系。胡适不是自由主义思想家，而只是自由主义宣传家而已。胡适本人就是整理国故式思维之第一受害人。

三、主流中国政治思想史之检讨

第一，在现代的政治思想史叙事中，五经基本被忽略，由此导致中国政治思想史之图景高度残缺。

尧、舜、皋陶、禹、文、武、周公之治理活动中有华夏之道，孔子"祖述尧舜、宪章文武"而有五经。五经乃是古典中国之文献汇编，圣贤之行通过文字记载，呈现为文字表述之观念，所谓"道可道"。五经时代当为中国政治思想史之开端时代，也是最为重要的时代，因为，最为重要的中国政治理念、观念、思想，就形成于此时代，五经实乃中国政治思想史最基本之文献。现代史家即便不承认尧、舜、禹之人格性存在，至少也应承认，五经呈现了古典时代华夏之治理之道，或者说理念、想象。欲理解华夏—中国人之政治思想，就必须研究五经之政治思想。同样重要的是，经过孔子之整理，经过经学之渗透，五经之理念、价值、思想对孔子之后各个时代之理念、价值、制度的形成和演变，发挥着决定性作用。五经就是理解孔子之后各个时代之政治思想的钥匙，不理解五经，就无从理解历代政治思想。

然而，现代政治思想史学科从一诞生就完全忽略五经。经过整理国故者与古史辨运动之宣传，五经露出了真面目，它们不过是层累地造成的历史，其中并无常道，而不过是东周、秦汉人之伪造。因而，五经不过子学之汇总。而且，都是些不知名的人物。这样说来，五经的价值还不如子学。于是，现代中国哲学史、政治思想史研究，抛弃了经学，而把重点都放在子学上——儒家也不过是子学之一种。几乎所有的论著都是从孔子开始，仿佛在那之前，中国就没有政治思想。最为权威的著作，如萧公权先生之《中国政治思想史》，萨孟武的《中国政治思想史》，也作如此处理。至于《诗经》，则沦为文学史研究的专门对象。[①]

这样的中国政治思想史图景是高度残缺的。它没有解释华夏—中国政治思想之开端，因此可以公正地说，此种范式对孔子之后政治思想史的全部讨论，都带有臆测成分，而不得要领。比如，对于诸子的讨论都是虚弱的，因为，诸子都是在阐释五经中发展自己的思想的。

中国政治思想史图景的这种残缺，也引发了很多政治观念上的误导，比如，人们错误地把孔子、儒家当成诸子百家之一家。这种残缺也导致政治思想史研究对孔子之后经学的忽视，而这一知识传统，恰恰是古代政治思想之核心。离开每个时代的经学，对那个时代的所谓思想家之思想的理解，将是肤浅而不得要领的。

第二，现代中国政治思想史具有强烈的现代意识形态性质，从而导致其始终无法进入中国政治思想的丰富世界中。

首先是反专制之启蒙主义的政治思想史范式。20 世纪初，梁任公等人给传统政体贴上"专制"之标签；新文化运动则给传统中国之主流思想儒家贴上专制的标签。由此而形成启蒙主义之政治思想史范式，且影响极为广远。

而 20 年代开始传入的马克思主义理论，其实很多人理解的主要是其苏俄版本，又给中国固有之政治思想贴上"奴隶主思想""封建地主思想"之标签，因而断定其是落后的、应当予以抛弃的。如此范式的政治思想史致力于分析特定时代之政治思

---

① 冯友兰的《中国哲学史》同样直接从子学时代开始。

想的历史进步意义及历史局限性，总体上则秉持一种否定态度。因为它相信历史发展之阶段论，而一个时代必须有一个时代的意识形态，奴隶制、封建制时代的意识形态决不可能适用于资本主义或者社会主义时代。

这两个中国政治思想史的主流范式存在此起彼伏之关系：20 世纪 80 年代，在学术界，尤其是对公众具有较大影响的学术界，启蒙主义的政治思想史范式开始成为主流。

这两个范式具有共同点，那就是它们都无意研究中国政治思想本身，而只是将其当成实现自己文化与政治理想的一个工具。因此，它们的政治思想史研究具有十分明显的"前见"。比如，目前占据主流地位的启蒙主义的中国政治思想史致力于揭露中国已有之政治思想的专制性质，是 20 世纪反儒家、反传统之意识形态的主要编造者。

这样过于狭窄而固化的视野让研究者完全无视中国数千年政治价值、理念、思想、观念、学术之复杂性、丰富性，其所得到的只能是异常简化的、乏味的图景。正是意识形态性质让中国政治思想史学科丧失了学术的生命力。

第三，现代中国政治思想研究之基本思维框架是肤浅的中西对比，研究者普遍以外部视角看待中国，而形成一套扭曲的批判性知识体系。

20 世纪中期的主流中国政治思想史是用一种西方的理论大刀阔斧地切割丰富的中国政治思想世界，为论证那种理论的普适性而撰写几个脚注而已。

启蒙主义政治思想史范式始终在或明显或隐含的中西对比框架中展开，它是从西方看中国。然而糟糕的是，此范式之研究者对西方通常缺乏深入了解，忽略西方历史之演变，而采取一种化约主义策略，把具有悠久历史、因而发生过诸多变化的西方化约为现代的、自由民主的西方。同时，这一范式的学者也普遍忽略现代西方之复杂性，而想象一个一致的纯粹现代的西方。比如，他们仅注意到反宗教、反传统之西方，对欧美社会具有强大影响力的保守主义则视而不见。启蒙主义的中国政治思想史研究者以这种不完整、扭曲的西方作为标准，衡量上下几千年的中国政治思想，自然催生出诸多反历史的荒诞结论。总体而言，它具有十分明显的拒斥与批判中国固有政治思想尤其是主流的儒家之价值倾向。

目前的学院历史学研究中，则有非常明显的"汉学化"倾向。也即，专家学者们追捧欧美研究中国历史、政治思想史之汉学家最为时髦的概念、见识，用以研究中国政治思想史。

上述三种研究范式的共同特征是外部视角，不是从中国看中国，而是从外部看中国。研究者不能进入中国政治思想的世界，而是站在其外。这种外部视角有两个含义：首先是因为，研究者已经断言，中国政治思想已死，因而只具有从外部解剖之用，而无需进入其内部，与古人对话，探究几千年间中国人的知识、见识和智慧。其次是因为，中国的政治思想已死，现代中国人的责任就是以欧美的政治思想塑造中国，故研究者必以欧美政治思想作为标准，以之判断中国政治思想，唯一的区别是不同的人取欧美之不同思想而已。

第四，逆向的中国特殊论导致中国政治思想之普遍性和永恒性的瓦解，中国政治思想史取消了自身的思想和现实意义。

现代中国的政治思想史有一个非常显著的特征：它总是特别强调"中国"二字。欧美的政治思想史论著通常并不标明自己是"西方"政治思想史或者"欧美"政治思想史——比如，萨拜因的政治思想史名著题为《政治学说史》，施特劳斯的政治思想史名著题为《政治哲学史》。这种命名体现了其对于自己研究的政治思想之普遍性甚至永恒性的信念。

与此形成对比，现代中国学人所编撰的中国政治思想史，则一定标明"中国"二字。这一点清楚地显示，研究者相信，中国的政治思想史仅仅是中国的，而不具有普遍性。而普遍性信念之匮乏，根源在研究者中国传统政治思想之永恒性的信心之匮乏。

今人研究此前的政治思想，自然会有一种历史主义心态。中西对比则有刺激作用。这两种观念混合，研究中国政治思想史的中国学者断定，对于追求现代目标的中国，20世纪之前的中国政治思想毫无意义，甚至更糟糕，只具有负面意义。因此，标注这种政治思想为"中国"，不仅标注其为特殊的、地方性的，也标注其为专制的、落后的、应予抛弃的。现代之前的中国的政治思想不可能具有任何普遍性，也不应当具有任何永恒性与普遍性。相反，它必须为真正的普遍性，也即西方的、现代的、普遍的政治思想让路。中国的政治思想史研究始终在隐含的中西对比框架中展开，而它提供给政治家和公众的基本政策结论是，用西方政治思想全面取代中国固有政治思想。

于是，中国政治思想史沦为现代中国的立法者、学者公众接受西方政治思想之预备性学科。它本身没有意义，它只是为人们接受西方政治思想开辟道路。而在进步主义的政治思想史范式中，中国人接受西方政治思想不仅是一种必然，也是一种义务，因为，西方政治思想是进步的、现代的。

由上可以看出，当代中、西政治思想史研究之间的重大差别：欧美之政治思想史虽受历史主义影响，但尚未被其支配。事实上，众多政治思想史家是杰出的政治哲学家，比如，中国学界所熟悉之施特劳斯、沃格林。而中国的政治思想史家只是学者，最多只是反传统的宣传者。他们主要在论证中国固有之政治思想之历史性，也即其在当下之不正当性，据此而完全取消其普遍性，而将中国的政治思想自我矮化为特殊的、地方性的，注定了被西方的、但普遍的政治思想取代。

上述几个明显特征表明，主流之政治思想史是没有意义的，甚至具有反意义。它无助于面临着构建中国的现代国家秩序之政治家、公众体认华夏—中国之政治思想与智慧，事实上，它的功能是让人们疏离它。这样的政治思想史学科丝毫无助于中国的现代国家秩序之构建，它的边缘化也就是顺理成章的事情。

四、政治思想史之反转

在 20 世纪历史主义的历史学狂潮中，仍有一些反潮流者坚守着古典史学范式，比如钱穆先生、陈寅恪先生。《国史大纲》卷首之告示要求读者对本国历史具有"温情与敬意"：

> 所谓对其本国已往历史有一种温情与敬意者，至少不会对其本国历史抱一种偏激的虚无主义（即视本国已往历史为无一点有价值，亦无一处足以使彼满意），亦至少不会感到现在我们是站在已往历史最高之顶点（此乃一种浅薄狂妄的进化观），而将我们自身种种罪恶与弱点，一切诿卸于古人（此乃一种似是而非之文化自谴）。

> 当信每一国家必待其国民具备上列诸条件者比较渐多，其国家乃再有向前发展之希望（否则其所改进，等于一个被征服国或次殖民地之改进，对其自身

国家不发生关系。换言之，此种改进，无异是一种变相的文化征服，乃其文化自身之萎缩与消灭，并非其文化自身之转变与发皇）。①

钱穆此处直接抨击历史主义："虚无主义""进化观"，以及由此导致的"文化自谴"。"温情与敬意"则意味着承认中国文明继续生存之正当性，包括承认源远流长之中国固有政治思想之正当性。据此，中国文明之现代化也就是"自身之转变与发皇"，中国的现代政治思想之展开也就是传统政治思想之"转变与发皇"。按照钱穆先生理念，现代的中国政治思想史研究应当就是面向中国既有之政治思想的政治思想研究。

　　不过，相当长时间内，这样的研究过程并没有展开。现代新儒家固然发展了基于儒家思想，尤其是宋明儒家思想之哲学体系，但没有发展出相应的政治思想。牟宗三等对现代性的理解基本上仍是启蒙主义的，认可中国传统政治之专制性，儒家政治思想则被认为缺少实现其道德理想之制度构想。因而，新儒家思想之基本架构是：中国的道德理想与西方政治理念各行其是，中国的现代政治思想仍当从西方求得。②

　　到近十年，政治思想与政治思想史的一种新进路初步出现，蒋庆之政治儒学，赵汀阳之天下主义等是其标志性事件。笔者之《华夏治理秩序史》之第一卷则试图理解圣王创制立法之事业，而揭示中国政治思想之开端的丰富性。

　　这一新现象中值得注意的面相是，政治哲学研究者进入政治思想史领域。他们的兴趣不在对死物的解剖，而在对活的思想之接续与创造。他们研究之对象固然是古代之政治思想，但研究者不再将其视为死的材料进行所谓客观的研究，更没有将其视为妨碍历史进步的观念予以苛酷批判，而是将其视为仍然具有生命力的理念、想象，在新的社会情势中予以"转变与发皇"。曾经被视为死物的中国过去的政治思想，正在被赋予活的生命，站立起来，进入当代中国和世界的省思、观念制造与公共交流场域中。也就是说，当下中国的政治思想史领域已出现反历史主义之新范式。此为古典范式之复归。

---

① 钱穆：《国史大纲》上册，商务印书馆 1996 年版。
② 这一点可见牟宗三等四贤发表于 1958 年的《为中国文化敬告世界人士宣言》。

正是在这样的背景下，笔者呼吁政治思想史之新范式的自觉，其核心诉求是反历史主义。古、今当然有别，但人间自有常道。因此，古、今之间具有相当程度的连续性，政治思想之核心议题及古人思考之范式，并不会因为时间推移，而丧失正当性与效力。因此，政治思想史研究者完全有理由对于自己研究的对象，中国政治思想之传统具有"温情与敬意"。

与上面分析的主流政治思想史之缺陷相比，此一新范式的政治思想史将会具有下面的特征：

第一，它不再是批判性，而至少是中性的。反历史主义的政治思想史研究者不再自居于历史的终点或者文明的最高点，以批判中国固有之政治思想作为自己的职志；而是以谦卑的心态面对先人之所思所想，体认其核心概念，理解其内在逻辑，寻绎其思考框架。此即"中性"的含义。换言之，政治思想史的新范式将放弃意识形态诉求，而回到既往客观的政治思想世界中，中性地构造政治思想史之准确图景。

第二，在中性基础上，新范式的政治思想史进而可以是建设性的。一旦放弃历史主义、进步主义，则政治思想史与面向现实之政治思考间的界限就不再是截然的，而可以实现双向互动。也就是说，政治思想史家可以成为政治思想家，他们可以接着讲自己所研究之先人之政治思想。这样，两千年或者一百年的政治思想可以重新出现，参与塑造当下之理念、价值与制度。可以推测，这将是当代中国政治思想生长的基本机制。

第三，五经和经学将成为政治思想史研究之核心。明乎源，才有可能明乎流。五经乃是中国政治思想之开端，确定了中国政治思想之基本词汇、话语与范式。经的研究自然应当成为中国政治思想史研究之重点，唯有如此，孔子以降的政治思想才是可理解的。对孔子以后之政治思想研究，经学也当为重点。在历史的大多数时间，经学乃是诸学之冠、诸学之基础。经学家未必是显赫的思想家，但经学提供了基本一切思想之观念基础。目前，五经已开始进入政治思想史研究的视野，更有一些学者致力于恢复、重建经学，借助经学构建当代中国之政治哲学。这样的研究取向对于政治思想史将会发挥牵引作用，引导政治思想史走出历史主义之泥沼。

总之，现代中国之中国政治思想史学科之困境，源于其过于强烈的历史主义倾向，加上不完整的西方知识所形成的扭曲的认识框架。由此形成的中国政治思想史取消了自身存在的思想和现实价值。

近年来，反历史主义的政治思想史新范式正在形成过程中。它回归古典史学范式，以承认中国古代之政治思想之永恒和普遍属性为前提。它逐渐告别历史主义，打破古今之别的迷信，而具有政治哲学之取向。它致力于通过激活、转变、发皇先人之政治价值、理念、制度，予以新生转进，以参与中国的现代秩序之构建的事业。这样的政治思想史将会揭示、展示乃至于实现中国源远流长之固有政治思想永恒性和普遍性。中国人所能贡献于世界之政治智慧，端赖于此一反历史主义的中国政治思想史探索、阐释、发皇。

原刊《学术月刊》2013 年第 7 期

行政理性场景的演变格局：
传统、现实与未来

罗梁波[*]

　　行政是什么？从哪里来又到哪里去？从理性的角度[①]考察行政的场景、样态和格局及其演变是不可或缺的视野。正如克里斯托弗·胡德所言："历史经验可以为我们评估当代观念的优势和弱势提供额外例证。"[②]在行政理性多样场景和学科众多范畴中，行政理性基本范畴是反映行政之所以为行政和行政学科之所以为行政学科之特质的核心概念，其中，行政内容以政治统治和公共事务管理为质料，是政治性[③]、统治性、公共性和管理属性的四位一体；行政形式以责任为本位，以制度性为基本属性，以有序为目标，治理方式是治理的结构。[④]行政基本范畴及其结构和过程体现了行政理性的基本场景，是考察行政事物绕不开的视域空间和约束条件，代表了行政运行的基本路径和行政行为的基本取向，也是衡量国家治理水平和能力的基本方面。詹姆斯·法尔认为："概念史讲述概念变化与政治

　　* 作者为西南交通大学公共管理与政法学院教授。

　　① 理性是人类的思维方式，合理性就是一种"合逻辑的，合目的的，合规范（和合规律）的，理智的，有根据或有理由的、有效的，以及正当的、恰当的、一致的"的思维方式。（参见朱葆伟：《理性与合理性论纲》，《湖北大学学报》2011 年第 6 期）综合卡尔·马克思、马克斯·韦伯和法兰克福学派的有关理论以及学科的认知，行政理性一般是指行政及其行为和事物符合科学发展的规律、社会关系的逻辑或者利益意义的归属，相对应有技术理性、形式理性和价值理性三种类型。

　　②［美］克里斯托弗·胡德：《国家的艺术：文化、修辞与公共管理》，彭勃等译，上海世纪出版集团 2009 年版，第 2、14 页。

　　③ 若非标注，"政治性"本文特指狭义的"政治性"，不包含被动执行统治的内容，而是行政主动作为空间的"政治性"。

　　④ 罗梁波：《行政学基本范畴的谱系》，《中国行政管理》2019 年第 1 期。

革新的历程。概念史叙述人类想象力的某种延伸——在信仰、行为或实践中的延伸——通过追溯一些关键性政治概念的问世和转变，有时追溯一些关键性政治概念的消亡。"① 本文主要是从国家治理史的复合时空视野来描述和分析行政理性场景的演变，以厘清行政理性的基本范畴及其相关命题和理论体系的由来、现状和未来发展。

一、理性场景的时间维度：认知的偏差和局限

（一）研究时空的缺失和混乱

圄于现代性的叙事框架，公共管理缺乏历史考量维度②，大约就研究一百多年现代行政史。我们对传统和近代的国家行政历史缺乏关注，一般认为，这段时期不存在公共管理③，也不存在现代意义的公共性，④ 行政的历史也就很难纳入公共管理的研究视野。公共管理如同从石头缝里蹦出来般突然从现代性的地平线冒出。不仅现实和历史割裂，行政的未来和现实也是割裂的，是不对接的二元世界。一方面源于思辨研究和经验研究的对立，即民主行政和逻辑实证主义的争论⑤，前者关注未来的国家治理但缺乏对接现实的途径，后者关注现实的问题但缺乏面向未来的理论出路探讨；另一方面也源于实践上规则程序至上的形式主义和保守的科层制，缺乏变革治理的有效动力，难以突破既定的国家治理格局。公共管理不适用传统场域，对现代行政和传统行政以及两者的混合行政也未作必要的区分，对历史、现实和未来缺乏连接，这是公共管理学研究时空的关键缺失。

行政学的学术体系在研究时空上是混乱的，将"假设的研究对象、公共性和民主治理理念的价值规范、夸大的技术理性、流变的治理形式和刻板的科层制奇怪地

---

① 詹姆斯·法尔：《从政治上理解概念的变化》，[英]特伦斯·鲍尔等：《政治创新与概念变革》，译林出版社 2013 年版，第 34 页。

② 由于"公共管理"范畴不适用于历史或者传统场域，除涉及特定场合，如对比传统行政的场合，又如同时指向学科理论与实践的场合，使用"公共管理"表述外，本文使用"行政"和"行政学"概念，公共管理可视为现代性意义上的行政。

③ 张康之：《公共管理热的冷思考》，《西安政治学院学报》2001 年第 6 期。

④ 哈贝马斯认为公共领域是市民社会发展到国家与社会彻底分离才产生的。[德]尤尔根·哈贝马斯：《公共领域的结构转型》，曹卫东等译，学林出版社 1999 年版，第 170 页。

⑤ 颜昌武、刘云东：《西蒙·瓦尔多之争——回顾与评论》，《公共行政评论》2008 年第 2 期。

结合在一起"①，组合在一个乌托邦的虚拟研究空间体系中。行政学科研究对各理性范畴组合的使用欠缺时空匹配和完整结构以及交互格局的考虑，各个风格的研究者按照自己的偏好随意选用。

行政学科既需要在复合的时空展开行政的范畴、命题和研究体系，也需要在复合时空视野中检验之。我们应当思考行政学科对概念的概括是否切入了本质？学科命题是否适合一切时空？行政理论的流变是行政实践的流变吗？行政理性的实践样态和结构是否一如既往理论的定义和描述？在虚拟的单一时空自说自语，是在做基于想象的智力游戏而非描述实践的治理游戏。

（二）价值理性范畴格局：泛化、独大的公共性

综览社会科学，没有哪个学科像公共管理学科一样用价值范畴即"公共性"来定义学科及研究对象。公共管理学在发展的过程中，将公共性作为一种强烈的价值规范和治理机制，约束了学科的视野和体系的空间。受限于公共管理现代性视域以及政治与行政二分、科学管理原理和科层制的学科三基石理论的前提，行政学科不仅缺乏公共性的历史考量维度，而且对除公共性以外的价值因素和除民主行政以外的政治因素也忽视了。由于行政学科在价值理性上是公共性无所不用，在形式理性上是以科层制为标杆模板，而技术理性的科学效能原则被认为是放之四海而皆准，我们想当然地认定现代行政会按照理性的治理逻辑运行②，只需要简单地用科学管理、民主行政、公共性或制度化作为规范治理机制即可。行政学科一般认为行政是中立于价值的技术过程，价值是属于政治的范畴，如果有价值问题那也只是公共性的问题。在现代行政理论中，忽视了行政的政治性、统治性内涵，错误地理解和泛化地使用了公共性范畴，而公共性的形式理性（公共参与）又替代了其价值理性，对行政价值范畴的交互关系也缺乏系统考量和准确把握。此谬误在本学科流布深远，直接的后果是行政去除了本质的政治性视野，形成了形式化的并由技术理性支配的、泛化的、狭隘的、虚拟的、规范化的公共价值视野。

---

① 罗梁波、颜昌武：《从单一性到复合化：中国公共管理研究的现实与未来》，《政治学研究》2018年第5期。

② ［美］沃尔多：《行政国家：美国公共行政的政治理论研究》，颜昌武译，中央编译出版社2017年版，第1页。

现代行政没有政治意蕴和政治功能的解释，传统行政没有公共性的存在，并不符合国家行政的历史与事实。实践的真实世界与理论的虚拟世界是不同一的。行政学科在价值问题上，罔顾事实排除了政治性和现实价值，形成了公共性泛化独大的规范价值格局，是故学科无法对照也无法解释实践，形成价值理性实践与理论的落差格局。

（三）形式理性范畴格局：单一性具体形式占据主流

行政学科已有的理论研究主要拘囿于具体形式的单一向度研究和经验现象描述，缺乏对学科范畴和行政事物纯粹化的理论概括，也缺乏复合化和一体化的经验形式的提炼。[①] 这种单向度的一国一地一时的经验总结的形式，没有世界的视野、经验的整体性和历史的维度，因而不具备较高的概括力和一般性，这是造成本学科缺乏基本共识和主流"范式"不断流变的根本原因。

从行政学三基石理论出发，现代行政的研究形成了以科层制为组织基础，以权力配置为职能中心，以组织效能为目标导向，以科学管理为过程，以规则服从为准则，以公共性为价值导向的学科体系。从发展的视野看，权力中心论源自政治学传统，也与传统国家行政的特征一脉相承；科学管理和效能源自管理学传统，与一般管理并无二致；公共性则是基于社会的价值道德理想用以规范一切行政事物；而渊源于管理工程的科层管理和渊源于法治原则的制度本位意识则是学科立论基础。但这个体系真的自洽吗？行政作为区别于政治、区别于企业管理和区别于社会组织管理的事物，这些命题和认知体系是否真实反映行政之所以为行政和行政学科之所以为行政学科之特质和场景？又是否符合行政实践的现实特点和需要吗？遑论适合未来。

作为事实是，在现代行政实践中，特别是在法治国家、选票民主和代议制度等国家治理基本方式日臻成熟稳定的当代，行政形式理性以制度和规则为核心并处于支配的地位，借助政治与行政二分体制、科层制的组织基础和文官的权力意志，对技术和价值即内容形成了一贯的压制。或言之，科学效能管理和公共价值导向与科层制和制度至上原则之间形成了巨大的张力。这种张力体现了颠倒了的内容和形式

---

① 罗梁波、颜昌武：《从单一性到复合化：中国公共管理研究的现实与未来》，《政治学研究》2018 年第 5 期。

关系，理论上是形式与内容的平行关系，甚至技术优先于形式，实践上是形式支配了内容，而不是内容决定形式。这种颠倒了的内容和形式关系在学理上无法自洽，学科研究也没有作出令人信服的解释。

制度规则和科层治理方式已经成了技术和价值的支配力量，而不是主要作为技术和价值的凝结和变革力量。制度和组织的形式作为技术和价值理性交流的整合之窗已经关闭，作为官僚集团支配价值和技术的权力之窗已经开启，是故科层制下因循守旧刻板的治理体系不可能真正实现技术上的效能和政治性的民主，也不可能自动带来公共性的实质性提升。学界对科层制形式之于技术理性和公共价值的压制以及内容和形式逻辑关系的认识是不足的，对三者是否协调匹配缺乏考量，对科层制度为何能支配技术和价值缺乏挖掘。理性的单个原则都充满了道德理想和终极价值的美好，但组合在一起却是复杂的逻辑关系，是充满张力的体系。行政学科研究在科层制甚至是威权体制的框架内讨论民主行政、公共性和科学管理的实现方式、途径及其整合格局，无异于与虎谋皮。

单一性具体形式占据主流地位，工业化的行政思维组成了机械性的学科体系，学科概念、命题和理论体系缺乏整体性的有机结合和复合时空的概括，夸大了单一理论形式的适用性，忽略了实践中形式理性对技术和价值的反向作用意义及其背后的政治机理。

（四）技术理性格局：拘囿于管理工程视野

在马克斯·韦伯看来，现代文明，尤其是其技术经济结构的本质要求"结果的可靠性"，而科层制组织则可实现这一点，因而成为在技术上优越于所有其他形式的组织形式。[1] 行政学科主流的逻辑实证主义研究立基于西方的管理主义传统[2]，移植技术决定论[3]，限制了学科在价值层面的想象力[4]。在政治和行政二分预设框架展开对问题的讨论，行政学研究缺乏对各国国情和体制的考量，缺乏与现实政治和行政体制的对接。学科的研究思路保持在工业化的技术理性思维，也无法突破科层

---

① 颜昌武：《公共行政的现代性叙事：反思与批判》，《学术研究》2009 年第 6 期。

② [美] 麦尔文·达布利克：《魔鬼、精神与大象——对公共行政学理论失败的反思》，颜昌武译，《甘肃行政学院学报》2014 年第 4 期。

③ 周志忍：《公共行政学发展绕不开的几个问题》，《公共行政评论》2013 年第 2 期。

④ 马骏：《公共行政学的想象力》，《中国社会科学评价》2015 年第 1 期。

制的行动框架，科学管理和效率优先的主张被科层制的化解无法寻求到治理绩效格局的提升。总体来说，技术取向研究对科层制下技术理性的评价和期待过高，而民主取向研究对民主行政的实现途径束手无策，对公共性的规范作用则过于乐观，而对科层制以及规则至上的形式主义的压制作用过于小视，更缺乏政治性视野的现实分析。

针对管理主义的弊端和不足，对管理工程路径的调适目前有两种方式。其一是以民主弥补科学的方式，然而在民主取向的行政学研究中，民主治理始终停留于公众参与的有限形式和价值理念主张的层面，无法寻找到来自行政实践的技术支撑、治理方式和实现途径，民主和效率、民主行政的理想和实践之间的天堑成为难解的矛盾，规范意义的民主行政遭遇了技术困境。其二是以公共性为导向，在技术性的经验研究中把实证的科学管理与规范思辨的公共性价值混合在了一起。然而现代行政现今的技术手段并无充分实现公共性的可能，仅仅依靠公共服务供给和福利国家建构是有限度的甚至是危险的，公共性的技术场景依靠管理主义思路无法充分展开。行政学科对科学管理、公共价值和民主治理如何嵌入科层制和制度性的行政实践中缺乏充分考量，对技术路径如何嵌合公共性和民主治理主张并无过多关照。所以说，在本学科的研究中，不论是理论研究还是经验研究，科学管理、公共性和民主行政都是一种规范治理工具，本质上都是一种规范理性，实践的科层治理形式无法充分接纳技术的科学效能，无法实现价值的公共性和治理民主。形式主义的科层制和单一技术性的管理工程无法解决更高层次的形式、技术和价值的嵌合问题，也无法自主实现治理格局提升和新场景的变革。

另外，行政实践的技术理性真的一如管理工程的技术理性吗？作为国家事务的管理活动和政治行为，国家行政的技术理性并不同于工程管理的技术理性，不具备工程管理的复杂的专业性和组织体系，技术理性的过程和空间迥异于管理工程，其技术复杂性更多地体现为国家治理的政治、价值、组织和制度的作用、责任秩序的建构与治理方式的选择及其交互格局中。而行政学科对此专业场景却是长久的失察。

行政学科在行政理性格局和发展维度上的认知偏差和研究局限导致本学科研究无所适从，从行政理性范畴的演变考察行政史或为我们重新认识行政打开窗口，重奠学科理性基础，助推学科重新起航。当代行政学者处于"一种含混的、经常令人不爽的、双重的二等公民的地位：他是在学术界讲求实践的人，又是公共行政实践中的空谈者"。① 我们必须回到并弄清楚"行政是什么？从哪里来又到哪里去？"这样的基本问题。

二、行政理性实践场景的整体演变

行政理性是一个历史的范畴，随着历史推进和社会发展不断地成长、完善。人类自从国家产生，就是一个不断理性选择、不断完善积累理性的过程。不同国家不同民族不同地区不同文化对国家治理的合理性有不同的理解和选择，这种理解和选择影响各种共同体历史、现实和未来的国家治理。②

（一）概念渊源：内生性和外生性的区分

作为整个现代社会发展的一部分，国家行政与其外在社会环境之间呈现出一种不可分割的互动关系，也就是说，国家行政深受其所在的社会历史文化环境的影响，并"活"在与社会历史背景持续不断的互动中。③ 界定、理解和使用行政理性范畴，首先要区分清楚内生性还是外生性的问题。所谓内生性就是自我生成的属性，外生性就是其他系统生成的属性。在现代行政中，统治性主要是外生的事物，政治性、公共性和制度性是内生和外生交织的事物，技术性是内生的事物。

在传统国家行政中，统治性和国家行政是浑然一体的，而在现代民主政体中由于代议制和科层制的安排统治性变为了外生的选项，统治性通过民主政治的体制和法律制度的方式作用于行政体系。政治性是个以内生性为主并有外生空间的事物，行政有自身的政治意蕴和政治作为，也受外部政治和社会条件及行为的直接影响。区别于统治性，狭义的政治性是行政体系与外部系统围绕权力、责任、利益和价值的交互关系以及自身作为的总和，统治性是居于领导地位的政治体系对行政体系的单向输出，或者是行政体系对政治体系的责任和义务。

技术性作为管理的手段和方法，本质是个纯粹的内生性的管理属性问题，并不

---

① Waldo, Dwight, "Public Administration," *The Journal of Politics*, Vol.30, No.2, 1968, pp.443—479.

② 限于责任、秩序和治理方式界定和认知的复杂性，本节主要梳理公共性、制度性、统治性、政治性、技术性五个基本理性范畴整体的历史演变，其他三个范畴后文再行补充说明。

③ [美] 全钟燮：《公共行政的社会建构》，孙柏瑛译，北京大学出版社 2008 年版，第 28 页。

直接也不过多关涉价值和制度属性。技术具有更为基础层面的地位，行政技术理性的层次和水平决定了价值和制度的层次和水平；价值和制度对行政的技术性有一定影响，但这种影响若上升到支配技术的层级，则是价值的专制和制度的异化。所以说，内生技术性力量相对独立，又相对强大。

制度性问题比较复杂。制度我们可以理解为行政活动的习惯规则，有非正式和正式制度之分。在法律层面的制度和作为政治设计的国家基本制度主要是外生的事物，但作为行政规则的一般制度则是国家行政内生的事物。从宏观层面而言国家行政的制度性偏向外生，从微观行政而言国家行政的制度性偏向内生，总体而言制度性对于国家行政是内生和外生交织，内生的制度性服从于外生的制度性。另外需要强调的是，制度理性本质上是对技术和价值理性累积发展的结果确认。相对于技术和价值的内容，制度性是逻辑上在后，过程上为果。

公共性有两种类型，内生的国家公共性和外生的社会公共性。[①] 既往的研究和实践不假思索地把公共性理解为内生的政府或者国家公共性，这是值得商榷的，这是行政学科滥用公共性范畴和规范理性强势思维使然。行政组织体系和权力体系不会自动生成完整的公共性，不会自觉把公共性作为主要属性。公共性首先是社会和公众的意志表达、价值和利益诉求，形成共识，接下来由政治和社会进行博弈，然后对国家行政体系形成外部压力、政治指令或者制度的强制力，最后交由行政体系执行。公共性的外生性相对内生性是逻辑在先和发生占先的。当然也有行政体系主动呼应这种压力或者响应民众诉求甚至在公共性领域主动作为的现象。国家本质上是一种以暴力为根基的秩序，但这种秩序何以让他人服从，光靠暴力就成了丛林社会，所以人类文明的发展就是国家暴力不断收缩、不断隐退的结果，也就是政府的掠夺之手收缩、扶助之手扩张。[②] 这个意义上讲，公共性既是外压外生的，也是内在适应的结果，而且随着文明的进步和国家社会的发展，内生公共性的倾向和作用愈益提升。尽管如此，在国家行政体系内生的公共性（即行政公共性）是有限的，

---

① 哈贝马斯所说的公共领域是"一个关于内容、观点也就是意见的交往网络"，这是社会的公共性而非国家公共性。行政学科对公共性的主体一定要做区分。（[德]哈贝马斯：《在事实与规范之间——关于法律和民主法治国的商谈理论》，童世骏等译，生活·读书·新知三联书店2003年版，第446页）

② [美]曼瑟·奥尔森：《国家的兴衰》，李增刚译，上海人民出版社2007年版；[美]曼瑟·奥尔森：《权力和繁荣》，苏长和等译，上海世纪出版集团2005年版。

行政实践的公共性逻辑也达不到决定的意义层次，公共性的提升和成长是个长期的过程，也是个博弈和管理的过程。而在古代，国家行政的公共性只考虑很低层次的社会共同体利益、公共生活德性和社会协作等，是次要和初步的公共性，公共性的快速成长是现代才有的事情。

（二）行政理性场景的总体演变

本文参考了马克思主义的社会发展五阶段论[①]，并引入了传统、近代和现代等发展理论表达方式，将国家治理史分为原始社会、私有制兴起、国家形成、专制、暴政与改良、近代、现代、信息化、共产主义九个阶段。其中私有制兴起、国家形成、专制（包括极端样态的暴政）代表了传统阶段，信息化和共产主义代表了未来发展阶段。接下来，我们主要从传统农业社会、现代工业社会和后现代信息社会的区别考量五个基本范畴的整体趋势及其交互关系所呈现的特点。

1. 原始社会：唯有的公共性

在前国家时期的原始部落和氏族社会的公共事务管理，依赖传统惯习和个人权威来实现治理，制度属性、政治属性和技术属性尚未生成，公共性为唯一属性。原始社会只有单纯的公共性。[②] 我们首先要对公共性做一定的区分，在不同的场域的公共性有不同的内涵和意义。笔者认为至少要在内容上区分两种公共性，其一是德性的公共性，即在公共生活中作为美德和价值意义的公共性；其二是技术的公共性，即在公共事业组织和公共福祉创造中的技术能力意义的公共性。从主导价值取向和道德属性而言的，原始社会的公共德性、权力目标、公共事务管理诉求和公共生活运行规则服从和体现了公共性，从而获得质的公共性的定性，尽管这种德性公共性有时仅限于共同体内部，也很不完美。从社会共同体的整体公共福祉的增量和公共事务组织能力即社会协作的技术和组织能力发展的角度讲，原始社会的技术公共性是初始水平，即量的程度是比较低的，反映了人类原始的生产力和理性能力状况，但是不等于不存在。"人类在本性上，也正是一个政治动物。"[③] 人类社会是一种集体生活的状态，对公共事务和公共生活的组织管理从人类社会肇始即存在。

---

① 《马克思恩格斯选集》第 1 卷，人民出版社 2012 年版，第 148 页。

② 高宏星：《公共性的真实——马克思主义哲学对以人为本的解读》，《绵阳师范学院学报》2010 年第 9 期。

③ ［古希腊］亚里士多德：《政治学》，吴寿彭译，商务印书馆 1983 年版，第 8 页。

2. 传统时期的行政理性场景

随着生产力发展和社会财富增长，私有制兴起代替原始的公有制度，逐步出现掌握更多权力和资源的贵族集团，少数人拥有了制定社会生产和公共活动规则和制度的权力，拥有了支配社会财富分配的地位。氏族社会的原始公平和公共道德被打破，原始社会完整的公共性被私有制和贵族权力不断侵蚀而降低，德性的公共性意义不断下降，公共生活的理性格局的支配力量逐步让位于政治统治性。传统行政理性处于萌芽或者初始的状态，这是由农业时代的生产力水平和理性认知能力决定的，但相对原始社会而言是理性的飞跃。统治性取得支配地位是共同体的安全和生存发展需要的理性选择，也是社会让位于国家的必然。

国家和专制制度的建立，使得统治性继续加强，行政的建制水平和政治性层次提高，公共事务管理也纳入和服从了国家政治统治的支配，权力的统治性不断加强最终取代了权力的公共性的地位。权力和公共生活的德性公共性完全变为了专制者的恩惠和善心，并随着统治的强化而不断削减。随着专制集权和权力政治的发展，统治性不断膨胀，公共性无关紧要，乃至形成暴政，德性公共性跌落到零点。在暴政的极端样态下，统治性极度膨胀达到顶点，德性公共性流失殆尽，公共性降到极低点，以至于维持共同体的生存和安全都成了问题，公共性的底线被突破，国家面临崩溃。随暴政而来的是革命或改良后的治理变革，挽回和提升国家治理的公共性和合法性，提高治理的政治功能和技术水平，维护统治性的存在和延续。

整体来说，在传统时期，国家行政的制度和体制建构有初步的体系，国家对公共事业的组织管理能力增强，形成了以权力专制为基础的国家架构，国家行政的制度性、技术性和政治性以及技术公共性伴随国家产生而生成并不断累积，发展水平逐步提高，但还是初步理性的状况。传统时期行政的理性格局呈现为政治统治直接支配的政治工程格局，统治性和德性公共性此消彼长，统治性支配了行政的政治性、公共性、制度性和技术性，而政治性的作用空间和效力也强于公共性、制度性和技术性。行政理性的政治工程格局共有的基本特征是：首先，行政以权力为本位，技术性服从政治统治性，政治性是统治者的权力游戏，公共性是政治统治的婢女；其次，制度性主要是以非正式制度为主导，责任是对统治和权力的责任，目标是实现政治统治秩序，治理方式是管制型、管控型；再次，德性公共性体现为作为

政治统治底线的道德价值水平，并以底线的公共性为最低层次的社会共同体利益 ①
以维持政治统治。

3. 现代化阶段的行政理性场景

近现代以来，随着资本主义方式和机器大生产兴起，社会财富极大增加，社
会矛盾逐渐缓和，民主政治体制建立并逐步完善，国家统治的强制性和暴力性逐步
弱化，国家整体建制水平走向成熟，制度化水平愈益提高，国家福祉和公共服务大
幅增长，以政治和行政二分、科学管理、科层制与公共性诉求为特征的现代行政确
立。工业革命、市场经济和民主政治的发展带来了国家治理格局和水平的整体性提
升，行政的政治性、公共性、技术性和制度属性都逐渐成熟。

现代西方行政的理性格局呈现为管理工程的风格：技术性的科学和效能原则被
广泛应用，现代行政过程呈现为管理主义的方式，行政相对独立，地位愈益重要，在
国家和社会中发挥了枢纽的作用；统治性愈益趋向柔和与间接的方式，政治性建构在
民主政治和文官制度的基础上得到了格局性的提升，统治性和政治性作用的方式变得
更为隐蔽；社会共同体利益在公共福祉、公共服务的基础上逐步扩大，技术的公共性
一般采用市场化为主国家组织为辅，在质和量两方面都有很大的提高，公共性地位和
基础作用大幅提升；治理方式是科层治理，制度性是行政的基本属性，现代行政是制
度的统治，责任是基于制度和管理的责任，以实现制度和管理秩序为目标。

现代行政的理性格局虽然呈现为管理工程的风格，但技术性和公共性始终未能
在科层制和制度理性的框架内实现充分发展，制度性地位和作用强于技术性以及公
共性、政治性等价值属性。其中的根本原因不在于制度和科层本身，而是由于政治
统治属性隐蔽于制度和科层之中。制度和科层不过是政治统治的现代化实现方式，
所谓"制度的统治"不过是制度性狐假虎威地借助了政治统治的力量罢了。

4. 信息化阶段的行政理性场景

随着信息社会的来临，信息化阶段深刻地改变了国家和社会的互动方式，通过
网络化平台和大数据方式加快了国家和社会深度嵌合，促进了科层制治理方式向网
络化治理转变，使得价值问题和政治性浮出水面成为行政必须直面的课题，进而促

---

① "社会共同体利益"概念可参见张雅勤：《公共性视野下的国家治理现代化》，人民出版社 2017 年版，
第 56—59 页。

使行政理性的价值格局走向开放，政治性建构走向合作治理格局；借助网络化技术平台和治理方式，制度性面临的任务主要是提高制度的弹性和活力，寻求提高制度的科学效率和政治性层次；公共性不仅高度发展，而且与政治性全面深刻地交互作用，共长提升，但不能认为公共属性支配了政治性。

在共产主义实现的情形下，统治性为 0，其他范畴为完整的 1，实现了充分意义的公共性、制度性、政治性和技术性和谐共生。

5.行政理性范畴的历史进程

从历史发展的总体进程看，统治属性呈现倒 U 型的发展历程，公共性呈现 U 型的发展历程，国家行政的技术性、政治性和制度性的作用、功能和水平随时代发展不断提升，呈现为逐步增强的线性的增长，而五者之间交互关系格局也呈现出复杂变化的格局（见图 1）。

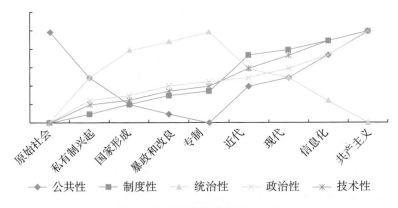

图 1　行政理性范畴的历史演变

（三）行政理性交互格局的演变

任何国家行政事物和治理格局的理性结构都是相互匹配的，首先具有统一性的一面，不同共同体国家治理的技术、价值和形式是同构的。但是匹配并不代表各个理性范畴的力量对比和作用地位是对等的。从历史演变的历程看，国家治理的理性结构并不一直是对称齐整的格局。

在古代国家和传统威权政体中，统治集团的意志或政治性价值直接支配和绝对压制了行政的形式和技术理性，治理方式的技术层次和行政的制度化水平相对较低，国家管理技术比较粗糙，主要依赖于经验和传统而非制度，国家行政的发展水平还比较初步。近现代的国家治理在整体水平上虽是治理层次的提升，但在结构上却仍是不对等的格局。在工业化管理主义和规则至上的共同治理逻辑下，制度性的发展和地位优于技术性，技术性优于政治性，政治性优于公共性，而统治性即使治理方式再怎么柔和、间接、隐蔽，在国家治理结构中也是起着决定作用的。在现代行政理论中对政治性的关注是缺失的一环，而在实践中政治性一般在代议民主和公共参与的框架下进行，在政治体制、科层制和制度至上的约束下其作用空间被压缩。我们还应该看到，现代公共性的发展受到了政治、制度和技术等多重因素的制约。

我们还应该看到，一旦某种支配性的理性力量过于膨胀，行政理性即形成不对称不齐整的交互格局，很容易发生路径锁定，停留于已有的治理水平而裹足不前，丧失创新和变革的动力，形成国家治理内卷化的状况和固步自封的保守体制。成功的国家治理是在质和量两个维度共同提升合法性、政治性、公共性、制度性和技术性，互助共进，形成互相协调、互相支援而非互相对立排斥或支配和被支配的治理格局与层次。

信息技术革命带来的网络化治理是推动治理格局变革的可能方式，将打破科层制治理和传统治理不对称不齐整的理性格局。信息技术的发展必将深刻改变行政的技术水平，带来行政的变革。随着信息社会的来临，公共性的价值、形式和技术互为基础、互相支援，高度发展，为实现三者真正的一体化奠定基础。科层制、管理主义徐徐落幕，"互联网＋"治理正处于变革的前夜。网络化可以成为行政的技术性、形式性与价值性规范和谐共生的整合基石。

总之，国家治理统治性方式愈益走向柔和、作用愈益趋于隐蔽是客观的治理景象，公共性的实现和回归是一个长期的成长过程，政治性的更大提升、技术的更大发展和价值的更高追求亦无止境。行政的实践发展，国家治理能力和体系的现代化应该在统治性、政治性、公共性、制度性和技术性更高更深更大的交互格局中探寻和定位。

三、价值理性场景的演化

尽管既往大多数行政学理论忽略了价值问题的存在，或认为行政无价值问题，或认为价值问题不属于行政视野内要考虑的问题，但从事实的立场看，价值问题还是有所涉及的。以前，在政治学路径下，或是在传统或者混合治理的情形下，行政理论与实践往往平移了政治学价值或者政治价值。行政学科的理论与实践后来移植了管理主义的无价值立场，或者重申了民主行政的公共性、公共利益范畴，两种移植的结果是现代行政（学）用公共参与的公共性形式替代了公共性价值。现阶段又企图平移基于社会和公众的公共价值，主要是从技术的角度解释价值，把一整套的政府技术体系和价值目标当做了公共价值。不论公共性还是公共价值，抑或其他价值，三个阶段都是平移外部价值立场作为行政的价值，而没有挖掘和发现行政自身独立的价值。我们要克服简单移植外部价值、定位终极价值或者置于政治价值支配的做法，要改变行政无价值的回避立场，独立客观思考和研究行政的价值问题。

在实践领域，价值范畴的存在方式、场景及其发展并不是理论家描述的那样。作为国家生活的一部分，行政的价值性在各个共同体各个不同阶段无所不在，无时不在，它是复杂行政的重要组成部分。

（一）统治性的演变：强制性向合法性演化

行政的统治属性经历了从无到有、从弱到强，而后又由强到弱、由直接到间接、由显在到隐在的变迁过程，随着专制而加强，随着民主而降低，暴政情形下统治性最强，共产主义实现之时统治性降为零。近现代以来随着政治与行政二分的格局和民主政治下委托行政格局的形成，统治的色彩愈益淡化，但是，认为行政统治性消失与政治功能弱化甚至不存在的看法是欠妥的。

随着文明的发展，特别是社会生产力增长和社会矛盾的变化，公众权利意识提高，国家治理的制度化和法治水平提升，国家建制水平和国家治理能力增长促成了统治性由强制性向合法性演化。在现代行政的理性格局中，不是统治性消失，而是统治性嵌入并内化于行政的技术、制度和价值的结构过程中。行政理性格局若无背后统治性的决定作用，科层制和行政的形式理性不可能有如此大的能量场。行政的价值诉求、工具选择、目标体系设定和治理秩序都有统治性的首要影响，不过是比较间接罢了。

（二）政治性的演变：整合治理格局

在实践场景中，国家行政的政治性功能整体是持续走强的，国家治理的政治水平在漫长的国家历史中总体的趋势为线性的增长，并呈现多元的样态。统治功能弱化和政治行政二分并不代表行政政治功能的衰落，政治功能（广义）的其他方面在科学技术、人类文明和制度建构的支持下得到不断的加强和完善。近现代治理体系中，国家对社会的干预和控制更为有效，国家的作用和责任更大，权力的影响更深更广，治理绩效和公共性水平更高，公众权利和社会福祉的实现也更多，体现了国家治理和政治文明的进步。行政体系承担的国家治理的政治功能是不断提升的，政治统治弱化不仅未导致政治功能弱化，反而是此消彼长，或者说统治的功能相当部分以隐蔽、间接和制度化的方式转移给政治性了。

行政理论与实践应该正视现代国家治理体系和能力所体现的政治功能，相比古代或者传统时期已有整体层次的进步，未来需要更好的提升。行政的政治理性从长期看是不断进步的，随着国家和社会的发展而发展，也关系国家和社会的发展。应该看到并且做到提升行政的政治性和政治功能，否则对行政的认知和实践都是残缺不健全的。如果基于对政治统治的排斥，把行政的政治性功能连同统治性功能一同丢弃了，这是不符合国家治理发展的客观现实和规律的，也不符合对行政直观的感性认知，如同把小孩连同洗澡水一起倒掉，会造成行政认知的迷茫和实践的困境。

现代行政政治性的提升不仅促进统治性向合法性的转变，而且不断提高了国家治理的公共性、制度性和技术性水平，也提高了国家治理的整体水平。政治性的进步具体体现在以下基本方面：（1）政治性能力关系行政体系认识和改造世界的综合能力，是国家治理能力提升的重要方面。（2）政治性的发展关系公共性成长，政治性也是实现人民更美好生活和构建美好社会的内在属性。（3）政治性的提高体现为行政制度化建设，国家行政法治水平和建制能力提高是行政政治性发展的反映。（4）政治性体现在协调国家与社会关系的能力和过程中，行政在国家和社会事务中具有相对独立的协调作用，行政是构建国家社会秩序的主体。（5）政治性的进步也是治理方式的进步，政治性反映了国家行政由传统向现代化转变的提升，而在网络化治理的未来场景中，政治性必将担负重塑行政理性格局的重任。言而总之，政治性是行政体系竞争力的核心范畴，也是行政作为的空间。

（三）公共性范畴的发展

公共性是个发展的范畴，有个成长的过程；也是个多样的范畴，各个共同体有不同的认知和选择。在国家治理领域不存在绝对、超然的公共性和公共价值，否则就等于消灭了公共管理和国家行政本身，应根据现实来定义公共性（公共价值），实证对待之。所谓公共性的成长（公共价值的增长）是在多大程度即量的规定性上的增长和实现，不能不顾量的规定性而奢谈质的公共性。而行政学科在规范现实国家治理意义上使用的公共性和公共价值是绝对、超然的概念。不同共同体不同时期对公共性的理解和行动框架是多样化并不断发展的，这构成了国家治理的历史逻辑、传统和因循的一部分。

尽管公共价值范畴相对传统公共性是一种进步，体现在行政目的、政府主要使命和目标、行政过程、行政内容、共识导向与结果导向等具体层面[1]，但现有研究对公共价值的理解和传统公共性还是一脉相承，不考虑质的规定性和量的程度，公共性在规范现实治理中被技术化、形式化，泛化解释和应用于几乎一切行政场景。公共价值理论把政府的价值取向不加分析和区别都当作了公共性或者公共价值，把政府的目标取向直接等于公共价值，政府行为都是公共管理行为，政府管理都是公共性导向，对各种价值内容不加甄别，对价值、技术和形式也没有区分，一股脑都装进了公共价值的袋子里。

未来行政理论与实践更应该注重从政府实践及公共性本身的内生过程而不是简单地由外部来移植来建构公共性的框架体系及其技术、价值和形式。行政学科从外部来挖掘公共性，其实是典型的主体性错位，即以社会公共性替代行政公共性。现代公共性自身有相应的价值、技术和形式维度，以价值为主，是价值、技术和形式的三位一体。以公共表达、公共参与和政府回应为特征的参与治理制度和民主行政方式是公共性的形式，一如听证会、数字化网络、公共服务平台是公共性的技术手段，而何种利益代表才是公共性的价值层面即公共价值。正本清源，行政理论与实践应该严格限定和科学运用公共性范畴及其相应的技术、形式和价值，不可泛化更不可矮化。

网络化重塑了行政公共性的形成和作用的机制。包括：（1）网络化形成新的公共领域，公共表达、公共参与乃至公民直接的公共决策将更加充分，更有可能促成社会公共性的共识达成，社会公共性获得全新的生成机制。（2）网络化的公共领域与行政外部的政治体系、体制和制度又如何博弈，如何妥协取得共识，这都将是全新的方

---

① 王学军、张弘：《公共价值的研究路径与前沿问题》，《公共管理学报》2013 年第 2 期。

式和机制，可以预料的是旧的工业化时代格局必将打破。（3）网络化带来的冲击还体现在社会、政治与行政的关系中，网络化的新公共领域重塑三者关系，国家与社会分离、政治与行政二分的格局恐怕很难应对网络化的环境，政治、行政和社会，国家和社会将深度互嵌、快速互动和高度融合。（4）网络化社会和数字化政府对接使得公共性实现和成长获得全新的技术手段、治理方式和管理服务平台以及组织形式。

总之，公共性是在不同的公共性主体之间的博弈，即存在社会公共性、政治公共性和行政公共性三种不同主体类型的公共性，行政学科所使用的公共性是行政公共性；公共性场景在社会公共性生成、行政—政治—社会博弈格局、行政理性的交互作用格局和行政公共性的理性结构等四个层次呈现，也应在这四个场域来认知和实践。

（四）社会共同体利益及其演变：价值的历史凝结

公共性的增长和发展是人类文明的进步在国家治理层面的体现，首先是共同体公共福祉的整体增长，其次是社会共同体的共同利益[①]和共识意志的扩大。

国家在对公共事务的管理过程中，在公共秩序的维护过程中，在公共福祉的创造过程中，国家政治统治和社会公共性的诉求并非绝对对立。合作、妥协和让步是文明共同体的维系和发展的基础，若只是简单的对立竞争关系，统治性和公共性则无法在一个共同体共存；而实际上两者之间存在着共同交集，共同交集的大小既反映了国家与社会的力量对比，也是合作、妥协和让步的结果，反映了国家文明的进步幅度。社会公共性和政治性、统治性、制度性以及技术性共同交集为社会共同体利益。底线的社会共同体利益是共同体的生存和安全，底线的社会共同体利益是任何类型统治都要做到的，否则无法维持统治的延续。

正是在政治性、公共性、技术性和制度性的共生共长的促进下，社会共同体利益内涵和外延不断发展。比如全民福利、公共交通、社会保障、公共卫生医疗、义务教育等公共福祉乃至国民收入、法治、环保、民主参与、自由等公民发展权利，逐步地不同程度地纳入了现代的社会共同体利益。又比如人们对公共安全的理解和需要层次也是发展变化的。社会共同体利益也可视为基本实现的公共性和公共价值，即国家治理的现实公共性。

---

① 张雅勤：《公共性视野下的国家治理现代化》，人民出版社 2017 年版，第 56 页。

　　社会共同体利益意义上的公共性和公共价值，有多种类型的格局：其一为公共性和统治性以及外部政治性（即国家行政之外的政治领域）、制度性的交集。这是由政治体系（统治性和外部政治）确定并由制度确认的公共性格局，如图 2 之 ac。比如公民的政治权利、选举等政治、法律方面的公共事务，这一部分与行政体系并无太大的直接关系。其二为公共性和政治性、技术性的交集，这是由国家行政体系确定、体现和选择的格局，由行政体系认可或者政策体系接受并在行政过程中实际达到的公共性，这是一个行政内生的政治性选择、确认和作为的过程，也是技术性实现的结果，如图 2 之 bc。典型如一般公共服务供给。其三为外部政治性和行政公共性的两者交集，由国家政治体系主动创造并由国家行政体系执行而实现的公共性，如图 2 之 ab。典型如公共预算。其四，由社会与公众表达诉求，国家政治体系确认，并由行政体系通过行政作为所生成的社会共同体利益，是多方合作并已成为合法事实的社会共同体利益，如图 2 之 abc。典型如大型公共工程、重大公共事务的基本制度确定。其五，随着社会发展和文明的进步，国家政治体系和行政体系或妥协接受认可，或主动作为所促进的社会共同体利益（总体的或者广义的）（如图 2 之 ac+bc+ab）都在增长，现实国家治理的公共性和公共价值都在增长，体现了政府治理能力和治理责任的发展和进步。尽管社会共同体利益和公共需求、共同意志、公共利益、公共价值以及公共性一样，依然是内涵比较模糊、相对发展和格局复杂的事物。

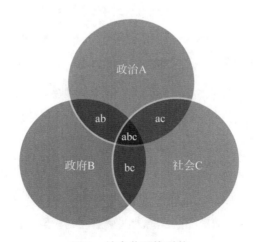

图 2　社会共同体利益

注：不考虑社会公共性依靠社会自生性基础即可实现的社会共同体利益。

（五）未来的行政价值范畴

有更高价值关怀的行政，更能促进行政制度精神、责任担当和规则意识的培养，更能促进行政走向善治走向科学，而这也是国家治理能力和治理体系现代化的应有之义，是信息技术革命带来的社会变革所要解决也能解决的问题。而这一切有赖于行政实践者的担当和研究者的探索。在由网络化治理机制重塑的政治性、公共性、技术性和制度性的交互作用过程与结构中确认未来的行政价值范畴，是比较现实的选择，也是行政价值实现的途径。

四、工具范畴的演化场景

技术和形式属于工具范畴，以下逐项阐述工具范畴的演化场景。

（一）技术性范畴的发展阶段：政治工程、管理工程、社会工程

国家治理对技术方法和手段的认知与运用经历了一个长期发展的过程，今天的治理水平并非一蹴而就，以后的治理技术也非一成不变。从系统工程的视角考量，行政技术性范畴经历了政治工程、管理工程、社会工程等三个发展阶段。

政治工程是政治理性直接支配的阶段：在农业时代，生产力水平低下，国家社会未充分发育，国家管理相对简单粗放，国家行政体现出了初步的技术理性，建立了相应国家职能体系和组织体系。行政直接附属于政治权力，直接受控于世俗权力或者宗教支配下的意识形态，行政理性直接附属于政治理性，是为政治工程，是政治权力体系或者意识形态的婢女。行政附属于政治，亦是理性选择，是国家社会发展水平使然。古时国家管理体现了人类理性的发展，也深刻影响了后世国家治理模式的选择和发展方向，构成一国一地治理的传统，例如我国的郡县制和科举制。技术、价值和形式皆为国家治理的直接统治工具。

管理工程是工具理性阶段：进入工业时代，生产力大发展和社会大分工使得国家行政逐步从政治中分离，科层制和管理主义盛行，是一种工具理性，是为管理工程，行政理性地附属于资本和机器大生产的利益和需要。工具理性体现的是国家治理的工业化思维，技术、价值和形式皆为国家治理的管理工具。

社会工程是社会理性阶段：进入信息社会，网络技术高速发展，信息充分、快速和透明，公众参与已然存在，国家治理进入了一个国家与社会全面深刻互动的新

阶段。在这个新阶段，每个公民充分表达政治诉求和广泛参与国家政治生活成为可能，信息技术根本改变了政治与行政的生态，也必将改变国家治理的方式和方法。互联网＋使得国家治理要更加契合社会与民众的表达和要求，积极适应经济和科技发展的要求，信息化时代国家治理思维将是社会工程的系统思维，将推动行政的技术理性从管理工程向社会工程发展。社会工程乃是指在网络化信息技术支持下国家治理要融合人文思想、管理科学、社会科学和自然科学技术，体现综合化、专业化、复杂性和体系化的国家治理思维。[①]

技术是行政发展和变革的决定性力量。社会工程风格的行政理性立基于网络时代政府管理的实践需要和未来发展的要求，超越传统的管理工程技术空间和工业化思维，构建技术理性、价值理性和形式理性互嵌融合、科学与民主相结合的系统性管理体系，融合一般行政、一般管理、专业行政和综合管理的技术知识而形成综合化知识体系。

（二）治理方式的演变

传统国家行政是统治型行政，对应的是传统国家对社会赤裸裸的管制。近代以来，在阶级意识觉醒、阶级矛盾激烈的背景下，管制型行政逐步向管控型行政转变[②]，后者是国家对社会的强力控制和软控制的结合。管控型行政体现了传统向现代转变阶段的混合型治理特点。近代民主政治的弊端使国家行政无法治理阶级激烈斗争的社会对抗运动，无法有效协调国家社会关系，而治理的低效更是不能为社会大生产和资本扩张所容忍，现代科学管理和科层制度应景而生。第二次世界大战后，新技术革命带来经济实力增强，社会矛盾、社会抗争、阶级阶层关系大大缓和，替代了阶级激烈的矛盾，国家社会发展使得国家治理越来越强调公共服务，注重合法性，回应民众需求。

技术和价值发展的变化和要求是国家社会演变的基本方面，决定了治理方式的演化，价值和技术的样态决定行政方式的样态。行政的形式更新及其合理性一定要跟上技术和价值发展的变化和要求，与时俱进，保持制度、规则、责任和秩序的弹

---

① 罗梁波、颜昌武：《从单一性到复合化：中国公共管理研究的现实与未来》，《政治学研究》2018 年第5 期。

② 聂辉华：《从管制型国家到治理型国家——以煤矿安全为例》，《教学与研究》2015 年第 7 期。

性、活力和创新。从国家行政到公共治理，行政形式不断地流变，正体现了这样的逻辑。在变革的时代不可刻舟求剑固守陈旧的形式，尤其在以信息技术为基础的网络社会，必须适应互联网时代对行政的形式及其合理性变革的要求。进入信息技术时代，网络化治理必将替代工业化时代的科层治理成为未来主导的治理模式。①

行政形式理性若是跟不上或者无视技术和价值发展的变化和要求，反作用压制了价值和技术，发生路径锁定也就丧失合理性的根基。所谓的内卷化即是如此这般的机理，国家治理的技术、价值以及形式本身都被彻底锁困，国家行政和国家发展也就失去活力和创造力，没有了竞争力，陷入低度发展的因循，落后的制度也就彻底锁困了国家治理的未来。封建的帝国官僚制和唯规则至上的刻板科层制是为殷鉴。尽管现代治理形式在不断地流变，但并未从技术和价值的根基上推翻或者改造科层制。

（三）制度性的演化

传统国家治理时期，制度性处于初级的水平，体现为以非正式制度为主的制度建构②和着重宏观权力的体制建构。在权力的安排和行使上，东西方处理方式是不一样的，整体来说西方比较注重分权，东方强调集权。③在国家治理现代化进程中，制度化和法治化水平不断提高。

我们应该看到，由于现代科层制和民主法治化的种种不足造成了形式重于内容的后果。形式理性被推高到极端的优先位置，取得了支配地位，国家治理的技术空间和主体的行为在制度的框架内发展，缺乏弹性和创造力。国家治理体系和行政行为的技术性虽然获得更大空间，但由于受到制度规则的形式约束以及价值理念不彰而遇到发展的瓶颈；而形式代替价值以及对规范理性的价值理念的压制也导致行政事实层面的价值理性陷于徘徊不前之境地，这造成行政技术和价值皆为不彰困局，技术难以实现预期的效果，价值难以达到理想的高度。过犹不及，形式理性的地位作用超过自身限度反而损害了形式理性的创造力和活力。

制度化有水平等次之分，法治化是个过程。制度是重要的但不是万能的，尤

---

① 何哲：《科层官僚制的困境与人类新时代的行政体系构建》，《新视野》2018 年第 3 期。

② 伍装：《非正式制度论》，上海财经大学出版社 2011 年版，第 47 页。

③ 李友东：《东西方文明比较中的两种不同视角》，《史学理论研究》2014 年第 1 期。

其是在制度不成熟，规则得不到普遍遵守的情形下。形式终归取决于内容，而不是形式决定内容。我们不能过度拔高制度的意义和作用，制度的作用空间和功能意义与制度本身建设有关，也与国家治理整体水平有关，还受社会经济文化发展水平制约。制度化水平是有层次的，受制于国家治理的整体格局，制度化水平要达到法治的阶段，必须突破既有的传统治理格局，提高制度的内在品质，反映社会发展的文明进步，提升制度内在的治理水平，才能达到有效的秩序格局和真正的法治化。工业时代的科层制和民主法治把形式的合理性和作用地位无限拔高到登峰造极的顶点，名不副实，是无法承担之重，不过是政治建构无作为的替罪羊和统治利益的遮羞布罢了。在信息时代的治理方式应该重塑制度的弹性和活力，赋予形式合理性恰当的意义空间和作用方式，改变僵化和错位，走下神坛，正确归位。

（四）责任和秩序

责任性资源配置也是行政在研究对象和管理对象上区别于其他学科领域的特质[①]，是行政领域一种特殊的社会行动。区别于行政，政治是权威性的资源分配，经济是稀缺性资源分配，管理可以视为物质资源的配置，法是权利义务关系的规则资源的配置，社会则是人与人、人群间交往的关系资源的配置。

不同时期国家行政的本位范畴不一样。在传统时期，国家行政是以权力为本位，服从和服务于政治统治。在工业化时期，行政以科层制度和管理为本位[②]，以科层治理的方式为社会大生产提供科学管理秩序和法律秩序。随着公民参与和网络治理兴起，国家与社会的关系已经发生根本改变，过去国家社会二元对立、单向度输出的治理格局和传统权力本位的封闭式国家行政方式不足以应对，建立在权利基础上的行政多元主体丰富了行政的实践，愈益走向开放合作的格局。国家社会交互合作需要彼此的信任，行政责任是基础，责任是行政未来的本位。负责任的政府和负责任的公民是未来治理实现良治善政的基础条件。未来的行政需要强化的是责任而不是权力。责任的本质和本位相对权力的本质和本位来说，不仅代表了行政的未来，也适用于行政的历史和现实的情景，行政相对于统治、政治、制度和自身的管

---

① 罗梁波：《行政学基本范畴的谱系》，《中国行政管理》2019 年第 1 期。

② 就现代行政的演变而言，前期更加注重科学管理，后期更加强调制度和规则，这与现代行政的民主化法治化进程有关。

理而言，相对政党、社会、企业和公民的需要来说，实质都是一种责任，行政输出的是责任而非权力。

不同历史阶段的不同类型的行政体系，有不同的秩序目标，这种区别体现了不同的治理传统和治理目标，也体现了不同的治理格局和水平层次。不同的秩序共同指向维护相应的政治秩序和社会运行秩序，保障国家行政体系运转履行自己的职责。总体来说，避免失控的消极秩序是所有国家行政体系所要优先保证的基本目标，失序是治理的失败。而秩序的积极效果则反映了国家行政体系的治理能力高低，有效的现代化国家治理能力和治理体系提供有效的现代化治理秩序，有效的治理秩序取决于治理技术、制度化水平和治理的价值理念的水平。从历史发展看，国家行政的秩序目标经过了从政治统治秩序到管理与法律秩序的变迁，未来行政当追求的是社会公共秩序。

五、结论：行政理性格局的历史与未来

行政理性基本范畴的演化类型和未来方向如表 1 所示：

表 1　行政理性场景的演化类型和未来方向

范　畴	传　统	现　代	未　来
统治性	暴力强制性	柔和、间接	合法性
政治性	统治者的游戏	提升治理水平	整合治理格局
社会共同体利益	底线的公共性	福利国家、公共服务	美好社会
技术公共性	初　步	市场化为主国家组织为辅	社会大协作
公共性格局	政治统治的婢女	规范化、技术化、形式化	内部建构、网络化
技术性	政治工程	管理工程	社会工程
制度性	非正式制度	制度的统治	制度弹性、创造力
责任	统治和权力的责任	制度和管理的责任	公共责任
目标	政治统治秩序	制度和管理秩序	社会公共秩序
治理方式	管制型、管控型	科层治理	网络化治理
行政的本位	权　力	制度、管理	责　任

我们从行政理性场景的演变可以看出，行政理性场景的合理匹配格局从未能充分实现，行政理性格局未来的发展需要正确归位协同发展。在行政发展史中，科层

制是形式压制技术和价值，技术逻辑支配价值逻辑，传统治理则是以统治性政治价值直接支配行政的价值、技术和形式，两种治理方式都是在路径锁定情形下造成了行政价值、技术和形式皆在既有水平上徘徊不前。价值、形式和技术应保持合理的实践逻辑关系，内容决定形式，技术决定价值，而不是反其道而行之。在行政学术史上，我们在公共性的规范空间高歌猛进，在技术的神话中自我陶醉，在形式的理性荣耀中踌躇满志，我们忽视了内容对形式、技术之于价值的决定性作用和工具意义，忽视了技术和价值皆为行政内容的并列空间，也忽视了技术和形式在价值支配下步履蹒跚。

未来行政理性格局需要重塑。行政不可沦落为政治统治的婢女，但也不能包身为技术统治的奴仆，或陷于异化形式的支配，未来的行政要清除技术、价值和制度的剩余压抑。[1] 行政学科未来在内容合理性上要形成齐整匹配的理性格局，信息化的网络化治理和政治性建构的进步为行政未来发展提供了实现途径和行动框架：通过网络化服务、开放性管理和数字化平台，构建大数据政府和整体性政府，依托网络化治理方式，统合科学性、合法性、政治性、公共性和制度化等基本诉求并提升这些基本维度的治理能力，充分发挥行政在构建美好社会中的积极作用。

历史既可能照亮未来，也可能阻碍现实的下一步发展，现实之于未来亦是同样的道理，但看后人以何种路径对待自己的历史和现实，又追求何种未来以及如何追逐未来。对共同体和人类世界整体的历史、现实和未来中的治理价值、制度和技术如何认知和判断，这决定了共同体治理的高度和水平，也决定共同体的命运和实力。若是固步自封则很难摆脱因循轮回或者潮起潮落的宿命，此为国家治理的路径锁定。有勇气和有智慧寻求最佳或者最合适、更佳或者更合适的治理技术、制度和价值，乃是对共同体的责任担当，必须摆脱既有路径的依赖和既定框架的拘囿。不要因为人类自己不完美置身于混沌迷雾丧失理性而断送对至善的追求。

原刊《学术月刊》2019 年第 5 期

---

① 欧力同、张伟：《法兰克福学派研究》，重庆出版社 1993 年版，第 125 页。

范式的转型：
政治科学研究与学术期刊的使命

包刚升*

前面诸位学者的发言很有启发。我这里先做一个点评，随后再讨论我要讲的主题。探讨中国的学术创新和话语体系建设，一个必要的提醒是：理解学术要有正确的时空感。作为学者，我们每个人都想做学术的引领者。作为国家，每个国家都想做学术的引领者。但问题是我们能够引领吗？

如果对美国经济崛起和引领全球科学与学术的过程做一简要回顾，或许可以帮助我们理解这一问题。按照经济史学者的看法，美国的经济总量 1870 年前后就已经接近英国了，之后又实现了对英国的超越，成为经济总量的全球第一。[①] 从 19 世纪晚期到 20 世纪初，美国的崛起可以说是全球史中的最重要事件之一。但无论是 1870 年还是 1900 年，美国的科学与学术仍然显著地落后于欧洲。[②] 在衡量科学成就方面，诺贝尔科学奖是一个重要指标。截至 1939 年，美国仅有 13 人获得诺贝尔科学奖，而德国为 34 人，英国为 22 人。1939 年以后，美国获得诺贝尔科学奖的数量才慢慢赶上这些欧洲主要国家，直至完成对欧洲的超越。同样有意思的是，美国

---

* 作者为复旦大学国际关系与公共事务学院副教授。

① 按照经济史学家麦迪森的估算，1870 年美国 GDP 是 98.37 亿国际元，英国 GDP 是 100.18 亿国际元，两者差距已经不到 2%，而美国的经济增速略高于英国。同期法国 GDP 为 72.10 亿国际元，德国 GDP 为 71.43 亿国际元，美国经济总量超过法、德 36%—38%。参见［英］安格斯·麦迪森：《世界经济千年史》，伍晓鹰等译，北京大学出版社 2003 年版，第 178 页。

② 关于美国与欧洲科学成就的历史比较，参见［比］菲利普·比斯坎：《欧洲科学帝国的衰落——如何阻止下滑？》，邱举良译，科学出版社 2008 年版。

在"二战"之前就如同今日中国一样崇尚"海归博士"。当然，这里是指欧洲的海归博士。1939 年前后，美国前 20 所著名大学约有半数校长是来自欧洲的海归毕业生。这也说明，即便到了 1939 年——此时美国经济总量跻身全球数一数二的位置已有 70 年之久，美国在科学与学术上仍然甘于做欧洲的"好学生"。

简单地说，美国的这一历史进程有三个特点：第一，美国从经济总量全球第一到成为全球领导型的科学与学术大国，大致用了 70 年或更久的时间；第二，美国在成为经济总量全球第一之后的相当长时间内，仍然是欧洲科学与学术的虚心模仿者和学习者；第三，考虑到美国的语言和文化与此前的全球霸主英国具有高度的相似性——甚至可以说美国就是英国在北美新大陆的衍生国，所以，美国作为一个新兴大国在科学与学术上超越此前领导者的难度可能被低估了。换句话说，如果美国的官方语言不是英文，那么它成为全球领导型科学与学术大国的时间估计还会更长。

那么，美国的故事给我们何种启示呢？首先，经济上的总量崛起不等于科学与学术的崛起，从经济总量崛起到科学与学术崛起还有一段很长的路要走；其次，如果在科学与学术上尚未成为全球领先国家之时就放弃模仿和学习而急于创新，未必是一种好的策略——当然，模仿与创新之间并不互斥；最后，理解科学与学术要有正确的时空感，这才可以让我们更加理性、务实、从容地对待中国的学术创新和话语体系建设问题。

接下来，我主要讲一个题目——"范式的转型：政治科学研究与学术期刊的使命"。我的一个基本判断是：目前中国的政治学研究正在经历一场重要的变革，简而言之就是一次研究范式的转型。①

中国的社会科学是 1978 年之后逐步地恢复和重新发展起来的。经济学、社会学和政治学作为三个主要的社会科学学科，经历了总体相似但节奏不同的发展历程。大致来说，经济学在这三个学科中是最为领先的，学术规范程度和与国际接轨程度也是最高的。但是，如果我们回到 25 年前，打开当时国内主流的经济学学术期刊，以今天经济学家和一流大学经济学研究生的阅读偏好来衡量，这些论文的研究范式

---

① 库恩在《科学革命的结构》第六、十四章专门讨论了科学研究中的范式问题，参见［美］托马斯·库恩：《科学革命的结构》，金吾伦、胡新和译，北京大学出版社 2003 年版，第 40—47、156—188 页。

无疑是陈旧的。1992 年，中国确立了建设社会主义市场经济的目标，此后经济学迎来了发展与繁荣的春天。1994 年北京大学中国经济研究中心（CCER）的创立，或许是其中的标志性事件之一。90 年代中期之后，中国经济学新旧范式的转换速度加快了。从一流大学经济学教师的学术训练背景，到普通高校的经济学课程设计，到学术期刊——特别是以《经济研究》为代表的一流学术期刊——评审标准和论文水准的提高，到整个经济学界研究议题与方法的变迁，再到公共领域经济学话语系统的转换，都意味着中国经济学研究已在过去二三十年间完成了一次研究范式的转型。中国经济学研究今天所达到的繁荣程度，跟这一研究范式的转型是分不开的。

在我看来，经济学的过去在某种程度上预示着政治学的未来。到目前为止，中国政治学领域研究范式的转型已初现端倪。这一趋势性的判断主要基于三个理由。第一，以经济学和社会学为代表的其他社会科学领域已经发生研究范式的转型，而这种转向也深刻地影响到了政治学。宽泛地说，社会科学诸学科是很难彻底分开的。不同社会科学研究的都是社会现象，只是各自的核心议题不同，不同学科实际上还互相渗透。比如，国内已经有经济学者和教育学者在美国一流的政治学期刊上刊发学术论文，而这些论文的主题都跟政治学有关。所以说，其他社会科学领域研究范式的转型，势必会带动政治学研究范式的转型。

第二，20 年前中国政治学界的海归学者数量还很少，今天各一流大学均已出现相当比例的海归学者。不少优秀的海归学者已成为正教授、院系领导、长江学者、学科项目评审专家、论文评审专家和基础课程讲授者。这些学者从教学到科研再到人才培养，都在不同程度地推动着中国政治学研究范式的转型。与此同时，很多优秀的非海归学者同样掌握了现代政治科学的研究方法和研究工具，并产生了可喜的研究成果。无论是通过科研还是通过教学，他们同样成为政治学研究范式转型的推动者。

第三，目前国内不少一流大学已经在政治学和国际关系专业中开设了社会科学研究方法课程，少数高校已经开设从初级定性、定量研究到高级定性、定量研究的完整研究方法课程。[①] 研究方法课程的更新，也推动着一流大学在读学生——从本

---

① 北京大学、清华大学、复旦大学、上海交通大学、中山大学等都已开设不同程度的研究方法课程，包括质性研究课程和量化研究课程。

科生到博士生——学习和掌握新的研究范式与学术规范，其影响更为深远。

　　当然，上述三个理由更多的是基于学术"供给侧"的考虑。除此之外，还有一个"需求侧"的重要原因：中国还面临着政治发展和政治现代化这一重大问题，这同样需要好的理论研究和学术支撑。只有实现研究范式的转换，政治学界才能更好地回应这一重大问题的理论需求。

　　那么，这种政治学研究范式的转向具体意味着什么呢？大致来说，过去旧范式下的政治学研究，很多是围绕三个主题展开的：一是意识形态学，主要是对意识形态的解读；二是政策诠释学，主要是对大政方针的论证和诠释；三是合法性叙事，主要是跟主流体制合法性有关的研究。此外，学界还有不少既不合政治哲学规范、又不合实证研究规范的"理论研究"。①

　　研究范式转型的实质，是要把政治学研究纳入严格的学术规范之中。我曾对目前的政治学研究作过一个粗略的分类，涉及两个标准：第一个标准是意识形态倾向，即研究者是预设意识形态立场，还是秉承马克斯·韦伯意义上的价值中立原则；第二个标准是是否符合学术规范——既可以是政治哲学的学术规范，又可以是政治科学的学术规范。借助两个维度的区分，可以把相关研究归入四种不同类型，即（1）预设意识形态立场、不符合学术规范；（2）预设意识形态立场、符合学术规范；（3）价值中立、不符合学术规范；（4）价值中立、符合学术规范。当然，这里的第二种类型是否存在可能会存有争议。但无论怎样，可以推断的是，未来国内政治学的主要成果将来自第四类研究，即价值中立、符合学术规范的研究。只有这一研究领域，才有可能产生新的理论贡献和知识创造。

　　这样的背景之下，社会科学学术期刊应该做什么呢？一流学术期刊的主要使命是促进学术创新和知识进步。在中国政治学研究正在经历范式转型的背景下，社会科学学术期刊可以做好两件事情。

　　第一，严格遵循学术规范，改变学术论文的评价标准。以政治学的经验研究或实证研究论文为例，符合规范的学术论文几乎都是按照一个模式展开的，即：（1）研究的问题是什么？（2）学界已有何种先行研究（文献综述）？（3）作者的理

---

① 我的三位同事曾撰文讨论这一现象，参见李辉、熊易寒、唐世平：《中国的比较政治学研究：缺憾和可能的突破》，《经济社会体制比较》2013 年第 1 期。

论假说或主要论点是什么？（4）这一假说或论点基于何种逻辑或因果机制？（5）作者提供了何种经验证据来论证上述假说或论点？这里通常有质性研究和量化研究两种路径。（6）研究结论是什么？在实证研究的学术规范下，一篇优秀的学术论文几乎都是这样的结构呈现的。^①（当然，很多一流学术期刊也会刊发一些评述性学术论文，其体例不受此限。政治哲学或政治思想史的学术论文，行文方式也与实证研究论文不同。）总的来说，如果社会科学学术期刊能够立足于学术规范，改变学术论文的评价标准，就能为政治学领域的研究范式转型注入新的动力。

第二，从选题方向说，学术期刊能否加强对实证研究论文的支持力度？从目前学术会议的情况来看，符合学术规范的政治科学或实证研究论文比重在提高。如今，越来越多的大学教师和博士研究生在基于严格的政治科学范式做研究、写论文。如果学术期刊能加强对这类学者和选题方向的支持，实际上就是在为政治学研究范式的新旧转换作贡献。

学术期刊对学术研究的影响力是很大的。务实地说，学术期刊的评价标准某种程度上也被视为学术论文的优劣标准。如果说中国的政治学领域在未来一二十年将完成一次研究范式的转型，那么社会科学学术期刊一定是功不可没。作为一名政治学者，我期待同时感谢学术期刊为政治学领域的研究范式转型作更多的贡献。

原刊《学术月刊》2016 年第 9 期

---

① 关于实证研究的学术论文应该如何写作，学术文献有很多。参见彭玉：《"洋八股"与社会科学规范》，《社会学研究》2010 年第 2 期。

中国开放型
发展道路的特性

——质疑"廉价劳动力比较优势战略"

张幼文[*]

在对外开放战略取得巨大成就后的今天，从理论上说明这一战略的性质，即中国开放型发展道路的特征，是基础理论建设中的一个重大课题。长期以来，不少学者把中国开放战略称为"发挥廉价劳动力比较优势"战略，这一提法在理论上是不确切的，在实践上是不符合客观事实的。澄清其中的理论问题，不仅使我们更深刻地认识中国开放战略的"中国特色时代特点"，而且可以借此探索开放战略的推进方向，同时发现中国实践对发展经济学的重大创新意义。

一、"廉价劳动力比较优势战略"的理论错误

关于"廉价劳动力比较优势战略"的提法广泛见诸中国学者的各类著述中，这里仅引证林毅夫、蔡昉、李周合著的《中国的奇迹——发展战略与经济改革》（下称《中国的奇迹》）[①]为代表。在该书中，林毅夫等把中国对外经济关系发展战略定义为"比较优势战略"，是国内学者中较具有代表性和影响力的。

在《中国的奇迹》一书的"比较优势战略"一章中，作者把东亚和"四小龙"的成功赶超总结为"比较优势战略"的成功，因为它们放弃了不符合其比较优势的

* 作者为上海社会科学院世界经济研究所研究员。

① 林毅夫、蔡昉、李周：《中国的奇迹——发展战略与经济改革》，该书首次出版于1994年，1997年再版，2014年9月由格致出版社出版增订版。

进口替代战略，而按照"各自的资源禀赋条件，积极发展劳动密集型产业，从而增长了出口和经济外向型程度，达到了比较优势的充分利用"。如何充分利用比较优势在于立足于"资源禀赋结构"，作者指出，"资源禀赋结构是指一个经济体中自然资源、劳动力和资本的相对份额"，"政府的作用在于实行比较优势战略"。在该书的总结中作者又指出，中国的"比较优势"在"劳动密集型产业"，正是"发挥资源比较优势效应"为中国经济带来了高速增长（从前后文看，作者在这里所说的"资源禀赋"指的是"要素禀赋"）。在该书 2014 年增订版新写的长达 3 万字的序言中，作者又指出："一个经济体所生产的产品和所提供的服务在国内外市场要有竞争力，其生产要素成本必须在国际上处于最低水平，这种竞争优势的前提是所在的产业和所用于生产的技术必须符合该经济体的要素禀赋所决定的比较优势。"这一论述再次明确地把"比较优势"与"要素禀赋"联系起来，是对中国依靠廉价劳动力实现发展这一战略的理论总结。

由此产生了一系列问题：廉价劳动力是绝对优势还是比较优势？是要素禀赋结构还是比较优势所在？要素价格优势就等于比较优势吗？更关键的问题是：什么是中国廉价劳动力优势得以发挥的条件？

对"发挥廉价劳动力比较优势"的表述的分析需要从这一提法中的基本理论出发，从对经典贸易理论的严格分析可以看到，这一提法存在着严重的理论偏差。

（一）比较优势论的经典内涵

众所周知，比较优势论是由古典经济学家李嘉图提出的。其证明了即使一国各个产业的劳动生产率都相对较低，仍然可能在贸易中获利。"两优相比取其重，两劣相比取其轻"是对这一理论的简要概括。

比较优势论在理论上的重大进步在于突破了绝对优势论局限，其精彩之处是"比较的比较"，而其历史进步性在于推动世界自由贸易。一国一产业的劳动生产率比他国落后仍然能够从贸易中获益，是这一理论的核心。

古典学派是劳动价值论，李嘉图在证明比较优势论时用的也是劳动力单要素方法。但是，如果我们把劳动单要素扩展为多要素，把劳动生产率扩展为全要素生产率，那么只要坚持"比较的比较"逻辑，那么比较优势论仍然是有效的。正是因为这个"比较的比较"的理论精华，保罗-萨缪尔森说比较优势论可以在理论选美中夺冠。

但是，在近年来学术界的表述中，比较优势论的运用出现了两种不确切情况：一种是把绝对优势与比较优势相混淆，"比较优势"的提法广泛地被按照"绝对优势"的含义使用；另一种是把要素价格优势与全要素生产率优势相混淆，似乎只要有一种要素（劳动力）的价格优势就自然也就有该要素（劳动）密集型产业的优势。在许多场合还是同时出现两种混淆。"发挥廉价劳动力比较优势"的提法被广泛使用就是其表现。

（二）要素禀赋论与比较优势论的关系

要素禀赋结构是赫克歇尔-俄林要素禀赋论的核心概念，其核心证明的是贸易的要素密集性特征，而不再是"比较的比较"。由于比较优势论的理论正确性，所有贸易都会遵循这一规律（绝对优势只是其特例），要素禀赋论揭示的贸易现象也不例外。但是，一旦从要素结构视角分析贸易战略，那么它就只能是要素优势战略而不再是比较优势战略了。因为这一战略的核心是基于要素价格对某一要素密集性产业的选择，是产业的要素特征的选择，而不是产业的全要素生产率的选择；是"绝对"而不是"比较的比较"下的"相对"了。正如林毅夫教授等所说的"生产要素成本必须最低"从而形成"竞争优势"。

比较优势论与要素禀赋论作为国际贸易中的两个经典理论，它们的主题、方法与假定都是不同的。比较优势论指出的是贸易获益的必然性，而要素禀赋论说明的是贸易的要素密集性特征。比较优势论在其创始人那里是劳动力单要素，而要素禀赋论必须以多要素方法才能说明问题。当比较优势论推广到多要素分析时，它的本质仍然是全要素生产率的相对差异，而不是产品的要素密集性。比较优势论的假定是劳动力在国内充分流动，可在任何产业中使用，但要素禀赋论却假定产业的要素密集性是由产业本身决定的，产业的技术性质决定了所需的要素投入结构，人们不能用改变投入结构的方式去进行生产。因此，根据要素禀赋结构进行的贸易战略选择已经是"要素优势战略"而不再是比较优势战略了。

在比较优势论中，优势不必是绝对的而只要求是相对的；放宽假设理论前提正是比较优势论的精华所在。这一理论本身不回答贸易发生中的价格问题。事实上，在绝对劣势相对优势条件下，只有当汇率使其表现为绝对优势时贸易才可能发生；在金本位制下，只有工资更低从而成本更低才能使其表现为绝对优势时贸易才可能发生。在要素禀赋论中，一国的要素相对富裕度必须表现为该要素的绝对价格优势，而要素价格本身又是以要素生产率为条件的，即一定产出下要素投入总成本。表1通过比较方式说明了两大经典理论的区别。

表1　比较优势论与要素禀赋论的区别

	比较优势论	要素禀赋论
理论主题	主张自由贸易，针对保护贸易	分析贸易结构成因， 不针对自由或保护
主要结论	各产业都落后的国家 也能从贸易中获益	根据要素禀赋结构的贸易有益， 不涉及国家先进性
所用模型	两国两商品	两国两要素
分析逻辑	比较的比较	直接的比较
采用方法	劳动力单要素，劳动生产率分析 （原理可用于全要素生产率）	多要素，要素的经济富裕度分析
假设前提	国家间、本国产业间 都存在劳动生产率差异	本国产业间不存在差异， 国家间存在要素结构差异
分析基础	要素的生产率差异	要素的经济富裕度及其价格差异
贸易利益来源	本国各产业的生产率差异	各国间的要素禀赋结构差异
从理论到现实 贸易的路径	比较优势永远存在，但贸易的发生 基于比较优势转化为绝对优势 （通过工资、汇率）	要素价格是前提， 直接决定产品价格和贸易
战略内涵	选择扩大贸易即出口导向产业， 而不是保护贸易即进口替代； 具体产业以全要素生产率为依据， 不一定以要素密集性为标志	根据要素的经济富裕度按产业的要 素密集性选择，不以产业的生产率 差异为依据选择

上述比较表明，两个经典贸易理论中的核心概念不能同时采用。廉价劳动力国际比必须绝对优势，指性价比优势；按要素密集性决定的贸易，依据的是要素禀赋论而非比较优势论。在廉价劳动力比较优势论看来，竞争力来自生产要素成本，要素禀赋决定比较优势。事实是，除了偶然情况，比较优势普遍存在，不决定于要素禀赋；要素禀赋决定的是要素的经济富裕度结构，形成的是绝对优势而非比较优势。

因此，"廉价劳动力比较优势"这一概念违背了经典贸易理论的基本原理。首先，廉价劳动力是国与国相比，是指单位产出的劳动力成本，必须是绝对优势而非相对优势才有可能成为贸易的基础。其次，如果廉价劳动力是指一国更高的劳动力对资本的禀赋比，即劳动力要素的经济富裕，那么这种经济富裕高于他国也只能是绝对的而非相对的。第三，劳动力的经济富裕是一国生产出口劳动密集型产品的条件，这种分工模式依据的是要素禀赋论而不是比较优势论，所以廉价劳动力概念不能与比较优势概念同时采用。第四，如果一定要在要素价格上讲比较优势，那么必须采用两国两要素模型的逻辑，只能是一国对于他国其劳动力的价格优势大于资本的价格优势，或劳动力的价格劣势小于资本价格劣势，显然两个不同要素不能相比价格。第五，如果劳动力价格低于他国，资本价格高于他国，那么该国就具有劳动力廉价绝对优势，而他国具有资本廉价的绝对优势；劳动力价格远低于他国，资本价格略低于他国，那么才可以说是具有廉价劳动力的比较优势，但是资本价格低显然不符合对发展中国家的基本情况，不能作为假定。

对"廉价劳动力比较优势"提法的修改可以进一步说明以上看法。一种是改为"劳动密集型产业比较优势"。这一提法虽然避免了概念混乱，但仍然存在不足，就是比较优势产生于劳动力的价格而不是产业间生产率差异，仍不符合比较优势论严格逻辑。另一种是修改为"廉价劳动力优势"或"廉价劳动力绝对优势"。这避免了对"比较优势"概念使用上的错误，但仍然存在问题，因为进行贸易的不是要素而是产品，要素的价格优势并不就等于产品的价格优势，生产率是两者之间的决定因素。

（三）比较优势论被泛化的不利性

作者和其他一些学者对比较优势概念的泛化式使用也使各国各时期贸易发展战略的特点不能得到确切的揭示和定义。在《中国的奇迹》一书中，作者是在否定进口替代战略下提出："四小龙"实行的是比较优势战略，事实上指的是出口导向战略，因为进口替代的是具有绝对劣势的产业，而出口导向所发展的是具有绝对优势的产业。所以"四小龙"战略的核心是以出口拉动增长实现赶超。用比较优势战略说明四小龙的发展赶超只表明了其注重发展贸易实现赶超，而没有说明其贸易发展的特点。

由于比较优势理论揭示了贸易发生和分工收益的必然性，因而它是一切贸易现象的内在机理，不论是产业间贸易、产业内贸易，还是产品内贸易，都遵循着比较优势的规律。因此，对这一概念的泛化使用会使不同国家不同时代的贸易分工特征不能得到有效的揭示。

再进一步说，"廉价劳动力比较优势"这一概念把中国比较优势的形成仅仅归结于劳动力价格的绝对优势，而忽略了在中国全要素生产率提升中改革的作用，即体制等方面的积极作用。众所周知，在中国外贸的高速发展中，体制、政策、规划等政府的积极作用是其他许多国家所不能比的，这是中国形成比较优势的更重要原因。

二、中国开放型经济发展道路的特征

摆在我们面前的主题并非是对经典贸易理论理解的争论，而是对中国增长奇迹的科学认识。正如《中国的奇迹》所要回答的，我们的任务是总结中国高速增长在对外经济关系上的战略本质。可以说，现存的任何一种学说都无法确切说明这一战略，需要我们从经济全球化的时代特征出发进行理论探索。

（一）引进外资是利用廉价劳动力的前提

回顾中国对外开放 35 年的历程可以发现，中国的高速增长与外资流入有着密切的关系。外贸出口发展的最显著特点是通过引进外资实现出口高速增长，而吸引外资流入的最重要因素是中国的廉价劳动力，同时也包括廉价土地、环境与高效的政府服务。

外资流入是中国经济高速增长的重要原因。以 2012 年制造业的实收资本为例，全国实收资本为 12.6 万亿元人民币，其中外商投资企业和港、澳、台企业的实收资本为 3.83 万亿元人民币，占比为 30.3%。在带动就业方面，1995 年至 2007 年，全国实现新增就业人数按历年正负数相加，总计为 –283.69 万人，而这一期间外商投资企业及港、澳、台企业新增就业人数为 1052 万人。也就是说，如果没有外资，12 年中全国减少的就业人数将增加 3.81 倍（见表 2）。

表 2   新增就业人数全国与外资企业的比较   （单位：万人）

年份	全国新增就业人数	外资企业及港、澳、台企业新增就业人数
1995	0.00	111
1996	59.00	104
1997	–63.00	24
1998	–177.00	38

（续表）

年份	全国新增就业人数	外资企业及港、澳、台企业新增就业人数
1999	−2331.00	−1
2000	−564.00	22
2001	−514.00	27
2002	−467.00	30
2003	−234.00	78
2004	−66.00	99
2005	84.00	159
2006	274.00	209
2007	311.00	152

数据来源：国研网中国统计数据库。

　　外资流入是中国出口发展的最重要原因。1998 年至 2013 年间，外商投资企业进口年平均增速为 17.41%，出口年平均增速为 18.90%，出口大于进口年均在 1.49 个百分点。按百分比的算术平均，外商投资企业进口占中国进口总额平均比重为 53.74%，出口占 52.54%；进出口总额平均占比为 53.08%。在中国的持续贸易顺差中，外商投资企业所占比重平均为 45.87%，其中 2011 年达到 84.12%（见表 3）。

　　外资企业生产出口劳动密集型产品是中国开放型发展战略的最重要特征。1997 年至 2012 年间，加工贸易出口占中国出口的年平均比重为 51.99%，其中，外商投资企业加工贸易出口占全国加工贸易出口的比重从 1997 年的 64.06% 上升到 2012 年的 82.89%，上升了近 20 个百分点。在此期间，按百分比的算术平均计算，外商投资企业加工贸易出口占全国加工贸易总出口年比重为 77.85%。事实上，内资企业以加工贸易模式出口体现的也是以廉价劳动力参与价值链分工是中国的贸易发展特征，而外资企业占加工贸易的高比重更进一步表明外资流入是中国廉价劳动力得以使用和发展出口的前提（见表 4）。

　　由外资企业进出口贸易形成的贸易顺差是中国顺差的主要来源。图 1 表明，进入 21 世纪以来，中国贸易顺差的 30% 以上来自外资企业，而 2005 年后一直在 50% 以上。由此可见中国贸易竞争力的来源或所谓比较优势的结构。

表 3　外资企业进出口在全国的比重

年份	中国进口额（亿美元）	中国出口额（亿美元）	外商投资企业进口额（亿美元）	外商投资企业出口额（亿美元）	外商投资企业进口占中国进口额的比重	外商投资企业出口占中国出口额的比重	外商投资企业进出口额占中国进出口额的比重	外商投资企业顺差额占中国顺差额的比重
1998	1401.663	1837.571	767.1749	809.6189	54.73%	44.06%	48.68%	9.74%
1999	1657.18	1949.314	858.8361	886.2766	51.83%	45.47%	48.39%	9.39%
2000	2250.966	2492.116	1172.727	1194.412	52.10%	47.93%	49.91%	8.99%
2001	2436.135	2661.546	1258.629	1332.351	51.66%	50.06%	50.83%	32.71%
2002	2952.031	3255.65	1602.72	1699.356	54.29%	52.20%	53.19%	31.83%
2003	4128.365	4383.708	2319.143	2403.375	56.18%	54.83%	55.48%	32.99%
2004	5614.23	5933.686	3245.685	3386.072	57.81%	57.07%	57.43%	43.95%
2005	6601.185	7619.991	3875.13	4442.093	58.70%	58.30%	58.48%	55.65%
2006	7916.136	9690.728	4726.158	5638.278	59.70%	58.18%	58.87%	51.40%
2007	9558.185	12180.15	5594.081	6955.189	58.53%	57.10%	57.73%	51.91%
2008	11330.86	14285.46	6199.555	7906.195	54.71%	55.34%	55.07%	57.76%
2009	10055.55	12016.63	5452.069	6722.304	54.22%	55.94%	55.16%	64.77%
2010	13948.29	15779.32	7379.999	8623.062	52.91%	54.65%	53.83%	67.89%
2011	17434.58	18986	8648.252	9953.296	49.60%	52.42%	51.07%	84.12%
2012	18178.26	20489.35	8712.492	10227.48	47.93%	49.92%	48.98%	65.55%
2013	19502.89	22100.19	8748.203	10442.62	44.86%	47.25%	46.13%	65.24%

表4　外资企业加工贸易出口占全国的比重

年份	中国出口总额（亿美元）	加工贸易出口（亿美元）	外资企业加工贸易出口（亿美元）	加工贸易出口占中国出口的比重	外商投资企业加工贸易出口占加工贸易出口的比重
1997	1826.966	996.02	628.08	54.52%	63.06%
1998	1837.571	1044.71	691.81	56.85%	66.22%
1999	1949.314	1108.72	745.4	56.88%	67.23%
2000	2492.116	1376.55	972.3	55.24%	70.63%
2001	2661.546	1474.54	1065.97	55.40%	72.29%
2002	3255.65	1799.37	1345.99	55.27%	74.80%
2003	4383.708	2418.49	1902.7	55.17%	78.67%
2004	5933.686	3279.88	2663.53	55.28%	81.21%
2005	7619.991	4164.81	3466.27	54.66%	83.23%
2006	9690.728	5103.75	4311.59	52.67%	84.48%
2007	12180.15	6176.56	5214.62	50.71%	84.43%
2008	14285.46	6751.82	5721.96	47.26%	84.75%
2009	12016.63	5869.81	4937.02	48.85%	84.11%
2010	15779.32	7403.34	6205.4	46.92%	83.82%
2011	18986	8354.16	6993.25	44.00%	83.71%
2012	20489.35	8627.79	7151.4	42.11%	82.89%

表3、表4数据来源：历年《中国经济统计年鉴》。

　　通过引进外资实现的经济增长是一种外延式的增长模式，即扩大要素投入的增长模式。中国增长奇迹的成因在于不仅外资流入形成了资本投入的一个巨大增量，而且其创造了就业和土地的集约使用。外资企业创造的就业一大部分来自农业释放的剩余劳动力，而其使用的土地则主要靠低效使用的农业用地转化为工业用地。

　　外资大量集中在出口产业的事实又表明，中国出口的高速增长是外资与中国廉价劳动力结合的发展模式。没有外资，中国不可能在短期内迅速发展起巨大的出口能力。这一模式是不能用"发挥廉价劳动力比较优势"的表述来概括的。因为这一表述没有说明廉价劳动力使用的关键前提即外资流入，比较优势理论并不假定外资即生产要素的国际流动，而且中国劳动力的高性价比优势是绝对的而非相对的（比较的）。

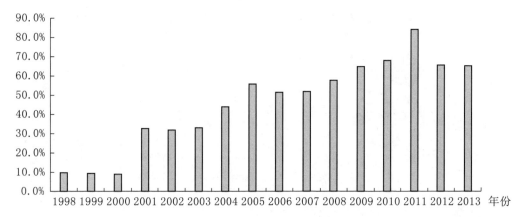

图1　外资企业顺差占全国的比重

经典的要素禀赋理论也不能说明中国的贸易发展模式。因为要素禀赋理论的前提是无要素跨国流动，只有在此基础上才有所谓各国不同的要素禀赋结构。然而外资流入这一关键性的外贸发展成因从根本上改变了中国的要素存量结构（不是禀赋），以至于中国大量出口了技术密集型产品，出现了与要素禀赋相反的贸易现象。可见，离开了生产要素国际流动现象就不能揭示中国外贸发展的本质特征。

（二）参与全球价值链分工是外贸发展的主要模式

阐明中国外贸高速发展成因的另一关键是揭示经济全球化的影响。在贸易自由化迅速推进后，跨国公司全球生产布局是全球化的最重要特征。中国外贸发展既有传统产业向内转移的模式，民营企业制造出口迅速提升，又有跨国公司对产品进行价值链分工，将其中劳动密集度更高的阶段放在中国，从而使中国的出口规模大幅度提升。

由价值链分工发展起来的贸易增长是一种具有时代特征的模式。产品内贸易理论说明了这一贸易现象，其往往被看作是跨国公司的经营战略而不是东道国的发展战略。而当我们把这一发展看作是中国的发展战略时，却往往仍把它称作发挥廉价劳动力比较优势，同样没有揭示这一现象的本质。事实上，利用本国廉价劳动力优势，接受和参与全球价值链分工，才是这一开放型发展战略的本质。其战略核心在于"要素"而不在于最终产品，是如何使要素优势得以发挥，而不是发展什么产品，现有贸易和投资理论都难以对此战略进行命名。

产品内的价值链分工是当今经济全球化深入发展的结果，其具有显著的时代特征，以至于传统的以海关统计为基础的贸易流量已经不能准确反映一国的实际出口能力，增加值贸易的研究方法产生了。当我们在理论上承认这一方法科学性的同时，也发现了中国贸易发展战略从而赶超战略的时代特征——借助高端零部件进口实现的出口增长模式和参与产品内分工模式，中国从出口中获得的收益远远小于出口规模所显示的。这同样不是用"要素禀赋结构"这种宽泛概念所能说明的。

（三）全球化时代特征下的发展模式不能用传统理论来表述

由此我们看到，对中国开放型经济发展模式的界定，仅用现有传统理念是不够的。中国的发展是在充分利用经济全球化历史机遇的条件下实现的，解释中国模式的关键是认识经济全球化的核心与机制。

经济全球化从贸易自由化开始，但市场竞争的规律决定了企业不会满足于贸易竞争，而会采用投资方式进入对方国家市场，以实现更高的竞争力。同时，跨国公司在全球范围内组织生产与销售，形成了在产品各个阶段上的投资的分散化，同时形成产品生产总成本最低化和最接近于市场，而跨国公司自身始终控制产品的核心技术、品牌和销售网络等高增值阶段。

由此可见，经济全球化已经发展到了投资超越贸易的历史阶段：投资不但替代贸易，而且创造贸易；投资不但扩大贸易规模，而且改变贸易形式与内容。正是因为贸易产生于投资，投资决定贸易，我们再简单地用贸易的形式来界定一国的发展模式显然就是不合适的了。

那么投资的本质又是什么呢？这是认识当代世界经济的关键。投资不是货币意义上的资本跨国流动，而是生产要素的国际流动。所谓生产要素，在传统意义上往往只分为劳动力、资本与土地，但跨国公司在对外投资时，所提供的首先是特定的创新产品、核心的生产技术、相关的知识产权、优秀的管理方式与管理团队，以及国际市场销售网络等，其次才是营运所需的货币资本。正是这些高级的易流动的生产要素向东道国流入，才形成了现代全球化意义上的生产与经营。[①]

因此，生产要素的国际流动是当代全球化经济的本质，当贸易分工乃至经济增长是由这一关键因素决定时，脱离这一基础对对外经济关系战略和赶超战略的任何

---

① 关于生产要素国际流动的系统分析，参见张幼文等：《要素流动——全球化经济学原理》，人民出版社2013年版。

定义，都可能离开了战略的本质与核心。

三、从"要素集聚"到"要素培育"——中国开放型发展道路的理论内涵

现在我们可以来分析中国赶超战略的性质与特点了。就对外经济关系而言，这一战略可以表述为"要素集聚"战略，即以开放政策吸引外部高级生产要素流入，借此动员起本国闲置与低效使用的低级生产要素，以这种要素的内外集聚参与国际贸易分工，并由此实现外汇的积累与资金的积累，在这一基础上通过推进创新培育国内高级要素，对外并购获取高级要素，进入更高水平的发展。

（一）高级要素流入：中国道路第一阶段的理论内涵

中国的对外开放从一开始就注重参与国际分工，遵循比较优势原理是思想解放的关键。然而，原有发展基础的出口能力难以快速提升，特区、开发区直到整个国家全面吸收外商直接投资最终成为出口发展的最主要形式。

吸引外资的重点最初只在于出口，以后逐步注重提升产品的技术含量。吸引外资大量流入靠的是四个方面：一是廉价劳动力，二是土地资源，三是政府高效服务与优惠政策，四是国内市场。显然，与上述技术等跨国公司投资的高级要素相比，中国所提供的是低级要素。高级要素向低级要素所在地流动的成因则在于经济全球化中的一个重要机制，即易流动要素向不易流动要素所在地流动。

在发展中国家中率先实现高速发展，在于中国改革开放所形成的"要素集聚"引力或向心力。坚持对外开放基本国策在国际上创造的信誉，各地各级政府的竞争性发展体制优势所形成的内在活力，改革形成的劳动力流动和土地开发制度提供的发展条件，增长正反馈所产生的国内购买力快速提升，等等。这些形成了对跨国公司高级要素的巨大引力，从而把中国纳入了全球分工体系之中。这才是中国对外经济关系战略的内在逻辑。

（二）要素集聚是中国道路的模式特征

要素集聚是中国道路的制度优势，也是中国发展的模式特征。

在吸引外资上，人们往往更多注意到的是中国的廉价劳动力优势，而忽略了中国的制度优势。所谓制度优势，就是从中央到地方各级政府以发展为第一要务，在分税制利益驱动和科学必要政绩目标的动力下，全国形成了竞争性发展的良好机

制，各地不断为优化投资环境而进行改革，推动基础设施建设，创造劳动力流动环境，特别是各种优惠政策，开发区的高效管理、配套能力与成本降低，为外资流入创造的日益完善的条件。改革在很大程度上弥补了中国一个时期中的市场缺陷与产业配套能力不足，优惠政策弥补了制度缺陷导致的企业经济成本提高，从而以制度优势推进了开放模式。

由此我们可以比较清晰地看到中国对外经济关系第一阶段上的特征了。改革以及由此形成的中国特色的经济体制是中国对外经济关系发展的前提。市场和要素价格不是吸引外资流入的全部因素，相反还是改革使这些因素真正成为优势。因此，要素集聚型的对外经济关系模式是一种政府发展导向型的模式，而不是直接由市场决定的分工模式，虽然政府的作用仍然是通过市场来实现的。如果说中国的经济体制是"区域发展导向型"体制（因地方政府的积极作用），那么中国的开放型经济模式就是"国家整体规划，地方竞争性发展的要素集聚模式"。

用"要素集聚"表述中国开放型发展模式的特征，其理论意义在于：（1）体现了这一模式的时代特征即生产要素的国际流动，与不考虑要素国际流动的发展模式或理论形成显著区别；（2）中国道路的内涵；（3）反映了中国开放型发展的空间结构，即沿海地区、开放城市、经济技术开发区等的聚焦式发展特点；（4）避免了采用单一贸易投资理论只反映某一侧面的局限性。中国的经济发展是世界经济史上的奇迹，其本身就为时代性的理论创新提供了最坚实的依据，也提出了强烈的需求，要求我们不是简单地在现成的贸易投资理论中去寻找命名。

（三）开放型发展的第一阶段为中国道路第二阶段准备了条件

今天，尽管中国已经成为世界第二大经济体，但中国并没有完成以赶超为目标的全部发展任务，而只是完成了整个发展的第一阶段，但这第一阶段却为进入第二阶段准备了条件。值得指出的是，沿着要素流动这一时代特征的思路，我们可以发现第二阶段的主题与目标。

要素集聚型的发展模式带来的经济与出口是规模意义上的。外资的比重决定了这种增长不是严格意义上的本国经济增长，更不是本国生产要素的收入增长，因为产出分配按照投入要素的所有权决定这一市场经济原则，决定了中国不是全部增长的收益者，更不是全部出口的受益者。高级要素流入下的结构进步也只是存在意义上的——外商才是结构进步的主角和产权所有者。不论中国出口什么高新技术产品，都只是在出口低端劳动力从而获得较低收益。

从结构进步才是经济发展的意义上讲，中国还没有完成真正意义上的发展。但是，重要的是中国实现了增长，增长带来了巨大的资金积累，从而形成了巨大的投资能力、研发能力和产业结构升级基础，为进入第二阶段实现结构进步意义上的赶超准备了条件。因为正是这种资金积累，为人才培养创造了可能，为市场需求打下了基础，为企业家队伍的成长创造了机会。

发展理论以产业结构进步为对象和主题是完全正确的，结构进步是发展的核心内涵。但是，产业结构的先进性是以生产要素的先进性为基础的，没有与特定先进产业相适应的高级生产要素，产业升级只能是规划中的目标；以要素升级实现产业升级，结构进步才是现实的发展道路。

（四）中国发展道路第二阶段的主题

在第二阶段上，中国发展的赶超正在通过以下途径实现，这些途径既体现了立足于第一阶段的客观现实，是延续性的而不是跳跃性的；又反映了如何利用好第一阶段所创造的条件。

一是加工贸易的结构升级。加工贸易是中国要素集聚发展模式的集中表现，也是发展升级的一大主题。随着加工贸易的不足逐步为国人所认识，逐步升级成为共识，也已经出现了良好的趋势，出口中加工贸易的比重已经明显下降，而国内供给的比重则不断上升。中国将日益成为现代高新技术产品的主要生产者，将仍然是价值链分工中的一员，但分工地位将逐步提升。鉴于分工低端的成因在于缺乏高级要素，因而培育高级要素必然是加工贸易升级的前提。

二是以投资高级要素推动新兴产业成长。要素集聚阶段的最大成就之一，是消除了资金缺口而形成了资金充裕，巨大的资金积累为产业创新准备了关键条件。靠着起步于廉价劳动力的外资战略，中国完成了资本积累第一阶段，为自主的产业创新准备了条件。资金的积累特别为现代产业的基础即大规模研发投入准备了条件，打下了创新的基础。换言之，发展新兴产业的战略核心，是研发投资即构造专利、技术、品牌等高级生产要素，政策重点是支持要素成长，而不是传统意义上的产业投资或引进式发展。

　　三是聚焦高端人才成长。社会财富的积累导致了人才成长条件的迅速改善，同时，以开放推动的市场化也使一大批企业家成长起来。加工型劳动力富裕是第一阶段要素引进的条件，也是低端分工的成因。改变国际分工地位的前提是知识性、管理性人才供给的扩大。新阶段的要素培育战略就是实现人力资源要素结构的变化。

　　四是通过国际并购快速获得高级要素。伴随基于外资和出口发展，中国通过长期双顺差积累了世界最大的外汇储备。与国内投资能力的上升相结合，国际并购能力迅猛提升。在排除了各种政治障碍以后，中国将通过并购迅速获得一批现代企业，从而获得其所拥有的核心产品、技术、品牌、供应链和国际市场网络等高级生产要素，并实现与国内企业的联动，为结构进步和在国际分工中地位的提升发挥关键作用。这将是中国利用资金外汇双剩余战略的一个重要方式，也将为发展中国家实现两阶段发展道路创造新鲜经验。从要素流动这一全球化时代特征上讲，这是另一种意义上的要素流动。在接受跨国投资时，出现的是要素流动而产权不流动：发达国家先进生产要素进入了中国，但产权仍然属于发达国家跨国公司。当中国进行国际并购并由此迅速获得高级生产要素时，是产权流动而要素不流动：要素仍然在跨国公司先前完成的全球布局中，但产权转变为中国所有。这将是中国开放型发展第二阶段的重要特征。

　　五是进口创造的产业补缺。出口发展创造了巨大的进口能力，在国内投资能力上升中，中国有条件通过进口解决一时缺乏的关键装备、零部件和技术，从而突破产业的整体创新中的难点，实现中国主导的结构进步。资金与外汇条件为这一战略准备了充分条件，而这种"补缺"式的引进方式是在中国企业主导下的发展，其结果是中国自己的产业结构进步。

　　这样内容上发展的第二阶段的核心是什么呢？根据第一阶段"要素集聚"的性质及其不足，第二阶段的核心就是"要素培育"，即通过培育本国所稀缺的高级生产要素，来实现本国主导的产业发展和国际分工，从而实现本国投资的产业进步和国际分工地位的提升。

　　从理论上总结，历史上的贸易与分工理论都是从产品意义出发分析和定义，国家战略也相应地以此而命名。然而，当我们发现了国际直接投资的发展是经济全球化的核心，而直接投资的本质是生产要素的国际流动以后，我们就发现了当代国际

"分工"是基于生产要素的"分工"，发展与结构进步必须区分资本的国民属性，因而从"要素集聚"到"要素培育"就构成了中国赶超式发展的全过程。

世界经济及相关贸易投资理论从产业间分工发展到产品间分工，又发展到产品内分工，要素流动是产品内分工的微观基础。基于这一时代特征的要素集聚发展战略也因此而启示着战略的动态推进，也同样避免了一个国家陷入"比较优势陷阱"，而"廉价劳动力比较优势"正是这样一个陷阱。

原刊《学术月刊》2015 年第 3 期

中国四十年开放型发展道路：
战略节点与理论内涵

张幼文[*]

四十年来中国取得了世界经济史上前所未有的发展奇迹。这一成就靠的是以改革促进开放，以开放推动发展。四十年发展成就蕴涵着广泛的经济学原理，包括发展经济学、制度经济学、政治经济学、国际经济学和世界经济学等各个领域。特别是基于国情和经济全球化内在规律的中国的实践创新推动了理论创新。从经济学理论内涵上认识四十年对外开放实践将使中国更坚定地走开放型道路，并成功应对各种新的挑战。

一、构建开放型发展体制的战略节点

中国的改革开放是从一个封闭型的计划经济体制出发的，如何突破这一体制障碍，由封闭转为开放，特别是怎样开放才能使发展更为高效，进程更为平稳从而发展更可持续，是整个战略的关键。四十年的实践证明，对外开放是通过一系列战略节点来推进和实现的，这些战略节点的突破有着坚实的学理依据。

（一）以特殊政策突破旧体制束缚，为经济从封闭向开放转型开辟了道路

对外开放既是一个从封闭经济转变为开放经济的过程，也是一个从计划经济转变为市场经济的过程。如此重大的改革在当时条件下的阻力是可以想象的。开放既要摆脱人们的思想束缚，又要防止外来冲击过大引起动荡。"特殊政策"成了实现

---

* 作者为上海社会科学院世界经济研究所研究员。

这种突破的关键手段。特殊政策避免了"姓社姓资"的争论，它告诉人们，即使担心某些做法不是社会主义，也只是在个别地区、个别领域中实施，整个国家仍然是社会主义占绝对统治地位，这些也许是"非社会主义"的做法是为我所用和被我控制的。思想僵化的突破口就是这样被打开了。

以特殊政策推进对外开放也在于突破现行体制的障碍。不论是外贸还是外资，在旧体制下发展都有各种制度性障碍。这些障碍就是企业经营的制度性成本，如果不能消除，既会严重影响国内企业的竞争力，也会影响外商投资的积极性。特殊政策的意义就在于以税收优惠等政策工具补偿企业所承受的制度成本，从而使这些企业能在体制转型全面完成之前成长起来。

特殊政策是中国对外开放中的一种重要历史现象。正是特殊政策从个别地区和外向型经济中开始逐步普遍化，通过对外资外贸的普遍激励，中国顺利地完成了从封闭经济向开放经济的转型。与对内改革一样，所谓特殊就是对当时的体制规范的背离。然而正是各种特殊政策构建了更好的商务环境，这是中国对外开放得以启动的一条基本经验。

（二）农村改革与劳动力流动成为中国要素优势得到发挥的关键

以开放实现发展的主题首先是工业化。工业化需要大量的劳动力，特别是劳动密集型产品的生产和从低端加入国际价值链分工的模式。以加工贸易为形式的出口发展需要的是大量低端劳动力，农村的改革为此创造了最有利的条件。

中国人口众多，在走上高速发展之前这些劳动力只能留在农村，从事劳动密集型的农业以避免巨大的城市就业压力。在当时的制度下，劳动力是被束缚在土地上的，盲目流入城市是被严格限制的。集体所有、按劳分配保证了农村的社会稳定，也减轻了城市的就业压力。

以联产承包责任制为内容的农村改革既大大提高了农业生产力，也迅速释放了农村劳动力。剩下的一个问题就是是否允许这些农村劳动力在城市就业。改革为此创造了条件。农业释放的劳动力被允许在城市务工，差别只是暂时不能获得城市户籍。正是这样，大量先前的农业人口转变为城市劳动力，包括外资、国有、民企或乡镇集体企业的劳动力，其中外资加工贸易企业是吸收农村劳动力的主体。

农村历次改革不改变土地的集体所有制性质，维护了农民与土地的所有权关系，这就使农村劳动力成为城市经济发展的一支有着特殊意义的劳动大军。这支劳动大军吃苦耐劳，具有很高的性价比，在中国发展劳动密集型产品生产出口中发挥了重大的作用，更凸显了中国的劳动力优势。

（三）以园区式开发模式集聚政策资源，实现产业集群节约运营成本

对外开放以来，在中国大地上出现了大量经济园区，包括出口加工区、保税区、工业园区、经济技术开发区、高新技术园区等。这些园区许多以吸收外资和发展出口为主要目的，特别是在早期是这样，成为国家开放型产业发展的缩影。

园区型经济模式是国际上常见的一种产业发展模式，但中国在此做出了多方面创新。除了土地、道路、水电、通信等各类基础设施得到集约使用外，园区型经济使政策资源得到集中使用，对入区企业的政策优惠促进了企业的集聚，也为特定产业的集聚化发展创造了条件。特别是出口加工区，保税政策节约了企业成本，提高了出口生产效率。高新技术园区需要从研发到试生产等整个价值链合作，园区模式有效促进了产品价值链的形成。各类园区一般都采用管委会体制，具有准政府职能但又不同于政府的管理部门，这种体制使管理效率大大提高，因为企业面对一个管委会，不需要一一寻找各个政府部门。对于外资企业来说，园区模式也因此而更为便捷，大大减少了经营的制度成本。各类园区成为中国探索改革开放的重要平台，因为在这里可以发现需要什么政策，怎样设计和使政策落地，政策灵活性更大，政策效果得到直接反馈，有效避免了新政策在全局范围推出可能产生的错误。

（四）发挥各级地方政府的积极性，有效实现了超大型经济体的全面进步

中国是一个超大型经济体，发展任务繁重，单靠中央政府的积极性和规划要实现高速发展是不可能的。改革使中国形成了一个各级地方政府均有强大经济职能的特殊经济体制，这一体制可以被称为"区域发展导向型市场经济"，以"区域"特征不同于某些发展中国家的发展导向型体制。在这一体制下，各级地方政府有强大的发展动力和经济职能，在中央的统一战略下积极制订区域发展规划，设计激励政策，推动政策落地。这是中国"有为政府"市场经济体制的基本特征，也是中国经济体制的优势之一。

对外开放的发展同样得益于这一具有优势的体制。各级地方政府积极优化投资环境，设计产业目标，规划园区建设，改善软硬环境。许多政府官员深入招商引资

项目第一线，沟通各相关部门，解决问题，完善政策，突破现行体制障碍。同时，由于地方政府同样关心国有和民营经济的发展，为外资企业和出口产业的发展创造了全面的供应链配套，促进了内外资企业的集聚式发展。项目落地带来了更高的税收从而为地方各项事业发展提供了更多的资金，使地方政府有更多资源招商引资，形成良性循环，这是中国经济高速增长的一大制度成因。

中央的统一领导和战略目标的逐级下达，也确保了发展战略不断推进。中国的发展不仅是高速的，而且是在水平与目标上不断提升的，体制优势确保了发展的不断进步。从脱贫到致富到求强，从实现劳动密集型产品发展到提高引进外资质量水平，从实现规模化增长到创新式发展，从付出巨大环境成本到以绿水青山为金山银山，中国发展目标的不断进步正是来自体制的优越性。

（五）准确把握经济全球化特征使出口导向和进口替代两大发展模式有了全新内涵

国际经济学家在总结发展中国家对外经济关系发展战略时着重比较了出口导向和进口替代两种模式。中国的发展既没有参照出口导向战略，也没有采用进口替代战略，而是从经济全球化的最新实际出发，形成了完全不同的对外经济关系发展战略。

出口导向战略的本来意义是从一国的比较优势出发大力发展出口产业，以此实现资金与外汇积累，突破发展瓶颈。进口替代战略的意义是为实现工业化对幼稚工业部门加以保护来替代进口。然而中国的出口除了一般劳动密集型和资源性产品外，更主要的是外商投资企业出口，特别是加工贸易出口。以外资引进实现出口发展是中国开放的一大特征，中国因此有效利用了大量低端劳动力，完全不同于历史上一些国家基于本国产业的出口导向或基于本国生产的劳动密集型产品出口。因此，中国开放以来贸易发展的特征是外资主导型出口增长，用传统出口导向概念来总结中国开放型发展道路是不确切的。

在进口替代意义上，一方面国内民营经济的迅猛发展建立起了一批新兴产业，同时国有企业坚持改革创新使装备制造业等也得到了长足发展。另一方面，四十年来中国许多新兴产业的发展是由外商投资形成的。由于国内市场对外资开放，一大批新兴产业迅速从发达国家延伸或转移到中国。从最初零部件完全进口到越来越多的零部件由国内生产，四十年来中国通过不断延长国内供应链的方式使这些外来产业逐步转变为中国产业，走出了一条不同于进口替代的发展道路。因此，中国现代产业的发展既有民营与国有企业在开放竞争、有限保护下的传统进口替代发展模式，又有从外资产业转移开始国内价值链不断延伸的新型发展模式，后者是全球化新条件下的模式，不同于传统的进口替代模式。

（六）自由贸易试验区为突破改革与开放中的难题建立了新平台

党的十八大以后，中国的发展进入了新时代，十八届三中全会为全面深化改革做出了顶层设计。经验表明，需要推进的改革是一个巨大的系统工程，相互联系，相互制约，包含着一定的风险，在一个特定的区域内进行探索是一条比较稳健的路径。与此同时，经济全球化也出现了新的态势。跨太平洋战略伙伴（TPP）谈判和各种双边及区域投资协议都表明，全球化要求的一国开放已经从边境措施进入到边境后措施，即不仅要求各国降低关税和取消非关税壁垒，扩大市场准入，而且要求各国的国内经济体制更加规范、透明、公正、法治。扩大开放的要求已经超出了中国所熟悉并适应了的世界贸易组织。中国要继续参与全球化进程，就需要熟悉新要求，而这些要求基本上又是与国内市场化改革的要求相一致的。因此，以开放倒逼改革成为在全球化新态势与改革新目标下的科学选择。

从上海开始的自贸区试验实现了改革开放探索中的一系列重大任务。贸易便利化水平显著提升，为商务成本的节约创造了条件。投资市场准入显著扩大，以负面清单和准入前国民待遇为内容的开放模式取得了新经验，进而国家外商投资指导目录转变为负面清单，实现了市场准入模式的国际接轨，引进外资更加规范透明。事前审批改为事中事后监管，外资进入更为便捷，政府监管更加全面。服务贸易扩大开放得到了有效探索，更多服务业新领域开始引进外资。市场诚信体系的建设得以推进。政府管理体制的改革全面深化，向着服务市场、规范透明高效方向持续进步。外汇管理体制改革得到了进一步的探索，在促进开放、防范风险上取得了新经验。

继上海之后自贸区试验前后三批扩大到 11 个省市，2018 年 5 月又宣布了海南全省建立自贸试验区，前后四批经验在全国推广。自贸区这一在国际上早有实践并广泛采用的形式在中国新时代赋予了全新的内涵。上海的率先试验形成了深化改革扩大开放新机制，即通过一地探索取得经验进而在全国复制推广。第二批天津、福建、广东的试验把平台拓展到北、东、南三大沿海地区，以开放为共性各有定位。第三批内陆地区七省市的试验又赋予了这一平台结合各经济区战略定位进行创新发展全面探索的使命。海南全省建自贸区更启动了开放型发展的一种新模式。

实践表明，以试验进行防风险探索和压力测试，以复制推广实现改革成果制度化，以"清单"实现各种意义上的透明与规范，已成为当今中国改革开放的新标志。

（七）"一带一路"建设使内陆成为开放前沿，创造了发展与开放相互促进的新机制

"一带一路"建设的推进为中国对外开放构建了一个新的格局，也创造了全新的经验。世界各国的实践表明，一国的开放型发展往往与港口城市和沿海地区分不开。四十年前中国的对外开放也是从沿海开始的，更因为大国的地理条件决定了开放的前沿地区和内陆地区在开放度上会出现巨大差异，这一差异又会导致整个发展水平的差异和不平衡。

"一带一路"建设的重要经验首先在于，对外设施联通可以把内陆地区从开放的后卫转变为开放的前沿。"一带一路"建设以来，内陆诸多城市建立起了与欧亚国家的陆路联系，为贸易投资关系的大发展创造了条件。开放战略的这一推进解决了多年来探索未果的一系列问题，即沿海地区的外向型产业如何向内陆转移，沿海地区不断提升的商务成本如何控制，东南亚国家是否比中国沿海地区有更强的竞争力，等等。

与沿海地区当年的开放不同，由"一带一路"倡议实现的开放格局的调整并不是通过特殊政策来实现的，而是通过基础设施的建设来突破的。这是国家利用基础设施建设巨大产能条件的成功举措。重要的是，这一举措既改变了内陆地区的发展条件，又扩大了中国对外开放的合作对象，是一个一举多得的战略举措。内陆地区基础设施的相对落后长期以来是发展的瓶颈，而今天中国的建设能力已经可以对此实现突破。这一建设又与"一带一路"一大批发展中国家的合作相联系，甚至与欧洲市场相联系，这就使得基础设施建设不仅改善了自身发展的条件，而且改善了国际合作的条件。在开放促发展的成功经验上又形成了以发展促开放的新战略，而

这种开放又会在新的意义上促进内陆地区的新发展，发展与开放两者之间形成了互动。

（八）在开放中坚持自主的宏观调控有效防范了外部风险

传统国际经贸理论与发展经济学注重的是国际分工以及这种分工对国内产业形成的发展压力，最多讨论的是类似比较优势低端锁定的问题。对中国这样一个全面对外开放，日益深度依赖于外部市场的国家来说，更大的问题还在于如何防范来自外部冲击的宏观经济风险，四十年来的发展成就正是在正确的开放战略部署下有效防范这些风险中实现的。

宏观经济风险最主要的是金融危机。金融危机可以在短期内迅速改变一国的资产价格和汇率水平，并导致财富的迅速流失。在 20 世纪 90 年代亚洲金融风暴的冲击下，中国充分发挥了国家的制度优势，正确运用了政策工具，成功地阻止了危机向国内的蔓延。在防范外部风险冲击中，宏观意义上实施包括坚定的汇率政策和有力的扩大内需政策等，微观意义上注重对衍生金融产品发展的谨慎和对虚拟经济泡沫的防范。宏观调控、开放进程和市场监管等共同构成了开放中的风险防范体系。

2008 年金融危机是半个多世纪来世界经济的最大震荡，然而，中国不仅成功抗击了危机的冲击，而且为世界经济保持稳定与增长起了关键作用，极大提升了国家的国际地位。在外部市场急剧收缩的情况下，扩大内需是主要的战略举措，同时积极参与国际政策协调和金融监管合作等也发挥了决定性的作用。中国不但在危机期间成为世界第二大经济体和第一大贸易国，而且被国际社会公认为全球治理中的重要力量。在扩大开放中防范外部冲击又取得了新的经验。

除了危机的冲击外，对外开放以来中国也一直受到国际社会主要是来自美国的压力。人民币汇率、出口政策、政府职能甚至所谓人权等种种非经济因素都成为美国对中国开放制造障碍的理由。在各种复杂的国际环境下，中国保持了战略上的清醒与坚定，通过从容应对赢得了一次又一次挑战。

回顾历史可以看到，在开放和世界经济的各种冲击下，必须保持政策上的独立性和自主性，注重防火墙建设，把握金融开放、货币可兑换和国际化进程，依照开放型市场经济规律进行科学的宏观调控，发挥中国的制度优势积极应对，而不是简单地按照发达国家的模式根据其不合理要价进行开放，这是四十年来保持宏观经济稳定上的根本经验。

二、高速增长的成因、转型升级的必然与全球化经济机制

实现开放型发展不仅取决于选择开放，而且取决于对全球化经济规律的把握。四十年高速增长的成因就在于依据全球化经济的内在规律推进开放模式，注重开放升级，从而在多重意义上为经济学理论特别是全球化经济理论提供了全新的案例与证明。中国正在推进的新开放战略，包括资本引进来与走出去并重和在开放中实现自主创新，同样反映了全球化经济规律的客观要求。

（一）经济全球化的微观基础是生产要素的国际流动，对外开放的核心是促进要素流动实现要素合作

经济全球化始于自由贸易，进而推进到金融国际化与生产一体化。当国际直接投资成为世界经济中的普遍现象，跨国公司成为世界经济中的微观主体后，经济全球化便完全成型并全面展现出其基本规律。

对外开放之初，从要素禀赋理论出发，学术界曾认为中国应发展劳动密集型产品的生产并出口，这是参与国际分工的最合理方式。然而实践却证明这一道路并不畅通。低端服装制鞋等劳动密集型产品无法打开国外市场，并不能形成劳动密集型产品的比较优势和参与国际分工。只是在国际服装制鞋各种著名品牌到中国投资后，中国劳动力优势才得以发挥，中国制造才打开了国际市场。

中国大量吸收外资的实践证明，国际直接投资并不是货币资本的国际转移，而是跨国公司把其品牌、技术、创新产品、专利、科学管理、营销网络和货币资本等各种生产要素带到中国，中国劳动力优势才得以有效利用，劳动密集型产品才得以生产并进入国际市场。这是中国四十年来开放型经济发展中最有时代特征和典型意义的现象与机制，其中反映的是经济全球化的本质是生产要素的国际流动，发展中国家的发展战略是通过高级要素的流入与本国劳动力、土地等低级要素相结合才能实现生产和出口。"要素合作"是实现开放型发展的核心机制，而高级易流动要素向低级不易流动要素所在地流动从而导致生产地和销售市场的全球布局是其中的基本规律。开放之初，中国也曾采用国际借贷的方式利用外资，但这不是利用外资的主要方式，跨国公司直接投资及因此实现的出口和经济高增长才是中国开放型发展

的主要特征。

利用要素流动实现要素合作的条件是实行开放政策。开放既在于接受外商投资，甚至以特殊政策补偿其制度成本，也在于广泛的政府服务。土地批租制度的形成，农村劳动力流动的合法化，保证了中国低级要素与外资高级要素的结合。改革开放不但吸引了要素流入，而且使国内农村巨大的闲置生产要素被动员起来，与流入要素相结合，形成"要素集聚"。这是中国四十年开放型增长的微观机制和主要原因。

要素合作改变了经典比较优势论的条件和表现。经典比较优势论是从各国各产业相对生产力结构出发的，其证明了分工创造生产力是贸易的动因。比较优势的存在和现实中没有生产要素的国际流动，因而一国的贸易结构就是其比较优势的表现。然而在当代要素流动的条件下，一国的贸易在日益高的比重上与国际投资相联系，出口已不是本国生产要素的产品，而是外国要素与本国要素相结合的产品。中国进出口贸易的产业结构并不是中国比较优势的反映，而是包括流入高级要素在内的综合优势的反映。

要素流动也从根本上改变了经典要素禀赋论的条件与表现。要素禀赋论所证明的一国贸易要素密集性特征完全是基于要素不存在国际流动的前提下得出的。当中国大量出口资本密集型和技术密集型产品时，我们清晰地认识到，中国在其中所提供的只是低端劳动力，贸易的要素密集性不是中国要素结构的体现。

经济全球化要素流动及其影响规律是中国开放型发展模式所遵循和揭示的。中国高速发展的出口不是比较优势的反映，也不是要素禀赋的表现，而是要素流动、要素合作等全球化规律的表现，是中国要素集聚增长规律的表现。因此，如果用"发挥廉价劳动力比较优势"来总结中国开放型发展的经验，不仅在理论上背离了经典学说的要义，而且在实践上背离了中国的成功模式。经济全球化之前的理论尽管是经典的，但用以说明当代中国模式却是不适用的。正是在这里我们看到了中国的时代性创新。

（二）投资超越贸易是经济全球化的发展规律并深刻影响了各国经济之间的相互联系

中国经济的高速增长和出口的高速发展不是从自身比较优势出发或要素禀赋出

发的，而是从外商直接投资出发的，这充分证明了当代经济全球化的一条基本规律即投资超越贸易。

投资超越贸易包括三个方面的内容。一是投资替代贸易。跨国公司在东道国生产并在当地销售，就替代了此前在母国的生产出口。中国开放外资企业内销就是这种替代的表现。由于这一替代，按传统统计方式中国的进口就会减少。二是投资创造贸易。跨国公司直接投资在于利用东道国的要素优势降低生产成本，从而提升国际竞争力。没有跨国公司的这种投资东道国就没有这部分出口。在面向国际市场情况下跨国公司投资不是对东道国已有生产的挤出，而是新增出口。在中国，长期作为主要出口方式的加工贸易正是投资创造贸易的典型。在这里，创造的不仅是出口的绝对量，而且是顺差，因为加工贸易必然是出口值大于进口值。三是投资改变贸易。从贸易理论史可以看到，国际贸易发展从最初的产业间分工到产品间分工，又到产品内分工；贸易的性质从国家间贸易发展到跨国公司的公司内贸易。事实上产品内分工与公司内贸易正是投资改变贸易的表现。跨国公司在全球布局生产地和贸易网络，一个产品被按照价值链拆分进行国际分工，贸易性质的这一历史性变化（名为国际实为公司内）正是国际投资所导致的。中国参与全球价值链分工同样是投资改变贸易的表现。

投资超越贸易的三种形态在中国开放四十年来得到了全面体现，中国开放型经济发展的机制正是这一规律的全面体现，中国是这一规律的顺应者，因而也是受益者。

投资超越贸易也是当代世界经济不平衡的成因，是中美贸易不平衡的重要原因，或者说，全球不平衡和中美贸易不平衡是全球化的一种规律性现象。

由于国际直接投资的规律是高级易流动要素向低级不易流动要素所在地流动，因而，发达国家资本向发展中国家流动是全球化的总体倾向。前者把后者作为低成本生产地，同时又要继续消费后者的产品，于是与资本流动相反的是商品流动。新兴经济体的发展基本上就是这种模式，而中国是其中的代表。所以2008年金融危机被认为起于全球不平衡，事实上是新兴经济体外汇储备回流到美国并在金融监管不力下泡沫破裂的结果。

投资替代贸易又从另一方面加强了这种不平衡，美国的汽车、苹果手机及平板电脑在中国生产并销售，因此也就替代了中国从美国的进口，掩盖了美国对中国的出口，使美国对中国贸易逆差更大。因此，在计算中美两国的贸易差额时，应当把在对方国家的生产销售视同出口计算在内。

价值链分工加剧了贸易的不平衡，中国的加工贸易是一个典型的成因。在加工贸易中出口必然大于进口，因而必然导致出口国的贸易顺差。长期以来，中国的全部贸易顺差都来自加工贸易，而一般贸易还是逆差。阐明这一点可以使我们认识到，在投资创造和改变贸易的情况下，基于海关统计的贸易平衡已经没有意义，不能反映一国从贸易中的真实收益。即使近年来推进的增加值贸易统计研究也没有把外资企业在东道国创造的价值分离出来，从而仍然夸大了出口国的贸易收益。所以美国基于海关统计贸易不平衡指责中国是不合理的，一些研究即使采用增加值来调整顺差规模也仍然是不充分的。

由于贸易不平衡产生于上述原因，用汇率进行调整或用政策进行调节都是不合理的。只有当新兴经济体扩大对外投资，并因国内消费扩大而增加进口，不平衡才可能逐步缩小。这一分析也证明了，美国对中国对美投资设置障碍违背了全球化不平衡调整的要求。

对外开放始于引进外资必然走向同时对外投资，建立全球生产经营网络是中国在全球化中争取主动的必然要求。

（三）要素收益差异是全球化收益分配的核心，本国要素升级是提升国际分工地位和建设经济强国的关键

对全球化要素流动机制的认识可以使我们正确认识对外开放中收益的规律，那就是一国的要素结构及其等级水平决定了一国的开放收益，提高开放收益的根本在于提升要素结构。

在对外开放取得巨大成就后，21世纪初中国学界开始关注中国在开放中所获得的收益问题。各种讨论集中在价值链分工地位。事实上低端分工地位的成因正是由中国的要素结构所决定的。

全球化不是按比较优势分工而是按要素差异合作，这一规律决定了以投资贸易全过程形成的国际经贸关系中的收益分配最终是各国之间的要素收益分配。因为最终产品是多国要素的集合，每一要素都要求获得与其价值相应的回报，因而产品的

全部收益必然要在所有参与的要素间进行分配，而又因要素所有者非一国使分配成为国际分配。

正如商品的价格是由其生产成本和市场供求所决定的一样，生产要素的价格也是由其生产成本和相对稀缺性所决定的。从当今全球化的实际看，技术、品牌、销售网络和经营管理人才等高级生产要素是稀缺要素，而低端劳动力等低级生产要素是充裕要素。前者决定了跨国公司全球投资选择的主导权，后者决定了发展中国家引进外资中的竞争性，同时也更降低了土地、资源、环境等的价格。发达国家的高级要素在世界上是稀缺的，发展中国家为引资而竞争。发展中国家的劳动力和土地等是过度供给的，为竞争外资更导致了其价格下降。

生产要素是可以跨国流动的，但要素的所有者却仍然是有国籍的。因此，要素稀缺性决定收益的规律最终决定了全球化经济中的国际收益分配。

要素流动导致了全球化经济与以往基于国际贸易联系的世界经济的差异，然而流行的统计指标却掩盖了这种差异，使人们不能深刻认识全球化中的国际收益分配。例如，国内生产总值（GDP）是以地理意义上的国家或经济体进行统计的，包含了流入要素所创造的增加值，这就夸大了要素净流入国家的经济规模和增长率，更夸大了基于本国居民数计算的人均 GDP 所反映的富裕水平。又如，一国的出口是国际要素合作的产物，对于大量由跨国公司创造出口的东道国来说，出口能力也是被夸大的。贸易顺差更多反映的是跨国公司的收益而不是本国企业的收益。

在四十年中的前大部分时期内，中国的外资是净流入的，上述要素流向规律在开放型发展的中国具有典型意义。从 21 世纪初开始的自主创新和对外投资，正是基于对这一规律的认识上的战略升级。

自主创新的核心是技术，但却不限于技术，产品、品牌、商业模式、服务等都可能创新。一切创新最终会归结为生产要素，因为其投入都需要通过不同的成本核算分摊进入最终产品价格。因此，中国的自主创新战略本质上就是创造和培育高级要素的战略，是实现要素升级从而在全球要素合作中争取更高收益的战略。这一战略的正确性就在于它是基于对全球化要素合作，收益按要素稀缺性决定的规律的认识。大力发展教育，注重人才培养的战略正是基于对高端人才是高级要素的认识，这是中国改变靠低端劳动力参与国际价值链分工的关键。

中国的对外投资战略也反映了以实现要素升级提升分工地位规律的要求。在经历了最初以自然资源开采为主的国际投资后，近年来中国的对外直接投资聚焦并购方式。并购是迅速获得国际成熟企业从而获得其所拥有的技术、品牌、市场网络等高级生产要素的有效途径。在四十年的前大半段中，中国在正确的开放战略下靠辛苦劳动等低端要素实现了积累资金外汇，为今天的国际并购创造了有利条件。整个过程显现了一条十分有价值的发展规律。一个发展中国家在发展的前期和后期选择是不同的。前期只能靠低端要素获得较低收益，但这又是必经阶段。这一阶段的成功可能突破发展经济学中所说的"双缺口"瓶颈。而中国不仅在这一点上取得了成功，而且为后一阶段创造了条件。以国际并购加速要素升级不等同于靠购买实现现代化。并购是一条充分利用全球化和发展新优势的道路。中国在美国并购中所遇到的障碍表明，美国清楚地意识到这是中国改变自身国际分工地位的战略，抵制中国的并购正是美国维护其高级要素优势以及国际分工高端地位的需要。

可见，中国开放战略的升级是基于对要素收益决定规律的认识，是建立在这一认识基础上的正确选择。

（四）自主创新是实现在全球价值链中分工地位升级的根本

开放是为了发展，即产业结构的进步，从而国际分工地位的提升，这一点在对外开放之初就是有共识的。正因为这样，开放之初对外资进入是谨慎的，特别是不开放国内市场，以使国内企业不在竞争下失败。也因此在外资利用上曾采用了借外债而不是开放直接投资的方式，因为前者归还债务后产业是中国自己的。外贸上难以迅速降低的关税也是因为保护的需要。但是在这一理念下开放型发展受到了较多的限制，外资流入少，外贸增长慢，开放度难以提高。

加工贸易迅速突破了出口发展的难题，开放国内市场也大大激励了外资的流入，这是对外开放中的重要进步。但是不久后人们就开始发现中国处于国际分工的低端地位，包括价值链意义上的和产业间分工意义上的。人们的探索聚焦到如何提升价值链分工地位，如通过延长国内供应链，通过中外合资，通过技术转让或获得各种方式的技术外溢。然而，所有这些途径在实践上都存在着难点，成效较低。中国认识到技术是发达国家处于高端分工地位的根本，但不论什么政策措施，要通过引资和市场开放获得中国的技术进步是困难的。

决定这一规律的原因在于，尽管贸易与投资可能相应地伴随着技术的流动，但国际知识产权保护的整体规则却更偏向于严格保护而不是促进转让。技术优势是发达国家的核心优势，国际知识产权保护制度基本上是发达国家国内保护制度的延伸，不利于发展中国家通过贸易投资过程获得技术。专利等的国际市场交易虽然存在，但是大量限制性商业惯例特别是对二次创新所有权的约束也限制了发展中国家靠购买获得技术进步。发展中国家推动国际技术转让的各种努力都未能从根本上改变当今国际制度的基本偏向，即更强调保护而不是更鼓励合理合法的产权流动。面对国际制度的这一状况，发展中国家纷纷在外资政策上进行努力，如鼓励技术转让、设定股比限制、要求进行合资，等等。从经济学意义上说，这可能是用一种政策引致性扭曲去消除跨国公司的垄断性扭曲，具有提高福利的效益。但是，发达国家却以政策不公平、市场不开放等为由提出质疑，甚至进行各种报复。

上述分析证明了一条规律：在现行全球化的制度安排下，外贸与外资的发展基本上不能成为发展中国家东道国技术进步的途径；发展中国家实现技术进步根本有效的途径只能是自主创新。

自主创新就是本国企业进行研发投资实现技术、产品、服务、管理和业态等方面的创新。中国的实践表明，由于改革开放后市场机制的成熟，自主创新有了显著进步的环境和基础。近年来，民营企业中出现的大量技术、服务和业态创新都是基于自主研发的成果。

自主创新的关键条件是资金积累和人才供给。中国近年来出现的创新高潮，正是四十年来高增长下实现的资金积累。社会资金总供给的充裕为此创造了良好条件，政府的鼓励政策也离不开这一宏观条件。由此证明了一条规律：自主创新是在社会资金积累条件下实现的。

对外开放对社会资金积累做出了重要贡献。外贸外资的双顺差是中国在开放中完成资金积累的基本原因。在突破了出口和引资的瓶颈后中国长期保持了巨额贸易顺差，加上资本净流入，两者共同构成了开放中的积累，其表现为外汇储备的持续上升，而对应的货币发行则转化为社会的资金供给。这一供给与高增长下储蓄创造的资金供给一起为创新提供了强大的资金保障。

今天，中国正在呈现出一个强大的自主创新潮流，其背后就是开放型发展下的资金积累规律。传统理论回答了一国为实现工业化的资金积累问题，中国的实践则回答了当代新产业革命或曰信息革命的资金积累问题。

三、开放型发展的新课题与应对国际环境变化的新挑战

进入新时代中国的发展有了新的目标，对外开放有了新的重点，"一带一路"建设是对外开放的重点，高质量发展目标向对外开放提出了新的要求。同时，近年来以美国实行贸易保护主义为标志，经济全球化出现变局，中国开放型发展的国际环境发生重大变化。全球化变局向中国开放型发展提出了新的挑战。面对美国的贸易保护主义和逆全球化思潮，全球化经济理论为中国的开放型发展模式提供了充分的理论依据。

（一）"一带一路"建设将形成各国共同发展新机制与中国开放型发展的新内涵

无论是从中国经济对外开放还是从世界经济格局变动上讲，"一带一路"建设都具有重大意义和长远影响，是新时代扩大开放的主要内容和与世界各国实现共同发展的重要平台。

"一带一路"建设将使对外开放与国内区域发展得到紧密的结合。基础设施建设及其对外联通不仅将使内陆地区从开放的后卫变成前沿，而且会形成国内外产业的集群式发展，推进内陆地区的城市化和国家各战略经济区的发展，带来新一轮增长。国内大市场的进一步扩大将部分补偿沿海地区增长率的下降和加工贸易的减少。中西部地区与沿海地区的对外开放将形成一个新的格局：沿海地区继续面向美、日、韩等海洋国家和东亚地区，中西部将重点面向东南亚、中亚、西亚和欧洲地区。陆路运输在高价值产品上的优势将更加明显。

在国内开放新格局下，各区域之间的发展竞争也将出现新的内容。人才政策要避免过度竞争和无效竞争，项目竞争要避免各种优惠政策导致不合理配置，贸易物流竞争要避免价格补贴。总之，当开放进入全国布局、目标面对高质量发展后，中央政府应当推出对各地开放型发展绩效的新的合理评价体系，这与国内经济创新科学评价体系的需求是一致的。

"一带一路"建设绝不只是重建历史上的丝绸之路，合作对象绝不只限于历史

上丝绸之路国家和地区。"一带一路"建设是在中华悠久文明基础上中国引领和倡导的全世界发展中国家的广泛合作，而且并不排斥发达国家的参与。因此，"一带一路"建设的意义在于世界发展中国家的共同发展。这就不仅把有史以来发展的内涵从一个国家如何实现自身发展，包括如何利用好外部条件的问题，战略性地拓展为不同发展中国家如何实现共同发展的问题。这就改变了发展中国家只能与发达国家进行垂直分工的传统思维和发展模式，开启了新兴经济体与其他发展中国家共同发展的新时代。

中国作为最大最成功发展的新兴经济体，不同于发达国家那样拥有大量高技术产品需要寻找垂直分工的生产地，也不同于 20 世纪末发达国家那样需要把传统产业向外转移而在国内实现升级。中国的优势在于传统工业化的快速实现，具有巨大的制造能力，特别是在现代大工业和基础设施建设上具有强大的生产力，这正好符合发展中国家启动工业化的需要。因此，这是中国特殊优势与广大发展中国家合作的模式。"五通"全面表明了这种合作的创新模式与深刻内涵。政策沟通是前提，这使合作可以尽快启动，而避免了自由贸易谈判的冗长与难点。设施联通是起点，这是中国发展经验的推广，基础设施是工业化的条件，这使发展中国家的发展可以得到关键的突破。资金融通是关键，全球资金合作机制的形成和创新将极大地缓解现有发展援助资金的不足，有效解决发展中国家的双缺口问题。贸易畅通是效率，以分工的深化创造新的生产力。贸易是各国经济发展的结果和体现，中国绝不像当年帝国主义那样把殖民地当作原料产地和过剩商品销售地，而是以帮助其走上现代化道路，进而在贸易中合作。民心相通是比经济合作更高的目标，表明"一带一路"建设不只为经济合作，而且还致力于更高的国际友谊与文化交流。

因此，推进"一带一路"建设一定要以与各国形成共识为出发点，为此要通过从官方到民间的广泛交流促进共识的形成。"一带一路"建设不限于单个项目的经济效益，而是要全面实现经济社会文化政治的长期效益，为此要使企业明确这一点，也要在政策和资金上支持这种发展。"一带一路"建设绝不是中国过剩产能的向外转移，而是要发挥中国优势产能的作用以推动国际合作基础设施建设，也要通过合作加快相关国家的工业化。

"一带一路"建设不是中国一个国家的事，而是世界的事，即世界的发展大业。

为此要在联合国等各国际组织中形成共识与机制，欢迎发达国家的参与。"一带一路"建设将大大提升中国的国际地位与影响力，影响世界的格局。对发达国家继续以冷战思维看待国际关系的人来说，这是不可接受的。为此中国学术界要做出努力，有效传播正确理念，逐步转变发达国家学术界和政治家们的误解，为发展营造更好的环境。

（二）高质量发展改变发展理念与政策，对外开放将以产业政策决定外资外贸政策，中国发展将面临国际竞争新课题

实现高质量发展是新时代对发展提出的总要求，也是对开放提出的新要求。高质量发展决定了开放理念与政策的转变，也将使中国发展因此面对新的国际环境。

与进入新时代以前经济发展的总体特征一样，对外开放也遵循着数量型增长、规模化发展的要求，出口高增长和外资引进持续增长是开放推进的主要标志。应当承认，外贸外资数量体现着对外开放的扩大，也体现了发展的成果，对整个经济数量型增长发挥着积极的作用。进入 21 世纪后，在外贸上强调分工地位的提升，在外资上注重项目的质量，都体现了在数量型增长同时在质量上提高的需要。

高质量发展目标的提出也对开放提出了根本性的要求，外贸战略与外资政策必须依照高质量发展的要求来实施。外贸外资的发展必须符合保护绿水青山建设美丽家园的要求，坚决抵制高消耗高排放的生产，改变国际资本把中国放在价值链分工低端位置的格局。

创新驱动发展确定的发展的理念，中国制造 2025 规划了产业升级的方向。高质量发展的产业政策目标已十分清晰，新时代外贸外资的发展应当以新的产业政策为指导。促进自主创新是高质量发展的要求，同样也是外贸外资政策的要求。

当前，世界新产业革命正在全面快速爆发之时，国际竞争必然十分激烈。美国将全力维护其在科技上的优势地位从而对中国设置障碍，直至用贸易报复手段阻碍中国战略性新兴产业的发展。2018 年 301 调查和挑起的贸易战清楚证明了这一点。

因此，赢得这场新产业革命竞争的胜利，是当前开放的主要任务。为了实现合作共赢，在外资市场准入上中国应当坚持在某些产业中的合资原则和股比要求，按照负面清单规范设定特别管理措施，使外资引进服务于中国产业政策目标。在部分产业的市场准入负面清单中，设立各种不符措施是国际通行标准，也是双边或多边

投资协定谈判的内容。中国应以产业政策指导负面清单制订，特别是按照中国制造2025产业目录确定市场开放进程。坚持合资合作和设立股比限制是合理有效的做法，即使在签订双边投资协议下也是负面清单的合规内容。要坚决反击美国以贸易报复打开中国市场的做法。中国的一系列优势仍然对外资有着吸引力，其中包括巨大的市场规模、潜在的购买能力、完整的制造业配套系统、优秀的人才供给、地方政府的服务等。在负面清单中要善于用好最惠国待遇例外和国民待遇例外，以实现与相关国家的利益交换。要通过负面清单保留政府对项目的审批权，以使外资政策与产业政策相衔接。同时，要提高透明度和政策稳定性一致性，避免暗箱操作，避免内外资差别待遇，避免地方之间的政策差异。要让国内企业自主确定技术转让问题，使企业合同作为技术转让的方式，而不是由政府审批来决定。

要进一步强化知识产权保护的环境，完善法律制订和执法环境。同时，要充分保护中国企业进行二次创新的权利，打破发达国家对二次创新的过度限制，打破过度保护和技术垄断。要健全技术交易市场，使中国企业通过正常交易获得技术的渠道更为畅通。

外资领域的突破将是未来中国在开放中加快创新的关键。由于冷战思维等非经济因素，美国等发达国家将继续在所谓敏感技术上限制对中国出口、投资和技术转让，否决中国对其企业并购，这一问题很难在商务谈判和利益交换中解决，需要有重大的外交战略支持。

（三）中国的道路特色与体制优势与欧美发达市场经济理念矛盾长期存在，在深度参与全球化的同时要坚持中国特色

经济全球化不断发展，中国是在参与全球化中受益并崛起的，要继续坚持开放和参与的道路。但是，扩大开放与深度参与全球化并不只是降低贸易障碍和扩大市场准入。全球化深化对各国提出的市场准入内涵日益扩大，核心是从边境上措施扩大到边境后措施，对一国的国内经济乃至政治社会体制提出要求。由于现行全球化的内涵从本质上讲是各国市场经济的外部联系，从而要求各国纯粹按照发达市场经济体制规范去接受全球化，因而已经深度触及各国的国内体制。不论是美国已经退出的TPP，还是仍然在不断推进中的双边投资协议，竞争中立、国有企业、工会制度等都被作为完全市场经济的规范被纳入全球化规则。虽然中国加入世界贸易组织

早已超过十五年，但是欧美依然坚持中国的非市场经济地位从而使中国不能在这一组织中获得平等待遇。以美国提出的中国非市场经济地位备忘录为例，美国的理由包括：中国货币资本项目不完全自由兑换，政府干预外汇市场；工会不独立没有集体工资谈判权；市场准入有限制；大量国有企业、银行，土地市场受控制；政府有详尽的产业规划和产业政策；法律成为经济政策的工具等。可以看到，除了货币最终可能实行完全自由兑换，市场准入会不断扩大开放外，其他四个方面都关系到中国的基本制度，甚至恰恰是中国的体制特征和优势所在。因此，中国的体制模式与欧美主导的经济全球化之间的矛盾已经显现，并且不可能调和，中国与美国之间的贸易摩擦实质上产生于制度摩擦。

中国入世后努力履行各项承诺，开放市场、修订法律法规、改革政府职能，但是从美国标准看来，中国没有形成完全意义上的市场经济。中国的改革已经不断深化，市场在资源配置中的决定性作用基本形成，但是中国所确立的有效市场和有为政府相结合的体制与美国式市场经济仍然存在着重大差异。各国的制度应当以适应各国的国情为原则，世界不可能只有一个模式。因此，当全球化立足于建立一个统一的市场且各国应当遵守和维护共同规则时，但是这绝不意味着各国的经济政治社会制度都必须按一个标准去统一。否则，全球化就会与各国的制度特色相冲突，也会与各国不同的发展水平和制度需求相矛盾。

中美贸易摩擦表面上是贸易不平衡问题，实质上是美国力图在新产业革命中压制中国以继续维持其在世界科技上的绝对优势地位，是美国拒绝接受中国按自己国情建立的市场经济体制。因此，美国发起贸易战的种种理由涉及的是中国的市场经济制度、政府经济职能、国有经济和政治法律制度。对中国来说，开放可以扩大，利益可以交换，改革应当继续，但是制度特色不能放弃。因此，在未来的开放型发展中，中国与美国式全球化之间的制度摩擦将长期存在，两国之间只能在存异中求同，即避免制度对抗，寻求合作共赢。

中国对外开放水平将不断提升，市场准入将不断扩大，以开放型经济新体制要求的改革将不断深化。但是，中国的有为政府、国有经济、社会政治制度特色必须坚持。中国要坚持履行在世界贸易组织中的义务，维护其职能与规则的权威性，并继续推进各类双边多边一体化合作，也包括从深度参与全球化的要求推进改革，但绝不是全盘按照美国式全球化标准改变自己的制度。与此同时，还要积极按照适合于中国也适合于广大发展中国家特点和需要的模式推进国际合作。特别是在"一带一路"建设新平台上的合作，包括使这种合作日益制度化，这将是中国开放与推动全球化的新的内涵。

（四）美国保护主义抬头对中国开放形成新挑战，中国要加强国际合作抵制美国霸凌主义

特朗普执政后美国贸易保护主义日益抬头，在美国优先政策下的退群行为已使经济全球化出现逆转态势。特别是特朗普政府以中国市场不开放为理由，以贸易巨额逆差为依据，以国家安全为借口对中国进行的贸易报复和投资限制，已构成新时代开放型发展的最大障碍。

美国是经济全球化特别是投资全球化的最大得益者，但却用贸易不平衡尤其是货物贸易不平衡的传统标准为理由搞报复，更采用单边主义手段反全球化，这是当前问题的实质。美国从对全球投资中获得了利益，其跨国公司全球发展的成就便是美国利益的表现。中国等发展中国家东道国获得了更高的经济增长率和出口顺差，事实上其中包含了包括美国在内的各发达国家跨国公司的投资收益和产品销售。贸易规模及其顺差并非中国等发展中国家开放收益的准确表现。在服务贸易出口顺差上，在金融市场的全球地位上，美国更是获得了巨大的收益。

面对全球化的这种结构性现象，如何使其利益分配关系更加明确，各国不同社会群体因开放形成的更大收益差异更好得到控制，从而使全球化和各国的发展更可持续，这本是世界各国共商共建的问题，而美国的单边主义却彻底破坏了这种合作。特别是美国以霸凌主义行为处理全球化经济问题，对中国的开放型发展环境，尤其是对外开放的战略升级构成了新的挑战。面对这一挑战中国至少应考虑以下对策：

首先，要以理论创新赢得国际话语权。中国要从全球化的经济规律上阐明收益分配的实质，证明美国跨国公司是最大的受益者，证明当代贸易收益的科学算法，证明贸易不平衡不是全球化收益分配的表现，证明中国的成就在于改革释放社会生产力而非靠不遵守国际规则，等等，以此在国际社会中赢得主动。为此特别需要理论界与对外商务谈判部门的深度合作，避免陷入反击对报复的双输困境，避免在美

国无理压力下按照美国标准进行调整。

其次，以加强国际合作反对单边主义。美国的霸凌式保护主义不只针对中国，也同时对其他国家包括发达国家搞保护主义，因而引起世界共愤，特别是有些行为已经导致国际社会的混乱与矛盾。中国要加强与这些国家的合作共同反对美国的单边主义。合作的基本原则是维护现行全球化规则和开放承诺，以双边谈判缓解短期摩擦，以多边合作建立更好的国际规则。面对发达国家可能出现的国际合作新格局，既要深化国内改革创造条件积极参与各种以市场开放为基础的国际协议，又要积极主动推进适合于中国经济体制与发展特点的多种国际经济合作模式。

再次，坚持以中国为主创新开放型发展模式与合作体系。投资与贸易是过去四十年的主要开放方式，而发达国家又是主要合作伙伴。为突破美国的障碍，中国要与更多国家签订双边贸易投资协定，尤其是与欧盟、日本及新兴大国的合作。要在"一带一路"建设中创造更多的项目合作，以及以大项目带动全面合作，以政策沟通带动项目合作。要吸引发达国家参与"一带一路"建设，利用其资金和技术优势，实现更广意义上的共商共建共享。要更好发挥外经外援的积极作用，突破以市场开放承诺先行的传统美式合作模式的制约，形成项目先行更加务实的中国式的全球经济合作模式。

原刊《学术月刊》2018 年第 9 期

新中国 70 年经济发展的逻辑与发展经济学领域的重大创新

任保平[*]

新中国 70 年来，特别是经过改革开放 40 年的发展，中国由一个经济小国转变为了经济大国，由一个落后的农业国转变为了世界第二大经济体，而且正在向经济强国迈进。按照麦迪森的计算，1952 年中国经济总量占世界的比重仅为 5.2%，2018 年达到了 90.0309 万亿，占世界经济的比重为 15%。与其他发展中国家不同，中国 70 年经济发展的逻辑是典型的转型发展。这个转型发展是一个不断借助转型实现发展演进的过程。在 70 年转型发展的历史进程中，中国经济发展从落后的农业经济向现代工业经济的转型、从封闭经济向开放经济的转型、从计划经济体制向市场经济体制的转型，多层次大规模的转型发展构成了整个中国经济长期演进的逻辑。在中国经济长期转型发展中，经济发展的任务与经济转型的任务叠加在一起，形成了双重制度变迁性质的转型发展逻辑。多重转型发展逻辑不仅促进了中国自身经济发展实现了从站起来到富起来、再到强起来的转变，而且为世界经济发展做出了贡献，特别是为发展经济学做出了贡献，推动了发展经济学领域的创新，形成了中国特色社会主义发展的经济学。

一、多重转型发展是新中国 70 年经济发展的逻辑

新中国 70 年经济发展的实质就是在多重转型发展逻辑下，依托转型更新发展

---

* 作者为教育部人文社会科学重点研究基地、中西部经济发展研究中心教授。

理念、重塑经济发展动力，创新经济发展路径，不断谋求新发展的历史过程。新中国 70 年经济发展背景的识别、经济发展约束条件的突破、经济发展理念的更新、经济发展动力体系的重塑和经济发展战略的转换，都离不开对中国经济转型发展互动逻辑的考察。转型发展的理论定位，符合中国经济转型发展普遍性与特殊性相统一的规律认识。从学术界的研究来看，现有研究多从单一维度考察新中国 70 年来中国经济发展的转型逻辑，周振华教授将转型发展逻辑归结为由计划经济向市场经济转型、二元经济向现代经济转型组成的"双重背景"[①]；陈宗胜提出了"双重过渡"的观点来解释中国经济的发展，双重过渡就是体制模式转换与发展形式的跃升[②]。潘珊、龚六堂、李尚骜将转型发展逻辑归结为农业部门向非农业部门转型、国有部门向非国有部门转型的"双重背景"[③]。本文是对新中国 70 年经济发展逻辑的历史考察，认为新中国 70 年转型发展的逻辑具有多重性与复杂性。具体表现在：

（一）新中国 70 年经济转型发展的逻辑具有特殊性

中国现代经济发展道路是"共同律动性"与"道路独特性"的统一，"中国现代经济发展道路体现了这一过程中的共同律动性，即与世界结构转换相联系，与世界历史演化大趋势相吻合；同时由于文化、制度传统等方面的不同，在道路上也呈现出了一些独有的特点"[④]。一方面，历时 70 年的转型发展逻辑相互叠加，由工业化驱动的技术转型、结构转型以及市场化的制度转型，都是中国追赶式发展战略演进的组成部分。转型发展效应贯穿于中国传统经济向现代经济全面转型的整体进程，任何阶段的发展特征都无法从相互叠加的转型逻辑中剥离。只有理清中国经济转型发展逻辑的特殊性，才能够理解新中国 70 年来的中国经济发展在世界经济发展史中的特殊性，才能理解中国特色。另一方面，新中国 70 年中国经济转型发展逻辑具有扩散性特征，转型领域由经济逐渐延伸至社会、文化、政治等多方面转型，转型内容取决于转型发展最终目标的分解，转型发展作用的层次反映了不同时期的任务与推进思路。因此，中国转型发展逻辑的演进意味着中国经济发展的理念、发展

① 周振华：《体制变革与经济增长：中国经济与范式分析》，上海人民出版社 1999 年版，第 30 页。

② 陈宗胜：《双重过渡经济学》，天津教育出版社 2005 年版，第 27 页。

③ 潘珊、龚六堂、李尚骜：《中国经济的"双重"结构转型与非平衡增长》，《经济学（季刊）》2017 年第 1 期。

④ 萧国亮、隋福民：《中华人民共和国经济史（1949—2010）》，北京大学出版社 2011 年版，第 7 页。

战略、激励机制和动力结构具有独特性，不可能与任何国家完全一致。

（二）新中国 70 年经济转型发展的逻辑能够转化为新的转型发展约束条件

新中国 70 年经济转型发展进程是由多次重大转型叠加的过程，转型发展所具有的矛盾消解能力和制度转换能力表现为发展控制过程对发展实际过程的有效影响，发展控制过程表现为技术进步、制度建设、结构协调等系统化的战略选择，发展实际过程具有连续、复杂等特征，容易受到特殊国情与初始禀赋条件的影响。伴随着中国经济转型发展目标的转换，在社会分工、要素供给等诸多方面涌现出新的转型特征，共同构成新一轮发展理念更新、发展战略更新、发展效率改进和发展方式选择的新制约。因此，新中国 70 年不同阶段转型发展面临的约束条件表现为，长期趋势下发展时态转换的惯性约束和风险约束以及制度、技术、结构等因素冲击产生的间接约束。对这些发展约束的识别，需要对中国经济转型发展演进过程的特征进行判断。合理判断转型发展特征的新趋势、新机遇与新风险，构成了转型发展约束因素破解的前提条件。

（三）新中国 70 年转型发展是一种特殊的实践过程

新中国 70 年转型发展具体表现为以转型为动力、发展战略更新为内容、发展理念为导向的实践过程。一方面，经济转型为中国经济发展动力体系的构建提供了机会。中国长期转型发展是由"制度—技术—结构"动力要素协同驱动的结果，特定目标下的转型发展能够引导发展动力要素的演化，校正发展动力体系转换过程中的变化与失衡困境。而在中国转型发展的不同阶段，转型驱动下的制度变迁、工业化技术动力形成以及现代经济结构成长三大过程共同构成发展旧动力优化、新动力生成的系统性转型机会。因此，中国长期转型发展是由转型驱动的发展过程来实现的，具体表现为转型驱动功能在发展动力体系的系统性转换。另一方面，全面发展是中国长期转型发展的最终目标。中国的经济转型是一种全面发展导向下的转型，从经济转型开始，扩展形成政治、经济、文化与社会发展转型的全面转型，形成了传统发展模式向现代发展模式，再向中国特色发展模式的依次转型逻辑，在这一过程中不断将转型新机会作为新的起点，进一步探寻发展中大国定位下的中国经济发展道路。

（四）新中国 70 年转型发展理念更新需要特殊的表达方式

中国转型发展理念的更新是一个工具理性与价值理性的互动过程。不同阶段转型发展理念的更新是由多种因素决定的，但是关键因素在于各类经济主体身份差异下认知矛盾的协调，同时也决定于转型发展过程中创造主体作为"一切社会关系的总和[①]，因而，对于转型发展的诸多内容认知的一致性的发展理念更新需要借助特定的转型方式予以表达。"改革开放之前的激进转型发展方式，加速了物本经济发展的理念。改革开放以后渐进转型发展方式，促进了人本经济发展理念的兴起，新发展理念的确立与更新就依赖于渐进转型发展方式提供的示范效应与创造性理性。在渐进式转型方式下转型发展理念更新的过程耗时长、成本高，但是更新结果相对稳定，而且容易引致发展理念的再创新。

二、新中国 70 年多重转型发展逻辑的八大维度

（一）从落后的农业大国向现代工业化国家的转型

新中国成立初期的 1949 年全国工农业总产值只有 446 亿元，人均国民收入只有 66.1 元[②]。在工农业总产值中，农业总产值的比重占到 84.5%，工业总产值的比重为 15.5%，重工业总产值的比重只有 4.5%[③]。可见中国是一个落后的农业大国，工业基础薄弱、门类不全，工业产品的人均拥有量低于发达国家。新中国成立初期，由于中国近代资本主义没有得到发展，还是以农业经济为主，生产方式落后。当时中国农业基础薄弱，工业素质不高、服务业发展滞后。在整个产业构成中，农业居主导地位，第一产业劳动力所占比重占到八成以上，从事工业生产的不足一成，服务业也是不足一成。这一时期中国经济发展的任务就是由落后的农业国变成先进的工业国，建立独立完整的工业体系。

为了加快由落后的农业国转变为先进的工业国，我们从计划经济时期开始积极推进工业化进程，以工业化为路径推进经济由落后的农业国向现代工业国的转型。计划经济时期的工业化是中国工业化的全面发动阶段，这一时期中国的工业化进程不同于发达国家的工业化进程，新中国成立初期中国工业化的水平是很低的，"1952 年全国人均国民生产总值只有 104 元人民币，第一产业在国民生产总值中的

---

① 马克思：《马克思恩格斯文集》第 1 卷，人民出版社 2009 年版，第 501 页。
② 林毅夫、蔡昉、李周：《中国的奇迹：发展战略与经济改革》，上海三联书店 1994 年版，第 30 页。
③ 马洪、孙尚清：《中国经济结构问题研究》，人民出版社 1981 年版，第 103 页。

比重为 57.72%，第一产业的就业比重为 83.54%，同库茨涅茨的产值份额截面和劳动力份额截面相对比，明显处于人均收入 50 美元以下的阶段，属于不发达阶段的初期"①。而中国现代工业化是从新中国开始的，通过"一五"和"二五"计划的重点项目建设，奠定了工业化的基础。计划经济时期，高度集中的计划经济体制是这一阶段工业化的主要推动力。这一阶段实行重工业优先发展战略，以国家工业化为中心来推进工业化进程。改革开放以来，工业化发展战略由优先发展重工业转变为优先发展轻工业，同时市场机制的作用得到了发挥，市场因素成为引导工业企业发展的重要机制，工业化水平迅速得到提高。在国家工业化的基础之上，民间工业化得到了发展，形成了农村工业化与城市工业化并存的二元工业化。这一时期经济体制改革促进了乡镇企业发展，乡镇企业使得农村工业化得到发展，农村工业化与城市工业化同时推进了中国的经济发展。党的十六大提出了新型的工业化道路，要坚持以信息化带动工业化，以工业化促进信息化，走科技含量高、经济效益好、资源消耗低、环境污染少、人力资源优势得到充分发挥的工业化。党的十七大把原来的"四化"工业化、城镇化、市场化、国际化扩展成为"五化"工业化、信息化、城镇化、市场化、国际化，强调了信息化。党的十八大报告提出了四化同步协调发展，指出坚持走中国特色新型工业化、信息化、城镇化、农业现代化道路，促进工业化、信息化、城镇化、农业现代化同步发展。党的十九大报告强调，更好发挥政府作用，推动新型工业化、信息化、城镇化、农业现代化同步发展。

总体来看，经过新中国 70 年的转型发展，中国已经由落后的农业国转变为了现代化的工业化国家，建立了门类齐全的现代工业体系，跃升为第二大经济体和世界第一制造大国，正由制造大国向制造强国大步迈进。

（二）从计划经济体制向市场经济体制的转型

新中国成立初期，我们通过三大改造，没收官僚资本主义企业，建立国营工业，掌握了国民经济命脉，建立了社会主义公有制的基本经济制度。党的七届三中全会以后，开始实行指令性计划对国民经济实行管理，有计划地进行经济建设，计划经济体制已初步形成。1954 年，中国第一部《宪法》的第十五条规定："国家用

---

① 魏后凯：《21 世纪中国西部工业发展战略》，河南人民出版社 2000 年版，第 50 页。

经济计划指导国民经济的发展和改造，使生产力不断提高，以改进人民的物质生活和文化生活，巩固国家的独立和安全。"计划经济体制已成为中国法定的经济体制。计划经济体制受苏联影响，总结了革命根据地管理经济的经验，反映了当时大规模经济建设的要求，在当时的知识存量下是一个合理的选择。计划经济体制能够在全社会范围内集中人力、物力、财力进行大规模重点建设。从宏观上对国民经济重大结构进行调整，促进了中国工业化基础的建立。但是计划经济体制具有明显的弊端，资源配置权力过分集中，对企业统得过死，盲目追求"一大二公"，分配方式上平均主义严重。这些弊端严重压抑了微观经济主体的积极性、创造性，微观经济主体缺乏激励的动力和竞争的压力，致使国民经济在微观层面缺乏活力。

由于计划经济体制对生产力发展的束缚，从 20 世纪 70 年代末就开始探索改革转型之路，以摆脱计划经济体制的束缚，从而释放经济活力。党的十一届三中全会开启中国经济体制的改革，以价格改革为切入点推进经济体制改革。1984 年党的十二届三中全会提出了有计划的商品经济，这是对中国特色社会主义市场经济的最初探索。1992 年党的十四大正式提出"中国经济体制改革的目标是建立社会主义市场经济体制"，十四届三中全会提出了社会主义市场经济体制的基本框架，党的十六大提出社会主义市场经济体制已经基本建立，进入到完善阶段。2013 年党的十八届三中全会提出经济体制改革的核心问题是处理好政府和市场的关系，使市场在资源配置中起决定性作用和更好地发挥政府作用。党的十九大报告指出要加快完善社会主义市场经济体制。经过改革开放 40 年的发展与完善，社会主义市场经济已经取得了一定的成果。"从实践上来说，改革开放 40 年最大的成功就是确立了社会主义市场经济道路，成功地实现了从计划经济体制向市场经济体制的转型"[1]，社会主义市场经济体制的确立促进了中国经济发展的奇迹。新中国 70 年来，我们用三十多年时间建立了计划经济体制，推动了工业化基础的建立。在此基础上，经过改革开放四十多年的探索，我们完成了由计划经济体制向社会主义市场经济体制的转型，"通过逐渐摆脱计划经济体制束缚的方式，中国避免了苏联式的崩溃"[2]，并且

---

[1] 任保平、吕春慧：《中国特色社会主义市场经济体制改革：改革开放 40 年的回顾与前瞻》，《东北财经大学学报》2018 年第 6 期。

[2] ［美］巴里·诺顿：《中国经济：转型与增长》，上海人民出版社 2010 年版，第 80 页。

推动了中国经济发展奇迹的实现。

（三）从粗放型发展向集约型发展方式的转型

改革开放以前，中国粗放型的经济发展方式的特点是数量规模扩张、高投入、高消耗、高积累、低消费、重工业优先、重速度、轻效益。从投入来看，改革开放以前中国的资本形成率一直高于其他国家，"一五"计划时期中国的资本形成率平均为24.3%，"二五"计划时期平均为30.2%，"三五"计划时期平均为28.3%，"四五"计划时期平均为34.1%[①]。持续的高资本形成率说明中国改革开放以前的经济增长主要依靠高投入，是粗放型的发展方式。这一时期在不能引进外资的情况下，粗放型的发展方式为了扩大生产规模只能依靠高投入。高投入必然带来高消耗，高消耗必然带来高排放，高消耗和高排放则会引起高污染。与此同时，高投入、高消耗、高污染伴随的必然是低效率。改革开放以前中国是落后农业大国，工业化基础薄弱，技术和管理都落后，劳动力素质也不高，不可能采用依靠技术进步和科学管理，以提高效率为目标的集约型经济发展方式，只能采取粗放型的经济发展方式。

改革开放以来中国经济发展重视了科技和教育作用的发挥，开始趋向集约型为主的经济发展方式，生产要素的使用效率得到提高，科技和人力资本对经济增长的贡献有所提高。经济发展更加依赖于高级生产要素和要素生产效率的提高。胡祖六和莫辛汉认为："1979—1994年增长的42%可以由生产率的提高来解释，生产率在90年代早期就超过投资成为经济增长的源泉。"[②]总体来看，新中国70年来中国经济发展实现了从粗放型发展向集约型发展方式的转型，在追求数量增加的同时更加注意质量的改善，逐步实现从粗放型发展向集约型发展方式的转型。

（四）从单一经济结构向多元经济结构的转型

新中国经济结构演变具有产业结构转型和工业结构升级的双重属性，呈现出明显的特征。新中国70年来，中国经济结构沿着"单一结构—结构多元化—结构高级化和合理化"的路径在演进。改革开放之前以单一公有制和计划经济体制为基础，实施优先快速发展重工业战略，导致结构扭曲的单一产业结构，到1978年改

---

① 简新华、叶林：《改革开放前后中国经济发展方式的转变和优化趋势》，《经济学家》2011年第1期。

② ［美］迈克尔·P.托达罗、斯蒂芬·C.斯密斯：《发展经济学》，聂巧平等译，机械工业出版社2014年版，第113页。

革开放前，中国产业结构经过近三十年的曲折发展，建立了比较完整独立的工业体系和国民经济体系。虽然工业化程度不高，但工业内部结构已经达到较高水平。在尖端科学技术方面也取得了许多领先的成果，发射了人造地球卫星，成功研制了原子弹、氢弹。但是从产业结构和发展水平来看，产业结构单一的特征非常明显。中国就业结构集中于农、林、渔业，工业和建筑业、交通行业就业比重比较低，大量劳动力主要集中在农业部门，这表明中国仍然是落后的农业大国。工业的技术综合水平不仅总体落后，而且产量很低。

改革开放以后中国经济结构开始逐渐从单一转向多元化。经济结构多元化是相对于单一产业结构而言的。经济结构多元化就是多样化、多种化、多态化，能满足不同变化的多样化需求。经济结构多元化在产业选择上，根据产业结构的现实问题和演进趋势，从单一产业结构转向多元化的产业结构是主要特征。20 世纪 80 年代重点发展最薄弱的农业和轻工业，在改善人民生活的同时，进一步调整改革开放以前形成的"重工业太重、轻工业太轻、农业太落后、服务业太少"的扭曲的产业结构。20 世纪 90 年代转向出口加工制造业的快速发展，以促进外向型经济的发展，进一步增加就业和收入。进入 21 世纪开始再次以重工业为主导，以完成经典工业化中期的主要任务。经济结构的多元化发展是改革开放以来中国经济发展方式的突出特点，目前正在由多元化向高级化和现代化方向迈进。

（五）从人与自然的冲突向和谐共生的转型

新中国成立以后，随着工业化的推进，经济建设大规模的开展导致了人与自然的冲突，生态环境问题开始出现，由于这一时期工业化才开始起步，环境问题只是在局部地区出现且程度较轻，政府并未明确提出环境保护的概念，也没有制订相应的环保政策。"大跃进"时期，在工业领域全民大炼钢铁，大办五小工业，建成了简陋的炼铁、炼钢炉。技术落后、污染密集的企业数量增加。在这种情况下，工业"三废"造成的环境污染迅速加剧。这一时期在农业领域推行"以粮为纲"政策，在"向自然界开战"的口号下，全国范围内出现了毁林、弃牧、填湖开荒种粮的做法，生态环境遭到了严重的破坏，人与自然冲突的矛盾进一步加剧。

进入改革开放时代，现代化建设取得了重大成就，在经济高速增长中，人口、资源和环境的压力迅速扩张，人与自然的矛盾不断加深。在这种情况下，中国的环境保护事业开始起步，环境保护理念开始确立，在经济发展中开始从人与自然的冲突转向人与自然的和谐共生。先后出台了一系列环境保护法律法规和政策措施，环境污染治理不断推进。1978 年，新中国第一次在《宪法》中对环境保护做出"国家保护环境和自然资源，防治污染和其他公害"的规定，为中国环境保护事业奠定了法制基础。1983 年，中国召开第二次全国环境保护会议，正式把环境保护确定为国策。第八届全国人大第四次会议把实施可持续发展作为现代化建设的重大战略。"十五"期间以科学发展观为指导，颁布了一系列环境保护法律、地方性环境法规和地方政府规章等。"十一五"时期，提出了建设资源节约型、环境友好型社会。"十二五"时期把建设资源节约型、环境友好型社会作为加快转变经济发展方式的重点。"十三五"至今，以习近平同志为核心的党中央提出"创新、协调、绿色、开放、共享"的新发展理念和建设"美丽中国"的宏伟目标。党的十九大将"坚持人与自然和谐共生"作为新时代坚持和发展中国特色社会主义的基本方略，做出了建设美丽中国的战略部署，明确了推进绿色发展，加大生态保护和监管等重点任务。

（六）从"国富优先"向"民富优先"的转型

改革开放之前以及改革开放前期，针对国家贫穷落后的现状，中国经济发展采取了"国富优先"的发展目标。"国富优先"的发展以 GDP 增长为目标，以做大经济总量为思路实现经济发展。"国富优先"的发展目标在改革开放之前促进了工业化基础和国民经济基础的建立，使中国从落后的农业国转变为了先进的工业国。在改革开放之后，经济总量大幅度提升，国家财政能力不断增强。到 2011 年 GDP 首次超过日本，成为世界第二大经济体，2018 年 GDP 超过 90 万亿，从一个经济小国转变为了经济大国。"国富优先"在满足全社会生存性需求和反贫困方面取得了积极效果，同时也使得生产能力快速扩张，成为全球生产大国和贸易大国。但是"国富优先"抑制了社会总需求的增长，压抑了劳动报酬的提高，会使民生得不到改善，人民生活水平长期不能得到提高。

进入新时代以后，在国家富裕的基础上，开始向民富转变，从"国富优先"向"民富优先"转型。"民富优先"的发展目标以提高城乡居民的收入为发展目的，有利于提高消费总量和化解社会矛盾。在中国经济从数量型向质量型增长转变中，为了建立新的利益机制，经济增长的目标要从"国富优先"到"民富优先"转型，由经济总量导向向国民收入导向转变。新中国 70 年来，过去多年的经济增长是以"国富优先"为导向，"国富优先"的优点在于集中力量办大事、扩展经济总量。但是"国富优先"使财富集中于国家，强化政府主导的投资扩张，扭曲市场，形成了经济发展方式转变的路径依赖，延缓了经济结构调整，加剧了产能过剩的矛盾。中国经济要从数量型向质量型增长转变，与此相适应，在经济增长目标上开始实现从"国富优先"到"民富优先"的转型：（1）"民富优先"的经济增长的最终目标定位于人的全面发展，"民富优先"的经济增长不是简单地追求物质的增长，而是要实现人的全面发展，大力发展民生事业、社会保障事业，实现公共服务的均等化，提高就业质量和人民收入水平，实施健康中国战略。（2）由"让一部分人先富起来"转向共同富裕。"民富优先"不是简单地追求一部分人的富裕，而是要把提高大多数人的幸福作为"民富优先"的目标。缩小收入分配差距，使增长成果惠及所有社会成员。改革开放以来党和国家推行大规模扶贫开发工作就体现了"民富优先"，使 7 亿农村贫困人口脱贫，为人类反贫困做出了巨大贡献。（3）坚持以人民为中心的经济发展。改革和发展都应当考虑能不能给人民带来利益，以富民为目标，谋求人民富裕不仅要加快经济增长，还要解决经济增长成果如何分配。富裕人民需要扩大中等收入者的比重，缩小收入差距，突出居民生活质量的提高。扩大中等收入群体，调节过高收入。坚持实现经济增长与居民收入同步增长，劳动生产率与劳动报酬同步提高。进入新时代经济增长由数量型转向质量型，与此相适应经济发展的目标从"国富优先"向"民富优先"转型。

（七）从赶超战略向质量效益战略的转型

新中国 70 年来，在改革开放前和改革开放后相当长的时间内，我们实行的是数量型增长的赶超战略，这一战略是经济上的后进国追赶先进国并最终要超越先进国的一种经济发展战略。这一战略是基于比较优势原理，按照比较优势原理在生产可能性边界不变的前提下，通过规模经济的路径形成了传统的数量型增长模式和追赶型发展战略。追赶型发展战略是指采取扭曲产品和要素价格的办法，以计划机制取代市场机制进行资源配置，提高国家动员资源的能力，使产业结构达到发达国家水平的发展战略。赶超战略在中国的实践开始于新中国初期。出于对当时国际国内政治经济因素的全面考虑，国家领导选择优先发展重工业的赶超战略。这一战略建立高度集中、按计划运行的物资管理体制，通过统收统支的金融管理体制把有限的资金优先安排到重点产业和项目中，实现资金配置与发展战略目标的衔接。赶超战略的成果是以较快的速度建成了比较完整的中国工业经济体系，但是该战略使产业结构严重扭曲，扭曲的产业结构导致经济的封闭性，造成了低下的微观经济效率。

赶超战略下的经济增长模式是一种数量型经济增长，20世纪90年代中期以来，知识经济迅猛兴起，知识与技术在促进增长经济中的作用进一步提升，"中国经济已经走上了规模报酬递增的阶段"[1]，从数量型经济增长向质量型经济增长转化已经成为一种必然趋势。中国和许多发展中国家一样，在经济增长的最初阶段都通过实施赶超战略试图在较短的时期赶上发达国家。但是赶超战略下单纯追求"快"的发展方式是粗放型的。这种增长方式与经济增长初期阶段的环境相适应[2]。随着经济发展的全面推进，经济发展整体水平的提高，粗放型发展方式就失去了优势，这样经济发展战略就需要由赶超战略转向质量效益战略。党的十八大以来，我们提出了经济增长质量和效益，五大发展理念，特别是十九大做出了中国经济已经由高速增长阶段转向高质量发展阶段的判断，高质量发展的实施意味着中国经济发展战略从赶超战略向质量效益战略转型。

（八）从封闭发展向开放发展的转型

新中国70年来，我们成功实现了从封闭半封闭到全方位开放的历史转变。改革开放以前，中国采取的是封闭性发展。在国际环境方面，中国与世界上大多数资本主义国家还未建立外交关系，以美国为首的西方国家对中国实行封锁，军事上发动朝鲜战争。政治上美国要求一些国家不承认新中国的合法性。经济上对中国实行封锁政策，阻止所有国家的商船进入新中国的港口。由于新中国面临的国际国内环境条件和独立意识决定了中国在当时只能主要采取内向型发展方式，内向型发展方式是一种封闭性的发展。

改革开放以来，随着外部环境的变化，内向型发展方式开始向外向型发展方式转变，中国经济开始从封闭发展向开放发展转型，以后发优势和比较优势为基础

---

[1]　徐瑛、杨开忠：《中国经济增长驱动力转型实证研究》，《江苏社会科学》2007年第5期。

[2]　洪银兴：《转型经济学》，高等教育出版社2008年版，第54页。

实行对外开放，大力发展经济特区。从建立经济特区到开放沿海、开放沿江、开放沿边，再到加入世贸组织，从大规模引进来到积极走出去，利用国际和国内两个市场和两种资源的能力显著提高。"中国在改革开放以后实行的不断趋于完善的对外开放政策，把这种全球化大发展转化为促进中国经济持续稳定迅速发展的重要因素。"[1] 开放型经济的发展使中国实现了从封闭、半封闭经济到全方位开放的转折，形成了从东部沿海到沿江、沿边和内陆地区，从对外贸易到国际投资，从制造业到服务业，从货物贸易到服务贸易领域不断拓展的开放格局。"从引进来到走出去，中国逐渐形成了全方位、多层次、宽领域的对外开放新格局，并一跃成为开放型经济大国。中国不断拓展国别区域合作，坚持以规则为基础的多边合作，在世界贸易组织、世界银行、国际货币基金组织、亚太经合组织等机构和平台的影响力不断提升，为全球经贸治理发出中国声音。"[2] 从封闭向开放的转型，中国经济不仅融入了全球化，而且开始主导全球化，提高了企业的国际竞争力，使中国成为世界经济重要的引擎。目前，正在通过"一带一路"倡议形成对外开放新格局，发展高水平、高质量和高层次的外向型经济。

三、新中国 70 年多重转型发展逻辑下发展经济学领域的创新

新中国 70 年来，中国经济发展在多重转型发展的逻辑下，实现了八个方面的转型。这种多重转型发展的逻辑不仅在实践上促进了中国经济的快速发展，而且在一定意义上借鉴和印证了发展经济学的某些原理，更为重要的是从中国实际出发，推动了理论创新和制度创新，通过理论创新促进了中国发展经济学的形成，形成发展经济学领域的一些创新。这些创新主要体现在：

（一）中国经济发展从落后的农业大国向现代工业化国家转型以及通过二元工业化的特殊路径，实现了经济发展路径理论的创新

新中国 70 年来，中国从落后的农业大国向现代工业化国家的转型和其他国家一样都是通过工业化道路来实现的，但是中国二元经济结构的特殊性，工业化独特性在于通过二元工业化路径来促进中国从落后的农业大国转向现代工业化国家。由

---

[1]　汪海波：《中国发展经济的基本经验》，《首都经贸大学学报》2019 年第 1 期。

[2]　顾学明：《构建全面开放新格局的成就与经验》，《光明日报》2018 年 12 月 18 日。

于中国特殊的"二元经济结构"和"双重演进"的特征，形成了农村工业化和城市工业化同时并存的城乡二元工业化路径。这种二元工业化路径的特征是：工业化空间分布的二元性、工业化实现路径的二元性、工业化资源配置手段的二元性、工业化产业层次的二元性。二元工业化的发展路径使得中国经济由落后的农业大国转向了现代工业化国家。

（二）从计划经济体制向市场经济体制的转型以及实现了市场动力与政府动力的结合，促进了经济发展动力理论的创新

新中国 70 年来，在改革开放之前我们建立了计划经济体制，以国民经济计划化为动力建立了完善的国民经济基础和工业化基础。改革开放又实现了从计划经济体制向市场经济体制的转型，以市场机制为动力，正确处理了政府与市场的关系，形成了经济发展合理的动力体系，促进了经济高速增长，实现了经济发展动力理论的创新。改革开放之前，中国经济发展的动力在于计划，通过计划集中力量办大事，建立了中国工业化基础。改革开放以来，针对计划经济的弊端，经过改革开放 40 年的探索，成功实现了从计划经济向市场经济的转型，发挥了市场在资源配置中的作用，通过市场动力实现了改革开放以来中国经济发展的奇迹。从计划经济转向社会主义市场经济，把市场化的改革取向作为目标，正确处理了计划与市场的关系，建立了有为政府＋有效市场结合的独特社会主义市场经济模式，实现了市场动力与政府动力的结合，推进了"中国发展奇迹"的实现。在理论上实现了经济发展动力理论的创新，创立了一种不同于西方理论范式的政府与市场关系，在经济增长中既发挥了市场在资源配置方面的决定性作用，又有效发挥了政府的作用，描绘出一个发展中大国如何走向现代化国家的动力理论逻辑。

（三）从粗放型经济发展向集约型经济发展的转型以及从转变经济增长方式到转变发展方式，再到创新发展，实现了经济发展方式理论的创新

美国发展经济学家钱纳里提出了"发展型式"的概念，他认为发展型式的选择对发展中国家的经济发展至关重要。新中国 70 年来，我们在经济发展方式上实现了从粗放型经济发展向集约型经济发展的转型，尽管这一转型任务还没有完成，但是成功探索出了通向集约化发展的方向，形成了经济发展动力理论的创新。十四届五中全会提出经济增长方式从粗放型向集约型转变。十七大提出转变经济发展方式

的具体内容，是促进经济增长主要依靠投资、出口拉动向依靠消费、投资、出口协调拉动转变。促进经济增长由依靠第二产业带动向依靠第一、第二、第三产业协同带动转变。促进经济增长由依靠增加物质资源消耗向主要依靠科学进步、劳动者素质提高、管理创新转变。十八届五中全会提出了创新发展，十九大提出创新是引领发展的第一动力。从转变经济增长方式到转变发展方式，再到创新发展，实现了发展方式理论的创新。

（四）产业结构呈现出了从单一向多元化发展，再向高级化和现代化发展的变化以及协调发展理念的实施，促进了经济发展结构理论的创新

结构主义经济发展理论认为，经济发展的主题是结构性转变。新中国成立 70 年以来，中国产业结构呈现出了从单一向多元化发展，再向高级化和现代化发展的变化，这一变化进一步推动了发展经济学结构理论的创新。改革开放之前，利用计划经济体制集中力量进行重点建设，虽然形成了单一的产业结构，但是却建立了完善的工业体系和国民经济基础。改革开放之所以能够创造经济奇迹，关键在于改革推动了经济结构转换，释放经济增长新动能，促进经济持续快速健康发展。在由低收入阶段迈向中等收入阶段的进程中，为了在较短的时间内实现经济充分释放生产力，中国推进工业化和城市化，实行沿海开放，针对不同地区的发展情况实施不同的政策，这些实际上属于不平衡发展战略。新时代下经济发展向高水平迈进的过程中，面对着新环境和新难题，发展理念需适时向协调转换。协调意味着更加注重经济发展的整体性和平衡性，强调转变当前经济各个方面存在的失衡现象，促进经济结构的优化提升，同时还要补齐现阶段经济发展中的短板，为经济的高水平发展拓展空间并开发潜力。

（五）从人与自然的冲突到人与自然和谐共生的转型以及绿色发展理念的实施，形成了兼具生态财富在内的多维度财富观的创新

新中国 70 年来，我们在人与自然的关系上，经历了人与自然的冲突到人与自然和谐共生的转型，在人与自然和谐共生的过程中，我们提出了可持续发展、人与自然的和谐、生态文明以及绿色发展等理论。这些实践的发展和理论的演进体现了发展经济学财富理论的创新。对财富的追求是人类亘古不变的话题。人类的历史从某种意义上也可以归结为不断创造、分配与使用财富的历史。在人类历史上，财富

观经历了"实物形态"的国家财富观、"货币形态"的国家财富观、"价值形态"的国家财富观、"知识形态"的国家财富观[①]。新中国 70 年来，从人与自然的冲突到人与自然和谐共生的转型，特别是新发展理念中，绿色发展理念的实施体现了财富观的创新，形成兼具物质财富、知识财富、文化财富、生态财富的多维度新国家财富观，从资本产出、自然资本和无形资本三个方面来衡量一国综合财富。

（六）从"国富优先"向"民富优先"的转型以及以人民为中心的发展思想的贯彻落实，体现了发展目标理论的创新

新中国 70 年来，从"国富优先"向"民富优先"的转型，体现了经济发展目标的转型，体现了以人民为中心的经济发展目标。新中国成立之后，中国经济的发展为了实现国家的繁荣富强，确定了"国富优先"的发展目标。中国已经成为世界第二大经济体，"国富优先"的任务已经基本完成，需要从"国富优先"向"民富优先"的转型，"民富优先"考虑的是经济发展能否给人民带来利益，能否使人民生活水平得到改善，能否使人民分享经济发展的成果。"民富优先"不仅涉及加快经济发展方式转变，而且涉及经济发展成果的分配，"民富优先"要使人民群众得到最大收益、最大的社会福利问题[②]。要让人民富裕，要扩大中等收入者的比重，普遍提高人们的收入，让人民生活质量得到提高，而且还要缩小收入差距。"民富优先"体现了以人民为中心的发展思想，"民富优先"表明经济发展不是为发展而发展，而是为富民的发展。根据新发展理念，人民的富裕程度要与经济发展同步。"民富优先"不是一部分人富，而是大部分人富。"民富优先"不仅要看平均收入，还要看达到平均收入的人数。"民富优先"包括劳动致富、创业致富、经营致富和财产致富等路径。

（七）从追赶战略向质量效益战略的转型以及对高质量发展追求，体现了经济发展战略理论的创新

新中国 70 年来，实现了从追赶战略向质量效益战略的转型，体现了发展战略理论的创新。中国和世界上的发展中国家一样，在经济发展初期，为了解决贫穷落后的面貌，在经济发展过程中，以追求速度为核心，实施追赶战略。经过 70 年的

---

① 任保平、段雨晨：《新常态下提高经济增长质量的新国家财富观构建》，《经济问题》2016 年第 2 期。

② 洪银兴：《以人为本的发展观及其理论和实践意义》，《经济理论与经济管理》2007 年第 5 期。

经济发展，中国经济已经由发展问题转变为了发展起来以后的质量效益问题，追赶战略的任务已经完成，需要进行发展战略的转型，从追赶战略向质量效益战略的转型。要以高质量发展为目标，以知识、信息和人力资本先进生产要素为核心，以创新为第一驱动力，构建现代化经济体系。要实现以现代化发展为核心的新时代经济现代化、政治现代化、社会现代化和人的现代化。围绕高质量发展目标，由制度创新转向以现代化强国为内容的综合创新。由单一市场化路径转向市场化、工业化、城市化、生态化和信息化的协调同步发展。

（八）从封闭向开放的转型以及高层次开放型经济的发展，促进了经济开放发展理论的创新

新中国 70 年来，中国经济从封闭向开放的转型，开放型经济的发展体现了发展经济学开放发展理论的创新。新中国 70 年的历史表明，闭关自守，故步自封带来的必然是落后。随着经济全球化的不断发展，劳动的世界分工不断细化，生产的专业化水平不断提高，通过开放可以积极参与全球分工，通过比较优势的发挥来实现发展。邓小平在改革开放之初指出：加强国际交往，积极学习发达国家的管理经验和先进技术，是促进中国经济发展的关键举措，闭门造车是万不可取的。习近平总书记在党的十九大报告中强调要主动参与和积极推进经济全球化进程，要抓住机遇、直面挑战、审时度势、迎难而上，努力推进中国与世界的共同发展，推动构建人类命运共同体。开放发展的理论开拓了经济全球化理论的新境界，使中国由经济全球化的从属地位转变为主导地位，中国已经成为世界货物贸易第一大国，在全球价值链中占有至关重要的地位。新时代背景下中国致力于从贸易大国向经济强国转变，从"中国制造"向"中国智造"转变，努力向全球产业价值链的中高端迈进，坚持开放发展新理念，进一步提升开放经济水平，以"强起来"为目标构建新时代对外开放新格局，全面提高对外开放水平。

原刊《学术月刊》2019 年第 8 期

新中国 70 年经济制度变迁：
理论逻辑与实践探索

李　萍　杜乾香[*]

一、引言

　　回溯新中国经济制度的形成、演变和发展历史，有必要从理论上来探索 20 世纪中叶中国经济制度发生的历史大变革大转折中，新中国为什么选择建立了社会主义社会经济制度和计划经济体制？ 70 年代末又何以转向市场取向的经济体制改革？ 90 年代初期怎样进一步确立了社会主义公有制为主体、多种经济形式并存的基本经济制度和社会主义市场经济体制？ 新的 21 世纪前后又如何推进完善社会主义社会基本经济制度和全面深化经济体制改革与创新等经济制度变迁？ 面对这一系列历史与现实的大问题，必须深入研究。

　　新中国以降，历经 70 年、跨越前后两个世纪经济制度的变迁、经济体制的转换，中国共产党领导下的社会主义实践所处的特殊历史背景及其阶段性发展战略、政策选择约束下的复杂性、变异性和多维性，制约着社会主义社会经济制度及其经济体制的特殊表征及其变迁的互动和张力，有必要深入解读这一具有丰富而深邃内涵的大问题。本文基于马克思主义政治经济学的学理依循，尝试沿着经济制度——社会核心经济制度、基本经济制度与具体经济制度的致思路径，并嵌入生产力—生产关系（经济基础）—上层建筑整体系统来诠释经济制度的适应性调整和互动性促进。全文隐含且贯穿始终的是一条"双向度变迁"的理论分析主线和分析框架[①]，

---

　　* 作者李萍为西南财经大学经济学院教授；杜乾香为西南财经大学经济学院博士研究生。

　　① 也可以把这理解为一种"双向度变迁观"。

即一定社会的核心经济制度、基本经济制度、具体经济制度三重规定性及其内在关系，以及微观经济制度、中观经济制度、宏观经济制度三个层面的内在关联及其相互关系构成经济制度变迁的内在向度；与此同时，一定社会的生产力与生产关系、经济基础与上层建筑的内在关系及其矛盾运动构成一定社会经济制度变迁的外在向度。双向度之间的关系及其互相作用下形成了一定社会经济制度变迁与发展的历史过程。更进一步，从新中国 70 年来循环深入的历史史实及其历史进程的多维透视中，探索中国社会主义社会经济制度的形成、社会主义社会核心经济制度的创立、基本经济制度伴随具体经济制度即经济体制的转型，尤其是社会主义市场经济体制确立后中国特色社会主义基本经济制度及其具体经济制度的创新与完善的历史过程，把握中国社会主义经济制度变迁的内生性与阶段转换的自洽性，深刻洞悉新中国经济制度变迁更为深层的结构性变化和纵跃历史的变迁线索及其规律性大势的方向。

二、经济制度：内部分层及其关系

（一）经济制度的涵义及其内部分层

按照马克思主义政治经济学的基本原理，经济制度是一定社会现实生产关系的总和或经济关系的制度化。进一步看，生产关系可分为社会生产关系和生产关系的具体形式两个层次。因此，经济制度也同样可以分为社会经济制度和具体经济制度两个层面。

社会经济制度实质是一定社会生产关系的本质规定和制度化，其核心内容是生产资料所有制性质[1]以及由此决定的生产、流通、分配、消费性质及其相互关系，反映着特定的社会经济条件下相关经济活动者之间的利益关系及其格局[2]。具体来看，在实践中，社会经济制度不是一成不变、固化的定式，也有一个从量变到质变

---

① 马克思 "特别强调所有制问题，把它作为运动的基本问题"（《马克思恩格斯选集》第 1 卷，人民出版社 1972 年版，第 285 页），强调所有制是决定一个社会其他制度的基础。

② 马克思在《资本论》中指出："任何时候，我们总是要在生产条件的所有者同直接生产者的直接关系——这种关系的任何形式总是自然地同劳动方式和劳动社会生产力的一定的发展阶段相适应——当中，为整个社会结构，从而也为主权和依附关系的政治形式，总之，为任何当时的独特的国家形式，找出最深的秘密，找出隐蔽的基础"（《资本论》第 3 卷，人民出版社 1975 年版，第 891—892 页）。

的变化发展过程。基于此，社会经济制度又可以分为社会核心经济制度和社会基本经济制度，前者主要反映特定社会经济制度的内在属性，是指任何一个国家或地区与前社会相区别的根本特征或根本标志，是作为与前社会性质根本不同的生产资料所有制和由此决定的生产、流通、分配、消费性质及其相互之间的关系等核心内容的制度性本质规定，其具有一定社会的一般性和稳定性；后者则是指一个国家或地区反映该社会主要的、或居基础地位的经济制度的基本属性，是指一个国家或地区在该社会变化发展的不同阶段居主体地位的生产资料所有制及其结构和由此决定的生产、流通、分配、消费性质及其相互之间关系等基本内容的制度性原则规定，其具有一定社会的特殊性和渐变性。

在现实的社会经济发展中，一定的社会经济制度的确立、成熟及其完全实现是不同的过程：前者可以是一个时点的短暂历史事件；后者却可能因不同国家社会经济制度确立所依赖的起点的不同、历史背景的不同、经济社会发展水平的不同，从而决定其所走具体道路的不同等，体现为各国或地区虽在时间上仍有差别、但相较确立而言却都是一个相对长期的历史发展过程。一定社会经济制度的确立，是以所有制根本变革为基础的新社会经济制度与前社会经济制度区别开来为最本质的特征，作为"初生性社会经济制度"具有了社会核心经济制度内核的基本元素；而一定的社会经济制度确立之后其成熟和完全实现的长期过程，作为"次生性社会经济制度"使其本质特征又具有了一定的阶段性历史特征，正是这一阶段性的历史特征可能赋予不同国家或地区的社会基本经济制度各具特色。

具体经济制度则是特定社会生产关系的具体实现形式，其内涵是各种生产要素的具体结合方式以及经济主体的行为规则，表现为经济制度运行层面的各种经济组织形式和管理体系，反映着社会经济采取的资源配置方式和调节机制等，即通常所说的经济体制，其具有一定社会的应变性和灵活性。瑞典斯德哥尔摩大学国际经济研究所所长阿沙·林德白克（Assar Lindbeck）教授给经济制度下的定义，主要着眼于经济运行层面，因而类似于这里所说的具体经济制度的涵义，他把这理解为"是用来就某一地区的生产、收入和消费作出决定并完成这些决定的一整套的机制和组织机构"，涉及决策结构（集权还是分权）、资源配置机制（市场还是政府计划）、商品分配（均衡价格机制还是配给制）、激励机制（经济刺激还是行政命令）等八个方面的内容①。具体经济制度又可以进一步细分为基于微观层面的经济组织制度，即企业制度；基于中观层面的区域经济制度，主要包括城市与乡村关系的经济制度和产业制度等；以及基于宏观层面的国民经济运行及其调控制度。

在社会经济活动实践中，生产力是最活跃、最革命的因素，社会生产力的发展直接引起具体经济制度即经济体制的应变调整或改革，这是一种对经济运行层面的具体规则、利益关系及其相关格局的调整或改革，换言之，是一种一定社会特定生产关系本质不变前提下因应发展变化了的社会生产力新的要求的调整或改革。这种制度变迁既可能是突破现行体制对生产力进一步发展的束缚，基于社会某一群体利益及至形成社会整体理性的驱动，而对社会具体经济制度所进行的重建新规则、协调利益关系的自觉调整和改革，以促进经济增长和发展②；也可能是基于一定社会利益集团的个别利益、个别理性的驱动（即对它们而言制度变迁的收益高于制度变迁的成本，新体制的净收益预期要高于现行体制），而对社会具体经济制度做出有利于自身利益的规则的选择性改变，在一定意义上影响甚至损害了社会整体利益，因而一定程度上阻滞了经济增长和发展。

（二）经济制度体系、内部不同层次之间关系及其特点

在社会核心经济制度、基本经济制度和具体经济制度构成的经济制度体系中，随着具体经济制度，即经济体制机制因社会生产力的变化而作出灵活应变和调适性改革与创新，其对社会基本经济制度也会产生一定的或快或慢的影响，长期来看，社会基本经济制度也有一个渐进性相应的改革深化和创新发展，从而使其自身趋于完善，并愈益反映和实现社会核心经济制度本质规定的过程。由此可见，在一定社会经济制度体系中，具体经济制度即经济体制机制，是连接生产力和基本经济制度乃至核心经济制度的中介环节，具有承前启后的作用机理，体现出社会生产力发展—具体经济制度即经济体制的调适性变革—社会基本经济制度相应的渐进式改革与完善，愈益走向实现社会核心经济制度的本质规定的演变逻辑。而在该社会整个历史时期内，特定社会经济的本质关系则不会改变。

---

① [瑞典] 林德白克：《经济制度与新左派经济学》，中国经济出版社 1992 年版，第 620—621 页。

② 肇始于 1978 年末的中国经济体制改革开放，正是基于农民群体的生存利益及至形成全社会"发展是硬道理"的整体理性驱动，遂开启了迄今 40 年来的经济高速增长和发展的"中国奇迹"。

如此看来，经济制度在社会核心经济制度、基本经济制度与具体经济制度（即经济体制机制）之间有着内核层、基本层与表面层的不同层次的关系，各个不同层面各具特点。一般而言，具体经济制度因其总是要适应社会生产力发展及其他经济、政治、社会、文化等上层建筑诸因素变化的要求，即时性、经常性地进行调整和改革，因而具有极大的灵活性和即时应变性；社会基本经济制度则因其要适应具体经济制度的改革和创新做出必要和适当的调整，进一步改革和创新并嵌入进新的经济体制之内，因而具有相对的稳定性和渐进适应性；社会核心经济制度表现为在该社会整个历史时期内特定社会经济的本质关系不变的前提下，从长远目标的趋近来看，也有一个随着社会基本经济制度的适当调整、进一步改革创新和完善而趋于完美实现的过程，因而具有持久的稳定性和长期连续性的鲜明特征。

下面，以中国社会主义社会经济制度体系为例，图 1 给出了一个新中国经济制度体系理论逻辑图示（内含"双向度变迁观"）。

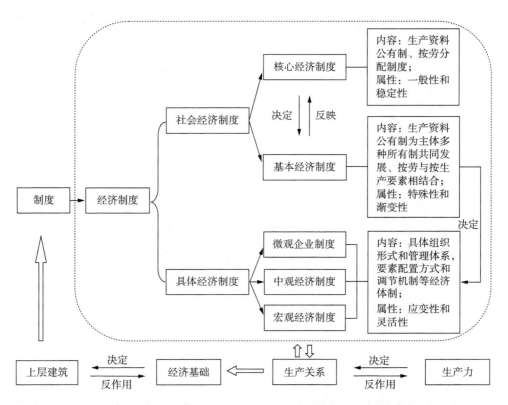

图 1　新中国经济制度体系理论逻辑图示（内含"双向度变迁观"）

三、中国特色社会主义经济制度变迁：三重规定性及其特征

马克思主义经济学揭示了所有制是生产关系的基础这一至为重要的基本原理。进一步说，一定的所有制、所有制形式及所有制结构是该社会生产关系或经济关系总和的制度化的基础。经济制度包含了经济关系、经济关系的制度表达、制度运行相应的制度规则、制度规范的总和。一个多世纪来，社会主义社会经济制度从产生、形成和发展演变，经历了从理论到实践、从一国实践到多国发展的复杂而艰难曲折的过程。中国特色社会主义经济制度的历史选择和探索创新，是从中国社会主义初级阶段的基本国情出发，探索符合人类社会发展规律、符合科学社会主义基本原理与社会主义建设和社会主义经济制度变迁规律的中国实践相结合的内在要求及其历史必然。

（一）马克思、恩格斯关于未来社会的两种设想与苏联早期实践的启示

20 世纪初至中叶，无产阶级革命不是在发达国家，而是首先在经济文化相对比较落后的俄国、东欧及中国等国取得胜利，随之而来的是社会主义经济制度如何建构？社会主义经济如何建设和发展？社会主义道路如何行进和拓展？面对实践提出的这一系列史无前例的崭新课题，列宁创造性地提出："一切民族都将走向社会主义，这是不可避免的，但是一切民族的走法却不完全一样。"①

事实上，早在 19 世纪中下叶，马恩在《资本论》《哥达纲领批判》《社会主义从空想到科学的发展》以及《给〈祖国纪事〉杂志编辑部的信》《共产党宣言》俄文版等著作中②，基于对资本主义社会经济制度的本质、内在结构的轴心及其历史发展趋势的深刻洞悉和揭示，先后曾提出过对未来社会两种模式的设想：一种是从逻辑上推论和设想了在资本主义高度发展的基础上建立社会主义的"经典社会主义"模式，即"前资本主义—资本主义—社会主义（或共产主义）"。这种"经典社会主义"模式的特征是：消灭了私有制，实行自由人联合体共同占有使用生产资料和按需分配，因而，商品、货币或市场自然也没有存在和利用的必要。但到了 19 世纪 70 年代后期，当马克思、恩格斯开始接触到与西方发达资本主义国家迥然不同的俄

---

① 《列宁选集》第 2 卷，人民出版社 1995 年版，第 777 页。

② 《马克思恩格斯选集》第 2 卷，人民出版社 2012 年版，第 299—300 页；《马克思恩格斯选集》第 3 卷，人民出版社 2012 年版，第 363—365 页；《马克思恩格斯选集》第 3 卷，人民出版社 2012 年版，第 815—817 页；《马克思恩格斯选集》第 3 卷，人民出版社 2012 年版，第 727—728 页；《马克思恩格斯选集》第 1 卷，人民出版社 2012 年版，第 413—416 页。

国等东方落后国家如何走向社会主义的前瞻性课题时，他们敏锐地意识到了两者在初始条件上的巨大差异，并就这些初始条件的差异性对社会主义实现道路的影响给予了充分估计和新的开创性研究。基于东方农业社会落后的生产方式和生产力水平这一起始条件，他们果断地突破了前述"经典社会主义"的设想模式，创造性地提出了另一种针对东方落后国家的"社会主义的特殊形态"的设想模式①，即"前资本主义—跨越资本主义制度的'卡夫丁峡谷'②——社会主义"。后一种"社会主义的特殊形态"设想模式的科学性在于，马克思、恩格斯从现实出发认为，对于俄国这样经济社会发展较为落后的东方国家，先进的资本主义生产方式和落后的农村公社并存，在各种内外条件的综合作用下，可以探索通向社会主义的另一条道路，即通过革命的手段，缩短前述"经典社会主义模式"下由资本主义过渡到社会主义所需要的漫长而痛苦的发展过程，跨越资本主义的发展阶段。值得注意的是，马克思、恩格斯特别强调，这里跨越的是资本主义"制度"的"卡夫丁峡谷"，而不是资本主义时代高度社会化的生产力③。

因此，当俄国在革命胜利解放了社会生产力的前提下，还面临着重构社会主义制度④以进一步发展生产力、推进社会主义经济建设和发展的新任务。当列宁在短时间内曾试图按马克思、恩格斯第一种设想直接过渡到共产主义、取消商品货币实行战时共产主义政策受挫后⑤，他迅速调整和改变了对社会主义的认识⑥，首创了着

---

① 马克思认为"在俄国，由于各种情况的独特结合，至今还在全国范围内存在着的农村公社能够逐渐摆脱其原始特征，并直接作为集体生产的因素在全国范围内发展起来"，"可以不通过资本主义制度的卡夫丁峡谷，而把资本主义制度所创造的一切积极的成果用到公社中来"（《马克思恩格斯选集》第 3 卷，人民出版社 2012 年版，第 762—765 页），从而走向社会主义。恩格斯也赞同马克思的观点，认为"这不仅适用于俄国，而且适用于处在资本主义以前的发展阶段的一切国家"（《马克思恩格斯全集》第 22 卷，人民出版社 1965 年版，第 502—503 页）。

② 《马克思恩格斯选集》第 3 卷，人民出版社 2012 年版，第 762 页。"卡夫丁峡谷"典故出自古罗马史。公元前 321 年，萨姆尼特人在古罗马卡夫丁城附近的卡夫丁峡谷击败了罗马军队。后来，人们就以"卡夫丁峡谷"来比喻灾难性的历史经历。

③ 李萍：《邓小平理论视阈中的主题与创新观》，《社会科学研究》2005 年第 3 期。

④ 这就是马克思在《法兰西内战》中所指出的："工人阶级不能简单地掌握现成的国家机器，并运用它来达到自己的目的。"《马克思恩格斯选集》第 3 卷，人民出版社 2012 年版，第 151 页。

⑤ 列宁说："我们……用无产阶级国家直接下命令的办法在一个小农国家里按共产主义原则来调整国家的产品生产和分配。现实生活说明我们错了"。《列宁论新经济政策》，人民出版社 2015 年版，第 105 页。

⑥ 列宁指出："我们不得不承认我们对社会主义的整个看法根本改变了。"《列宁论新经济政策》，人民出版社 2015 年版，第 266 页。

眼于当时生产力发展要求的"新经济政策"：在一定限度内利用商品货币关系，在将国家所有作为生产资料公有或共同所有的组织形式的基础上，容纳多种经济成分存在，允许私有经济和自由贸易在一定范围内存在，允许资本主义国家的企业租赁苏联的国有企业，并改造农村公社及其土地制度；同时，吸收和利用资本主义生产的一切成就、文明成果，特别是市场和现代交换机制，以更好地适应和大力发展社会主义社会生产力，成为了另一种"社会主义的特殊形态"设想模式最早的实践探索。遗憾的是，列宁这一从实际出发的创举，因其早逝而中断，且因斯大林时代理论和实践的转向，逐渐形成"单一公有制—指令性计划与商品外壳式交换—按劳分配"的传统社会主义经济制度的"苏联模式"。

（二）中国社会主义经济制度形成、构建与发展的历史回顾

新中国成立之初的三年国民经济恢复时期，面对"国家与革命"和"国家与发展"的双重历史任务，以毛泽东为核心的党的第一代中央领导集体基于中国半殖民地半封建社会的特殊历史背景，独创性地提出并实践了经由多种经济成分并存的"新民主主义经济形态"，逐渐过渡到社会主义的新路径。这无疑和列宁早期领导的实践一样，是马克思主义在特定历史条件下具体化的一种成功实践。

之后，为维护和巩固新生的社会主义关系，由于追求快速建成社会主义在制度安排上的内在强烈需求和国际资本主义阵营封锁扼杀的外部环境制约，促成了新中国建国初期具有重大社会变革和深远历史意义的过渡时期"一化三改造"总路线的实施。试图从生产力方面通过国家工业化发展，实现落后的农业国向先进的工业国的历史性转变，使社会主义工业成为整个国民经济中具有决定意义的领导力量；同时从生产关系方面，通过对个体农民、手工业者和商贩的个体私有制进行合作化改造为社会主义的集体所有制，对资本主义工商业的资本主义私有制进行公私合营改造为社会主义的全民所有制，1956 年底所有制的社会主义改造的基本完成，标志着中国具有了社会主义社会核心经济制度内核的基本元素，即公有制基础上的社会主义生产关系和经济制度的正式确立。从历史的角度客观来看，尽管"一化三改造"也存在着改造过急、过粗、范围过宽等不足和局限，但在新中国的历史上却由此翻开了社会主义建设和社会主义制度建构崭新的一页，初步建立起了独立的、比较完整的工业体系和国民经济体系，为社会主义工业化和国民经济的发展奠定了必要的

物质技术基础，公有制占据主体地位的社会主义经济关系最初的制度表达也得以完成。

随后的 50 年代末至 70 年代末的二十多年间，在将社会主义从理想进一步转为现实的进程中，理论上，我们愈益主观和教条地理解马克思主义设想的"经典社会主义"模式；实践中，愈益忽视和脱离中国现实社会经济条件的制约，为实现"国家工业化"的赶超发展战略[①]，逐渐形成了以单一公有制和按劳分配为基础、排斥市场调节的指令性计划经济体制的社会主义经济制度[②]。这一时期，中国社会主义经济制度嬗变，呈现出试图趋近前文所说的社会主义社会核心经济制度[③]和微观、中观、宏观均贯穿着相应的制度安排、制度规则及其制度规范，即单一公有制和按劳分配的传统教条式社会主义基本经济制度、指令性计划经济体制、城乡有别的二元经济体制等具体经济制度三重规定性特征，并产生了双重的历史影响：一方面是脱离中国现实国情、忽视发展社会生产力；另一方面在客观上又为之后的改革开放提供了经验鉴戒和动力支持，并且为始终坚持和深化改革开放也积累了可供反思与创新的"思想成果、物质成果、制度成果"[④]。

（三）中国特色社会主义经济制度探索：改革、重构与创新

以党的十一届三中全会的召开并作出实行改革开放的历史性决策为起点，在 40 年来的改革开放历程中，中国特色社会主义经济制度的探索伴随着新的以经济建设为中心的社会主义现代化建设进程留下了辉煌的历史轨迹，显现出中国特色社会主义经济制度创新与发展的历史特征和独特规律。

改革开放新时期，根据新的实际和历史经验，以邓小平为核心的党的第二代中央领导集体坚持实事求是的思想路线，对社会主义进行重新理解、重新认

---

① 1921 年 5 月，列宁在俄共（布）第十次代表会议上强调指出："没有高度发达的大工业，那就根本谈不上社会主义，而对于一个农民国家来说就更是如此。"《列宁全集》第 41 卷，人民出版社 1986 年版，第 331—332 页。

② 忽略了社会主义社会不同发展阶段对所有制形式、所有制结构及其分配形式和分配结构不同的客观要求。

③ 前文在一般意义上定义了社会核心经济制度。而社会主义社会"核心经济制度"，则是以社会主义公有制及其由此决定的社会主义生产、流通、分配、消费性质以及相互之间的关系等核心内容的制度性本质规定，作为区别社会主义和资本主义或前社会的根本特征或根本标志。

④ 习近平：《在纪念毛泽东同志诞辰 120 周年座谈会上的讲话》，《人民日报》2013 年 12 月 27 日。

识。[①] 邓小平抓住"什么是社会主义、怎样建设社会主义"这一基础性的理论与实践问题，针对社会主义实践过程中主观教条、盲目照抄苏联模式形成传统计划经济体制的经验教训，提出了"建设有中国特色的社会主义"的历史命题，本质上是要搞清楚什么是遵循马克思主义、遵循人类社会发展一般规律、遵循社会主义建设规律，特别是立足中国特殊国情、符合中国社会发展规律、从而促进生产力发展、实现共同富裕的社会主义，搞清楚搞社会主义要从中国的实际出发，走自己的路，把马克思主义的普遍真理与中国的具体实际结合起来，寻找实现社会主义共性与个性、一般与个别、普遍性与特殊性相统一的现实路径。

由于中国经济制度的重大变迁始终是在中国共产党的领导下进行的，因此，笔者以历届党代会和中央全会为线索来梳理改革开放以来中国经济制度的变迁[②]。具体来看，经济政策的调整和突破，在制度供给上为社会主义经济制度的创新提供了重要的推动力。早在改革开放初期的 1981 年，党的十一届六中全会通过的《关于建国以来党的若干历史问题的决议》中就创新性地提出了"我们的社会主义制度还是处于初级的阶段"，指出"社会主义生产关系的变革和完善必须适应于生产力的状况，有利于生产的发展。国营经济和集体经济是我国基本的经济形式，一定范围的劳动者个体经济是公有制经济的必要补充。必须实行适合于各种经济成分的具体管理制度和分配制度"。此后，1984 年党的十二届三中全会决定、1987 年党的十三大报告都先后强调了坚持以公有制为主体、发展多种经济形式，发挥非公有制经济对社会主义经济必要的和有益的补充作用。在中国特色社会主义制度的探索过程中，1992 年党的十四大具有重大里程碑的意义，明确提出了建立"社会主义市场经济体制"是改革的目标，形成以公有制为主体，个体、私营、外资经济为补充，多种经济成分共同发展的混合型所有制结构，以及通过平等竞争发挥国有企业主导作用等一系列新的改革思路。在此基础上，1997 年党的十五大对所有制结构与社会主义市场经济关系在认识上有了明确界说和重大创新，第一次提出了"公有制为主体、多

---

① 邓小平 1982 年在党的十二大开幕词中提出："把马克思主义的普遍真理同我国的具体实际结合起来，走自己的路，建设有中国特色的社会主义，这就是我们总结长期历史经验得出的基本结论。"参见邓小平：《邓小平文选》第 3 卷，人民出版社 1993 年版，第 3 页。

② 这也体现了上层建筑对经济基础的反作用这个外在向度的分析框架。

种所有制经济共同发展，是我国社会主义初级阶段的一项基本经济制度"，"非公有制经济是我国社会主义市场经济的重要组成部分"，深刻阐发了坚持公有制的主体地位、坚持多种所有制经济共同发展两者缺一不可、相互促进，特别是明确了非公经济作为中国社会主义市场经济的重要组成部分并共同构成社会主义初级阶段所有制结构及其基本经济制度的重要特征。党的十六大、十七大，尤其是十八大、十九大以来不断深化了对中国社会主义初级阶段基本经济制度的认识，先后赋予更加深刻、更具创新意义的内涵，其中，特别强调坚持"两个毫不动摇"、突出中国共产党的领导是中国特色社会主义制度的最大优势和最本质的特征、坚持"以人民为中心"的发展思想等，使中国特色社会主义基本经济制度的内容结构愈益丰富、严谨和完善。

实践中，伴随着所有制、经济体制和运行机制的渐进性持续深化改革的进行，社会主义经济制度变迁转向了制度重构，形成了中国特色社会主义基本经济制度及其完善的重大创新。一方面，20 世纪 70 年代末肇始于农村家庭联产承包责任制的"两权分离"改革，以及乡镇企业的异军突起，"皇粮国税"的终结，到新时期农村土地产权制度"三权分置"改革与乡村振兴战略的实施，极大地解放和促进了农村生产力的发展和生产关系的调整与变革。而城市国有企业也相继实行了"扩权让利""利改税""承包制"改革，转换企业经营机制、实现股份制改造、建立现代企业制度、发展混合所有制经济，积极探索了适应现实社会生产力水平的公有制特别是国有制的多种有效实现形式。这一过程还伴随着允许和鼓励城乡个体、私营、特区对外开放外资、合营经济等非公经济形式的出现和发展，中国的所有制形式从过去公有制"一统天下"逐渐演变为多种所有制经济的并存和共同发展的格局，市场主体得以培植和成长起来。其间，经历了突出国营经济主导地位和个体、私营等非公经济是公有制经济必要补充的"主导—补充"的实践探索，公有制为主体、个体经济、私营经济等非公经济都是补充的"主体—补充"的实践探索，以及公有制为主体、多种所有制共同发展的"主体—并存"的基本经济制度的实践创新探索。另一方面，计划经济体制的改革向有计划的商品经济、社会主义市场经济体制转型和深化发展，商品和要素市场体系逐渐发育，微观企业组织、中观区域或各产业的发展、宏观国民经济活动及其运行，通过市场规则、市场价格、市场供求、市场竞争、市场风险机制对社会资源配置发挥着越来越重要的基础性乃至决定性作用，在中国共产党的领导下，政府则在转变其职能、健全宏观调控体系的改革深化中更好地发挥着促进国民经济持续增长、高质量发展、实现共同富裕的宏观引导与调控作用。

回过头来看，实际上自党的十一届三中全会决定以经济建设为中心，党的十三大决定发展有计划的商品经济，党的十四大决定建立社会主义市场经济体制，由此就将坚持以公有制为基础这一区别社会主义和资本主义重要标志的核心经济制度，坚持公有制为主体、多种所有制经济并存和共同发展的基本经济制度，坚持社会主义市场经济体制的具体经济制度的三重规定性及其结合真正提上了议事日程。实践证明，在半殖民地半封建社会的历史废墟上经由新民主主义社会进入社会主义初级阶段的中国，始终坚持公有制的社会主义性质，是坚持了马克思、恩格斯科学社会主义的基本原则和社会主义本质的内核，中国特色社会主义经济制度因此具有了社会主义核心经济制度根本规定性的本质特征；进一步地，坚持实行以公有制为主体、多种所有制经济共同发展的中国特色的社会主义社会基本经济制度，发展和完善社会主义市场经济体制这一具体经济制度，实行市场在资源配置中的决定性作用和更好发挥政府作用，既是社会主义初级阶段社会生产力发展的客观要求和符合中国国情不断调适社会主义社会生产关系和上层建筑的历史选择，更是根据中国实际和时代变化对马克思主义经典作家关于未来社会所有制理论、消除商品货币市场交换关系设想的重大突破与创新性发展，从而赋予了社会主义社会经济制度体系以鲜明的中国特色的时代特征[①]。中国特色社会主义经济制度具有的三重规定性特征，在 40 年的改革开放实践中形成、丰富和不断完善，产生了极其重要而深远的历史影响：中国生产力在获得极大解放和发展的基础上，经济总量已上升为世界第二位，经济实力、科技实力、国防实力、综合国力进入世界前列，7 亿多人摆脱了贫困，人民生活水平有了大幅度的改善和提高，取得了令世人瞩目的骄人成就，总体市场化程度已经接近 80%，中国特色社会主义市场经济体制逐步建成并日益完善[②]。

[①] 恩格斯早就明确地指出："所谓'社会主义社会'不是一种一成不变的东西，而应当和任何其他社会制度一样，把它看成是经常变化和改革的社会。"（《马克思恩格斯全集》第 37 卷，人民出版社 1971 年版，第 443 页）

[②] 陈宗胜等：《新时代中国特色社会主义市场经济体制逐步建成》，《经济社会体制比较》2018 年第 4 期。

中国社会主义经济制度变迁发展 70 年的理论追问和实践检视，揭示出一部不断探索和创新的历史。特别是党的十一届三中全会以来，中国改革开放和现代化建设不仅取得了历史性成就，而且积累和形成了一整套中国特色社会主义经济制度创新与发展的科学理论和宝贵经验，理解其丰富内涵及其发生逻辑可以通过如下几个方面来切入：坚持中国共产党的领导，坚持社会主义公有制和社会主义道路、坚持公有制为主体、多种所有制经济共同发展与发展完善社会主义市场经济体制内在一致的中国特色社会主义经济制度创新；坚持遵循制度创新规律与秉持中国国情相一致，诱致性与强制性制度变迁互动结合，改革、发展与稳定相协调的中国特色社会主义经济制度创新；坚持先易后难、以增量改革带动存量改革、公有制与市场机制兼容结合的基本方向、体制内改革与体制外推进相结合的中国特色社会主义经济制度创新；坚持顶层设计与试点探索相结合、对内改革和对外开放统筹推进、全面推进与重点突破相协调的中国特色社会主义经济制度创新，诸此等等，在社会主义经济制度变迁的历史与现实的探索中作出了中国贡献。

四、理解新中国经济制度 70 年的变迁路径、特征及其绩效：一个简要总结

今天，我们站在新时代新的历史起点上，回望、检视中国社会主义经济制度的 70 年变迁，描绘和勾勒出中国社会主义经济制度在建立、探索、改革、转型与完善过程中艰难曲折的发展脉络，客观理性地理解新中国经济制度 70 年的变迁路径、特征及其绩效，对于更加清醒地认识新时代中国特色社会主义的历史方位，更加自觉地增强对中国特色社会主义经济制度的价值认同，更加坚定地坚持对中国特色社会主义经济制度的高度自信，是极具理论与实践创新的重大而深远的历史和现实意义的。

第一，理解新中国经济制度 70 年的变迁路径，内含着理论的抽象性和实践的具体性辩证关系的探索，展现出中国社会主义经济制度变迁中"否定之否定"的规律性特征和演变轨迹的历史语境和历史逻辑。

对新中国经济制度 70 年变迁的回顾和检视，既不是对新中国以降经济制度变迁的单纯转述和旁观写照，也不是简单地对这一嬗变现实的直接模拟与刻画，而是

力求还原历史、置身其间，从马克思主义生产力与生产关系、经济基础与上层建筑辩证关系的基本命题出发，作出 70 年来中国社会主义经济制度演进变迁特有路径全景图的历史书写，其中既在时间上体现为一个包括改革开放前后两大时段、各时段内又可能包含若干阶段的连续性动态变迁的渐进过程，又在空间上体现为包括中央和地方，城市和农村，东部、中部和西部，农业、工业和服务业，微观、中观和宏观等各个层面、各个领域、各个维度、各个方面的关联性互动变迁的复杂过程。其间，内含着科学社会主义理论的抽象性和社会主义实践的具体性辩证关系的探索，展现出中国经济制度变迁中"否定之否定"的规律性特征及其演变轨迹的历史语境和历史逻辑：服从于新中国成立之初必须尽快完成"变农业国为工业国""国家工业化"的赶超战略及其历史任务，传统社会主义计划经济体制下单一公有制的社会主义经济制度的形成，是对过渡时期亦公亦私、公私结合的多种经济形式混存经济制度的第一次否定；而改革开放后服从于党和国家工作中心转移到经济建设新的战略决策，公有制经济外允许非公有制经济作为"补充"的存在和发展，及其后的社会主义市场经济体制确立基础上的公有制为主体、多种经济形式共同发展的中国特色社会主义基本经济制度的形成，则是对改革开放前单一公有制的社会主义经济制度的第二次否定。

　　今天，从历史的角度辩证客观地审视这一经济制度变迁的"否定之否定"过程[①]，无疑，传统社会主义计划经济体制下单一公有制的社会主义经济制度对过渡时期亦公亦私、公私结合的多种经济形式混存经济制度的第一次否定，有错误也有警示的历史性价值。在新中国成立初期极其落后的国情基础上试图实现工业化赶超战略强国目标的历史紧迫性面前，我们试图通过构建起新的社会经济制度、发挥生产关系反作用于生产力的作用，在所有制的改造和构建上犯了超越阶段的冒进和片面升级过渡的历史性错误，导致超前的生产关系与落后的生产力之间的结构性矛盾，对社会主义建设产生了"欲速不达"的严重制约和影响，这也为后来改革开放的制度创新提供了有益的历史鉴戒。正如邓小平同志所说，"我们尽管犯过一些错误，

---

　　① 列宁曾经指出："在分析任何一个社会问题时，马克思主义理论的绝对要求，就是要把问题提到一定的历史范围之内。"（《列宁选集》第 2 卷，人民出版社 1995 年版，第 375 页）

但我们还是在三十年间取得了旧中国几百年、几千年所没有取得过的进步"①，我们初步建立起的独立的、比较完整的工业体系和国民经济体系，为社会主义工业化和国民经济的发展打下了坚实的物质技术基础，公有制的社会主义经济关系最初的制度表达也得以完成。在这个意义上，为后来的改革开放奠定积累了必要的物质技术基础和政治经济基础②。而改革开放进程中，社会主义市场经济体制确立基础上的公有制为主体、多种经济形式并存的社会主义基本经济制度，对改革开放前单一公有制的社会主义经济制度的第二次否定，并非是对新中国之初过渡期亦公亦私、公私结合的多种经济形式混存的经济制度的简单回归，而是在改革开放凝聚了"发展共识"新的历史背景下，在重新认识唯物史观关于生产力与生产关系辩证关系的基础上，匡正改革开放前"生产力—生产关系—上层建筑"的反向向前推进、即上层建筑反作用逻辑为主的内部封闭静态循环，调整为改革开放后"生产力—生产关系—上层建筑"的正向向后推进、即生产力的决定逻辑为主的开放动态演进，在嵌入生产力—生产关系—上层建筑系统结构互动机制中经济制度体系适应性调整的创新发展，促进了中国经济的长期快速增长和人们生活的极大改善及其全社会福利的极大增进，是社会主义初级阶段经济制度自我完善的"中国实践"。

第二，理解新中国经济制度 70 年的变迁特征，其中的一个历史性视角是观察改革开放土壤中生长出的新的"生产关系适应发展观"，从而促成了由先前"生产关系自我中心观"③向"生产关系适应发展观"④的历史性转变。

以 1978 年党的十一届三中全会的召开为契机，中国进入到经济体制改革开放的新阶段。改革始于改变传统社会主义计划经济体制及其单一公有制格局与中国社会生产力发展总体水平低、多层次、不平衡的现实经济条件的不适应性，改革使得原有"生产关系自我中心观"逐渐转为了"生产关系适应发展观"。即改革开

---

① 邓小平：《邓小平文选》第 2 卷，人民出版社 1994 年版，第 167 页。

② "社会主义制度的建立，是我国历史上最深刻最伟大的社会变革，是我国今后一切进步和发展的基础。"（中共中央文献研究室：《三中全会以来重要文献选编》下，人民出版社 1982 年版，第 794 页）

③ "生产关系自我中心观"，是指偏离社会生产力水平约束以建立起社会主义生产资料公有制绝对优势的生产关系为逻辑前提。

④ "生产关系适应发展观"，是指基于现实社会生产力发展水平，以建立起既适应生产力发展客观要求的社会主义所有制及其经济形式结构为基础的生产关系体系，又保持与此相适应的经济体制、运行机制及其政策决策和实施机制的上层建筑统一的逻辑关系。

放前脱离中国社会生产力现实、一味追求社会主义生产关系疾风暴雨式的升级过渡，单纯以社会主义生产关系的建立和"一大二公三纯四平"①的主观愿望为中心，导致社会主义生产关系长期超越生产力现实条件，阻碍了社会主义经济制度自身客观求实的探索、创建、发育和成长，其脱离中国现实国情、忽视发展社会生产力；另一方面在客观上又为之后的改革开放提供了经验鉴戒和动力支持，并且为始终坚持和深化改革开放也积累了可供反思与创新的"思想成果、物质成果、制度成果"②。

改革正是旨在寻求社会主义生产关系适应现实生产力状况、放开单一所有制的传统意识的限制，允许与较为落后低下的、多层次的、不平衡的生产力水平相适应的个体、私营、外资等非公有制经济的存在和适当发展，促成了社会主义初级阶段公有制主体经济、主导作用与非公有制经济的补充和互动为基础的中国特色社会主义基本经济制度新芽的萌发，以及适应生产力现实基础和基本国情的公有制为主体、多种经济形式共同发展的基本经济制度的确立和不断发展。这一过程中，相对于发展和完善社会主义市场经济体制的要求而言，尽管仍存在着公有制实现形式创新改革的不足及其活力、创造力和竞争力不强，非公经济发展的制度供给不足与制度规范不够，公有制经济与非公经济间行业垄断体制压缩民企发展空间的一定程度上竞争的不平等性等诸多问题。但是，整体上看伴随着党的历次全会包括十一届三中、四中、十二届三中全会、十二大、十三大和十四大直至十九大报告对改革共识的凝聚、改革领域的不断拓展和全面深入深化，焕发出各经济主体利益激励的"生产性努力"，激活了各要素资源的充分有效利用，从而迎来了改革开放巨变中迸发出的经济持续高速增长，各经济主体包括农民、工人和非公经济组织中劳动者收入增加的良性发展态势。

从"生产关系自我中心观"到"生产关系适应发展观"，是从抽象定性社会主义公有制的先进性回到"社会主义的优越性归根结底要体现在它的生产力比资本主义发展得更快一些、更高一些，并且在发展生产力的基础上不断改善人民的物质文

---

① 一大是指基层经济组织，如人民公社、国营企业在规模追求越大越好；二公则是指追求公有化程度越高越好；三纯追求的是社会主义经济成分越纯越好；四平则是在分配上搞了平均主义。

② 习近平：《在纪念毛泽东同志诞辰 120 周年座谈会上的讲话》，《人民日报》2013 年 12 月 27 日。

化生活"①，一句话，"归根到底要看生产力是否发展，人民收入是否增加"②的历史唯物主义客观的"生产力标准"的依循之上，是社会主义制度评价标准走向科学尺度和价值尺度的有机统一。

第三，理解新中国经济制度70年的变迁绩效，以改革开放为界，其制度供给和需求、制度成本和效率的关系，走过并正在经历一个典型的政府主导、纵向层级式、制度供需信息非对称非流动的单向封闭型、政治偏好下较高制度成本和效率漏损的强制性制度变迁，转向基层诉求与政府顶层设计上下协同、制度供需信息流动的双向开放型、"发展共识"一致性偏好下追求制度变迁长期绩效的"适应性效率"③、诱致性与强制性耦合联动的制度变迁历史过程。

新中国成立后选择走社会主义制度的道路，受制于当时特殊历史环境下国际国内各种复杂因素及其条件的制约，无论是"国家工业化"战略的实施、尽快重构工业及其国民经济体系以巩固和加强新生政权，还是"一化三改造"的实行以促成社会主义经济制度的加快形成，以及之后实行的中央集权计划经济体制以推进国家主导的现代化建设进程，一方面发挥了资源匮乏条件下社会主义制度能够集中力量办大事的优势④，举全国之力，集中优势资源，聚焦特定的工程、项目、事件，才成就了"一五"期间"156项工程"和"两弹一星"等重大战略、工程跨越性、突破性、高效率的发展，迅速奠定了社会主义工业化的初步基础，铸就了中国国防安全的战略基石，并且对国家科技发展乃至整体经济社会发展都产生了深远影响；另一方面，也体现出国家凭借政权力量破除旧制度障碍、以行政命令方式强力建构起生产资料公有制占绝对优势的社会主义经济新制度的强制性制度变迁，其自上而下和单向封闭的制度供给、政治制度和政治权力强势决定资源配置、缺乏基层制度需求信息来源与反馈的制约及其纠偏机制，导致了制度变迁的"适应性效率"长期趋于

---

① 邓小平：《邓小平文选》第2卷，人民出版社1994年版，第250页。

② 邓小平：《邓小平文选》第2卷，人民出版社1994年版，第314页。

③ 诺思在《理解经济变迁过程》一书中提出："在具有适应性效率的社会中，制度矩阵的灵活性使其能够调整来解决与根本的经济变迁相关的问题。"[美]道格拉斯·C.诺思：《理解经济变迁过程》，中国人民大学出版社2013年版，第96页。

④《增长的极限》的作者之一乔根·兰德斯教授认为，中国政府能集中力量办大事，不应迷信西方民主体制。这个因素是兰德斯对中国发展保持乐观态度的核心因素。参见宋丽丹：《国外看"中国道路"取得成就的主要原因》，《红旗文稿》2015年第13期。

低下。

而改革开放以来快速增长和发展势头的背后，无不昭示出其对社会主义本质重新认知，突破传统社会主义经济理论圭臬，包括单一公有制、排斥市场等理论定式误区，作出适应生产力发展水平的"所有制结构和产权改革"、市场取向改革及至社会主义市场经济体制确立和全方位的建设、市场决定资源配置与政府兼具"引导型与推动型""防护型与进取型"[①]角色及作用的制度效应的初步释放。这中间，从摸着石头过河到与政府顶层设计的结合互动，从民生发展的制度需求到与政府科学发展的制度供给形成的"发展共识"一致性偏好的协调推动，从诱致性制度变迁到与强制性制度变迁的耦合联动，改革带来的"制度释放剩余"和制度变迁愈益灵活性内含的报酬递增及其自我强化机制的累积效应，逐渐形成了促进长期增长中制度成本相对降低和制度效率提升的良好绩效，一定意义上其制度变迁"适应性效率"的增强，在国内外转型的横向纵向比较中都得到了多方面经验的验证。

原刊《学术月刊》2019 年第 8 期

---

① 王今朝：《关于市场配置资源决定性与更好发挥政府作用的学术认知》，http://ex.cssn.cn/jjx/jjx_gzf/201612/t20161208_3305679.shtml。防护型的"更好发挥政府作用"就是要解决中国人民由于各种内外部因素所遭受的痛苦；进取型的"更好发挥政府作用"是为了获得中国本来可以获得的更大的利益。

大国崛起：
东亚模式与中国道路

张卫国　王　双[*]

　　大国是指人口众多、幅员辽阔，在经济、政治、军事、文化等方面对世界有重要影响的国家。[①]崛起是指伴随经济社会结构根本变化的工业化或现代化过程的总体国土空间的综合实力的提升，及其在世界前列站位。[②]这就是本文所讨论的大国崛起范畴。大国崛起对世界影响巨大而深远。大国崛起重组世界地理空间；大国崛起重塑世界地缘政治；大国崛起改变军事实力对比；大国崛起深刻影响主流文化。[③]

　　大国崛起的中国道路备受关注。因为其一，中国是典型大国。中国是当今世界人口大国，国土面积在世界排第四位，是当今世界第二经济总量大国，是当今世界对外经贸大国和第一外汇储备大国。其二，中国是文明古国。5000多年连绵不断、博大精深的中华文化是中华民族生生不息、发展壮大的丰厚滋养；中华优秀传统文化的丰厚哲学思想、人文精神、传统美德等，是解决当代人类面临的共同难题的重要思想源泉，为全球治理和治国理政提供有益启发。其三，中国是后发国家。

---

　　* 作者张卫国为山东社会科学院经济研究所研究员；王双为山东社会科学院经济研究所助理研究员。

　　① 学科不同，研究视角不同，对此界定不同。例如，发展经济学关于"大国"的标准，就主要从人口规模、国土面积、GDP或人均GDP，有时候还加上对外贸易规模等指标来衡量。本文所观察的对象，无论用何种指标衡量，都属于"大国"范畴，也就不再就"大国"概念问题详细讨论了。

　　② 同样，学科不同，研究视角不同，对此界定不同。但就目前各学科最大共识而言，"崛起"还是包括经济结构和社会结构从根本上现代化的工业化或现代化的实现过程。如此，"崛起"的衡量指标就一定是国际可比的，肯定不是单一的经济总量或人均经济总量指标可度量的。

　　③ 这里把文化界定为人类精神活动及其产品，包括社会价值观、宗教信仰、风俗习俗、文学艺术、科学技术、各种制度等，不包括物质财富，也就是所谓狭义的文化。

按照所谓"后发优势"的观点，后发国可以自由享用先行国技术进步的成果，而无须再为开发已有的技术而付出代价；还有可能获益于对特殊资源的发现和开发，或较低的劳动力成本。此外，后发国家在充分认识新兴科技革命和工业革命发展趋势的前提下，完全可能凭借创新发展的制度安排和有效战略，抢占领先技术和产品发展的先机，实现"弯道超车"或开辟新路，取得对革命性产品的垄断地位，以及由领先技术和产品带来的持久的竞争优势。其四，中国是东亚国家。地理空间、地域文化、地缘政治、地区现状、内外格局、周边环境等，都是影响大国崛起的重要因素。这一切对于作为东亚国家的中国的崛起当然也不例外。20 世纪 90 年代以后，即使考虑到 90 年代后期的金融危机，新兴东亚地区 [①] 的增长也是较为迅速和富有弹性的。尽管发生了 1997—1998 年的金融危机和日本的滞胀，东亚依然与欧盟、北美一起构成了当今世界的三大经济板块；东亚已再度成为世界经济的火车头；东亚是当今世界经济增长与发展潜力最大的区域。仅就此而言，处于东亚区域的典型大国、文明古国、后发国家的中国的崛起格外引人注目就是再自然不过的了。

一、大国崛起的若干维度

（一）现代社会结构基本确立

　　工业化和城市化是现代化同一过程的两个方面。在这一过程中，作为工业化和城市化最根本标志的两个结构性指标——工业比重、城市化率会持续提高和水平居高，其结果一般是 [②]，工业增加值比重在 GDP 中最高，工业部门占主导地位，三次产业增加值比重按从高到低的排序完成由"一二三"向"二三一"再向"三二一"的转变；城市化率达到 50% 以上，社会由以农业为主的传统乡村型社会向以工业和服务业等非农产业为主的现代城市型社会转变。荷兰、德国等西欧国家的崛起所

---

　　① 东亚包括东盟成员国文莱、柬埔寨、印度尼西亚、老挝、马来西亚、缅甸、菲律宾、新加坡、泰国和越南，加上中国、中国香港地区、日本、韩国、蒙古和中国台湾地区。新兴东亚地区指除日本外的上述国家和地区。发展中东亚地区指除去中国香港、韩国、新加坡和中国台湾的新兴东亚地区。

　　② 不同学科研究现代化问题的专家学者对现代化、工业化和城市化水平的指标衡量标准有不同观点，有的专家学者基于对现代化、工业化和城市化概念的特殊理解，建构了不同的衡量指标以及分析不同阶段的现代化、工业化和城市化的指标标准水平，但对于这里所简要说明的现代化、工业化和城市化的经验性、统计性结构指标水平是有共识的。

依赖的现代社会结构基础，早在 1500 年前就已经开始演进了。17 世纪荷兰成为世界经济中心和最富庶的地区。到独立时，荷兰各省中规模最大的产业是船舶业、帆布、渔网、绳索、鱼桶及相关产品的制造业，盐加工业，酿酒业，建材业以及毛纺和麻纺业。荷兰的服务业在本国经济中发挥着重要作用。[①]1700—1820 年，英国上升为霸权国。其间，人口的增长率是欧洲国家中最快的，城镇化率在全国各地都有显著提高。农业劳动力比重明显下降。[②]1913 年，美国的人均收入水平超过了英国，而且其技术水平也取代英国，最接近当时技术的前沿。而在此前的 1820—1890 年，美国农业劳动力比重也同样明显下降。[③]

（二）人均收入和经济总量迅速增长

1400—1700 年，荷兰的人均收入增长是欧洲最快的，而从 1600 年到 19 世纪 20 年代，荷兰的人均收入水平是欧洲最高的。这是由于 1600 年前北欧有很多贸易机会，同时荷兰通过水利工程成功改造农业，在世界贸易中的地位居高。[④]在英国上升为霸权国的 1700—1820 年，英国人均收入增长快于 17 世纪，是欧洲平均水平的两倍多。在英国技术进步和实际收入增长的加速阶段，即 1820—1913 年，英国的人均收入增长比过去任何时候都要快，大约为 1700—1820 年的 3 倍。1820—1870、1870—1913、1913—1950 年间，美国人均 GDP、GDP 增长率都比英国高。1913 年，美国 GDP 是英国的 2.3 倍，已是世界第一经济总量大国。[⑤]1950—1973 年，日本人均收入、劳动生产率、全要素生产率年均增长都明显高于西欧。1973 年，日本 GDP 仅次于美国，已超过德国，已是世界第二大经济总量大国。[⑥]

（三）基础设施水平达到世界一流[⑦]

1482 年，葡萄牙在位于现在加纳海岸的埃尔明纳要塞建立黄金交易中心，而

---

①［英］安格斯·麦迪森：《世界经济千年史》，伍晓鹰等译，北京大学出版社 2003 年版，第 66—74 页。

②［英］安格斯·麦迪森：《世界经济千年史》，伍晓鹰等译，北京大学出版社 2003 年版，第 86—87 页。

③［英］安格斯·麦迪森：《世界经济千年史》，伍晓鹰等译，北京大学出版社 2003 年版，第 87、93—94 页。

④［英］安格斯·麦迪森：《世界经济千年史》，伍晓鹰等译，北京大学出版社 2003 年版，第 66、68 页。

⑤［英］安格斯·麦迪森：《世界经济千年史》，伍晓鹰等译，北京大学出版社 2003 年版，第 178—181 页。

⑥［英］安格斯·麦迪森：《世界经济千年史》，伍晓鹰等译，北京大学出版社 2003 年版，第 130、178、199 页。

⑦ 这里的基础设施是指影响全国的重大生产与生活基础设施，包括交通、能源、通信、商贸金融网点、城市建筑、水利、气象、文化、教育、科技、医疗卫生、消防、公安、地震预测等各种必备设施。但时代不同，工业化、现代化阶段不同，主要基础设施建设的内容也很不相同。

黄金是当时国王的最大收入来源。[①]1600 年前，荷兰通过水利工程成功改造了农业。17 世纪中叶，荷兰创造了配备有纤道的运河网络，大大降低了泥炭、干草、小麦、牛、木材、建材和其他笨重货物的运输成本。在整个 17 世纪和 18 世纪的大部分时期，荷兰稠密的市区人口、优良的港口和四通八达的内河系统降低了运输和基础设施建设的成本，降低了政府服务的费用，也减少了对存货的需要。[②]英国在 1485—1700 年利于现代资本主义的现代民族国家和制度的创立时期，于 1662 年成立了皇家学会，1694 年成立了英格兰银行，复辟时期创建了皇家天文台并设立了皇家天文学家职位。英国在上升为霸权国的 1700—1820 年时期，通过创建收税公路和渠道网络以及发展海岸运输极大提高了国内市场的统一程度，促进了不同地区之间更有效率的专业化劳动分工。英国在 1820—1913 年技术进步和实际收入增长的加速阶段，苏伊士运河在 1869 年开通，它将伦敦到孟买的距离缩短了 41%，到马德里的距离缩短了 35%，到加尔各答的距离缩短了 32%，到香港的距离缩短了 26%。这不但降低了蒸汽轮船的燃料成本，而且使帆船处于非常不利的竞争地位，因为运河中缺乏风力。[③]在日本，包括运输、通信、公共事业在内的社会间接资本的积累，在国家强有力指导下，自明治初期至 20 世纪初进展迅速。这些社会资本的积累对于工业化作出了无法估量的真正贡献。[④]在美国镀金时代，19 世纪铁路业迅速发展。再以城市供排水为例。1870 年前后，只有最富裕的地区和少量的商业区有公共供排水系统。到 1890 年，一个典型城市 25% 到 34% 的人口可以享用到公共供排水系统，到 1909 年，在人口超过 30 万的城市，超过 70% 的人可以使用公共下水道。到 1915 年，官方估计在大多数城市，超过 95% 的当地居民可以使用公共供水。[⑤]

（四）成功实现制度图新变革

　　17 世纪和 18 世纪的大部分时间，荷兰社会经济制度都是比较优越的：产权清

---

①［英］安格斯·麦迪森：《世界经济千年史》，伍晓鹰等译，北京大学出版社 2003 年版，第 46、49 页。

②［英］安格斯·麦迪森：《世界经济千年史》，伍晓鹰等译，北京大学出版社 2003 年版，第 70—72 页。

③［英］安格斯·麦迪森：《世界经济千年史》，伍晓鹰等译，北京大学出版社 2003 年版，第 82、84、86、89—91 页。

④［日］南亮进：《日本的经济发展》，景文学等译，对外贸易教育出版社 1989 年版，第 106 页。

⑤［美］普莱斯·费希拜克、斯坦利·恩格曼等：《美国经济史新论》，张燕等译，中信出版社 2013 年版，第 244、254 页。

晰，土地清册登记方便了产权的转让；有一个有利于企业发展的、有效的法律体系和健全的金融体系；税负较高，但它是对支出而不是对收入征税，从而鼓励储蓄、节俭和勤奋工作。1485—1700 年，是英国创立有利于商业资本主义的现代民族国家和制度的时期。其间，17 世纪也是英国经济制度沿着荷兰方向进行改革的世纪，包括封建割据被更集中化体系所替代，废除僧侣等级制度，政府管理现代化，成立英格兰银行，货币政策现代化，公债市场的出现等。①特别是，在 1688 年的"光荣革命"后，在传承 1215 年《大宪章》原则基础上确立的《权利法案》和君主立宪制为英国经济起飞和第一次工业革命奠定了强有力基础；1776 年，亚当·斯密的《国富论》出版，在亚当·斯密等经济学家的指引下，英国结束了重商主义时代，建立了一直延续至今的自由市场经济体制。日本在始于 1868 年的明治时期，卓越地实现了现代化，成为亚洲第一个走上工业化道路的国家。其成功的重要原因之一就是制度改革，包括废藩置县，建立中央集权制度；实施国民享有平等接受教育机会的教育制度；激励全国国民保卫国家的决心，创建近代式军队；承认土地自由买卖，废除农民和土地的隶属关系等。②美国经济现代化成功的决定性因素，至少在于拥有一个现代化的政府制度安排，包括建立功能相对完善的政府机构；政府权力的有序交接，严格坚持法治并且有一个独立的司法制度来裁决争议。美国这种以市场为导向的国家，政府在经济中却扮演着若干种角色：界定和实施财产权利、维护缔约自由与"规范的司法管理"、提供国防这一典型的公共产品、弥补市场机制种种缺陷的必要的政府干预、改变经济激励结构的收入再分配等。③

（五）实行对外开放政策

15 世纪下半叶，葡萄牙发动了一个雄心勃勃的，促使欧洲和世界其他地方经济交往的活动。在发展欧洲对大西洋诸岛的贸易、航行和殖民方面，在开拓环绕非洲、进入印度洋和联系中国与日本的贸易路线方面，都起了主要作用。荷兰是 1400 年至 17 世纪中叶欧洲最繁荣的经济，而航运和商业服务业则是它收入的主要部分。

---

①［英］安格斯·麦迪森：《世界经济千年史》，伍晓鹰等译，北京大学出版社 2003 年版，第 4—11、72、82—84 页。

②［日］吉田茂：《激荡的百年史》，李杜译，陕西师范大学出版社 2006 年版，第 19—20 页。

③［美］普莱斯·费希拜克、斯坦利·恩格曼等：《美国经济史新论》，张燕等译，中信出版社 2013 年版，第 2、4—13 页。

它在推动国际分工的专业化方面超过了当时任何其他国家。1820—1913年间，英国对外开放政策对人均收入的持续快速增长作出重要贡献。1846年，取消了农业保护性关税；1849年，限制国外竞争对手的《航海法》被中止了。到1860年，英国单方面取消了所有贸易和关税上的限制，并同法国和其他欧洲国家建立了旨在促进自由贸易的互惠条约。这些含有最惠国条款的条约意味着双边自由化同等地应用于所有参与国家。从1870年起，以海外投资为目的的英国资本大量流出，相当于它储蓄的一半。1853年，佩里率领美国舰队访日，逼迫日本开放门户。此前长期闭关锁国的日本决定接纳西方文明，从此走上对外开放之路，为日本现代化奠定了重要基础。[①]第二次世界大战后，美国对外经济和商业政策与战前有很大不同，主要致力于技术传播，促进海外投资和世界贸易自由化。美国的这种政策新动向，在其1948年推行的，旨在重建欧洲的马歇尔计划中已经明显反映出来。[②]第二次世界大战后，世界经济1950—1973年这一黄金时代持续高速增长的主要原因之一，就是通过美国主导建立的经济合作与发展组织（OECD）、国际货币基金组织（IMF）、世界银行（WB）、关税与贸易总协定（GATT）等，创建起新型的自由国际秩序。[③]与此同时，美国经济活动水平也达到了前所未有的高度。1948—1979年间美国巨大经济扩张的推动力是资本和劳动力的广泛流动。[④]美国是国际资本市场全球化的主要获利者。从战后到1988年，美国的国外资产总额一直超过其负债总额，但以后其国外净资产水平从零左右降到 -1.5万亿美元（超过GDP的20%）。因此，全世界帮助美国保持了长期繁荣，为它巨额国际收支赤字提供了资金。[⑤]纵观大国经济崛起和美国成为第一强国的历史可见，第45任总统特朗普（Donald John Trump）任内美国政府于2018年向包括中国在内的多个国家发起贸易保护主义之战，实在是没有多少道理可言。

（六）科学技术进步水平领先

16世纪葡萄牙与西班牙成为第一代世界大国，得益于它为航行印度所作的一

---

① [日] 吉田茂：《激荡的百年史》，李杜译，陕西师范大学出版社2006年版，第10—18页。

② [英] 安格斯·麦迪森：《世界经济千年史》，伍晓鹰等译，北京大学出版社2003年版，第6—8、96页。

③ [英] 安格斯·麦迪森：《世界经济千年史》，伍晓鹰等译，北京大学出版社2003年版，第8页。

④ [美] 戴尔·W.乔根森、佛兰克·M.戈洛普、巴尔巴拉·M.佛劳梅尼：《生产率与美国经济增长》，李京文等译，经济科学出版社1989年版，第1页。

⑤ [英] 安格斯·麦迪森：《世界经济千年史》，伍晓鹰等译，北京大学出版社2003年版，第127页。

个举足轻重的研究计划，其涉及延续多年的船舶技术的试验、导航仪器和海图的改进、应用天文学以及关于海风和海流知识的发展，对替代航线的研究。17 世纪荷兰成为世界商业帝国，得益于它创造了一种新型的船舶工厂以便在海上处理刚刚捕捞上船的鲱鱼，也发展了成批地生产低成本通用货船的方法。①19 世纪英国是生产率水平最高的国家，是向新技术领域的主要推进者。19 世纪末德国成为世界一流强国，得益于 19 世纪德国在诸如化工部门已是世界的领先者。②20 世纪美国对其他先进国家的领导能力比 19 世纪的英国更大，这是为什么世界经济在 20 世纪能够比 19 世纪更快增长的主要原因，技术的前沿被推进得比以前更快了。③ 从西方国家引进先进技术，对于日本和俄国经济增长极其重要。日本自明治时代就特别注意引进推广西方先进技术，整个 20 世纪一浪接一浪地引进、推广、改进了有形和无形的先进适用外国技术为己所用。改进工程学或价值工程在日本成了一门艺术。19 世纪俄国大力依靠西方技术，19 世纪 80 年代中期以后在俄国南部建造的钢铁厂，其技术水平和规模与当时西欧正在建造的钢铁厂相同。④

（七）先进文化得到广泛传播

法国路易十四对文化艺术的喜好培育了国民对思想文化的推崇，席卷了整个欧洲的启蒙思想在法国得到了普遍传播。启蒙思想打破了欧洲中世纪的神学枷锁，开启了理想的大门。1789 年，法国大革命爆发，《人权与公民权宣言》颁布。1697 年，俄国沙皇彼得一世前往欧洲各国游历和学习。回国后，他强硬推行了一场从穿衣、吃饭到科学教育等的社会变革，用野蛮手段推进了俄罗斯的文明进程。继承彼得改革的女皇叶卡捷琳娜二世引进欧洲的启蒙思想，重视教育，并试图起草法律。18 世纪后期，俄罗斯成为地跨欧亚大陆的大国，并成为欧洲事务中的重要角色。在战争—革命—改革的多次反复中，这个在传统和现代之间徘徊的民族，逐渐形成了自己的思考能力和创造了属于自己的独特文明，并借此完成了由农奴制向工业文明的蜕变。

---

① ［英］安格斯·麦迪森：《世界经济千年史》，伍晓鹰等译，北京大学出版社 2003 年版，第 9—10 页。

② ［美］约瑟夫·E. 斯蒂格利茨、沙希德·尤素福编：《东亚奇迹的反思》，王玉清等译，中国人民大学出版社 2003 年版，第 72 页。

③ ［英］麦迪森：《世界经济二百年回顾》，李德伟、盖建玲译，改革出版社 1997 年版，第 12 页。

④ ［美］西里尔·E. 布莱克等：《日本和俄国的现代化——一份进行比较的研究报告》，周师铭等译，商务印书馆 1984 年版，第 238—241 页。

（八）发展空间不断开辟延拓

发展空间可以是有形的，例如陆、海、空等实体国土空间；也可以是无形的，例如空间开发技术提高或空间治理体系现代化或数字化信息网络空间构筑等所带来的空间开发利用效率提高，进而创造了崭新的实体或虚拟发展空间。[①] 葡萄牙是欧洲向大西洋扩张的先驱，1500 年它发现了巴西，并由此在美洲开始了长达三个世纪的殖民开发；1600—1820 年，按人均收入水平衡量，荷兰是欧洲的领先经济体，同时，它在亚洲拥有一个非常巨大的贸易帝国；英国在国际化和商业发展方面采取了荷兰模式，建立了更加庞大的殖民帝国，而且是工业和运输技术方面的先驱。西方国家发达的过程离不开对世界其他地方的武力侵犯，美洲的欧洲殖民化意味着对土著居民的灭绝、边缘化或征服；欧洲与非洲三个世纪的接触集中在奴隶贸易上。18 世纪中叶到 20 世纪中叶，欧洲与亚洲国家之间的屡屡战争目的在于建立或维护殖民统治和贸易特权。另外，西方国家的经济发展还伴随着一系列掠夺性战争和损人利己政策。[②]

（九）军事实力持续得以加强

17 世纪 70 年代，法国、西班牙、荷兰、英国、俄罗斯的陆军规模分别是 12 万、7 万、11 万、1.5 万、13 万人；18 世纪，以上各国的陆军规模分别达到 40 万、5 万、10 万、8.7 万、17 万人；1812—1814 年，法国、英国、俄罗斯的陆军规模分别是 60 万、25 万、50 万人。[③] 崛起后的德国，军费开支逐年递增；德军规模不断扩大，装备一再更新、改善，1914 年训练有素的陆军达到 51 个师，75.4 万人，是欧洲最强大的。[④] 日本明治维新后，领导者们学习西方各国军备制度知识，激励全国国民保卫国家，以全新思想创造近代史军队，实行富国强兵政策，直至靠强大军事实力打赢日俄、日清战争，武装侵略中国东三省建立所谓"满洲国"，与德国、意大利一起建立

---

① 人类对外空空间的认识、开发和利用更是不断增加世界各国对发展空间的广泛、深入和系统思考和实践活动。发展空间的延拓，则包括合法与非合法、和平与战争等多种途径。第二次世界大战之前，西方国家崛起或成为发达的过程，经常是通过非法或侵略途径开辟延拓发展空间的过程。随着人类文明的进展，特别是随着数字化、信息化、网络化和智能化为特征的新工业革命浪潮的兴起，合法、海陆空统筹、无形开辟延拓发展空间已成为常态。

② ［英］安格斯·麦迪森：《世界经济千年史》，伍晓鹰等译，北京大学出版社 2003 年版，第 37—38 页。

③ ［英］安格斯·麦迪森：《世界经济千年史》，伍晓鹰等译，北京大学出版社 2003 年版，第 73 页。

④ 鲁仁：《德国百年行踪》，九州出版社 2011 年版，第 177 页。

"三国联盟"对抗英美①，成为挑起第二次世界大战的三个法西斯轴心国之一。美国从"二战"中崛起，成为世界上最富有和军事实力最强的国家。冷战时期，尽管军费支出长期稳定在很高水平，但仍有 1965—1968、1979—1989、2001—2003 财年军费支出的大幅增长。21 世纪初，军费开支的第四次增长又开始了。②

（十）资源环境利用程度高

以煤炭资源的利用为例，以百万吨油当量计算，2009—2015 年已经崛起的大国美国、德国、俄罗斯分别占世界煤炭产量的 11.9%、1.1% 和 4.8%，正在崛起的大国中国则占 47.7%；同期美国、德国、俄罗斯分别占世界煤炭消费量的 10.3%、2.0%、2.3%，中国则占 50.0%。③再以二氧化碳排放为例，以公吨计算，2007 年人均二氧化碳排放量法国、德国、日本、荷兰、葡萄牙、俄罗斯、西班牙、英国、美国分别为 6.0、9.6、9.8、10.6、5.5、10.8、8.0、8.8、19.3，所有这些崛起大国都明显高于世界平均水平（4.6），远高于低收入国家平均水平（0.3），也大大高于中等收入国家平均水平（3.3）；其中，美国还大大高于高收入国家平均水平（12.5）。④

（十一）具有明显的时空特征

不同时代，大国崛起时的人口及其增长率、世界占比，经济体量及其增长率、世界占比，人均经济总量水平，经济结构基础等指标具有明显差别；不同地域，各个大国崛起的地理位置、资源禀赋、战略目标、产业选择等明显不同。

（十二）得到国内外广泛认同

葡萄牙开拓海外商业和建立帝国是渔民、国王和外来"新基督教徒"共识的结果。英国"光荣革命"后通过的《权利法案》，标志着群体而不是个人统治国家的社会共识，为经济起飞和工业革命提供了强有力的制度保证；延续到今天的自由市场经济体制，则更是国内外广泛赞同的结果。美国开创的市场和政府共同作用于经济的混合经济模式，迄今还是世界各个成熟的市场经济国家学习的先进模式。

---

① ［日］吉田茂：《激荡的百年史》，李杜译，陕西师范大学出版社 2006 年版，第 20、39—41、58—64 页。

② ［美］普莱斯·费希拜克、斯坦利·恩格曼等：《美国经济史新论》，张燕等译，中信出版社 2013 年版，第 464—470 页。

③ 黄晓勇主编：《世界能源发展报告（2017）》，社会科学文献出版社 2017 年版，第 31—36 页。

④ 世界银行：《2012 世界发展报告：性别平等与发展》，清华大学出版社 2012 年版，第 404—405 页。

二、大国崛起的东亚模式

（一）大国崛起东亚模式的存在性判定

模式的概念，用于表达特定事物活动的整体性、本质性、代表性或某些共性特征，包括"样品""模型""典型""形式""路径""方法""图样"等一系列相近词汇的含义。所以，视侧重点不同，英语可以翻译成 model, mode, method, pattern, schema, style, path 等不同词汇。在经济社会活动中，模式经常翻译成英语单词 model，如 economic development model, East Asian Model 等。东亚国家中，日本、韩国已是崛起大国，而当今中国也是世界公认的崛起中大国。这里通过归纳总结包括日本、韩国和中国崛起的成功经验，抽象提炼大国崛起的东亚模式，并不是说这一模式可以普适于整个东亚地区。我们也可以将这里的所谓"东亚模式"理解为这几个大国崛起为代表的已经崛起或正在崛起的东亚大国模式。东亚大国的崛起可以分解为由东亚地理空间、地域文化、地缘政治、地区现状、内外格局、周边禀赋等所决定的经济、政治、军事、文化等各个维度，具体表现在现代社会结构确立、人均收入和经济总量及其增长、基础设施建设、制度创新、对外开放、科学技术进步、先进文化传播、发展空间延拓、军事实力加强、资源环境利用、时空特征、国内外共识等各方面，形成特有的经济发展、工业化、现代化模式。世界银行、中国发展研究基金会、财政部等机构的研究成果和翻译成果对"东亚奇迹"以及"东亚模式"都有颇多认同。[①]

（二）大国崛起东亚模式的维度特征

从现代社会结构确立维度看，已经崛起的日本、韩国，以及正在崛起的中国，三次产业增加值比重、就业比重按照从高到低的排序，均已经完成由"一二三"向"二三一"再向"三二一"的转变；城市化率均已经达到 50% 以上。[②] 但在崛起过程的起点，东亚大国以三次产业增加值比重或就业比重、城市化率衡量的现代社会结构基础明显薄弱。例如，1890 年日本城镇化比率是 16.0%，相当于 1500 年荷兰

[①] 参见［美］约瑟夫·E. 斯蒂格利茨、沙希德·尤素福编：《东亚奇迹的反思》，王玉清等译，中国人民大学出版社 2003 年版。

[②] 中华人民共和国国家统计局编：《国际统计年鉴（2017）》，中国统计出版社 2018 年版，第 42、101、107 页。

（15.8%）的水平[①]；而中国 1952 年城镇化率仅为 12.0%，明显落后于荷兰 1500 年的水平。[②]1878 年的日本农业增加值比重依然在 60% 以上，传统农业社会特征明显；而早在日本之前，1789 年的法国就已经使农业增加值比重降到 50%。[③]农、林、渔业的就业比重，1870 年日本、美国、法国、德国、荷兰、英国分别是 70.1%、50.0%、49.2%、49.5%、37.0%、22.7%，1950 年中国是 77.0%[④]，可以看出日本、中国开始崛起时，传统农业社会结构特征比先行崛起的西欧诸国和美国在开始崛起时要突出得多。1972 年劳动力在农业、制造业、服务业的占比，同样完成崛起的日本，除俄国外，比先行崛起的大国德国、法国、意大利、英国、美国都高。[⑤]再次说明其崛起开始时传统农业社会特征突出，崛起完成时还要继续追赶先行崛起大国的现代社会结构水平。

从人均收入和经济总量及其增长维度看，日本、韩国、中国在崛起过程中都经历了长期高水平增长的阶段，而且多伴有"加速期"，最终，成为世界经济总量大国和人均收入水平居高的国家。目前，按现价美元计算的人均国民总收入（GNI）指标，日本、韩国远高于世界平均水平，日本接近高收入国家水平，韩国则远高于中等偏上收入国家水平；中国已达到中等偏上收入国家水平，但尚未达到世界平均水平。[⑥]经济总量已达到世界第二位，但人均国民收入刚刚达到中等收入偏上国家水平，还未达到世界平均水平，这正是为什么说中国崛起还在过程中的主要依据。

从基础设施建设维度看，日本、韩国、中国等东亚崛起或正在崛起的国家都高度重视基础设施的建设，基础设施水平的提高也远比先行崛起国家迅速。日本非居住用建筑资本占 GDP 的比率及其增长速度[⑦]，中国铁路总长度、公路网长度在世界排名，中国、韩国港口集装箱吞吐量在世界排名，韩国每千人电话主线、每千人宽

① ［英］安格斯·麦迪森：《世界经济千年史》，伍晓鹰等译，北京大学出版社 2003 年版，第 246 页。

② 国家统计局国民经济综合司编：《新中国六十年统计资料汇编》，中国统计出版社 2010 年版，第 7 页。

③ ［日］宫崎犀一、奥村茂次、森田桐郎编：《近代国际经济要览（16 世纪以来）》，陈小洪等译，中国财政经济出版社 1990 年版，第 28—29 页。

④ ［英］麦迪森：《世界经济二百年回顾》，李德伟、盖建玲译，改革出版社 1997 年版，第 17 页。

⑤ ［美］西里尔·E. 布莱克等：《日本和俄国的现代化——一份进行比较的研究报告》，商务印书馆 1984 年版，第 390 页。

⑥ 中华人民共和国国家统计局编：《国际统计年鉴（2017）》，第 19—22、27—30 页。

⑦ ［英］麦迪森：《世界经济二百年回顾》，伍晓鹰等译，北京大学出版社 2003 年版，第 14—15 页。

带用户在世界排名[①]等，都充分说明了这一点。

从制度创新维度看，从 19 世纪 60 年代到 20 世纪 40 年代，日本对本国的政治、经济和社会制度进行了彻底的改革，挤进了工业和军事大国的前列。[②]1868 年明治维新以后，日本逐步走上"富国强兵"之路。[③]1961 年以后，韩国的军事统治宣告结束，开始进行经济和外贸政策的重大改革。70 年代韩国经济飞速发展，创造了所谓的"汉江奇迹"。[④]经过改革，韩国形成了独特的权威协调集体行为的市场经济类型。[⑤]1978 年以后，在中国共产党的坚强领导下，中国开始了全面改革，极大地解放、发展和创造了社会生产力，创造了"世界奇迹"。

从对外开放维度看，1868 年明治维新以后，日本迅速走上了对外开放的发展道路，解除了一切保护措施，冲向国际经济竞争的浪潮。[⑥]中国自 1978 年以后，成为有担当、负责任、全方位、宽领域、高水平对外开放的社会主义大国。

从科学技术进步维度看，已经崛起的日本、韩国和正在崛起的中国都是充分发挥后发优势，科学技术进步水平世界领先的典型。明治维新以后，日本是世界上引进技术消化吸收再创新最有成效的国家，第二次世界大战后更是加大了 R&D 的投入力度，1980—1985 年，R&D/GNP 的比率就已达到 2.6%，与先进的美国、瑞典、西德大致相同。[⑦]韩国自实施第一个五年计划（1962—1966 年）以后，一直致力于增强产业国际竞争力和产业结构现代化的科技进步，特别是"六五"计划（1987—1991 年）的主要战略是"自主技术开发战略"，旨在向高科技发展，自主开发技术密集型商品，加强国际技术交流合作。[⑧]中国自 1978 年改革开放以来，科学技术进步水平迅速提升，在一些科技领域正在经历由"跟跑者"到"同行者"再到"领跑

① 中华人民共和国国家统计局编：《国际统计年鉴（2017）》，第 278、285—286、291、294 页。

② ［美］西里尔·E. 布莱克等：《日本和俄国的现代化——一份进行比较的研究报告》，商务印书馆 1984 年版，第 183 页。

③ ［日］南亮进：《日本的经济发展》，景文学等译，对外贸易教育出版社 1989 年版，第 15 页。

④ 马洪、孙尚清主编：《市场经济 300 年》，中国发展出版社 1995 年版，第 292—293 页。

⑤ 左大培、裴小革：《现代市场经济的不同类型——结合历史与文化的全方位探讨》，经济科学出版社 1996 年版，第 220—246 页。

⑥ ［日］吉田茂：《激荡的百年史》，李杜译，陕西师范大学出版社 2006 年版，第 128—129 页。

⑦ 南亮进：《中国的经济发展——与日本的比较》，景文学等译，经济管理出版社 1991 年版，第 137 页。

⑧ 马洪、孙尚清主编：《市场经济 300 年》，中国发展出版社 1995 年版，第 293—305 页。

者"的历史性巨变，伴随经济崛起，正在由科技大国向科技强国奋进。

从先进文化传播维度看，日本、韩国、中国都是近距离或直接受到儒家文化影响的国家，对经历几千年历史演进形成的儒家文化精华的创造性转化和创新性发展，加上对西方发达国家文明的选择性传播和应有的本土化，使得各自的先进文化传播卓有成效地助推了本国的崛起进程，进而越来越呈现出做实做大做好所谓"儒家文化圈"的态势。德川时代，日本人的价值观受到儒家的强烈影响[1]，后来一直保留着重集体高于个人的倾向。明治维新后，西方发达文明急速普及；通过邀请外国教师把西方科学、技术引进日本，努力普及高等教育，第二次世界大战后引进美国教育制度；从废除军事独裁封建制、诞生立宪君主制，到1946年制定了日本国宪法，宣布了议会制民主主义。[2]从14世纪末到20世纪初成为日本殖民地，韩国占支配地位的意识形态都是可以概括为"修身、齐家、治国、平天下"的理学的新儒学；而从第二次世界大战后从日本殖民统治下解放出来到转而由美国占领，给韩国带来了许多西方发达国家的文化因素，集中体现在民主的、理性的、科学的和工业的价值观以及与这些价值观相适应的人格气质模式上。[3]中国是儒家文化的发祥地，具有五千多年的优秀中华文明。当代中国文化是中华优秀传统文化、在中国共产党领导下全中国人民在伟大斗争中形成的革命文化、社会主义先进文化的集成。在对传统文化创造性转化、创新性发展中形成的当代中国文化，也吸收了人类文明演进史上所有国家和地区优秀的文化成果，它是人类文明成果和多元优秀文化的集大成者。

从发展空间延拓维度看，日本、韩国、中国在有形与无形，陆、海、空等发展空间的广度、深度、高度以及效率方面都走在了世界的前面，不断破除实体空间对发展的种种制约。明治维新后，日本在开拓发展空间方面，曾走过一段军国主义的错误道路，对包括中国、韩国、新加坡等在内的多个亚洲国家和地区发动过大规模的侵略战争或实行野蛮的殖民地政策。如今，日本已成为海运强国、航空航天潜力大的国家，单位国土空间开发效率高，克服了实体发展空间"资源小国"的约束。

---

[1] 当时儒教被定为官方哲学，用以排斥其他一切意识形态。

[2] [日]南亮进：《日本的经济发展》，景文学等译，经济管理出版社1991年版，第6—7页。

[3] 左大培、裴小革：《现代市场经济的不同类型——结合历史与文化的全方位探讨》，经济科学出版社1996年版，第222—226页。

韩国是当今海运强国、互联网运用强国，单位国土空间开发效率比日本还高。中国已是世界陆运、海运、航空航天、互联网运用大国，特别是高铁、支付宝、共享单车和网购等正引领世界潮流，"一带一路"的共商共建共享，使得中国成为发展空间延拓潜力越来越强的国家。

从军事实力加强维度看，日本自明治维新以后实行"富国强兵"政策，经历日俄和甲午战争、对包括中国在内的多个亚洲国家和地区发动大规模侵略战争、作为三个法西斯轴心国之一参与发动第二次世界大战直至战败等军国主义发展道路，以及近年来修宪解禁集体自卫权等，充分表明日本在不断加强军事实力。目前韩国军费占 GDP 比重、军费占财政支出比重均已远超出日本和中国。中国已是位居世界前列的军力大国，正在向军力强国快速迈进。特别是党的十八大以来，在以习近平同志为核心的党中央坚强领导下，中国由军力大国向军力强国阔步前行，中国军力现代化水平迅速跃升。综合诸多研究文献可见，目前中国、日本、韩国的军力均已位居世界前列，其中，中国已经位居世界前三位。

从资源环境利用程度看，以煤炭资源的利用为例，以百万吨油当量计，2009—2015 年中国占世界煤炭产量的比重，远高于美国、德国、俄罗斯；同期中国占世界煤炭消费量的比重，远高于美国、德国、俄罗斯，日本、韩国高于德国，日本还高于俄罗斯。[1] 再以二氧化碳排放为例，以公吨计算，2007 年人均二氧化碳排放量日本、韩国、中国都明显高于世界平均水平，远高于低收入国家平均水平，也大大高于中等收入国家平均水平。[2]

从时空特征维度看，东亚国家日本、韩国、中国，同样在不同时代崛起时的人口及其增长率、世界占比，经济体量及其增长率、世界占比，人均经济总量水平，经济结构基础等指标等诸多方面，既表现出了各自的明显差别，也表现出了整体与先行崛起的西方发达国家的明显不同。地理空间不同，东亚三国在大致相同的崛起阶段，人口及其增长率、世界占比很不相同。从经济体量及其增长率、世界占比方面看，前已述及，东亚三国在崛起过程中都经历了长期高水平增长的阶段，而且多伴有 GDP、人均 GDP 年均增长的"加速期"，最终，成为世界经济总量大国和人均

---

[1] 黄晓勇主编：《世界能源发展报告（2017）》，社会科学文献出版社 2017 年版，第 31—36 页。

[2] 世界银行：《2012 世界发展报告：性别平等与发展》，清华大学出版社 2012 年版，第 404 页。

收入水平居高的国家。在经济结构基础方面，日本、中国等东亚大国开始崛起时，传统农业社会结构特征比先行崛起的西欧诸国和美国开始崛起时要突出得多，以三次产业增加值比重或就业比重、城市化率衡量的现代社会结构基础明显薄弱，崛起完成时还要继续追赶先行崛起大国的现代社会结构水平。

在韩国，制度文化具有新儒学"修身，齐家，治国，平天下"的背景，形成了权威协调集体行为的市场经济体制，以及紧密的企业—政府关系，这从制度安排上保证了指导全国的五年经济计划的顺利实施。[①] 在中国，已经把"推动物质文明、政治文明、精神文明、社会文明、生态文明协调发展，把我国建设成为富强民主文明和谐美丽的社会主义现代化强国，实现中华民族伟大复兴"写进了《中华人民共和国宪法》。中国的崛起已是世人共识，美国总统特朗普执政后从对中国开打贸易战到全面抑制中国经济发展的种种行为，更加证明了中国崛起的大势已成。

（三）大国崛起东亚模式的归纳总结

（1）注重经济增长的长期动态有效性。东亚三国经济长期增长绩效的最突出表现是，不仅都经历了长期高速增长期，而且都存在"加速期"，直到成为世界经济总量大国或人均收入水平居高的国家。东亚崛起中表现的经济长期增长的有效性，正如世界银行在《东亚奇迹》[②]一书中所指出的，关键在于：第一，坚持宏观经济管理基础，包括稳定的商业环境，鼓励长期投资和固定资产积累的较低的通货膨胀；谨慎而可持续的财政政策，并积极与其他政策配合，以便更多人更平等地享受高速经济增长的成果；可以维持出口竞争力的汇率政策；金融业的发展和逐步开放，最大限度地提升国内储蓄（储蓄的最初动力来自快速增长），促进资金的有效配置，与全球金融体系接轨；支持初级和中级教育，努力创造一个拥有外向发展技能的阶层。第二，强调发展一套官僚体系的策略，这个体系能够认知和执行集权的、自上而下的"强政府"的功能，并能够就长期规划做出值得信赖的承诺。第三，东亚政府采用积极参与政策，加速工业化步伐，增加工业产品中出口的比重。第四，采用实用主义方法，强调长期目标和策略，采取灵活措施，达不到目的就放弃，以保证

---

① 左大培、裴小革：《现代市场经济的不同类型——结合历史与文化的全方位探讨》，经济科学出版社1996年版，第220—237页。

② 世界银行工作人员编：《东亚奇迹：经济增长与公共政策》，中国财政经济出版社1995年版。

政府支持有效。① （2）高度重视创造人力资本。除了支持初级和中级教育外，最突出的表现如把人力资源作为第一资源，加强 R&D 投入力度，大力发展高新技术产业和充分发挥企业家作用，用先进文化教育人。（3）充分发挥后发优势。突出表现在通过基础设施水平以超过先行崛起国的速度提升并迅速达到乃至引领世界一流，为崛起和崛起后经济社会持续快速健康发展奠定坚实基础；通过立足国情的制度创新，建构起特色鲜明的现代制度体系，治理体系和治理能力现代化水平迅速提升，根除了阻碍可持续发展的各种障碍；通过对外开放，在充分利用了国内外两个市场、两种资本、两种资源的同时，还卓有成效地引进、吸收、消化、再创新了世界一流的先进科学技术，引进、招揽乃至留住了世界一流的人才和智力，引进、学习、嫁接、改造了世界一流的管理经验和方法；通过总结先行崛起国家走传统工业化老路所引致的对资源掠夺性开发利用、对环境污染的教训，在资源环境利用中贯彻可持续发展理念，走出一条资源节约型、环境友好型的绿色发展导向的新型工业化新路。（4）传承儒家文化精华。突出表现在制度文化具有新儒学"修身，齐家，治国，平天下"的精神特质，在行为上崇尚节俭，强调勤劳，注重实际，忠于集体，善于协作，讲究长远，尊重自然。

三、大国崛起的中国道路

（一）中国共产党长期执政

中国共产党是一直坚持以马克思主义作为指导思想的政党。马克思主义主要包括马克思主义哲学、马克思主义政治经济学和科学社会主义三大组成部分，是马克思、恩格斯在批判地继承和吸收人类关于自然科学、思维科学、社会科学优秀成果的基础上于 19 世纪 40 年代创立，并在实践中不断丰富、发展和完善的科学思想体系。正如列宁在为纪念马克思逝世 30 周年而写的文章《马克思主义的三个来源和三个组成部分》中所指出的：马克思主义回答了人类先进思想已经提出的种种问题，直接继承了 19 世纪德国古典哲学、英国古典政治经济学和法国空想社会主义的优秀成果。习近平《在纪念马克思诞辰 200 周年大会上的讲话》指出：马克思主

---

① ［美］约瑟夫·E. 斯蒂格利茨、沙希德·尤素福编：《东亚奇迹的反思》，王玉清等译，中国人民大学出版社 2003 年版，第 5—6 页。

义是科学的理论，创造性地揭示了人类社会发展规律；马克思主义是人民的理论，第一次创立了人民实现自身解放的思想体系；马克思主义是实践的理论，指引着人民改造世界的行动；马克思主义是不断发展的开放的理论，始终站在时代前沿。而中国共产党自成立以来，一直以马克思主义的辩证唯物主义和历史唯物主义的世界观和方法论作指导；中国共产党始终站在马克思主义以人民为中心的根本立场，代表中国最广大人民的根本利益，而不是仅仅代表少数人或特殊利益集团的利益；中国共产党始终坚持与时俱进，不断推进马克思主义的中国化，形成了毛泽东思想、邓小平理论、"三个代表"重要思想、科学发展观、习近平新时代中国特色社会主义思想等一脉传承的马克思主义中国化的思想体系和先进的理论成果。这一切，是中国共产党由小到大，能够长期执政的思想根源。而且，这也与许多西方"轮流坐庄"的所谓"选举型"政党形成了鲜明对比，后者难以形成也没有形成长期指导思想，更不用说形成既与时俱进、又一脉传承的先进的政党指导思想体系；只代表特殊利益集团。马克思主义指引中国共产党领导中国人民取得了新民主主义革命的胜利，建立了新中国，完成了社会主义革命和社会主义改造，开辟了中国特色社会主义道路，逐步走上了中华民族的伟大复兴之路，中国崛起成为现实，如今这已成为世界各国的普遍共识。

中国共产党执政是历史的选择和人民的选择。正如习近平指出的："一个国家实行什么样的主义，关键要看这个主义能否解决这个国家面临的历史性课题。"[①] 在中华民族积贫积弱、任人宰割的时期，各种主义和思潮都进行过尝试，资本主义，改良主义、自由主义、社会达尔文主义、无政府主义、实用主义、民粹主义、工团主义等，都没能解决中国的前途和命运问题。是马克思列宁主义、毛泽东思想引导中国人民建立了新中国，是中国特色社会主义使中国快速发展起来了。苏联解体、东欧剧变以后，各式各样的"中国崩溃论"从来没有中断过。但是，改革开放以来中国综合国力与日俱增，人民生活水平不断提高。历史和现实都告诉我们，只有社会主义才能救中国，只有中国特色社会主义才能发展中国。中国共产党在成立近百年、执政 70 年的任何时期，都得到了中国最广大人民群众的爱戴和拥护。

---

① 习近平：《关于坚持和发展中国特色社会主义的几个问题》，《求是》2019 年第 7 期。

中国共产党作为执政党具有自我完善的内生机制。一是选举中有自我完善的内生机制。《中华人民共和国宪法》关于公民基本权利和义务的规定，充分体现了在选举各级国家权力机关人员中的广泛民主性，而广泛的民主性就从根本上保障了选举机制的不断完善。人民代表大会制度是坚持党的领导、人民当家作主、依法治国的根本政治制度安排，确保了国家权力机关由人民选举、对人民负责、受人民监督。在不断发展的开放的马克思主义理论指导下，加上这一根本的政治制度安排，以及中国共产党领导的多党合作和政治协商制度、民族区域自治制度以及基层群众自治制度等基本政治制度，中国特色社会主义法律体系，公有制为主体、多种所有制经济共同发展的基本经济制度等，就从根本上解决了西方宪政民主制的"民主公地悲剧"，古代世袭终身制的"政治基因"缺陷、"首脑能力"缺失等所导致的各种执政不可持续的问题。二是选拔中有自我完善的内生机制。《中国共产党章程》中关于党员入党条件、义务和权利的规定，充分表明中国共产党党员入党的开放性。《中国共产党章程》明确规定党内实行民主集中制，并指出它既是党的根本组织原则，也是群众路线在党的生活中的运用。《中华人民共和国宪法》规定：中华人民共和国的国家机构实行民主集中制的原则。民主集中制，加上党政领导干部选拔任用中的选贤任能、竞争择优、群众公认等原则，从根本上保障了各级领导干部选拔机制的不断完善。三是监督中有自我完善内生机制。《中国共产党章程》规定：坚持从严管党治党，全面从严治党永远在路上。要把严的标准、严的措施贯穿于管党治党全过程和各方面。坚持依规治党、标本兼治，坚持把纪律挺在前面，加强组织性纪律性，在党的纪律面前人人平等。相应地，制定了一整套党内法规。《中华人民共和国宪法》规定，国家行政机关、监察机关、审判机关、检察机关都由人民代表大会产生，对它负责，受它监督。对于执政监督，建构起一整套制度规范，标本兼治，可持续进行，这也从根本上保障了执政监督机制的不断完善。

中国共产党是有远大目标和长远规划的领导型政党。首先，作为以马克思主义为指导思想的政党，中国共产党是共产主义远大理想和中国特色社会主义共同理想的坚定信仰者和忠实践行者。中国共产党充分认识到：中国共产党人追求的共产主义最高理想，只有在社会主义社会充分发展和高度发达的基础上才能实现，实现共产主义是一个非常漫长的历史过程，中国特色社会主义是党的最高纲领和基本纲领的统一，必须立足现阶段的奋斗目标，脚踏实地推进中国特色社会主义事业，努力建设富强民主文明和谐美丽的社会主义现代化国家。其次，作出了全面建设社会主义现代化国家的战略安排。改革开放之初，中国共产党提出了建设小康社会的战略构想并提出了社会主义现代化建设"三步走"的战略目标；十九大提出从 2020 年到 21 世纪中叶的 30 年，把中国建成富强民主文明和谐美丽的社会主义现代化强国的两个阶段奋斗目标的安排。再次，从 1953 年第一个国民经济和社会发展五年规划开始至今，已经连续制定了十三个国民经济和社会发展的五年规划，对各个五年时期国民经济和社会发展的指导思想、发展目标、发展重点或主要任务、保障措施等，进行了系统、合理和切实可行的部署和安排。

中国特色社会主义最本质的特征是中国共产党领导，中国特色社会主义制度的最大优势是中国共产党领导。正是由于中国共产党长期执政，中国才更能实现经济增长长期动态有效、社会秩序稳定演进等，也才更能实现迅速崛起。

（二）一直建设学习型社会

塞萨尔·伊达尔戈认为，经济增长的本质是信息的增长。非稳态系统、固体物理和物质的可分析计算能力三者，是宇宙中信息存在与增长的物理机制。人类算是代表了物质的分析计算能力的最高水平。信息的发展是整个人类经济发展的核心，而正是人类分析计算能力的进步，加上人类创新产物的长期积累，才有了信息增长进而经济的增长。就可持续增长与发展而言，因为储藏了丰富的信息，所以，当这个宇宙不断发展、熵值不断增长时，我们的星球则继续走在一条抗争着这一趋势的路上。[①] 斯蒂格利茨认为，信息可以被视为一种特殊的知识，而学习对提高人民生活水平有着更重要的影响，这对于发展中国的社会福利增长很重要，通过缩小知识的差距，社会福利的增长速度比单纯积累资源带来的增长要快得多。创建一个学习型经济和学习型社会的政策不仅会重塑一个国家的经济，也会在更广的层面上重构一个国家的社会，二者的结合可以在现在和未来共同提升人民的生活水平。[②] 中华

①［美］塞萨尔·伊达尔戈：《增长的本质：秩序的进化，从原子到经济》，浮木译社译，中信出版社 2015 年版，第 206—207、211 页。

②［美］约瑟夫·斯蒂格利茨、布鲁斯·格林沃尔德：《增长的方法：学习型社会与经济增长的新引擎》，陈宇欣译，中信出版社 2017 年版，第 386、396—397 页。

民族是世界上最古老的民族之一。作为古老民族，中华民族 DNA 的演进必然经历更加漫长的岁月，并且中华民族是一个善于学习的民族，无论对于自然环境的适应性学习，还是对人类社会创造的信息存量的学习和增量的贡献都是如此。从两千多年前的孔孟儒学至今，尊师重教一直是中华民族的文化传统。从中国古代科考制度至今，各级政府官员的选拔总体上都对学问、学识和学历给予了高度重视。习近平在中共中央纪念刘少奇同志诞辰 120 周年座谈会上发表重要讲话指出，学习本领是领导干部必须具备的第一位本领，同时要善于把学到的本领运用到实际工作中去，努力做到知行合一、以知促行、以行求知。东亚各崛起大国都高度重视学习，因为它们都在以中国为核心的儒家文化圈内。长期研究中国经济问题的哈佛大学政治经济学教授 D.H. 珀金斯早就指出：中国之所以能成为亚洲的下一个经济大国，根源之一在于重视正规教育，这是传承孔子重视教育的思想的结果，而包括日本、朝鲜在内的国家都程度不同地受到了这一思想的影响。① 新中国成立以来，特别是改革开放以来，中国实施科教兴国战略和人才强国战略，优先发展教育，开辟了中国特色社会主义教育发展道路，建成了世界最大规模的教育体系，保障了亿万人民群众受教育的权利。教育投入大幅增长。颁布了《中华人民共和国教育法》等一系列有关教育的法律法规，制定实施了《国家中长期教育改革和发展规划纲要（2010—2020 年）》，该规划确定：到 2020 年，基本实现教育现代化，基本形成学习型社会，进入人力资源强国行列。近年来，随着线上线下结合的崭新学习平台的建立，公民、企业、学校、社会各界互联互通的学习网络已经形成，中国迈向学习型强国的步伐明显加快。

（三）着力打造创新型国家

中国古代科学技术发达，有印刷术、造纸、指南针和火药等伟大发明。李约瑟明确指出：在公元后最初的 14 个世纪里，中国传给了欧洲极为丰富的发现和发明，而西方在接受这些发现和发明时往往并不清楚它们源于何地。在文艺复兴之前和期间，中国人在技术方面占据着非常支配的地位，但这并不意味着中国人从来就是单纯的"经验论者"。中国的成就不仅在技术方面，古代和中世纪的中国有一整套自然

① ［美］D.H. 珀金斯：《中国：亚洲的下一个经济大国》，金志有译，学林出版社 1992 年版，第 7—8 页。

理论体系，有系统的有记录的实验，而且有许多极为精确的测量。古代和中世纪的中国科学囿于表意文字的范围内，很少向外渗透。中国人的理论最后阶段仍然是中世纪型的，因为这些理论并没有促成文艺复兴以及对假说的数学化。①"李约瑟问题"的标准提法是：为什么从公元前 1 世纪到公元 15 世纪，在把人类的自然知识应用于人的实际需要方面，中国文明要比西方文明有效得多？为什么现代科学只在欧洲而没有在中国（或印度）文明中发展起来？② 对"李约瑟问题"的回答，李约瑟本人以及其他众多学者从中国与西欧之间社会经济模式的差异的比较中给出了多个维度的解释。但笔者认为，从大国崛起的本质是信息演化的结果的角度，还可以给出大国崛起所面临的一般所谓"中等收入陷阱""修昔底德陷阱""金德尔伯格陷阱"之外的第四个陷阱即"演化速度陷阱"的解释：作为信息演进的结果，大国崛起以后会由于大而自满、大而失敏，或变大后继续信息演进的代价也更大等原因，使本身的信息演化速度放缓，从而被其他国家赶上或超越。③ 新中国成立以后，特别是改革开放以来，中国科技进步和建设创新型国家的步伐明显加快。中国共产党确立了科学技术是生产力、第一生产力，发展是第一要务、创新是第一动力、人才是第一资源的理念，提出"创新、协调、绿色、开放、共享"新发展理念，主张创新是包括理论创新、科技创新、制度创新、文化创新、管理创新等在内的系统创新，实施科教兴国、创新驱动发展战略。颁布了《中华人民共和国科学技术进步法》等有关科技创新的法律法规，提出构建国家创新体系，建设创新型国家；制定实施了《国家中长期科学和技术发展规划纲要（2006—2020 年）》。科技投入不断加大，科技进步贡献率已经达到 58.5%。目前，在导航系统、航天、手机、通信、高铁、港口机械、民用无人机、数字安防、互联网和人工智能等领域，中国科技实力已处于世界前列。

（四）独立自主地改革开放

　　1978 年以来的改革开放，是中华民族作为世界典型大国崛起的关键一招。改

---

　　① ［英］李约瑟：《文明的滴定：东西方的科学与社会》，张卜天译，商务印书馆 2016 年版，第 46、50—51 页。

　　② ［英］李约瑟：《文明的滴定：东西方的科学与社会》，张卜天译，商务印书馆 2016 年版，第 176—202 页。

　　③ 当然，公元前 1 世纪到公元 15 世纪的中国，在世界上虽是大国乃至强国，但仍属于传统农业社会，不符合本文关于经济结构和社会结构从根本上现代化的工业化或现代化的实现过程的"大国崛起"的定义，但这并不影响对问题的理解。

革开放始终坚持解放思想、实事求是的马克思主义思想路线，坚持科学性和实践性的统一、实现人的自由全面发展、以人为本的价值取向等科学社会主义的基本原则，开创了中国特色社会主义道路，在人类文明演进史上写出了前所未有的改革开放篇章，也创造了举世瞩目的辉煌成就。改革从农业到工业、农村到城市、单项突进到全面配套，从"摸着石头过河"到更加注重顶层设计，从破除高度集中的计划经济管理体制、建立社会主义市场经济为取向的经济体制改革，到全面深化经济、政治、文化、社会、生态文明、国防、外交、党的建设等各个领域的改革，为中国崛起提供了根本制度保障，开辟了大国制度创新的崭新路径。开放会使一个国家的信息演化在更大的环境中进行，增大信息存量和创造新的信息，从而促进经济社会发展。中国曾深受闭关锁国的危害，"李约瑟问题"与"演化速度陷阱"的解释，实际上反映的就是闭关锁国的问题。中国把对外开放作为基本国策，相继采取了一系列影响世界的重大举措：设立经济特区、沿海对外开放城市、海关特别监管区、自由贸易区，谋划自由贸易港，加入WTO，颁布实施《中华人民共和国外商投资法》，提出"一带一路"倡议，倡导人类命运共同体理念，等等。毋庸置疑，中国的改革开放是独立自主的，是不受所谓"华盛顿共识"影响的。后者的"休克疗法"曾导致俄罗斯和东欧国家的经济改革和发展的挫败。

（五）协作型竞争和平崛起

源于儒家思想的和谐、和平、合作或协作理念，成为中国参与国际竞争与和平崛起的思想基础。习近平提出构建人类命运共同体的战略思想，是着眼人类发展和世界前途提出的中国理念和中国方案，已得到国际社会的高度赞扬并多次写入联合国文件。中国始终不渝走和平发展道路。习近平指出：自古以来，中华民族就积极开展对外交往通商，而不是对外侵略扩张；执着于保家卫国的爱国主义，而不是开疆拓土的殖民主义。中国无论发展到什么程度，永远不称霸，永远不搞扩张，始终做世界和平的建设者、全球发展的贡献者、国际秩序的维护者。[①] 中国作为当今世界人口、国土空间、经济总量、资源环境利用大国，对全球可持续发展的影响可谓举足轻重。中国认真履行对联合国环境与发展大会通过的《21世纪议程》的庄严承

---

① 中共中央宣传部编：《习近平新时代中国特色社会主义思想三十讲》，学习出版社2018年版，第287—288页。

诺，制定了《中国 21 世纪议程》，即《中国 21 世纪人口、环境与发展白皮书》，以此作为中国可持续发展总体战略、规划和方案，作为制定国民经济和社会发展中长期规划的指导性文件；积极落实《2030 年可持续发展议程》，作为缔约方遵循《联合国气候变化框架公约》的基本原则，积极签署《巴黎气候变化协定》并严格履行承诺。在生态文明建设方面，中国倡导生态引领、绿色发展，保持了战略定力。2019 年 3 月，习近平在参加十三届全国人大二次会议内蒙古代表团审议时指出：在"五位一体"总体布局中生态文明建设是其中一位，在新时代坚持和发展中国特色社会主义基本方略中坚持人与自然和谐共生是其中一条基本方略，在新发展理念中绿色是其中一大理念，在三大攻坚中污染防治是其中一大攻坚战。这"四个一"体现了我们党对生态文明建设规律的把握，体现了生态文明建设在新时代党和国家事业发展中的地位，体现了党对建设生态文明的部署和要求。

（六）人民有伟大梦想精神

中国人民的梦想精神是古老中华文明长期演进的结果。用信息演化的视角看，这是信息长期演化过程中形成的一种特殊的信息结构和组合的具象或表现。中华文明有 5000 多年演进历史，中国是世界四大文明古国中唯一传承到今天的文明大国，历史上曾长期走在世界前列。习近平指出：在几千年历史长河中，中国人民始终心怀梦想、不懈追求，不仅形成了小康生活的理念，而且秉承天下为公的情怀，盘古开天、女娲补天、伏羲画卦、神农尝草、夸父追日、精卫填海、愚公移山等我国古代神话深刻反映了中国人民勇于追求和实现梦想的执着精神。[①] 中国崛起和中国梦的实现，不仅已经成为中国人民和中华民族的共识，而且也得到世界各国人民越来越普遍的认同。

四、结语

从信息演化的视角看，中国崛起是人类文明、特别是五千余年中华民族文明基因信息演进的必然结果。中国崛起也是中华文明遵循自然、社会和人类思维发展规

---

① 习近平：《在第十三届全国人民代表大会第一次会议上的讲话》，载全国人民代表大会常务委员会办公厅编：《中华人民共和国第十三届全国人民代表大会第一次会议文件汇编》，人民出版社 2018 年版，第 3—4 页。

律的必然结果。中国发展曾经长期在世界领先，但由于社会经济模式或者"演化速度陷阱"等大国崛起中的各类问题，也曾长期失去了领先发展的地位。新中国成立以前，国际社会可以有各种理由不看好中国。而新中国成立以后，即使从改革开放开始，特别是苏联解体、东欧剧变以后，唱衰中国的舆论在国际上也是不绝于耳，各式各样的"中国崩溃论"来没有中断过。但是，中国没有崩溃，综合国力反而与日俱增，人民生活水平不断提高，国际地位上升。国际上关于"北京共识""中国模式""中国道路"等议论和研究也多了起来，其中不乏赞扬者。

但是，从人均收入水平、产业结构演进水平等主要指标水平看，从现阶段所面临的日益复杂的国际局势和发展环境所带来的挑战看，中国还是正在崛起中的大国。党的十九大明确指出，新时代中国社会主要矛盾是人民日益增长的美好生活需要和不平衡不充分的发展之间的矛盾。实现社会主义现代化和中华民族伟大复兴，要在全面建设小康社会的基础上，分两步走在本世纪中叶建成富强民主文明和谐的社会主义现代化国家。解决新时代中国社会主要矛盾，完成实现现代化的目标任务，中国需要解决长期发展中所累积起来的一系列问题，包括治理体系和治理能力、经济结构、创新体系、生态环境、风险防控、反腐倡廉等各个方面；也需要面对崛起中出现的崭新问题，如怎样参与国际政治、经济、金融等秩序的改革创新，有效提供国际公共产品，为全球治理贡献中国智慧、方案和中国力量。跨越大国崛起中的各种"陷阱"，还需要从历史经验、现实实践、对未来发展趋势的把握中，探索出更加科学的理论，制定更加符合国情和时代要求的战略规划、政策体系、方案举措。

原刊《学术月刊》2019 年第 10 期

乡土中国的现代化

——乡村基层治理中的政府和社会

王丹利　陆　铭[*]

一、引言

改革开放以来，随着中国经济的发展及城市化水平的提高，乡村的治理结构和资源配置方式发生了巨大的变化。为了在乡村建立一个与市场化和现代化相适应的现代乡村治理体系，政府在乡村进行了一系列的变革，包括加强基层党组织建设、推进新农村建设、开展"移风易俗"活动、打击宗族势力等，以期能够逐渐消除传统的依赖宗族和血缘的资源配置方式的影响，重建一个与市场和法制相适应的当代资源配置方式。这样做似乎是有其理论基础的。现有的理论一般认为，传统社会依赖宗族、血缘的资源配置方式更适合农业社会，当时人们的生活范围和交易范围非常小，金融市场、社会保障体系等又不发达；而随着经济发展水平和市场完善程度的提高，传统资源配置方式已经不再合适，现代社会的资源配置机制应当是市场、法治与政府。[①]

但是，相对中国经济的快速发展，乡村从传统社会向现代社会转型是一个漫长的过程。不可否认，市场和法治已成为现代社会的共同追求，传统的基于宗族和

*　作者王丹利为上海对外经贸大学国际经贸学院讲师；陆铭为上海交通大学安泰经济与管理学院教授。

①　Greif, A., "Family Structure, Institutions, and Growth: The Origins and Implications of Western Corporations," *American Economic Review*, 2006, 96(2), pp.308—312; Greif, A., and Tabellini, G., "Cultural and Institutional Bifurcation: China and Europe Compared," *American Economic Review*, 2010, 100(2), pp.135—140; Greif, A., and Tabellini, G., "The Clan and the City: Sustaining Cooperation in China and Europe," *Journal of Comparative Economics*, 2017, 45, pp.1—35.

血缘的资源配置机制将最终被市场和法治所取代。但在现实中，在中国广大乡村地区，由于市场和法治发育程度较低，传统社会遗留的资源配置机制仍然可能在发挥比较大的影响。在乡村治理体系转型过程中，传统社会资本的影响是无法回避的。那么，在当前乡村社会发展中，传统社会资本对乡村社会发展到底起着促进还是阻碍作用？我们是应该彻底打破传统社会资本，同时用现代机制去替代它，还是应该顺势而为，在经济发展的特定阶段利用传统乡村社会资本的优势？

直到今天，中国仍然有 40% 的人口生活在乡村（中国统计年鉴，2018），习近平总书记指出，对中国这样一个农业大国、人口大国来说，不管工业化、城镇化发展到哪一步，乡村都不可能消亡。中央也越来越重视乡村治理，在 2019 年 6 月《关于加强和改进乡村治理的指导意见》中，中央强调要"加强和改进乡村治理，推进乡村治理体系和治理能力现代化，夯实乡村振兴基层基础"。而在改进乡村治理结构过程中，政府也越来越意识到不能忽视传统社会资本。在《关于加强和改进乡村治理的指导意见》中，政府开始强调要构建共建共治共享的社会治理格局，即"党委领导、政府负责、社会协同、公众参与、法治保障、科技支撑的现代乡村社会治理体制"。在随后的十九届四中全会上，提出要"实现政府治理和社会调节、居民自治良性互动，夯实基层社会治理基础。"在上述大背景之下，本文的研究旨在厘清传统社会资本在当前乡村社会发展中起的作用，为如何规避传统社会资本的弊端并实现与其良性互动和配合提出政策建议，同时也为构建共建共治共享的现代乡村治理体制提供学理依据。

二、传统中国乡村的资源配置机制

如果要推进乡村治理体系和治理能力现代化，先要理解传统乡村的资源配置机制。我们不妨先来看两个案例的对比。以广西乐业县和四川江油县为例，前者是典型的姓氏数目少、姓氏集中度高的地区，1990 年前后全县仅 156 个姓氏，前四大姓氏人口所占比重高达 60%；后者 1990 年前后全县有超过 1000 个姓氏，前四大姓氏人口占比不到 30%。这两个县的地方政府在 1962—1989 年增加了数千万预算用以投资乡村的学校、水利灌溉等公共设施。由于政府掌握的信息不充分、协调成本较高，政府倾向于采取"政府出资、群众出力"与社会合作的模式建设公共设施。那么，传统乡村的资源配置机制如何影响群众出力的效率呢，如何影响政府公共支出的效率呢？在给出答案之前，我们先回顾一下既有研究对于乡村治理和资源配置的发现。

总体来说，传统中国乡村依赖宗族和血缘进行资源配置。[①] 中国经历了几千年的传统农业社会，传统社会"皇权不下县"，即政府行政机构的设置到县一级，县以下的乡村治理一般依靠宗族为载体，依赖宗法和血缘来实施乡村自治。[②] 以血缘纽带为原始契机的宗法关系左右着传统乡村社区的自我运行。

传统乡村包含了家族和邻里乡党两大环节，即通常所说的同姓和异姓。资源配置也可以简单分为宗族内部和宗族之间，即同姓内部和异姓之间。

（一）宗族内部的集体行动

在传统中国乡村，宗族承担着很多责任，也享有很多权利。比如，对于族内的孤儿寡母和其他贫困人家，宗族会提供帮助和救济；对因遭受气候异常变化等外部因素引起的生存危机和家族成员生老病死这样的内部事故，也要提供帮助和救济。梁其姿记载了各地区历史上大量的宗族建造养济院、育婴堂、老人院以救济本族老弱孤贫的现象。[③]《中国土地利用资料》（1937）也记录了各地区历史上存在族田、义田、学田用以救济本族孤贫、资助本族学子的情况。[④] Huang、Lam 的研究发现，历史上宗族组织还能推动水利灌溉设施的修建，促进当地农业的发展。可以看出，历史上宗族力量对于乡村公共品提供起着重要的作用。[⑤]

① 冯尔康：《中国社会结构的演变》，河南人民出版社 1994 年版；［英］莫里斯·弗里德曼：《中国东南的宗族组织》，刘晓春译，上海人民出版社 2000 年版；Greif, A., and Tabellini, G., "Cultural and Institutional Bifurcation: China and Europe Compared," *American Economic Review*, 2010, 100(2), pp.135—140; Greif, A., and Tabellini, G., "The Clan and the City: Sustaining Cooperation in China and Europe," *Journal of Comparative Economics*, 2017, 45, pp.1—35。

② Chu T, *Local Government in China Under the Ch'ing*, Cambridge, Mass: Harvard University Press, 1962; Chang, C. *The Chinese Gentry: Studies on Their Role in Nineteenth-century Chinese Society*, Seattle: University of Washington Press, 1967.

③ 梁其姿：《施善与教化——明清的慈善组织》，河北教育出版社 2001 年版。

④ Buck, J. L.，《中国土地利用资料》，商务印书馆 1937 年版。

⑤ Huang, P. C. C., *The Peasant Family and Rural Development in the Yangzi Delta, 1350—1988*, Stanford: Stanford University Press,1990; Lam, W., *Institutional Design and Collective Actions: A Study of Irrigation Associations in Taiwan*, Paper presented at a conference on "Government Action, Social Capital Formation and Third World Development," Cambridge, Mass, 1995, May, pp.5—6。

　　这种宗族组织修建学校、医院、社会保障机构、水利灌溉设施、道路桥梁的现象在新中国成立后仍然存在，且屡见不鲜。新中国成立后第一轮县志中有大量的关于村民集资兴建公共设施的记载。[①] 我们自己的研究通过严格的计量分析探究各县1949—1990 年乡村村民集资修建公共设施（包括学校、医院、道路、桥梁、水利设施、文娱设施）的规模与该县 1990 年姓氏数目及姓氏集中度的相关性。我们发现，村民集资兴建公共设施与该地区的姓氏数目显著负相关，而与姓氏集中度显著正相关；姓氏数目越少、姓氏集中度越高，该地区的宗族数越少，村民之间的协调成本越低，村民集资兴建公共设施的现象越普遍。[②]

　　传统的资源配置机制不仅影响着乡村社会资本提供公共产品与服务，也影响着政府在乡村投入建设公共设施的效率。公共经济学理论认为，由于存在市场失灵，公共品应由政府提供。因此，在乡村公共产品与服务提供领域，政府应发挥决定性作用。但近年来一些研究发现，政府提供公共品存在信息不完全的问题；与政府相比，社会掌握更充分的信息，在公共品供给上更有效率。[③] 具体到中国广大乡村地区，由于人口密度低，信息不对称问题更加凸显。因此，为了提高公共支出效率，政府倾向于在乡村公共品领域推广和社会资本合作的模式。[④] 我们自己的研究发现，乡村传统社会资本确实可以影响政府与社会合作的效率，进而影响政府在乡村公共支出的效率。我们回到前文广西乐业县和四川江油县的对比。当这两个县的地方政

---

　　① 如《屏南县志》记载："1979 年后，群众集资建校热情倍增。1979—1984 年，全县集资 192.68 万元，其中乡村群众集资 139.28 万元，占总投资 72.29%。1984—1990 年，乡村群众集资 589.3 万元，占总投资 71.3%。"

　　② 作者用县层面姓氏数目、前三大姓氏人口占比、前四大姓氏人口占比作为该县姓氏集中度的度量。Tsai（2007）、Xu and Yao（2015）的研究也发现，宗族势力强的地区，村民集体行动要求政府提供公共服务的能力更强。王丹利、陆铭：《社会与政府的互补：来自农村公共品提供的证据》，2019 年工作论文。

　　③ Tresch, R. W., "Estimating State Expenditure Functions: An Empirical Test of the Time Series Informational Content of Cross Section Estimates," *Public Finance = Finances publiques*, 1974, 29(3—4), pp.370—385; Tresch, R. W. and Zlate, A. *Explorations into the Production of State Government Services: Education, Welfare and Hospitals*, Boston College Working Papers in Economics, 2007, p.679, Boston College Department of Economics.

　　④ 近年来，在乡村公共产品与服务提供领域推广政府与社会资本合作的模式，进一步完善乡村公共品供给体系已经上升到政策层面。中央政府在《国家基本公共服务体系"十二五"规划》《国家"十三五"推进基本公共服务均等化规划》等文件中明确提出，建立基本公共服务多元供给机制，扩大基本公共服务面向社会资本开放的领域，广泛吸引社会资本参与公共服务供给。《乡村振兴战略规划（2018—2022）》指出，要健全投入保障制度，充分激发社会投资的动力。

府准备"政府出资、群众出力",采取与社会合作的模式在乡村建设公共设施时,在广西乐业县,宗族多样性(clan diversity)低、群众协调成本低、集体行动更容易实现,因此"自 1962—1989 年国家投资(即县区级以上各种投资)累计 2021.13 万元;农民群众劳力投资,1962—1980 年累计劳力折款 449.63 万元,1980 年后只投劳动累计工,不算劳力折款"。[1]而在四川江油县,宗族多样性高、群众协调成本高、集体行动难以实现,最终政府的公共支出并未带来任何村民集资。[2]这两个案例的对比结果与集体行动的逻辑理论是完全一致的。[3]我们的研究还对一个全国范围的样本进行了实证检验,发现在姓氏集中度高的地区政府公共支出效率更高,具体表现在相同份额的政府公共支出能够带来更高的村民集资提供公共设施水平。[4]

此外,在传统社会,宗法关系还会直接影响经济行为。根据《民事习惯调查报告录》(2000)[5]的记载,在很多地区,历史上存在土地买卖优先权"先尽亲属叔伯人"、族人优先租佃借贷以及减租让息的传统相当普遍。新中国成立后,经过土地改革和家庭联产承包责任制改革,此类习俗已经消失了。然而有研究发现,近年来乡村土地流转也通常发生在同一宗族的村民之间。[6]但是迄今为止,尚未有文献研究这些经济行为对效率的影响,如宗族网络强的地区土地流转率是否更高、土地流转后农业生产率是否更高、农民收入上升是否更快等,这些问题都有待进一步的研究。

(二)异姓之间的宗族冲突

但是,任何事物都是有两面性的。宗族既是一种传统乡村的治理机制,同时,宗族之间的冲突也对乡村发展形成了负面影响。在传统乡村社会,由于缺乏市场机制和法制体系,异姓之间资源配置成为一个难题。最常见的解决异姓之间资源配置的方

---

① 乐业县志编纂委员会编:《乐业县志》,广西人民出版社 2002 年版。

② 江油市地方志编纂委员会编纂:《江油县志》,四川人民出版社 2000 年版。

③ Olson, M., *The Logic of Collective Action: Public Goods and the Theory of Groups*. Cambridge, MA: Harvard University Press,1965; Ostrom, E., *Governing the Commons: The Evolution of Institutions for Collective Action*. Cambridge, UK: Cambridge University Press, 1990; Alesina, A. and La Ferrara, E., "Ethnic Diversity and Economic Performance," *Journal of Economic Literature*, 2005, 43, pp.762—800; Miguel, E. and Gugerty, M., "Ethnic diversity, social sanctions, and public goods in Kenya," *Journal of Public Economics*, 2005, 89, pp.2325—2368.

④ 王丹利、陆铭:《社会与政府的互补:来自农村公共品提供的证据》,2019 年工作论文。

⑤ 前南京国民政府司法行政部编:《民事习惯调查报告录》,中国政法大学出版社 2000 年版。

⑥ 陈斌开、马宁宁、王丹利:《土地流转、农地产出效率和收入不平等》,工作论文。

式就是武力冲突，即宗族械斗。[①]1949 年后，政府开始逐步建立现代化的市场机制和法制体系，但是直到今天，广大乡村地区的市场机制和法制体系仍然不完善，[②] 依赖武力冲突争夺资源的现象依然普遍，宗族械斗的现象甚至直到当代仍时有发生。[③] 以浙江苍南县为例，据不完全统计，自 1967—1991 年间，共发生大小宗族械斗 1000 多起，死亡 20 人，重伤 8 人，直接经济损失在 300 万元以上。1992 年 8 月 16 日的一次大规模宗族械斗中，望里镇和新安乡的林陈两姓，出动 23 个村共计 2000 多人，致使 5 人死亡，6 人重伤，为近十年间县内伤亡最惨重的一次宗族械斗。[④] 我们自己的研究对一地区的姓氏数目、姓氏结构与当地宗族械斗的概率进行了计量分析，发现当姓氏数目少、姓氏集中度高，即存在两个或数个实力相当的大家族时，一地区爆发宗族械斗的概率最大。[⑤] 宗族械斗主要分布在江西、湖南、广西、广东、福建以及浙江南部；我们可以发现，姓氏数目与宗族械斗呈现显著的负相关关系。

宗族械斗的负面影响，除了显而易见的威胁人们的生命财产安全甚至引起社会不稳定这些直接后果，还会导致严重的性别失衡和当地教育水平的低下。[⑥] 由于男性是宗族械斗的主要力量，宗族械斗地区的家族为了增加械斗中获胜的概率，取得当地资源分配的话语权，更偏好生育男性。旧时，宗族械斗地区溺死女婴现象普遍；今天，"寄血赴港验子"，得知是女婴就流产的现象也主要发生在存在宗族械斗的地区。[⑦]Lu and Wang[⑧] 则通过计量分析发现，存在宗族械斗的地区，男女比例明

---

① 郑振满：《清代闽南乡族械斗的演变》，《中国社会经济史研究》1998 年第 1 期。

② Xu C., "The Fundamental Institutions of China's Reforms and Development," *The Journal of Economic Literature*, 2011, 49(4), pp.1076—1151.

③ 郑振满：《清代闽南乡族械斗的演变》，《中国社会经济史研究》1998 年第 1 期。

④ 刘小京：《略析当代浙南宗族械斗》，《社会学研究》1993 年第 5 期。

⑤ 这种情况下分散存在的单门独户孤家寡人为了寻求庇护，往往会选择与势力较大的家族"连宗"。如《余江县志》记载，"一些宗族头头以维护宗族利益为名，大攀同姓华宗，结成宗族同盟，聚众械斗"。《莲花县志》也有类似记载，"封建宗族分子，争山夺土，维护宗族利益，每当与异姓发生纠纷，即大攀同姓华宗，结成宗族同盟，聚众械斗"。Lu, M. and Wang, D., *Fighter: Clan Conflict, Sex Imbalance and Its Evolution*, Mimeo, 2019a; Lu, M. and Wang, D., *From the Kungfu's Curse: The Effect of Clan Conflicts on Education and Its Evolution*, Mimeo, 2019b.

⑥ Rowe, W., *Crimson Rain: Seven Centuries of Violence in a Chinese County.*, Stanford University Press, 2007; Lu, M. and Wang, D., *Fighter: Clan Conflict, Sex Imbalance and Its Evolution*, Mimeo, 2019a.

⑦ 2015 年，浙江警方破获国内最大的"寄血验子"案，覆盖全国 30 多个省市，超过 5 万份孕妈的血液从全国各地寄到深圳，再非法带到香港，其中规模最大的是浙江省永嘉县。在永嘉县，宗族械斗已延续了数百年。永嘉县的 2010 年人口普查的出生人口性别比是 148，远高于全国平均水平 117（《都市快报》2016 年 10 月 15 日）。

⑧ Lu, M. and Wang, D., *Fighter: Clan Conflict, Sex Imbalance and Its Evolution*, Mimeo, 2019a.

显更高，1982 年人口普查数据显示，宗族械斗县的平均男女比例为 109，而非宗族械斗县的平均男女比例仅为 106；且有否宗族械斗可以解释地区间约 30% 的性别失衡差异。与此同时，宗族械斗还会导致当地教育水平低下。Lu and Wang[1] 的实证研究发现，宗族械斗地区的平均受教育年限比其他地区低约 5%，这一影响对男性比对女性更显著，对乡村人群比对城市人群更显著；研究还发现，宗族械斗地区存在"拳师""武师"的概率比其他地区高约 20%，而且当男孩接受武力投资时，其教育水平就相应下降了。以广东省佛山市顺德区为例，顺德历史上一直存在宗族械斗的传统，而顺德也素有"武术之乡"的头衔，历来便盛产武术大师，咏春拳一代宗师陈华顺、"两广棍王"陈当绵、"讲手王"黄淳梁、"功夫之王"李小龙等。直到最近几年，顺德还举办了数届"功夫文化节"。但是，顺德地区的教育水平跟广东其他地区相比却比较落后，1982 年人口普查数据显示，顺德 1982 年的平均受教育年限仅 5.99 年，而广东省平均值为 6.12 年，但是与其经济发展水平却极不相称，顺德 1982 年的人均国民收入 1126 元，远高于广东省平均值 658 元。

三、城市化进程中乡村传统资源配置机制的变迁

改革开放以来，特别是 20 世纪 90 年代以来，现代化进程加快，劳动力流动频繁，对传统乡村地区的社会资本甚至宗族纽带冲击显著，乡村传统的资源配置机制本身如何变化？与此同时，改革开放以来的中国正经历着一场深刻而广泛的社会转型，比如，基层党组织建设的加强，村庄基层直选的引入……这些变化都极大地冲击了乡村传统的社会结构。传统社会资本本身是否被瓦解了？随着现代化市场体制和法治体系的建立，传统社会里宗族和血缘的资源配置机制在乡村日益发展的今天是否不再起作用了呢？我们的回答是，在激烈的社会变革中，传统的资源配置机制中有利的一面仍然在起作用，而传统资源配置机制不利的一面随着工业化和城市化进程的深入正逐渐消亡。

首先，让我们将目光投向其有利的一面。我们发现，直到 2010 年，乡村传统社会资本在乡村公共品供给领域依然发挥作用，在宗族多样性程度低的地区，村民

---

[1] Lu, M. and Wang, D., *From the Kungfu's Curse: The Effect of Clan Conflicts on Education and Its Evolution*, Mimeo, 2019b.

集资提供公共品的现象仍然时有发生。如《政和县志》记载："农民群众纷纷集资筹资兴建自来水工程，2000—2005 年，农民集资约 300 万元，上级水利部门补助 316.15 万元，兴建村级供水工程 57 座，受益群众达 72300 余人"。[①]《延平区志》记载："2003 年，村民集资兴建宝珠至安丰路口的水泥旅游路。"政和县和延平区（旧称南平市）都是姓氏数目相对较少、姓氏集中度较高的县。[②] 虽然这两个县从 20 世纪 90 年代初至 21 世纪初经历了激烈的工业化和城市化，[③] 宗族网络依然在发挥它的作用。

但是，传统社会资本的弊端在今天的乡村也依然存在。在现代化进程中，传统社会资本不可避免地与现代法律产生了冲突。比如宗族势力与中国基层政权之间的冲突。一些地方基层由于"两委"（村党支部委员会、村民委员会）班子选举制度不健全、不透明，宗族势力拉票、贿选，左右地方基层治理。[④] 又比如宗族势力与执法司法之间的冲突。部分地区村民法治观念淡薄，面对不法侵害多数选择忍气吞声，助长了"村霸"和宗族恶势力的嚣张气焰，同时也造成执法、司法部门无从了解相关犯罪行径，无从查办和治理，广东陆丰毒品村就是典型案例。宗族网络的副产品宗族械斗，其负面影响在今天也依然存在。我们的研究发现，历史上存在宗族械斗的地区，2010 年人口普查数据显示性别比是 108，显著高于其他地区的 105；平均受教育年限为 8.27 年，比其他地区低约 0.2 年。[⑤]

然而，我们的研究还发现，传统社会资本不利的方面在现代化进程中被削弱了。以宗族冲突为例，宗族冲突的负面影响在城市化和市场化进程中被削弱了。首先，城市化进程中乡村人口流出对宗族械斗的缓解起着直接的影响。人口流出通常是青壮年劳动力，通过参加械斗来分配资源的价值有所下降；同时，失去了械斗主力，老弱妇孺挑起械斗的概率下降。其次，市场机制和法制体系的逐步完

[①]（清）程鹏里、魏敬中：《政和县志》，厦门大学出版社 2010 年版。

[②] 南平市延平区地方志编纂委员会编：《南平市延平区志（1991—2005）》，方志出版社 2014 年版。

[③] 政和县乡村人口比重从 1990 年的 87.4% 下降到 2010 年的 60.9%，延平区乡村人口比重从 1990 年的 58.5% 下降到 2010 年的 35.6%。

[④]《关于充分发挥检察职能依法惩治"村霸"和宗族恶势力犯罪积极维护农村和谐稳定的意见》（最高人民检察院，2017）。

[⑤] Lu, M. and Wang, D., *Fighter: Clan Conflict, Sex Imbalance and Its Evolution*, Mimeo, 2019a; Lu, M. and Wang, D., *From the Kungfu's Curse: The Effect of Clan Conflicts on Education and Its Evolution*, Mimeo, 2019b.

善也意味着对通过械斗进行资源配置的现象正逐步减弱。我们的实证结果显示，随着 20 世纪 90 年代末开始的大规模的新农村建设乡村拆迁和农户搬迁，宗族械斗对性别失衡的影响正在逐渐减弱，[①] 在高拆迁县，存在宗族械斗的县 2000—2010 年男女比例下降幅度远高于非宗族械斗县（约高 0.85 个百分点），而在低拆迁县，存在宗族械斗的县 2000—2010 年男女比例下降幅度与非宗族械斗县基本一致（具体见表 1）；而随着人口流出，宗族械斗的必要性下降，宗族械斗对教育的负面影响也减弱了，[②] 在高人口流出县，存在宗族械斗的县 1982—2010 年平均受教育年限上升幅度比非宗族械斗县高 7.8 个百分点，而在低人口流出县，存在宗族械斗的县 1982—2010 年平均受教育年限上升幅度反而比非宗族械斗县低 4.7 个百分点（具体见表 2）。

表 1　2000—2010 年性别比变化幅度（%）

	不存在宗族械斗的县	存在宗族械斗的县	县个数
激烈乡村拆迁的县	−0.333	−1.182	317
温和乡村拆迁的县	−2.024	−2.068	742
县个数	841	218	

注："激烈"乡村拆迁的县指耕地征收比例高于样本均值（0.5%）的县，"温和"乡村拆迁的县，则指耕地征收比例低于样本均值的县。

表 2　1982—2010 年平均受教育年限变化幅度（%）

	存在宗族械斗的县	不存在宗族械斗的县	县个数
激烈人口流出的县	103.7	95.9	386
温和人口流出的县	94.6	99.3	615
县个数	181	820	

注："激烈"人口流出的县指 2010 年人口普查 0.1% 样本中经计算人口流出比例高于样本均值（34.3%）的县，"温和"人口流出则指 2010 年人口普查 0.1% 样本中经计算人口流出比例低于样本均值的县。

这些研究成果清楚地显示了传统社会资本在现代化进程中对当代乡村社会发展

[①] Lu, M. and Wang, D., *Fighter: Clan Conflict, Sex Imbalance and Its Evolution*, Mimeo, 2019a.

[②] Lu, M. and Wang, D., *From the Kungfu's Curse: The Effect of Clan Conflicts on Education and Its Evolution*, Mimeo, 2019b.

的影响。总的来说，传统社会资本对乡村社会有利的方面仍然保持，而对乡村社会不利的方面正随着市场化和城市化进程的不断深化而逐渐消减。

四、政府的作用

政府意识到乡村宗族网络的弊端，比如，宗族势力与基层政权的冲突、与现代法律的冲突、宗族械斗等，因此，早期的做法是试图打破传统治理方式、加强基层党建，从而建立一套与现代经济相适应的新的机制。然而，尽管市场和法治已成为普遍追求，传统的基于宗族和血缘的资源配置机制将最终被市场机制所取代；但是现实中，从传统社会向现代社会转型是一个漫长的过程，特别是在广大农村地区，由于经济发展比较落后、市场机制发育程度较低，传统社会遗留的资源配置机制仍在发挥比较大的影响。我们的研究发现，传统社会资本中有利的一面，比如，传统社会资本在乡村公共品供给中对村民集资提供公共品及政府在乡村公共支持的效率均起到显著的促进作用，并且这些有利因素直到今天依然在起作用；另一方面，传统资源配置机制中虽然有糟粕，但经济发展的进程会将糟粕淘汰，比如宗族械斗，其负面影响已经随着城市化进程逐渐消亡。因此，为了促进乡村治理体系转型，实现乡村振兴，政府需要利用传统资源配置机制好的地方，实现与其良性互动和配合，而非急于去取代它。

传统经济学一直强调市场与政府的关系，但是对于社会与政府之间关系的讨论相对较少。[1] 近年来，社会和政府这一对关系的讨论也越来越多，一般认为政府和社会的功能之间既相互补充，又相互替代。[2] 经济学家们更多地强调了社会资本与政府职能之间的替代关系。在市场经济发展的初期，市场机制尚不完备，社会资本主导着生产要素的运作；随着市场的不断深化与正式制度的逐步建立，成熟的法

---

[1] Keynes, J. M., *The General Theory of Employment, Interest and Money*, Macmillan Cambridge University Press, for Royal Economic Society, 1936; Hayek, Friedrich [1944], Caldwell, Bruce(ed.). *The Road to Serfdom*(Definitive ed.). Chicago: University of Chicago Press, 2007; Samuelson, P. A., 1948. *Economics: An Introductory Analysis*. ISBN 0-07-074741-5; with William D. Nordhaus(since 1985), 2009, 19th ed., McGraw-Hill. ISBN 978-0-07-126383-2; Shleifer, A., "The Regulation of Entry," *Quarterly Journal of Economics*, 2002, 117(1), pp.1—38; 林毅夫：《产业政策与国家发展：新结构经济学视角》，《比较》2016 年第 6 期；张维迎：《我为什么反对产业政策——与林毅夫辩》，《比较》2016 年第 6 期。

[2] Durlauf, S. and Fafchamps, M., *Social Capital*, NBER Working Paper, No.10485, 2004.

律、规则等正式制度会逐渐取代以社群为基础的关系网络的作用。[①] 而社会学家们更看到了社会资本对正式制度的补充，认为文化、社会关系网络等社会资本在新生的市场机制形成过程中未完全被瓦解和替代，而是嵌入到市场机制中，继续发挥作用。[②] 但是迄今为止，并没有实证文献严格检验社会和政府之间是否存在互补关系，我们自己的研究则为社会和政府之间的互补关系提供了经验证据。我们发现，在中国乡村公共品供给领域，传统社会资本的作用在市场化和城市化进程中仍然存在，传统社会资本仍能显著促进公共品的民间供给，进一步地，传统社会资本还能提高政府公共支出的效率。[③] 这说明，乡村传统社会资本的作用仍然不容忽视。

尤其需要注意的是，中央政策的出发点是好的，但基层政府却往往遏制不住权力冲动，中央政策被基层政府放大滥用。基层政府的过度操作不仅破坏了传统社会资本有利的一面，甚至会给乡村社会发展带来了直接的危害。比如最近一个案例，贵州六盘水某镇开展移风易俗活动，当地政府规定除婚嫁酒、丧葬酒外，其他酒席均视为违规酒席，一律严禁操办。因为村民何某给女儿办升学酒，收取亲友礼金，村镇干部立即赶到现场进行劝阻。其间发生推搡行为。村镇干部报警后，警方以涉嫌阻碍执行公务对其行政拘留 3 日……人情往来这种民间自发的活动由来已久，对于某些贫困村贫困家庭而言，这也是集资资助求学的一种方式。遗憾的是，很多地方的移风易俗活动，都是由地方政府强力推动，从决策、发文到执行，没有征求过大众的意见。在这个过程中，一些政策和执法行为层层加码，甚至引起村民怨怼。

---

① 现有的关于社会资本在中国农村地区影响的经验研究基本支持替代假说，即随着市场化程度的提高和城市化进程的深入，社会资本的作用在逐渐减弱（张爽等，2007；陆铭等，2010；杨汝岱等，2011）。Stiglitz, J. Formal and Informal Institutions. in P. Dasgupta and I. Serageldin（eds.），"Social Capital: A Multifaceted Perspective," *World Bank Publications*. 2000, pp.59—68; Li, S. H., "Relation-based versus Rule-based Governance: An Explanation of the East Asian Miracle and Asian Crisis," *Review of International Economics*. 2003, 11(4), pp.651—673; 王永钦：《市场互联性、关系型合约与经济转型》，《经济研究》2006 年第 6 期。

② [英] 卡尔·波兰尼：《大转型：我们时代的政治与经济起源》，冯钢、刘阳译，浙江人民出版社 2007 年版; Rona-tas, A., "The First Shall be Last? Entrepreneurship and Communist Cadres in the Transition from Socialism," *American Journal of Sociology*, 1994, 100, pp.40—69; Bian, Y. J., and Logan, J. R., "Market Transition and the Persistence of Power: The Changing Stratification System in Urban China," *American Sociological Review*, 1996, 61(5), pp.739—758。

③ 王丹利、陆铭：《社会与政府的互补：来自农村公共品提供的证据》，2019 年工作论文。

人情酒是宗族网络的典型特征，在现代化水平低、小农文明色彩越浓重的地方，这种人情酒比较频繁；但在市场化和现代化水平高的地区，人情酒在逐渐减少，这一方面说明了随着市场机制和社会保障体系的完善，人们对通过宗族、熟人预防风险的依赖在逐渐减弱，另一方面也反映了从熟人社会向陌生人社会的转变。这本身也印证了本文强调的，随着市场化进程的深入和经济发展水平的提高，传统资源配置机制中不利的因素会自行消减，不需要急于去取代它；更不必过度操作，破坏其有利的一面。

五、结语

本文探究了传统社会资本在当前乡村社会发展中起的作用。我们发现，一方面，传统社会资本不仅能够促进乡村村民集资提供公共设施，还能促进政府在乡村公共支出的效率；另一方面，虽然传统社会资本的弊端在今天的乡村依然存在，但是，其弊端在现代化进程中被削弱了。随着市场化和城市化水平的进一步深化，中国社会最终会向市场和法治社会过渡。但是，在转型时期，传统社会资本在乡村仍然发挥着巨大的作用。这意味着政府以往在乡村进行的一系列旨在彻底打破传统社会资本的措施可能并不适应当前乡村社会发展现状。

政府也逐渐意识到乡村传统社会资本的作用，在推进乡村治理体系和治理能力现代化过程中，与其打破传统社会结构，不如顺其自然，利用传统社会资本的有利一面。在 2019 年 6 月的《关于加强和改进乡村治理的指导意见》中，政府开始强调要构建共建共治共享的社会治理格局，即"党委领导、政府负责、社会协同、公众参与、法治保障、科技支撑的现代乡村社会治理体制"，"自治、法治、德治相结合的乡村治理体系"。在随后的十九届四中全会上，中央也提出要"实现政府治理和社会调节、居民自治良性互动，夯实基层社会治理基础"。这是实现乡村振兴的基石，也是实现乡村治理体系转型、增强广大农民的获得感、幸福感、安全感的重要内容。

最后，一个尚待研究的问题是，传统的依赖宗族和血缘的资源配置机制会不会影响城市经济和社会结构？理论上，随着城市化进程中乡村人口流入城市，传统乡村社会资本会被带入城市，并影响城市社会发展。现有的研究已表明，传统宗族网络会影响城市劳动力市场的资源配置，[①] 也会作为一种非正式金融制度，影响民间借贷。[②] 然而，关于宗族网络是否会导致当地人们更信任"内部人"，不信任法治和政府，从而影响中国的市场化和法治化进程，迄今为止还没有相关经验证据；而且，迄今为止也没有直接证据讨论传统资源配置机制在城市的影响是否随着市场化和城市化的加深而发生变化。这些问题都有待进一步的研究，以帮助我们正确认识在城市的现代体制构建过程中传统社会资本的作用，这对完善中国市场机制和法治体系、实现经济转型，具有重要的现实意义。

原刊《学术月刊》2020 年第 7 期

---

① 郭云南、姚洋：《宗族网络与农村劳动力流动》，《管理世界》2013 年第 3 期。

② Zhang, C. Clan, "Entrepreneurship, and Development of the Private Sector in China," Forthcoming in *Journal of Comparative Economics*, forthcoming; Deng, J., Ding, H., Qi, T., and Wang, D., *Clan Organization and the Export in Contract-Intensity Sector in China*, Mimeo, 2019.

法理学对中国哲学社会科学体系构建的意义

陈金钊[*]

一百多年前，中国已经开始现代化转型，虽然取得了不少成就，但至今仍是未竟之事业。虽然我们拥有了现代法律制度，但法治现代化的愿望并没有全部实现。^①因而需要思考转型中国与法治现代化的关联。面对西方国家和社会的治理模式以及现有的中国经验，中国哲学社会科学体系建构究竟该做怎样的选择？中国的经验能否支撑中国哲学社会科学体系的建构？在辩证思维统合之下，人们的基本姿态是，既需要参照西方的模式，还需要总结中国的经验。然而，这种中西结合的理论与实践虽然已经有一百多年历史，并没有彻底解决中国制度现代化的问题，反而产生了两种各执一端的结合论。

一种是以"中国没有什么"为出发点构建中国哲学社会科学体系。比如，郑永年研究发现，西方人在解释中国的时候都是从中国"没有什么"开始的。没有什么就需要补上什么，这是一个简单的思维走向，中西结合论由此产生。很多西方哲学社会科学理论基本上就是如此堂而皇之地进入了中国，几乎没有受到传统思想文化的系统"抵抗"。"五四运动"以后，西方哲学社会科学体系以及各种思潮在中国传播的速度加快，很多理论并没有经过深入的论证就产生了很大的影响。当然，这并不意味着西方哲学社会科学体系已经成为支配我们政治、经济文化生活的理论基

---

* 作者为华东政法大学科学研究院教授。

① 高全喜：《略论当代中国法理学的几个基本问题》，《环球法律评论》2010 年第 6 期。

础。中国人思维方式的柔性、宽容、整合、辩证、实质等还在有效支配着人们的头脑。中国人的内心之中还有很多的"坚持"。只是由于我们没有自己独立完整的哲学社会科学体系，很多的"坚持"都显得缺少论证，使得很多观点之间缺少逻辑一致性，因而缺乏说服力或至少是修辞效果不佳。简单的中西结合论直接把西方的思想植入中国，但这种结合论实际上是在"消费"西方理论。在言说西方理论的时候，由于缺乏中国问题意识，直接把西方的理论纳入到某些学科体系。显然，这样难以解释、解决中国的现实问题。

另一种主张认为，应该从中国"有什么"建构中国哲学社会科学体系。中国现在有两个传统：一是以儒学为代表的传统，因而可以在传统儒学的基础上重新构建中国哲学社会科学体系。按照姚中秋的说法，中国有儒家思想，已经躺在那里一百多年等着唤醒，需要我们去激活。可是，儒家思想能提供深化改革和法治中国建设所需的哲学社会科学体系吗？建立在农耕文明基础上的中国儒学，虽然有很多真知灼见，但从总体上看，言谈论述更多的是德治，难以适应中国法治建设的需求。[①]这种天人合一的整体主义思维与根据法律进行思考的分析性思维有着根本的不同。在儒学与西学之间，最能为人们所接受的就是中西结合论了。但问题在于，始终没有找到结合的恰当路径或方法。二是马克思主义传统，即在马克思主义中国化的基础上建构中国哲学社会科学体系。这种设想能否适应以法治中国为目标的社会转型？"马克思从资本的本质出发分析了诸多的社会问题的根源，但并没有找到解决方式。"[②]在中国哲学社会科学知识体系建构过程中，面对的是全球化的背景，因而我们无法回到孔子，也很难在那里找到解决中国法治问题的智慧。我们不能忽视人类已有的文明成果，但需要有明确的建构目标。"现代中国哲学不能仅仅活在孔子、朱熹、王阳明时代，它应该活在一个全球资本主义的时代，这个时代的特征构成了

---

① 然而，胡适认为，先秦时代已经形成了成熟的法理学。包括儒家的正名论、道家的天道论、墨家的法观念。正名论就是指合法性依据的理论，认为名不正则言不顺，言不顺则事不成。儒家对法家也有批评，认为一断于法，会导致亲尊绝矣。俞中：《讲法治的法理学学家：胡适对先秦法家的理解》，《比较法研究》2016年第5期。

② 郑永年：《中国的知识重建》，东方出版社2018年版，第177页。马克思主义者找到了用革命方式化解社会矛盾的方式，但这种方式解决社会矛盾的成本以及最终能否真正化解社会矛盾，很多人对此提出了质疑，因为用革命方式化解的某些社会矛盾在革命胜利以后仍然会重复出现。

现在中国哲学存在的历史性。"①

从有无的角度论证完善中国哲学社会科学体系，仅仅在逻辑推演上显现思维方向，并没有直面问题。这会造成研究者问题意识的迷失。因而，中国哲学社会科学体系的建构需要超越有无论，从中国的社会主义建设需要什么来建构中国哲学社会科学体系。法治与改革这是当下中国的两个主要问题。在改革与法治问题上需要独立思考，既不能受庸俗辩证思维的束缚，也不能成为西方理论的仆人。当下的中国需要独立创设为法治服务的哲学社会科学体系。以现代化转型为目标的法治中国建设，既不能脱离中国的实际情况，也不能远离现代化的目标。这需要法理学者成为法理学建构的"主人"，应该自主创设能够适应中国法治建设的法理；在中西融贯中构建法治之理，认真研究描述法治之理的法理学与中国哲学社会科学体系建构之间的关系。然而，融贯中西不是对自己喜爱的选择，而是应该找出鉴别的方法，然后再根据理想、原则、目标、需要和方法加以识别，建构中国哲学社会科学体系。简单的中西等结合论，不是解决问题的方法论。从哲学社会科学体系建构的角度看，中国法理学需要创新，着力解决改革与法治建设的理论体系问题。

一、中国法理学研究的缺失

中国哲学社会科学体系的建构需要法治之理。然而，现在遇到的问题是：中国法理学对法治之理以及法律、法治等基础性问题的研究不够。在全面推进法治中国建设的背景之下，包括法学在内的哲学体系需要为法治提供理论支持以及价值、认识、方法论的指引。回顾历史我们发现，对中国制度现代化的早期思索中，支持法治的"法理"是在场的，②只不过随着革命思想占据主导地位，关于法治之路的法理思考，始终没有成为政治意识形态。革命年月的法治思想在很多人看来属于改良主义的思潮，是束缚人们走向革命的思想。党的十一届三中全会后恢复法制、法学，法理学开始从国家学说中解放出来。实现了从国家与法的理论到法学基础理论，从法学基础理论到法理学的转变。经过改革开放四十年的发展，中国法理学实现了从无到有、从知识碎片到知识体系的转化。现在，中国法理学已经形成了包括法哲

---

① 张汝伦：《中国哲学如何在场》，《中国社会科学评价》2018 年第 1 期。

② 民国时期，包括胡适、罗隆基等在内很多思想家都在思考有关法治的法理学问题。

学、法理学、法律社会学、法律解释学、法律经济学等在内的学科群。然而，也应看到法理学在中国哲学社会科学体系中地位不高，甚至可以说，在哲学社会科学体系中，探索法治之理的法理学没有登场，之所以没有登场有很多原因，诸如，法治建设没有得到特别关注；政治、经济、文化等对法治需求不够旺盛等。除此之外，还有一个重要原因就是法理学自身也存在很多的问题。

（一）缺乏对"法治之理"的系统性研究

法理学本来要讲述法治之理，然而却缺乏对法治之理的系统性研究。这种缺乏甚至造成了在开启全面推进法治中国建设之后，拿不出系统性的法治理论和法治话语体系，解决社会矛盾的法治思维也只能被说成是解决具体问题的法律思维。舒国滢认为，在政治、革命、经济、稳定、大局、专政等挤压下，法治之理逐步退缩，回到纯粹的注释法学的领域。"此种'注释法学'所造成的损害是严重的，它不仅没有使法理学完成与其他学问（如政治学）的分离，而且败坏了法理学作为一门理论学及大学基础（主干）课程的声名和学问的品格。"[1] 其实从法理学回归到对法律思维的研究只是一部分学者，另一部分法理学者把目光进一步转向了政治学。在法理学与政治学成功结合以后出现了政治法理学。这一方面使法理学的地位有所提升，但另一方面也使法理与政治的融合中失去了独立性。法理学不再钟情于法治之理，而成了思辨法律与其他社会现象关系的认识论。所以，在哲学社会科学体系中法治呼声逐步减弱。没有法理的法学，表达的多是有关法律的知识、价值以及法律与其他社会现象的关系，很少讲述法治之理。[2] 这就意味着在过去的哲学社会科学体系中即使有法理学，但法治之理不占重要地位。最多是用法治理论批判现实的违法行径。既然法理学界对法理研究不充分，那就意味着法理学对哲学社会科学没有太大的影响。

法治理论即使不能改变哲学社会科学的整体走向，至少也应该有法治作为批判力量的存在。法治建设需要在哲学社会科学体系建构中讲述法治之理，法治之理是

<hr>

[1] 舒国滢：《走出概念的泥淖——"法理学"与"法哲学"之辨》，《学术界》2001 年第 1 期。

[2] 张文显认为："在中国法学界共识性'法理'概念尚未凝练出来，把'法理'作为法理学研究对象和中心主题尚未成为理论自觉，致使'法理'在应为'法理之学'的法理学知识体系、理论体系、话语体系中处于缺席或半缺席状态，在部门法学研究中也没有引起足够的关注和倾力。"张文显：《法理：法理学的中心主题和法学的共同关注》，《清华法学》2018 年第 1 期。

法理学研究的核心问题。法理学如果不能为法治提供理论支撑，为法律实现提供认识论、方法论、价值论等，就没有必要存在于法学之林。"在千年法律理性与经验基础上锻造的法治之理，构成了法治决策的理由系统，支配着人们的行为方式。法治之理对法治中国建设来说是极其重要的，通过法治之理的传播可以构建法治中国建设所需要的法治意识形态；对于超越意识形态争论、权力以及权利的绝对化思维倾向、形成法治共识有积极的意义。"[①]法理学的贡献在于为法治建设提供法治之理，法理学如果仅仅是把其他学科的原理、概念借用对法律的分析，建构一个对法律、社会等进行解释的学问，不认真研究法治之理就无法为哲学社会科学作出自己的独特贡献。"法治之理是以实现公平正义、权利自由、和谐秩序为目标，以法治思维、法治方式和法律方法为手段的政治行为之理；它也是一种尊重法律规则和程序，理性运用和有效约制权力，并根据法律进行思维的法治意识形态。对于传统中国以权力为中心的政治行为方式来说，强化意识形态中的法治之理，属于观念层面的变革。在思维过程中讲究法治之理，也是实现国家治理现代化、法治化的先决条件。"[②]我们必须看到，法理与法理学不一样，法理学可以有多种观点，包括法律虚无主义甚至也可以成为法理学，而瓦解法治、解构法治、消解法治的理论不能称之为法理。

法理学在哲学社会科学体系建构中没有登场，只是说法理学的重要性没有得到哲学社会科学的认同。中国法理学界在推进依法治国，建设社会主义法治国家的过程中做出过很大贡献。法治国家、法治政府和法治社会三位一体同时推进的法治战略，以及用法治思维和法治方式化解社会矛盾等论断，中国法理学者都进行过系统的诠释。在近些年法治理论研究过程中，涌现出许多法治理念守望者。从法理学界这些年发表的文章数量来看，最多的就是关于法治的论述。然而，法理学的成就对中国哲学社会科学的体系建构并没有太大的影响。在主流的中国哲学社会科学理论体系中，法理学关于法治的论断并没有被吸收，也没有成为影响哲学社会科学建构的要素。相反，法理学只是被动地吸收哲学社会科学的概念，没有形成具有独立品格、自成体系的法治理论。到目前为止，中国法理学还很难说已形成独立的学科，

---

① 陈金钊：《法治之理的意义诠释》，《法学》2015 年第 8 期。

② 陈金钊：《法治中国建设需要法治之理》，《西南民族大学学报》（人文社会科学版）2016 年第 9 期。

法治之理并没有得到系统的论证。

（二）缺乏对法治基础问题的深入研究

没有独立的法理学是因为缺少对法治命题的基础性研究。以往的研究，虽然涉及面很宽并且取得了不少成就，但多是对西方法理学的引介，没有针对中国的现实和经验找出解决中国法治实现问题的理论和路径。中国法理学虽然有四十年的发展，然而现在很多人还是认为这只是"西方法理学在中国"。[1] 这种判断是存在问题的。很多学者之所以认为不存在中国法理学，言说的只是在中国没有西方法理学那样的学术流派。确实，中国不存在和西方法学流派一样的法理学。因为，在整体性文化之下，不可能全面接受以分析为主要研究方法的西式法理学流派。然而，这并不等于没有"中国法理学"。[2] 西方法理学在中国的传播形成了整合或统合意义上的法理学流派。[3] 统合法理学派的概念是把"中国法理学"与西方法理学派相比较而得出的。中国法理学有目前世界上人数最多的教学研究队伍。其中涌现出很多的代表性学者，发表了大量的文章、专著，已经形成了包罗多学科交叉研究的学科体系（包括法律社会学、立法学、法律解释学、法律经济学、马克思主义法学，甚至法律方法论、法律修辞学、法律语言学、法律逻辑学等）；教材体系（法理学知识体系包括本体论、认识论、价值论和方法论等）。

然而，"中国法理学"的基本概念、原理体系等几乎都来自西方。西方各法学流派的观点，在中国法理学中都有表现。[4] 这说明中国法理学者已经接受了西方法理学的部分观点。当然不是原封不动地接受，而是在接受的基础上进行整合。整合性法理学几乎能包容所有西方法理学的研究立场、研究方法、研究结论。中国法理学在一百多年的发展进程中完成了从无到有，从简单翻译到包罗万象的整合、统合。现在，"中国法理学"已经不是简单地把西方法理学翻译过来，而是进行了不

① 陈金钊：《"西方法学在中国"及中国法学学术转型》，《济南大学学报》（哲学社会科学版）2017 年第 2 期。

② 不存在"中国法理学"的另一重表述是："按道理说，法理学应是普遍的，是对所有法律现象的一般规律的提炼和概括，应适用于所有的法律关系和法律现象，而不应区分所谓的中国法理学、美国法理学。"陈柏峰：《事理、法理与社科法学》，《武汉大学学报》（哲学社会科学版）2017 年第 1 期。

③ 陈金钊：《"中国法理学"的特点及修辞方式的改变》，《甘肃政法学院学报》2017 年第 5 期。

④ "就知识'个性'而言，'法理学'本来意味着与中国法律文化传统相区分，不存在'法理学'复兴文化传统的问题，它的使命本应是建构系统的现代法律知识体系。"赵明：《法理学之"中国传统"的开端》，《政法论坛》2018 年第 1 期。

自觉的吸收和整合。① 在综合法理学形成过程中，有人认为儒家思想不在场。其实，这种看法是有问题的，因为在中国法理学形成过程中，儒家天人合一的整体思维以及义利观等发挥了非常重要的作用。只不过，儒学思想不是以概念、原理的方式带入中国法理学，而是在整体思维结构中填上西方法律的概念、原理和价值。西方法理学的知识体系、价值体系被"装进"了中国人的整体、辩证和实质思维之中。

在西方法理学被装进整体思维的框架以后，并没有影响中国人的思维方向或思维方式。这使得中国法理学者更像一个矛盾存在体。在各自的学说之中，广泛吸收西方各法学流派的观点，或者说各种相互矛盾的研究方法、研究对象、研究视角甚至研究结论等都被整合思维吸收了，很多学者以矛盾的方式表达自己的观点。正是对西方法理学的整合性吸收，使得中国法理学与西方法理学有了明显区分。无论是技术性的法理，还是西方法理学的价值体系，在成为"中国法理学"的内容以后，意义都发生变异。比如，现在很多人认为，中国人的法治观点基本是吸收自由主义的法治理论。但实际上只有部分学者接受了自由主义法治观。我们不能忽视辩证思维对西方法学原理的稀释作用。"我们所接受的就是我们能接受的。"就主流研究成果来看，中国法理学既没有对法治的命题展开研究，也缺乏对法律本体属性的基础研究，更缺乏对中国现实问题的关怀。

构建中国哲学社会科学体系需要"法理学"登场有两个指向：其一，在革命理论中法理学是不在场的；其二，法治中国建设需要法理学在场。由于中国哲学社会科学话语体系中法理学没有登场，使当今人们的思想出现了一些问题。② 诸如，社会的法治化转型虽然已经被认同，但人们对中国法治化道路有不同的理解。尽管人们已经意识到法治核心要义是限权，"法治就是把权力圈在制度的笼子里面"。但是，法治在很多决策的关键环节难以发挥限权的作用。我们所处的社会转型期是一

① 在西方也有学者曾提出综合法理学派的观点，其典型代表就是博登海默。他提出要让法学家的探照灯照亮法律大厦每一个房间，因而试图在分析法学、自然法学、社会法学等基础上建构综合法理学。然而，博登海默的观点和思维方式在西方法学家中较为少见。博登海默的观点在后来的一些法学家也有表现，德沃金就提出对法律理解、解释和运用的整全性、整合性、整体性、一致性观点。但却导致一些人不知道如何对德沃金的观点进行流派划分。一些人说他的观点属于自然法学，一些人认为他属于实证主义法学。

② 当然，即使是法理学在场，也未必能改变哲学社会科学的走向。因为，法理学也可以分为讲法治的法理学和不讲法治的法理学——即那种冠以法理的名义毁灭法治的理论，诸如，对法治解构的后现代法学等。参见俞中：《讲法治的法理学家：胡适对先秦法家的理解》，《比较法研究》2016 年第 5 期。

个充满矛盾的时代。在公民权利不断增多的时候，国家权力也在不断地强化。改革开放四十年使公民、法人、社会组织等的权利增长很快，甚至可以说，中国在法律规范体系产生的同时也衍生了权利体系。可在公民权利增多的同时，国家权力并没有弱化。虽然权利意识在不断增长，甚至在个别公民的思想中权利绝对化有所抬头，但国家权力有力地控制了权利的范围或尺度。

法治中国建设问题是当今中国社会转型的根本问题。人民对美好生活的需求的满足离不开法治，因而在新时代构建中国哲学社会科学体系的时候，支持法治的法理学应该在场。当全面推进法治的时候，人们言说法治之理还不能理直气壮。这一现象说明，"左"的思想还有相当的理论基础的支持。作为体系的哲学社会科学还没有为中国法治建设打好理论基础。社会的法治化转型需要重新塑造中国哲学社会科学体系。在全面推进法治中国的过程中，权力的绝对性已经受到了冲击，虽然已经不像以往那样收放自如，但是在法律范围内通过"解释权"的行使，基本上能有效控制权利的张扬。并且，在中国并没有因为权利的大幅度增加而失控，经济发展、社会稳定。这被很多西方人称为"中国模式"①，面对自身存在的权力失控的问题，西方有思想家开始呼唤把强有力的"利维坦"请回来。这似乎是在证明"中国模式"的成功。

（三）缺乏对法治足够的真诚

在法治成为治国理政的基本方式以后，人们并没有理解法治的真谛。面对自由主义的（权利本位）法治观，一方面主张吸收其精华，一方面又保持高度的警惕。这造成了法治所塑造的思维，要么是方便管理，要么是打着依法的旗帜，在玩法基础上用法，法治成了纯粹的修辞。确实，套用自由主义法治理论并不能解决中国问题（其实，西方也不都是按照自由主义实施法治）。有学者断言，自由主义法治在任何国家都没有完整的实践。法治是建立在自由主义理论基础之上的是一个未经论证的观点。对西方的和平演变观我们需要保持警惕。但因此拒绝法治而主张回到旧的那一套，恐怕也是一种理想主义。西方有自己的问题，当自由主义泛滥，国家权力失去绝对性以后，社会动员力会受到一些影响。法治之下的选举文化，已经让我

---

① [德] 托马斯·海贝勒：《关于中国模式若干问题的研究》，《当代世界与社会主义》2005年第5期。

们看到了民主的伤痛。但是，我们不能拿着西方的教训来推演中国的事情。中国有自身的问题需要解决。把权力圈在法律的笼子里面，要落到实处。我们谈论了一百多年的中西结合论，不能一遇到真的结合就退缩。我们应该有文化自信，在中国整体性文化之下，吸收一些形式法治的理念、原则、方法等，可以弥补思维方式上的缺失。

为什么法律规范体系出现以后没有给法治带来勃勃生机，反而成了一些人"依法"寻租、"依法"违法的幌子？原因可能是多方面的，但也显现出我们对待法治不够真诚以及法治思维、法治话语权的缺失。[①] 面对这种情况，如果讲述法治之理的法理学在场，起码能找出思维校正的工具。然而，现在的话语系统中缺少法治建设需要的法治之理。在法律实施过程中出现了两个比较明显的问题：一是部分人机械司法执法，演变成为有些管理者管、卡、压的手段；二是由于没有正确的思维方式和话语系统，致使一些人无视法律规范体系的运用原则和规则，选择性司法或执法。法律规范体系的完备没有使中国法治建设走向深入，反而在某种程度上成了"有法律不一定有法治"的论据。

大量的立法不仅在宣告法律规范体系的存在，实际上还给我们带来了大量的法律知识。司法、执法中出现的问题[②]，很多时候表现出对法律的理解与误解之间的矛盾、创造与服从之间的对立、立法和运用之间的差异。这也与人们对法治、法律的不同理解有关系。特别是人们对法律、法治所采用的实用主义的接纳方式影响了法治中国的实现。之所以不能很好地接纳法律、法治、权利、自由、民主、人权等，在很大程度上是因为对法治、法律的不同理解。人们有不同的知识体系、价值追求、文化观念和政治立场。在对法治还没有基本共识的时候，很难形成法治话语体系，已有的法治话语也很难上升为法治话语权。这里面所折射的问题是，我们还没有研究好支撑法治理论体系以及法律实施的方法论体系。关于法治以及如何认识、理解、解释和应用法律人们应该有基本的共识。可惜的是，在法治中国建设已经开

---

① 陈金钊：《论真诚地对待法治》，《法学杂志》2017 年第 11 期。

② 司法、执法原本就是在众多的法律规范中选择针对个案的法律。但是，这里的选择性执法、司法指的是针对不同对象的选择性司法或者执法。同样的法律对有些人有效，对有些人无效；同样的权利有些人得到了实现，有些人的权利难以实现。

启的时候，哲学社会科学还没有为法治建设准备好知识、价值和方法论体系，人们的思维方式还没有转变为法治思维，还没有把握法治方式。法治实践在没有理论指引的情况下走到了理论的前面，出现了没有理论指导的实践。

（四）法理学缺位导致的问题

在中国哲学社会科学体系建构中法理学缺位，导致制度现代化得不到足够重视，法治作为治国理政的基本方式缺乏哲学社会科学体系的支持。目前我们虽然有法治的理论，但由于没有把法治理论当成哲学社会科学体系的要素之一，因而在中国理论话语体系中发声不足。就目前而言，人民已经表现出了对法治以及对稳定生活的强烈需求，因而需要运用法治思维和法治方式来满足人民对美好生活的向往。然而，法理学对法治之理的研究很不充分，对法治、民主、自由等价值的传播也很不平衡。民主自由的范围需要扩大，程序也需要完善。随着法律意识的增强，仅用所谓实质民主、实质法治已经很难使人满意。民主、法治、自由不仅具有特殊性，还具有一般性。"过程民主和结果民主、形式民主和实质民主相结合"的修辞，正在失去说服力。在各种貌似辩证统一的思维中，既没有高效的权力运行，也没有完善的权利保障。我们需要在整体思维中引进逻辑因素，而不是在权力与权力、权利与权力、权利与权利之间建立起某种单纯观念上的反思平衡关系。在普遍弥漫的对辩证思维的误用中，如果不引进法理学所倡导的逻辑思维规则，中国哲学社会科学体系的建构只能是原地踏步，难以解决国家和社会的长治久安问题。我们需要在中国哲学社会科学体系中嵌入法治之理，以便为法治建设提供理论支持、话语支持和方法论支撑。

法理学的缺位还导致了：对法治的基础性问题研究太少，存在着很多瓦解法治的理论观点，以至于法治命题一驳就倒，甚至不驳自倒。[①] 诸如，法治所要求的依法办事，在面对"仅仅靠法律是不够"的言辞时，几乎没有任何"抵抗力"，法律很快就与其他社会规范平起平坐，与众多社会规范发挥着同样的作用。这实际上是用辩证思维消解法律和法律思维的功能。在宏观的辩证思维下，一般人的逻辑思维

---

① 陈金钊：《法治命题的定性研究——建构中国社会主义法治话语体系的基础研究之一》，《南京社会科学》2018 年第 5 期。

消退，逻辑固法的作用发挥不出来，法律规范功能隐退。[①]法治之理被包裹在其他理论体系之中，成了时代法治论者的孤鸣。在普遍联系的链条之中，法治、法律的意义随处漂流，在哲学社会科学体系中没有稳定的意义。

　　法理学的缺位还导致了法律价值的传播仅在专业范围内开展，没有实现与中国固有善良观念的有机融合。法律价值是法理学研究的重要内容，但由于我们没有把法律价值还原成中国人能够接受或者易于接受的方式进行传播。以至于法治话语系统难以转化为话语权。法学专业思维方式难以转化为日常思维，法治之理难以被接受。在中国共产党全面推进法治中国建设的时候，中国法理学还没有准备好法治理论体系、法治思维规则系统。很多人天真地认为，有了法律，只要依法办事，法治就会得到实现。没有意识到，法治的实现不仅需要与法治相匹配的法律规范体系、法律监督体系、法治实施体系以及法治实施保障体系，还需要法律思维或法律方法论体系。就法理学的使命来看，法理学天生就是为法治服务的理论。然而，对法治之理研究不深、挖掘不够，导致"法理还没有成为法理学的中心主题"[②]。我们需要看到，如果哲学社会科学把解决社会的法治化转型当成要解决的重大问题，那么法理学在场意义非凡。

二、中国哲学社会科学体系构建需要法理学登场

　　"中国法理学该登场了"[③]，构建中国哲学社会科学体系需要法理学登场。原因在于，法治是社会转型的目标，哲学社会科学体系构建需要为法治中国建设服务。可以说，法治建设是当代中国最重要的问题，法治实现离不开法理学所塑造的法治之理。[④] 所以，法理学在中国哲学社会科学构建的要素是中国特色社会主义哲学社会科学的核心部分。但法理学不是孤立存在的，无论是对法治命题的证成，还是法

---

①　陈金钊：《法律人思维的规范隐退》，《中国法学》2012 年第 1 期。

②　张文显：《法理：法理学的中心主题和法学的共同关注》，《清华法学》2018 年第 1 期。

③　我们注意到张汝伦对"中国哲学该登场了"的说辞进行了无情的批判："中国哲学家热衷于构筑大而无当的体系，并且，由于这些体系对于古今中外人类的哲学成果没有深入了解和体会，自身不仅大而空，而且问题多多。今天的中国哲学家，要能够自己从哲学上发现和提出时代的问题，而不是简单地老生常谈。只有在思考人类和时代的重大问题上作出独特的贡献，中国哲学才能够被真正承认。"（张汝伦：《中国哲学如何在场》，《中国社会科学评价》2018 年第 1 期）

④　陈金钊：《用法治之理塑造中国法理学》，《河南财经政法大学学报》2015 年第 3 期。

治话语转变都需要哲学社会科学的系统支持。面对法治中国建设这样的重大课题，法理学必须登场，关键是法理学如何登场以及如何发挥作用，以什么样的价值体系和知识体系形成法理话语权。以法理学知识体系平衡政治权力，实现权利与权力的平衡关系，以及以价值改变权力本位的追求，需要把权力圈在制度的笼子里面。

（一）中西结合的"中国法理学"匆忙登场

之所以说中国法理学是在开启法治后匆忙登场，就在于我国现有的整合性法理学，既没有把学科建构的目标确定为"为法治中国建设服务"，也没有解决中国法理学的学科独立性问题，① 只是想当然地认为法理学的任务就是培养人们的法律意识。虽然在很多法理学著述中也都提到法理学要指导法律实践，但是根本就没有意识到，以辩证法为核心的认识论，只能指导人们的认识活动，对法律实践的指导需要转化为具体的方法论。在认识论的指导下，人们不自觉运用了整体、整合、辩证思维，并在此基础上进行鉴别以确定对西方法理学的观点进行吸收。我们所接纳的西方法理学，只是对法律知识的移植，是西方法理学与中国固有思维方式的嫁接。同时，这些嫁接的中国法理学，虽然带有某种批判现实的情结，但并不具有强烈的中国问题关怀，鲜有对中国现实问题的具体分析。

中国法理学者不是不愿意研究中国问题，而是面临着很多的障碍。一是中国法理学自身研究不充分，缺乏内在的逻辑一致性。原本讲述法治之理的法理学，很多内容既维护法治又瓦解法治；既说法治是最优的治理方式，但又离不开人治等。在各种"辩证"关系之中，怎么说都有道理。建立在形式逻辑基础上法治之理显得苍白无力并且意义多变。二是有很多人对西方法理学的警惕，不认同、不接受来自法理学的解释。一些人认为，中国的法理学是西方人所主导的法理学，因而，在技术上整合西方法理学就成了中国法理学者建构学科体系的主要路径。

然而，以知识融贯为主的中国法理学，难以解释中国法治的进程，也没有为中国法治建设指明路径，更多的是以隐语的方式对现实的批判或解释。面对人民群众

---

① 赵明认为："在整个中国现代知识家族中，'法理学'自发端伊始就带有几分'显学'的意味。以康（有为）梁（启超）为代表的维新派确乎可谓法理学之'中国传统'的先知，其士大夫式的话语传达了现代性制度的鲜明信息。"赵明：《法理学之"中国传统"的开端》，《政法论坛》2018 年第 1 期。但是，我们需要看到，梁启超的观点，并不是当今主流中国哲学社会科学观点。革命理论与法治理论（改良）有较大的区别。从中我们也可以看出，法治论者肯定会关注法理。

和国家治理现代化建设的法治需求，需要我们重新建构讲述法治之理的法理学。"中国有权利也有责任在当代世界法理学转型中，有所担当。"① 法治是要在权力与权利之间实现平衡，权力与权利都要受到法律的约束。② 四十多年的改革开放，中国的法律制度发生了历史性变化，主要表现在经济制度、社会保障制度与机制的变化。经济制度的变化主要是政企分离，还权利于经济主体，从而使经济主体有了更多的自由。经济主体的积极性得以调动，生产力得到了解放和发展。放权式的经济体制改革虽然存在着诸多问题，但从经济得到迅速发展的角度看是"成功"的。

　　法治意味着权力与权利之间需要有平衡关系。党的十九大报告指出，中国特色社会主义进入新时代，我国社会主要矛盾已经转化为人民日益增长的美好生活需要和不平衡不充分的发展之间的矛盾。法治、政治、经济、文化、环境之间的不平衡、不充分发展，如果不及时加以矫正，很可能会出大问题，用法治化解社会矛盾，避免大规模暴力冲突的目标就可能会落空。现在的平衡并不完全是由法治方式带来的。广布权利的初期，人们的权利意识不足，还不会运用法治思维和法治方式来争取权利，权力还有足够的权威等。随着法治中国的推进，无论官民法治思维和法治方式都会不断提升。我们需要用法治的平衡、充分发展实现社会的长治久安。

　　进入新时代，不仅面临着深化改革的难题，还有法治转型目标。在锻造提炼本土经验的问题上，人们所言说的法治似乎还没有成功的经验。人们看到的依然是步履蹒跚的法治进程，"中国的法治还在途中"。现实的状况是法治建设刚刚起步，成就主要表现为社会主义法律规范体系初具规模，基本搭建了宪法、刑法、民商法、经济法、社会法、诉讼法、环境资源法等法律规范体系。虽然立法工作已经取得了较大成绩，但在法治国家建设层面的立法还有很多空白，很多时候只能用党内法规来替代。有法律规范体系的地方，执法不严、违法不究的现象依然严重。并且，在

---

　　① 高全喜：《略论当代中国法理学的几个基本问题》，《环球法律评论》2010 年第 6 期。

　　② 在人类社会摆脱了宗教为主的传统控制方式以后，进入了以理性为基础、以法律为主要控制手段的现代社会。经过几百年的现代化进程，从上个世纪中期，人们开始对理性、法治、民主、自由、公正等现代化理论和制度产生了怀疑。但是，中国的思想家却在这时候对理性、法治产生了兴趣。於兴中：《时代的法理学——世界与中国》，《浙江社会科学》2016 年第 1 期。

法律体系化以后，由于理解的偏差或者说对法律缺乏起码的真诚，出现了大量打着依法旗帜的各种新型违法行为以及曲解运用法律的现象。不仅现有的体制机制难以适应法治中国建设，而且还缺乏与之匹配的法治文化、法治思维方式。辩证思维结构中的依法办事，时或演变成了依法刁难。在完备的法律规范体系出现以后，如何规避法律、利用法律成了很多人竞相研究的对象。因而，当代中国哲学社会科学仍然需要解决"有法律没法治"的问题，需要解决法治思维或法治话语权建设的问题。

（二）"中国法理学"登场需超越结合论

近百年来，西方法理学已经成功植入了中国法理学。但中国法理学的发展始终没有摆脱中国传统文化影响。只不过儒家思想不是以大张旗鼓的方式进入中国法理学，而是以结构性的思维方式影响着中国法理学的建构。"现在法哲学家们是在旧的哲学知识框架内，以'哲学的术语'来重新表述法理学旧有的观念和思想。他们更多地是在'讲'法哲学，而不是在'思'法哲学。而'思'本来应该看作是法哲学的生命本性。像哲学这门'爱智慧'的学问一样，法哲学离开了严肃的思考，也就开始走到生命的尽头了。"① 这是舒国滢多年前的忠告，可在今天读来还是那么振聋发聩。倡导了一百多年的中西结合论始终没有找到结合的方法。在很多人的思维中，还是把认识论当成解决问题的方法论来用。

第一，中国法理学的体系性架构是在整体思维架构下的不自觉整合或统合性吸收，是在对儒学整体思维方式的不自觉运用中得以实现的。在中国法理学中缺少对基础命题的研究，甚至连法律的分类、法学分类这样的问题都没有展开过像样的论争，基本是把西方的法律分类，法学分类等直接搬到我国。这与"未能事人，焉能事鬼"的实用主义有很大关联。我们学习西方法理学的基本姿态，就是学了就用，学后直接运用到对中国现实问题的批判，导致其缺少问题意识、基础研究和逻辑推敲。第二，中国法理学的价值体系的确立，虽然多是西方法理学的正义、自由、平等、公正等，而没有儒家的仁、义、礼、智、信等概念，但有一个现象值得注意，即中国法理学者所言说的民主、自由、公正等价值，无不遭遇中国儒家法律文化义

---

① 舒国滢：《走出概念法学的泥沼》，《学术界》2001 年第 1 期。

利观的诠释。西方法理学的中国化是儒家法律文化与西方法理学的融贯。当然，真正实现融贯也很困难，因为在整体性思维架构中，个人、自由、民主等意义都多少会产生变异。现在存在的问题是，对儒学研究很透的学者不太了解西方法理学，而对西方法理学研究很多的学者，缺少对儒家法律文化的系统研究。因而，只能在不自觉的过程中（在儒家思维方式的影响下）实现西方法理学的中国化。第三，中西文化的融贯需要超越结合论。从方法论的角度看，结合论不是简单地取舍，即所谓取其精华、弃其糟粕，而是中西思维优势的相互融贯。结合论是在用认识论的方法代替解决问题的方法论。本来明确的法律意义，在对立统一中又变得模糊。中西结合的观点，在中国倡导了一百多年，但并没有找到具体结合、统一的方法，只是促成了中国人选择法治，而没有指出中国法治的具体路径。在中西结合论中需要加上方法论，主要就是在思维方式中引进形式逻辑——即在儒家整体性思维基础上融贯西方的知性思维。

中国哲学社会科学体系中的要素离不开中西知识体系，也离不开已有的承载知识的不同学科。在构建知识体系的时候，我们会经常误用辩证思维方式，比如在法治与德治、权力与权利关系问题上，本来两者是对立统一的关系，很多人一般都看不到在对立统一基础上形成的新的组合，结果对立就成了争斗，而统一也就成了一方吃掉另一方。这种充满斗争色彩的思维方式不利于法治建设。[1]因为斗争思维的基本结局就是法治政治一体化、政治经济社会文化权利的一体化、法治与德治一体化等。在一体化的过程中，其他各种权利都有制约，但是政治权力却可以不受任何控制。"政治和经济的一体化导致了社会空间的消失，也导致了权力的腐败。"[2]法治与德治的统一，其结果也是权力集中于政治。在知识体系建构过程中，需要对立统一的思维方式，但更需要建立在形式逻辑基础上的分类研究。分类研究可以产生更多的知识。而对立统一虽然具有整体性、辩证性，可以使人们更清楚看到问题的实质，但对清晰的知识体系的生产来说意义不是很大。

关于中国哲学社会科学体系建构，需要跳出辩证思维去思考。唯有跳出简单化

---

① 陈金钊：《用体系思维改进结合论、统一论——完善法治思维的战略思考》，《东方法学》2018年第1期。

② 郑永年：《中国的知识重建》，东方出版社2018年版，第219页。

的对立统一，才能不被当前的思维模式所局限。与法治中国建设相适应的中国法理学的原创性，在于突破中西结合论，找到解决中国现实问题的方法论。这需要在传统法理学批判的基础上，对解决现实问题的方法有所突破。既需要思考传统法理学所存在的理论问题，也需要思考解决现实的具体问题，从而对中国法治建设的根本性问题予以理论解答。虽然"哲学不提供解决具体问题的方案，就此而言，哲学不能改变现实"①，哲学家们只是用不同的方式解释世界，然而，我们不能把哲学的这一品质推演到法理学之中。法理学具有强烈的实用性，天生是为法治建设服务的。没有法治建设的需求，法理学就失去了存在的意义。

（三）法理学是哲学社会科学体系的要素之一

建构中国哲学社会科学体系是对中国的哲学社会科学进行重新塑造。这种构建是一种颠覆，还是改造？笔者以为，经过一百多年向西方学习，在中国已经出现了一个以借鉴现代西方为主，也包含有中国传统思想的哲学社会科学体系。这一哲学社会科学体系的体系架构、概念术语、原理等来自西方，但也带有中国人对西方哲学社会科学的选择性接受。现在的哲学社会科学不适合中国社会转型的需求，里面包含着大量的为革命斗争作准备的内容，也包含着中国权力政治传统的种种痕迹。但很难否认，中国已经存在一个杂糅中西，以西为主的哲学社会科学体系。在此基础上重新建构哲学社会科学体系需要体系思维，而体系思维首先要解决的问题是构成体系的要素。

中国特色社会主义哲学社会科学体系的要素是什么？如果体系是指现有各个学科的组合，它们该如何排列组合？如果不需要排列组合，中国特色的社会主义哲学社会科学体系建构的意义是什么？在这个体系中，哲学肯定属于"上层建筑"②，但是哲学与其他学科的逻辑关系是什么？法理学在中国哲学社会科学体系中占什么地位？哲学与法理学的关系是什么？在社会发展转型过程中是否应该登场？法理学之所以要登场是因为法治问题已经成为中国社会转型的关键问题。研究法治实现的问

① 张汝伦：《中国哲学如何在场》，《中国社会科学评价》2018年第1期。

② 然而，有学者看到，我们的时代是一个后哲学时代。哲学曾经是统御一切知识的学问，但上个世纪五六十年代开始，有一部分学者觉得哲学的时代已经过去，理查德·罗蒂断言，作为实用主义哲学已经失去了用武之地，因而无须建构宏大的哲学体系。於兴中：《时代的法理学——世界与中国》，《浙江社会科学》2016年第1期。

题，若没有法理学，法治之理就不可能成为哲学社会科学的要素，用法治思维和法治方式化解社会矛盾也就成了空想。实现社会转型的法治中国建设的目标决定了研究法治之理的法理学是构建哲学社会科学体系的要素之一。

重新构建的中国哲学社会科学体系究竟应该包括哪些要素，这是一个哲学问题。把法治之理当成哲学社会科学的要素，实际上也面临着不少的问题。在改革开放社会转型过程中，中国有很多的"坚持"以及由此衍生出的诸多观点。必须承认，在很多根本问题上，"坚持"是必要的，没有坚持也就没有秩序，但是盲目的坚持，也可能会导致发展的停滞甚至倒退。社会的发展进步需要坚守一些基本的理念，但更需要论证坚持的理由。需要"坚持"什么，应该根据促进法治中国建设目标的实现进行取舍，建构哲学社会科学体系需要为法治战略实施服务。在中国社会的法治化转型过程中，不需要瓦解法治的知识价值理论体系。

对于法理之理，有多种认识。根据郭忠的研究，法理是中国固有的词汇。"理"是人们根据观察"玉"的纹理而来，遂引申出天理、管理、事理、条理、法理等。法理之理包括理由、理性和规律。理由是法律背后的正当依据；理性是在各种"依据"间，寻求普遍性和统一性；规律则体现必然性。法理是规范、制度实践的基础，具有原理、普遍性依据的意思。[①] 因而所谓法治实施就应该"缘法寻理""明法达理"。但是，明法达理的前提是名正法备。不仅要以法治的视角观察事物，还要以法律之名调整行为。在这里，正名论是法治的逻辑起点，是要借助法的名义，以简驭繁，以万归一，在法律实施过程中讲究法治之理。在法治中国建设过程中，需要"把法治之理提升为政治意识形态，用法治话语代替传统的政治话语、用法治思维代替人治思维、用权利思维代替权力思维、用法治方式代替专制、专断方式，改压服的管理为说服的治理，把法治思维和法治方式当成我们观察社会、解决纠纷的主要方法。法治之理是在承认中西文化差异的基础上，吸收世界法治文明所预设的法治价值、法治原则、法律制度以及法治思维规则等基础塑造的法治世界观"。[②] 构建中国哲学社会科学不是创建一个全新的学科体系，而是对原有的哲学社会科学体系的再塑造。

---

① 郭忠：《法理之"理"的意义流变》，《上海师范大学学报》（哲学社会科学版）2016 年第 1 期。

② 陈金钊：《用法治之理打量中国》，《新疆师范大学学报》（哲学社会科学版）2015 年第 6 期。

郑永年提出了"中国知识体系的未来：解释比改造更重要"的命题。[1]哲学社会科学体系的建构不是多一个诸如人工智能的学科，虽然那也是哲学社会科学体系所关心的内容。郑永年所说的"解释比改造更重要"是讲我们已经有了框架结构的中国哲学社会科学体系，只是没有在哲学社会科学体系的内容中讲出、讲好中国的意义。当西方不了解中国的时候，我们需要解释，让西方了解中国。然而，这只是一种对外知识传播的需要，而不是建构中国哲学社会科学体系要考虑的问题。中国哲学社会科学知识体系的建构，需要为中国的法治建设服务。法治是中国前所未有的事业，需要与传统秩序建构不一样的知识体系。这就意味着我们需要改造中国固有的辩证思维和革命思维。

三、中国哲学社会科学体系建构如何与法理学衔接？

中国人的思维以整体性、辩证性、实质性思维为特征。由于忽视逻辑推理的重要性，造成根据法律进行思考的法律思维经常出现危机。但是，完全把西方的法律推理与解释方法搬到中国，也难以解决、解释中国的现实问题。中国需要融贯中西解决法治建设的理论体系；需要从哲学上解决用认识论代替方法论的思维模式。如果这一问题得不到解决，建立在形式逻辑基础上的——根据法律进行思考的思维模式就会长期与辩证思维相纠结。有了法律规范体系对法律的评价依然不好说，在行为方式上亦会举棋不定。法治所要求的法律的一般性、客观性、独立性、可预测性等也会在思维过程中被瓦解。法律思维、法治思维和法理思维是哲学思维方式在法律问题上的应用。建构哲学社会科学体系需要考虑到法治的需求，在整体思维中接受法治之理。[2]不然，就永远会用认识论阉割方法论，在混沌思辨中稀释法律、法治的意义。为了法治目标的实现，哲学社会科学体系建构需要把法治之理纳入其中。

（一）哲学社会科学体系建构需要关注法治目标的实现

有人认为，构建哲学社会科学体系的任务是建构中国话语权，因而只有突出

---

[1] 郑永年：《中国的知识重建》，东方出版社 2018 年版，第 177 页。

[2] 当然，也有学者对法治的绝对性提出了质疑。参见於兴中：《法治是人类最理想的选择吗？强势文化、二元认识论与法》，《法学》2001 年第 1 期。

"中国"才能张扬主体性。确实，反复强调"中国"会增强民族热情，但一味把中国化当成解决问题的思路也会出现问题，过度的中国化就等于排斥他山之石对解决问题的意义。强调哲学社会科学的中国问题意识是必要的，但需要超越民族主义而建构具有长远意义的法治之理。排除民主、法治等现代化思维无助于中国问题的解决。因而，中国哲学社会科学体系的建构应该把法理学列为要素。当然，这种要求也许对哲学来说太严苛了。因为"哲学是解放的事业"①，对人的解放是没有边界的，不需要太多的规范约束。可是，法理学不仅把人的行为，而且把思想也圈进了思维的笼子。不仅作为行为规范的法律在约束思想，而且建立在逻辑思维规则基础上的法律方法也在约束着人们的思维。现有的中国哲学社会科学体系，虽然也具有与时俱进的特征，能够为改革提供很好的理论体系与修辞思维方式，但从整体上已经很难适应法治中国建设的需求了。在这一背景下，法理因支持法治、改造传统思维方式而显得意义重大。如果不是为了法治寻求理论依据，也许重塑哲学社会科学意义不是很大。法治涉及面很宽，哲学社会科学都需要研究，也都能做出巨大的贡献。尽管动辄建构体系的做法已经被很多哲学家批判，但是，中国哲学社会科学体系的建构需要体系——需要把法理学当成体系要素之一。

法理学与哲学社会科学的衔接需要两个条件。

一是独立的法理学体系。

法理学需要自身具备支撑法治成立、实现路径的法学理论体系、法治话语体系，以自身独立性、科学性、完整性、系统性的观点融进哲学社会科学体系。这是解决自身登场的资格问题。法理学本身需要体系化，这是由法律思维的体系性决定的。如果法理学本身不成体系，就难以形成与法治中国建设相匹配的法治理论体系、法治话语体系。法治话语体系包括法理学的知识体系（原理体系、责任体系）、价值体系、方法论体系、认知体系等。在法理学登场以前需要解决法治建设的重大理论问题。

需要理顺改革与法治的关系。由于法治建设是当今哲学社会科学研究都应该重视的问题。如果哲学社会科学不能为法治提供理论支持，那就是对现实重大政治社

---

① 袁立国：《哲学是解放的事业》，《山东社会科学》2018 年第 4 期。

会问题的忽视。然而，法治的实现需要通过深化改革来完成。这意味着改革与法治构成当今社会的两大主题。"只有以改革总揽全局，切实解决机制问题，才能真正推进社会科学发展。"①由于法治与改革具有不同的思维走向，二者在很多方面存在着冲突，要想同时搞好这两项伟大的事业，首先需要处理好二者之间的关系。只有树立正确的法治改革观才能发挥法治对社会的促进功能。目前的中国不进行改革，社会矛盾难以化解，社会转型难以完成；而不推进现代法治建设，改革则可能失去方向，社会转型会失去目标。法治中国建设事关国家治理体制的完善和治理能力的提升以及国家的稳定和可持续发展，因而不能仅把法治当成工具，还需要把现代法治作为目标，用法治精神塑造改革的决策，引领改革发展。法治优先、改革附随是法治改革观的主要内容，也是党的十八大以来法治思维方式的重大变化。②处理好改革与法治的关系不能仅靠思辨，在对立统一中讲究法治与改革的对立与统一，需要以法治为目标构建中国哲学社会科学体系。

中国哲学社会科学知识体系建构要满足解释世界和改造世界的双重任务。如果以改造世界为己任，知识建构就应该形成以知识为主的权力，即因知识系统而衍生的话语权，如果以解释世界为己任，就必须考虑政治权力对知识体系建构的影响和引领。"知识体系是话语权的基础，没有知识体系就不会有话语权。但也应该看到，光有知识体系不见得就有话语权。"③因为话语权是与他者的沟通能力，因而需要他者了解、信服和自愿接受知识体系，否则就会只有知识而没有话语权。今天的中国法理学，虽然有系统的知识体系，但还没有被普遍接受，因而就难以形成话语权。

在知识与权力的关系上，应该是知识限制权力，而不是权力支配知识。有评价认为，当代中国哲学在当今世界哲学舞台上，基本没有话语权。这种令人难堪的局面，在于没有产生原创性哲学。原创性哲学首先要求深入思考和批判时代问题，同时必须将此思考置于哲学史的语境之中。"思考既不是凭空拍脑袋乱想，也不是堆积哲学词汇、故作高深的组装拼凑、实际毫无用处的假货。它思考的问题是时代和

---

① 任平：《中国哲学社会科学创新体系建设所需要破解的问题》，《中国社会科学报》2011 年 10 月 25 日，第 5 版。

② 陈金钊：《"法治改革观"及其意义》，《法学评论》2014 年第 6 期。

③ 郑永年：《中国的知识重建》，东方出版社 2018 年版，第 190 页。

哲学史逼出来的，哲学要发展，必须在这些问题上要有根本性的突破。"① 社会的法治化转型是时代的重大问题。社会转型为哲学社会科学提出更高的要求。把法治当成治国理政的基本方式，不仅是长期执政、长治久安的需求，更主要的是文明进步的标志。政治权力过度集中会导致市场、社会的衰落，甚至政府的无力。法治国家、法治政府、法治经济和法治社会需要相互配合才能真正实现治理现代化，才能为政府、市场、社会等提供更为宽阔自由的空间。

用民主法治解决中国问题，需要诸多条件，生搬硬套可能会水土不服。既然选择了法治作为治国理政的基本方式，就需要论证法治究竟需要哪些条件。法治的基本命题和法治实现的路径都需要哲学社会科学的充分论证。对法治之理的哲学社会科学论证是建构法治话语体系的前提。然而，现有的社会科学意义上的法学并不都是在促成法治，其中主流的辩证思维往往在修辞意义上瓦解法治。虽然在科学意义上可以解开法治现状的面纱，认识法治过程的真相。但是，如果一味揭示所谓"真相"，而不顾及法治目标的实现，就等于逃避哲学社会科学的社会责任。过多的"真相"揭示，致使法治现状的实际弊端暴露无遗，会促生法治的不可能性。这不利于法治话语权的形成。"生产知识的知识分子应该承担起知识的责任。否则，不仅不能促进社会进步，反而会给社会带来巨大灾难。"② 在促进社会进步的问题上知识的创造极为重要。

二是哲学社会科学体系应该把法治建设当成社会发展的重大问题。

哲学社会科学体系不仅是不同学科知识原理的组合，而且要解决社会重大问题。当今社会主要矛盾是人民对美好生活的需求与不平衡不充分发展之间的矛盾。人民对美好生活的需求呈多样性的特征。对美好生活的需求的满足都与法治有关联。法治的不平衡、不充分发展成了对美好生活追求的障碍性因素也是构建哲学社会科学体系所面临的重大问题。这意味着塑造社会主义法治理论也是重新构建哲学社会科学体系的关键。为法治中国建设目标服务的中国哲学社会科学所要解决的最大问题就是法治问题。法治问题牵涉各学科的基本问题。

法理学要与哲学社会科学衔接的原因，不仅是因为法治中国建设的需要，还因

① 张汝伦：《中国哲学如何在场》，《中国社会科学评价》2018 年第 1 期。

② 郑永年：《中国的知识重建》，东方出版社 2018 年版，第 230 页。

为法律价值的实现需要哲学社会科学的指引。纯粹的法理学研究受视角、立场以及研究范围的局限，而哲学社会科学对法治问题和法治之理的关注，对法治命题的证立、法治方法的探寻、法治价值的认同以及法治战略的设立会更加全面。法治承载了民主、自由、秩序、平等、公正等法律价值。法律价值的实现离不开法治。法治可以作为社会主义核心价值的内容之一，在中国具有特别重要的意义。对于克服空洞讲价值有积极作用。如果没有法治平台，法律价值很难实现。

（二）在哲学层面区分认识论与方法论，为中国法治话语体系建构提供理论支撑

辩证思维在中国具有强大的消解知识明确性的能力。只要这种思维方式不加以改造，就不可能形成法治思维或法治话语系统。法治话语也就难以提升话语权。在辩证思维下谈法治，人们马上想到的是法治与人治、法治与专制、法治与政治、法治与德治、法治与改革、法治与社会、法治与经济等的对立统一。这种思维的全面性、辩证性自不待言，但对立统一的修辞效果很少有人研究。辩证思维的修辞效果就是在法治失去绝对性的同时权威性也被削弱，法律的明确性被瓦解。所以，构建中国哲学社会科学体系就必须改造这种思维结构。确实，辩证思维不仅博大精深而且还具有超强的包容性，但不可能否认也具有明显的斗争性。这种斗争性与法治思维所追求的明确、可预测、平和、理性有较大区别。没有对形式逻辑的尊重，就不可能形成法治思维。在法治与其他的对立统一背后，隐藏着虚假的修辞。对立统一可能成为空洞的言词。比如在法治与德治、法治与人治等的对立统一之中，德治、人治背后并不存在独立的知识体系，存在的都是以政治为核心的道德伦理等零碎知识。人们往往拿着高尚的道德、空洞的人治等来说事，认为法治与德治、法治与人治是对立统一的关系。其实，法律与道德、法治与政治、法治与人治、法治与经济等在很多方面是重合的。所谓德治、人治，由于没有知识系统作为支撑，只是一种零碎的言辞而已。法治也不是说仅法律在发挥作用，而人不发挥作用。在人们的思维套到对立统一的结构之中后，本来清楚的法治界限被模糊，明确清晰的法律失去了规范作用。说法律的实施离不开人就是人治，说法律的作用离不开道德就是德治，是瓦解法治的错误修辞方式。

建构法治话语体系的第一步是按照法治的要求，形成根据法律进行思考的思维

方式。在法律思维中不是要舍弃传统的整体、辩证和实质思维，而是要在传统思维方式中引入逻辑的因素。把整体思维和知性思维结合起来，以简约的法律应对复杂的社会，以不变的法律应对千变万化的社会，在坚持法治目标、法律价值、良法善治的基础上持法达变。持法达变之"法"不是不变的，所谓不变只是讲法律的稳定性，而不是说法律不能有任何变化。但法律的变化需要有法律价值、法治理念、法律规则和法律方法的运用。法律的变化、社会的变革都不能偏离法治目标。持法达变，是用法律、法治应对社会的变革。当然，持法达变之法在古代主要有四种，即不变之法（天经地义之天理）、齐俗之法、治众之法（度赏刑罚是也）、平准之法（律度横量是也）。在今天主要是指法律规则（程序）、法治之理、法律价值、法律方法。"法"不仅包括治众之法，还包括治官之法。在中国，缺少的不是法律，缺少的是法理。由于缺乏法治之理，因而法治话语体系难以建立起来。持法达变所反对的是没有理由的"坚持"，而强调在法治目标下的放弃。持法达变之法，讲的是法治之理得到尊重，而封建专制逐步瓦解。这里的法是意识形态，取代的是儒家的君臣之理。持法达变的基本理路是反对专制、人治的权力之理，是捍卫民主、自由、权利、公平、正义等社会主义核心价值。持法达变不是法律不变，而是名正法备。

　　法治实际上是用简约应对复杂的思维方式。然而，有学者一直在宣扬"中国问题的复杂性"，认为"建构一个新秩序远比摧毁一个旧秩序艰难"，建构在自由主义基础上的法治，并不能解决复杂中国的权利与权力之间的平衡。因为，复杂思维会使社会更稳定。以简约应对复杂、以不变应万变、持法达变等法治思维方式，虽然是法治的基本思维方式，能解决很多问题，但是不能适应复杂社会的现实。坚持复杂思维的学者认为，任何简单思维，总是导致社会两极化思想结构，从而更容易失稳。简单化法律规则和程序就像大海中一叶扁舟，根本罩不住大海的整体秩序。复杂的现实，要求复杂的思维方式。① 人们已经看到，简约的法治思维方式，导致的问题是"法治在解决问题的同时，本身也正在变成问题"。然而，我们不能仅仅指出中国问题的复杂性而不给其找到解决问题的出路。法治其实就是面对复杂社会找

---

① 参见汪丁丁：《中国问题的复杂性》，http://www.sohu.com/a/227792310_4883088。

出的简约化方式。法治虽然牵涉到社会生活的各个方面，但是完全靠法治驾驭社会的发展与进步，可能会力不从心。我们需要明确，法治只是国家权力行使的一种方式，实施法治的主体是政党，是执政党把法治当成治国理政的基本方式，政党从来不是仅仅靠法治来治理国家的，但就法治在世界范围内取得的成就看，应对复杂社会只能靠简约的法律。

结语

法治建设是构建中国哲学社会科学体系的重大问题。但法学界对法治问题还有不同的思考，於兴中指出："法治社会把人的生命的必须牢牢地与人的智性结合在一起，使人的智性得到了极大发展。这是一件值得称道的事情。法治社会解决了人生必需和人生意义之间的矛盾，并且把两者统一起来，使它和谐起来。生命如果没有意义而只有必需，就使人降低到了动物的地位。"[1] 然而，由于法治社会重视人的智性开发，注重法律、注重理性而忽视其他人的秉性，包括心性和心灵的培养。因此法治社会不是一个理想的社会。纯粹根据法律的思考是一种功利主义的理性，没有历史感、没有道德责任感。"一个完全建立在智性和法律之上的法治社会只能造就一大堆现实主义的个人主义者，孕育不出健全的人来。"[2] 这些警示性论断是法治论者需要认真思考解决的问题。只不过於兴中的观点是观察美国社会得出的看法，对中国社会来说，这可能只是一个参考。因为，我们对法治理想还没有全面实验过，法治在中国才刚刚起步。其实，在任何社会中，法治也只能是其主要的治理方式，而不可能摆脱伦理道德等规范。法治在中国也不可能成为唯一的治理的方式。

也许在中国存在更为严重的问题是对法治不够尊重，法律没有足够的权威。现有的哲学社会科学包含着不少瓦解法治的理论，而缺乏证成法治的理论。特别是，"中国的中产阶级到现在还只是一个消费者，而不是生产者。一方面，他们自己还没有能力生产自己阶层所需要的知识体系，另一方面他们也没有为他们说话或者代表他们利益的知识生产者。中国目前的知识群体，要不围绕着权力转，即权力知识

---

①② 於兴中：《法治是人类最理想的选择吗？》，《法学》2001 年第 1 期。

分子，要不围绕着利益转，即利益知识分子。"[1] 这种情况的出现并不是倡导法治所造成的。在法治问题上，由于还没有展开基础性研究，人们要么按照西方的模式照猫画虎，要么在辩证思维支配下对立统一。而这两种思维都不是解决法治中国建设所需要的方法论。哲学社会科学需要关注中国的法治理论的构建。就目前的情况来看：一是要摆脱西方文化的殖民；二是要摆脱传统思维方式的干扰；三是吸收借鉴人类文明的成果。中国需要法治知识的生产者，而不仅仅是消费者。

原刊《学术月刊》2019 年第 4 期

---

[1] 郑永年：《中国的知识重建》，东方出版社 2018 年版，第 229 页。

新中国政法话语的流变

侯　猛[*]

政法话语是中国共产党在长期领导政法工作的过程中，反复使用和不断改进的用语表达。政法工作中的很多用语，散见在党的各种文件和领导人的讲话中。2019年1月13日，中共中央印发的《中国共产党政法工作条例》（以下简称《政法条例》）开始施行。这是第一次以规范性文件的形式总结和提炼政法工作的经验，可以说是新中国成立70年以来政法话语的系统书写。

本文主要是从话语角度分析新中国政法体制。所谓话语，实际上是权力运作和权力关系的外在表达。[①] 有如权力制造知识的道理一样[②]，权力也制造话语。这一套政法话语体系的意义，就在于它是"按照它的实际使用的历史发展来决定"[③]，而不是按照来源或理论建构出来的。也就是说，要深描新中国成立以来政法话语的流变，必须细致分析其背后的党和国家权力的关系变迁过程。与此同时，政法话语一旦确立定型，又具有意识形态的功能，能动作用于权力体制本身[④]，实际影响并塑造政法工作。

---

[*] 作者为中国人民大学法学院教授。

[①] 有关话语分析的讨论，参见［英］诺曼·费尔克拉夫：《话语与社会变迁》，殷晓蓉译，华夏出版社2003年版。

[②] 参见［法］米歇尔·福柯：《规训与惩罚》，刘北成、杨远婴译，生活·读书·新知三联书店2012年版，第29—30页。

[③] 参见《马克思恩格斯选集》第4卷，人民出版社2012年版，第241页。

[④] 这就是阿尔都塞所说的，即使在阶级社会里，意识形态能动地作用于统治阶级本身，促使其改造并有助于改变其态度，从而使统治阶级适应其真实的存在条件（例如法律自由）。参见［法］路易·阿尔都塞：《保卫马克思》，顾良译，商务印书馆2010年版，第232页。

一、政法"词与物"的关系流变

与新中国成立初期相比，今天政法概念的外延已经发生了很大变化。在 70 年的历程中，政法一"词"所指的"物"——政法事务所涵盖的范围，时而扩大，时而缩小。这是伴随着其背后党和国家权力的力量关系的变化而变化。所谓力量关系，是指从关系本身出发来研究权力，对权力的分析"应当首先让它们在它们的复杂性中、它们的区别中、它们的特殊性中、它们的可逆性中得到评估：这样就把它们当作相互交叉、相互反射，焦距集中……的力量关系"。①

在数十年的力量关系中，党的权力和国家权力不断发生变化。至少有四个标志性事件，深刻影响了政法概念的外延变化：一是 1949 年中央人民政府委员会的成立；二是 1954 年全国人民代表大会制度的建立；三是 1980 年中央政法委员会的设立；四是 2018 年中央全面依法治国委员会的组建。

新中国成立初期的政法工作范围十分广泛。除了公安、检察、法院、司法行政以外，也包括民政、立法、民族和监察事务。1949 年 9 月 27 日通过的《中华人民共和国中央人民政府组织法》第十八条规定，政务院设政治法律委员会。而将"政治法律"简称"政法"，首次出现在董必武就中央人民政府委员会组织法的起草工作向政协全体会议所做的报告中。他说："关于联系与指导性的委员会，如政法、财经、文教等委员会是否列一级的问题……"② 在这里，政法与财经（财政经济）、文教（文化教育）并列，均是一类政府事务的归口管理简称。即政治法律委员会指导内务部、公安部、司法部、法制委员会和民族事务委员会的工作。1949 年 10 月 21 日，政务院政法委员会第一次会议召开时，"主持会议的董必武说明政法委员会的任务是负责指导内务部、公安部、司法部、法制委员会、民族事务委员会的工作，并受毛泽东主席和周恩来总理的委托，指导与联系最高人民法院、最高人民检察署和人民监察委员会"。③ 在这一时期，党内政法口的组织建制也基本完成。1950 年 1 月 9 日，中共政务院总党组干事会全体会议召开。会上，周恩来宣布董必武为

---

① 参见［法］米歇尔·福柯：《必须保卫社会》，钱翰译，上海人民出版社 1999 年版，第 248 页。

② 董必武：《中华人民共和国中央人民政府组织法的草拟经过及其基本内容》（一九四九年九月二十二日），载《董必武法学文集》，法律出版社 2001 年版，第 21 页。

③ 《彭真年谱》第 2 卷，中央文献出版社 2012 年版，第 69 页。

政法委员会分党组书记，彭真……为干事。^①政法委员会分党组（简称政法分党组）正式成立。在此前后，各政法机关分别成立了党的小组或联合党组，^②统一接受政法分党组的领导，由政法分党组来协调各政法机关的工作。^③

不过随着时间的推移，民政、立法、民族和监察事务逐渐从政法工作中剥离出去。首先是民族和监察事务。1953 年 1 月 4 日，政务院政法分党组干事会第二十三次会议，彭真发言指出：民族事务委员会的工作以后不再由政法分党组主管。^④2 月 21 日，政务院政法委员会第二十九次委务会议，彭真提出：监委及民委会今后归政务院直接领导，但民委会在组织系统上仍隶属于政法委。^⑤这样，到了 1953 年，政法口除了政法委员会以外，主要有七个单位。^⑥彭真在 1953 年 4 月 19 日的政法工作座谈会上就谈道："政法委党组对中央起助手作用，所联系的公安、内务、司法、法委、高院、高检及政法干校七个单位……"^⑦其中，政法干校是中央政法干部学校的简称，当时直接由政法分党组联系。^⑧

1954 年 9 月，全国人民代表大会制度建立，直接导致民政和立法不再成为政法工作的主要任务。民主建政即是要建立各级人民代表会议，属于民政事务，由内务部具体牵头负责。^⑨这在新中国成立初期十分重要，因为政法工作的主要任务除了镇压反革命以外，还要进行国家政权建设。董必武在 1951 年 9 月就指出，目前

---

①《彭真年谱》第 2 卷，中央文献出版社 2012 年版，第 95—96 页。

② 1949 年 11 月 2 日，中共中央政治局会议决定，最高人民法院和最高人民检察署设联合党组，罗荣桓为书记。参见《彭真年谱》第 2 卷，中央文献出版社 2012 年版，第 73 页。

③ 例如，第一次全国司法会议就是由政法委员会分党组协调，最高人民法院、司法部、法制委员会、最高人民检察署四个部门一起筹备。参见董必武：《对参加全国司法会议的党员干部的讲话》（一九五〇年八月十二日），载《董必武法学文集》，法律出版社 2001 年版，第 44—45 页。

④《彭真年谱》第 2 卷，中央文献出版社 2012 年版，第 319 页。

⑤《彭真年谱》第 2 卷，中央文献出版社 2012 年版，第 340 页。

⑥ 此外，中央办公厅内也设有政法组。据邓力群回忆，1952 年底，他到中央办公厅第一办公室工作。中央办公厅设立第一办公室，简称一办，主要管研究国内各方面的情况。一办里面分了好几个组，其中有政法组。参见邓力群：《邓力群自述（1915—1974）》，人民出版社 2015 年版，第 249—250 页。

⑦《彭真年谱》第 2 卷，中央文献出版社 2012 年版，第 353 页。

⑧ 1951 年 7 月 23 日，政务院政务会议作出创办中央政治法律干部学校（简称中央政法干校）的决议。几经辗转，在中央政法干校的基础上，中央政法干部管理学院成立。2000 年，中央政法干部管理学院撤销建制并入中国政法大学。

⑨ 1950 年 6 月 2 日，周恩来在主持政务院第三十五次政务会议时指出：内务部现在的中心工作是建政、救灾、抚恤和复员与人事四项。参见《周恩来年谱（1949—1976）》上，中央文献出版社 2007 年版，第 45 页。

政法工作"应以加强民主建政和训练司法干部为工作的重点。加强民主建政工作，县级仍然是重点所在……我们要把各界人民代表会议代行人民代表大会职权的制度，在各级逐渐建立起来，首先在县建立起来"。① 而在民主建政工作基本完成以后，民政事务也就不再成为政法工作中的主要事务。以至到了 1960 年 11 月，中央决定"内务部改归国务院直辖。内务部、民族事务委员会和国务院各直属局，由习仲勋同志统一管理，成为内务口，对中央负责"。②

立法也曾被认为是政法工作的主要任务之一。董必武在作关于《一九五四年政法工作的主要任务》的说明时，就解释："为什么把立法问题摆在前面？因为目前立法工作特别是保卫经济建设的立法工作，相应落后于客观需要，今后如果要按法制办事，就必须着重搞立法工作……问题的解决不能单靠法制委员会，即使把政委各部门都加进去也不行……搞这件工作非与各有关业务部门合作不可……希望各部门协助我们完成这些立法工作。"③ 但 1954 年 9 月，全国人民代表大会和全国人民代表大会常务委员会成立。依照 1954 年宪法规定，全国人大行使国家立法权，全国人大常委会行使制定法令的职权。政务院法制委员会的建制撤销，其承担的立法事务主要转移至全国人大常委会负责。

全国人大代表大会制度建立的同时，政务院政法委员会的建制也被撤销。虽然"国务院内设第一办公室，它是管理政法工作的专门机构，协助总理接洽及管理内务、公安、司法、监察等部工作"④，但政法委员会建制撤销了，政法分党组也没有存在的可能。1954 年 10 月 26 日，政法委员会党组干事会向所属各部委党组发出通知：自 10 月 25 日起政法分党组宣告结束，停止工作。今后内务部、公安部、司法部的工作直接向罗瑞卿请示报告，最高人民法院、最高人民检察院的工作，直接向全国人民代表大会常务委员会请示报告。⑤

① 董必武：《目前政法工作的重点和政法部门工作人员中存在的几个问题》（一九五一年九月十一日），载《董必武法学文集》，法律出版社 2001 年版，第 87—88 页。

② 《中共中央关于中央政法机关精简机构和改变管理体制的批复（一九六零年十一月十一日）》。

③ 董必武：《关于〈一九五四年政法工作的主要任务〉的说明》（一九五四年一月十四日），载《董必武法学文集》，法律出版社 2001 年版，第 166—167 页。

④ 董必武：《目前中国的法律工作概况》（一九五五年九月八日），载《董必武法学文集》，法律出版社 2001 年版，第 303 页。

⑤ 《彭真年谱》第 2 卷，中央文献出版社 2012 年版，第 498 页。

1980 年 1 月，中共中央政法委员会成立，作为党中央管理政法工作的职能部门。其前身可以追溯到 1958 年 6 月 8 日中央设立的中央政法小组。其中指出："小组是党中央的，直隶中央政治局和书记处，向他们直接作报告。大政方针在政治局，具体部署在书记处……大政方针和具体部署，都是一元化，党政不分。具体执行和细节决策属政府机构及其党组。对大政方针和具体部署，政府机构及其党组有建议之权，但决定权在党中央。"①而 2019 年的《政法条例》对政法委员会有了更明确细致的规定：党委政法委员会是党委领导和管理政法工作的职能部门，是实现党对政法工作领导的重要组织形式。而且，地方党委政法委书记一般都由党委常委担任；由中央政法委员会牵头召开的全国政法工作会议的规格，提升至中央政法工作会议层级；《政法条例》第四章专章规定了党委政法委员会的领导。这些都表明了党委政法委员会的重要性。

2018 年，中央全面依法治国委员会组建。《深化党和国家机构改革方案》中规定，中央全面依法治国委员会是党中央决策议事协调机构之一，其职责是统筹协调全面依法治国工作。其中涵盖了中央政法委员会的部分职责。中央全面依法治国委员会办公室主任也由中央政法委员会书记担任。《中共中央关于深化党和国家机构改革的决定》中还提出："加强和优化党对深化改革、依法治国、经济、农业农村、纪检监察、组织、宣传思想文化、国家安全、政法、统战、民族宗教、教育、科技、网信、外交、审计等工作的领导。"这里又对"依法治国""国家安全"和"政法"三类工作进行了分别列举。这些表述其实也是说明，"政法"纳入"依法治国"体系之中，但"依法治国"的重要性更大，涵盖范围也更广。

简言之，新中国成立以来政法概念所指的事务始终未变的就是审判、检察、公安、国家安全和监狱。这也与《政法条例》第三条所规定的政法单位一一对应，即主要包括审判机关、检察机关、公安机关、国家安全机关、司法行政机关。而民族、监察、立法、民政事务早先属于政法事务，但后来逐渐剥离，因此不再被认为是"政法"范畴。

---

①《中共中央关于成立财经、政法、外事、科学、文教各小组的通知（一九五八年六月十日）》。

二、政法话语—权力的初步确立

政法话语的讨论，不仅需要分析其所指向的事物（事务）的变化，更需要展现其背后的权力支配机制和过程。新中国政法话语能够得以确立，正是建立在一系列斗争的基础上的。没有中国共产党领导人民通过革命建立新中国，打碎旧的国家机器，建立起各级政法机关，也就不可能有新的政法话语的产生。

1949 年 1 月 21 日，中央书记处通过《关于接管平津国民党司法机关的建议》，告知北平天津两市委、总前委、华北局，当人民解放城市时，须立即将国民党司法机关全部接管，并建立新民主主义国家的司法机关，以执行镇压反革命活动与保护人民利益之任务。[①] 除了人民法院以外，其他各政法机关也是在党的领导下建立起来的。[②] 甚至，党领导政法工作可以追溯到更早时期。[③] 由此可以理解，虽然审判机关、检察机关、公安机关、国家安全机关、司法行政机关属于宪法上的国家机构，在法律上也有专门或相应规定，但宪法解决的只是它们的合法性问题。而历史事实是，这五个机关都是在党的领导下建立起来的。在这个意义上，它们不仅是法律机关，也是政治机关。

也因此，政法话语中的核心就是坚持党的领导，而且是强调党的绝对领导。例如，《政法条例》第一条规定"坚持和加强党对政法工作的绝对领导"，第二章标题为"党中央对政法工作的绝对领导"，第七条规定"党中央对政法工作实施绝对领导"。党对政法工作的绝对领导的表述是与党对军事工作的绝对领导的表述完全一致。这是因为政法工作与军事工作不仅关系密切，而且同样重要。周恩来在 1949 年 10 月 30 日接见第一次全国公安会议与会人员时说："军队与保卫部门是政权的两个支柱。你们是国家安危，系于一半。国家安危你们担负了一半的责任，军队是

---

① 中央档案馆编：《中共中央文件选集》第十八册（一九四九年一月至九月），中共中央党校出版社 1992 年版，第 58—62 页。

② 国家安全部在 1983 年 7 月成立，由原中共中央调查部整体、公安部政治保卫局以及中央统战部部分单位、国防科工委部分单位合并而成。但在新中国成立初期，相关职能相继由中央军委总参谋部情报部、中共中央总情报部、中共中央调查部负责。

③ 如董必武所言："我们党从井冈山建立革命政权的时候起，就有了自己的政法工作。人民政法工作和军事工作、经济工作、文教工作一样，在党中央和毛主席的领导下，从民主革命到社会主义革命，逐步积累起丰富的经验，形成了自己的优良传统。"参见董必武：《实事求是地总结经验，把政法工作做得更好》（一九五九年五月十六日），载《董必武法学文集》，法律出版社 2001 年版，第 423 页。

备而不用的，你们是天天要用的。"①

正是由于公安机关与党及保卫工作极其密切的联系，因此必须受党委直接领导。1950年9月27日，毛泽东就指出："保卫工作必须特别强调党的领导作用，并在实际上受党委直接领导，否则是危险的。"②实际上，公安机关与军队的关系十分密切。公安部在中央人民政府成立之前，归中央军委建制和管理，公安部最初的主要人员也是从各野战军中抽调的。1949年7月6日，中央军委决定在军委设置公安部，并任命罗瑞卿为公安部部长。首先以中共中央华北局社会部的全体人员加上中共中央社会部的部分机构作为组建公安部的基础。③此外，包括公安机关在内的各政法机关还效仿军队设立了政治工作机构。1952年10月，第五次全国公安会议通过《关于建立公安部门政治工作的决议》，决定以《古田会议决议》为指导思想，在公安系统建立政治制度和政治工作机构。其主要任务应是加强公安部门的思想领导与政治领导，应是首长在这方面的有力助手和进行政治的、思想的工作机关，而不是什么事务性质或技术性质的机关。它的主要的工作，应是管理干部的工作、管理公安机关党的工作、管理政治宣传教育工作、大体上像军队政治机关一样，起到政治保证作用。④

除了建立各级政法机关以外，新的政法话语的确立，还必须将马克思列宁主义法律观作为政治上的意识形态。这是因为"任何一个阶级如果不在掌握政权的同时对意识形态国家机器并在这套机器中行使其领导权的话，那么它的政权就不会持久"。⑤因此，在政治意识形态上有两项基本工作要做。

一是废除旧法统、旧法律文本和旧法律知识。1949年2月22日，中央向各中央局、分局、前委并转政府党组发出《中央关于废除国民党〈六法全书〉和确定解放区司法原则的指示》。提出：在无产阶级领导的以工农联盟为主体的人民民主专政的政权下，国民党的《六法全书》应该废除，人民的司法工作不能再以国民党的《六法全书》作依据，而应该以人民的新的法律作依据，在人民的新的法律还没有

---

① 《罗瑞卿传》，当代中国出版社2007年版，第152页。
② 《毛泽东年谱（1949—1976）》第1卷，中央文献出版社2013年版，第198页。
③ 参见《罗瑞卿传》，当代中国出版社2007年版，第150—151页。
④ 参见《罗瑞卿传》，当代中国出版社2007年版，第185页。
⑤ 参见［法］路易·阿尔都塞：《哲学与政治——阿尔都塞读本》下，陈越译，吉林人民出版社2011年版，第314页。

系统地发布以前，则应该以共产党的政策以及人民政府与人民解放军已发布的各种纲领、法律、命令、条例、决议作依据。① 二是对旧司法人员进行思想改造。1949年9月2日，《中央关于改革律师制度的指示》中提出："所有旧律师愿在人民民主国家继续执行律师业务者，须一律重新进人民政府所办之政法学校或司法训练班或新法学研究机关受训。"② 不仅旧律师，包括法学教授在内的旧司法工作人员都必须进行思想改造，"明白法律是在国家占统治地位的阶级，为了维持本阶级的利益所创立的工具，也就是阶级专政的工具"③。随后在1952年6月开始的司法改革运动，是在废除旧法统的基础上对旧司法工作人员更为彻底的思想改造，④ 也是彻底改造和整顿旧司法机关⑤。

在这样的破旧立新的过程中，政法干部的教育轮训机制、社会主义法学高等教育制度、社会主义法学知识体系也逐渐建立起来，从而在实践中贯彻了马克思列宁主义法律观。⑥ 由此可以说，新中国成立初期，党的领导和马克思列宁主义法律观逐步被贯彻在政法工作之中，这也意味着政法话语—权力的初步确立。

三、政法话语中的关键词

在新中国成立以来的政法话语不断变化的过程中，除了党的领导、马克思列宁主义法律观以外，还有若干个核心关键词。有些关键词在名称和内容上始终没有变化；有些在名称上没有变化，但内容上有一定变化；有些则是虽然名称上有变化，但实质内容并没有变化。列举几例表述如下：

关键词的名称和内容始终未变的是"阶级"一词。法是有阶级性的，这是马克思列宁主义法律观的根本特征。这在马克思恩格斯的《共产党宣言》、恩格斯的

---

① 《中共中央文件选集》第十八册（一九四九年一月至九月），中共中央党校出版社1992年版，第152页。

② 《中央关于改革律师制度的指示》（一九四九年九月二日），载中央档案馆编：《中共中央文件选集》第十八册（一九四九年一月至九月），中共中央党校出版社1992年版，第439—440页。

③ 董必武：《旧司法工作人员的改造问题》（一九五〇年一月四日），载《董必武法学文集》，法律出版社2001年版，第28页。

④ 参见何勤华：《论新中国法和法学的起步——以"废除国民党六法全书"与"司法改革运动"为线索》，《中国法学》2009年第4期。

⑤ 参见黄文艺：《1952—1953年司法改革运动研究》，《江西社会科学》2004年第4期。

⑥ 参见张小军：《马克思主义法学理论在中国的传播与发展（1919—1966）》，中国人民大学出版社2016年版，第138—182页。

《家庭、私有制和国家的起源》和列宁的《国家与革命》中都有专门论述。例如，《共产党宣言》中就提出无产阶级应该推翻资产阶级的统治，批评资产阶级"你们的观念本身是资产阶级的生产关系和所有制关系的产物，正像你们的法不过是被奉为法律的你们这个阶级的意志一样，而这种意志的内容是由你们这个阶级的物质生活条件来决定的"。[①] 由此，我们的法律理论，也是建立在阶级斗争和所有制关系的基础上。新中国的国家学说或国家理论就是建立在上述论述基础之上的。如周恩来所言："新旧法律的根本区别在于，新法律是根据马列主义的国家学说和对中国的阶级关系、社会经济关系等时机情况的分析制定的，而旧法律正好相反。"[②] "法是为了适应经济基础的需要，反映在生产关系和分配关系上的上层建筑，它是有阶级性的。我们的法必须符合人民的利益，必须为不断革命服务。"[③]

"人民"一词的名称和内容也始终未变。人民法院、人民检察院、人民司法，一般不可减省。《共同纲领》第十七条规定："废除国民党反动政府一切压迫人民的法律、法令和司法制度，制定保护人民的法律、法令，建立人民司法制度。""人民司法基本观点之一是群众观点，与群众联系，为人民服务，保障社会秩序，维护人民的正当权益……如果这个问题不能解决，其他的问题解决了也不能称作人民司法工作。"[④] 因为"人民"的根本重要性，一切工作都要走群众路线。所以，2019 年制定的《政法条例》第六条第二款仍然规定："坚持以人民为中心，专门工作和群众路线相结合，维护人民群众合法权益。"

关键词的名称不变，内容有一定变化的有"专政"一词。马克思最早提出了无产阶级专政的概念[⑤]，他指出："阶级斗争必然导致无产阶级专政"[⑥]。并且在《哥达纲领批判》中也说道："在资本主义社会和共产主义社会之间，有一个从前者变为

---

① 《马克思恩格斯选集》第 1 卷，人民出版社 2012 年版，第 417 页。

② 这是周恩来在 1950 年 8 月 25 日主持政务院第四十七次政务会议时指出的。参见《周恩来年谱（1949—1976）》上，中央文献出版社 2007 年版，第 68—69 页。

③ 周恩来在 1958 年 9 月 16 日参观国务院规章制度展览会时指出的。参见《周恩来年谱（1949—1976）》中，中央文献出版社 2007 年版，第 170 页。

④ 董必武：《对参加全国司法会议的党员干部的讲话》（一九五〇年八月十二日），载《董必武法学文集》，法律出版社 2001 年版，第 44 页。

⑤ 对无产阶级专政的专门讨论，参见周尚文：《列宁政治遗产十论》，上海人民出版社 2018 年版，第 116—141 页。

⑥ 《马克思恩格斯选集》第 3 卷，人民出版社 2012 年版，第 426 页。

后者的革命转变时期。同这个时期相适应的也有一个政治上的过渡时期，这个时期的国家只能是无产阶级的革命专政。"列宁在《无产阶级革命和叛徒考茨基》一文中指出："专政是直接凭借暴力而不受任何法律约束的政权。无产阶级的革命专政是由无产阶级对资产阶级采用暴力手段来获得和维持的政权，是不受任何法律约束的政权。"① 并且，他在《国家与革命》中说："无产阶级国家代替资产阶级国家，非通过暴力革命不可。"②

中国社会主义革命实践对无产阶级专政理论有所发展，最终提出以工农联盟为基础的人民民主专政。毛泽东说："对敌人来说就是用专政的方法，就是说在必要的时期内，不让他们参与政治活动，强迫他们服从人民政府的法律，强迫他们从事劳动并在劳动中改造他们成为新人。"③ 董必武指出："专政依靠什么呢？就是军队、警察、法庭。这个思想，马克思在巴黎公社时讲过，列宁在《国家与革命》中也讲过。"④1953 年 4 月 27 日，彭真在召集出席全国司法会议的各大区、省、市政法委干部座谈上讲话指出：政法部门是国家机器的重要组成部分，事关"革命与反革命"和具体地处理各阶级的关系。⑤ 正是基于革命理论的指导和历史经验的总结，《政法条例》在规定政法单位的职能时，将专政职能放在了首位，即第三条规定"政法工作……是党领导政法单位依法履行专政职能、管理职能、服务职能的重要方式和途径"，并且在第六条中规定政法工作应当准确行使人民民主专政职能。

关键词的名称变化，但实质内容并未改变的是将"反革命"改为"危害国家安全"一词。新中国成立初期，政法工作的一项十分重要的任务就是镇压反革命。1950 年 10 月 10 日，中共中央发布关于镇压反革命活动的指示。此前的 7 月 27 日，政务院和最高人民法院已经联合发布关于镇压反革命活动的指示，指示强调："积极领导人民坚决地肃清一切公开的与暗藏的反革命分子，迅速地建立与巩固革命秩序，以保障人民民主权利并顺利地进行生产建设及各项必要的社会改革，成为各级

---

① 《列宁选集》第 3 卷，人民出版社 1995 年版，第 594—595 页。

② 《列宁专题文集·论马克思主义》，人民出版社 2009 年版，第 194 页。

③ 《毛泽东年谱（1949—1976）》第 1 卷，中央文献出版社 2013 年版，第 158 页。

④ 董必武：《目前政法工作的重点和政法部门工作人员中存在的几个问题》（一九五一年九月十一日），载《董必武法学文集》，法律出版社 2001 年版，第 92 页。

⑤ 《彭真年谱》第 2 卷，中央文献出版社 2012 年版，第 355—356 页。

人民政府当前重要任务之一。"周恩来在 1950 年 8 月 18 日还专门指出，公安、司法、民政三部门都担负着保护人民、反对和镇压反革命的任务，只是在分工上各有重心而已。①1951 年 2 月 20 日，中央人民政府委员会通过了《中华人民共和国惩治反革命条例》。但 1999 年《宪法》修改，删去了"反革命"表述。《宪法》第二十八条由原来的"国家维护社会秩序，镇压叛国和其他反革命的活动"改为"国家维护社会秩序，镇压叛国和其他危害国家安全的犯罪活动"。"反革命"正式从中国的官方表述中退场，标志着中国共产党对国家整体形势认识上的重大变化。2015 年 7 月 1 日，还制定通过了《中华人民共和国国家安全法》。2019 年的《政法条例》则专门表述了"坚持总体国家安全观，维护国家主权、安全、发展利益"。

　　最有中国特色的政法话语关键词是"区分两类矛盾"。经典的马克思列宁主义法律观，更为强调阶级和专政、革命和反革命，也就是区分敌我。但中国共产党在中国实践经验基础上总结提炼出"严格区分和正确处理敌我矛盾和人民内部矛盾这两类不同性质的矛盾"，形成正确处理人民内部矛盾的政策。②自 20 世纪 50 年代后期开始，严格区分和正确处理两类矛盾成为政法工作的基本原则。1957 年 4 月 21 日，董必武在关于农村治安问题给中央的报告中指出："从这些材料看……地方党委和司法机关有对人民内部问题和敌我问题混淆不清的样子……材料中有的地方党委虽说要十分谨慎，我看他们都是用的肃反运动的方法。他们对待人民内部问题的态度我看是和中央现时的方针政策相抵触的。"③之后在 1957 年 7 月 2 日的第一届全国人民代表大会第四次会议上，董必武再次强调正确区分两类矛盾，做好审判工作。④ 刘

---

①《周恩来年谱（1949—1976）》上，中央文献出版社 2007 年版，第 65 页。

② 1956 年 12 月 29 日，党中央写《再论无产阶级专政的历史经验》以人民日报编辑部名义发表，按照毛主席的意见，第一次提出社会主义社会存在两类不同性质的矛盾：敌我矛盾和人民内部矛盾。1957 年 2 月 17 日，毛主席在最高国务会议上专门讲两类不同性质的矛盾的问题，做了论述区分两类矛盾，正确处理人民内部矛盾问题的报告。参见邓力群：《邓力群自述（1915—1974）》，人民出版社 2015 年版，第 276—277 页。

③ 董必武：《关于农村治安问题给中央的报告》（一九五七年四月二十一日），载《董必武法学文集》，法律出版社 2001 年版，第 392—393 页。

④ 他说："人民法院审判人员必须认真学习毛主席正确处理人民内部矛盾问题的指示，首先严格区分敌我问题和人民内部问题，对处理人民内部犯罪案件，还必须切实分析案情，认清事件是否构成犯罪，应否处刑；行为错误而不违法，或违法而非犯罪的，不能用司法手续处理；行为虽构成犯罪，但就当时和事前事后的情况全面考量，可以不予追诉刑事责任的，也不应用司法手续处理，犯罪轻微的，可以不用司法手续处理。"参见董必武：《正确区分两类矛盾，做好审判工作》（一九五七年七月二日），载《董必武法学文集》，法律出版社 2001 年版，第 404 页。

少奇在 1962 年 3 月评价政法工作时也指出：这四年的经验教训多得很，你们要好好总结，主要教训是混淆两类矛盾。混敌为我的也有，但主要是混我为敌。这后来体现在《中央政法小组关于一九五八年以来政法工作的总结报告》。① 刘少奇在随后当年 5 月同中央政法小组起草该总结报告的成员的谈话中也指出，公安机关、检察院、法院三个机关对敌人是专政机关，对人民来说，要成为处理人民内部矛盾的机关。② 也就是说，人民民主专政并不能只强调专政的一面。专政只适用于敌我矛盾，对于人民内部矛盾就不能采取专政的办法。

严格区分两类矛盾和正确处理人民内部矛盾，可以说是数十年中国政法工作的经验总结。因此，这一表述也出现在《政法条例》中，即政法工作应当"严格区分和正确处理敌我矛盾和人民内部矛盾这两类不同性质的矛盾"的原则。

另一个具有中国特色的政法话语关键词是"社会治安综合治理"，后来演绎为"社会治理"一词。1991 年 2 月 19 日，中共中央、国务院发布《关于加强社会治安综合治理的决定》，明确提出社会治安问题需要进行综合治理。中央社会治安综合治理委员会由此设立。中央社会治安综合治理委员会在经历了短暂改名为中央社会管理综合治理委员会，随即又恢复原名称之后，这一机构被撤销。2018 年 3 月，根据中共中央印发的《深化党和国家机构改革方案》，为加强党对政法工作和社会治安综合治理等工作的统筹协调，加快社会治安防控体系建设，不再设立中央社会治安综合治理委员会及其办公室。有关职责交由中央政法委员会承担。但"社会治安综合治理"的事务仍然存在，"社会治安综合治理"的名称也基本保留，并且进一步扩展并提炼为"社会治理"的表述。这具体表述体现在党的十九大报告中，《政法条例》也专门规定了政法工作应当"坚持走中国特色社会主义社会治理之路，推动形成共建共治共享的社会治理格局"，其中还指出"省、市、县、乡镇（街道）社会治安综合治理中心是整合社会治理资源、创新社会治理方式的重要工作平台"。

新中国成立以来，不论哪一个政法话语关键词，也不论政法话语关键词的内容发生了怎样的变化，这些关键词始终存在共同的根本性的认知基础——区分敌我。

① 参见邓力群：《邓力群自述（1915—1974）》，人民出版社 2015 年版，第 409—426 页。
② 参见刘少奇：《政法工作和正确处理人民内部矛盾》，载《刘少奇选集》下卷，人民出版社 1985 年版，第 450—452 页。

这就是毛泽东在《中国社会各阶级的分析》中所指出的：“谁是我们的敌人？谁是我们的朋友？这个问题是革命的首要问题。”① 即使在当代，也是在区分敌我的前提下，才会去讨论正确处理人民内部矛盾，才会形成以处理人民内部矛盾为主要内容的一整套政法话语。

四、政法话语与宪法话语

如前所述，政法话语是党在领导政法工作过程中逐渐形成的。但在国家权力体系中，随着宪法的制定和实施，也形成了一整套宪法话语。如何理解这两套话语同时存在？由于话语是权力的表征，两套话语之所以能够长期共存，正是说明了其背后有两套独立的但又密切联系的权力体制在运作。政法话语的背后是党的权力体制，宪法话语的背后是国家权力体制。

国家权力体制是围绕权力的合法性展开，以法律的形式划定权力的界限。福柯解释道：“从中世纪开始，法律理论的主要角色就是确定权力的合法性：统治权问题是处于核心的主要问题，整个法律理论围绕着它组织起来。说西方社会中统治权问题是法律的核心问题，这就意味着法律话语和技术的主要功能是在权力内部分解统治事实，以便缩减或遮蔽统治的事实，而代之以另两个东西：一方面，统治权的合法权利，另一方面，服从的法律义务。”② 这是一套围绕统治权问题的哲学—法律话语，而所有的现代国家都需要建立权力的合法性。中华人民共和国在成立时，就制定了具有临时宪法性质的《共同纲领》。而刘少奇在1952年10月访问苏联时，斯大林也敦促中国制定宪法。他说：“如果你们不制订宪法，不进行选举，敌人可以用两种说法向工农群众进行宣传，反对你们：一是说你们的政府不是人民选举的；二是说你们国家没有宪法。因政协不是人民经选举产生的，人家就可以说你们的政权是建立在刺刀上的，是自封的。此外，共同纲领也不是人民选举的代表大会通过的，而是由一党提出，其他党派同意的东西，人家也可以说你们国家没有法律。你们应从敌人（中国的和外国的敌人）那里拿掉这些武器，不给他们这

---

① 毛泽东：《中国社会各阶级的分析》（一九二五年十二月一日），《毛泽东选集》第1卷，人民出版社1991年版，第1页。

② 参见［法］米歇尔·福柯：《必须保卫社会》，钱翰译，上海人民出版社1999年版，第22—25页。

些结构……我想你们可以在1954年搞选举和宪法。我认为这样做，对你们是有利的。"①1954年9月，宪法制定通过，并且建立起人民代表大会制度，真正确立了国家权力的合法性来源。

党的权力体制则早于国家权力体制而存在，这是历史事实。国家权力体制是在党的领导下，通过革命战争建立起来的。这如福柯所深刻揭示的那样："历史—政治话语（与规定围绕统治权问题的哲学—法律话语非常不同）把战争作为所有权力制度永久的基础。"这个话语阐明，"正是战争主宰了国家的诞生：但不是理想的战争（如相信自然状态的哲学家想象的那样），而是真实的战争和实际的战斗；法律在远征、征服和焚毁的城市中诞生；但它仍然在权力机制的内部咆哮，或至少构成制度、法律和秩序的秘密的发动机。""这种话语完全在历史的维度里发展。"它是"在制度或法制的形式下唤醒过去被遗忘的实际斗争，或被遮蔽的胜利和失败，法典中已凝固的鲜血"。②这样的历史—政治话语就"凝固"在中国宪法的序言中："中国新民主主义革命的胜利和社会主义事业的成就，是中国共产党领导中国各族人民，在马克思列宁主义、毛泽东思想的指引下，坚持真理，修正错误，战胜许多艰难险阻而取得的。"2018年3月，宪法做出重大修改，进一步将"中国共产党领导是中国特色社会主义最本质的特征"写入了宪法总纲第一条国体条款。

宪法本来就是根本法，而将根本之根本即党的领导写入宪法条文，这在形式上体现出历史—政治话语与哲学—法律话语之间的紧密联系。并且，也是实质上做到了政法话语与宪法话语的有机整合。这说明，哲学—法律话语的实践不可能脱离历史—政治话语而存在。必须在理解党领导政法的话语历史和话语实践中，来理解中国的宪法话语。

在几十年的历程中，政法话语与宪法话语已经有很多重叠共识。例如，宪法对专政相关内容也有专门规定。宪法序言中不仅有"坚持人民民主专政"的表述，而且还指出："在我国，剥削阶级作为阶级已经消灭，但是阶级斗争还将在一定范围内长期存在。中国人民对敌视和破坏我国社会主义制度的国内外的敌对势力和敌对

---

① 参见《关于与斯大林会谈情况给毛泽东和中央的电报（一九五二年十月二十六日、三十日）》，载中共中央文献研究室、中央档案馆编：《建国以来刘少奇文稿》第4册，中央文献出版社2005年版，第536页。

② 参见［法］米歇尔·福柯：《必须保卫社会》，钱翰译，上海人民出版社1999年版，第250—252页。

分子，必须进行斗争。"同时，宪法第一章总纲第一条第一款规定："中华人民共和国是工人阶级领导的、以工农联盟为基础的人民民主专政的社会主义国家。"这就与《政法条例》中专政职能的规定相呼应。如果再结合宪法第一条第二款的规定："社会主义制度是中华人民共和国的根本制度。中国共产党领导是中国特色社会主义最本质的特征。禁止任何组织或者个人破坏社会主义制度"。这就可以进行整体性的理解：为了捍卫社会主义国家政权，必须在党的领导下由政法机关履行专政职能。不仅专政、阶级概念既存在于政法话语，也存在于宪法话语中，党的领导、党管干部、队伍、民主集中制、镇压、为人民服务、革命化、保卫祖国等概念，也出现在具体的宪法法律条文中。以民主集中制为例，它首先是列宁主义政党的组织原则，① 进而成为中国共产党的组织原则，然后才成为国家机构的基本原则。

可以说，政法话语中最凝固的概念，最终构成了宪法话语体系的组成部分。之所以称之为政法话语中最凝固的概念，是因为这是政法话语中最能体现本质，在长期的革命和建设实践中经受了检验的语词。而这些语词之所以也能够进入宪法话语体系，说明它们与整个宪法话语的严谨性特质有某种程度的一致。宪法话语的严谨性，主要表现在其需要通过系统的宪法法律解释技术来运转。而且，所有的社会问题（社会事实）必须转化为法律事实以后，才能依据宪法法律来判断解决。

不过，政法话语中的大部分概念具有灵活性的特质。它们是在中国长期的政治实践中产生的，可以说是本土话语。即使是马克思列宁主义中的概念，由于经历了中国革命实践的检验，也具有很强的本土特质，或者说是经历了中国化的过程。这些概念，除了已经提及的党的领导、政法、干部、党组、政法口以外，还有政法条例中出现的政法单位、群众路线、大局、总体国家安全观、专项行动、贯彻、落实、统筹、协调、督促、政治督察、集体研究、个别酝酿，等等。相比之下，宪法话语虽然也有对中国经验的总结，但在宪法条文中出现的很多概念，例如，公民、自由、权利，等等，其实还是舶来词汇。而且，宪法话语与政法话语的功能差别较大，有时还不具有可通约性。宪法话语具有硬约束的外在特征，宪法话语有明确的行为规范指引和责任后果承担。而政法话语虽然有时措辞严厉，但其功能发挥往往

---

① 列宁在 1906 年 3 月的《提交俄国社会民主工党统一代表大会的策略纲领》一文中指出：党内民主集中制的原则是现在一致公认的原则。参见《列宁全集》第 12 卷，人民出版社 1987 年版，第 214 页。

靠的是软约束，即更为强调贯彻路线、方针和政策，强调在思想政治和意识形态上保持一致。在话语实践中，宪法话语强调宪法法律解释技术，政法话语则强调工作方法、强调透过现象看本质。习近平总书记还特别批示学习毛泽东同志的《党委会的工作方法》。工作方法共有 12 条，例如第十二条就是划清两种界限："我们看问题一定不要忘记划清这两种界限：革命和反革命的界限，成绩和缺点的界限。记着这两条界限，事情就好办，否则就会把问题的性质弄混淆了。"

实际上，多数政法话语是作为治理策略或治理技术，作为思想政治和意识形态上的说服力量而存在的。在很长的历史时期，它是隐蔽的甚至是内外有别的，而实际作用却是巨大的。孔飞力曾说："自 20 世纪初以来，中国曾有过好多部成文宪法这样的根本性大法。""同成文宪法这样的根本性大法相比较，未成文的根本性大法也许更为重要。"关于政府"恰当的"行事程序的一整套规则，"一旦它被公民的相当一部分所接受，以这种形式付诸实施的不成文宪法便可以拥有巨大的力量，并会一代一代地传承下去。"[1] 以此为参照，将党领导政法工作的这一整套体制机制，称为中国的不成文宪法，或者更准确地称为"看不见的宪法"，[2] 也不是没有道理。但政法话语与宪法话语相比，其话语力量的实际影响力可能更大。这就是奥斯汀所讲的以何言行事。不同话语的施效行为，其言后之果各有不同。[3] 在这个意义上，政法话语就是看不见的宪法话语，其与看得见的宪法话语之间会存在各种可能的张力。这或许得在话语实践中，就事论事地去观察、思考政法与宪法的关系，能否在社会主义法治体系内提出解决方案。

社会主义法治体系是《中共中央关于全面推进依法治国若干重大问题的决定》中提出来的概念。中国特色社会主义法治体系包括"形成完备的法律规范体系、高效的法治实施体系、严密的法治监督体系、有力的法治保障体系，形成完善的党内法规体系"。法治体系、党内法规体系等，都是以前从未有过的新提法。特别是提出将党内法规体系作为社会主义法治体系的重要组成部分。这是重大的理论

---

① ［美］孔飞力：《中国现代国家的起源》，陈兼、陈之宏译，生活·读书·新知三联书店 2013 年版，中文版序言，第 4—6 页。

② See, Lawrence H. Tribe, *The Invisible Constitution*, Oxford University Press, 2008.

③ 参见［英］J.O. 奥斯汀：《如何以言行事》，杨玉成、赵京超译，商务印书馆 2013 年版，第 102—111 页。

突破，也说明宪法话语和政法话语能够共存于社会主义法治体系话语中。这不同于现代西方法治的话语表述，体现出中国共产党在法治话语上的文化领导权。[①]这也意味着新中国政法话语的流变过程迈向了中国特色社会主义法治体系话语的新阶段。

原刊《学术月刊》2020 年第 2 期

[①]　文化领导权（Cultural Hegemony），又译文化霸权，含义源于著名的西方马克思主义学者葛兰西的阐释。它是指西方社会的统治已不再是通过暴力，而是意识形态宣传，通过其在道德和精神方面的领导地位，让广大人民接受他们一系列的法律制度。相关论述，参见［意］安东尼奥·葛兰西：《狱中札记》，曹雷雨等译，中国社会科学出版社 2000 年版，第 88 页以下。

历史中国的分配正义：
实践与思想

苏　力[*]

一、引论

　　在一个或大或小的共同体内，依据确定的原则或标准，在其成员中分配财富、荣誉、福利或其他有价值的"东西"，包括责任和负担（burden），这个问题在西方传统中，自亚里士多德后，一直名为分配正义（distributive justice，也译作分配公正）；^① 有别于人们很容易本能察知因此更关注的个案公正：先由个人复仇后以司法应对的校正正义（corrective or rectificatory justice）或由交易应对的交换正义（commutative justice）。"没有人是孤岛"，人总是生活在种种真实或想象的共同体中，这会使其成员有意无意地，不仅关注自己的付出和所得，更常常以其他成员为参照系来关注；不只在意自己得到与他人相同的待遇，也在意甚至更在意自己得到有别于他人的待遇；这包括"一损俱损，一荣俱荣""休戚与共"，即当他人的福利也是自己效用函数时，会很希望他人的福利也增加。分配正义一直被认为有关整体

　　* 作者为北京大学法学院天元讲席教授、北京大学博雅讲席教授。

　　① Aristotle, *Nicomachean Ethics*, trans. by David Ross, Oxford University Press, 1980, book V. 中文版可参看廖申白（商务印书馆 2003 年版）和苗力田（中国人民大学出版社 1992 年版）的译本，两人均译为分配公正。亚里士多德还曾在《政治学》系统讨论了分配正义，参见［古希腊］亚里士多德：《政治学》，吴寿彭译，商务印书馆 1965 年版，第 148—149 页。又可参见《牛津哲学辞典》对分配正义的定义，Simon Blackburn, *The Oxford Dictionary of Philosophy*, Oxford University Press, 1994, p.203. 有关分配正义理论的演变，请参见 Samuel Fleischacker, *A Short History of Distributive Justice*, Harvard University Press, 2004。

的正义，"是社会体制的第一美德"。①

　　尽管有不少重要论述，影响深远，分配正义却至今没有确定的答案，这是一个没法一劳永逸解决的麻烦。从理论上讲，分配正义是每个人都"各得其所"，得到他/她该得的；这包括对相同的人予以相同的对待，以及对不同的人予以不同对待。②但这个看起来无可挑剔的表述，一旦进入经验层面，就太多麻烦了：谁与谁是相同的或不同的人？哪些差异——比你高一厘米，或大一岁，或说话磕巴，或性别，或智商，或颜值——是可以或应当影响分配的差别，哪些又不属于或不应属于可影响分配的不同？为什么？有哪些东西，在什么时代，可以或应当纳入分配？什么是适当的分配渠道——市场、社会或政府？谁来分配？什么是各自该得的那个"所"？以及，这个分配共同体的边界在哪？人们常常分歧，甚至自相矛盾。有些分歧不来自私利，可以说是真诚的认知分歧；但更多、最大和最难解决的分歧则源自人们的利益，相互的怀疑和猜忌，现实的人趋于主张并坚持对自己更有利的理解和想象。③分配正义问题因此一直是法学和政治学的重要话题之一。

　　传统农耕中国一直没有分配正义的概念，没有与之完全对应的概念和系统学术话语。但前面之所以提及"一损俱损，一荣俱荣""休戚相关"，就为唤醒那些太容易"日用而不知"的经验。无名，天地之始，但只要有共同体，无论大小，也无论其基本性质是政治的、经济的、社会的甚或是家庭生活的，就会以某种方式提出分配正义的问题。即便一个家庭，孩子多，就可能有"爸妈是否偏心"的问题；再婚家庭中，问题会更突出，邻居对相关事情也会格外敏感，议论纷纷，成为一种不邀自来的社会干预。还不只是民间话语，比亚里士多德可早太多了，孔子感叹："有

---

　　① 亚里士多德称："在一种意义上，那些趋于产生和保存政治社会及其各成分之幸福的举措，我们称其为正义。"他还引用了谚语"正义包括了一切美德"。Aristotle, *Nicomachean Ethics*, trans. by David Ross, Oxford University Press, 1980, p.81. 又请参见 John Rawls, *A Theory of Justice*, Harvard University Press, 1970, p.3。

　　② ［古希腊］亚里士多德：《政治学》，商务印书馆 1965 年版，第 148—149 页；［古希腊］亚里士多德：《尼各马可伦理学》，商务印书馆 2019 年版，第 134—136 页。

　　③ 亚里士多德曾分析过，正义分配的根据是一个人的付出；因此当分配政治权利时，应考虑每位受任者的才德或功绩，以他对政治共同体的贡献即他所尽或能尽的义务为标准。但对这个看似无可挑剔的原则，利益相关者的意见也是有分歧的。参见［古希腊］亚里士多德：《政治学》，商务印书馆 1965 年版，第 151—152 页。

国有家者，不患贫而患不均"①，化在最一般层面指出了这是任何共同体都存在的问题。如果要从中国传统中找个说法替换分配正义，"均平"会是个最有力的竞争者。

　　本文初步分析讨论传统农耕中国的一些政治法律实践和思想，用历史中国的材料来重现中国古人的分配正义，展现其发生脉络。这会有利于中西学术交流和对话。即便人类需要应对的抽象问题高度类似，具体地域的政治经济社会生活条件也会催生不同的实践应对，形成独立的概念和话语体系。适度挪用、借助甚至移植一些外来概念有可能推动某些方面或某些维度的比较和交流。其效果不会限于概念比较，更可能提供一个新视角，一种新可能，勾连、整合传统农耕中国的一些社会实践、制度措施、思想甚或感慨，让我们从中感知和理解一些不高大上但对当下有意义的洞识和智慧，从先前感知的一片凌乱中看见了某种稳定的格局。

　　在展开之前，我还想说两点。第一，古希腊的分配正义学说中，只讨论钱财、荣誉、地位、特权（privilege）等的分配，从未明确讨论责任、义务或负担的分配。这在很大程度上因为在古希腊城邦生活中，公/市民的权利和义务一致，没必要如后世民族国家那样分别讨论权力义务。希腊公民参与保卫城邦，得自己准备武器和甲胄，那既是权利，也是义务；参与城邦政治生活，靠的是自家奴隶创造的财富，这是权利，也是义务。但直到20世纪70年代罗尔斯和诺奇克等辩论分配正义时②，仍只谈所谓权利的分配，不明确讨论责任、义务和负担的分配，这与现代西方国家的政治法律实践就太脱节了。现代国家提供和分配的许多东西，都必须来自共同体成员（包括自然人和法人）的不同量的负担或贡献。只要共同体成员的责任、义务和负担有区别，即便是法定豁免（如传统只有青壮年男人服兵役，因此豁免了女性、老人和少儿），即便完全必要且合情合理，这也是一种分配。要讨论传统农耕中国的分配正义，无论分配的是什么，即便是大同社会的孤独鳏寡"皆有所养"，我首先得想的是谁来养？用什么来养？从哪来？这就不得不关注义务、责任或负担的社会分配了。

　　第二，我会特别关注历史中国的特点。这个由无数农耕村落共同体构成的大政

---

　　① 杨伯峻：《论语译注》，中华书局1980年版，第172—173页。原文记作"不患寡而患不均"，但历代学者都以孔子后面说有"均无贫，和无寡"为根据，认定孔子的话应当是"有国有家者，不患贫而患不均，不患寡而患不安"。本文采纳这一解说。

　　② Rawls, *A Theory of Justice*, Harvard University Press, 1970, p.3. Robert Nozick, *Anarchy, State, and Utopia*, Basic Books, 1974.

治共同体，既有别于古希腊城邦，也有别于隐含于罗尔斯或诺齐克争论中的，或麦金泰尔重构的那个亚里士多德式的 ① 共同体。农耕村落和农耕大国共同构成了孕育催生历史中国分配正义的母体（matrix）。因此在借助分配正义概念时，必须避免"以物观之"，把西方政治经济社会语境孕育的那种分配正义实践和话语当成标准，切割和评判历史中国的实践；我力求"以道观之"，尽量根据历史中国的经济政治社会语境中实际或可能出现的那些难题，来具体理解农耕中国分配正义的发生。

二、农耕中国对分配正义的塑造

有关各类有形或无形的财富、荣誉和负担的分配实践和思考，无论如何，有心无意，都会受制于具体社会中许多具体且精细的前提条件。稀缺才会有分配问题，但究竟什么稀缺或不稀缺，这是由具体环境确定的，有些还是为实现积极的社会功用有意创设的。因此，农耕中国的分配正义回应的一定是东亚这片土地上困扰农耕者及其政治文化精英的一系列具体难题，而不是困扰爱琴海古希腊城邦的那些难题。都有关财富、荣誉、福利或负担的分配，两地自然地理差异塑造出来的两地人民的偏好或需求却不可能等同，可利用和可供分配的资源也一定差别颇多。虽都称之为分配正义，但相关的实践和表达一定会留下各自深嵌的那个共同体的痕迹或印记。

在古希腊，分配正义共同体是爱琴海的群岛及周边地区的众多独立城邦。这里有农业，但多山，粮食不足以自给自足，催生了城邦之间以及与地中海沿岸地区的商业贸易，以及人员流动。商业贸易不仅会创造比传统农耕村落人数更多的定居点，更会改变和塑造定居地民众间的相互关系，规定了这些定居点的性质，成为城邦（或许市邦更准确）。如果有征服者，似乎也不少，且有劳动剩余可榨取，就可能出现奴隶制；甚至因城邦人口多了，商贸多了，人际关系陌生化、商业化或契约化而非人身化（not personal），也会催生债务奴隶。② 一旦城邦有了这些特点，就更

---

① Alasdair C. MacIntyre, *After Virtue, A Study in Moral Theory*, University of Notre Dame Press, 1984.

② "荷马时代的奴隶大多都是战俘，或者是偶然得来的，而非有组织地劫掠成年男女或儿童。""在逐步商业化的背景下……梭伦时代就已存在大量的债务奴隶。"［美］威廉·威斯特曼：《古希腊罗马奴隶制》，邢颖译，大象出版社 2011 年版，第一、二章。马克思也早就指出："在古代世界，商业的影响和商人资本的发展，总是以奴隶经济为其结果；不过由于出发点不同，有时只是使家长制的、以生产直接生活资料为目的的奴隶制度，转化为以生产剩余价值为目的的奴隶制度。"《马克思恩格斯全集》第 25 卷，人民出版社 2001 年版，第 371 页。

需要，也更适合，更具政治性治理。需要政治性的公共治理，但当时很难说有"财政"，因此公职履行全都是无报酬的，也即义务的。尽管如此，公职还是一种荣誉，一种社会地位，富足之余的人更渴望出人头地，愿意并且有资金来竞争获取这种稀缺的东西，穷人则更可能放弃这种权利／义务的混合。古希腊的分配正义在相当程度上回应了古希腊城邦共同体的经济社会生活。

　　早期中国的农耕区主要是关中和黄淮平原。在这片土地上，基本都是聚族而居的村落共同体。自给自足，除通婚之外，几乎不可能有血缘之外的人加入村落。由于土地产出低，养活一个人需要更多土地，这就会限制村落的规模，远小于因商业交换形成的古希腊城邦，也小于今天中国的村落。这还意味着村落之间相隔也较远，相互交往不易，除通婚或盐铁交易外，确实可能是"鸡狗之声相闻，民至老死，不相往来"[1]。普通男子从生到死，女性则婚后，一直生活在并因此属于一个血缘的但隐含了地缘的村落中。这些村落即传统的"家"或家族，有别于"户"或今天的家庭。村落共同体的"家"小于很多古希腊城邦，但与城邦的更突出区别是，村落更多借助血缘，也充分利用了地缘和因此引发的重复博弈，因此不像古希腊城邦有显著的政治治理功能和较为正式的组织机构。村落也不是完全没有，只是不显著，它们靠父子兄弟关系就足以应对不多的集体行动的需求。[2]当然也因为，虽有贫富之分，但有血缘关系，就不大可能出现因殖民或因债务而发生的奴隶。[3]

　　但对于广大农耕区人民来说，村落共同体不够，因为农耕区的众多村落都面临一些跨地域的大麻烦：黄淮流域的旱涝蝗灾，以及北方游牧民族袭扰。西周的政治精英因此有了"溥天之下，莫非王土；率土之滨，莫非王臣"的设想，试图把中原农耕区整合成一个大型政治共同体。但成本太高，西周初年靠着血缘关系还勉强能以列土封疆、层层分封的松散方式维系这个"农耕天下"，到春秋之际，就"礼崩

---

　　① 朱谦之：《老子校释》，中华书局 1984 年版，第 309 页。

　　② 更细致的讨论，请参见苏力：《齐家：父慈子孝与长幼有序》，《法制与社会发展》2016 年第 2 期。

　　③ 古代中国从未有过奴隶制农业生产的坚实证据。郭沫若认为殷商是奴隶社会"不成问题"，但其结论表述还是透出了种种迟疑："殷人的王家奴隶是很多的，私家奴隶当也不在少数。……买卖［奴隶］的例子［……］找不到，但……屠杀［奴隶］的例子多到不可胜数。"参见郭沫若：《奴隶制时代》，载《郭沫若全集》历史编 3，人民出版社 1984 年版，第 25 页。其实大量杀戮只表明了屠杀者野蛮血腥，却无法证明屠杀者与被杀者之间的关系，相反更可能证明那不是奴隶。奴隶制的发生前提是蓄奴有利可图，而不是为了恣意杀戮。仅此，殷商社会就不可能是奴隶制社会，即便当时的王室或贵族使用了各种家奴。

乐坏"，天下无道，礼乐征伐不再自天子出了。[1] 直到秦汉，这个"农耕天下"才算被一系列新制度整合成了一个政治文化联系更紧密的农耕中国，一个有稳定疆界的大型政治共同体。但也从这时起，尤其在汉武帝时，农耕中国会同周边的非农耕区构成了政治精英不得不面对的新的"天下"。"分久必合，合久必分"，历代王朝一直未能长期稳定有效整合并统一治理这个"多元天下"。因此，这个天下不构成一个共同体。这就好比可以"放眼全球"，或自称"世界公民"，但今天你可以是只能是具体某一国的公民，唯独不可能是世界的公民。就因这个世界不构成一个共同体。但另一方面，即便享受了由中原王朝提供的"（农耕天下的）太平"，但由于"天高皇帝远""皇权不下乡/县"，村落共同体成员经常是"不知有汉，无论魏晋"，乃至会恍惚："帝力于我何有哉?"[2]

另一重要区别是组成共同体的基本单位，也即共同体分配正义的对象。在古希腊，这个基本单位被界定为公民，城邦的成年男子。但这个公民并非现代的个人。细看会发现，希腊的公民其实更像农耕中国的每户人家的家长或户主。[3] 不仅城邦公民家中所有女性和未成年男子都不是公民（男子成年的标准在各城邦也因事项不同而确定。在雅典，年满 20 岁男性可以参加公民大会，但年满 30 岁男性才有资格在陪审法庭供职；在斯巴达，男子必须年满 60 岁才能任长老），公民家的男女奴隶以及定居该城邦的外邦人也都不是。此外，希腊人拥有的土地所有权一直也不属于公民个人，而属于家庭。[4] 这与传统农耕中国土地"私有"后的情况也一致。

在农耕中国，无论在"家"（村落）还是"国"（无论春秋战国时的诸侯国还是秦汉的农耕中国），有关分配的基本单位通常是"户"，即"五口之家"，而并非家长或户主，即便后者通常代表了这户人家。即便后世的人头税也往往按户而并不严格——往往是没法——按人头征收。历史中国的农耕村落常常是血缘群体，即便是雇农也往往是族人或沾亲带故。由于自给自足，农耕村落不需要，因

① 杨伯峻：《论语译注》，中华书局 1980 年版，第 174 页。

② 沈德潜：《古诗源》，中华书局 1963 年版，第 1 页。

③ 柏拉图《法篇》描述的他认为大小最合适的城邦由 5040 位"有武器保卫其家庭财产的农人"构成，但不包括农人的家庭成员，那只是农人拥有的财产（holdings）。Plato, *The Collected Dialogues of Plato*, ed. By Edith Hamilton and Huntington Cairns, Princeton University Press, 1961, p.1323.

④ [瑞士] 雅各布·布克哈特：《希腊人和希腊城邦》，王大庆译，上海人民出版社 2008 年版，第 86 页。

此也就不大可能有古希腊那种外邦人或奴隶。农耕村落内部最多只有对"入赘"男子的歧视，但这种歧视并不延及其妻子和后代——姓氏界定了她／他们属于这个村落／家。

以"户"作为基本分配单位并非专断。这不仅可能是农耕时代最有效率的财富和福利生产的企业，还会消除或减少大家庭（extended family）内因利益分配引发种种猜忌和顾忌。所谓"老有所终，幼有所长"，主要得靠"父慈子孝"。"老吾老以及人之老，幼吾幼以及人之幼"，更多是理想，可用作拾遗补漏，但不可能是基本制度。"长幼有序"，一方面可以消除世代间的竞争，但最重要的是规范和弱化同辈间的竞争，有利于维护村落共同体的合作。而"男有分，女有归"才会有家家户户，也才会有父子兄弟关系的再生产。[①]

第三个重要区别是，由于商贸，由于征服，由于定居点更大，城邦是一个政治共同体，人际关系趋于抽象，而农耕村落是按家族谱系的父子兄弟关系织就的共同体，成员之间有无法改变的血缘定位，形成在村落中的"差序格局"。村落共同体不可能摈弃血缘上的尊卑长幼，以抓阄或选任等方式，在其内部分配有悖或搅乱血缘结构的有价值的东西，如地位、荣誉等。农耕村落内有履行政治性功能的决策者和领导，对村落共同体负责，但产生方式一直趋于非典型政治程序的，当然得有胆识有脑子，但辈分和年龄足够大。

整个农耕区的和平和政治秩序由政治共同体提供，传统村落共同体自身因此确实没必要更政治化的组织，父子兄弟的天然等级差别就够了，无需政治生活更看重的政治社会地位、职位和荣誉来包装，借此来规范相应的人际关系。中国古人看得很清楚，这两套关系体系很难在同一群体中有效。"在国尽忠，在家尽孝"，不同群体中必须有取舍；教学要有效也必须"易子而教"。[②]李世民要当皇帝，李渊就必须彻底退场（退位或死亡），两个人不可能只是职位互换。

第四，尽管西周就有了以亲亲尊尊来构建超越村落的大政治共同体的追求，但回头来看，历史中国的发生和演变，至关重要的一点是，以贤能为标准，吸纳各地的政治文化精英，建立大政治共同体。这涉及对政治文化精英的认定和筛选，创设

　①　苏力：《齐家：男女有别》，《政法论坛》2016 年第 4 期。

　②　杨伯峻：《孟子译注》，中华书局 1960 年版，第 178 页。

政治社会地位、荣誉和职权和相应报酬，供农耕中国的政治文化精英按标准竞争获得。这与村落共同体的财富、福利和地位的分配非常不同。标志性的如商鞅变法的奖励军功的爵位制度以及奖励耕织的经济社会激励措施。[1]但对后世中国影响久远深刻的是从汉武帝时开始，隋唐时定型，次第展开的全社会的政治文化精英选拔制度[2]，通过政治社会地位、法定职权和特权[3]的系统创设、安排和分配，保证了"文治"，其实就是 2000 多年后韦伯笔下"理想型的"官僚政治。[4]

说这是分配会有点别扭，因为这并非对每个人的平均或随机的分配，即便人人渴求，也不是人人都能甚或有同等机会享用。但世界上有些东西就是不能也不应平均或随机分配，只有这样，这类东西——如战斗英雄、冠军、院士和各种官职和职称，才值得追求，才会有人竞争。更重要的是，根据个体的贤能高下差别来分配这类东西，结果也对全社会更有利，甚至理论上会对社会中处最不利位置的人最有利。袁隆平获得国家最高科技奖，不仅因为袁隆平令每个中国人都获益了，也刺激了社会和个人更多投入科学研究。即便有范进，科举考试总体上还是鼓励了民间的教育投资和文化产出，鼓励了政治文化精英参与全国政治，有利于农耕中国政治共同体的发展和稳定，有利于中华文明的传承以及多元天下的不断整合，有利于农耕区百姓，也有利于天下苍生。

还有一点，有别于欧洲早期的城邦或近代的民族国家，自西周之后中国一直是多元文明逐渐融合的疆域辽阔的大国，各地区自然地理条件差异很大，政治文化经济发展很不平衡，这使得多元文明的融合不可能一蹴而就，只能是一个长期的历史过程。因此，在人才选拔、任用和培养上，也即政治地位、荣誉和特权的分配上，秦汉之后历代在构建政治共同体的努力中为促进中央集权前提下的各地政治和文化

---

[1]　"僇力本业，耕织致粟帛多者复其身。"司马迁：《史记》，中华书局 1959 年版，第 2230 页。"商君之法曰：'斩一首者爵一级，欲为官者为五十石之官；斩二首者爵二级，欲为官者为百石之官。'官爵之迁与斩首之功相称也。"王先慎：《韩非子集解》，钟哲点校，中华书局 2013 年版，第 396 页。

[2]　苏力：《精英政治与政治参与》，《中国法学》2013 年第 5 期。

[3]　特权如对"士人"的优待。明清时期，一个人考取生员后，就会获得某些特权，国家为这些"士人"月供粮食，豁免普通人必须承担的劳役兵役，甚至有某些政治司法特权。请参见金诤：《科举制度与中国文化》，上海人民出版社 1990 年版，第 171—172 页。

[4]　韦伯概括的现代官僚制特点，参见 Max Weber, *Economy and Society*, ed. by Guenther Roth and Claus Wittcih, University of California Press, 1978, pp.956—958。

融合，也会适度考虑地域因素。①

三、土地以及税赋劳役的分配

农耕时代，耕地是最基本的生产资料，国家税赋也主要来自粮食和其他农产品，兵役劳役也都由农民负担，因此农耕中国最基本最重要的分配正义一直有关土地和税赋劳役的分配。普通农民通常仅自觉认同村落，很少自觉属于农耕中国。因此，在政治共同体层面，纠缠农耕中国分配的核心问题一直是，如何既有利于国计，即有助于大政治共同体的发生和形成，又有利于民生，即村落小共同体的稳定和互助。

农耕中国的赋税发展史呈现了这样一个基本的演变格局，在早期，地多人少，当政者主要通过公道且有效率的土地资源分配来保证税赋公平分担；后来，随着人口增多，土地相对稀缺，当政者则转向以土地产出更多为前提，力求基于财产的税赋公平分担。

井田制可视为早期努力的代表。据前人描述，西周实行井田制，900 亩地为一"囲"，周边 800 亩由八户各耕种 100 亩，中央的 100 亩合作耕种并用作纳税。② 对井田制有种种质疑，但无论有无，其中的分配正义考量都值得细致理解。从理论上看，在早期地多人少的平原地区，这样分配土地符合人的生物本能，对相关的国家和村落共同体以及每户村民也都有利，并能有效化解与分配正义有关的一系列技术难题。"六尺为步，步百为亩"，邻里间可相互验证，确保每户人家分得同等数量土地，有效消除相互间的或对土地分配者的猜忌。井田制还保证了毗邻的各家土地肥沃程度和灌溉条件差别不大。在没有金属也无法制作统一标准量衡器的时代，井田制还用 1/9 的共耕土地来保证"什一"税，这等于一条妇孺皆知简单易行且税率稳定的税法，可自行实施，简省了也限制了公权力。③ 这样的土地分配针对了人的嫉

---

① 苏力：《精英政治与政治参与》，《中国法学》2013 年第 5 期。

② 后人对井田制的描述，可参见杨伯峻：《孟子译注》，中华书局 1960 年版，第 119 页；《十三经注疏·礼记正义》，北京大学出版社 1999 年版，第 335、393—394 页；《十三经注疏·春秋谷梁传注疏》，北京大学出版社 1999 年版，第 204—205 页；（汉）班固：《汉书》，中华书局 1962 年版，第 1119 页。

③ 杨伯峻：《孟子译注》，中华书局 1960 年版，第 118，119 页；《十三经注疏·礼记正义》，北京大学出版社 1999 年版，第 333 页。

妒心或平均主义追求，符合自然正义感或道德感；考虑到当时村落农人的血缘或地缘关系，这种分配还有效利用和促进了包容利他（inclusive altruism）和互惠利他（reciprocal altruism）。

但井田制不只是公平，它还兼顾了其他有关经济组织的重要社会考量。从早期农耕经济生产和管理上看，当土地供应充裕时，井田制很可能就是最有效率的土地分配。没有金属农具和牛耕，每个劳动力或每个"五口之家"，能有效耕作的土地量会大体稳定并有限，正常年景的产出也稳定。更细致的劳动分工或组织化劳动，无论雇佣劳动甚或奴隶制，都不大可能实质性增加农耕收益率。在这一基本约束条件下，平均分配足够土地，各家自耕，最可能激发劳动者的生产积极性，降低组织和监督成本，等于增加了产出。若土地占有严重不均，无地者或少地者不得不受雇他人，或卖身为奴，反而会降低受雇者或奴隶的劳动积极性，迫使地主增加监管。即便如此，土地总产出也未必真能增加。相反，贫富不均加大一定会损害社群关系和社会福利，因为"穷人无亲戚，富人无知己"。村落会更难借助父慈子孝、长幼有序来自我结构、组织和治理，更难有效集体行动来应对各类风险；某些冲突需要成本更高的国家力量介入，但当时的国家根本无力提供。

当每户土地数量相等时，影响各户收益的最重要变量会是每户人家付出的体力、汗水和精耕细作。每户100亩土地（不大可能更多），对那些不惜力的农家因此仍有边际性激励。虽有记录表明井田制下有土地被闲置[①]，但也不至于闲置太多。此外，如果真如传说的那样，井田制是由政治权威分配和提供的，那么井田制就还有改造大家庭，鼓励和塑造"五口之家"的效果。因此，在能保证井田制的土地供应时，相对于当时可能的其他选项，井田制有可能更效率也更可持续。催生井田制的不会只是因公正和平均，效率甚或便利也会是重要因素。

甚至，不能排除，分配每户100亩土地就有遏制或迟滞贫富差别增大的考量。在小农经济条件下，全靠体力，收成差别不会太大，因此就不大可能有暴发户。从这一点来看，井田制不鼓励农户竞争，甚至有意挤压了竞争的空间，一定没能"尽

[①] "维莠骄骄""维莠桀桀"。程俊英：《诗经注析》，中华书局1991年版，第2778页；"田在草间，功成而不收。"徐元诰：《国语集解》，王树民、沈长云点校，中华书局2002年版，第66页。

地力之教"，① 降低了村落的农业产出乃至农耕中国的产出。但综合考量，这对村落共同体的所有成员来说，却仍可能是福利最大化的。如果人真的生来渴望平等，有嫉妒的"原罪"，那么在十多二十户人家组成的关系紧密的群体中，一两户人家获得了额外财富，会令其他十多户人家嫉妒，有更大失落感甚至被剥夺感。因此才能解释，战国时期，从经济效率看，井田制显然已不合时宜，孟子却认定井田制是政治治理的根本，是"仁政"起点。他的理由是，防止税收上的"谷禄不平"，防止"暴君污吏"的横征暴敛。② 今天我们可以从效率角度反驳孟子，却不应错失孟子对人性的另一种深刻理解；那绝非后世腐儒的抱残守缺，墨守成规。

但当技术进步后，井田制就确实不利于尽地力之教了。牛耕、铁犁的出现，同样 100 亩土地，有些人家劳动力会相对过剩，劳动力不足的人家则可能土地相对过剩。地多人少时，这不是问题。但当人口日增，社会无法继续以井田制供应土地时，就会引发问题。只能任由"开阡陌封疆"，增加土地供应，或任由各户人家间自由买卖土地，井田制必然退出历史舞台。当有金属时，赋税征收公平就会催生量衡器，特别是标准统一。这时，大政治共同体面对的农耕区分配正义问题就变了，变成了，在土地兼并难免甚至因效率而必要、但各家各户财富不均的条件下，该如何公平合理且务实地分担赋税以及劳役。在此，分配正义还是为理解历代王朝的基本经济制度、政策和举措提供了一个重要视角。

例如，为什么历代（宋代除外）都坚持重农抑商，社会阶级的排序一直是士农工商，中唐之前，历代王朝战乱后都会推行均田制，禁止或限制土地买卖，甚至农区各地也自发形成社会规范限制和规制土地仅在村落 / 家族内部周转。③ 一种可能的分配正义解说就是，农业比工商业，均田制、禁止或严格限制土地买卖要比任由土地自由买卖，更能遏制或迟滞社会中贫富差别扩大，更能维护村落共同体。鉴于农耕中国疆域广袤，皇权很难下县 / 乡，农民很难诉诸司法，这时，一刀切禁止土

---

① （汉）司马迁：《史记》，中华书局 1959 年版，第 2349 页。

② "夫仁政，必自经界始。经界不正，井地不钧，谷禄不平。是故暴君污吏必慢其经界。"杨伯峻：《孟子译注》，中华书局 1960 年版，第 118 页。又请看，"理民之道，地著为本；故必建步立亩，正其经界"，参见（汉）班固：《汉书》，中华书局 1962 年版，第 1119 页。

③ 典型如"亲邻先买权、活卖、找价、回赎、绝卖"等制度。请参见赵晓力：《中国近代农村土地交易中的契约、习惯与国家法》，《北大法律评论》第 1 卷，法律出版社 1999 年版，第 440—465 页。

地买卖就比土地自由买卖更能防止以强凌弱。从分配正义视角，这也有助于理解，在没有女权概念的中国农耕时代，历代均田，不仅对成年男子授田，对妇女也适度授田；甚至对耕牛也有限授田；[①] 为什么唐代会对患病残疾者授田，而在取消前朝对妇女授田的同时，却对寡妇仍然授田，若寡妇是户主，还会多授田。[②] 所有这些都透露出，这些王朝均田时不仅注意了土地作为基本生产资料的公平分配，也考虑到土地以外的生产资料如耕牛等与劳动力在理论上可能更有效率的配置。甚至非常细腻地，恰恰因为对患病残疾者和对寡妇授田，并禁止部分所授土地的买卖，才能保证这些土地为村落中的最弱者提供持久的最低生活保障。

梳理分配正义在历史中国的实践也有助于理解农耕中国历史上的赋税类型及其演变。若仅考虑税收效率，人头税征收成本低效率高，土地税（"田赋"）则征收难度大效率低。但除宋代外，历代税收一直以土地税为主。从分配正义视角看，关键在于土地税是针对财产的征税。地主土地多、收入多、财富多，有能力多缴税，而土地少、自然收入和财富也少的农民则可以少缴税。人头税看起来人人平等，但让土地和财富拥有量不同的富人和穷人、地主与农民缴同样的税，显然不合理，因为同样数额的赋税对富人和穷人基本生活的影响会很不同。中国历代税赋制度以土地税为主，因此不只因为中国是农耕国家，更因为当政者对农耕社会税赋公平的理解。进而，也就更容易理解中唐之后以及明、清两代何以先后推行了"两税法""一条鞭法"以及"摊丁入亩"等税制改革。其核心考量就是"唯以资产为宗，不以丁身为本"，[③] 想方设法要让有地产、有钱财的人多纳税。但人头税一直没有废除。这一方面因为，历史中国对人力的征用，劳役兵役，出于效率和便利考量，不得不按"户"或"丁"来征。但更深的道理或许在于，农耕社会的财富主要来源确实是土地，但人力也可能创造财富，农民的收入不仅来自土地，也会来自副业、手工业甚至商业等。如果朝廷仅征土地税，客观上会打压农耕，鼓励经商或手工业。即便生产的社会财富数量相同，但对这个农耕大国来说，一旦遭遇灾荒，粮食无力自给，

---

① "诸男夫十五以上，受露田四十亩，妇人二十亩，奴婢依良。丁牛一头受田三十亩，限四牛。"《魏书》，中华书局 1974 年版，第 2853 页。

② "老及笃疾、废疾者，人四十亩，寡妻妾三十亩，当户者增二十亩，皆以二十亩为永业，其余为口分。"《新唐书》，中华书局 1975 年版，第 1342 页。

③ （唐）陆贽：《陆贽集》，王素注，中华书局 2006 年版，第 722 页。

政治社会后果都会极为严重。[①] 也因此，尽管中唐之后，历代不再均田，不再禁止土地买卖，各户农民土地占有量大为不同，唐、明、清王朝在众多税赋中都始终保留了适度的人头税因素，这就不只是为了抽象意义上的税赋公平，更是为了维系农耕中国的税赋公平。

尽管如此，也必须注意到，前面一再提及却仍很容易遗忘的是，这个农耕大国，还是会长期影响有时会扭曲上述分配正义的考量和设计在各地的落实。有很多证据表明，分配正义不落实的现象可以说比比皆是。

这些不落实甚至制度扭曲是有，但很难说主要就因为地方官员的无能、舞弊或贪渎；甚至也不能说是历史中国以道德代替法制，无法"数目字管理"等。[②] 必须纳入今天研究者视野的是另一种可能，即至少有时，这也有可能甚至很可能是地方官员权衡利弊后务实有担当的选择，因为就一些具体事件看，或总体上看，至少有些选择是利大于弊的，甚至可以说是农耕中国对分配正义实践在微观层面的务实校正。如，何炳棣研究发现，明清的土地数字其实是赋税单位，而非实际土地的面积，因为当时根本不可能全国各地对各类土地全都统一精确丈量；只能根据此前多年来某块地的粮食产量，参照其他，反推出这块土地的面积。[③] 从现代眼光看，这些数字当然不精确，甚至就是欺上瞒下。但这些不准确的数字不仅反映了农耕大国的治理难题，更是在当时条件下对此类难题的最现实的应对。从社会功能上看，它也不辱使命，毕竟为王朝每年土地税征收提供了一个坚实参照，有助于防止官吏的横征暴敛，恣意妄为，也有利于政府的财政预算。又如明代徽州丝绢案：阴差阳错，徽州府 6 县每年 8780 匹丝绢多年来一直都由该府的一个县负担。乍看起来，这就是因为下层官吏存心舞弊和渎职，但如果考虑到征税的具体地区，我更趋于认定，这是下层官员分析了照章征收这笔税的成本收益后做出了一个明智决定，因为要在皖南六县山区按平摊方式收这笔税，成本一定超过税额，还可能引发不可控的弊政，贪腐、扰民或欺压民众；让徽州府所在地歙县独自缴纳这笔税，不仅具有效率，而且可控，也更少扰民，因此具有另一种意义上的公平和正义。这样才能解

---

① 春秋时齐国曾诱使鲁梁两国大量种桑，最终灭鲁梁。黎翔凤：《管子校注》，梁运华整理，中华书局 2004 年版，第 1514—1515 页。

② 黄仁宇：《万历十五年》，生活·读书·新知三联书店 2006 年版。

③ 何炳棣：《中国历代土地数字考实》，中华书局 2017 年版。

说，这项"弊政"被揭发 10 年后，最终结果是，将错就错，仍由歙县独自承担这笔税，只是降了额度，并减少了该县本应负担的其他税银。[①] 在历史农耕中国，这类现象一定不少，只能交由地方官酌情裁量应对。

这就意味着，有许多全国性的分配正义的制度和措施，在某些时期和某些地区，一定是"具文"。但只要不是有弊无利，因小失大，就先只能这样，制度永远都需要时间才能长成和蜕变，尤其在这个农耕大国。《汉书》记载汉宣帝批评官员上报的财政税赋数字不实，三公不查证，皇帝无法了解实情。[②] 但这位"昭宣中兴"的明君并未震怒，不曾追究各位的欺君之罪。他清楚，他和百官面对的是个农耕大国，不是长安，甚至不只是关中！

四、为什么"不患贫而患不均"？

农耕大国不仅深刻影响了历史中国的分配正义实践，诸如汉宣帝的轶事，或还表明，也塑造了历史中国的分配正义理念。从思想史上来看，到春秋战国之际，各派学人就先后关注了社会的分配正义问题。

针对春秋时期的乱象，"诸侯独知爱其国，不爱人之国……家主独知爱其家，而不爱人之家……人独知爱其身，不爱人之身"，墨子提出要"以兼相爱、交相利之法易之"，主张"视人之国，若视其国；视人之家，若视其家；视人之身，若视其身"[③]。他似乎认为，只要每个人都能设身处地替别人想想，就会做出理性的选择——兼爱。以兼爱为前提，墨子强调交相利，强调利益公平交换，这与亚里士多德说的"交换正义"类似，似乎自由的市场会促成全天下的利益公正合理分配，实现天下和平（"非攻"）。然而，"兼爱"或许可敬，却不现实。因为只要"兼爱"达不到"爱人如爱己"的程度，而且还得人人都能做到，这一"非攻"理想，或"兴天下大利，除天下之害"的追求就不可能实现。人可以设想"爱无差等"，但天性/基因注定了人只能"爱有差等"。[④] 就算个别人可以爱无差等，但不可能指望每个人

---

① 马伯庸：《学霸必须死：徽州丝绢案始末》，《显微镜下的大明》，湖南文艺出版社 2019 年版。

② "上计簿，具文而已，务为欺谩，以避其课。"（汉）班固：《汉书》，中华书局 1962 年版，第 273 页。

③ 《墨子校注》，吴毓江校注，中华书局 1993 年版，第 158 页。

④ 对"爱无差等"的有力批驳，请参见杨伯峻：《孟子译注》，中华书局 1960 年版，第 135、155 页；支持孟子反驳的社会生物学的论证，请参见 Richard Dawkins, *The Selfish Gene*, Oxford University Press, 1976.

爱别人的孩子都如同爱他 / 她自己的孩子一般，爱别人的父母如同爱自己的父母一样。个人努力，或社会教育，拗不过生存的选择，改变不了生物基因设定的人性。爱并非只是一个词，一个音；爱一定是发自内心的有区别的行为。如果不是在某个方面，对某人（或某些人、某个共同体或某个国家），有以行动表现的关切胜过对任何他人，爱还能是什么？[1]"爱有差等"不低下，因此才可能也才便于每个人各司其职，分配责任，更有激励做好自己的事。"兼爱"其实并非一种很好的社会状态，因为它隐含的是"无父"。[2]

还可以换一个角度考虑"兼爱"和"相利"：把爱理解为一种价值偏好，就会发现这里潜藏的悖论：完全意义上的兼爱就不再可能需要相利。市场交换的前提是双方对被交换物品的价值主观评价不同，或称偏好不同。这样一来，墨家的"兼爱"，就只能是，做什么事都不要过分，将心比心，多少替对方考虑一下而已，自己活，也让别人也活。这是共情，但更是说教。社会需要某些共情和说教，在日常事务上会起点调节作用。但这只是个人的希望和追求，无法成为社会的普遍行为准则。

在墨子时代，这种希望很难在社会层面推进。与之大致同期的老子就观察并概括了"人之道"是"损不足以奉有余"，认定人类社会通行的就是"弱肉强食"的"生存竞争"。老子主张"损有余而补不足"，认同"有余者损之，不足者与之"为"天之道"。[3]但老子只是用"天"（自然）来神圣化、正当化他认定的这个"道"，却没法证明这就是大自然（天）的道。他能获得普通人尤其是弱者的认同，却没法证明这就是"天之道"。若真是天之道，即大自然的规律或自然法，老子就无需感叹："孰能有余以奉天下？其唯有道者。"[4]这种有道者，若有，也只会是极少数。

"损有余而补不足"不必定等于绝对平均主义。但又必须承认，只要开了这个头，就会趋向绝对平均主义。"损有余而补不足"因此对穷人和弱者有强大的伦理感召力，对一些以天下为己任的政治社会精英也会有。但光有伦理感召力不足以治

① 可参见［英］奥威尔：《甘地随想录》，载《奥威尔文集》，董乐山译，中央编译出版社，2010 年，第417 页。

② 杨伯峻：《孟子译注》，中华书局 1960 年版，第 155 页。

③ 朱谦之：《老子校释》，中华书局 1984 年版，第 298—299 页。

④ 朱谦之：《老子校释》，中华书局 1984 年版，第 299 页。

国。只要人之道是"损不足以奉有余"，老子说的"有道者"还是人，就很难指望这个人与"人之道"彻底决绝，一意孤行，坚定推行天之道。老子只能感叹，无法实际推进。老子也没说那些可供分配的"有余"来自何处，由谁创造。如果自然界不存在自发的"有余"，那么，要补齐"不足"，老子就不能不考虑如何激励人们创造"有余"。提出一种有伦理感召力的分配理想固然重要，更重要的却是如何让社会有更多"有余"可供分配？如果没有"有余"，还人人觉得他人或社会欠了自己什么，"有道者"又如何推行"天之道"？老子没提"有道者"如何推进"天之道"，如何"损有余以补不足"，或许就因为，老子看不到甚或不认为，在此问题上有务实可行的解。

同墨家和道家相比，法家如商鞅"奖励耕织"和"奖励军功"的建议优点明显，也非常具体。但这一点，在我看来，应直接追溯到子贡问如何治国理政时孔子的回答，首先"足食"，然后"足兵"。[①] 儒家和法家显然比墨家和道家更务实，更有脑子：分配正义不只是分配理念、观念或原则的问题，最重要的一个条件就是要有更多资源可供分配。这类资源，在农耕中国，只能通过农业生产创造出来。

但我觉得最值得注意的是，孔子提到了"足兵"，法家的"奖励军功"，都隐含了分配正义中一个最重要的前提。两者都挑明了墨子和老子未提及、也很容易被今天的学人有意无意遗忘的分配正义的另一重要前提：分配正义一定是在一个具体实在的共同体内的分配，必须明确共同体的边界，必要时还要用"足兵""军功"来捍卫这个边界，才能保证共同体内的分配正义。

最早挑明这一点的是孔子。这就是"有国有家者，不患贫而患不均"。[②] 我没法确知孔子是有意为之或只是意外遗漏了"天下"。我首先尊重文本；但鉴于孔子亲身经历了"春秋无义战"和"尊王攘夷"这类政治现实，我有理由相信，孔子认为，只有在"家"（采邑，大夫的家庭即氏族）和"国"（诸侯国）这种有稳定秩序和公认权威的政治共同体中，才会有分配正义的实践问题。而在早先说"莫非王

---

① 杨伯峻：《论语译注》，中华书局 1980 年版，第 126 页。

② 成书于秦汉之际甚至更晚的《礼记》称孔子认为"天下、国、家可均也"（《十三经注疏·礼记正义》，北京大学出版社 1999 年版，第 1426 页），未必可信。在《论语》中，孔子曾 22 次提及了天下，但在这句有关分配正义的名言中，他只提及"国"和"家"，没提"天下"。对古文献了解有限的我，也不曾见后人解说这句话中应当有"天下"。

土"的西周，在华夏与蛮、夷、戎、狄共同构成的"多元天下"，尤其在"礼乐征伐自诸侯出"这个无道天下，各地没有太多的共同利益，也没有充分的政治、经济和文化联系，怎么可能是一个共同体，可能按一套分配正义的规则来分配？即便是想象的共同体，也并非只有想象就出来了，那是一系列实实在在的经济社会文化制度要素催生的。①

孔子不提天下就因为他的洞察力。事实上，他这一概括至今并没过时。尽管交通、通信和信息交流令今天人们的视野更开阔了，贸易、环境或气候问题也确实让各国确实感到利益交织，更有人把"大爱无疆"之类的情感修辞当真，但只要保持孔子的那份清醒、精准和犀利，就会发现"地球村""地球是平的"等说法都只是些——说法，长期的努力和尝试也没能，乃至在未来很长时间内也没有指望，让世界成为一个有可能统一实践分配正义的共同体！但让我真正理解孔子这一命题的并非特朗普的"美国优先"，而是 10 年前奥巴马在澳大利亚的那份真心流露。② 因此，那些普世价值话语的最大问题不是你觉得它错了，而是你觉得很对，却没法切实触动你我的道德直觉。在分配正义问题上，这里少了一个作为缺省设置的实在的共同体。事实上，即便在当代中国，就分配正义或公平而言，人们日常生活感知判断的参照系仍是或大或小的行政区（省、市、县），或是行业，有时甚至就是自己的工作单位，约等于孔子说的那个"家"和"国"，而不是整个中国——除非，面对着更大的威胁，汶川地震或中美贸易战。

不管怎样，这就是人性。作为从非洲草原走来的智人后代，我们的认知和情感感知力都有限，即便有数千年文化传承熏陶，但我们仍只能真实想象一个有限的分配正义共同体。只要人们无法真切想象自己同他人的联系，即便名义上同属于一个政治文化共同体，他／她也很难感知即便是身边的他者，更别说远方的他人，与自己在分配上有什么关系。对远方的人，我们通常会羡慕却不会嫉妒，因羡慕而心生嫉妒的通常是身旁的同伴并且是同辈，有可比性的他人。在一个关系紧密的共同

---

① 安德森认为，催生或促成近现代西方民族国家作为想象共同体发生的三个基本要素是资本主义，印刷科技和共同语言，换言之经济交流、政治文化整合和语言的统一。[美]本尼迪克特·安德森：《想象的共同体：民族主义的起源与散布》，吴叡人译，上海人民出版社 2011 年版，第 45 页。

② "如果超过十亿中国居民也像澳大利亚人、美国人现在这样生活，那么我们所有人都将陷入十分悲惨的境地，那是这个星球所无法承受的。"http://www.abc.net.au/7.30/content/2010/s2872726.htm.

体内，成员之间更要求同等对待，更容易对差别对待心生猜忌。"安得广厦千万间，大庇天下寒士俱欢颜"，有点迂腐也有点自相矛盾：一面想着不着边际的"天下"，另一面又只关心自己所属"士"阶层！

孔子的深刻很可能来自他的生活世界。出生于黄河下游的鲁国，说是周游列国，其实只是在黄淮之间即今天山东河南境内转，有理由相信孔子深知这一带农耕者生产生活的基本状况。农业生产力颇为低下，基本靠天吃饭，正常年景或略有剩余，但旱涝蝗等自然灾害会不时威胁农人，他们只能求助于村落共同体来应对；一旦灾难重大，或连年灾害，无望从其他地方获得帮助，就只可能流离失所，在各诸侯国间流浪。理论上看，在中原农耕地带，可能调剂互补，相互保险，保证生活资料供给，但在信息不畅和运输不便的古代，没有一个能有效汇集信息并统一调配资源的中央政府，这种设想就只能停留于设想。村落或诸侯国甚或整个中原农耕区"僧多粥少"的分配难题，或迟或早，或大或小，一定会发生。在很少食物替代的中原地区（有别于南方丘陵或水网地带），一旦食物匮乏，就会是严酷的你死我活的问题，[①] 不是什么基尼系数或最低贫困线这类问题。这会使这一地区的古人对家国共同体内分配均或不均极度敏感，一个意外就可能引发内讧，甚至引发大规模社会动荡和崩溃。强调"有国有家者"的立场和视角，用的"患"字，孔子断然拒绝了今天学人太学术味也太轻松的"反思"或"初探"，实在是他深知当政者和当家者的痛心疾首甚至痛不欲生。因此，我认为，在极端情况下，"毋必、毋固"的孔子[②] 甚至会接受绝对平均主义，因为这时"均"就是让每个人都有一分活下去的机会。甚或因此还能理解孔子的太不儒家的命题："老而不死，是为贼"。[③] 不再产出的老人，分享他人生产的极度稀缺的生活资料，说侵占，夸大其词了，但也算是比喻。因为，从世界范围来看，甚至直到近现代，东西方社会的常规习俗往往是老人的自我遗弃。[④] 也恰恰因此，儒家的"孝"，

① 中国历史上灾年食人记录基本分布在黄淮及其周边地区。明清时期，"出现灾荒食人的区域主要集中在北方五省及淮北地区"。陈岭：《明清时期灾荒食人现象研究》，南京师范大学硕士论文 2012 年，第 11 页。

② "子绝四——毋意，毋必，毋固，毋我。"杨伯峻：《论语译注》，中华书局 1980 年版，第 87 页。

③ 杨伯峻：《论语译注》，中华书局 1980 年版，第 159 页。

④ 例如，在秦汉时中国北方的"匈奴俗贱老"。对这一习俗的解说，请参见司马迁：《史记》，中华书局 1959 年版，第 2899 页。古代日本、爱斯基摩人、印第安人和玻利维亚以及世界其他民族中都有遗弃或杀死老人的习俗。请参见 Nancy R. Hooyman and H. Asuman Kiyak, Social Gerontology: A Multidisciplinary Perspective, 7th ed., Pearson, 2005, p.46。

特别是后来孟子的"老吾老以及人之老"，才有强大的道德感染力。

孔子对小共同体内分配正义难题的更深洞察，也还可能源自他的政治实践。世界上至少某些有价值的东西，如社会地位、荣誉、职权和特权，是人为创设的，是为了社会组织和激励，因此不可能多，不仅只有稀少才有价值，多了还会出更多问题——想想"一山不容二虎"。尤其在小共同体中，这不仅意味着双赢不可能，而且可比较的各类相关信息都很容易获得，几乎没有绝对无可争议的分配，成员之间的不公平/嫉妒感很容易触发。比如任教于北大，若只能有一人可职称晋升，两位各方面绩效相近的同事就可能因对方获得晋升而感觉不公或至少不快，却不会在意比方说清华或人大的某位老师晋升——无论他/她是否优秀！更不会在意哈佛或耶鲁或牛津的某位老师晋升。当年人类祖先的生活共同体很小，这就塑造了人类能真切的参照系至今都很小，即本地、本行业甚至本单位。

理解了这些麻烦，就不会奇怪了。在提出了对于家、国安定和谐意义如此重大的问题后，一向务实的孔子就这么不了了之了。孔子是犀利的：这个问题无解，会始终纠缠一定生活在并更多属于小共同体内的人们。但这不意味着放弃，而是"知其不可而为之"。与基督教传统把嫉妒/平等视为人类原罪之一不同，与墨家寄希望于个体间的兼爱互利，与道家主张"损有余而补不足"也都不同，孔子谈"有国有家者"的患寡、贫或不均、不安，谈"足食足兵""取信于民"，其实是把公权力和政治经济发展带进分配正义的思考，其中隐含了他对政治精英有更高但适度的期许。就此而言，虽然具体的主张有别，儒法两家都意识到了，可以也应当努力构建大政治共同体，即便可以借助，却无法指望，人的自然情感或所谓"天之道"（自然法），就足以应对或缓解分配正义难题。

五、理解/解构"大同社会"的分配正义

而到了秦汉时期，这个统一的大政治共同体已正在形成，已经促成和推进了政治文化精英的分配正义新想象和新实践；但由于小农经济，也由于人的生物性，财富和福利的社会分配的重心和问题主要还在村落共同体这个层面。《礼记·礼运》篇有关"大同社会"的文字，尽管很理想化，其实就呈现了这个基本格局：

　　大道之行也，天下为公，选贤与能，讲信修睦。故人不独亲其亲，不独子其子，使老有所终，壮有所用，幼有所长，矜、寡、孤、独、废疾者，皆有所养。男有分，女有归。[①]

　　我不想加入赞美的行列，只分析潜藏其中的问题和制度想象。首先，这个大同社会不可能是先前的社会，只是作者的理想投射；进而，与作者随后提及的"小康社会"也没有真实的时代联系。我理解，古人的历史叙事并不都在意真假，有时就是修辞，为了感召和说服。

　　其次，《礼记》被视为儒家经典，"大同社会"的商标也可以归儒家，但作者在此细致描述的弱者福利问题是农耕社会普遍存在的现实问题，各家观点有别，但没理由认定这里的关切只属于儒家，与墨道法等家不相关。只要不像孟子那么死磕，从实践功能看，墨子"兼爱"与"不独亲其亲，不独子其子"是一致的。商鞅变法时鼓励婚姻和小家庭，与受黄老思想影响很重的汉初的举措颇为相似，就是鼓励"男有分，女有归"。[②]商鞅变法十年后秦国"道不拾遗，山无盗贼，家给人足。民勇于公战，怯于私斗"的状况，[③]与大同社会中"货恶其弃于地也，不必藏于己；力恶其不出于身也，不必为己""盗窃乱贼而不作，外户而不闭"[④]也有类似之处。"选贤与能"不仅有别于"举贤才"，与儒家"亲亲"冲突，也分享了法家强烈的功利色彩。[⑤]

　　第三，《礼运》篇作者在此把"天下"视为一个分配共同体。这说的究竟是个什么样的"天下"，构成了一个分配共同体？下文会详细说明。

　　最后，这段文字说了两种分配。首先是"天下为公，选贤与能"，这可谓是政治治理职责以及相应的政治社会地位、权力的分配。但作者集中关注的是农耕社区中

----

　　①④《十三经注疏·礼记正义》，北京大学出版社1999年版，第658—659页。

　　②"民有二男以上不分异者，倍其赋"（司马迁：《史记》，中华书局1959年版，第2230页）。但这一措施似乎不限于对男子，秦简记录某士兵全家，曾特别注明有大女"未有夫"（《睡虎地秦墓竹简》，文物出版社1987年版，第249页）；受黄老思想影响的汉初的规定："女子年十五以上至三十不嫁，五算"（司马迁：《史记》，中华书局1959年版，第92页）完全一致。这与《礼运》篇中关注的"男有分，女有归"颇为一致。

　　③（汉）司马迁：《史记》，中华书局1959年版，第2231页。

　　⑤周初姜太公认定周公的"尊尊亲亲"会导致鲁国衰落；周公则认定太公的"举贤尚功"会导致齐国政治动荡（《淮南子集释》，中华书局1998年版，第765页）。儒家代表人物之一荀子的儒家身份一直有争议，他两位学生韩非和李斯干脆就是法家最重要的代表人物。

各种维度的弱者的福利分配，不止是老幼鳏寡孤独废疾者、女性和幼儿，甚至还有"壮"和"男"。作者没有讨论农耕社会中最基本的财富的生产和分配，这不仅直接关系到最广大的普通农耕者，更间接关系到弱者的福利，因为弱者的福利说到底得由普通农耕者生产出来。也许作者认为那无需多言。似乎认为：在当时社会条件下，以户为基本单位，"男有分，女有归"，每个人不惜力（"力恶其不出于身"），各尽所能，就能各得其所，足以养家糊口。但这不大现实。孔子确实认为当政者更要关注分配不均，却并没否定"贫"也是个问题。更何况，这段文字中提到了"壮有所用""男有分"，都暗示着农耕村落土地稀缺劳动力相对过剩。孟子也指出这一点："今也制民之产，仰不足以事父母，俯不足以畜妻子，乐岁终身苦，凶年不免于死亡"[1]。事实上，民间还一直有"春种秋收"的说法，也表明至少冬夏期间有大量劳动力闲置。

　　这不是挑刺，只是说，如果不了解村落共同体的实际情况，就太容易被理想遮蔽了那里真实的分配难题。

　　《礼运》篇作者在此展现了一个社群主义的社会愿景。他的出发点很务实，他理解并尊重人的生物本性："亲其亲""子其子"。他也知道人性复杂："人皆有不忍之心"，也即"共情"（empathy）。作者据此相信人类有可能实践"不独亲其亲，不独子其子"，沿着这个逻辑，就有了"老有所终，壮有所用，幼有所长，矜、寡、孤、独、废疾者，皆有所养。男有分，女有归"等等。事实上，尽管常常不很令人满意甚至很不令人满意，但在传统农耕村落中，几千年来基本就是这样。据此甚至可以说，这是一种更多由地方社会习俗和舆论一直勉强维系的制度。[2] 虽然史书上也记载有朝廷的这类诏令和举措，[3] 在京城或省城曾推行，但那更多是一种仪式化的展示，就因中国疆域辽阔，地形复杂，朝廷人力和财力也很有限。[4] 农耕弱者的福利只能靠家族和

---

　　[1] 杨伯峻：《孟子译注》，中华书局 1960 年版，第 17 页。

　　[2] 相关的研究很多，可参见陈瑞：《明清时期徽州宗族的内部救济》，《中国农史》2007 年第 1 期。

　　[3] 仅在汉代，就有汉文帝"赐天下孤寡布帛絮各有数"；汉景帝赐粟、给帛，让"老耆以寿终，幼孤得遂长"；汉武帝"遣博士大等六人分循行天下，存问鳏寡废疾"；以及汉元帝"临遣光禄大夫褒等十二人循行天下，存问耆老鳏寡孤独困乏失职之民"。（汉）班固：《汉书》，中华书局 1962 年版，第 125、151、180、279 页。

　　[4] 对清代朝廷救助鳏寡孤独者的研究发现，乾隆之前的类似举措"为数不多"且是"仪式性的"。乾隆年间，国库充裕，相关举措覆盖更广也更细密，但重点只是"京师和各省城市"。乾隆后期财政拮据，朝廷的相关救助难有作为，只能更多依赖民间力量。参见王卫平、葛琦：《清朝乾隆时期救助鳏寡孤独的理念与措施》，《江海学刊》2015 年第 5 期。

村落共同体来维系。

也只有在农耕村落才能勉强维系。就因只有在村落共同体中，"不忍之心"或"共情"才可能起作用，否则就没法解释长安城内"朱门酒肉臭，路有冻死骨"的咫尺荣枯。[①]许多自然村落都源自共同的祖先，村民间有某种血缘关系；甚至村落本身也规定了村民间"远亲不如近邻"。村落其实都不是一代人的共同体，除非天灾人祸，这会是一个持续数百年甚至直到地老天荒的共同体。在这样的共同体中，"不独亲其亲，不独子其子""老有所终，壮有所用，幼有所长"，其实并非某些人付出，他人获益；"米烂在锅里"，村落的每个历史的成员迟早会从中获益。为长辈、同辈或晚辈村民的付出，既是这个穿越时间的村落共同体的包容利他和互惠利他，也是为自己或亲人预存福利。

每个人理论上都有老、壮、幼年，但不是每个人都会成为"矜、寡、孤、独、废疾者"；即便遭遇了，何时遭遇也不确定，程度会差异较大，需救助的时段或强度也有不同。"皆有所养"因此难说是一种普遍分配的社会福利。我倾向把"皆有所养"理解为村民针对这类风险为自己购买的保险；然而，把这种保险视为村落共同体的福利，也能成立。

有点麻烦的是"男有分，女有归"。这显然不是福利，也不是保险。在现代社会，这还不允许别人做主分配，只能由当事人自我"交易"。但在古代自给自足的农耕村落中，这是个重要问题：为保证优生，避免近亲结婚，所有女性必须外嫁，甚至必须适度远嫁（不能是邻村）。但在当年这不是十五六岁甚或更年轻的女性能自我完成的，而且会有其他风险。要保证村落共同体的延续，就必须同周边村落建立非商业的人口交换：才能给本村女孩找个好婆家，为本村男孩找个好媳妇。这一定是村落共同体众多成员——并非只是男孩女孩的父母——共同承担的职责，他们迟早也都会从这一机制获益。此外，在主要倚重体力的农耕生产中，女子体力单薄，劳动分工，她们更多是生儿育女、勤俭持家，家庭生活资料主要来自丈夫的劳作。生产劳动保证全家吃饱饭，这是男子的"分"（义务或责任），对妻子（夫妻关系中的相对弱者）则是一种生活保证。

[①] 《自京赴奉先咏怀五百字》，载《杜甫诗选注》，人民文学出版社 1979 年版，第 56 页。

　　在农耕村落中，这值得憧憬，但这还不是作者心中的"大同社会"。还得有"大道之行，天下为公，选贤与能，讲信修睦"才是。作者花了很多笔墨于村落共同体，但他还有更大的关注，有关政治共同体的分配。我认为，作者说的"天下"就是西周的农耕天下；但在《礼运》篇成形的秦汉年间，汉承秦制，正以种种措施把西周列土封疆因此政治分裂的那个农耕天下，整合成一个政治上大一统的农耕中国。与此同时，秦汉还通过修筑长城、北击匈奴和"凿空"西域，正着力构建包括北方非农区的新"天下"，一个政治文化"多元的天下"。这当然是我的理解，却不是张嘴就来。有理论分析：政治共同体的前提是"礼乐征伐自天子出"[1]；必须包括礼乐，甚至优于军令政令！道理很简单，没有政治文化的基本统一，那就不可能是共同体。我也有经验证据：作者这段文字中一一提及的福利分配显然只属于农耕村落，断然有别于"贵壮健，贱老弱""父子兄弟死，取其妻妻之"的游牧民族！难道"畜食草饮水，随时转移"的匈奴人会憧憬什么"外户而不闭"？[2]

　　"大道之行，天下为公，选贤与能，讲信修睦"关注的就是农耕中国大政治共同体的构建。但什么是"天下为公"？其具体制度形态和操作定义不清楚，有种种理由说它否定了西周的列土封疆、尊尊亲亲、世卿世禄，但仍有两个选项：进一步分权——直至无政府，或进一步集权——形成大一统。为有效应对内忧外患，到春秋战国时，儒家和法家都一致明确选择了后者，孔子认为"天下有道，礼乐征伐自天子出"，韩非建议"事在四方，要在中央。圣人执要，四方来效"。[3] 都追求以中央集权的大一统替代西周的列土封疆，一定要将各自为政、相互征战的诸侯国合众为一，成为一个政治文化统一的共同体，才能为农人提供最重要最基本的公共福利：和平。

　　作者对构建这个大政治共同体有两项具体建议。回头来看，第一项至关重要，继续自春秋战国以来各诸侯国已开始的分配正义变革，不按血缘，而是按个人对政治共同体的贡献，来分配政治社会地位和权力，实行贤能政治。儒法等各家都分享了这一基本原则和核心举措，尽管——相对而言——儒家更看重贤，法家更看重

① 杨伯峻：《论语译注》，中华书局 1980 年版，第 174 页。

② 司马迁：《史记》，中华书局 1959 年版，第 2879、2900 页。

③ （清）王先慎：《韩非子集解》，钟哲点校，中华书局 2013 年版，第 44 页。

能。① 然而，"举贤"，包括"内举不避亲，外举不避仇"，小国寡民时还可行。一旦政治共同体大了，人口多了，人才自然也多了，还有想滥竽充数或言过其实的，还靠"举贤"就不灵了。但即便有新的需求，孔子等也给不出管用的办法。② 此外，举贤还过于个人化，举荐者可以不承担责任，纳贤者却面对着政治危亡的巨大风险。③ 务实的政治家开始注意建立制度，量能授官，循名责实，但成本还是太高。④ 这个问题到了秦汉时期，随着疆域扩大，变得更严重了。

作者在此放弃了春秋战国时更流行的"举"，用了"选"这个字，并且加了个"与（任）能"，意义就特别重大。这涉及了大政治共同体更广泛更深刻的分配正义问题。"有国者"如今面对的不是当年的诸侯国，而是大一统的农耕中国。如何以尽可能客观务实的标准，可靠地从全国各地选拔政治文化精英。光有当政者想"举贤"不够，有其他人向当政者"举贤"也不够。这需要全社会合作，不止是精英本人，而且是他们的家人，以及每一个农耕村落的合作。具体说来，这首先要确定士农工商的社会等级，赋予"士"一定的社会地位和特权，并且能惠及其家庭，这样才可能激发农家愿意投资教育文化，生产一些农耕村落本身并不需要、只对政治共同体才有用的人才和知识，进而让散落村落的这些人自愿参与这个政治共同体的治理。其次，要开发一系列技术手段，建立和完善一套可靠的筛选制度，无论是推举、察举还是科举，来保证筛选出来的人总体上聪明能干，是政治文化精英；第三，还要以任用、考核、晋升、奖励以及相应的俸禄来分配人才，建立"理性化的"官僚体制，组织协调每个贤能者成为一种系统的政治力量，保

① "举贤才"，参见杨伯峻：《论语译注》，中华书局1980年版，第133页；"唯仁者宜在高位"，参见杨伯峻：《孟子译注》，中华书局1960年版，第162页。

② 仲弓问孔子如何"知贤才而举之"时，孔子回答是：你知道谁，就举荐谁，你不知道的，也不会被埋没的（杨伯峻：《论语译注》，中华书局1980年版，第133页）。遇到类似的提问，晏婴也回答是，贤人不会隐居，你就努力找吧（《晏子春秋》，陈涛译注，中华书局2007年版，第146页）。两人都答非所问。

③ "君务举贤而不获其功，世乱愈甚，以致危亡。"《六韬·鬼谷子》，曹胜高、安娜译注，中华书局2007年版，第40页。

④ "量能授官"（黎翔凤：《管子校注》，梁运华整理，中华书局2004年版，第566页）；"因任授官，循名责实"（王先慎：《韩非子集解》，钟哲点校，中华书局2013年版，第397页）；晏子建议君主亲自系统甚至长期考察相关人选（《晏子春秋》，陈涛译注，中华书局2007年版，第147页），《六韬》中太公告诫别太看重民间评价，要"选才考能，令实当其名，名当其实"。这些建议都对，但面对众多人才，考察复杂，还是很难在一个大政治共同体中广泛实践。

证这个大政治共同体的延续和继续整合。第四，"选贤与能"以及"选贤任能""选贤使能"等类似说法的出现，隐含了贤与能的区分。作为分离的范畴，"能"的出现不仅意味着"用人所长"——人才使用更功利了，也还隐含了人才选用上的分权或委托代理。因此，"选贤与能"是国家权力在整个农耕中国区域内系统创设和分配各种令人向往的政治社会地位和权力。这肯定不是西周的重建，却也不只是对春秋战国的延续，这其实是对农耕中国的重新"格式化"，重装系统。就其功能而言，这就是一个全新的社会契约，尽管在太多中国学人看来，社会契约只属于西方！

另一项是"讲信修睦"，虽说也重要，但怎么看，都更像作者及其朋辈的自我推销："舍我其谁也"！因为，对于秦汉时期那个大政治共同体的构建而言，"讲信修睦"的意义，在我看来，实在没法与郡县制、书同文、车同轨、统一度量衡、修长城等并列，也没法与削藩、举孝廉/秀才、创办太学、平准、均输以及"罢黜百家，独尊儒术"等并列。[①] 但也不能苛求《礼运》篇作者。从相关记载来看，即便当年那些长期、直接且深度参与这个政治共同体建构的帝王将相，对这个政治共同体的未来也没有非常清晰、深刻的理解和想象。[②] 只能大致定个方向，然后摸着石头过河。作为统一政治文化共同体的农耕中国的发生是不断试错的结果。

不仅想到了这两个共同体，作者更用一个"故"字想象了两个共同体之间的因果联系。似乎是，天下为公+选贤与能+讲信修睦，就会导致或至少促成"老有所终，壮有所用，幼有所长，矜、寡、孤、独、废疾者，皆有所养。男有分，女有归"。后来的中国历史表明这个因果关系不成立。但从理论论证来看，这一命题的意义在于：所以追求天下为公、选贤与能和讲信修睦，不是或不全因为三者本身很好或用意很好，而在于三者会促成村落共同体内更合理、作者认为"公正"的分配，尤其是对"老、幼、矜、寡、孤、独、废疾者"、对女性等村落共同体中位于不利经济社会地位的人有利，甚至有利于成年男子充分就业和成家（"壮有所用""男有分"）。若再进一步，假定司马迁笔下的"王侯将相宁有种乎""大丈夫生

---

① 苏力：《大国宪制》，北京大学出版社 2018 年版。

② 秦统一之后，宰相王绾等建议实践分封制，"群臣皆以为便"，只有李斯反对。楚汉相争时，儒生郦食其建议刘邦复立六国后人。汉初分封，刘邦最后的政治想象只是白马之盟："非刘氏而王，天下共击之。"（汉）司马迁：《史记》，中华书局 1959 年版，第 239、240—241、400 页。

当如斯"甚至"彼可取而代之"等说法皆为真，反映了秦汉之际从贵族（项羽）、
雇农（陈胜）、流氓（刘邦）到读书人（司马迁）对包括皇位在内的全部政治社会
地位和身份之分配的一般理解：那么《礼运》篇作者的"天下为公""选贤与能"也
隐含了与罗尔斯正义差异原则的另一相通，即分配给贤能者的优越政治社会地位，
在逻辑上，对所有人开放，竞争获得！

对我来说，这才是《礼运》篇大同社会隐含的政治伦理思辨最有魅力之处。但
也因此，《礼运》篇就一直只能定格于憧憬。因为它的制度安排和理想太唯心主义
了。研究分配正义，不能只关心其有无社会理想，是否高大上，也不只是统治者或
当权者个人道德修行问题，更值得考虑的是，可供分配的财富、福利和其他善品
的生产和创造。这会涉及所有制，"天下为公"；但也甚至更涉及影响甚至决定所
有制的社会生产力，以及作为生产力核心要素之一的科技。这是马克思主义的基
本观点，却不是马克思独有的。孔子就认定治国的第一要务是"足食"；管仲也认
为"仓廪实知礼节；衣食足则知荣辱"——作为对社会经验现象的描述，不是作
为逻辑命题或因果命题。就因为在一个物质财富稀缺的共同体中，即便天下为公，
即便选贤与能，即便讲信修睦，也很难让经济社会处于不利地位的人"皆有所养"。
贤能者会以身作则，讲信修睦也会有宣传效果，任何社会不可缺少，但如果连自己
或家人基本生存都难以保证，就不大可能指望整个社会"货恶其弃于地也，不必藏
于己；力恶其不出于身也，不必为己""谋闭而不兴，盗窃乱贼而不作，故外户而不
闭"。在村落共同体，即便基于"不忍之心"，有人会与家族成员或隔壁邻居分享食
物或物品，但结果也许只是强化"胳膊肘朝里拐"的小共同体，而农耕村落共同体
的绝大多数成员会仍然是并长期是有家无国。

六、结语

不追求全面和准确，本文从分配正义视角来勾连、理解历史农耕中国的一些制
度、实践、思考或追求。难免有误解和曲解，遗漏和错漏，却值得尝试。

历史农耕中国先后出现的种种可称为制度性的分配，抽象看有种种弊端，社会
条件变化后也被其他制度取代了，却不是任意和专断的。其中常常有一种可称为分
配正义或均平的社会追求。这种追求，受制于实在但复杂的人性，受制于统治者和

哲人对人性的理解和想象，受制于当时人们对公平的理解，还不得不受制于对效率的追求，却更受制于人们对相关利益共同体的感知和理解，受制于当时经济生产方式及其塑造和催生的各类真实和想象的共同体。即便古人憧憬的大同社会，那里的分配正义想象，也受着那个时代村落共同体和以农耕区为核心的历朝历代政治共同体的限制，也即"家"和"国"的限制。紧紧抠住了农耕中国语境，本文考察和解说了以实践或言词表达出来的中国的分配正义，但因此，也可以说解构了这个太容易普世化的概念。希望这对以社会科学的经验进路来置换分配正义的思辨研究有所助益。

更具体地看，至少从春秋战国开始，农耕中国的政治文化精英就已开始超越其生死于斯的村落共同体，开始开发和创建一系列重要制度，促成作为统一大政治共同体的农耕中国发生。他们努力勾连大政治共同体与村落共同体，试图以大政治共同体的分配正义来促进或塑造村落共同体的分配正义。然而，虽然有这些理想和憧憬，但不限于儒家的众多政治文化精英不同程度地意识到，传统小农经济注定了普通农人的分配正义及其想象受限于血缘加地缘的村落。在这里，也只有在这里，以可能有的生活资料为前提，"不忍之心"或"共情"才可能催生一个某些最基本的福利分配略微兼顾矜寡孤独废疾者的分配共同体！思考当然应当大气，且无所偏倚，但人注定是地方性的！[1] 历史中国的历代政治文化精英从来直面、忧乐或者"放眼"包括了非农耕区的那个"多元天下"，但真正动人的似乎一直都是"家国情怀"，那种无法离弃的令人纠结的共同体感，而未能有效整合的那个"天下"就是不可能成为他们的分配正义共同体。

必须深刻理解并承认经济生产方式，以及充分有效的财富创造，对分配正义实践有深刻、重大和持久的影响。中国农村五保户制度 60 多年来的发展变迁就是一个典型例证。新中国成立后，毛泽东曾两次谈话提及，在广大农村，如何帮助那些分到了土地但因没有劳动力不得不出卖土地的鳏寡孤独者，还特别设想以 100—200 户的大合作社带几户鳏寡孤独来解决他们的生活困难。[2] 在 1955 年的合作化运动中，

---

[1]　Oliver Wendell Holmes, Jr., "John Marshall," in *The Essential Holmes*, ed. by Richard A. Posner, University of Chicago Press, 1992, p.208.

[2]　《关于农业互助合作的两次谈话》，载《毛泽东文集》第 6 卷，人民出版社 1999 年版，第 299、304 页。

毛泽东再次强调合作社吸收鳏寡孤独入社来帮助他们。①1956 年中央政府颁布了两个法规性文件，明确规定以土地集体所有的农业高级合作社为制度基础，以集体公益金为财政基础，对社内缺乏劳力、生活无依靠的鳏寡孤独农户和残废军人，予以适当安排，普遍建立保吃、保穿、保烧（燃料）、保教（对儿童和少年）、保葬的五保制度。②依据文件，五保供养的责任主体是由多个自然村构成的合作社（后来则是人民公社）。③但几年试错和调整后，1962 年最终确定，生产队是"直接……组织集体福利事业的单位"。④这意味着，即便土地集体所有了，只要还是小农经济，农村五保制度的基础就很难超出农耕的自然村落。

1978 年后家庭联产承包责任制促进了农村经济快速发展，农民收入大幅提高，生活普遍改善了。但原来依托集体经济由自然村组织实施的五保供养制度，尤其在经济发展相对落后的地区，就难以为继了。非但村级集体组织可支配的公益金大大减少，随着大量农民进城务工五保户的土地都无人代耕了，更别说其他保障了。尽管国家和各级政府也制定了更多法律法规和政策，规定以乡统筹的税费收入支持五保制度，但效果非常有限。有研究称，这一时期，许多地方的农村五保对象"生活水平大幅度降低"。⑤

2005 年中共中央《关于制定国民经济和社会发展第十一个五年规划的建议》提出"对丧失劳动能力的贫困人口建立救助制度"，"有条件的地方要积极探索建立农村最低生活保障制度"。2006 年国务院颁布实施了修订后的《农村五保供养工作条例》⑥，

---

① 《〈中国农村的社会主义高潮〉按语》，载《建国以来毛泽东文稿》第 5 卷，中央文献出版社 1991 年版，第 531 页。毛泽东还认同安徽省委的相关规定：在农业合作社力所能及的条件下，大体以十户带一户的方式吸收鳏寡孤独等缺乏劳力的农民。《〈中国农村的社会主义高潮〉按语》，第 332 页。

② 《1956 年到 1967 年全国农业发展纲要》（1957 年 10 月 25 日）；《高级农业生产合作社示范章程》（1956 年 6 月 30 日第一届全国人大第三次会议通过）。

③ 《高级农业生产合作社示范章程》规定，"对于完全丧失劳动力，历来靠土地收入维持生活的社员，应该用公益金维持他们的生活"（第 14 条）；又规定"用来发展合作社文化、福利事业"的公益金（第 22 条）不能超过农业生产合作社"扣除消耗以后所留下的收入"的 2%（第 43 条）。

④ 《农村人民公社工作条例（修正草案）》（1962 年 9 月 27 日，中国共产党第八届中央委员会第十次全体会议通过）第 2 条。

⑤ 宋士云：《新中国农村五保供养制度的变迁》，《当代中国史研究》2007 年第 1 期；又可参见战建华：《农村五保供养制度的历史演变》，《经济与社会发展》2010 年第 5 期。

⑥ 《农村五保供养工作条例》（2006 年 1 月 21 日颁布，2006 年 3 月 1 日起实施）。

其中最重要的变化是，农村五保供养不再是农民集体的内部互助，而是中国现代社会保障体制的一部分；并规定了，以国家财政供养为主，以集体保障、土地保障和社会帮扶为辅。但带来这一历史性变革的并不是对分配正义概念的重新理解或发现，而首先是，随着经济连年高速发展，中国已成为现代工商业制造业的大国，国家财力全面增强，有钱来关注"民生"了。由此而来的一系列重要制度变革，在相当程度上重构了中国分配正义的大共同体。农村五保对象即便还住在农村，他/她们也不只是村落共同体成员，也是国家社会保障体系覆盖的一个特殊群体。作为一般公民，他们开始分享基于社会主义市场经济之上的中国大政治共同体的福利。

　　但这并不意味历史中国的家/国双重共同体问题就彻底消失了，甚或应当彻底消失。确实，由于国家财政的介入，各地农村五保对象对其居住的村落乡镇的依赖度大为降低，农村五保的性质变了：不再是村落共同体内的互助共济，更多是国家公民的福利。然而，仍必须看到，至少在两个方面，地方或村落小共同体的经济状况仍然影响五保对象的实际福利。一方面，政府在确定五保对象的具体供养标准时仍会参照他或她的居住地的一般标准。在中国这个各地经济社会发展不平衡也不可能完全统一的 14 亿人口的大国，供养标准的全国统一是不现实的，甚至不公平。这不仅因为，如孔子洞悉的，每个人公平感的参照系都更多由小共同体而不是由大共同体提供的；也还因为，全国五保绝对统一，其效果会是"鞭打快牛"，既会挫伤"快牛"的积极性，还会鼓励"坐等靠要"，不仅对经济发达地区的人民不利，对经济相对落后地区的人民也不利，最终则不利于整个中国这个政治经济文化共同体。另一方面，虽然以国家财政供养为主，农村五保供养资金在地方人民政府的财政预算中安排，但也规定了，农村五保供养的标准不得低于当地村民的平均生活水平，要根据当地村民平均生活水平的提高适时调整；还规定了，在有农村集体经营等收入的地方，要从农村集体经营等收入中安排资金，用于补助和改善农村五保供养对象的生活。[①] 这就使地方经济以及村落集体经济的发展水平对农村五保供养对象的福利有不小的影响，有时甚至是重要影响。一些经济发达的村落因劳动

---

　　① 《农村五保供养工作条例》第 11 条。

力需求会主动并村，扩大了共同体，因此改变了共同体的"村落"性质。^①不仅农村五保户的福利大大改善，甚至由于城镇化，五保户这个分类范畴也在一些地区消失了。^②这种分配格局，仍可以套用古希腊城邦的分配正义概念，但其脉络和质地（textures）都全然是中国的，完全源自历史中国的家/国双重共同体，即便现当代中国的伟大变革正在并将继续重构这个家/国结构的双重共同体的范围。

而且，不仅对理解当代中国的分配正义实践重要；作为一种分析框架，这个双重共同体架构，也会有助于理解其他共同体，比方说，美国人的联邦/州双重公民身份以及相应的差别待遇，类似的还有欧盟人的双重公民制以及相应的差别待遇；还有助于理解英国为什么脱欧，欧盟为什么又拒绝土耳其；有助于理解进入欧盟的中东难民为什么会对目的国挑挑拣拣，以及欧盟各国对难民的态度不同。甚至，这也有助于冷静甚至冷酷看待所谓全球化的"潮流"和反全球化的"逆流"，无论是"退群"还是保护费"索价"。还应当让我们更清醒务实地理解并努力推进中国倡导的"人类命运共同体"。

原刊《学术月刊》2020 年第 3 期

---

① 如江苏省华西村原有 380 户，1520 人，面积 0.96 平方公里；从 2001 年 6 月起，先后合并周边 20 个村，如今的大华西"村"面积超过 35 平方公里，"村民"已超过 3 万人（包括外来员工，共有 5 万多人）。

② 如，同在江苏省，2019 年，苏南无锡市农村特困人员供养标准一年补助 15600 元；同为苏南的镇江农村特困人员供养一年补助 10224 元；而江北的泰州市农村五保每人每年不低于 8310 元。"江苏五保户一年能领多少钱？申请条件是怎样的？"https://www.zhuzhai.com/news/read-12066.html.

以科学立法促进
刑法话语体系发展

刘艳红[*]

党的十九大以来，党中央对全面依法治国作出一系列重大决策，提出一系列全面依法治国新理念新思想新战略，强调要坚持中国特色社会主义法治道路，坚持建设中国特色社会主义法治体系，为新时代中国法学研究与发展指明了方向。刑法作为所有部门法的保障法，刑法学作为研究犯罪与刑罚法律的学科，在学科话语体系的发展上，应坚持以习近平新时代的法治论述为引领，并从中国实际与法治实践的特色出发，以新理念新理论回应新实践新需求，以科学立法为引领，推进刑法话语体系的发展。

一、改革开放四十年来刑事立法的特点变迁：粗放型到象征性

改革开放四十年来，随着国家政治日益强盛，经济日益繁荣，新中国的刑法从无到有、从粗略到细致、从不健全到日益完善，在此过程中，刑事立法呈现出粗放型与象征性两大特点，表现出从粗放立法到象征立法的特点变迁。

从 1979 年到 1997 年，我国刑事立法呈现出粗放型的特点。粗放型刑事立法，主要是指新中国第一部刑法典，即 1979 年刑法典是在粗略与疏放亦即粗疏立法观指导之下制定的，它是我国刑事立法起步阶段立法技术欠发达的体现。

我国刑事立法向来有粗疏立法观与细密立法观之争，"粗疏立法观认为，法律

要保持其对复杂现实之较大适应性，就应制定得粗疏一些……粗疏立法观奉行的就是'法网恢恢，疏而不漏'，即认为立法之'疏'是做到司法'不漏'的妙方。细密立法观则认为，只有具有明确性，法律才能充分发挥其普遍规范作用，减少主观任意性，实现公正价值。因而主张法律应当尽可能规定得细致周密一些。"[1] 毫无疑问，在我国起主导作用的是粗疏立法观。

新中国成立之初，即从 1949 年至 1979 年，国家只有几个单行刑法，如《中华人民共和国惩治反革命条例》《妨害国家货币治罪暂行条例》《惩治不法地主暂行条例》等，这些文件都是针对某一类型的犯罪而制定，而且极不规范，与社会主义法治要求并不相符。历经 1950 年以前中央政府法制委员会起草的两个刑法文本，以及 1954 年全国人大第一次会议通过的宪法和五个组织法以后，刑法的起草工作正式由全国人大常委会办公厅法律室负责。[2] 1979 年 7 月 1 日，新中国成立后第一部刑法典宣告诞生。

1979 年刑法制定的立法指导思想是"宜粗不宜细""宁疏勿密"。这一原则的确立是特定历史背景和条件下的产物。新中国成立初期至 1979 年，国内外政治斗争环境复杂，对法律便宜性的需要超过了对法律明确性的需要。由此，"作为中国现行刑事立法主体或主要部分的刑法典，在立法技术上最大的特点之一，就是弹性大、不具体、可操作性差。这已是中国刑法学界的共识"。[3] 1979 年刑法的粗放型，首先表现在，对于犯罪类型没有做到精细化准确化规定，而是在仅仅规定了 130 个罪名之后，在刑法总则第 79 条规定了类推制度，对于"本法分则没有明文规定的犯罪，可以比照本法分则最相类似的条文定罪判刑"，从而为犯罪行为的随意认定打开了藩篱。以往学界对类推制度的批判主要是其违反罪刑法定，但在立法技术上，该条是体现粗疏立法观的典型代表。以类概全，凡是刑法分则没有规定的均可比照援引最相类似条文定罪量刑，此种做法可谓粗放的极限。此外表现在，"制定刑法时对有些犯罪行为具体分析研究不够，规定得不够具体，不好操作，或者执行时随意性较大，如渎职罪、流氓罪、投机倒把罪三个'口袋'，规定

---

① 赵秉志主编：《中韩刑法基本问题研讨》，中国人民公安大学出版社 2005 年版，第 82 页。

② 高铭暄：《中华人民共和国刑法的孕育诞生和发展完善》，北京大学出版社 2012 年版，"前言"第 1 页。

③ 赵秉志主编：《刑法争议问题研究》上卷，河南人民出版社 1996 年版，第 11 页。

得都比较笼统"①。与此同时，"犯罪的分类上'粗线条'，不同性质的犯罪类别合在一章之中，本应分离的条文合在一个条文之中"，"对罪状的描述简单，采用简单罪状的条文多，对犯罪构成要件大多缺乏必要的描述；对法定刑规定的幅度过大"，②等等。

针对 1979 年刑法典的上述缺点，1997 年第八届全国人民代表大会提出对 1979 年刑法进行修订、补充和完善。针对 1979 年刑法规范粗疏的缺陷，全国人大常委会确立了 1997 年刑法亦即现行刑法修改的三个指导思想，即要制定一部统一的、较完备的刑法典；注意保持法律的连续性和稳定性；对一些原来比较笼统、原则的规定，尽量把犯罪行为研究清楚，作出具体规定。③ 为此，1997 年刑法废除了类推制度，确立了罪刑法定主义为刑法基本原则，该原则的派生原则之一就是明确性原则。为此，1997 年刑法极大地克服了 1979 年刑法的粗疏性，刑法规范更加明确。1997 年刑法典的条文数由 1979 年的 192 条增至 452 条，罪名数由 130 个增至 413 个。将 1979 年刑法中规定过于笼统的几个口袋罪分解细化为若干罪名，最为明显的就是废除了流氓罪，将之分解为现行刑法中的强制猥亵侮辱罪、猥亵儿童罪（第237 条）、侮辱罪（第 246 条）、聚众斗殴罪（第 292 条）、寻衅滋事罪（第 293 条）、聚众淫乱罪（第 301 条第 1 款）等罪状更为清晰外延更为窄一些的具体罪名。对于罪状的规定更加严密细致，叙明罪状广为采用，空白罪状大为减少，减少了模糊性用语，并尽量明确了情节严重、情节恶劣等其他用语的范围。总之，1997 年刑法"概括性用语大为减少，犯罪构成设计严密，规定具体详细"，④ "刑法典的体系更加完整，此罪与彼罪之间的界限更加明确、具体，法定刑之间更加平衡，可操作性更强"。⑤

然而，1997 年刑法并未从根本上摆脱 1979 年刑法粗略与疏放的特点，其刑法规范总体仍然呈现出粗放型的特点。"与 1979 年刑法相比，1997 年刑法在细密化方

---

① ③ 王汉斌 1997 年 3 月 6 日在第八届全国人民代表大会第五次会议上《关于〈中华人民共和国刑法（修订草案）〉的说明》。

② 刘艳红：《开放的犯罪构成要件理论研究》，中国政法大学出版社 2002 年版，第 334 页。

④ 刘艳红：《开放的犯罪构成要件理论研究》，中国政法大学出版社 2002 年版，第 335 页。

⑤ 高铭暄：《中华人民共和国刑法的孕育诞生和发展完善》，北京大学出版社 2012 年版，"前言"，第 4 页。

面有了很大的进步，但是仍有不少不尽如人意的地方。"① 这体现在：一是口袋罪名仍然很多，如由流氓罪分解而来的寻衅滋事罪，由投机倒把罪分解而来的非法经营罪，以及以危险方法危害公共安全罪、破坏生产经营罪等，这些罪名的罪状内涵不清，外延不明，成为实践中惩罚违法犯罪行为的急先锋，乃至最终发展为口袋罪；二是由于1997年"刑法立法比较粗疏和抽象，由最高司法机关制定了大量的司法解释，其数量远远超过刑法条文的数量，没有大量的司法解释，司法机关几乎无法办案"。② 因此，"在目前这种刑事立法状况下，仍有特别强调细密立法观，降低立法抽象性的必要，这也是罪刑法定原则的要求"。③

从1997年至今，我国刑事立法呈现出象征性的特点。象征性刑事立法，是指1997年刑法典之后，我国立法机关颁布的十部刑法修正案，是在象征性立法观指导下制定的，它体现了我国刑事立法起步阶段法规范的随意性和欠操作性。

1997年刑法不够完备与细密，加之社会的改革和进步，很多新型犯罪急需刑事立法的回应；为了惩治破坏社会主义经济秩序犯罪、恐怖犯罪、贪贿渎职犯罪等，保障社会主义现代化事业的顺利进行，以及保障国家和人民生命、财产安全，维护社会秩序，我国立法机关在1997年之后至2017年二十年间共颁布了一部单行刑法④ 和十部刑法修正案。它们既有以废除死刑罪名为代表性内容的刑罚轻缓化的立法改革，但更多是围绕新型行为入刑入罪或扩大已有罪名处罚范围或提升法定刑而进行的修订，由此一来，现行刑法罪名由1997年颁布之时的413个增至目前的469个。这些新罪的设立，极大地扩大了我国刑法的处罚范围，使我国刑法立法模式由传统的厉而不严转变为严而不厉，甚至又严又厉。⑤ 厉而不严是指刑法犯罪圈并不严密但处罚严厉；严而不厉是指刑法犯罪圈严密但是处罚并不严厉。大量新型行为的入罪化使得刑法犯罪圈大为严密，但是受《世界人权宣言》《公民权利与政治权利国际公约》等诸多国际人权公约的影响，以及在世界刑罚轻缓化的改革潮流之下，这些新罪的刑罚都不严厉甚至非常轻缓，比如2011年《刑法修正案（八）》新罪的刑法第133条之一危险驾驶罪，法定刑是拘役并处罚金，最终，在1997年

①②③ 赵秉志主编：《中韩刑法基本问题研讨》，中国人民公安大学出版社2005年版，第83页。

④ 1998年12月29日全国人大常委会颁布的《关于惩治骗购外汇、逃汇和非法买卖外汇犯罪的决定》。

⑤ 参见储槐植：《刑事一体化论要》，北京大学出版社2007年版，第54—66页。

刑法颁布之后的二十年间，我国刑事立法呈现出象征性的特点。象征性立法是指，表达立法者对犯罪威胁的打击姿态与反制情绪、谴责态度与惩罚立场，而并不发挥或难以发挥实质规制效果的立法。① 在此，立法者只是为了单纯满足社会期待，通过不断修改刑法"宣示国家已经着手采取相对应的行动来抗制风险"，并"逐步将公众所认为的风险纳入象征性立法的法规范体系之中"，② 而对于犯罪的实际处罚来说，并没有打击与预防犯罪的效果。

　　二十年间，我国刑事立法的象征性主要体现在三大类犯罪，即恐怖犯罪、网络犯罪和环境犯罪。以恐怖犯罪为例，拉开象征性刑事立法序幕的是 2001 年 12 月 29 日《刑法修正案（三）》新增的三个恐怖犯罪：资助恐怖活动罪，投放虚假危险物质罪和编造、故意传播虚假恐怖信息罪。随后，2011 年《刑法修正案（八）》新增了恐怖犯罪活动构成累犯的规定；《刑法修正案（九）》新增了 5 个恐怖犯罪罪名，修改了原有恐怖犯罪刑法第 120 条、第 283 条、第 311 条等罪名的罪状并提高了法定刑。在刑法修正案颁布之前，1997 年刑法只规定了第 120 条组织、领导、参加恐怖组织罪，历经几部刑法修正案的修订，恐怖犯罪罪名大为丰富，法定刑显著提高，刑法织起了严密的打击恐怖犯罪的法网。然而，法网固然恢恢，反恐却难奏效。如此多的恐怖犯罪罪名，并未有效遏制恐怖犯罪，其在全球的高发态势证明了刑事治理的乏力。恐怖犯罪不是普通的刑事犯罪，而是不同国家、社会与种族之间政治经济与文化冲突的结果；它不是法治社会的法律问题，而是风险社会的风险问题，甚至是人类社会的准战争问题；法治手段只能解决法治社会的秩序问题，不能解决风险乃至准战争问题。③ 但是，我国刑法修正案基于对现实生活中打击恐怖犯罪的需求，及时回应民众对安全的情感渴望，仍然对恐怖犯罪立法实行了犯罪化、处罚扩大化等多方面举措。诸如此类犯罪立法，与其说是"要保护国民的实际的具体的利益，毋宁说，是为了回应国民'体感治安'的降低，试图保护其'安心感'，作为象征性立法的色彩要更浓一些"。④ 总之，恐怖犯罪立法充分体现了我国政府的

---

　　① 刘艳红：《象征性立法对刑法功能的损害》，《政治与法律》2017 年第 3 期。

　　② Peter-Alexis Albrecht, Das nach-präventive Strafrecht, in *Institut für Kriminalwissenschaften und Rechtsphilosophie Frankfurt a.M.(Hrsg.)*, Jenseit des rechtsstaatlichen Strafrechts, 2007, S.5.

　　③ 刘艳红：《二十年来恐怖犯罪刑事立法价值之评价与反思》，《中外法学》2018 年第 1 期。

　　④ [日] 松原芳博：《刑法总论专题研究》（一），王昭武译，《河南省政法管理干部学院学报》2010 年第 3 期。

反恐姿态，因此它是象征性而非实效性立法。

二十年间，网络犯罪和环境犯罪同样也是缺乏实际效果的象征性立法。十部刑法修正案对网络犯罪和环境犯罪以入罪化和重刑化为主要方向的频繁修改，也只能表明立法者面对日益严峻的网络安全威胁和环境污染之时，以立法手段抗制网络和环境生态风险的姿态而已。此外，十部刑法修正案还有其他象征性立法的例子，比如，侵犯未成年人权益的有关犯罪，也是比较典型的象征性立法。雇用童工从事危重劳动罪、组织儿童乞讨罪、组织未成年人进行违反治安管理活动罪、引诱未成年人聚众淫乱罪，这几个以未成年人为对象的罪名，在司法实践中难以适用，判决甚少，而且其行为性质难以认定尤其与违反治安管理的一般违法行为界限模糊，被侵害的未成年人由于年幼，证据难以取得，未成年人的家属法制意识淡薄不愿意配合等，种种原因导致这些罪名对未成年人权益保护具有精神上的安抚作用，表明我国立法者大力贯彻青少年保护法，主动从刑事立法上关心与保护未成年人权益的姿态。但事实上，侵害未成年人权益的犯罪深受国家社会经济形势的影响，出于谋生需求的农村家庭父母往往外出务工，其子女更多也更易成为这些违法犯罪行为的被害人。这表明，保护未成年人权益，在无法深层次解决国家经济结构与家庭监护等社会问题的前提下，末端的刑法保护往往力有不逮。此外，动用刑法解决欠薪、考试作弊、群众安全事故等行为而设置的有关罪名，也都是象征性立法的例子。

象征性立法之所以成为晚近二十年来刑事立法的主要特点，与回应型立法观的影响密切相关。在进入现代化阶段的国家中，英美等国因采"内生型"现代化模式而引领了世界现代化进程的潮流，从而也最早遭遇了以腐败犯罪为代表的系列犯罪的严重困扰，世界工业革命乃至现代化的发源地英国首当其冲地受到了腐败的严峻挑战。面对腐败，英美一改其悠久的普通法传统，毅然选择了制定法模式，逐步形成了"预防型"的立法战略。[①] 这种基于回应打击犯罪的现实需求与预防犯罪的迫切需要而进行的立法，往往过于注重舒缓民众的焦虑和镇静情绪的抚慰作用，使得刑事立法的着力点在于回应社会需要，更具有开放性和弹性，它看起来是一种立法

---

① 刘艳红：《中国反腐败立法的战略转型及其体系化构建》，《中国法学》2016 年第 4 期。

模式，但其实已经演变了一种国家治理的政策模式，^①因而象征性条文逐渐增多。对于打击犯罪的需求一味主动及时的回应，使得立法者难以根据犯罪的实际样态加以总结后理性立法，从而造成情绪安抚重于实际效果，姿态表达高于立法操作，象征性立法也因此成为刑事立法的突出特点。

早期刑事立法的粗放型与晚近刑事立法的象征性，前者是技术上的特点，但同时也关切着实质内容，后者是实质上的特点，但同时也与立法技术密切相连。同时，无论是技术形式或是实际质效，它们最终都与立法质量紧密相关。从某种程度看，它们也都是我国刑事立法质量有待提高的表现。

二、以科学立法促进高质量的刑事立法：良法善治与立改废释

改革开放四十年来，刑事立法粗放型与象征性的特点与新时代对科学立法的要求存在着差距。党的十八届四中全会通过了《中共中央关于全面推进依法治国若干重大问题的决定》，提出全面推进依法治国，"总目标是建设中国特色社会主义法治体系，建设社会主义法治国家"。《决定》高屋建瓴地指出："建设中国特色社会主义法治体系，必须坚持立法先行，发挥立法的引领和推动作用，抓住提高立法质量这个关键。"^②提高立法质量的关键在于科学立法。习近平总书记指出："要积极推进重点领域立法，深入推进科学立法、民主立法、依法立法，提高立法质量和效率，不断完善以宪法为核心的中国特色社会主义法律体系。"^③刑事法领域虽然是常规立法领域，但由于刑法是国家的基本法律，加强刑事立法是推动和发展社会主义法治的一件大事，也是完善我国刑事法律的重要工作；由于刑法的特殊地位，决定了未来我国刑事法领域科学立法的推进工作还需大力加强。

如何以科学立法促进高质量的刑事立法？根据习近平总书记关于依法治国尤其是关于科学立法的战略思想，结合刑法的自身特性，能否实现良法善治是通过科学立法促进高质量刑事立法的判断标准；以科学立法促进高质量刑事立法的具体路径

---

① P. 诺内特、P. 塞尔兹尼克：《转变中的法律与社会》，张志铭译，中国政法大学出版社 2004 年版，第 89 页。

② 《中共中央关于全面推进依法治国若干重大问题的决定》，《人民日报》2014 年 10 月 24 日，第 1 版。

③ 习近平：《完善法治建设规划提高立法工作质量效率　为推进改革发展稳定工作营造良好法治环境》，《人民日报》2019 年 2 月 26 日，第 1 版。

是，立改废释并举。

首先，以科学立法促进高质量刑事立法的判断标准是能否实现良法善治。习近平总书记强调："法律是治国之重器，良法是善治之前提"①，要"以良法促进发展、保障善治"，"要把社会主义核心价值观贯穿立法、执法、司法、守法各环节，使社会主义法治成为良法善治"②。为了实现良法善治，必须坚持科学立法。为此，科学立法首先要求所立之法是良法，通过良法实现善治。根据亚里士多德关于良法的基本论断："法治应包含两重含义：已成立的法律获得普遍的服从。而大家所服从的法律又应该本身是制定的良好的法律。"③结合刑法的特性，判断立法者所制定的刑法是否良法，应该有如下三个基本标准：（1）规定明确的法；（2）富有实效的法；（3）公平正义的法。

良善的刑法必须是规定明确的法。已成立的法律要想获得普遍的服从，其前提是刑法条文必须明确易懂，这既是亚里士多德良法论的题中之义，也是刑法明确性原则的基本要求。作为从英美法系宪法上的正当法律程序原则发展而来的明确性原则，又称为"不明确而无效的理论"，它要求不但"实现明文预告刑罚法规"，而且"刑罚法规的内容必须清晰明确，必须让国民容易理解"④，否则，如果"法律是用一种人民所不了解的语言写成的"，或者"法律的含混性"导致人们无法"了解和掌握神圣法典"，⑤那么法律的规定就是无效的。只有规定明确的法，对犯罪构成要件以及刑罚种类和幅度的规定都明晰确切的法，才能获得国民的认同乃至服从，而不至于不教而诛。明确性原则在刑法理论早已得到一致认可，据此应以使法官能够根据法条的规定公平统一地使用刑法为依据，从而防止法官擅入人罪。因此，只有规定明确的法才是良善的法，含混的高度概括性的法都不是良法。

良善的刑法必须是富有实效的法。已成立的法律要想获得普遍的服从，除了必须明确清晰，还要求法律富有实效。象征性立法欠缺实效，国民难以服从。实效性

---

① 《中共中央关于全面推进依法治国若干重大问题的决定》，《人民日报》2014年10月24日，第1版。

② 习近平：《加强党对全面依法治国的集中统一领导　更好发挥法治固根本稳预期利长远的保障作用》，《人民日报》2018年8月25日，第1版。

③ ［古希腊］亚里士多德：《政治学》，吴寿彭译，商务印书馆1965年版，第199页。

④ ［日］西田典之：《日本刑法总论》，王昭武、刘明祥译，法律出版社2013年版，第44页。

⑤ ［意］贝卡里亚：《论犯罪与刑罚》，黄风译，中国大百科全书出版社1993年版，第15页。

立法重视的是法益保护，置重考虑的是行为对刑法所保护利益的侵害与威胁及其后果，但象征性立法往往脱离对法益的肯认，偏向于对行为规范或伦理秩序的认同，比如《刑法修正案（九）》规定的强制他人穿戴宣扬恐怖主义、极端主义服饰、标志罪，其惩罚基础并非是法益侵害及其结果无价值，亦即不是基于恐怖主义犯罪的具体危害后果，而是基于穿戴有关恐怖主义等服饰标志的违规行为，是规范违反及其行为无价值。这类立法都是回应民众渴求安全的象征性立法。但事实上，"刑法的目的，至少其主要目的不在于保护国家自身或维持伦理秩序，而在于保护个人的生命、身体、自由、财产"，因为只有这些法益才充分体现了"市民的安全需求"或"市民的保护需求"，①换言之，保护具体法益较之保护国民的安心感，前者更加符合国民对安全的需求，而且有时"为了回应国民呼声的象征性立法不但没有解消国民的不安，有时甚至反而起到了加深这种不安的效果"。②为了使刑法规范更具实效性，就应该强化法益概念，避免象征性立法稀释法益的内涵，尤其是犯罪化的刑事立法，必须发挥法益的指引功能，将没有造成实际危害后果的违法行为不纳入刑法规范体系范围之内。

良善的刑法必须是公平正义的法。古罗马塞尔苏士云，法律是善良公平之术。③所谓善良，指的是道德良好；所谓公平，指的是正义。公平正义的法因此就是良法。刑法作为所有部门法的保障法，其公平正义的内在价值蕴涵与要求就显得更为重要。何为公平正义，虽然千百年来聚讼纷纭，但基本认识仍然没有逃出古典法治思想的框架。所谓公平，其真实含义在于平等，所谓正义，其真实含义在于是否公正合理。同时，作为刑法规范，还必须具备人权和自由的保障机能，亚里士多德还认为："法律不应该被看作'和自由相对的'奴役，法律毋宁是'拯救'"④自由。由此一来，刑法规范的设立应该是被动的，如果一味回应民众需求过于主动出击而令规范滋彰，不符合刑法的谦抑性，故而不是良善的法。比如，任何人都不因思想而受处罚（Cogitationis poenam nemo patitur）；思想通过税关，但是，不通过地

---

① ［日］平野龙一：《刑法的基础》，黎宏译，中国政法大学出版社 2016 年版，第 90 页。

② ［日］松原芳博：《刑法总论专题研究》（一），王昭武译，《河南省政法管理干部学院学报》2010 年第 3 期。

③ 张宏生主编：《西方法律思想史资料选编》，北京大学出版社 1983 年版，第 22 页。

④ ［古希腊］亚里士多德：《政治学》，吴寿彭译，商务印书馆 1965 年版，第 276 页。

狱（Gedanken sind zollfrei，aber nicht höllenfrei），"有罪的思想和欲望只可以由上帝加以惩罚，只有上帝才能看透一个人的思想、内心和灵魂，而人间法官只能知道外部表现出来的行为"，①如果刑法处罚思想犯，则不是良善的法。再如，任何人犯罪，在法律面前一律平等，如果针对国有企业、民营企业、私营企业给予不同的刑法保护，则违背了刑法公平正义之理念，不是良善的法，等等。由于公平正义话题的宏大，在此无论是详尽描述或是一一列举都将是不可能的，但以上例子至少从不同侧面展示了何为公平正义。总之，如果刑事立法能够做到如习近平总书记指出："要坚持以人民为中心，坚持从实际出发，坚持尽力而为、量力而行，以规范的程序、科学的决策维护重大公共利益、维护人民合法权益，促进社会公平正义，不断增强人民群众获得感、幸福感、安全感"②，那么，这样的刑法规范就是良善的。明确的法、富有实效的法与公平正义的法，以上三个标准如果达成，则这样的刑法必然是良善的，以之作为治国之重器，则乃良法善治。

其次，以科学立法促进高质量刑事立法的具体路径是，立改废释并举。良法善治更多彰显的是价值上的诉求，这一标准的落实，必须依赖于一些具体的路径。习近平总书记指出："要以立法高质量发展保障和促进经济持续健康发展。要适应新时代构建开放型经济新体制的需要，制定统一的外资基础性法律。对改革开放先行先试地区相关立法授权工作要及早作出安排。知识产权保护、生物安全、土地制度改革、生态文明建设等方面的立法项目要统筹考虑，立改废释并举。"③具体到刑事立法而言，同样应通过立改废释并举，全方位推动高质量刑事立法，以实现科学刑事立法。

立改废释之"立"，是指对于新型违法犯罪行为要及时入罪。我国刑法自1979年至今的四十年间，尤其是现行刑法于1997年颁布后至今的二十年间，刑事立法的主要工作是"立"，刑法条文由192条增至452条，刑法典字数由14712字增至74373字，罪名个数130个增至469个；1997年后至今十部刑法修正案对刑法典先

---

①［美］哈罗德·J.伯尔曼：《法律与革命》，贺卫方等译，中国大百科全书出版社1993年版，第228页。
②③习近平：《完善法治建设规划提高立法工作质量效率　为推进改革发展稳定工作营造良好法治环境》，《人民日报》2019年2月26日，第1版。

后修改，并以犯罪化为修改的主要方向，① 以及由此确立的"刑法修正案作为刑法典修改补充方式的基地地位"②，都体现了我国刑事立法"立"的主要成效。面对国内外形势的新发展，以及我国政治经济与社会生活的巨大变化，我国立法者及时将新的犯罪行为纳入刑法规制，快速回应了与犯罪作斗争的现实需要，总体而言，这四十年间的"立"是值得肯定的。但是，今后我国的刑事立法，设"立"新罪制定新规，均需更加谨慎而谦抑，不宜过快过激与过急地创设罪名，要在恪守刑法谦抑主义的前提下，有效地使用刑法同犯罪作斗争；避免将刑法沦落为"社会管理法"而不是最后保障法。③ 虽然刑法谦抑主义不等于处罚范围越小越好 ④，但是，这也绝不意味着，一方面大谈刑法谦抑主义，一方面却对刑法处罚范围大小无动于衷，或者在立法活性化的背景下认为刑法的处罚范围越大越好。尤其是，法定犯的犯罪化在当下我国刑事立法呈现过高趋势，十部刑法修正案犯罪化的罪名 99% 都是法定犯。"在政治层面，民主社会中的强制性规则，至少在理论上应当受到道德伦理的约束。强制性规则产生于这样的前提——民主国家应该保护而非限制个人的意思自治和自由。"⑤ 类似于危险驾驶，开设赌场，组织领导传销活动，代替考试等罪名，不是因为它们自身恶的性质而仅仅因为它们是法律所禁止的行为，这些行为适当的犯罪化有助于实现国家的行政管理目的，过多的犯罪化则令人深思"是否存在任何原则来决定什么行为应该被规定为犯罪，什么行为不应该被规定为犯罪？"⑥ 这表明，如何合理地设定新的刑法规范，是科学刑事立法所要解决的重要问题。

立改废释之"改"，是指对于不合理的刑法规范要及时修改。四十年间刑事立法的主要精力都放在了立新罪定新法，忽略了对一些不合理刑法规范的修改。这些不合理的刑法规范有总则性的。比如，刑法第 3 条罪刑法定原则，是否要改为"法

---

① 每部刑法修正案新增的罪名及个数，参见刘艳红主编：《刑法学》(下)，北京大学出版社 2016 年版，第 6—7 页。

② 高铭暄：《中华人民共和国刑法的孕育诞生和发展完善》，北京大学出版社 2012 年版，"前言"，第 13 页。

③ 刘艳红：《当下中国刑事立法应当如何谦抑？——以恶意欠薪行为入罪为例之批判性分析》，《环球法律评论》2012 年第 2 期。

④ 张明楷：《网络时代的刑法理念——以刑法的谦抑性为中心》，《人民检察》2014 年第 9 期。

⑤ [英]威廉姆·威尔逊：《刑法理论的核心问题》，谢望原等译，中国人民大学出版社 2014 年版，第 20 页。

⑥ [英]威廉姆·威尔逊：《刑法理论的核心问题》，谢望原等译，中国人民大学出版社 2014 年版，第 19 页。

无明文规定不为罪，法无明文规定不为刑"这一经典表述；刑法第 25 条共同犯罪条文是否应该增设过失共同犯罪的规定；第 25 条至第 29 条关于共同犯罪人的分类是否改为单独根据分工分类法或单独根据作用分类法进行划分，以避免目前我国刑法两种划分标准混同使用而带来的种种问题；再如，"犯罪与犯罪之间的竞合问题，我国刑法总则没有明确作出一般性的规定；某些主刑如管制、拘役、有期徒刑并存时如何并罚"①，等等。不合理的刑法规范更多是分则性的，其突出体现是口袋罪。粗疏立法观以及宜粗不宜细的指导思想，给我国刑事立法留下了的负资产就是数量众多的口袋罪。如何避免某一具体犯罪成为"口袋罪"成为刑法学者所共同关心的话题。如由流氓罪分解而来的刑法第 293 条寻衅滋事罪，由投机倒把罪分解而来的刑法第 225 条非法经营罪，第 114 条以危险方法危害公共安全罪，第 276 条破坏生产经营罪，第 286 条破坏计算机信息系统罪，第 294 条组织、领导、参加黑社会性质组织罪，第 397 条滥用职权罪、玩忽职守罪，等等，这些罪名的罪状内涵不清外延不明，最终发展为口袋罪。对于这些口袋罪，今后我国刑事立法应该尽量明确罪状或缩小外延，尽量不使用或减少使用兜底条款；将罪状难以明确的口袋罪罪名适当分解，尽量缩小这些口袋罪的边界。对于一些象征性立法的罪名，则应加强刑事立法与刑法规范对刑法学科与刑法理论，刑事司法与刑法实践的指导作用，杜绝刑事司法实践中的法条虚置现象，务必将刑事立法的规定发挥实效。

立改废释之"废"，是指对于不使用的刑法规范要及时废除。刑事领域应该通过提高立法质量，保障和促进人民群众在每一个案件中实现公平正义。为此，既要适应风险社会对犯罪事先预防的立法需要而进行犯罪化立法，也不能抛弃以法益为核心概念对犯罪事后惩罚的基本立法价值。目前我国刑事立法在恐怖犯罪、计算机犯罪、信息犯罪、大数据保护等方面的表现主要是犯罪化；与此同时，对于一些不再使用的刑法规范尤其是一些个罪罪名应该废除，亦即除罪化。只有立废并举，犯罪化与非犯罪化之间保持基本的平衡，刑事立法才能实现科学性。"废"包括对刑法总则不合理亦不使用的一些规定的废除，比如，刑法第 95 条在司法实践中并无实效，因为该条在两项列举性规定后使用的是令人无法确定内涵与外延的兜底条

---

① 高铭暄：《中华人民共和国刑法的孕育诞生和发展完善》，北京大学出版社 2012 年版，"前言"，第 13 页。

款——"其他对于人身健康有重大伤害的"，而且无论是残废或是毁容或是器官机能的损伤，最终都是依据《人体重伤鉴定标准》并经有关机关鉴定之后确定，第95条的规定因此本身就不具有可操作性，可以废除。"废"更主要是指对刑法分则一些长期不使用的罪名的废除。在1997年刑法典中，有相当一部分罪名已时过境迁，随着国家经济政策刑事政策或者犯罪理论的发展变化，而不再适用，甚至连象征性地表达立法者情绪与姿态的意义都没有了，比如刑法第158条虚报注册资本罪、第159条虚假出资、抽逃出资罪，随着国家鼓励创新创业一系列经济政策的出台以及公司注册资本要求的取消，这两个罪名实际上已失效。再如，随着2015年中央全会公报全面实施一对夫妇可生育两个孩子政策的出台，本着打击破坏计划生育行为的刑法第336条第2款非法进行节育手术罪，无疑将会随着国家人口政策的变化与时代的进步而被淘汰，不久的将来该条款将会成为新的僵尸条款与僵尸罪名。其他还应该废除的罪名还有，高利转贷罪（第175条）、非法吸收公众存款罪（第176条）、破坏军婚罪（第259条）、传授犯罪方法罪（第295条）、聚众淫乱罪（第301条）、冒充军人招摇撞骗罪（第371条）等，对这些犯罪都要实行除罪化。

科学刑事立法会推动司法运行的法治化，如果说"法治政府建设""对法治国家、法治社会建设具有示范带动作用"①，那么，刑事立法科学化对于法治国家司法实践具有核心作用，要加强刑事立法科学化，加强立法对司法实践的约束作用，杜绝类似于刑法第20条第3款无限防卫这样的僵尸条款，杜绝第276条之一拒不支付劳动报酬罪这样的稻草人条款，杜绝因刑法修正案修订后类似于刑法第199条这样的没有任何实质内容只剩下条文数字的空条款，等等。对于这些条款或罪名，不能废除的就应该修改；不能修改的就应该及时推动加以适用，比如正当防卫条款。总之，长期不使用的条款是对立法资源的浪费，也是对法律权威的折损，长此以往，我国的法治事业也会受到影响。

立改废释之"释"，是指对于不明确的刑法规范要及时解释。刑法学就是解释如何适用刑法规范的学问，由此发展出来的刑法教义学，在解释的理念方法原则等

---

① 习近平：《完善法治建设规划提高立法工作质量效率　为推进改革发展稳定工作营造良好法治环境》，《人民日报》2019年2月26日，第1版。

基本理论上已自成体系。然而，从刑事立法层面的需要而论，中国刑法的解释一直是重有权解释轻学理解释。刑法立法解释与司法解释，不但数量多篇幅大，而且已经形成了"无解释不适用刑法"，刑法有权解释已形成在刑法这部主法之外的副法体系，"刑法作为定罪量刑的主法，其适用却依靠刑法典之外的、以司法解释为主体的副法体系"①，这些"释"保障了刑法的正确实施，有效避免了司法实践对刑法条文的分歧和争议，最大限度地实现了司法公允。但是，立法与司法解释话语权的过于集中导致学理解释及学术争议的萎缩，不利于发挥学术界创新社会主义法治理论的积极性。事实上，学者对刑法的法理解释对司法判决有重要作用。比如，在一起民刑交叉案件中，法官大胆引用学者观点论证民事判决与生效刑事判决之剑如何协调②。这些司法判决的做法有效促进了法学理论对实践的指导作用，发挥了学者释法的积极效果。但是，这种做法在中国还是极少数，学理的释法大多被轻视，学术话语体系难以形成，中国法治理论的学术自信深受影响，学术话语与政法话语之间也因此存在隔膜。在今后我国刑事立法工作中，应充分发挥学者的积极性，加强学理释法观点的应用，唯有如此，才能"在构建中国特色社会主义法治理论体系"的过程中，"大力推进法学学术话语体系的中国化、时代化、实践化、大众化转换，实现与法治的政治话语、工作话语融通，创新出具有中国特色的法治话语体系和理论体系"。③离开学者的学理"释"法，刑事立法规定再科学，也无法形成富有中国特色的刑法话语体系。

综上所述，立改废释是指对于新型违法犯罪行为要及时入罪，对于不合理的刑法规范要及时修改，对于不使用的刑法规范要及时废除，对于不明确的刑法规范要及时解释。通过动态调整刑事立法，有立有废，有改有释，改变当下我国刑事立法只立不废，小改大立，重有权解释轻学理解释等种种不合理现象，促进科学刑事立法体系的形成。通过立改废释，将刑法逐步发展为规定明确的法、富有实效的法与公平正义的法，最终使刑法成为真正的良法，通过良法实现善治，以科学立法推进高质量刑事立法，促进社会主义法治体系的进一步发展。

---

① 刘艳红：《观念误区与适用障碍：新刑法施行以来司法解释总置评》，《中外法学》2002 年第 5 期。

② 参见（2013）玄商初字第 580 号。

③ 张文显：《创新发展中国特色社会主义法治理论的四点认识》，《法制日报》2018 年 5 月 9 日，第 13 版。

三、高质量刑事立法下的刑法话语体系的创新发展

改革开放四十年来，中国刑事立法从粗放型到象征性的特点变化体现了从传统计划经济到改革开放的时代特点。习近平总书记在哲学社会科学工作座谈会上的讲话指出："哲学社会科学发展战略还不十分明确，学科体系、学术体系、话语体系建设水平总体不高，学术原创能力还不强"；同时，习近平总书记指出："落后就要挨打，贫穷就要挨饿，失语就要挨骂。形象地讲，长期以来，我们党带领人民就是要不断解决'挨打''挨饿''挨骂'这三大问题。经过几代人不懈奋斗，前两个问题基本得到解决，但'挨骂'问题还没有得到根本解决。争取国际话语权是我们必须解决好的一个重大问题。"[①] 为此，我们应当"坚持以习近平新时代法治重要论述为引领，并将其贯穿于法学研究及学科发展的全领域，及时更新法学研究内容、研究方法和研究范式，进一步加快构建和完善新时代中国特色法学……话语体系"。[②] 中国特色刑法学的话语体系，虽然不像国际法学那样更容易传播与发挥影响，但是，刑事立法以及刑事治理作为国际社会关注的人权状况的组成部分，其话语体系的建立自有其特殊性与重要性。粗放立法→象征立法→科学立法，刑事立法的这一发展变化强调以立改废释实现良法善治，符合刑事立法科学性的标准和路径，将有效促进高质量刑事立法下的刑法话语体系创新发展。

当下刑法学研究正处在一个前所未有的新时代，"新时代是承前启后、继往开来，在新的历史条件下继续夺取中国特色社会主义伟大胜利的时代"。[③] 新时代的中国刑法学，面对如何"承"前苏俄刑法学之遗风，"继"我国刑法文化传统之历史，"借"鉴德日刑法学之知识，"建"成中国特色的刑法话语体系，从早期的话语概念的输入国转身为输出国，实现以科学刑事立法促进刑法话语体系的发展完善，是中国刑法理论界需要认真思考的问题。

科学刑事立法可以促进中国特色刑法话语体系的形成和发展完善。刑法话语体系就是刑法概念体系，刑法概念的源头是刑法典条文，刑法理论研究的概念莫不是

---

① 习近平：《在全国党校工作会议上的讲话》，《求是》2016 年第 9 期。

② 周佑勇：《新时代中国法学研究及学科发展的新任务》，《武汉大学学报》（哲学社会科学版）2019 年第 2 期。

③ 习近平：《决胜全面建成小康社会 夺取新时代中国特色社会主义伟大胜利》，《人民日报》2017 年 10 月 28 日，第 1 版。

在刑法典条文概念的基础之上的延伸与拓展，学者所研究的刑法"科学中的概念和公理，绝非任意妄断的产物，实为真实之存在，经由长期而精深的探索"①方至最终形成。比如，虽然我国刑法分则财产犯罪一章并无处分的概念，但是，结合该章罪名的罪状分析，处分意思处分行为等是财产犯罪的核心，由此，财产犯罪中的处分概念，正是基于财产犯罪的刑事立法以及司法实践，得出的一个极为重要的刑法概念。

根据法律的中国经验和西方样本，以及中国问题的现实性和中国意识的自主性，在中国刑事立法引领下，已经形成一些具有中国元素能够弘扬中国法治文化的刑法学术话语体系。

宽严相济。我国刑法典第四章量刑，其中的累犯、自首立功，尤其是其中的减刑假释等规定是根据犯罪分子改造的不同情况而设立的刑罚制度。为了充分发挥减刑、假释等制度的积极功能，我国确立了宽严相济的刑事政策，强调"统筹兼顾、协调运用，不能只讲'宽'而忽视'严'，也不能只讲'严'而忽视'宽'"，而要"严中有宽，宽以济严"。②因而这一刑事政策出台后饱受赞誉。宽严相济在中国法律文化上源远流长。《尚书·吕刑》《周礼·秋官·大司寇》《左传》《晋书·刑法志》《明史·刑法志》等历史文献中都有体现宽严相济精神的文字表述，这些文字记载虽然没有宽严相济的表述，但内容却体现了宽严相济的精神。③中国传统文化强调和谐与和睦，中庸与中道，宽严相济既不过于严厉也不倾向过于宽松，它正是"利用本土资源、注重本国的传统"而形成的具有中国特色的刑法话语概念，某种程度上，该概念有助于"恢复中国的法律传统，可以建立与中国现代化相适应的法治"④，对于中国刑事治理模式与概念体系的形成，都具有指导性的意义。

需要说明的是，宽严相济是我国的刑事政策，而非刑事立法。处理政策和法律之间关系的最佳方式是通过立法程序将政策上升为法律，这样便可以将执政党的施政理念和方式向全国铺开。因为政策往往是执政党内部制定的，不具有国家的意志

---

① [德] 卡尔·萨维尼：《论立法与法学的当代使命》，许章润译，中国法制出版社 2001 年版，第 23 页。

② 最高人民法院审判监督庭：《在减刑、假释工作中贯彻宽严相济刑事政策》，《人民法院报》2010 年 5 月 5 日，第 6 版。

③ 参见马克昌：《宽严相济刑事政策刍议》，《人民检察》2006 年第 19 期。

④ 苏力：《法治及其本土资源》，北京大学出版社 2015 年版，第 7 页。

性，而法律具有普遍性，其适用对象为全体公民；正如同党的新发展理念如果能上升为国家法律就能具有引领法治中国建设的最直接效果。[①] 但是，这一刑事政策已通过最高国家司法机关以司法解释的形式得到了有权确认[②]，基于刑事司法解释在我国刑法规范体系中的副法地位与作用[③]，宽严相济刑事政策因此可以说获得了我国准刑事立法的认可。刑法理论界在此基础上的进一步拓展和研究，则使得宽严相济成为了贯穿我国刑事司法实践的一个基础性概念；同时，这一概念所蕴含的中国传统文化元素以及人类世界的法治文明价值内涵，使得其具有民族性与世界性，对于塑造中国刑事法治形象推动法治文化走向世界都有着不可小觑的影响力。

罪刑平等。罪刑平等即指我国刑法第 4 条规定的罪刑适用平等原则。该条规定，对任何人犯罪，在适用法律上一律平等。不允许有任何人有超越法律的特权。法律面前人人平等原则是我国社会主义法制的重要原则之一，该原则的确立与社会主义市场经济在我国的发展紧密相连，市场经济的主体是平等的民事主体，身份性与阶层性在市场经济活动中成为障碍。为此，"1978 年，法学界以'法律面前人人平等'口号掀起对包括法律平等在内的若干法学重大问题的大讨论。改革开放以来的 40 年，相关研究从深受阶级话语影响的思想争鸣，到阶级话语不断淡去的抽象理论研究，再到技术化、具体化的实践转向"。[④] 这种实践转向的重要体现就是1997 年刑法第 4 条将之作为刑法的三大基本原则之一，使得其从抽象的社会主义法制原则具体化为刑法的基本原则。虽然对于该原则是否有必要写入刑法典曾经产生过激烈争议，最终，因其"能够体现我国刑事法治的基本性质与基本精神，会有助于司法实务中减少与消除在适用刑法方面的特权现象"[⑤] 而被写入刑法典。法律面前人人平等原则到刑法罪刑适用平等原则的具体化，充分体现了中国特色社会主义人权事业与理论的发展轨迹与进步潮流；同时，它在实质人权保障理念上与西方古

---

① 参见周佑勇：《五大发展理念与法治中国建设》，《法制与社会发展》2018 年第 3 期。

② 2007 年 1 月 15 日最高人民检察院《关于在检察工作中贯彻宽严相济刑事司法政策的若干意见》，2010年 2 月 8 日最高人民法院《关于贯彻宽严相济刑事政策的若干意见》，2010 年 3 月 24 日最高人民法院刑一庭《准确把握和正确适用依法从严政策》，2017 年 3 月 9 日最高人民法院《关于常见犯罪的量刑指导意见》，等等，这些司法解释先后对宽严相济刑事政策的内涵外延以及适用作出了详细规定。

③ 参见刘艳红：《开放的犯罪构成要件理论研究》，中国政法大学出版社 2002 年版，第 348 页。

④ 付子堂、汤博为：《改革开放以来人权理论研究中"平等问题"的变与常》，《人权》2018 年第 4 期。

⑤ 高铭暄：《中华人民共和国刑法的孕育诞生和发展完善》，北京大学出版社 2012 年版，第 175 页。

典思想家卢梭的平等思想如出一辙，社会中的每个人"大家生来都是平等的和自由的"，①说明了人权理念是不分国界与古今的。总之，罪刑适用平等原则所体现的理念是世界性的，但作为刑法基本原则而输出的概念却是中国特色的，它是社会主义法治概念在刑事立法中的重要体现，是刑事立法概念在学理上的重要延伸。

但书。我国刑法第 13 条规定的犯罪概念，有两个核心概念即社会危害性与但书。改革开放四十年来，尤其是晚近二十年来在借鉴德日刑法法益概念的背景下，社会危害性虽然在学界饱受诟病，但是，毫无疑问，由于法益概念与社会危害性之间千丝万缕的关系，以及法益概念的前实定法化以及当下的精神化与抽象化，以至于社会危害性在我国刑事司法中一直保持着强大的生命力，绝大多数司法判决中仍然直接使用社会危害性理论作为认定犯罪的依据。不过，社会危害性如此顽强的生命力可能与第 13 条后半部的规定有直接关系，"但是情节显著轻微危害不大的，不认为是犯罪"，刑事立法这一创新性规定，被刑法理论界形象地称之为"但书"。但书有效克服了第 13 条犯罪概念前半段内容对于容易以社会危害性为由入罪的缺陷，并"允许在坚持形式正义的前提下对刑法条文进行合目的性解释，以将那些社会危害性轻微的行为排除在刑法犯罪圈之外。简言之，刑法第 13 条的但书规定具有出罪功能"②，从而我国学者认为："第 13 条犯罪概念中的但书具有重大的立法和司法价值。在立法上，它通过收缩犯罪圈，满足了刑法谦抑的要求；在司法上，它通过协调情与法，保证了实质合理的实现。"③我国刑法犯罪概念的但书，具有和德日刑法理论中值得处罚的法益侵害性、实质的违法性、可罚的违法性、社会相当性等诸多看似不同但内涵相似的概念的一致性，那就是，入罪靠形式出罪靠实质；其所体现的有利于被告的人权保障原则以及刑法谦抑理念，具有与国际社会不同国家刑法理论体系对话的基因。

我国刑事立法还创设了很多富有中国特色的概念，如单位犯罪、刑事禁止令、管制刑等，这些规定由立法到理论，形成了刑事立法创设之后推进刑法理论深入研究的良性循环，并经由理论的研究极大地丰富了这些概念的内涵。离开刑事立法的

①［法］卢梭：《社会契约论》，何兆武译，商务印书馆 2003 年版，第 5 页。

② 刘艳红：《社会危害性理论之辨正》，《中国法学》2002 年第 2 期。

③ 储槐植、张永红：《刑法第 13 条但书的价值蕴涵》，《江苏警官学院学报》2003 年第 2 期。

引领，富有中国特色的社会主义刑法话语概念难以形成。

但是，从中国刑法学目前在世界刑法的话语地位来看，"什么是你的贡献"[①] 可能是需要刑法学者持续自省的问题。中国刑法诸多概念与苏俄刑法密切相关，诸如社会危害性、主客观相统一、必然偶然因果关系等，它们并非中国刑法的独创；当下流行的一些刑法话语体系，又都是借鉴德日刑法所形成，诸如法益、归责理论、条件说、结果/行为无价值等。仔细反思，中国刑法学缺乏具有中国特色的、具有引领性且富有传播特质的话语概念。行政法里的行政复议、行政许可等[②]，均是由行政立法引领的话语概念，行政法里的"平衡论"[③] 则是在研究行政法理论基础的前提之下发展出来的学术话语。民法领域的绿色原则作为一项民法基本原则[④]，在形而下的层面有利于经济的发展、生态的改善，也可满足生活的需求；在形而上的高空符合祖先"天人合一"的理念；在方针政策的角度与"科学发展观"相一致[⑤]，因此，绿色原则是中国输出给世界的富有中国特色的民法话语。刑事立法引领而形成的中国特色刑法话语，虽然有着诸如前述宽严相济、罪刑平等、但书等，但是它们的数量偏少，难以形成话语体系。如何进一步创新发展中国特色刑法话语体系，是当下刑法学者面临的重要任务。

在中国特色刑法话语体系的形成过程中，"我们要坚决抵制西方某些非普适性法治概念影响，不断生成能够准确表达中国法治思想、法治文化、法治思维的标识性概念体系，用中国话语表达中国理论，用中国理论解决中国问题"[⑥]。在中国特色刑法话语体系的形成过程中，必须"吸收不同学派的优劣，倡导真正的学术自由，而不是以主体性民族性或多元性等这样政治正确的大帽压人，从而将学术争鸣的路堵死，并误导刑法学研究的发展方向"[⑦]。中国特色刑法话语体系的创新，要处理好主体性与客体性、民族性与世界性、单一性与多元性等关系，既要尊重本国法治实

[①] 苏力：《法治及其本土资源》，北京大学出版社 2015 年版，"自序"，第 1 页。

[②] 参见周佑勇：《行政法原论》，北京大学出版社 2018 年版，第 258、358 页。

[③] 参见周佑勇：《行政法原论》，北京大学出版社 2018 年版，第 83 页。

[④] 2017 年颁布实施的《民法总则》经由第 9 条 "民事主体从事民事活动，应当有利于节约资源、保护生态环境" 的规定，首次将"绿色原则"创设为一项民法基本原则。

[⑤] 参见崔建远：《我国〈民法总则〉的制度创新及历史意义》，《比较法研究》2017 年第 3 期。

[⑥] 张晶：《完善话语体系坚定法治理论自信》，《学习时报》2017 年 9 月 25 日，第 A3 版。

[⑦] 刘艳红：《中国法学流派化志趣下刑法学的发展方向：教义学化》，《政治与法律》2018 年第 7 期。

践，又要借鉴他国理论成果；既要形成本国话语体系，又要避免孤芳自赏。同时，对于已经形成的中国特色刑法话语，应当通过参与世界各项组织立法或者条约公约制定活动的渠道，国家与国家之间缔结协议的渠道，以及通过民间学术交流活动等多种渠道加以传播，通过与世界其他国家刑法学界的对话，将类似于宽严相济等富有中国文化元素与刑事法治特色的话语概念传播到世界的舞台，为提升中国法治话语体系做出刑法学界的贡献。

结语

回首中国刑事立法史，早期是粗放型特点，晚期是象征性的特点。从粗放立法到象征立法再到科学立法，是我国刑事立法的必经之路。以科学立法促进高质量的刑事立法的标准是良法善治，路径是立改废释。正如拿破仑指出："立法机关应当立法，亦即依照科学的法理学原理构造善法"[①]，以良法善治实现科学立法。在立改废形成的刑法规范体系基础上，通过发挥立法者、裁判官与学者对刑法条文共同的解释作用，"特别是法学者的一致观点，总是对司法实践起着不可低估的作用，所以说，法学家的共同意见具有习惯的力量"[②]，任何法典不可能万无一失，结合中国实际，体现中国文化，展现中国元素，将不好的法律解释为好的法律，才是法律的生长之道。

党的十八届四中全会专题研究了全面推进依法治国重大问题，党的十九大描绘了 2035 年基本建成法治国家、法治政府、法治社会的宏伟蓝图。要贯彻中国特色社会主义法治理论，贯彻新发展理念，同我国发展的战略目标相适应，必须牢牢把握法治的最后防线即刑法的运用和实施，而其前提则是全面推行科学刑事立法，通过刑法规范体系的完善，来引领刑法学科体系、学术体系与话语体系构建，在全面依法治国的战略方针下，把刑事法治国的建设稳步向前推进，确保刑事司法制度的设计可行实用，发挥刑事法治"固根本、稳预期、利长远的保障作用"[③]，发挥刑事

---

① ［英］哈耶克：《法律、立法与自由》第 1 卷，邓正来等译，中国大百科全书出版社 2000 年版，第 206 页。
② 张明楷：《刑法格言的展开》，北京大学出版社 2013 年版，"代序"，第 10 页。
③ 习近平：《加强党对全面依法治国的集中统一领导　更好发挥法治固根本稳预期利长远的保障作用》，《人民日报》2018 年 8 月 25 日，第 1 版。

法治作为法治最后一道防线的藩篱作用。刑法学者要肩负时代的使命，主动谋划和确定我国科学刑事立法的标准和路径，以科学立法促进高质量刑事立法，以高质量刑事立法推动刑法话语体系的创新发展，最终，通过刑事立法以及法学家们的共同努力，创新发展中国特色的刑法话语体系，提升中国刑法学学术的国际自信，在国际社会传播中国刑事法治的有力声音。

原刊《学术月刊》2019 年第 4 期

非历史无创新

——中国社会学研究的历史转向

肖　瑛[*]

　　我今天的发言题目看起来同这个研讨会的主题是背道而驰的，因为我强调的是社会科学研究的历史转向，但实质上我想说的是，社会科学的创新与历史转向是一体两面、相互支持的。也就是说，中国人文社会科学的创新不能是空穴来风，耽于纯粹的想象，而必须被放置在中西古今这样一个坐标系中，以文化自觉作为目标，扎扎实实地开展理论、经验与历史的结合性研究。

　　1979年中国恢复社会学学科以来，社会学无论在人才培养还是学术研究上都有了巨大的进步。但是，我们回头可以看到，我国社会学研究的积累还没有产生质的飞跃。换言之，虽然我们在一些领域如社会分层、单位制、社会网络有了扎实的研究积累，但这些积累还不足以推动中国社会学在理论、方法上的独立性和自主性之形塑。这主要是由我国过去几十年来社会学研究自身的偏向决定的。第一，米尔斯在《社会学的想象力》中所批判的"抽象经验主义"问题普遍存在，某种意义上甚至越来越严重。"抽象经验主义"指的是虽然研究者在做经验研究，但实际上缺乏对现实的实质性理解，也缺乏实质性的问题意识，即缺失历史感和经验感。抽象经验主义不仅仅在定量和量化研究领域有表现，也存在于田野研究、历史研究和理论研究中。只关注一些表面化的概念或者抽象方法或者理论框架，而对这些概念、方法和理论框架背后的经验性和历史性意义缺乏理解或者不愿意去理解。这样的研

* 作者为上海大学社会学院教授。

究实际上就是把某些经验的、历史或者理论的资料塞到某些抽象的概念、模型或者理论框架之中，看起来整齐且漂亮，但本质上是隔靴搔痒，读起来总能感觉到其离现实很遥远甚至没有真正的现实问题，难以产生共鸣或者茅塞顿开的感觉。第二，过分注重"当下"的研究。1979 年恢复社会学之初，社会学面临着自我正名的问题，因此当时费孝通先生就从现实的社会问题中找寻社会学合法性的解释，如社会学可以帮助解释和解决家庭问题，等等。这些努力在很大程度上决定了社会学在"文化大革命"后甫一面世就注重于对现实问题的研究，而难以从历史脉络中汲取养分。思想史或者社会史在社会学学科中只是一门不得不学的课程，而难以真正培养经验研究者的历史感。第三，推崇制度决定论而忽视民情和文化维度。制度固然重要，但并非与民情和文化是二元对立的，而是复杂地纠缠在一起，忽视后者就容易陷入简单的制度决定论之中，现实就会被简单化。

把历史的镜头拉长，我们会发现，中国社会学的传统当中，历史维度是占有相当重要地位的。这一方面包括像潘光旦、瞿同祖等学者对中国历史和文化本身的社会学研究，另一方面则包括社会学者参与到当时一些重大的学术和社会论题之中，如关于中国国民性的讨论，"差序格局"的提出就可以放置到这样一个大背景下来理解。但很可惜，这个传统由于社会学被取消而中断。今天，我们的社会学一方面越来越专业化，另一方面则越来越去历史化。这样一种格局，造成的结果是社会学要么走向经验主义，要么走向抽象主义，而无力推动以中国经验为基本立足点的理论和方法生产。

但值得欣慰的是，2010 年以来，在甚嚣尘上的面对现实问题的短平快研究中，我国社会学界出现了一个开始还很微弱但逐渐放大的声音，即社会学研究必须有一个历史转向。我参与主编的《社会》杂志从一开始就参与到这种转向的工作中，2012 年以来发表了大量关于历史社会学的稿件。这些研究成果呈现出几个方面的特点。第一，中国历史上知识构成与社会秩序的关系。按照涂尔干的说法，知识起源于社会的分类，社会的分类是社会秩序之来源。周飞舟、吴飞等学者的研究看似是在对"差序格局"这一概念的再建构，实质上则是通过对儒家学说中的礼制传统同社会秩序之间关系的梳理，把礼制传统纳入知识体系之中，来确立我国历史上知识与社会的内在关联；并通过这种内在关联的重建来讨论中国人精神气质和实践品格的构成机理。① 渠敬东对封建和郡县这一经典主题的再研究，实际上是在讨论封建这一道统即知识脉络同郡县制这一政治实践之间的具体关系形态以及其对于我国实际的政治传统所产生的影响。② 第二，把社会变迁同个人或者地方的精神气质之养成联系在一起考察，分析这两种因素之间的内在关联，由此进一步讨论其给我国社会的现代转型带来的效果。如侯俊丹对太平天国后温州永嘉学派的地方社会重建实践的研究，发现地方上层士人选择重建宗法和学统的保守方式以求将人心气禀重新安顿到传统政治格局内，但其结果却事与愿违，反而孕育出中国现代社会结构转型的历史契机。③ 应星团队对革命史的研究，所讨论的核心问题是年轻革命家的精神气质是如何构成的。他们把这些问题放置到个人的生命历程中来研究，揭示了社会变迁和制度构成同个人精神气质之形塑和实践之间的内在关联性。④ 第三，在中西古今的坐标系中，拓展社会学的视野，对影响中国知识分子想象力的重要近代人物的思想进行再研究，如渠敬东对康有为、王国维、陈寅恪的史学思想的研究，分析他们如何立足当时社会背景而把中西古今的各类思想融为一体来直接或间接地回答中国面临的现实问题；⑤ 杨清媚关于民国时期燕京学派的代表人物吴文藻、费孝通和李安宅的研究，也是放置在这样一个坐标系中展开的，分析并检讨了我国这些早期社会学家在学术思路上的变动机制和遭遇的诸种困境，以及这些机制和困境在他们对于中国国家和社会的理解上的具体映照。⑥

　　虽然中国社会学近年来在历史转向上已经形成一定风尚，并相较于社会学其他领域取得了一些远为扎实和富有启发性的研究成果，但总的来说还需要进一步推进，并在推进过程中澄清几个相关问题。第一，这里所说的"历史转向"不是简单

---

　　① 周飞舟：《差序格局和伦理本位：从丧服制度看中国社会结构的基本原则》，《社会》2015 年第 1 期；吴飞：《从丧服制度看"差序格局"——对一个经典概念的再反思》，《开放时代》2011 年第 1 期。

　　② 渠敬东：《中国传统社会的双轨治理体系：封建与郡县之辨》，《社会》2016 年第 2 期。

　　③ 侯俊丹：《民情反思与士人的社会改造行动——晚清温州永嘉学派保守主义的实践及其困境》，《社会》2015 年第 2 期。

　　④ 应星：《"把革命带回来"：社会学新视野的拓展》，《社会》2016 年第 4 期；应星、李夏：《中共早期地方领袖、社会组织与乡村社会》，《社会》2014 年第 5 期；孟庆延：《"读活的书"与"算死的账"：论共产党土地革命中的"算账派"》，《社会》2016 年第 4 期。

　　⑤ 渠敬东：《返回历史视野：重塑社会学的想象力》，《社会》2015 年第 1 期。

　　⑥ 杨清媚：《"燕京学派"的知识社会学思想及其应用：围绕吴文藻、费孝通、李安宅展开的比较研究》，《社会》2015 年第 4 期。

地谋求抬高社会学的分支学科如历史社会学或者社会史的地位，也不是鼓励所有社会学者都去做历史研究，而是为了培育社会学者的历史感。事实上，如果简单地谋求建立历史社会学或者社会史等分支学科，很可能会以一种新的方式把社会学带入简单的制度决定论或者去历史的窠臼之中。相反，每一个社会学者都能在面对当下问题时自然而然地涌现出某些历史的感触，从而进一步丰富经验感，即在一切历史都是当代史的理念之下，实现历史感在社会学中的渗透，才是"历史转向"的真正目的。唯其如此，社会学研究才不会纠缠于前无古人、后无来者的当下主义氛围，而自觉地从多个角度和多个层面来展开对问题的富有实质意义的分析。第二，把历史转向和文化转向结合起来，把制度研究与精神特质研究结合起来，把道统和政统结合起来，把小传统和大传统结合起来，在这个坐标结构中讨论社会变迁机制，分析中国社会现代化转型的艰巨性和面临的重大问题，而不能只关注某一维度而丢弃其他维度。第三，社会学研究的历史转向，必须把历史当做本质性的存在，而不能仅仅被置于工具性地位。换言之，我们不能简单地摘取某些历史因素作为解释某一现象的工具或者证据。这样可能割裂历史的整体逻辑，反而造成抽象经验主义的效果。真正要做的，是对历史的整体性理解，在这个背景下来分析和回答现实的社会问题。第四，把回返中国历史与进入西方结合起来。我开头就提到的"抽象经验主义"，其在理论上的表现，很大程度上指对西方理论只作抽象概念和判断的介绍，而不是整体性地去理解这些概念和判断产生的知识和现实脉络。我这里提出的"进入西方"，就是要对西方社会理论的问题意识的来源、理论框架的提出等等做实质性的历史理解，这样才能有助于我们更有效地理解和运用西方理论。近年来，《社会》杂志在稿件遴选和组织上一方面注重对西方启蒙思想的重新理解，梳理这些思想和思想家背后的社会和知识背景，如发表了一些关于孟德斯鸠、卢梭等思想家的再研究。过去中国社会学会认为这些思想家并不属于社会学家范畴，但我们认为他们构成社会学的重要起点，不理解他们的思想脉络，就无法理解社会学在 19 世纪中期的诞生。另外我们还注重对美国传统的研究。譬如，所有学社会学的人都知道帕森斯和米尔斯，而且他们的思想看起来同今天我们所处的时代所需要的思想很切近。但是，这种感觉基本上是抽象的，因为我们不清楚他们思想诞生的具体的美国基础。所以，借米尔斯诞辰 100 周年的机会，我们会组织一个专题，具体展现米尔斯的"社会学想象力"涌现的过程及其在美国社会学界所引发的学术对话和争论，呈现这些争论背后不同思想家对美国经验的活生生的不同感受。

当然，社会学者来做历史，会面临一个专业能力的难题，即社会学家无能力与历史学家对话。对我国久疏历史的社会学者而言，这个难题就更为艰巨。要克服这个难题，首先当然需要社会学者重新学习历史；其次需要社会学确立自身进入历史的独特路径，以区别于历史学家的研究套路，如应星团队研究革命史的路径就特别有启发；复次需要开展跨学科的对话，让历史学和社会学在学术争鸣中走得更近从而促进社会学对历史的准确把握，如《社会》曾组织历史学家对社会学家的作品进行评论，以提高社会学家把握历史的精准度和理解的恰当性；最后，需要今天的社会学者重拾民国社会学的传统，突破自己的学科边界，参与一些重大的跨学科的学术论题的研究和讨论。

总而言之，说中国社会学的自我创新也好，构建自己的学科话语体系也好，归根结底首先要突破过去几十年来只关注"现在"而无历史感的人才培养模式和研究路径。非历史无创新。把这一点做进一步的延伸，我想说的是，社会科学创新或者学科话语体系构建，实质上即包括社会学在内的社会科学的中国化和本土化问题。虽然不同时期的表述不一样，但其具体关怀是一样的。这种关怀从20世纪二三十年代就涌现，80年代和90年代得以重提，到今天被再次强调，已不是一个新颖的问题，但其至关重要性是不言而喻的。这表明一方面它始终处在社会科学研究的路上，另一方面又确确实实需要取得新的突破。但如何去突破？当然不是老生常谈地去讲其如何如何必要，亦非空洞地去告诉别人如何如何实施，唯有在经验、历史和理论的结合中扎扎实实一步步推进，方能有所成就。而当下我国社会学，最为缺乏的就是"扎实"这一不可或缺的学术品行和实践。

原刊《学术月刊》2016年第9期

马克思主义文论中国化
当代形态的科学本性

马龙潜

马克思主义文艺理论中国化的当代形态即中国特色社会主义文艺理论。对它的基本性质、基本特征、理论走向与形态的讨论，始终是新时期以来文艺理论研究的核心论题。建设马克思主义文艺理论中国化的当代形态，是就其总体而言的，它并不排斥其他文艺理论形态的存在与发展，也不排斥中国特色社会主义文艺理论内部的多样化探索与争鸣。但是，这里的关键是要对马克思主义文艺理论中国化的当代形态有一个学术性质上的规约，有一个时代价值性质上的限定。因为在多种选择与多种可能的情况下，如果没有性质上与价值取向上的规定，那就可能与其他种类文艺理论形态相混淆，就可能抹煞根据我国实际赋予中国特色文艺理论的科学精神。

一

新时期的中国文艺理论，在相当一段时间内对马克思主义文艺理论陷入了认同危机。文艺理论界诸多的论争与挑战，实际上也是围绕着对哪种文艺理论加以认同的问题而展开的。向现代西方文艺理论的倾斜，一度占据了主导的位置。而马克思主义文艺理论的基本精神，则有了一种与我们若即若离甚至渐行渐远的趋势。产生这些现象的原因较复杂，但从研究主体这个角度说，这里面最根本的还是我们的研究者缺乏一个牢固的辩证唯物论和历史唯物论的基础，缺乏对科学的马克思主义文

---

* 作者为上海交通大学人文学院特聘教授、博士生导师。

艺理论基本观念的研究，没有真正理解和把握马克思主义文艺理论中国化当代形态的科学本质所致。

在对新时期文艺理论发展总体进程的把握上，有论者把三十多年来文艺理论的变迁简单概括为从"政治化"到"审美化"再到"学科化"的"转型"模式，把历史上个别理论上和政策上的错误混同于整个学说，把新时期的文艺理论与新时期以前和初期的文艺理论割裂、对立起来，并将后者通称为"政治化"的文艺理论。这种概括，只是着眼于文艺理论发展的某一个方面、某一个部分，或某一个阶段、某一个环节，并试图把这个模式扩展到整个新时期的文艺理论领域，这就忽视了对新时期文艺理论更全面的把握。

对文艺审美特征的强调，一度成为某些学者判定新时期文艺理论成绩的一个基本准则。但"审美"是否就是文艺本质的唯一规定，"审美"是否能说明新时期文艺的一切方面，却是值得商榷和研究的。审美本是文艺的重要属性和功能，但当某些文艺理论出现以后，"审美"却成了文艺的基本模式，甚至被定义为人生救赎的主要途径。这就无限制地夸大了"审美"的作用，而遮蔽或抑制了对文艺其他本质性因素如认识、伦理、政治、宗教等的认知。

追求文艺理论的"原创性"和"创新精神"，是新时期一代学人肩负的神圣使命，也是推动新时期文艺理论发展的重要动力。但是这里的"原创性"和"创新精神"则要以科学性和科学精神为前提。如果以为只要把所谓"新潮"的东西，不管它科学不科学、正确不正确都拿来展示一番，就可以作为新时期文学理论的进展与功绩；如果以为只要把当代西方文艺理论的方法和概念，不管是适用的还是不适用的都引入中国当代文艺理论体系，就认为是解决了中国文艺理论的创新问题，那么，这种想法至少是不切实际的。

在文艺理论研究中，学习和借鉴当代各种西方文论和"西马"学说是合理和必要的。作为他山之石，它们不仅是推动我国马克思主义文艺理论建设的重要参照，也是推动中国特色社会主义文艺理论建设可资汲取的成分。但是，这里的借鉴，不是生吞活剥，不是不顾一切条件、地点、时间的任意拿来，更不是用硬搬进来的西方文艺思潮对马克思主义的理论概念与思维方法进行替代和转换，而是要首先鉴别它们是否科学、客观地反映了客观事物。同时，更重要的是要将其与我们的实践经验相比较，把它们放在我们的历史和现实的大背景下来加以考察，有选择地拿来为我所用。

我们应该看到，由于当代西方资本主义发生了巨大变化，"西马"学者在相当程度上已重新定位了"马克思主义"概念，他们讲的"马克思主义"，同我们眼下讲的"马克思主义"已经常常不是一个等同的概念。他们所运用的方法论，也早已未必是唯物辩证法和唯物史观。我们还应该看到，当代西方文论家们所使用概念的内涵有着其特定国情和地域的规定。比如他们讲的"现代性"就是"私人性世界"，是"语言瀑布"和"叙述怪圈"，是单纯"强调个人价值的发展和效率"，这种对"现代性"的判断，显然难以为当今中国的实践所完全接受。因之，我们在使用和借鉴"西马"文论和当代西方文论的时候，是不能不加以鉴别、区分和辨析的。实践已经证明，热衷于用"西马"文论和当代西方文论来构制中国当代文艺理论体系，迷信"西马"文论和当代西方文论的选题和研究方式，将马克思主义研究方法视为"过时"而弃如敝屣，或只口头上承认而实际上背离，这对发展当代有中国特色马克思主义文艺理论和社会主义文艺理论是极其不利的。

二

上述种种倾向在新时期以来的滋生和蔓延，明显地暴露了我们的文艺理论界长期以来在文艺理论特别是马克思主义文论的研究和教学中，轻视基础理论研究，轻视基本理论问题，轻视基本理论研究方法，在总体上缺乏必要的理论储备的弱点。我们不能不承认，这些年来，我们的许多理论家一直没有搞清楚马克思主义文艺理论的对象、范围和方法的问题，即马克思主义文论作为一门科学的学科存在的问题。这里面有两种倾向值得思考：

一是有些人虽然对马克思主义文艺论著的相关资料做了一定的梳理，但却没有将其作为一个完整的思想理论体系来加以把握，也没有揭示出其作为一门科学而独立存在的价值和意义，尤其是没有对马克思主义文艺理论在当代中国的新发展，以及马克思主义哲学文化思想与人类现代化历史进程的关系进行更为全面深入的研究。这就在客观上限制了马克思主义文论发展的空间和理论阐释力。

另一种倾向是一些人缺乏对马克思主义文论基本的、常识性的了解，他们不论是对中国的历史和现状、对马克思主义文艺学的基本理论，还是对西方的情况、对现代西方美学，都了解得不多。有些人习惯于抄引一些西方现代主义的"新名词"，但对这些"新名词"的出处、含义和用法却没有真正搞清楚。有些人虽然在口头上也主张"以马克思主义为指导"，其实对马克思主义经典作家的文艺学说及其文艺理论著作抱着敬而远之甚至不屑一顾的态度，明明谈的是海德格尔的存在论、谈的是萨特的主体观，却非要将其说成是马克思主义的东西；明明是在本体论上否认物质世界第一性的地位，在认识论上否认主体对客体的能动反映，却非要把它说成是对马克思主义文艺理论中国化的"创新"。于是，物质和精神、感性和理性、人与自然、个体与社会的关系被颠倒了，唯物论与唯心论、辩证法与形而上学的界限被抹杀了。这就极大地混淆了人们鉴别真假马克思主义的理论视野，让人不能不产生疑虑和怀疑：如果马克思主义文艺理论赖以存在的哲学基础、方法论原则都被更移了、消解了，那还谈何马克思主义文艺理论的存在？还谈何以马克思主义为指导？

这些年来，在包括马克思主义文论在内的文艺理论研究和教学中，一些最基本的概念和范畴，如存在与思维、本质与规律、主体与客体、感性与理论等，已逐渐淡出了人们的视野；一些最基本的理论问题，如什么是文艺的本质，文艺产生和发展的规律是怎样的，文艺的意识形态性与审美性关系的原初形态究竟在哪里等，已逐渐被弃置在人们的记忆之外；一些最基本的理论研究方法如辩证逻辑的基本原则，历史与逻辑相统一的基本内涵，从抽象上升到具体的逻辑行程等，已逐渐被湮没在历史尘埃中。于是，人们似乎忘却了文艺理论是从文学艺术事实的总和出发，去揭示文艺在历史和现实中存在和发展的普遍必然性的这一基本职能；忘却了文艺理论作为文艺观念的系统化和理论化的概括和总结，要在概念和范畴的辩证运动中体现其理性的力量、思想的力量和逻辑的力量的这一基本特征；忘却了任何一种文艺理论都不是哪一个理论家头脑中固有的东西，而是在人类社会发展的历史长河中，对以往的理论继承、发展和超越的必然结果。也因此，文艺理论停止了对理性、本质和规律的追索，而成为一种超越普遍性、必然性的对感性现象和感性经验的描述，成为了人们追求自我愉悦的语言游戏活动和追逐权力话语的自我膨胀方式。如此，文艺理论渐渐失去了人们可以相互讨论、互相驳难的话题，失去了与不同语境下的其他理论话语对话和交流的依据和条件。

三

所有这一切都以无可辩驳的事实说明：那种早已被实践所证明了的，把科学性作为文艺理论和马克思主义文论基本属性的规定，及体现这种属性的在概念和范畴运动中把握事物普遍必然性的基本理论特征，正在受到前所未有的挑战。有的人认为，当今的现实社会已呈现出"后现代文化语境"中的个人存在"碎片化"和个体经验"零散化"的特点，这就决定了旨在探求普遍必然性和客观规律性的基础理论研究已丧失了现实的支撑。也有人提出，以往那些似乎作为"定理"而存在的如本质与现象、主体与客体之类的范畴，不过是人们基于对它们之间关系的假设而产生的理论误区。因此，对主体与客体、本质与现象的划分是毫无必要的，对"本质"之类的研究也是徒劳的，均应予以取消。还有的人提出了文艺理论的"转型"，就是要从逻辑的论证、概念体系的建构，转向非逻辑的当下判断，转向对审美和艺术经验的描述，唯有这种学术立场和学术思路的彻底转变，才能体现出理论的现代创新。此类意见是不胜枚举的。

上述的种种观点和所提出来的问题，集中反映了人们在对文艺理论和马克思主义文论学科性质认识上的差异和分歧。而这种分歧，归根到底是由于学术界对影响人们对该问题做出判断的基础理论问题还存有不同看法造成的。那么，在当代文艺理论日呈多元化、多样化，也日显芜杂和失序的现实中，如何确认某种理论是否具有科学性，如何在多种理论的比较中判定某种理论更具有合理性，这是每一个研究者都无法回避的现实问题。为此，研究者就要致力于对文艺理论的学科概念进行清理，尤其要注重从知识的系统性和方法的可靠性的角度对文艺理论体系建构的科学性、合理性进行探讨，以期在把握文艺理论的科学性和基本理论特征方面做出新的探索。这对于当前的文艺理论研究如何确立真正的学术规范，净化学术研究的环境，以使其得以健康有序地发展，具有重要的现实意义。

我国的文艺理论研究正处在一个重要的学术转型期。人们对文艺理论的性质和功能、研究对象和方法等问题发表了各自不同的意见，已形成了一种多元论争的局面。应该肯定，理论研究的多元化格局，永远是学术研究开拓创新的基础和前提。然而，学术研究的多元化并不是无序化，更不是芜杂化。元者，乃"开端""首要""根本"之意。这就意味着"多元"理论格局中的任何可以称得上其中"一元"

的理论，都应该首先具有它所在的这个多元整体的一般特性，即应该有其作为理论支撑点的最根本的哲学观和方法论；有其赖以生长的原理性的理论观念及其最基本的概念和范畴；有其以逻辑的起点、中介和终点所构成的严密的逻辑论证结构，以及与之相融合的所把握对象发展的历史过程；有其将理论与实际联系起来的切实可行的研究手段和研究方法；有其可以与其他相关理论互相沟通、相互辩难的共同理论话题。总之，要符合一般文艺理论所具有的普遍意义上的科学性的基本要求，这也是理论研究最基本的学术规范和学术秩序的题中应有之义。显然，这种要求和规范是任何一种理论形成"一元"和加入"多元"的最基本的条件，也是"多元"与"芜杂"、有序与无序相区别的根本标志。由此看来，那些试图用感性经验的描述去代替对本质和规律的理性探索的做法和所谓理论，其合理性和科学性就大可商榷了。其在文艺理论"多元"理论格局中所起的作用，也就可想而知了。

毋庸讳言，建构马克思主义文艺理论中国化的当代形态，是一个不断探索的过程，它需要在各种复杂的矛盾关系中开辟自己前进的道路。但不管怎样，有一点大概可以为学界所认同，那就是这种探索的途径和方式可能是多种多样的，但绝不能以牺牲文艺理论的学术性、科学性为代价，不能把理论研究最起码的学术规范和学术秩序丢掉。这就是我们今天探讨马克思主义文艺理论中国化当代形态科学性问题的意义之所在。

原刊《学术月刊》2013 年第 8 期

苏联理论模式与中国学术重建

——以当代文艺学的学科命运为例

夏中义[*]

一

"当代中国学术重建"作为命题，若置于当下语境，会令智者侧重于"东西方关系"路径，去议论如何为当代学术建设注入"中国意识"（如用汉语即"中国话"来讲"中国经验""中国问题"），而切忌中国学界持续沦为西方思潮的跑马场。这诚然是切中时弊的警世语。晚近三十年来（自20世纪80年代始），伴随新时期对外开放，被挡在国门外甚久的西学曾像海水倒灌。这大概是继清末洋务运动以降第三次"西学东渐"大潮。这次大潮对于经历"思想解放"的大陆学界突破极左禁区、拓宽学识视野，无疑功不可没。但同时，20世纪90年代以来大陆学界在译介、研读、传播、应用西学一案所弥漫的仓促、躁动、粗陋、肤浅与机械沿袭等症候，疮痍国中，恐也是事实。

其中，最司空见惯却习焉不察的怪现象是，一篇博士学位论文的研究对象明明是"中国经验""中国问题"，却偏偏要从域外引进某异质理论来作方法套在中国对象头上，仿佛不这么做，便不足以显示其博学或理论功底深厚。更有甚者，为了见证西学方法的英明，而不惮牺牲中国对象的独特性暨丰富性。这看表面，似属学思青涩，因为他竟然不懂任何方法的正当性，而首先取决于它在多大程度上能契合对

作者为上海交通大学人文学院教授。

象的被阐释期待。但究其实质，怕另有猫腻。这套借西学来扭曲乃至肢解中国对象的流行"方法"之所以在大陆见怪不怪，是因为它旨在降低学术门槛，可让精明者在谋取利益最大化时将成本降到下限。其秘诀是：于逻辑层面机械腾挪或推演既定西学的思维框架，总比在实证层面细深考辨中国对象的独特性暨丰富性来得省力，毋庸说还能忽悠外行。这与其说是在做学术，毋宁说是在做小生意，自欺欺人。

对于如上轻慢中国学术尊严的史实，在学界的集体记忆中，大抵是20世纪90年代以来的事。其实不尽然，王元化1986年在中国文心雕龙学会屯溪年会上明确指出，1949年后的大陆文、史、哲研究（包括王元化的《文心雕龙创作论》，1979年版），全是在苏联理论模式的统辖下做出来的。[①] 由日丹诺夫主导设定的苏联理论模式可概述为一对正负△，这就是：正△从政治上的革命→哲学上的唯物→文艺上的现实主义；负△从政治上的反动→哲学上的唯心→文艺上的非现实主义乃至反现实主义。在那个年代，谁不恪守如上模式，谁就无计在学界赢得地位或维系其影响因子。

于是，李泽厚在1956年以反映论（所谓"哲学上的唯物"）来批判朱光潜的所谓"资产阶级唯心主义美学"[②] 而俨然立一家之说；冯友兰在1962年推出《中国哲学史新编》卷一，把先秦思想史写成"唯物论与唯心论的斗争史"。相反，高尔泰在"美学大讨论"时撰文《论美》未套用《唯物主义与经验批判主义》中的反映论，[③] 而从《1844年经济学—哲学手稿》汲得若干文化人类学元素，却被判作犯忌，出局，20岁被打成右派。事实上，陈寅恪1962年亲手编定的《金明馆丛稿初编》，也是拖到粉碎"四人帮"后的1980年才艰难问世（上海古籍出版社），距作者含冤去世已11年矣。

这段被苏联模式所主导的学术痛史，不应被遗忘。在此，笔者愿以当代文艺学

---

① 王元化：《关于当前文学研究中的两个问题——在中国文心雕龙学会第二次年会上的讲话》，《安徽师范大学学报》1986年第3期。

② 李泽厚：《论美感、美和艺术——兼论朱光潜的唯心主义美学思想（研究提纲）》，《哲学研究》1956年第5期，后辑入《美学论集》，上海文艺出版社1980年版，第1—50页。

③ 高尔泰《论美》脱稿后，曾请教当年西北师范学院院长徐褐夫（曾任职苏联莫斯科大学哲学系教授）。徐说高"有才华，能写，但观点是错误的，是'十足的马赫主义'，早被列宁批倒了"，故劝高"一定要好好看一看"《唯批》。（高尔泰：《寻找家园》，花城出版社2004年版，第90—91页）

的学科命运为例来说明。

二

话说当代文艺学的学科命运，不能不提 20 世纪 80 年代。20 世纪 80 年代是驱动当代文艺学命运转折的重大拐点。这就是说，是 20 世纪 80 年代让当代文艺学重建有幸获得既"中国"又"学术"的历史机遇。这就亟须说清 1949—1979 年间的文艺学境况（简称"80 前"学科），何以既非"中国"，又非"学术"。

所谓"非中国"，是说"80 前"的学科境况，全系苏联模式所分娩的教科书在唱主角，大体分三个阶段：一是 1949—1953 年，大陆高校文学系科始以季莫菲耶夫《文学概论》①为范本；二是 1954—1963 年，继以毕达可夫《文艺学引论》（讲义）②为楷模；三是 1964—1979 年，则以周扬挂帅、以群主编《文学的基本原理》③为权威统编教材，此书系国人所撰，然纵观全书的体例框架、思维规程及观念系统，与苏联模式一脉相承。它长了一张中国脸，但其眼神、脸部表情所洋溢的全是苏联基因，活脱脱是混血儿。

所谓"非学术"，则是说"80 前"学科（从季莫菲耶夫、毕达可夫到以群）从未实事求是地首先视文学为审美性文句艺术来论述其"内部规律"，相反，它更关切"外部规律"，即它对"文学能做什么"的兴趣，要远超对"文学本是什么"的兴趣。说白了，"80 前"学科眼中的文学，实已被剥离其艺术审美性状，而代之以政治实用机制。

简言之，"80 前"学科陈述文学"是什么、为什么、有何用"时，始终受制于苏联模式的既定"立场、方法、观点"。④明乎此，再来说 20 世纪 80 年代是当代文艺学重建的拐点，其第一要义，当是它宣告了苏联模式主导"80 前"学科的历史终结。此终结，典出恩格斯《费尔巴哈与德国古典哲学的终结》这一书名。意谓 20

---

① [苏] 季莫菲耶夫：《文学概论》，查良铮译，平明出版社 1953 年版。原系苏联高等教育部准用为大学语文学系及师范学院语言及文学系教本，莫斯科教育—教学书籍出版局，1948 年。

② [苏] 毕达可夫：《文艺学引论》，高等教育出版社 1958 年版，系著者 1954—1955 年间在北大的课程讲义。

③ 以群主编：《文学的基本原理》，上海文艺出版社 1964 年版，1979 年修订版。

④ 夏中义：《反映论与毕达可夫〈文艺学引论〉——中国文艺学学科的方法论源流考辨》，《学术月刊》2015 年第 1 期。

世纪 80 年代后，苏联文论在中国教材虽遗痕犹存，然像"80 前"学科那般甘愿承受苏联模式之霸凌，不以为辱、反以为荣的大格局，毕竟淡出。

不妨一一比对。先看"立场"。有人注意到《上海文学》杂志 1979 年 4 月号已刊檄文《为文学正名——驳"文学是阶级斗争的工具"》，率先挑战了苏联模式。再看"方法"。从 1984 年"方法论热"到 1985 年"方法论年"，无论是黄海澄、林兴宅先后引进系统科学理论作为美学及现代文学研究之方法，还是刘再复倡导文学主体性、鲁枢元领衔了文艺心理学在新时期的学科重建，其目标皆是在诀别反映论（苏联模式的哲学符号）对中国文学学术的独断论导向。还有"观点"。1986 年被学界追认为是"观念年"，是因为"立场"转换、"方法"多元所激发的文学观念大解放，狂飙般地摇撼了苏联模式的僵硬框架，使其雪崩般地垮塌。这恰巧形象地注解了"摧枯拉朽"这句成语。无论是从哲学、美学还是文艺学角度讲，苏联模式本是日丹诺夫靠铁腕强行焊接的空架子，它在逻辑上未必站得住，在历史上（1953 年斯大林死后）于苏联境内已遭冷落，故它最后倒在中国文艺学重建的 1986 年，也算是另一种"圆寂"。

1986 年后，苏联模式残留于中国的文论遗产大多被刷新、跨越。比如，1986 年后文学学界很少有人会坚持文学本质仍在其认识性而讳言审美性；也很少有人会持续神化现实主义，而不将此视作与 19 世纪欧洲的浪漫主义、象征主义、自然主义平起平坐、轮番波涌的艺术浪潮；同时也几乎没人会再像躲避瘟疫似的躲避文学想象、个性、天才、潜意识、无意识等似带"唯心论"嫌疑的字眼，相反，人们更愿好奇地探询在灵感荡漾的心灵深处，一个逸出了作家的初始意图的文学性格，是否真像突然拥有魔力的精灵一般能推着作家走……这诚然不是斯大林版的"世界观"理论所能理喻的，而只有谦虚地领教弗洛伊德关于"本我、自我、超我"的深蕴心理学，才可能解码。

总之，告别苏联模式的中国文艺学在 20 世纪 80 年代挣脱的仅仅是锁链，而它换来的是希望的重建，宛若凤凰涅槃。

三

中国文艺学的"80 后"重建，距今近 30 年。大凡亲历者抚今追昔，在感慨逝者如斯之余，皆缅怀 80 年代确是当代学术史上最难得的黄金岁月暨精神家园。这表征学术史判断也类似审美，须隔开一段时空距离，才得以掂出对象的含金量或天生丽质。距离即"隔"，这个"隔"，亦即"滤"，极重要：当某时段抖落凡庸的琐碎尘埃，它镌刻在学界记忆中的珍贵痕迹也就闪光如金子。而另一时段则可能除了撒一地鸡毛，还是鸡毛，不见凤羽麟角。

与此相连，某些令学术史记忆突然闪光的名字，在 30 年前也大多是名不见经传的中青年学子。然时隔 30 年再回首凝眸，才恍然悟得他们可能已是进入了当代学术史的、或"列传"或"世家"或"本纪"级的人物。因为若粗疏地撇去这串姓名，弥足珍贵的 80 年代新潮学案也就顿失其史述根基，整个 80 年代的文艺学重建作为学术史实也就消遁于无形。

这一切，对"当代中国学术重建"来说，意味着什么？它意味着："重建"若不仅仅是一个诉诸清议、集贤茶叙的话题，而同时拟是呼吁有识者联袂协作的工程，那么，"重建"这一关键词的内涵探讨，也就有需要从"为何重建"（务虚）逐步过渡到"怎么重建"（务实）。

若对新时期思潮有记忆，不应忘记王瑶在 1986 年曾有一个导致翌年立项的国家社科课题"中国文学研究现代化进程"的重要发言，其旨正在于想通过对百年中国学术先贤（从梁启超、王国维、陈寅恪、胡适到王元化等 20 位大家）的治学得失的系统概述及方法评估，来为新时期学术"重建"提供厚实且靠谱的"资学通鉴"。故很有必要将王瑶当年为此课题所预设的"核心理念"复述如下：

> 从黄宗羲写作第一部学术史《明儒学案》以来，产生过不少总结一代学术成就的著作。这些著作辨章学术、考镜源流，对后学很有帮助。近代以来的中国文学研究，颇多建树，值得专门总结。一百年的学术史实际上已经成了某种"传统"，对这一传统的隔膜与误解，很容易产生虚无主义态度或热衷于横扫一切的偏激。每个人都不愿沿着前人开辟的道路继续前进，都想重起炉灶，都重新经历了一番痛苦的摸索，而不曾很好地借鉴前辈的经验教训，这是近代以来学术思潮迭起，但都匆匆过场、热闹有余而成就不大的一个重要原因。需要认真研究这百年来的学术实践，为今人提供一些值得借鉴的学术规范和一切行之

有效的治学方法。①

承聆遗训，心得有三：

其一，"当代中国学术重建"之前提，是须具"百年学术史"襟怀的，它是对1949 年前的现代学术正脉的有序绵延，是对此"传统"的"照着说"与"接着说"。这是"当代中国学术重建"的血缘之根。循此根，"重建"不会迷失大方向。无视此根，"重建"很少能挡住权柄或钱袋的诱惑，它不是被闲扯为以讹传讹的乌托邦，就是怕隔一世代再来一次"横扫一切的偏激"。本文追述的苏联模式主导"80 前"学科的那段痛史可谓殷鉴。

其二，"当代中国学术重建"之所以应借鉴"前人开辟的道路"，而不宜轻率地"重起炉灶"，末了"都匆匆过场，热闹有余而成就不大"，是因为学术史既然属史，那么史不仅靠一代代地累层而筑，更靠学者在同一世代的不懈著述，或"聚沙成塔"或"滴水穿石"。"聚沙成塔"，是指断代学术所广延的总体论域及体量；"滴水穿石"，则指断代学思对其所直面的重大命题的价值洞察。这就是说，大凡有助于中国学术演进的点点滴滴，若还原到给定学者的日常书斋，这不过是他专业修行的微观功课；但若置于学术史的宏观视野，则此著述很可能已是标识该世代学术（学科）所达到的峰值。

这便提醒学界，日后再讲"当代中国学术重建"，其重点不仅要强调用"中国话"来研究"中国经验""中国问题"，恐怕更宜强调要极珍惜且认证是哪位"中国人"，对哪个"中国经验""中国问题"，在哪些著作中给出了堪称"峰值"的贡献。这是中国学界应有的"敝帚自珍"，也是中国学术得以自信的"如数家珍"。若后学能谦恭地沿着先哲时贤的足迹抵此"峰值"再往前走，这对个人来说，当是爬到巨人肩上才望得更远；这对"当代中国学术重建"而言，则是能从总体上规避学术史沦于低水平循环。

其三，那些能成为"当代学术演进链"不可或缺的人格环节的学者，之所以很值得学界尊敬，是因为其实绩不仅表征个人的聪慧、刻苦或学术虔诚，同时也标志

① 王瑶语。见陈平原：《中国文学研究现代化进程》小引，北京大学出版社 1996 年版，第 4—5 页。

中国学术在某论域所呈示的难得的高度、厚度与力度。故所谓"中国学术与世界对话",恐怕也不是只有出国,到欧美学府去抢话筒这一路径,相反,另一条更具尊严的路径,大概是你在大陆真能将某"中国经验""中国问题"研究透了,举世瞩目,大洋彼岸会有同道甘愿"飘洋过海来看你",到家门口与你促膝会晤。

另,讨论"当代中国学术重建",还有一点不能不指出的是:王瑶俯瞰"中国文学研究现代化进程"时,基本上是着眼于现代语境,当代语境主要是作为"潜参照"躲在纸背(除《王元化的文学观念与学术思想》[①] 个别章节外),并没有跑到纸面上来与现代语境作彼此间的特征对质。鉴于当代学术 60 年,前 30 年学界因受制于苏联模式甚苦甚惧且内化为精神创伤,故 1979 年后启动的"当代学术重建"若无前驱者的道义担当,即把自身燃成一炬"思想解放"之火来辉映学界",当代学术重建"恐怕至今仍是一句只在黑暗中呻吟的怨词。于是也就可理解,从 1979 年后的 80 年代到 1989 年后的 90 年代,那些曾感动中国的学界人士诸如李泽厚、刘再复、王元化等,为何他们在回应时代重大命题时的文字几乎全系"有思想的学术"与"有学术的思想"[②]?因为若无"思想"的闪电,"当代学术重建"将看不到自己的正道而重蹈泥潭;而无"学术"的知性支撑,所谓"思想"也可能因心志激烈而经不起理性的历史证伪。

也正是从这点楔入,不难觉察谁想在当代语境中当一个有良知的人文学者,不降志,不辱身,不追求时尚,在任何困境皆葆有说出自己最该说的真话之勇气,甚至为了正义他已落得遍体鳞伤,但仍不折不挠地对其信仰说出含泪的肯定,这真的大不易。"一生负气成今日,四海无人对夕阳。"[③] 陈寅恪一辈子就靠这根傲骨活着。

原刊《学术月刊》2015 年第 3 期

---

① 王瑶主编:《中国文学研究现代化进程》,北京大学出版社 1996 年版,第 586—614 页。

② 王元化在 1994 年 8 月撰《学术集林》发刊词:"我们不想遵循目前流传起来的说法,把学术和思想截然分开。《学术集林》发表的文字,希望多一些有思想的学术和有学术的思想。"(《王元化集》卷十,湖北教育出版社 2007 年版,第 382 页)

③ 陈寅恪:《忆故居》并序(1945),载《陈寅恪诗集》,清华大学出版社 1993 年版,第 40 页。

中华审美现象学的构成

杨春时[*]

一、中华美学的现象学性质

胡塞尔创立现象学的宗旨是"朝向实事本身"，它建立在意向性的基础上，被规定为"严格的科学"。海德格尔摒弃了意识现象学，把现象学建立在存在论的基础上，使之成为哲学方法论即领会存在意义的途径。与哲学走向审美主义同步，现象学最终走向审美现象学。西方美学与现象学结缘是现代的事情。古代西方美学是实体本体论美学，美具有实体性，如理念的光辉、数的和谐、逼真的模仿、上帝的属性等。这种美学观与现象学无关，因为主体没有参与美的创造，美是客体性的存在，主体只是旁观者。近代西方美学是认识论美学，审美被看作感性认识的完善，审美对象只是主体意识的创造，因此也与现象学无关。胡塞尔的现象学也不涉及美学，因为现象学还原只是回到意识的原初的结构即纯粹意识，而非审美意识；本质直观也只是认知性的，排除了情感。胡塞尔之后的现象学发生了转向，走向情感现象学（舍勒等）和存在论现象学（后期海德格尔等），最终走向审美现象学（杜夫海纳等），美学才具有了现象学的性质。美学与现象学的关系，有两种理论建构，一种是用现象学方法来发现美的本质，这就形成了现象学美学；另一种是把审美作为现象学的方法，来发现存在的意义，这就形成了审美现象学。前者的代表有因加登，他用现象学方法即审美体验来发现文学作品的意义构成。后者的代表有后期海

---

[*] 作者为四川美术学院特聘教授。

德格尔和杜夫海纳，他们把审美作为真正的现象学方法，用以领会存在的意义。后期海德格尔以及杜夫海纳都把审美建立在存在论的基础上，并且认为审美是对存在意义的直接领会，美就是存在的在场、显现。海德格尔后期提出，运用诗性的语言，就可以进入"诗意地栖居"，从而领会存在的意义，而这就是现象学还原。杜夫海纳指出："审美经验在他是纯粹的那一瞬间，完成了现象学还原。对世界的信仰被搁置起来了……说得更确切些，对主体而言，唯一仍然存在的世界并不是围绕着对象和形相后面的世界，而是——这一点我们还将探讨——属于审美对象的世界。"这个非现实的审美对象正是"现象：那个非现实的东西，那个'使我感受'的东西，正是现象学还原所想达到的'现象'，即在呈现中被给予的和被还原为感性的审美对象"。[①] 这样，审美就具有了现象性，现象学就成为把握存在意义的哲学方法论。

实际上，现象学并没有标准化，也没有标准的现象学。从胡塞尔以来的各个学派观点歧异，现象学只能算作一种运动。因此，我们也没有现成的现象学理论，而只能依据学理，独立地进行理论的创造。笔者认为，现象学必须建立在存在论基础上才能成立，它作为一种方法论，成为领会存在的意义的途径。这就要从根本上进行考察。首先提出的问题就是：存在是什么？古往今来定义众多，从实体性的"存在者"到"是"（being），都未能道其真义。笔者认为，所谓存在，就是我与世界的共在，具有同一性；是生存的根据，具有本真性。那么如何把握存在，也就是领会世界的意义，就需要一种方法，这就涉及第二个问题：现象学是什么？笔者认为，如何沟通我与世界，从现实生存进入本真的存在，进而领会存在的意义，就是现象学的宗旨。现象学的还原，就是从现实体验到超越的体验，实现存在的本真性；从主体性的认知到主体间性的直观，实现存在的同一性。所以，现象学不是"严格的科学"，而是哲学方法论，是把握存在的途径。但现象学的理想并不能通过还原到纯粹意识或先验意识、进行本质直观来实现，因为纯粹意识无法还原；而且存在不在场，在超越的彼岸，无法进行本质直观。笔者认为，审美具有现象学的性质，所谓现象学的还原只能是审美，充实的现象学就是审美现象学。审美解放了非自觉意

---

① ［法］杜夫海纳：《美学与哲学》，孙非译，中国社会科学出版社 1986 年版，第 54 页。

识，成为自由的意识，它超越现实意识，进入本真的生存体验，从而达成了存在的本真性。同时，审美消除了我与世界的分离，达成了主体间性，也就是恢复了存在的同一性。这样，审美意象使世界作为现象呈现。这就是说，审美把握了存在，显示了存在的意义。从而充分地实现了现象学还原。

中华哲学具有现象学的特性，老子通过"致虚极，守敬笃"、庄子通过"心斋""坐忘"以发现无声无形的自然之道，儒家以诚体道，都贯穿着一条现象学还原的思想线索。中华美学天生就是现象学美学，它通过审美来发现美的本质。同时，中华美学也天生就是审美现象学，它认为审美是体道的方式。中华美学认为，道非经验表象，只能作为象（意象）呈现。审美是意象创造，审美体验使道作为意象显现，而审美就成为一种现象学还原。由此，中华美学提出了"明道""乐道"的美学观。中华美学与西方美学不同，它不是关于感性认识的理论，而是如何体道、乐道的学说，因此既是存在论，也是现象学。

中华审美现象学没有形成西方那种统一的逻辑体系，但在各种美学思想的表述中，仍然可以梳理出一条现象学的思想线索。中华审美现象学虽然遵循了现象学的基本法则，也有自己的特色和创造。在这里把中华审美现象学的基本环节叙述如下。

二、感兴、神会——意向性构成

意向性是现象学的基本概念之一，它指的是意识对对象的指向性和构成性。现象学从意识的意向性出发，认为意识意指一个对象，对象是意向性的构造物。西方现象学是主体性的，它奠基于意识对对象的意向性构成。另外，西方现象学的意向性虽然包括情感意志，但主要是认知性的。中华审美现象学认为审美意识具有意向性，它使主体与对象融合为一。但不同于西方的现象学，它认为主体与对象之间的意向性是双向的，具有主体间性，而且主要是情感意向，情感把主体与世界连接起来。

中华美学不是客观性的再现论、反映论，也不是主观性的表现论、移情论，而是主体间性的感兴论。感兴论实际是中国的审美发生论，即从现实生存和现实体验升华到审美的自由生存和体验的过程。在这个基础上，形成了中国的审美现象学。

感兴不是主观性的表情，而是物我之间的情感互动，而感兴也就成为相当于意向的概念，使对象成为现象。这就是说，从现象学的角度来说，感兴是主体与对象之间的构成性，是现象发生的契机。感兴即所谓"触物以起情谓之兴"①。物感动人，人发生审美情感，并以此回应物，彼此交流，进入物我一体的境界，从而表现为审美和艺术。《礼记·乐记》云："凡音之起。由人心生也。人心之动，物使之然也。感于物而动，故形于声。声相应，故生变。变成方，谓之音，比音而乐之。及干戚、羽旄，谓之乐。乐者，音之所由生也，其本在人心之感于物也。"东汉王延寿提出："诗人之兴，感物而作。"② 刘勰说："人禀七情，应物斯感，感物吟志，莫非自然"，"情以物兴……物以情观"③。另有"感物兴哀"④，"怅然有怀，感物兴思"⑤，"睹物兴情"⑥，"盖感时而骋思，睹物而兴辞"⑦，"夫情以物感，而心由目畅"⑧ 等。感兴的原动力是气，这是中华美学的泛生命论的解释。钟嵘《诗品·序》说："气之动物，物之感人，故摇荡性情，形诸舞咏。"这里的气不是客观的物质，而是充塞天地、沟通人与自然的原始生命力，它是感兴的内在动因。所以气动物，物感人，情感发生，回应万物。在这里，审美对象本身也具有生命，它打动我，我感应对象，产生了感兴。这是主体间性的关系，与西方的主体性的认知关系或者移情关系不同。总之，感兴是审美主体与对象世界的双向的意向性关系，它以情感互动构造了现象——审美意象。

中华审美现象学还有两个与感兴相关的概念——兴会、神会等，它们都具有意向性内涵，只不过角度不同。感兴是意向性的发生，强调主体与对象之间的互相触发过程；而兴会则侧重于意向性的结果，强调主体与对象之间的互相融合状态。因

---

① 刘熙载：《艺概》，上海古籍出版社1978年版，第86页。

② 《鲁灵光殿赋并序》，载陈宏天、赵福海、陈复兴主编：《昭明文选译注》卷2，吉林文史出版社1992年版，第542页。

③ （梁）刘勰：《文心雕龙注》，范文澜注，人民文学出版社1962年版，第65、136页。

④ 《陆云集》，中华书局1988年版，第44页。

⑤ （宋）傅亮：《感物赋（并序）》，《全宋文》，载严可均辑：《全上古三代秦汉三国六朝文》，中华书局1999年版，第244页。

⑥ （梁）萧统：《答晋安王书》，《全梁文》，载严可均辑：《全上古三代秦汉三国六朝文》，第215页。

⑦ （晋）潘尼：《安石榴赋（并序）》，《全晋文》，载严可均辑：《全上古三代秦汉三国六朝文》，第1001页。

⑧ （唐）李峤：《楚望赋序》，载陈鸿墀：《全唐文纪事》，上海古籍出版社1987年版，第652页。

此，可以认为兴会是感兴的延续和结果。兴会概念原指情兴所会，运用在审美上，则有情与境之间际会的意思。陆机《文赋》讲"应感之会"①，实即兴会。而神会也与感兴相关，它意谓主体与对象的精神性的交往、会合。宗炳《画山水序》讲"应会感神，神超理得"②，王昌龄《诗格》讲"神会于物，因心而得"③，皎然讲"于其间或偶然中者，岂非神会而得也"④。在神会中，我和物都超越现实，作为精神性的存在者而互相交往、融会为一体。此外，兴会、神会还具有非自觉性，即陆机言"虽兹物之在我，非余力之所勠"，体现为"来不可遏，去不可止"和"藏若景灭，行犹响起"⑤。这是审美意识的特征和意向性的极致，是现象性的体现。

三、真情、童心——悬搁与还原

现象学认为，通过对经验意识的"悬搁"，就可以还原到意识的本源，这也就是胡塞尔所谓的"纯粹意识"或"先验自我"。我认为，现象学还原并非回到原初的自我，而是回归我与世界的本源关系，其中包括本真的自我和本真的世界。中华审美现象学也体现了这种观念，它认为审美还原的产物不仅仅是真我，还包括真的世界。

先看现象学还原的主体方面。中华审美现象学认为，现象学还原不是回到一般的意识，而是使现实意识升华到审美意识。因此，中华审美现象学把这种现象还原的过程归结为一种"兴情"的过程，也就是所谓"感物兴情"。但这个情，不是现实的情，而是审美情感。现实的情感不具有本真性，乃是世俗之我、经验之我的意识。现实意识具有局限性，不能把握本质即"道"。只有把现实意识升华为审美意识才能把握"道"。因此，必须超越现实意识，回归本真的意识。这就相当于"悬搁"即把现实经验排除掉，而悬搁的产物就是审美意识（审美情感）。那么，在中华审美现象学中，这个还原后的"现象学剩余"是什么呢？就是所谓"真情"和"童心"。中华美学是情感论美学，特别是强调了审美情感之真，它不同于不真的

---

① 《文赋》，《昭明文选译注》卷 2，吉林文史出版社 1992 年版，第 131 页。

② 张彦远：《历代名画记》，上海人民美术出版社 1964 年版，第 130 页。

③ （唐）王昌龄：《王昌龄集编年校注》，胡克涛、罗琴校注，巴蜀书社 2000 年版，第 319 页。

④ （唐）皎然：《诗式校注》，李壮鹰校注，人民文学出版社 2003 年版，第 359 页。

⑤ 《文赋》，《昭明文选译注》卷 2，吉林文史出版社 1992 年版，第 131 页。

日常情感。如果说早期中华美学还一般地讲审美的情感性的话，那么在后期则突出了真情。徐渭、黄宗羲、王夫之、袁枚、刘熙载、金圣叹乃至王国维等都论述了审美情感的本真性。黄宗羲说："凡情之至者，其文未有不至者也。"①王国维讲意境（境界），就说要有"真景物""真情感"，其实就是真实的人生体验，而这个真实的人生体验就包括审美情感，审美也总是表达了真情感。金圣叹也以真情论艺术形象。他批《西厢记》，赞颂才子佳人为有真情者："彼才子有必至之情，佳人有必至之情。"②

明代的李贽提出了"童心"说，这也是审美还原的产物。他说："夫童心者，真心也。若以童心为不可，是以真心为不可也。夫童心者，绝假纯真，最初一念之本心也。若失却童心，便失却真心；失却真心，便失却真人。人而非真，全不复有初矣。"③童心是未被世俗社会污染的纯洁之心，它只存在于审美体验之中。李贽认为有童心，才会有"至文"。总之，童心可以看作经过审美还原而产生的"现象学剩余"即本真的自我。

另一方面，审美现象学的还原不仅是回到纯粹意识即主体的"真情""真我"，也呈现了本真的对象世界。中华美学讲求写景抒情，成为审美对象的景物不再是现实的景物，而成为与主体的"真情感"同一的"真景物"（王国维）；不再是"形似"，而是"神似"。所谓"神似"，一方面指"传神"，就是表达了真情感；另一方面也是指"传道"，也就是揭示了事物的本质，即本真的世界，体现了天道的世界。因此，它与本真的自我一起构成现象世界。

四、意象、意境——现象的呈现

西方美学把美看作实体的属性，它具有外在于人的性质。因此，美就成为客体性的表象，而审美意识成为感性的认识。这就是说，西方美学没有把美作为现象，而只作为表象。"美学之父"鲍姆加登把美学定义为感性认识的科学，是低级的认

①（清）黄宗羲：《明文案序上》，《黄宗羲全集》卷10，载《南雷诗文集》上，沈善洪主编，浙江古籍出版社1993年版，第18页。

②（清）金圣叹：《金圣叹文集》，艾书仁编，冉苒校点，巴蜀书社2003年版，第405页。

③（明）李贽：《焚书注》，载《李贽全集注》1，张建业主编，张建业、张岱注，社会科学文献出版社2010年版，第276页。

识，美不是本体的显现。康德认为现象是感性直观的对象，审美处于现象界与本体界的中间位置，并不是本体的充分显现，而且美作为反思判断的对象也不具有现象性。黑格尔认为美是理念的感性显现，它低于理念的理性认识哲学，因此也同样不能充分地体现理念本体。由于黑格尔的哲学是实体论的哲学，理念是客观实体，因此其感性显现——美仍然是与人相分的表象，而不是与主体融合的现象，主体只能在外面把握它，它不能直接呈现。中华美学与西方美学根本不同，它认为美即物我同一的意象，审美具有现象学的性质。

现象学的核心概念是现象，现象不是经验表象，而是"朝向实事本身"的结果，是"纯粹意识"的对象，它具有主体与对象合一的性质。海德格尔代表的后期的现象学发展超越了胡塞尔的现象学，认为现象不是具体事物的本质，而是存在的显现。中华美学认为，道是文的本质，文是道的显现。于是，审美如何显道，就成为中华美学的基本问题，也是现象学的基本问题。宗炳崇信佛学，以佛法为道。佛法普照万物，所以山水有灵。他在《画山水序》中说："至于山水，质有而趣（一作趋）灵"，"万趣融其神思"，"山水以形媚道"[①]，把山水及山水画当作对道的亲近和美好表现，从而具有了现象学的意义。刘勰进一步论证了审美的现象性。在《文心雕龙》中，刘勰认为道体现为文，而文包括天地之文和人文乃至审美艺术。这个文的概念一方面具有含混性，混淆了自然现象与文化、审美，另一方面又具有了美的性质，即一切具有审美属性的事物都可以称为文。他认为文是道心的显现："道沿圣以垂文，圣因文而明道"，"文之为德也大矣，与天地并生者何哉！夫玄黄色杂，方圆体分，日月叠璧，以垂丽天之象；山川焕绮，以铺理地之形：此盖道之文也。仰观吐曜，俯察含章，高卑定位，故两仪既生矣。惟人参之，性灵所钟，是谓三才。为五行之秀，实天地之心，心生而言立，言立而文明，自然之道也"[②]。这样，文作为审美的产物，就成为道的显现，而对文的体验，就是对道的领会。自此以后，文以明道、文以载道的审美观念，成为中国美学理论的主流，贯穿在中华美学的历史中。但是，在文与道之间，还存在着诸多环节，正是这些环节才构成了中华审美现象学。

---

① 张彦远：《历代名画记》，上海人民美术出版社 1964 年版，第 129、131 页。
②（梁）刘勰：《文心雕龙·原道》，载《文心雕龙注》，范文澜注，人民文学出版社 1962 年版，第 1 页。

中华美学的意象概念相当于现象学的现象。西方哲学重理性认识，审美成为理性指导下的感性认识活动，从而形成了建立在表象概念基础上的诸如形象、典型等客观性的概念。而中华美学认为审美活动不是理性化的认知，而是对本体世界的感悟，它具有直觉性（包括情感体验）和主客同一性，形成了意象概念，从而就具有了现象学的性质。由传统的"象"概念——道象、卦象，到美学的"意象"概念，中国现象学走向审美主义。中华美学认为，审美意象不是表象，不是理性认识的对象，而是直觉体验的产物。刘勰认为，文显现为象（易象、意象）："人文之元，肇自太极，幽赞神明，易象唯先。……言之文者，天地之心哉！……谁其尸之，亦神理而已。"①后来，象征性的易象（卦象）演变成意象，进入审美领域。意象具有具体的形象性，同时又融合意与象、物与我，从而能够显现天道。这样，意象就具有了现象学的意义，把粗略的"文"具体化为"现象"。刘勰讲"神用象通"，说明了审美意象可以充分地表达思想感情，也可以达到我与世界的会通。谢赫的《古画品录》提出了"六法"，其中有"应物象形"，这不应理解为自然主义的物象再现，而应该理解为画家与物的双向感应（应物），并且创造了审美意象。宗炳的"澄怀味象"继承了庄子的"心斋""坐忘"思想，排除理性意念、以澄明心境体会自然，而获得了对天道的现象学把握。刘勰具体探讨了意象生成的过程，这个过程是"感物"而达物象，再通过创造想象使之升华为意象："诗人感物，联类不穷。流连万象之际，沉吟视听之区"②。刘勰讲"圆照之象"，也是借用佛家概念"圆照"来使现象（象）呈现，审美意象作为道的体现，并非经验认识的对象——物象（表象），乃是审美直觉的产物，因此具有亦实亦虚、朦胧恍惚的特点。王昌龄的"久用精思；未契意象"③、司空图的"意象欲出，造化已奇"④都指出对意象的把握不是经验认识，而是一种直觉感悟，具有融会物我的浑然一体的特性。严羽说："盛唐诸人惟在兴趣，羚羊挂角，无迹可求。故其妙处透彻玲珑，不可凑泊，如空中之音，相中之色，水中之月，镜中之象，言有尽而意无穷。"⑤他所谓的兴趣，其内涵可以包

① （梁）刘勰：《文心雕龙·原道》，载《文心雕龙注》，范文澜注，人民文学出版社 1962 年版，第 2 页。

② （梁）刘勰：《文心雕龙·物色》，载《文心雕龙注》，范文澜注，人民文学出版社 1962 年版，第 693 页。

③ （唐）王昌龄：《诗格》，《王昌龄集编年校注》，胡克涛、罗琴校注，巴蜀书社 2000 年版，第 318 页。

④ （唐）司空图：《二十四诗品·缜密》，罗仲鼎、蔡乃中、吴宗海注，浙江古籍出版社 2013 年版，第 54 页。

⑤ （宋）严羽：《沧浪诗话校释》，郭绍虞校释，人民文学出版社 1983 年版，第 26 页。

容于意象概念之中，乃是审美体验的产物。正是意象的直接表意功能，才使审美具有了动情性和趣味性。明代王廷相说："言征实则寡余味也，情直致而难动物也。故示以意象，使人思而咀之，感而契之，邈哉深矣，此诗之大致也。"[1] 说明中国古典诗歌重在情感体验，而且意象具有情感内涵。

意象作为道的现象，具有超越表象的丰富内涵即审美意义。这就是说，意象不是现实事物的表象（物象），而是具有超越性的现象。存在（道）是实有和虚无的同一。意象作为存在（道）的显现，不仅具有实有性，还具有虚无性。因此，中华美学不同于西方美学，艺术不是对事物的模仿，不是表象，而是超越表象的意象。意象非实体，超越现实，具有虚无性；也非幻象，乃是道的显现，因此具有实有性。正是意象的超越性，才使物象变成了艺术，也才能超越事物的现实意义，而把握了道的意义。荆浩提出，绘画不是对物象的模仿，而要"度物象而取其真"，这个真，就是超越物象的审美意象。叶燮在《原诗·内篇下》中进一步指出，意象表达的不是一般的理和事，而是不可言的理与事："可言之理人人能言之，又安在诗人之言之？可征之事，人人能述之，又安在诗人之述之？必有不可言之理，不可述之事，遇之于默会意象之表，而理与事无不灿然于前者也。"[2] 这个不可言、不可述的理与事，就是超越经验世界的道，是天地之文，这个本体在诗歌的意象中被直接呈现、领会。

意象必然超越表象（物象），具有审美意义。刘禹锡讲"境生象外"。司空图讲"象外之象，景外之景"[3]，"韵外之致"[4]，"超以象外，得其环中"[5]。这里说的"象"（或境）外，是物象（表象）之外，指超越物象（表象）才有意象，意象是物象的升华，因此象才可以尽意，才可以显道。在这里，显露了象、意象概念的局限性，它容易与物象概念混淆，所以才要用"超"的方式表达。因此，为了突出现象的超越性，意境概念就应运而生。现象的超越性主要不是体现在意象概念上，而是体现

---

①（明）王廷相：《与过价夫学士论诗书》，载叶朗总主编：《中国历代美学文库·明代卷》下，高等教育出版社 2003 年版，第 166—167 页。

②（明）王夫之等：《清诗话》，上海古籍出版社 1978 年版，第 585 页。

③（唐）司空图：《与极浦书》，载《二十四诗品》，罗仲鼎、蔡乃中、吴宗海注，浙江古籍出版社 2013 年版，第 99 页。

④（唐）司空图：《与李生论诗书》，载《二十四诗品》，罗仲鼎、蔡乃中、吴宗海注，浙江古籍出版社 2013 年版，第 98 页。

⑤（唐）司空图：《二十四诗品·雄浑》，罗仲鼎、蔡乃中、吴宗海注，浙江古籍出版社 2013 年版，第 1 页。

在意境（境界）概念上。意境（境界）与意象都是存在本体的显现，是日常经验和现实世界的升华，从而也就是现象的呈现，只不过意象强调了直观性，而意境强调了超越性。境界概念来源于佛教，特别是禅宗，特指超脱世俗意念所达到的精神世界。佛教对境的解释称："心之所游履攀缘者，谓之境"①。传为唐王昌龄所作的《诗格》中，借用佛理提出：诗有三境，"一曰物境。二曰情境。三曰意境"②。物境求神似，情境求情深，意境得其真。他强调"夫置意作诗，即须凝心，目击其物，便以心击之，深穿其境"（《〈文镜秘府论〉引王昌龄〈诗格〉》）③。意境概念在此具有了超脱物理世界和经验世界的精神性和审美品格。唐代刘禹锡提出"境生于象外"的命题，把境界与表象（经验世界）加以区别，涉及境界的超越性。皎然《诗式》中有《取境》一节，提出"取境之时，须至难至险，始见奇句"④，主张"诗缘境发"，提出作诗取境要高。他还在《诗议》中提出"境界非一，虚实难明……可以偶虚，亦可以偶实"⑤，涉及意境的亦虚亦实的特性。而在王国维的美学思想中，意境或境界概念才最终具有了本体论的意义，揭示了审美的超越性。王国维把意境（境界）概念现代化，赋予其明显的超越性。他认为，意境是超越现实的审美意象所在："境非独谓景物也，喜怒哀乐，亦人心中之一境界。故能写真景物、真感情者，谓之有境界。否则谓之无境界。"⑥为什么写真景物、真感情就是有境界（意境）呢？一是因为真景物、真情感就是从现实世界（"物象"或康德的现象界）升华到本体世界（"境生象外"或康德的物自体），二是因为真景物与真情感之间达到了同一，构成了审美意象或审美意境，从而也消除了物我之间的分隔，使得世界以本来面目呈现，这就是现象。所以，王国维又以隔与不隔来说明意境（境界）。他说："问'隔'与'不隔'之别，曰：陶、谢之不隔，延年则稍隔矣；东坡之诗不隔，山谷则稍隔矣。"⑦这是发挥了中华美学的情景合一思想，揭示了意境的主体间性。因此，

①　参见丁福保《佛学大辞典》对"境"词条的解释（http://buddhaspace.org/dict/dfb/data/%25E5%25A2%2583.html）。

②（唐）王昌龄：《王昌龄集编年校注》，胡克涛、罗琴校注，巴蜀书社2000年版，第316页。

③（唐）王昌龄：《王昌龄集编年校注》，胡克涛、罗琴校注，巴蜀书社2000年版，第296页。

④（唐）皎然：《诗式校注》，李壮鹰校注，人民文学出版社2003年版，第39页。

⑤（唐）皎然：《诗式校注》，李壮鹰校注，人民文学出版社2003年版，第374页。

⑥（清）王国维：《人间词话汇编汇校汇评》，周锡山编校，上海三联书店2013年版，第42页。

⑦（清）王国维：《人间词话汇编汇校汇评》，周锡山编校，上海三联书店2013年版，第172页。

可以说，王国维的意境（境界）说虽然也可能有康德美学的影响，但主要是继承和
发扬了中华美学思想，特别是体现了中华美学的主体间性思想，从而超越了德国古
典美学的主体性思想。

五、妙悟、妙观——本质直观

所谓本质直观，又称本质还原，是使对象的本质得以显现的方法。它是非经
验、非概念的思维，是意识与对象的直接相即，从而获得对象的本质。中华美学的
现象直观，其来有自。从庄子的"吾游心于物之初"开始，就发现了现象学直观，
并且用于审美。中华美学的妙悟概念相当于本质直观概念。神思概念主要表达现象
学的纯粹意识，以构成现象，因此与意象概念相联系，构成一对范畴。而妙悟概念
主要表达本质直观，以领会本体，实现现象学还原，因此与意境（境界）概念相
通，构成一对范畴。

通过悬搁而获得纯粹意识，再进一步纯化为本质直观，实现本质还原。所谓
本质直观，就是说被还原的"纯粹意识"是一种直接的意识，它不经语言符号的中
介，直接与对象相即。在中国，这种现象学方法始于老子。老子讲："为学日益，
为道日损，损之又损，以至于无为，无为而无不为。"（《老子·四十八章》）这实际
上是现象学的本质还原方法。而损的方法就是"致虚极，守静笃"（《老子·十六
章》），使万物虚无化，直取道的本质。庄子假借孔子之口讲："若夫人者，目击而
道存焉，亦不可以容声矣。"（《庄子·田子方》）这就是说，要直观道，无须语言的
中介。陆机借用老子"玄览"概念来表示审美的本质直观："伫中枢以玄览，颐情
志于典坟"[1]。道家不仅主张直观道，还提出以情体道。庄子虚拟了黄帝与臣子北门
成的对话，描绘了主体的审美体验："乐也者，始于惧，惧故崇；吾又次之以怠，
怠故遁；卒之以惑，惑故愚；愚故道，道而可载与之俱也。"（《庄子·天运》）这个
思想与海德格尔通过"畏启示着无"来领会存在的意义相通，可谓现象学方法的应
用。刘勰提出了"妙鉴"的概念，也是本质直观的代名词，以审美意识直观道。老
庄哲学又与佛学融会，最后形成了妙悟的概念。悟作为哲学概念来源于佛教，特别

---

① 陆机：《文赋》，载陈宏天、赵福海、陈复兴主编：《昭明文选译注》卷 2，第 128 页。

是禅宗的顿悟，同时还继承了先秦道家的体道方式。竺道生云："夫称顿者，明理不可分，悟语极照。以不二之悟，符不分之理。……谓之顿悟。"①"不二之悟"即主客不分的直觉，而"不分之理"即现象中的本体（道）。宋以前，悟还没有正式成为美学范畴，只是有一些理论家借用悟的概念表达审美之思。但近似的概念表达还是出现了，如宗炳提出了"澄怀观道"，意为弃绝经验意识的杂质，还原到纯粹意识，从而可以"观道"。这里使用的还是道家的概念，但已经具有了悟的内涵。宋严羽正式提出了"妙悟"的概念，他说，"大抵禅道惟在妙悟，诗道亦在妙悟。且孟襄阳学力下韩退之远甚，而其诗独出退之之上者，一味妙悟而已。惟悟乃为当行，乃为本"②，强调了艺术思维区别于才学知识的获得，具有直观领会的特性。但是，严羽的妙悟说虽然揭示了审美思维的特性，但还局限于审美本身范围之内，围绕着"兴趣"论说，而没有直击存在本体，成为体道的方式。但妙悟概念一经提出，就超越了原初语境，而具有了特殊的现象学意义。于是在广义的语境中，妙悟成为体道的方式。审美之悟，不仅是对审美兴趣的把握，最终是对道的领会，对人生意义的参悟。后来的诗论家正是从这个意义上理解妙悟的。如江西派诗人晁冲之在《送一上人还滁州琅琊山》中云："世间何事无妙理，悟处不独非风幡。"③这里的悟就达到了对"妙理"的领会。因此，可以说，正是妙悟概念表达了现象学还原的意义，获得了对道的把握。钟嵘提出了"即目""直寻"的概念，也表达了审美的直观性。他说："至乎吟咏情性，亦何贵于用事？'思君如流水'，既是即目；'高台多悲风'，亦惟所见；'清晨登陇首'，羌无故实；'明月照积雪'，讵出经史？观古今胜语，多非补假，皆由直寻。"④在这里，钟嵘认为诗歌吟咏性情，不能靠用事用典，只能以"即目"的方式克服主客对立，融合物我，以"直寻"的方式克服语言的符号性，用审美的语言直接表达，它接近于现象学的直观方法。严羽说："夫诗有别材，非关书也；诗有别趣，非关理也。……所谓不涉理路，不落言筌者，上也。"⑤所谓不涉理路，不落言筌，实际就是区别于理性认识的审美直观。王夫之提出了

---

① 汤用彤：《汉魏两晋南北朝佛教史》（增订本），北京大学出版社2011年版，第363页。

② （宋）严羽：《沧浪诗话校释》，郭绍虞校释，人民文学出版社1983年版，第12页。

③ 北京大学古文研究所编：《全宋诗》21，北京大学出版社1995年版，第1387页。

④ 钟嵘：《诗品集注》（增订本），曹旭集注，上海古籍出版社2011年版，第220页。

⑤ （宋）严羽：《沧浪诗话校释》，郭绍虞校释，人民文学出版社1983年版，第26页。

"现量"概念，来说明审美的直观性。所谓现量，是佛家用语，王夫之借用于诗学。他说："'现量'，现者，有现在义，有现成义，有显现真实义。现在，不缘过去作影。现成，一触即觉，不假思量计较；显现真实，乃彼之体性本自如此，显现无疑，不参虚妄。"① 这简直就是现象学思想的标准表达。所谓"现在"，就是克服时空距离，使物我相遇。所谓"现成"，即是直观，不经反思，不用概念。所谓"显现真实"，即对象自身作为现象直接呈现。"现量"思想运用于美学，王夫之就表述为"寓目吟成""即景会心""只于心目相取处得景得局"。这就是审美现象学的思想表达。王国维谈审美思维："自一方面言之，则必吾人之胸中洞然无物，而后其观物也深，而其体物也切；……自他方面言之，则激烈之感情，亦得为直观之对象、审美之材料，而观物与其描写之也，亦有无限着快乐伴之。"②

与"妙悟"相类的概念还有宗炳的"妙观"。宗炳讲"澄怀观道"，也就是"妙观"，这是通过审美对道的观照。这个观是直观，而且是本质直观，不同于感性直观，所以可以体道。

中华现象学不同于西方现象学，在于其情感性。西方现象学是认知现象学（胡塞尔），后来才转向情感现象学（海德格尔、舍勒、杜夫海纳等）。中华现象学讲直观，但是要通过情感，是情感体验。审美意识既是"真情"，也是纯粹直观，从而可以使对象作为现象呈现。中华审美现象学还原的纯粹意识，不同于胡塞尔，后者认为现象还原的结果是不涉及情感态度的纯粹意识或先验意识，属于认知范畴，而中华美学还原的审美意识是情感体验、情感直观。情感体验也属于非自觉意识，而审美情感则摆脱了非自觉意识以及符号概念的限制，直接与对象同一，从而使对象作为现象显现。所以刘勰说："夫唯深识鉴奥，必欢然内怿，譬春台之熙众人，乐饵之止过客。……书亦国华，玩泽（绎）方美。"③ "欢然内怿"就是审美体验，而通过审美的情感体验才能"深识鉴奥"，即把握对象的本质。道家讲无情，强调直观体验，但这个无情仍然是一种生活态度，是消解现实情感后达到的超脱的情感，而不是认知性的直观。在《庄子·天运》中，黄帝对道的领会，是通过情感体验

---

① （明）王夫之：《相宗络索·三量》，《船山全书》13，岳麓书社 1996 年版，第 536 页。

② （清）王国维：《王国维美学论著集》，北岳文艺出版社 1987 年版，第 25 页。

③ （梁）刘勰：《文心雕龙注》，范文澜注，人民文学出版社 1962 年版，第 715 页。

及"惧""怠""惑"而产生的"崇""遁""愚"的心理效果。这很像海德格尔的通过"畏"的基本情绪而领会生存意义。儒家诉诸情感体验，从价值角度把握存在的意义。

中华审美现象学的本质直观就是情感体验，以情体道。刘勰讲"物以情观"，就是审美情感体验直接把握道。王夫之把审美情感体验与本质还原联系起来，他说："两间之固有者，自然之华，因流动生变而成其绮丽。心目之所及，文情赴之，貌其本荣，如所存而显之，即以华奕照耀，动人无际矣。"[1] 他的意思是说，天地之间万物自有其美，以文情相即，则使其显现，从而产生审美的魅力。这里最重要的思想是认为审美情感可以"貌其本荣，如所存而显示之"，这不是事物的经验性的再现——表象，而是现象学所追求的本质还原——"回到实事本身"，而这个实事本身就是存在——"道"的显现。正是在王夫之这里，中华审美现象学达到了顶峰。

原刊《学术月刊》2017 年第 6 期

---

[1]（明）王夫之：《古诗评选》卷 5，载《船山全书》14，岳麓书社 1996 年版，第 752 页。

中西审美现象学的时空结构差异

仲　霞[*]

一、审美现象学的时空维度

胡塞尔创立的现象学旨在通过本质直观"面向实事本身"，开创了直接把握事物本质的思路。但他将现象学规定为"严格的科学"，属于意识哲学，并未建基于存在论之上。海德格尔改造了胡塞尔的现象学，建立了生存论的现象学。他认为哲学就是存在论，它只有作为现象学才有可能，现象学由此成为领会存在意义的方法论。但如何领会存在的意义，囿于生存论的局限，海德格尔苦求而不得。后期海德格尔走向审美主义，认为在诗意的栖居中，存在的意义才得以显现。在海德格尔之后，杜夫海纳建立了审美现象学，进一步指出只有在审美体验中，现象才得以呈现，存在才作为现象显现。作为自由的生存方式与超越的体验方式，审美是跨越现实藩篱、把握本真生存意义的途径，因而美学是真正的现象学。中国古典美学亦具有现象学的性质，它提出了意象论，认为审美意象是对道的直观，是道自身的显现，而道具有本体论的意义。这样，中西审美现象学便拥有了互通的基础与对话的可能。但是，中西审美现象学的特性各异，这首先表现在时空维度的不同指向上。

何谓时间，何谓空间，它们与现象学有何关系？这需要从对存在的规定谈起。关于存在的性质，自古以来争议不绝。对存在的规定决定了对其他哲学范畴的确

* 作者为厦门大学人文学院助理教授。

定，包括对时间和空间的确定。传统哲学建立在实体本体论基础上，从客体性或主体性方面规定时间和空间，都未能把握其本质。海德格尔从生存论（此在在世）上规定时间和空间，由于未能真正进入存在论（他仍然将存在规定为"是"），同样不能揭示其本质。只有在存在论的基础上，时间和空间的本质才能被揭示。我同意杨春时先生对存在及时间、空间的规定。① 他认为存在不是实体，也不是生存本身，而是我与世界的共在，是生存的根据；时间与空间则是存在的同一性范畴，即我与世界共在的结构。这样，时间和空间就具有了本源性，成为本源的时间和空间，而不是现实的时间和空间。本源的时间和空间使我与世界同一，因此本源的时间就是"永恒的当即"，本源的空间就是"无限的这里"。由于存在是现实生存的根据，本源的时空也是现实时空的根据。在现实生存中，存在的同一性即我与世界的共在断裂，导致时空的异化。一方面，时空的一体性破裂，现实时间与现实空间分离；另一方面，现实时空隔离了我与世界，导致自由的丧失和世界（存在）的意义被遮蔽。现象学必须超越现实时空，回归本源的时空，才能使世界由表象变成现象，消除我与世界的隔离，回归存在的同一性，进而达到自由的生存，领会存在的意义。这唯有在审美中方有可能。于是，审美现象学的时间性与空间性问题就发生了。它意指经由对时间—历史距离或者空间—社会距离的跨越，走向自由的审美时空，领会存在的意义。这就是说，审美现象学的实质是如何克服现实时空的障碍，创造审美时空即回归本源的时空，实现存在的同一性，而使存在的意义显现的问题。审美体验作为一种现象学还原，不使用符号概念，而以审美意象融合物我，成为一种现象学直观。它超越了现实时空，使其转化为审美时空。审美时空就是自由的时空，是本源时空的现身。在审美活动中，现实时空消失，现实时间变成了"永恒的当即"，我们不仅可以"观古今于须臾"②，超越自然的时间，还可以跨越历史距离与过去的世界沟通、融合；现实空间变成了"无限的这里"，我们不仅可以"精骛八极，心游万仞"③，超越自然的空间，还可以克服社会关系的隔离与世界沟通、融合。于是，审美体验就超越了现实体验而获得了审美意义，这就是自由，也就是存在的意

---

① 杨春时：《作为第一哲学的美学——存在、现象与审美》，人民出版社 2015 年版，第 46、115—128 页。

②③ 陆机：《文赋》，载陈宏天、赵福海、陈复兴主编：《昭明文选译注》卷 2，吉林文史出版社 1992 年版，第 128 页。

义。从时间性切入还是从空间性切入，中西审美现象学呈现出不同的路径：西方审美现象学倾向于时间性，通过对现实时间的超越而领会存在的意义；中华审美现象学倾向于空间性，通过对现实空间的超越而把握道之本体。

二、西方审美现象学的时间性及其空间性转向

西方审美现象学对时间性的偏重源自西方人较早发生的时间意识与历史观念，以及西方哲学对时间问题的考察。西方在古希腊时代就拥有了时间意识，意识到过去、现在、未来的区分，如西方语言丰富的时态变化便是佐证。在历史观中，基督教的上帝创世是具有历史性意义的事件，以耶稣降生为公元元年对历史进行时段区分。历史的走向不可能循环往复，必须通向未来，因为末日审判只有一次并且尚未来临。现代性的发生启动了时间性，启蒙理性建立在时间性之上，历史进化论成为西方的主流思想。时间也是西方哲学的中心话题。赫拉克利特的名言"我们不能两次踏进同一条河流"[①]，表明人们早已意识到时间的不断流逝与事物的变动不居。同时，哲学家希望寻找这种变动之后的不变本质或真理，于是西方哲学成为探索本体的形而上学。基于西方文化所具有的神性维度，时间与永恒的关系成为西方哲学的话题，同时逐渐向时间性概念转化。

时空是描述存在结构的一对概念，但在西方哲学史上，空间仍然是被奠基的对象，空间问题常常被时间化，重要性也难以与时间相比。与西方哲学的时间性偏向相应，西方美学的时间性倾向明显。西方美学力图通过审美理解跨越时间间距来达到对存在意义的领会，审美就具有了超越时间的永恒性。古希腊的客体性实体论美学以及近代的主体性意识美学提出了审美是对理念的摹仿说，审美是一种感性认识（包括黑格尔的"美是理念的感性显现"学说）等理论，用以回答如何跨越时间之流把握存在的问题。西方的叙事文学、再现艺术发达，如希腊史诗就集中表现了对人类历史性命运的沉思。艺术思潮（新古典主义—启蒙主义—浪漫主义—现实主义—现代主义与后现代主义）的不断更迭作为时间性的展开，为西方美学提供了实践之源。在这些基础上，西方美学体现出鲜明的时间性特征。

---

① 《西方哲学原著选读》上，商务印书馆1981年版，第23页。

　　现象学作为现代哲学的代表沿袭了传统西方哲学对时间问题的关注，也突出地具有时间性指向。胡塞尔创建了内时间意识现象学。他认为，每一个体验都是一条生成的河流，是前摄—原印象—滞留所构成的整体视域，过去—现在—将来构成内在时间的三维结构。内时间意识是意识构造发生的基础，通过内时间意识，纯粹自我才得以构造自身。但问题在于，作为时间起源的内时间意识只是后来依据经验观念反思的结果，而现象学直观中是排除时间意识的，所以时间实际上处于现象学直观试图摆脱它而意识的发生基础依赖它的矛盾状态。前期海德格尔改造了胡塞尔的现象学，不是在意识中而是在生存中考察时间，建立了生存论的时间现象学。《存在与时间》表明在世存在具有空间性（定向与去远），不过空间性必须建基于时间性之上。此在是被抛——已经在世界中展开的现实性（过去）、沉沦——寓世存在和与他人共在（现在）以及筹划——先行于自身的能在的展开（将来）的整体时间性结构。海德格尔认为以往哲学家将时间对象化，忽略了时间与生存的关联，将时间视为过去、现在、未来的分裂，忽略了时间的统一性与生成性，因而只能是一种庸俗的时间观。此在的生存具有内在的历史性，这一历史性根植于时间性之中，此在的历史性又展开为世界的历史。这一历史性既表现在此在生死之间的延伸，亦表现在此在所植根的传统、所处的时代与未来走向的统一性。即便在转折期后逐渐走向空间性，海德格尔依然没有完全放弃对时间性的探索，其论述的重心由此在的时间性和历史性过渡到存在的天命，历史成为存在自身的展开。前期海德格尔的时间现象学是此在的解释学，但由于作为"此在的本己可能性"的死亡没有克服现实时间而进入自由的时间，存在的意义难以显现。现实的时间是非本源的时间，在其中，我与世界不可能真正相遇，因而此在的解释学发生了中断。前期伽达默尔放弃了对存在意义的寻求，退而寻找存在者的意义。他沿着前期海德格尔的道路发展出哲学解释学。解释的基础是理解，时间是理解本身的存在方式；理解包含一种问答逻辑，最终的意义是历史解释的结果。这实际上从时间维度消解了现象学，因为解释学进入时间，自我与对象进入历史领域，本质直观无法实现。通过历史性的解释、视域融合跨越时间—历史间距，事物的绝对本质以及存在的绝对意义均被消解，意义成为一种游戏的表达，从而成为后现代哲学的先声。

　　胡塞尔、前期海德格尔对时间性的关注并没有走入审美主义。前期伽达默尔对艺术的探讨以及视域融合理论，触及了美学领域，因为艺术本身具有突破主体性的超越力量，但他将艺术归为一种真理并倡导"审美无区分"，即审美解释只是一般解释的典范，实则消解了审美的现象性，否认了绝对、超越的审美意义，使美学成为解释学的一种形式。海德格尔与伽达默尔在后期都对自身的理论进行了调整，海德格尔由时间现象学转向空间现象学，并走向审美主义；伽达默尔由历史解释学走向审美解释学。这些转变说明：寻求存在的意义必须超越现实的时空，进入本真的时空，而这只能导向审美。艺术解释（审美理解）拥有不同一般的历史（时间）解释的力量，游戏、节庆等使我们仿佛经历存在的扩充，回归共在的时间体验，达致永恒（本源的时间）。

随着现代哲学的发展，西方时间性的审美现象学逐步向空间性的审美现象学转化。舍勒对胡塞尔现象学缺失的情感维度进行了补充，发展出情感现象学。他通过同情来构造我与世界的关系，认为情感可以直观而无需其他中介，以此可以使本质作为现象呈现。同情是我与世界（包括他人）之间的意向性方式，涉及对我与世界的空间性问题的解决。由于此在解释学的中断，后期海德格尔由时间现象学转向空间现象学。他提出本有概念，本有是人与存在的共属，实际上以本有范畴取代了此在范畴的本体论地位。本有现象学代替此在现象学，实现了生存论向存在论的转化。本有隐匿自身，而道说是本有的运行，通过思与诗打开天、地、神、人四重的时间—游戏—空间，回归本真的时空，成就诗意的栖居，存在的意义得以显现。梅洛-庞蒂的美学思想集中表现在对绘画这一艺术形式精湛的现象学分析之上，而绘画本就是一种空间的表达。前期梅洛-庞蒂建立了身体图式理论，认为客观空间奠基于身体空间。生存在世，身体空间具有在先的意义，空间成为身体和处境的混合，空间方位奠基于作为现象的身体，绘画是画家经由身体图式将世界纳入自身的一种空间。不过由于知觉空间的主体性缺陷，身体主体遭遇了对手，导致话语空间的中转，中期梅洛-庞蒂尝试通过语言来沟通我与世界，绘画转变为对世界暗含轨迹记录的空间。然而语言虽具沟通的本性，其本质与根源并没有被深究，不能彻底解决身体主体所面临的困境。最终梅洛-庞蒂走向了肉之空间性，将其视为身体与世界沟通的最终依据。空间首先不是身体的成就，也不是沉默世界的道说轨迹，而是肉的自身给予，于是绘画成为肉之裂变的空间。英伽登则运用现象学方法来分析文学的意义，发现美的本质，实质是一种现象学美学。他对于艺术作品的层次进行了分析，这是一种空间性的展开。艺术作品分为四层：视听层、意义层、描述对象层、对象显现层。在四重的空间中，艺术作品获得了现象学的还原。巴什拉的《空间诗学》关注读者心理，开启了阅读现象学，将接受美学建基于存在论与现象学之上。他提出了两个概念："回荡"表达了意象自身的现象学空间显现，是存在、灵魂的整体震撼；"共鸣"只是居于第二性的感受。杜夫海纳在梅洛-庞蒂之后真正将审美纳入现象学领域，并将后者所说的知觉纯化为审美知觉。审美作为灿烂的感性也就是克服现实的空间关系，使对象回归自然的本性。而审美经验源于情感先天，以此寻找人与世界沟通的根据。

现代空间的异世界化促使西方后现代主义哲学发生空间转向，后现代主义的反本质主义与反理性主义终结了现象学。德里达的"延异"、福柯的"权力空间"、拉康的"欲望的身体性"等解构了理性化的空间，倒向了非现象的空间，可以看作现象学在空间维度的终结，对应于前期伽达默尔在时间维度上对现象学的终结。

三、中华审美现象学的空间性

与西方发达的时间意识、历史取向不同，中国人的时间意识比较薄弱。由于传统社会的停滞，历史呈现为朝代的更替，因此时间—历史意识还没有真正发生。中国人在时间观上往往持有一种循环论，如天人循环，四时循环，阴阳五行循环，天干地支循环等；在历史观上亦偏向循环论，如朝代更迭的治乱循环，历史进化观点缺失，甚至有复古的倾向，如将尧舜禹时代列为楷模，讲求以史为鉴，前事不忘、后事之师等。中国人也缺乏对时间的哲学思考。在西方语境下，海德格尔经由时间性的思考，通过悬临的死亡向死而生，可以通向存在的意义。孔子则云："未知生，焉知死？""子在川上曰：'逝者如斯夫！不舍昼夜'"，也仅仅慨叹人生短暂，时不我待。这说明整体而言，中国人缺乏西方的时间意识与个体死亡意识。

另一方面，中国人的空间意识形成较早，盘古开天辟地的神话可为佐证。古代中国是传统的农耕型社会，人们日出而作，日落而息，周而复始，呈现与自然和谐相处的空间关系。中国哲学讲求天人合一，老子言："人法地，地法天，天法道，道法自然。"这是一种根本性的空间关系。在中国古人的思想中，人主要生活于天地之间的空间关系中，时间关系并非本质性的。古代中国天文历法发达，并且星象、气候、人事、人之身体等均可相互对应，如五行与五方、五官、五味等相配，万物之间建构出相生相克的平衡场域。

与此相应，中国没有形成时间性的美学，如《文心雕龙》虽然认为文学形式有历史性的改变，但是万变不离其宗，都是道的体现，缺乏思想的根本变化与必要的逻辑推演过程。比较而言，黑格尔认为美是理念的感性显现，理念发展跨越时间、空间，要经过艺术、宗教、哲学阶段的演变才能完成自我认识的历史进程。中国文化以构筑审美空间为旨趣，如亭台楼阁的建造，美学与生活融为一体；在文学艺术上重在对情感的描绘，诗歌、散文、绘画等抒情文学、表现艺术兴盛。根植于这样的土壤，中华美学是抒情性的空间美学。中华美学认为，通过审美的情感作用，可以沟通物我，合一天人，进而体道。

由于时间性的概念在现代性发生后才正式启动，因而中华美学所具有的空间性是古典混沌的空间性，具有前现代性和非自觉性的特征，在那里，时空尚未彻底分化，缺乏西方凝重的时间意识与历史感。古代中国也讲时，但总体而言，不以西方单纯的科学计量为目的，也缺乏对时间观念纯粹的形而上思考，往往实用理性化，并表现出时间空间化的特点，如天干地支用于记录时间，本质是经由天象确定人事；二十四节气表达季节的变迁，企盼的是顺天而为，收获丰收；"天时地利人和"的说法表明时机的重要性，更说明成功需社会各方因素的配合等。小农经济的特性决定了中国人的空间想象范围有限，常限于脚下的这片土地与家族的兴衰存亡，在此基础上建构起的是一个此岸的、现实的人伦空间社会，讲求血缘纽带与情感交流。

与西方相比，中华美学主要不是通过理性之思、时间之流来理解事物、追问存在，而是经由感兴论将世界看成有生命的对象，我与世界进行充分的交流从而体道，也就是通过充分的同情，跨越空间的间距，达到二者的同一，使得世界的意味显现。空间与情感紧密相连，同情是中华美学跨越空间距离的方式，是现象学意向性的表达。中华美学的同情是一种蒙昧的情感，我有情，万物亦有情，构成了我与世界的原初同一。西方思想重认知、理解，虽然也谈情感，但往往归入感性认识的范围，而且对情感的重视主要在浪漫主义兴起后发生，常带有主体性色彩。主体性的情感作为一种主观欲望的发挥，决定了它难以克服人和世界之间的距离，无法达到对存在意义的领会。前期海德格尔已经关注到基本情绪如畏的重要性，却仍然囿于此在的主体性和时间现象学；后期海德格尔吸收老子的思想，将情感加以保留，使之成为天地神人之间的空间关系，实际谈的是一种审美同情。西方美学强调理解与直观，以此克服时间性和历史性，属于认知现象学。中华美学中也有直观，如从道家美学而来的观道、观物等，但这种直观不是认知性的，而是一种生活态度；儒家更强调以情观物，克服空间性的隔阂，因而属于情感现象学。

中华美学的古典现象学资源散见于儒释道各家的论述中。孔子认为教化应从诗教做起。诗具有兴观群怨的功能，即沟通个体与群体，构造和谐的社会空间。中华美学对兴的强调更具有现象学意义，兴不仅是主观的情感，也是物我之间的感应互动，是主体间性的感性。感兴作为我与世界的互动，是突破语言局限、联结意与象的中介，进而实现天人合一，因此是审美空间的创造。孟子将孔子的"兴于诗"推进为社会领域的"兴于德风"，这要求情感归于"诚"，《中庸》道，"诚者，天之道也；诚之者，人之道也"，这样人与世界就能彼此沟通，互相呈现。孔子所谓的教化过程除了"兴于诗"，还需"立于礼"，最终"成于乐"，带有审美主义倾向。《礼记·乐记》认为礼自外加之于身，乐自内由心生。由于心感于物，感情冲动化为声，声之整体称为音，乐应然而生。通过比礼更高的乐，可以达致空间上的天地和谐，如"乐者，天地之和也"。乐具有空间现象学的指向，也成为孔子教化思想的终点。

与儒家美学回归伦理空间的态度不同，道家走的是逃脱社会空间、重返自然空间之途。海德格尔与老子渊源颇深。后期海德格尔空间化的四重思想可能得益于老子对四大的表述，即"故道大，天大，地大，王（人）亦大。域中有四大，而王（人）居其一焉"。大并非形状大小之涵义，而是远离对象化的整体呈现，所以"大象无形"，表达了意蕴空间的无限。老子崇尚自然，人需复归婴儿，四大的空间偏重于自然的空间，并且道的显现是个难题，其显现"惟恍惟惚"，难以清晰，类似西方现象学所说的存在的遮蔽与解蔽的二重性。庄子的出世比老子更为彻底，他通过"忘"（类似现象学的悬置）搁置尘世诸象，通过"气"沟通人与天地万物，最终达到我与物"齐"或"一"、"乘物以游心"的逍遥境界，借此彰显道的意义。庄子的自由空间也是对自然空间的重建，与自然亲近的我最终消融于自然之中。

与庄子将我融于自然不同，禅宗认为，外在自然和社会皆属假象，最终均消融于心相之中。禅宗通过一种宗教现象学或空观现象学，开创出禅意的心境空间，借助般若（智慧）看"空"现实世界的具体存在（无相）和自然情感，通过心之"顿悟"的纯粹直观，拂去心的尘埃，借以达到涅槃即解脱烦恼之后的澄明，这种澄明是作为"境"的纯粹现象（实相）的显现，从而发现自己身上的真如，以此成佛，这有点类似胡塞尔现象学所说的意识的自身给予。禅宗的"境"具有超时空意味，实则是脱离自然空间和社会空间，回归本真空间，只有这样，禅意才能显现。只不过在禅宗美学看来，这一切归根结蒂都基于心的运作。

意象概念的兴起，成为对中华美学古典现象学资源及其空间性指向的集中诠释。中华民族的形象思维发达，象在中国文化中居于重要地位，如象形是汉字造字方法的基础，郑樵《六书略》云："六书也者，皆象形之变也。"[1]意与象关系的交错使象论经历了由具象逐渐虚化成意象概念的过程。在文字未形成之前，人们以八卦记事，形成卦象。"古者包牺氏之王天下也，仰则观象于天，俯则观法于地，观鸟兽之文，与地之宜，近取诸身，远取诸物，于是始作八卦，以通神明之德，以类万物之情"（《周易·系辞下》），于是，象既是天文（自然之象）亦是人文（八卦），"观物取象"之说便有了根据。除此之外，象的丰富性可以抵语言、概念未达之处，成为表意之象，所以"言不尽意""立象以尽意"（《周易·系辞上》）。而在庄子"得意忘言"的基础上，王弼进一步主张"故言者所以明象，得象而忘言；象者，所以存意，得意而忘象"[2]。象对意的传达又通过文体现出来，文最终是道的体现，如刘勰的"道沿圣以垂文，圣因文以明道"[3]。刘勰亦将天文与人文混同，都称为象，曰"日月叠璧，以垂丽天之象；山川焕绮，以铺理地之形：此盖道之文也"[4]。"独造之匠，窥意象而运斤"[5]，使意象作为一个完整的概念被首次提出。意象是中华美学独

---

[1]（宋）郑樵：《通志》，中华书局1987年版，第488页。

[2]（魏）王弼：《周易略例·明象》，《王弼集校释》，楼宇烈校释，中华书局1980年版，第609页。

[3]（梁）刘勰：《文心雕龙·原道》，《文心雕龙注》，范文澜注，人民文学出版社1962年版，第3页。

[4]（梁）刘勰：《文心雕龙·原道》，《文心雕龙注》，范文澜注，人民文学出版社1962年版，第1页。

[5]（梁）刘勰：《文心雕龙·神思》，《文心雕龙注》，范文澜注，人民文学出版社1962年版，第493页。

特的审美范畴，揭示了审美的现象性。胡应麟有云："古诗之妙，专求意象。"①意象中包含情感的因素，殷璠言"兴象"，表明象具有感兴之效，是我与世界情感意向性的表达。意象论构成了中华审美现象学的核心，意象的发生与释义构成了现象学还原的过程。在感兴（侧重意向性发生）、神会（侧重意向性结果）作为情感意向性的表达之前，首先需要悬置经验意识，如宗炳《画山水序》"圣人含道暎（一作应）物，贤者澄怀味像"②，刘勰的"是以陶钧文思，贵在虚静，疏瀹五藏，澡雪精神"③，从而进入审美意识即审美情感之中。审美所构建的超越性意象，有别于现实空间的表象。意象是经由想象力对审美空间的营造，展开的是寓情于景、神与物游、言有尽而意无穷的自由空间。意象实质是审美对象（世界整体）与审美主体（我）的同一，从而回归了道自身，显示了道的意义。意象作为中华审美现象学的核心概念，类似于西方现象学的现象概念，它具有空间性。中华美学中的感兴、境界、意境等范畴均可归属于审美的空间性。

同情论的空间审美现象学是中华美学的精髓，应在现代条件下发扬其优势，弥补西方时间性审美现象学的不足。同时也应认识到其古典性，即它是在现代性未发生、主客体未分化之前的理论，具有蒙昧性，需要批判性的继承。进入现代社会的历史阶段，空间性的中华审美现象学亦发生了时间性的转化，主要是接受了现代西方的时间性现象学，特别是海德格尔前期的思想。中华美学在发掘空间审美现象学资源的同时，应与西方美学展开对话，借鉴西方时间性审美现象学的合理因素，弥补自身不足，实现角色的现代转换。

原刊《学术月刊》2017 年第 6 期

---

① （明）胡应麟：《诗薮·内篇卷一》，上海古籍出版社 1979 年版，第 1 页。

② 张彦远：《历代名画记》，上海人民美术出版社 1964 年版，第 129 页。

③ （梁）刘勰：《文心雕龙·神思》，《文心雕龙注》，范文澜注，人民文学出版社 1962 年版，第 493 页。

"意象"与中国当代美学的现象学阐释

——以叶朗、张祥龙、杨春时的美学研究为例

毛宣国[*]

　　本文所讨论的"意象"，主要指向中国传统美学，它与现象学美学对"美"的理解似乎天然地存在着某种联系。早在20世纪30年代，朱光潜就在中国传统美学情景交融的思想启发下，提出"美感的世界纯粹是意象世界"[①]的观点。另外，朱光潜将美（美感）等同于"意象世界"，也受到克罗齐"形象的直觉"思想的影响。与克罗齐不同的是，朱光潜在充分肯定意识、美感经验在审美活动中主导作用的同时，并没有将意识和美感经验与对象世界分割开来，而是认为"意象"创造不能脱离一个对象，必须指向一个对象。比如，他批评克罗齐说："'物'尽管不存在，大地山河等等何由而来呢？克罗齐说，它们是人心所创造的意象，人类的艺术品。如果在个别事物形象的知识（感觉知觉）与艺术的想象之中立分别，'物'就仍有自来而不全是心灵的创造。"[②]又说："'见'为见者的主动，不纯粹是被动的接受。所见对象本为生糙零乱的材料，经'见'才具有它的特殊形象，所以'见'都含有创造性。"[③]这些思想，与现象学所说的现象即显现，显现包含显现物与显现活动本身的思想有某种相似。朱光潜还提出实用的、科学的、美感的三种态度区分，认为

　＊作者为中南大学文学院教授。

　①《朱光潜全集》卷2，安徽教育出版社1987年版，第6页。

　②《朱光潜全集》卷4，安徽教育出版社1987年版，第385页。

　③《朱光潜全集》卷3，安徽教育出版社1987年版，第53页。

"在实用的态度中和科学的态度中，所得到的事物的意象都不是独立的、绝缘的，观者的注意力都不是专注在所观事物本身上面的"，而美感的态度则是"注意力的集中"和"意象的孤立绝缘"①，这与现象学所说的"悬置"，即中止自然的信仰向现象学态度转变的思想，也有某种相似。

不过，朱光潜美学虽然表现出与现象学美学观念的某种相似与吻合，毕竟是处于不自觉的状态中。他关于美（意象）的基本观点是主客二分、心理主义的，所重视的是直觉（静观）、主体认识对于意象生成的意义，认为意象是审美主体的认识、情感诸因素施加于对象的结果。这种情况，从 20 世纪 80 年代以来，有了很大的改变。人们普遍意识到传统美学的"意象"理论与现象学美学的精神联系，所以自觉地借鉴和运用现象学美学的观念与方法来分析"意象"理论。比如，叶秀山将美和艺术的世界看成是一个"意象性世界"，认为它不同于科学，不是将世界看成是"对象"，而是如胡塞尔、海德格尔等人所说的"生活世界"，是人生活于其中的"基本经验世界"。②张世英认为，中国古典诗在从显现中写出隐蔽方面，在运用无穷的想象力方面，可以与海德格尔所代表的西方艺术哲学新方向——"显隐说"互相辉映。并强调："弘扬中国传统美学的意象之美，首先要发掘、展示传统'意象说'的现当代意义。海德格尔对他的'显隐说'所作的详细分析，指明了'显隐'的审美意识如何超越日常生活的对象性关系、功用关系，进入神圣的'澄明之境'；中国传统美学的'意象说'也需要进行类似的论证和分析，以显示其现实意义。"③不过，上述哲学家美学家对于中国传统美学的"意象"的现象学解读，还较为零碎和缺乏系统。而另有一些人，如叶朗、张祥龙、杨春时等，则将其理论聚焦点放在现象学美学上，对现象学与"意象"理论的关系的阐释更为系统，其理论贡献更为突出。本文的讨论主要围绕他们三人的思想观点展开。

一

在中国当代美学家中，叶朗是较早自觉运用现象学美学观念对中国传统美学

① 《朱光潜全集》卷 2，安徽教育出版社 1987 年版，第 11 页。

② 叶秀山：《美的哲学》，人民出版社 1991 年版，第 9—10、63 页。

③ 张世英：《当代美学应升华境界之美》，《人民日报》2015 年 2 月 2 日。

的"意象"范畴予以解读的理论家。早在 1988 年出版的《现代美学体系》中，他就根据现象学的"意向性"理论，对美（审美对象）作出阐释，认为现象学强调审美对象不是实体性的对象，而是在意向活动中建立起来的对象，这一点正与中国传统美学对"意象"的阐释与规定一致，因为中国传统美学认为艺术的本体乃是审美意象，其对于"情""景"关系的分析，已经接触到审美主客体之间的意向性结构，审美意象正是在审美主客体之间的意向性结构中产生，而且只能存在于审美主客体之间的意向性结构之中。[①] 不仅如此，《现代美学体系》还从中国传统美学中发现与现象学强调事情的本然状态相通从而形成美（意象）的思想。比如，它认为王夫之的"现量说"中包含着"显现真实"的原则："心目之所及，文情赴之，貌其本荣，如所存而显之"，就跟现象学美学所云"存在的显现""本真的显现"很相似。[②] 因为它们都包含这样一个思想，即事物就其本性来说都可以说是美的，如果有某种意识照耀，让它呈现出本来的面目，事物就会呈现其美，就会成为美的对象。

其后出版的《胸中之竹》《美学原理》等著作，都很重视现象学美学与中国美学"意象"理论的思想融合，其标志性的成果是他的"美在意象"理论的提出。叶朗认为："中国传统美学一方面否定了实体化的、外在于人的'美'，另方面又否定了实体化的、纯粹主观的'美'，那么，'美'在哪里呢？中国传统美学的回答是：'美'在意象。"[③] 这一观点与现象学美学很相似，都意在强调"美"不能脱离人的审美活动，美是照亮，是发现，是不断生成的，是要在物理世界之外构建一个情景交融的精神世界。几年前，叶朗又发表了《"意象世界"与现象学》一文。文章也可以看成是他对现象学美学与"意象"理论关系探讨的一个总结。在这篇文章中，叶朗将中国美学关于"意象"（美）的论述归结为三个命题。第一个命题是"美在意象"。中国美学认为，"美"就是向人们呈现一个完整的、有意蕴的感性世界，这就是人们常说的情景交融的意象世界。叶朗把这个观点概括为"美在意象"，并认为这个观点与现象学观点比如杜夫海纳的"灿烂的感性"是相通的。为什么说审美意

---

① 叶朗：《现代美学体系》，北京大学出版社 1988 年版，第 114—115 页。

② 叶朗：《现代美学体系》，北京大学出版社 1988 年版，第 562 页。

③ 叶朗：《美学原理》，北京大学出版社 2009 年版，第 54—55 页。

象是一个完整的、有意蕴的感性世界？为什么在意象世界中情与景不能分离？在叶朗看来，"最根本的原因，就在于意象世界所显现的是人与万物一体的生活世界。在这个生活世界中，世界万物与人的生存和命运是不可分离的"。第二个命题是"审美意象只能存于审美活动中"。在叶朗看来，中国美学将意象世界看成是"于天地之外，别构一种灵奇"，"总非人间所有"的世界，即是肯定意象世界是人的创造，是被构成的，它不能离开审美活动。这一观点与现象学的意向性理论是相通的，它说明审美活动乃是"我"与世界的沟通，说明审美对象（意象世界）的产生离不开人的意识活动中的意向性行为，离不开意向性构成的生成机制。也说明"世界万物由于人的意识而被照亮、被唤醒，从而构成一个充满意蕴的意象世界。意向世界是不能脱离审美活动而存在的。美只能存在于美感活动中"。第三个命题是"意象世界照亮一个真实的世界"。叶朗认为，中国美学将意象世界看成是一个真实的世界。要把握这一思想，关键在于把握中国美学对"真实"、对世界本来存在样子的理解。在中国美学看来，真就是自然，是存在的本来面貌，它是有生命的，是与人类的生存命运紧密相联，是充满情趣的。中国美学的这个思想与胡塞尔晚年提出的"生活世界"的思想有相通之处。生活世界是一个活的、有生命的世界、是一个原初的经验世界，是一个历史的具体的世界，是一个充满了意义和价值的世界。意象世界照亮一个真实的世界，可以理解为"意象世界（美）照亮这个最本原的'生活世界'，这个'生活世界'是有生命的世界，是人生活于其中的世界，是人与万物一体的世界，是充满了意味和情趣的世界"。通过中国美学关于美的三个命题的论述，叶朗得出了这样的结论："这三个命题，在理论上最大的特点就是重视'心'的作用，重视精神的价值。这里的'心'并非被动的、反映论的'意识'或'主观'，而是具有巨大能动作用的意义生发机制。心的作用，就是赋予与人无关的外在世界以各种各样的意义。在这些意义之中也涵盖了'美'的判断。离开了人的意识的生发机制，天地万物就没有意义，就不能称为美。中国美学的意象理论，突出强调了意义的丰富性，对于审美活动中的价值。其实质是恢复创造性的'心'在审美活动中的主导地位，提高心灵对于事物的承载能力和创造能力。"他还进一步得出结论："中国美学的这个特点，从一个方面，为我们照亮了现象学的价值和意义。反过来是否也可以说，现象学的理论，也从一个方面，为我们照亮了中国美学在理论上的特殊品格。"①

从以上论述中不难见出，叶朗将"意象"与现象学理论联系起来的立足点在中国传统美学的现代意味的发掘。他曾明确表示："'意象'乃是中国传统美学的核心范畴，同时'意象'又是中国传统美学和西方现代美学的契合点。"②所以其"美在意象"理论是有意识地整合西方现象学与中国传统意象美学理论资源的结果，在这种整合中，中国传统美学又处于优先地位。他对现象学美学的接受更多地是从同而非异的方面入手，重视的是海德格尔、杜夫海纳一类从存在论现象学美学角度来解释美（意象）的理论，而对于胡塞尔开创的现象学透过直观性而达到普遍性，重视客观性研究的理论并不重视，也对现象学美学家如杜夫海纳等人在重视审美体验、情感性的同时，仍包含的对审美知觉、认识作用的肯定，试图建立起客观的美学知识体系的努力忽略不计。他认为中国美学的意象理论的实质是恢复创造性的"心"在审美活动中的主导地位，提高心灵对于事物的承载能力和创造能力，这一看法未必完全符合现象学美学的精神。因为即使像海德格尔、杜夫海纳一类持存在论立场的现象学美学家，他们也不会像中国传统美学那样高度重视主体心灵在审美活动中的地位。海德格尔说，"美是作为无蔽的真理的一种现身方式"；杜夫海纳说，审美知觉不创造对象，而是显现对象，"对象在意识中得到显示"③。他们重视的是美（审美对象）如何从被遮蔽的状态中显现出来，成为存在真理发生的重要方式，而不是如何用审美意识、审美主体心理去承载与建构审美对象。但我们不能因此而否定叶朗运用现象学的理论成果解读中国美学的"意象"理论的意义。因为它不仅反映了中国当代美学家在接受西方当代美学理论的知识与背景的差异，同时也说明像叶朗这样有志于发展中国当代美学的理论家有着自己的立场与选择，那就是对西方美学的接受，必须立足中国美学与文化传统。特别值得注意的是叶朗所说的现象学理论与中国美学相互照亮的思想。正是因为有这种"照亮"，他才能在中国传统美学的"情景交融""现量"说中发现与现象学的"意向性""灿烂的感性""生活世界"等概念术语相通的思想，将中国传统美学带入现

①　叶朗：《"意象世界"与现象学》，《意象》第 4 期，北京大学出版社 2013 年版。

②　叶朗：《胸中之竹·后记》，安徽教育出版社 1998 年版，第 367 页。

③　[法] 杜夫海纳：《审美经验现象学》，韩树站译，文化艺术出版社 1996 年版，第 268 页。

代美学的阐释境域中。也是因为这种照亮，他有意识地舍去了现象学那种中立化、客观性的知识论立场（这一立场在胡塞尔前期思想以及英伽登、日内瓦学派的现象学美学研究中表现得尤其突出），将美与存在之真、与人的生活世界紧密联系起来，使中国美学的"意象"理论，在西方现代现象学思想烛照下，焕发出新意与光彩。

二

张祥龙是中国当代研究现象学的著名学者，他对于中国传统美学的阐释也主要以现象学美学为根据展开。张祥龙对现象学所说的"现象"与传统西方哲学所说的"现象"做了明确区分，认为传统西方哲学无论是经验论者还是唯理论者，都将现象看做在感觉经验中呈现出来的东西。这种现象是现成的、个别的、私有的和纯主观的，与本质、实体相对应，被看作是认识的一个起点；而现象学所说的"现象"则如胡塞尔所理解的那样，指显现活动本身和在这显现之中显现着的东西，二者之间存在着内在的关联。[1] 他探讨了这两种不同含义的"现象"对于美（美感）的不同意义。他认为，依据传统西方哲学美学的"现象"和感知来说明美感，"就会形成完全主观的、单纯心理表现的美学学说。它的失误主要不在'主观'和'任意'，而在于它说明不了美感的非现成的微妙发生性和'悬中'性"[2]。而"非现成的微妙发生性"和"悬中性"正是现象学的现象与美（美感经验）发生关系的关键所在。他说："现象原本就是'悬中而现'的，因这纯境域中构成着的纯显现先于一切可把捉的现成者，对它的体验就不可能是偏执某一实在形态的。正是出于这样一个缘故，这种原发体验或现象知觉具有'唯一无利害关系的和自由的愉快'。"[3] 在此基础上，张祥龙明确提出"现象本身是美的"的命题。他认为，在现象学的视野中，"那让事物呈现出来，成为我所感知、回忆、高兴、忧伤……的内容，即成为一般现象的条件，就是令我们具有美感体验的条件。换句话说，美感体验并不是稀罕的奢侈品，它深植于人生最根本的体验方式之中。原发的、活生生的体验一定是

---

① 张祥龙：《从现象学到孔夫子》，商务印书馆 2001 年版，第 378—379 页。

② 张祥龙：《从现象学到孔夫子》，商务印书馆 2001 年版，第 379 页。

③ 张祥龙：《从现象学到孔夫子》，商务印书馆 2001 年版，第 391 页。

'美'，含有非概念的领会与纯真的愉悦"。①张祥龙对现象学美感经验的阐释，实际回到了海德格尔存在论现象学的立场，将原发的、生气勃勃的人类生活经验看成是美感发生的基本条件，美（美感）也就是这种原发的生活经验在自己所生活的世界中的呈现。

张祥龙以现象学观念解释美和美感经验，亦注意到其与中国美学中的"意象"理论的关联。与叶朗提出"美在意象"命题重在阐释现象学与中国美学的融合沟通不同，他更多地看到了这两种思想资源不仅存有相同也存有相异，意在突破中国当代美学界"意象"和"意境"阐释常见的那种对象化、情景二元的思维模式。他认为："'美'或'意境'并非只是人的心理状态向某种现成现象的投射所造成的，而是现象本身在其被构成的势态处天然形成的。正像庄子所言'天地有大美而不言'"。②以此标准看朱光潜的"美感经验是对形象的直觉"说，其所表达的"美感的态度就是损学而益道"，将观赏对象孤立绝缘起来，作无所为而为地观照的思想，与现象学"悬置"一切与现象的直接显现无关的东西，只关注那"在直观中原初地给予我们的东西"思想颇为相似。③不过，朱光潜似乎还无法区分这种形象直观与经验主义者们讲的"印象"的区别，还不能与现象学美学所重视的美感体验等同起来。④张祥龙认为，"在现象学看来，人性天然混成，气韵盎然，自有一段缠绵不尽之情、勃郁待发之意"，"无人生与世间的根本处那原发的'想象''虚构'与'交相投映'，就根本无世间之'现—象'；而只要有树、有马、有人、有天地，就定有'枯藤老树昏鸦''古道西风瘦马''断肠人在天涯'的意境与语境的可能"⑤，所以中国人论艺，讲风、神、骨、气、意、象、虚、韵等等，王国维讲"境界""气象"，其妙处"不在于是抒发些什么，描写些什么，铺陈些什么，而在于构成某种境界，即那超出一切可对象化、现成化的意义的意境或气象"⑥。这些，与现象学所说的现象本身是美的思想是相通的。他还特别肯定了宗白华的"意境"说，认为此说包含着"不可对象化和观念化"之意，另一方面又意味着"活生生地、融为一

---

① 张祥龙：《从现象学到孔夫子》，商务印书馆 2001 年版，第 372 页。
② 张祥龙：《从现象学到孔夫子》，商务印书馆 2001 年版，第 392 页。
③ 张祥龙：《从现象学到孔夫子》，商务印书馆 2001 年版，第 389 页。
④⑤⑥ 张祥龙：《从现象学到孔夫子》，商务印书馆 2001 年版，第 391 页。

体地在场"，于是"将诗文画面中的'空间'和'意境结构'归源到'道'之虚和
'室'之'虚白'，也就是'于空寂处见流行，于流行见空寂'"，所以与现象学、
特别是海德格尔的现象学中对"现象"的看法颇有相合之处，而这些正是朱光潜先
生的'意象'说缺少的 ①。不过，即便在宗白华那里，在张祥龙看来，"主客在根本
处似乎还是分为两边的，它们只是在'意境'中'交融互渗'"，这与现象学所说
的原发构成着的境域——边缘域、生存的解释学境域——的思路还是不一样的。他
强调"在现象学的视域中，最真实者就是意境；主体与客体只是由之衍生出的存在
形态"②。意识到这一点，"现象的原本呈现就是美"的看法就与传统美学所说的"现
象与主观情调的交融为美的看法"彻底划清了界限："'美'不是关于任何'什么'
的问题，而是人所处的状态的问题；也就是说，不能说我们一旦得到了什么，比如
某种特殊的形式、色彩、结构，乃至心理状态，就一定能体验到美。只有当人处于
一个'还原'或'悬置'掉了一切现成区别的规定，正在凭空发生和维持着的状态
时，才有美感体验。"③

　　张祥龙对现象学美学精神的把握，比较贴近西方当代现象学的本义。他认为现
象学的基本态度就是"朝向活生生的事情本身，你自己睁开你的眼睛去看，去听，
去直观，然后从这里头得出最原本的东西"④，并在此基础上提出"现象本身是美的"
的命题。所谓"现象本身是美的"，强调"美"（美感）不是关于任何"什么"的问
题，而是人所处的状态的问题，是离人最近的现象本身，是一种原发的、超越主客
二分的"居中"式的生活体验、是不断涌动发生的境域，具有非对象化、非现成化
的特点，这些都有助于人们摆脱实体化的理论思维，更深入地思考和把握"美"（美
感）的本义。但是，将现象与美等同起来，甚至用"现象"来解释中国古代美学的
意境与意象理论，则是将问题简单化了。其实，他所说的"现象本身是美的"突出
的是一种现象学的生活态度，偏向于从"情"、从主体经验而非从景、从审美对象
的角度谈美。而中国传统美学的"意象"与"意境"，则是情景交融的世界，它不

---

① 张祥龙：《从现象学到孔夫子》，商务印书馆 2001 年版，第 393—395 页。

② 张祥龙：《从现象学到孔夫子》，商务印书馆 2001 年版，第 396 页。

③ 张祥龙：《从现象学到孔夫子》，商务印书馆 2001 年版，第 397 页。

④ 张祥龙：《朝向事情本身》，团结出版社 2003 年版，第 5 页。

仅包含主体，也包含对象，只是这里所说的对象是融于主体情感意识之中，在情感意识和美感经验中显现出来的。张祥龙用现象学思想对中国传统美学进行解读，还有一点值得人们关注，那就是他不像目前学术界那样，普遍将现象学与老庄易禅的思想联系起来①，也不像中国美学界常常将关注的焦点集中在具体的美学范畴与命题上，而是将焦点对准孔子，试图通过孔子对诗歌与音乐的哲理性思考去发现中国美学非概念化、非现成化的思想本源，从而生发出与中国传统美学"意象"论相通的思想。比如，他对"兴"的阐释，就以孔子对音乐与诗歌的哲理性思考为基础，认为"孔子的整个思想都是活在'兴'中，没有'兴'就不能理解孔子"②。而"兴"就是一种原发的生活经验与生命体验，它打开了语言和领会的境域，所以它与中国古代意境与意象审美是相通的③。有时，他还将"兴"与"意象"直接等同起来，比如他说："19世纪后期以来，尤其20世纪西方的诗歌和艺术都想切断意象与喻意（也就是兴与被兴）的对象内容上的联系。"④此中"意象"的语义就与"兴"等同。这种理解或许不符合中国传统美学的语义，但它重视的是中国传统美学对西方概念化、对象化思维的挑战，是"兴"中所蕴涵的那种不同于西方传统诗歌比喻化思维的情感感发力量，这实际上是可以与中国古代意象审美传统联系起来的。中国古代意象审美，非常重视意象与感兴的关系，认为在审美感兴的激发下，心与物、主体情思与客体景物天然相遭、适然相合而生成审美意象（兴象），就说明了这点。

三

杨春时是中国当代在审美现象学研究中取得重要成果的美学家，他的近作《作

---

① 徐复观可以说是中国学者中最早自觉用现象学思想阐释中国古代美学的人，自从他在《中国艺术精神》中将庄子的"心斋"类比胡塞尔的"纯意识"以来，现象学进入中国语境中，就主要与老庄、周易甚至包括禅宗的思想联系起来。比如，刘若愚的《中国文学理论》就主要以庄子思想为根据探讨现象学与中国文学形而上理论的关系；叶维廉亦是以道家知识论为依据探讨现象学与中国美学的关系（参见叶维廉《无言独化，道家美学论要》《言无言，道家知识论》等文）。本文所讨论的叶朗、杨春时也主要是以老庄、周易为根据探讨现象学与"意象"理论的关系。

②③④ 张祥龙：《孔子的现象学阐释九讲》，华东师范大学出版社2009年版，第85页，第4、5讲，第88页。

为第一哲学的美学——存在、现象与审美》[①]以及一系列论文系统地建构了审美现象学体系。在他的审美现象学理论阐释与建构中，"审美意象"是一个中心范畴。他认为"审美意象就是现象学的现象"。之所以得出这样的结论，一是因为他受到海德格尔存在论现象学影响。在他看来，胡塞尔虽然提出现象学的概念，但由于局限在先验意识（纯粹意识）的领域，其现象学的理论建构并不成功。海德格尔看到了这一点，对现象学进行了改造，变意识现象学为存在论现象学，把现象学当作领会存在意义的哲学方法论。杨春时非常重视这一点，认为现象学必须在存在论的基础上才是可能的。不过，海德格尔将现象学还原确定为生存（此在在世）的（显现）体验，这种现实生存体验（尽管是面向死亡的生存体验）不能领会存在的意义（而不是存在的显现），因此并没有完成对现象学的改造。杨春时意识到这一点，所以提出"现象的显现只有在审美中才有可能，现象就是审美意象"的观点，并认为："要克服现象学的缺陷，完善现象学，必须在审美主义的基础上进行建构，即使审美成为真正的现象学'还原'，使审美意象成为存在的显现——现象并最终使美学成为现象学。"[②]既然如此，就必须重视中国传统美学对"意象"的理解，特别是其中所蕴涵的将审美意象看成是道的体现、审美意象就是现象学中所说的"现象"的思想。

杨春时不仅借鉴、改造了西方现象学理论，而且提出中国美学具有现象学性质的论断。他认为，传统的西方美学把美看作实体的属性，具有外在于人的性质，因此，美就成为客体性的表象，而审美成为外在的认知。这就是说，西方美学没有把美作为现象。中国美学则具有现象学的性质，把中国哲学的现象性性质发展到极致。中国哲学的本体论核心是道论，"道"具有西方哲学中"逻各斯"的地位，却不同于"逻各斯"，它不是外在的自在之物，不是理念，而是与人相关的存在本身。它没有本体界与现象界的截然区分，所以体用不二，道在伦常日用中。也就是说，日常现象即是道的体现，或者说，道可以显现为现象。老子、庄子所提出的"象"，《周易》中的"易象"，都可以看成是"道"的显现与象征。由于"道"的哲学观念

---

① 杨春时：《作为第一哲学的美学——存在、现象与审美》，人民出版社 2015 年版。本文的论述主要根据此书，非直接引用，不再一一注明。

② 杨春时：《现象学的未完成性与审美现象学的建立》，《吉林大学学报》2013 年第 5 期。

的存在，中国古典哲学没有走上西方哲学以概念揭示本体的道路，而是提出了以象来显示道的现象学思路。中国美学认为审美就是对世界的直接体悟，并且创造了审美意象概念，而审美意象就是现象学的现象。为说明这一点，杨春时以刘勰的"道体现为文"和宗炳的"澄怀味象"等命题为例进行了具体阐释。刘勰认为文是道的显现，"道沿圣以垂文，圣因文而明道"。这样，文特别是文学就成为道的现象，而对文的体验，就是对道的领会。这一文学观念，成为中国文学理论的主流，从而为中国美学的现象性开辟了道路。刘勰还论证了文学的现象性："人文之元，肇自太极，幽赞神明，易象唯先"，提出"独照之匠，窥意象而运斤"的命题，使易象演变为意象，"文"具体化为"现象"，使意象概念得以形成，这标志着中国古典美学找到了使道显现为现象的根本，使意象进入艺术理论，成为美学范畴。宗炳的"澄怀味象"等命题则说明，从易象到意象概念的转化过程中，"味象"是重要的环节，它具有了体道的现象性。按照现象学的理论，现象的生成需要排除经验意识，而进入纯意识，意象的生成也同样需要这种"悬搁"。"味"的概念使用，也说明对"象"的体验，不是理性认识，而是审美体验。

在上述论述的基础上，杨春时对源自中国古典美学的"意象"（审美意象）的特征予以了分析与规定。意象的特点之一是超越性。意象作为道的显现，具有超越表象的丰富内涵即审美意义，也就是说，意象不是现实事物的表象（物象），而是具有超越意义的现象。其二是直觉性，也就是说意象不是表象，不是理性认识的对象，而是直觉体验的产物。其三是主客对立的消除，也就是具有主体间性。审美意象不是客观的物象，也不是主观的意念而是二者的同一。最后是个体性。意象是个体创造的产物，蕴涵着个体的情感、认识，是个体审美理想的表达。

由于中国美学的现象学性质、中国美学创造了审美意象范畴，中国美学不是认识论美学而是同情论美学。它不同于西方现象学以直观认识构造现象，而是以情感会通世界，形成情感意象。中华美学的现象学也就是情感现象学。中国现象学还具有古典性的特征。它建基于古典哲学的天人合一，而不是现代的存在同一性，带有蒙昧性、混融性特征。它与现代现象学相比，往往缺乏超越的环节。但由于它具有情感现象学的特征，仍然可以与西方现代美学进行对话，成为现代美学建设的宝贵思想资源。

　　杨春时曾这样描述自己的美学之路，即"从生存美学走向存在美学、从主体性美学走向主体间美学，从意识美学走向现象学美学，最后建立了主体间性超越美学"。[①] 从这一描述可以见出，杨春时之所以要将中华美学定义为现象学，将中国传统美学中的"意象"与他所理解的"美"（审美意象），所理解的"现象学的现象"联系起来，目的并不在于阐释与发掘中国传统美学"意象"说的本来涵义，而是在于将这种理论资源整合在他的审美现象学的理论建构中，探寻一条新的发展中国当代美学的理路。正因为此，杨春时的现象学美学研究具有非常广阔的理论视野，它不仅试图从中西哲学与美学的背景下探讨现象学美学的理论成果，注意比较中西哲学美学精神的不同，而且还试图将中国古代美学与中国现代美学的理论成果融通起来，以实现新的理论创造。这正是杨春时提出"审美意象是现象学的现象"命题，以西方当代现象学理论来解释中国传统"意象"理论的价值所在。其中的许多观点，诸如现象的显现只有在审美中才有可能，审美意象是道的体现，中华美学的现象学是情感现象学，中国现象学具有古典型的特征，等等，都是很具有启发性的，为中国美学的"意象"理论研究提供了新的思路。

　　但是，我们也应该看到，作为一个有着很强的理论体系建构意识的美学家，杨春时用现象学理论解读中国美学的"意象"理论，也过多地显示出理论建构和体系需要的特征。比如，他将超越性作为意象的基本特征，认为"审美不是现实生存的特例，也不是现实生存体验之一种。审美作为自由的生存方式和超验的体验方式，回归了存在本身，也使存在的意义得以显现"[②]，就是有意识地阐释他一贯秉持的"审美超越"的思想。依笔者看，现象学美学所主张的"超越"，虽然与现实保持距离，却是现实的、历史的存在。在现象学看来，美作为人类最原初的生活经验，就存在于人们的生活世界中，与人们的生活发生最直接最亲近的关系，如杜夫海纳所说，"审美经验揭示了人类与世界的最深刻和最亲密的关系，他需要美，是因为他需要感到自己存在于世界"[③]。现象学美学的意义首先也不在于将人们引向一个"超越"的、超验的彼岸世界，而是如何理解我们所生活所处的这个基本经验世界。另

---

① 杨春时：《我的美学之路》，《文艺评论》2012 年第 7 期。

② 杨春时：《审美的现象性与建立审美现象学之可能》，《四川师范大学学报》2012 年第 4 期。

③ ［法］杜夫海纳：《美学与哲学》，孙非译，中国社会科学出版社 1985 年版，第 3 页。

外，将意象（审美意象）等同于现象学的现象，我以为也是过于简单化的看法。我们承认，无论是中国美学的"意象"，还是现象学的现象，都具有破除实体化、对象化思维的意义，都不能看成是对象化的实体形象的存在，从这一意义上说，杨春时强调"审美意象就是现象学的现象"有一定价值。但是，现象学所说的"现象"，就其基本语义来说还是不能等同于"美"，不能等同于审美意象。"现象学"的"现象"的基本语义是"显现"，显现包括显现物与显现活动本身。"现象"从认识论意义上理解，可以看成悬置了客观存在，在纯意识中显现的东西，如胡塞尔所理解的"现象"；从存在论意义上来理解，"现象"即"此在的存在意义的展开"，如海德格尔所理解的"现象"。而认识论、存在论意义上的现象都不能等同于审美意象。审美意象必须具有审美的品格。胡塞尔曾经指出审美经验、艺术创作与现象学的直观之间的相似之处，但他并没有将二者等同起来，而是认为艺术家与哲学家不同的地方在于："前者的目的不是为了论证和在概念中把握这个世界现象的'意义'，而是在于直觉占有这个现象，以便从中为美学的创造性刻画收集丰富的形象和材料。"① 西方现象学美学家也都重视这一区分，所以注意探讨审美经验，如知觉、想象、情感等因素在审美意象建构中的作用，审美意象也就是审美对象在知觉、想象和情感等审美经验活动中的活泼泼显现。中国传统美学将"意象"理解为情景交融的世界亦是如此。审美意象是情与景的交融所生成的一个世界，它作为事物的本然存在样态，也是审美对象向审美经验世界的呈现，是一个在审美经验和审美意识照亮下所生成的充满情趣、充满意蕴的感性的诗意的世界。而这些，虽然在一些现象学美学家包括杨春时本人那里有所关注，但却是现象学所说的"现象"这一概念术语自身所无法包括的。

上面提到的问题，杨春时在他的专著《作为第一哲学的美学——存在、现象与审美》中做了解释。这本书重点论述了作为哲学方法论的现象学、作为哲学本体论的存在论与美学之间的关系。在本书中，杨春时重新界定了存在概念，认为存在是我与世界的共在，具有同一性；存在是生存的根据，具有本真性。他认为，生存是存在的现实形态，是存在的异化，于是存在的本真性丧失，生存不具有自由性；我与世界的同一性破裂，主客发生对立。因此，存在的意义不能在现实生存体验中领

---

① 倪梁康选编：《胡塞尔选集》，上海三联书店 1997 年版，第 1204 页。

会，需要现象学的把握。现象学的宗旨就是要从现实生存回归存在，进而领会存在的意义。要达到这个目的，现象学就要以主体间性打破我与世界的隔离，这就产生了意象性的直观，从而恢复了存在的同一性；还要以超越性摆脱现实生存桎梏，这就产生了回归本源的主体和世界的现象学还原，从而恢复了存在的本真性。但是，由于现实生存体验不能把握存在，传统现象学企望还原到纯粹意识或先验意识也没有可能；存在不在场，不能直接显现，所以传统现象学走到了绝路。杨春时认为，现象学在胡塞尔和早期海德格尔之后，走上了两条道路。一条是缺席现象学，一条是审美现象学。所谓缺席现象学，就是根据存在不在场的缺失体验，包括各种否定性的基本情绪和认识的有限感而作出反思，进而推定出存在，使其在彼岸被间接地把握，这就是推定存在论。海德格尔后期基于本有的现象学和本体论的建构，就属于缺席现象学和推定存在论。所谓审美现象学，区别于现象学美学，后者是用现象学方法把握美的本质，英伽登为代表；前者是把审美作为真正的现象学还原，把握存在的本质，以后期海德格尔和杜夫海纳为代表。杨春时认为，审美意识是充分的意象意识（非自觉意识），也是超越感性、知性的自由意识，因此把现实意识还原为审美意识就是现象学所谓的"纯粹意识"，审美体验就是现象学所谓的"本质直观"。审美体验以审美意象运动的方式存在，也就是使世界（存在）作为现象显现。这就是说，审美不是感性意识，而是领会存在意义的自由的生存体验。因此，"审美即现象，是对存在意义的领会"。审美又可称之为"充实的现象学"和"本源的存在论"。[1]美学是"现象学和存在论的同一"，我们就可以在"建立审美现象学和审美存在论的基础上"，确立美学为"第一哲学"。[2]

杨春时关于存在论、现象学以及美学的论述，为打通中西现象学提供了一种理论思考，也似乎可以回答我前面提到的问题。但是，杨春时几乎颠覆了整个现行的哲学、美学体系，做出了全新的理论建构。这些理论建构是否具有真理性，能否经得起时间的检验，现在还难下结论，但这种创造本身是应该肯定的。本文对此给以同情的理解和客观的阐述，目的即在于此。

---

① 杨春时：《作为第一哲学的美学——存在、现象与审美》，人民出版社 2015 年版，第 515 页。
② 杨春时：《作为第一哲学的美学——存在、现象与审美》，人民出版社 2015 年版，第 365 页。

以上论述说明，无论是叶朗、张祥龙还是杨春时，他们都意识到，现象学作为西方当今最有影响的一种哲学美学思潮，对于破除西方传统的主客二分和本质主义的思维方式具有重要意义；同时也意识到，现象学哲学美学的观念与方法与中国传统哲学美学存在着许多可以融合和沟通的地方，所以运用现象学的理论成果来解读中国美学的"意象"理论，对于消除长期存在于人们头脑中那种对待美的本质化、对象化的思维方式，具有重要意义。三人在接受现象学美学成果方面也表现出惊人的一致，那就是他们都对现象学那种客观化、中立化的知识论立场不感兴趣，都重视从存在论现象学哲学美学中吸取理论资源，也都重视从审美的立场上来理解现象学，将现象学的态度与方法与美学紧密结合起来。当然，由于知识背景和理论需求的不同，他们运用现象学观念与方法阐释中国美学的"意象"理论，也表现出不同的立场与选择。这也是这篇文章主要论述的问题。

笔者认为，中国当代美学对"意象"的现象学阐释，虽然取得了上述有价值的成果，毕竟还处在初始阶段，主要还是从哲学理论层面展开，主要指向中国传统美学。而中国美学的意象理论，不仅属于传统，也属于现代。要让"意象"理论焕发出新的生命，突破以传统美学为阈限的现象学阐释思路，还必须立足于当代艺术与审美实践，回答当代艺术与审美实践所关注的问题。另外，上述理论家对"意象"的现象学阐释主要是以存在论现象学为依据。其实，现象学对"意象"的阐释还有一个重要维度，那就是身体现象学的解读。身体现象学的代表人物梅洛-庞蒂将审美经验归结为一种知觉活动，他从"身体—主体"概念出发强调知觉的意义，认为作为原初经验的知觉活动不是先验自我的构成活动，而是人在世界之中的生存活动，是身体—主体与对象的相互作用与交流。这种身体的感知在中国古代艺术与审美活动中也是非常突出的，比如《庄子》中所说的"以神遇而不以目视"就是一种身体的感知与技艺。中国古代的"意象"理论也包含身体感知的内容。《易经》中的"象"思维就与阴阳相合的身体体验相关，并通过阴阳气化一类范畴升华为中国哲学美学的基本思维结构。中国古代美学提出"兴""感兴"一类范畴，强调"美"（意象）的体验是一种原发的生命体验，具有非对象化、非现成化的特点，也有"身体美学"方面的根据。对"意象"作身体现象学解读，亦可以让我们更好地认识中国古代美学身心一体的思维特征以及作为人的生命活动象征的意象美学内涵。

还有一点亦需注意，以海德格尔为代表的存在论现象学对胡塞尔现象学的内涵予以重新阐释，使现象学与美学之间发生亲密的关系，中国美学家看到这一点，所以普遍运用存在论现象学的观点阐释中国美学的"意象"理论，这种阐释自然是合理的和有根据的。不过，也应看到，存在论现象学对美的看法，是对西方传统哲学美学反思的结果，是对西方知性哲学的解构和物化现实的批判，是西方人存在之境域的体现，它虽然重视美和诗意的生存，但从总体上说，还没有脱离西方传统的思想范式，缺乏一种诗性的人生智慧与审美理想。而中国美学的"意象"理论，则是建立在天人合一、物我同一、情景相生的哲学美学观念基础上，它没有西方存在论现象学"把存在者带入存在""真理的发生"一类话语与规定，是中国文化和美学崇尚自然、返归身心的天然本性的体现，是中国古人诗性的人生智慧与审美理想的体现。这是中国美学"意象"理论的价值所在，对于西方现象学的价值与意义，用叶朗先生的话说，它也是一种照亮。

原刊《学术月刊》2017 年第 6 期

新中国七十年文化研究的
演进逻辑及其反思

肖伟胜[*]

一

近代以来，文化问题一直是中国知识分子讨论的中心议题。1886—1887年春，总理各国事务衙门的恭亲王奕䜣与大学士倭仁的辩论，可说是中国近、现代史上中西文化论战的首次交锋。自此以后，当"西学"逐渐深入政制、思想观念的文化层面时，关于"西化"的争论就更为激烈，情况也更复杂。这一攸关中华民族现代化走向的中西文化论争，以"五四"新文化运动勃兴期和"文革"后的20世纪80年代论战最为典型，它们尽管各有不同的语境和问题，但提问的方式却极为接近，往往采用"东方文化/西方文化""传统文化/现代文化"等二元对立思维方式来讨论中国文化何去何从的问题。正像在20世纪80年代文化论争中起过重大作用的"走向未来丛书"的标题所提示的，文化论争的核心问题是讨论中国的文化与未来的关系，也就是中国文化与现代化的关系。

翻检从"五四"到20世纪90年代中期关于文化议题的讨论，会发现"文化"是一个与经济、政治相对举的概念，它主要指那些经典的文本和人类学意义上的习俗和风尚，以及蕴含其中的精神和价值体系。因此，文化概念始终与传统概念联系在一起，中国文化的概念也多半指的是中国的传统文化。[①]新中国成立之后，这种始终与传统概念相联系的文化概念内涵基本上得以承袭，直到20世纪90年代中期

---

* 作者为西南大学文学院教授。

① 汪晖：《九十年代中国大陆的文化研究与文化批评》，《电影艺术》1995年第1期。

以伯明翰学派为代表的英国文化研究正式引入后才真正有所改变。

　　首先我们不妨看看新中国成立之初到改革开放前夕的文化研究（cultural research），① 它主要有以下几个面向：（1）随着新中国一系列考古发掘，对出土的文化遗存包括新、旧石器时代文化、仰韶文化、龙山文化、大汶口文化、三里桥文化、裴李岗文化等进行物质文化研究，这种考古学研究一直延续至今，几乎没有中断。（2）为了建立社会主义文化领导权，人文学者一方面在"三反、五反"等一系列政治运动之中，对"五四"新文化和封建传统文化予以了批判，另一方面展开了对美帝国主义文化入侵的鞭挞，同时积极引介和学习社会主义阵营的新文化，探讨如何在"百花齐放、百家争鸣"方针指引下，建立以无产阶级工农群众为主体的社会主义新文化。农民文化、扫盲文化课本、文化革命与古今问题、群众文化运动、文化遗产批判继承、新文化下乡、纪念文化革命先驱等话题就成了此时文化研究的聚焦点。（3）随着新中国建交国的日益增多，文化交流也日趋频繁，人文学者开始关注苏联、匈牙利、古巴、朝鲜，也包括美国、日本和西欧等国家的文化发展状况，并以比较文化眼光来看取基督教文化、希腊文化、玛雅文化等，而这些异域文化与古代中国之间到底存在着怎样的交流影响，是当时文化研究另一个重头戏。在此情境下，"五四"以来的东西文化论争又再次旧话重提。

　　"新时期"文化研究关注的重心除了对前一阶段出土的文化遗存继续进行研究外，也将目光投向了不同朝代、不同区域乃至少数民族文化。于是，关于秦代、金代、元代等朝代的文化和满族、壮族、彝族等少数民族文化，以及吴越文化、齐文化、楚文化等区域文化的研究一时兴盛。其中对各种文化形态空间分布的分析无疑打破了先前"传统／现代"的时间进化论模式，助推了文化研究走向更深入，后来由严家炎先生主编"二十世纪文学与区域文化丛书"就是这方面进一步拓展所取得的实绩。新时期工作重心从阶级斗争为纲转移到了"社会主义现代化建设"上来，一大批人文学者一方面拨乱反正，批判"四人帮"的文化专制主义，一方面探讨如

---

　　① 在本文中，我们将文化研究分为两种，一种是传统意义上的文化研究（cultural research），它将文化视为一个超越、独立、具有永恒价值的自主领域，它主要研究传统经典文本或中西文化思维比较之类的问题。一种是以英国伯明翰学派的文化研究（cultural studies）为典型代表，它将文化视为一种生活方式，主要以当代大众社会和大众文化为对象，并逐渐扩展为一种全球性的文化研究潮流。因此，后者不局限于英国文化研究。

何开展百家争鸣、正确对待中外文化遗产，从而迎接社会主义文化建设的新高潮。对传统文化与现代化的关系、"全盘西化"与"中国本位文化"之争、"五四"新文化历史意义的重估、文化的民族性和时代性、族际关系和民族文化发展、文化保守主义等"文化热"议题的持续探讨，成了 80 年代文化研究最为靓丽的风景，冯友兰、费孝通、周汝昌、季羡林、张岱年、金克木、周谷城、庞朴、任继愈、汤一介、高尔泰、李泽厚等老中青几代知识分子均参与其中。此外，当时以"走向未来丛书""中国文化丛书""文化：中国与世界"等为代表的系列文化研究与译介方面著作的出版，同时关于中国文化、东西方文化比较等国际学术讨论会乃至文化讲习班的高频次举办，和研究中国文化的学术组织机构和中心的创建，以及文化研究方法论上的自觉，都使得这股"文化热"思潮不仅持续时间长、社会影响大，而且，不管在广度还是深度上均大有改观。法国年鉴学派、文化社会学、文化经济学、文化哲学、文化生态学，文化地理学、文化学等学科方法成为当时人文学者肆意纵横文化领域的利器。随着国门进一步敞开，中外文化和学术交流的日益频繁，如何与有文化差异的人们进行沟通，如何才能正确翻译异域文化，以及怎样从语言入手来了解对方文化等跨文化交际问题，成了 80 年代后期文化研究另一个聚焦点。

20 世纪 70 年代末，伴随改革开放的春风，以邓丽君、台湾校园民谣等为代表的港台流行歌曲，《大侠霍元甲》《上海滩》《射雕英雄传》等港台电视连续剧相继引入，还有受青年人热捧的太阳镜、大鬓角飞机头发型、喇叭裤、花衬衫、收录机等象征另类生活方式"行头"的引入和流行，以及国产《少林寺》《庐山恋》《人到中年》等影片的热映，等等，这些都表明了大众文化在挣脱极"左"意识形态钳制后的强势回归，并伴随着收音机、电视机、录像机等大众传播媒介迅速走入寻常百姓的日常生活。尤其到了 90 年代初，社会主义市场经济在国家体制上的合法性确立，中国日益融入全球经济"一体化"进程，"导致社会结构重组、资本重新分配、新意识形态建立、文化地形图改写的'社会转型'的出现"，[①] 从而为大众文化的持续发展创造了前提条件。随着电视普及率的迅猛提升和卫星电视的发展，以及文化市场化、文人下海走穴，以王朔参与编剧并以其小说为蓝本改编的电视剧《编辑部的故事》《海马歌舞厅》《过把瘾》《渴望》等为代表的高收视率电视连续剧的出现，表

---

① 洪子诚：《中国当代文学史》，北京大学出版社 2007 年版，第 327 页。

明了重视人的感性欲望的合理性、为世俗生活的幸福诉求辩护的大众文化迅速"崛起"。"如果说在 1980 年代，文化被推向市场，还是一种被动的强制的结果，许多文化人甚至愤愤不平地抱怨这是'逼良为娼'，但 1990 年代以后，文化的工业化和商业化便成为一种自觉的行为。文化被当作了一种可以赚取巨额利润的工具。"[①] 正是置身于市场经济大潮中的文化生产者这种自觉，在资本强大的裹挟之下，大众文化的各类产品迅速涌现，很快占据了文化市场的主要领域，随着其制作、生产的运作、传播程序的日益成熟，基本上形成了一套产业化的生产、运作方式。自此，通俗、流行的大众文化不仅成为当时社会"主流文化"的重要组成部分，而且深入到了普通百姓的日常生活之中，成为形成其道德和伦理观念的主要资源。

　　不过，对于这种来势汹涌旨在张扬世俗化生活的文化形态，当时人文学者除了从专业角度对影视作品进行研究外，关于广告、MTV、街头劲舞、时尚杂志、流行趣味、时装、模特、美容化妆、旅游、酒吧、人文景观、影楼等遍布日常生活每一个角落的大众文化现象之研究几近阙如。事实上，在 80 年代后期，尽管包括法兰克福学派的批判理论、詹姆逊的晚期资本主义文化理论、弗洛伊德的精神分析理论、法国的结构主义理论等文化研究著作，在不同程度上已被译介了进来，但当时人文学者囿于自身的精英立场，对于这种所谓世俗、粗鄙的平民文化要么视而不见，要么就是一片批判讨伐之声。当时的实际情形是，一批人文学者从 80 年代中期就开始关注大众文化，在《南风窗》《广州研究》《世界电影》《社会学研究》《文艺研究》等期刊杂志也零星出现了一些讨论该议题的论文，同时也粗略介绍了大众文化在日本、欧美等国家的发展概况，[②] 尤其较为关注 60 年代欧美的青年亚文化或反

---

① 尹鸿：《世纪转型：当代中国的大众文化时代》，《电影艺术》1997 年第 1 期。

② 当时也称流行文化或通俗文化，实际上大众文化（mass culture）与通俗文化或流行文化（popular culture）是一对很容易混淆的概念，根据戈登·洛尼切（Gordon Lynch）的看法，"通俗文化"或"流行文化"这一术语具有如此多不同的意义，其中一个原因就是它很少依据其自身的恰当方式来进行定义，它更为常见的是以与其他文化形式的关系来定义自身，其他文化形式包括高雅文化或先锋派文化、民间文化、主导文化或大众文化等。事实上，"通俗文化"或"流行文化"是一个广义的概念，各个历史时期均有属于自己的通俗文化或流行文化，在现代大众社会之前，它主要表现形态为民间文化（folk culture）。而大众文化专指以现代大众传播为手段、由商业化生产和销售给大众提供娱乐和商品的流行文化，是社会工业化、都市化、商业化、技术化的产物，可以说，大众文化就是现代社会的流行文化。这方面的辨析参见 Gordon Lynch, *Understanding Theology and Popular Culture*, Blackwell Publishing Ltd, 2005, pp.1—19。

主流文化现象。我们从这些对大众文化浮泛的介绍和粗浅的讨论中不难发现，当时人文学者最为关注的问题是，以影视为代表的流行文化对青少年成长到底会产生怎样的负面影响，大众文化是否会束缚或扭曲青少年正常的社会化，以及如何看待青年亚文化与主流文化之间的关系，等等。概言之，置身于80年代道德理想主义文化氛围中的人文学者对其往往采取一种凌空俯视的批判姿态，以一种痛心疾首的教育口吻劝诫文化工作者必须要对大众文化保持足够警醒，以防对青少年的身心健康产生不良影响。可以说，他们骨子里实际上对这种以赚取金钱利润为目的的文化形态不以为然，甚至嗤之以鼻。很显然，在这样一种道德高蹈和非理性激愤情绪缠绕裹挟下，也就难以奢望对其进行学理性的剖析探究了。

二

到了90年代，随着大众文化的强势崛起，市场调节机制的形成和消费文化的渐趋显露，精英文化在社会文化场域中也走向了边缘，不再具有先前那般举足轻重的地位。如果说80年代，知识分子由于共享批判极"左"意识形态、清算文化专制主义和对现代化充满乐观想象的价值立场，而在有关"异化""人道主义""主体性"等"文化热"讨论的话题上有一种趋同的理解，有一种建立在问题意识和思想前提层面上的认知范式"共识"，那么到了90年代，在如何看待业已成为亿万百姓生活方式的"大众文化"上却出现了明显的分化。诚如陶东风所言，"对于正在到来的世俗社会及其文化形态的不同认知和评价，正在成为20世纪90年代中国知识分子内部分化的一个显著标志"。① 根据当时对于世俗化文化思潮的不同认知和介入姿态，可以大致分为三类：②

（1）一些坚守80年代启蒙理想的人文学者面对现代化所带来的种种矛盾和"负面"效应，尤其是自身在社会中的位置也日趋"边缘化"的尴尬情势下，在对自身的价值和曾经持有的文化观念的质疑和失落中，主张以批判姿态重建知识分子价值立场，从而去抵抗这种粗鄙、世俗化的时代。发生于1993—1995年间关于

---

① 陶东风：《社会理论视野中的文学与文化》，暨南大学出版社2002年版，第123页。
② 关于知识分子对于大众文化态度的分类，借鉴了薛毅的说法，参见薛毅：《文化研究的问题》，《文艺理论与批评》2019年第3期。

"人文精神"的文化讨论，可以说就是这些启蒙理想遭遇挫败后陷入"精神危机"的知识分子所做的最后努力。[①]

（2）一些人文学者借重80年代后期就开始译介的后现代主义这种伴随后工业社会、信息时代兴起的文化理论，主张消弭高雅文化与通俗文化的对立，因此文化和美学浸渍了无所不在的商品意识，商品禀有了一种"新型"的审美特征，而文化贴上了商品的标签。面对90年代潮水般涌来的大众文化现象，他们不像前者那样激愤不已而是以较为理性平和的心态，尝试运用后现代文化理论去理解、阐释这种明显具有复制、消费和平面感特征的商品文化，倡导一种以反权威、反主流和去中心化的后现代多元主义宽容立场，去说明一个祛除精英化的平民时代的到来。[②]

（3）还有一些人文学者则号召知识分子应该回到自身的岗位，在市场化大潮中坚守学院派的纯正学术立场。可以说，对于大众文化持有的不同态度基本奠定了后来中国大陆知识分子群体进一步分化的三元架构雏形：新左派、新自由主义和学院派。在这三类知识分子群体中，学院派由于追求"为学术而学术"路径而主动从社会现实中撤离，[③] 所以只有主张介入当下现实社会问题的新左派、新自由主义者才有可能带来对大众文化探讨的兴趣和热情，虽然他们之间的价值立场存在分歧，但也只是在如何看待中国现实社会问题，解决这些问题的方案，以及以何种方式参与现实文化实践上。[④]

从80年代末到90年代初的大众文化研究来看，不管是来自哪个阵营的知识

[①] 最早提出这一问题的，是上海的王晓明、陈思和、李劼等。《上海文学》1993年第6期刊载了王晓明等五人的谈话录《旷野上的废墟——文学和人文精神的危机》，引发了这场有关人文精神失落与重建的论争。随后，不少期刊和报纸刊发了一系列争论文章。参见王晓明主编的《人文精神寻思录》，文汇出版社1996年版。

[②] 90年代初人文学界兴起了的"后现代主义文化"热，最初集中于对西方相关理论的译介，代表性的有佛克马、伯顿斯主编、王宁等译的《走向后现代主义》（北京大学出版社1991年版）；王岳川、尚水主编的译文集《后现代主义文化与美学》（北京大学出版社1992年版）等。几乎同时，《文艺争鸣》《文艺研究》杂志分别于1992年第5期、1993年第1期集中发表了关于后现代主义的笔谈。

[③] 尽管如此，这并不意味着学院派知识分子就一点也不关注现实社会问题，事实上，他们躲在象牙塔固守着传统学科的边界框架和知识资源，主要进行传统儒家文化的学术史爬梳和清理，从1993年开始，《中国文化》《国学研究》《原道》《原学》等一批刊物纷纷面世，北京大学举办的"国学月"活动和中央电视台播出的150集文化片《中国文明之光》，以及后来对王国维、陈寅恪、吴宓等学院派知识分子和新儒家的炒作，等等，表明以文化守成主义面目呈现的"国学热"重新出场，中间虽然几经起伏，直至今日依然热度不减。

[④] 中国大陆"新左派"和"新自由主义"论争的重要论文，参见公羊主编：《思潮——中国"新左派"及其影响》，中国社会科学出版社2003年版。

分子，在某种程度上，他们依然共享着将文化作为与经济、政治相对举的概念，并视其为一个超越、独立、具有永恒价值的自主领域。很显然，这种带有浓重精英主义色彩的文化价值取向，决定了当时人文学者过分倚重法兰克福学派的大众文化批判理论和以詹姆逊为代表的后现代主义文化理论，几乎无一例外地对中国大众文化的商业主义倾向与平面感、机械复制、追求快感等文本特征予以强烈批判。陶东风对于当时的这种情形做了较为深入的分析和批判。根据他的考辨，当时出版的关于大众文化研究的著述几乎都不约而同地直接引证或间接使用了法兰克福学派的批判理论，尤其是阿多诺的《文化工业：作为大众欺骗的启蒙》与《电视与大众文化模式》。此外，包括他本人在内的一批人文学者如尹鸿、金元浦、姚文放等，从他们撰写的关于大众文化一系列论文来看，可以说，均热衷于套用法兰克福学派的理论间或也使用一些当时译介进来的后现代理论来批判中国当代的大众文化。① 他把这种雷同且单一的文化价值立场归结为犯了"语境误置"和"搬用法"的毛病，用他自己的话说，"即直接将法兰克福学派大众文化批判理论的框架与结论运用到中国的大众文化研究中来，而没有对这个框架的适用性与结论的有效性进行认真的质疑与反省"。②

语境的误置和方法上的机械套用，造成使用的理论方法与本土文化实践存在着相当程度的脱节和错位，也就无从谈起对于当代中国大众文化进行切要同情的理解了。要改变这种尴尬的窘境，陶东风认为，必须结合中国社会与文化结构的历史性转型，把大众文化的出现与特征放置在这个整体性转型（尤其是文化的世俗化）的过程中来把握，从总体上对它得以产生的具体语境予以全面了解。③ 这一要求实际上就是要将中国当代大众文化充分语境化或历史脉络化，即从整体上把握它得以衍生的当代中国社会结构特征。这一学术诉求本身蕴含着将大众文化与大众社会相勾连，只有将大众文化置入到大众社会情境中加以考察，才能避免出现语境误置和方法上的机械套用。

---

① 只有当时身处海外的徐贲先生，对于法兰克福学派的文化工业理论的偏颇和不足有着清醒的自觉，参见《走向后现代与后殖民》（中国社会科学出版社 1996 年版），第四、五章内容。

② 陶东风：《社会理论视野中的文学与文化》，暨南大学出版社 2002 年版，第 124 页。

③ 陶东风：《文化研究：西方话语与中国语境》，《文艺研究》1998 年第 3 期。

对于当时涉身其中的人文学者而言，要把握 90 年代大众文化得以出现的中国社会转型期总体特征，至少面临着两方面的挑战：首先在客观上，对当时中国社会发展阶段必须有一个基本准确的诊断：是到了后现代消费社会了，还是尚处于工业社会阶段，抑或是前现代、现代和后现代社会相互叠加混杂的发展阶段？我们知道，以"市场化"为基本取向的"现代化"发展目标，尽管早在 20 世纪 80 年代初期就已提出，但受制于新中国成立后建立起来的政治、经济、文化高度一体化体制的束缚，① 在整个 80 年代，改革主要还是对计划经济体制做某种实验性调整，党的十一届三中全会提出了"以经济建设为中心"，但直至 90 年代以邓小平 1992 年"南方谈话"作为标志，市场经济在国家体制上才正式得以确立。可以说，正是由于这种体制上的调整和转变才使当代大众文化出现真正成为可能。事实上，正如英国文化理论学者多米尼克·斯特里纳蒂所指出的："在大众社会和大众文化出现的背后，是与土地相联系的劳动为基础的土地所有制的消除，紧密结合的乡村社群的瓦解，宗教的衰落和与科学知识的增长相联系的社会的世俗化，机械化的、单调的、异化的工厂劳动的扩展，在拥塞着毫无个性特征的人群的、庞大杂乱的城市中建立的生活模式，以及道德整合作用的相对缺乏。"② 尽管这些诊断主要是针对西方大众社会而言的，但经过改革开放十多年后，随着工业化和都市化进程的迅速推进，从前把人们结合在一起的社会结构和价值结构已经开始动摇、侵蚀甚至摧毁坍塌，90 年代中国社会已日益凸显出上述种种征兆。我们不妨看看当时关于中国社会转型期的代表性看法："尽管我们的改革主要是经济改革，但社会已经进入一个全面的、整体性的转型过程。我们正在从自给半自给的产品经济社会向有计划的商品经济社会转变；从农业社会向工业社会转变；从乡村社会向城镇社会转化；从封闭、半封闭社会向开放社会转化；从同质的单一性社会向异质的多样性社会转化；从伦理型向法理型社会转化。"③ 这段描述实际上是从社会学维度对中国社会转型期的特征做了一个较为全面而准确的把握，这些特征包括：商品经济或市场经济、工

---

① 这一提法借用了洪子诚对于 1950—1970 年代中国当代文学格局的概括，参见洪子诚：《问题与方法：中国当代文学史研究讲稿》，生活·读书·新知三联书店 2002 年版，第 188 页。

② ［英］多米尼克·斯特里纳蒂：《通俗文化理论导论》，阎嘉译，商务印书馆 2001 年版，第 11 页。

③ "社会发展综合研究"课题组：《我国转型期社会发展状况的综合分析》，《社会学研究》1991 年第 4 期。

业社会、城镇化或世俗化、多元化价值结构，以及法理型统治模式等。所做的基本判断则是，中国社会正从计划经济向社会主义市场经济转变，由此带动了农业社会向工业社会的转型，这就使得我们逐步由乡村生活转变为都市生活，告别了封闭、单一和伦理型的传统社会而迈向了开放的、多样化和法理型的现代社会。

从上述中国社会转型期特征来看，可以说，前现代、现代和后现代社会形态的相互混杂、叠加是中国当代社会长期存在的结构性要素。正因为这一基本社会架构的逐步建立、发展和持续，我们就不难明白为什么在 90 年代转型期各种文化思潮、派别会纷纷涌现出来，这是由于涉身其中的人文学者对当时中国社会实情判断可谓千差万别，有些甚至迥然相异。比如，前述一批对大众文化持强烈批判态度的人文学者，他们为什么会不约而同地犯语境误置和方法机械套用的舛误？除了对所援引的理论缺乏语境自觉外，关键一点是当代中国大众文化确实也表现出了晚期资本主义文化的部分特征，这就不难理解他们直接征引针对高度发达资本主义文化工业的法兰克福批判理论和杰姆逊的后现代观点所撰写的一系列批评文章，似乎也击中了大众文化的部分要害。至于另外一批"国学热"的鼓噪者，力推中国传统文化以补救当代大众文化对人们尤其是青少年所产生的负面影响，实际上是想用前现代的文化资源和思维方式来解决现代和后现代社会发展出现的问题，或是以文化民族主义的口实来抵抗源自西方的大众文化，用所谓"三十年河东、三十年河西"来伸张中国传统文化的优势和光明未来。这一批文化守成主义者实际上也同样犯了语境误置的毛病，原因就在于他们对于中国当下社会实情的判断上存在着较大偏差甚至失误。事实上，其时发生的各种文化论争或思想分歧，归根到底就在于如何诊断中国社会转型期的现实。他们基于各自不同的立场姿态所作出的判断，产生歧见和论争也就不足为怪了。

同样地，要想较全面把握大众文化得以出现的中国社会转型特征，在主观上对当时人文学者的挑战或许来得更为迫切而近乎残酷。对那些一贯将文化作为与经济、政治相对举的概念，并视其为一个超越、独立、具有永恒价值的自主领域的人文学者来说，采用这样一种单一偏狭的文化向度试图去把握复杂社会学维度的当代中国大众文化和大众社会，无异于削足适履。介入社会现实的强烈冲动与自身知识结构的陈旧与学养能力不足之间的张力，撕扯着身涉其中的一大批人文学者，可以说，"阐释中国的焦虑"（陶东风语）成了他们一时难以化解的集体心结。戴锦华后来的一段追忆吐出了当时仍坚守批判立场的人文学者的共同心声："实际上在1990年代，在某种程度上我认为我和我身边的朋友，即在1980年代共同分享某些东西的朋友，在经历着一种坐标系的失落。我们不知道如何去定位中国发生过的事情和即将发生的事情，我们不知道如何去思考这些事情，我们不知道用封建主义的还是现代主义的胜利来描述那个年代，我们也不知道历史的拯救力和现实的拯救力将来自何处。"① 在这段自述中，戴锦华连续用了四个"不知道"来表达自己当时到底如何介入中国当下现实的困惑、迷惘甚至无力感，她发现自己先前所借助的、所积累的思想资源和知识资源"经历着一种坐标系的失落"，当面对处于巨变当中的中国现实时便陷入一种几乎无效的境地，用当时颇为流行的话来说，就是中国知识界普遍陷入失语症的尴尬，"当我普遍地发现我们原有的知识资源、思想资源和我们的话语结构，其实面对巨变当中的、生机勃勃的、危机四伏的、苦难遍地的、奇迹遍地的中国现实来说，我们没有能力去指认它，没有能力去分析它，甚至没有能力去描述它"。② 当时一大批人文学者之所以出现这种无法描述、分析和指认现实的无力感，诚然有中国现实确实发生着社会巨变的原因，但更为重要的还是由于他们自身认知范式的陈旧或过时。这种在80年代共享的认知框架，主要表现为单一偏狭的精英文化取向，往往视文化与政治、经济之间是一种相互支持、相互阐释的同质耦合关系。这样一种高度"一体化"的认知范式对于业已逐渐"分化"的中国现实显然无法胜任。陶东风对此说道："到了90年代，政治、经济、文化三者之间的同质、整合关系在很大程度上被打破了，呈现出空前的分类状态……多种经济成分的并存，多种政治因素的并存，多种文化价值取向的并存已经成为当今中国的一个突出特点；而其结果之一，是在知识界产生了所谓'阐释中国的焦虑'以及知识分子阶层的分化（利益的分化、观念的分化等等）。知识界对于中国政治、经济、文化等方面原先曾有（尽管是相对的）的共识正在并将继续消失。"③

① 戴锦华：《文化研究的困惑和可能》，载孙晓忠编：《方法与个案：文化研究演讲集》，上海书店出版社2009年版，第123页。

② 戴锦华：《文化研究的困惑和可能》，载孙晓忠编：《方法与个案：文化研究演讲集》，上海书店出版社2009年版，第125页。

③ 陶东风：《社会转型与当代知识分子》，上海三联书店1999年版，第4—5页。

前述我们对 90 年代中国社会发展的基本指认是，中国正从计划经济转向市场经济，处在从传统社会向现代社会的转捩点上，因此，前现代、现代和后现代社会要素的相互混杂、叠加是中国当代社会转型期最为突出的特点，过去那种政治、经济、文化三者高度同质化的社会格局得以打破或消解，从而"分化"（韦伯语）成了分裂、多元的异质化社会。在这样一个多元社会格局里，知识分子原先曾有的共识自然难以维系，并分化形成不同阵营。不仅如此，现代社会不再限于过去由经济、政治和文化构成的三元格局，而转变成为至少由政治、经济、文化和社会等层面构成的复杂异质性的四元社会结构，其中，新出现的"社会领域"（social sphere）是随着市民社会的形成而衍生的。在黑格尔看来，市民社会是与国家相对并部分独立于国家的一种社会存在，包括那些不能与国家相混淆或者不能为国家所淹没的社会生活领域。[1] 哈贝马斯认为，社会领域的兴起跟资产阶级公共领域的结构转型密切相关，到了 19 世纪下半叶，随着市场经济关系的扩张，"公共权力的职责转移到企业、机构、团体和半公共性质的私法代理人手中"，[2] 一个相对私人领域与公共领域的分离而言保持中立的社会结构，成为了社会劳动的主导组织模式，这意味着，"社会领域"出现了。阿伦特进一步指出，新的社会领域在一个短时期内便将一切近代共同体都转变成了劳动者和固定职业者的社会，并立刻围绕着一种为维持生命所必需的活动而聚集在一起。[3] 也就是说，与社会领域相伴的是经济的工业化、社会的都市化和大众社会（mass society）的形成。

面对 90 年代中国"社会领域"的逐步形成和社会格局日益复杂化，对于当时普遍陷入失语症的人文学者来说，如何才能化解他们心底阐释中国的集体性焦虑呢？如果要真正以批判立场介入社会现实，摆在他们当前的残酷事实就是，必须告别过去共享的陈旧认知范式，以壮士断腕式的勇气和果敢与自身既有的知识资源和话语方式悲壮诀别，知识界如不做这样的彻底调整，就不可能寻求到一种与当前中国大众社会相应的新的认知范式。对此学术调整过程，曾热衷于美学研究的周宪有着这样告白："在某种意义上看，传统的美学研究对新鲜活泼的文化实践已难以作

---

① 汪民安主编：《文化研究关键词》，江苏人民出版社 2007 年版，第 314—315 页。

② ［德］哈贝马斯：《公共领域的结构转型》，曹卫东等译，学林出版社 1999 年版，第 178 页。

③ ［美］阿伦特：《人的条件》，竺乾威等译，上海人民出版社 1999 年版，第 32 页。

出敏锐的反应和凌厉的剖析。探索美学研究的新途径，便成为我们这个文化巨变时代的美学研究的历史任务。在我看来，一种批判的文化社会学研究是大有可为的。因为它既保持了美学趣味批判的传统，又以新的理论范式来解释新的文化实践。"①后来陶东风在回忆自己从事文化研究的历程时，也说了几乎同样感触的话。很显然，90 年代中国社会转型和大众文化的勃兴，迫切呼唤一种不同于精英主义偏狭立场的文化批判眼光，一种富有阐释效力的话语实践，在此情势下，以英国伯明翰学派为代表的"文化研究（cultural studies）"便以其宏阔的社会学视野和强烈的现实关怀品格，成为了当时一大批人文学者竞相追逐和借重的知识和思想资源。②

三

如何阐释 90 年代发生社会巨变的中国现实，使当时一大批人文学者陷入一种近乎失语的集体焦虑之中。知识界之所以弥散着普遍焦虑不安的情绪，除了客观上由传统社会向现代社会转型所呈现的日益复杂、多元和异质性复杂结构，主观上因过去认知范式的失效所带来的无法描述、分析和指认现实的无力感和挫败感，更在于彼时知识分子对于身涉其中的"情势"（conjuncture，也可译"事态""危机"）普遍产生了一种几乎是划时代的"感知"。这种对转型时代断裂性的感知，用戴锦华形象的说法就是"溃散"，这种"溃散"不仅表现在身边的朋友纷纷地悲壮作别，一去不复返了，同时自身所积累的思想和知识资源也散架、失效了，虽然仍旧在滔滔不绝地说，但这种言说是近乎海德格尔所说的"闲言"，沦落为一种没有意义的话语。实际上，这种"全面溃散感"更源于当时社会发生的巨变严重侵犯或冲击着

① 周宪：《文化表征与文化研究》，北京大学出版社 2007 年版，第 370 页。
② 本文由于致力于探究中国大陆文化研究内在的演进逻辑，所以无意去描述这一具体发展历程，这方面已有大量研究成果。综合梳理介绍较为详细的主要有：宗波：《文化研究二十年》（中国艺术研究院硕士论文 2006 年），毕日升：《九十年代中国"文化研究"的兴起、现状及前景》（河北师范大学硕士学位论文 2003 年），张如刚：《中国"文化研究"学科化问题研究》（河北师范大学硕士学位论文 2017 年），陶东风：《文化研究：在体制与学科之间游走》（《当代文坛》2015 年第 2 期），孟登迎："文化研究"的英国传统、美国来路与中国实践——兼析"文化研究"进入大陆学术思想界的历程》（《文艺理论与批评》2016 年第 1 期），周志强：《紧迫性幻觉与文化研究的未来——近 30 年中国大陆之文化研究与文化批评》（《文艺理论研究》2017 年第 3 期），以及王晓明：《文化研究的三道难题——以上海大学文化研究系为例》（《上海大学学报》2010 年第 1 期）等。这些著述主要从理论译介、问题本土化以及学科化三个面向进行了探讨。

他们习以为常的生活方式和最基本的常识假设。于是，当他们尝试着去理解自身所体认到的变化时，普遍认为自己生活在一个高度转型的过渡时刻，周宪在出版于1997年的《中国当代审美文化》一书后记中就表达了这样的心声："中国近二十年来，改革开放的伟大实践使中国社会—文化发生了巨大变化，任何一个生活在这块古老黄土地上的人，都强烈地感受到巨大变化所带来的冲击。……美学在我们这个时代，正在失去往日的荣耀与辉煌。我以为，面对中国社会和文化的深刻变迁，美学理论的范式也将不可避免地发生演变。"[1]而对于戴锦华而言，"那么1989年以后，1990年、1991年和1992年对我们来说是一个窒息而期待的年头，我们在期待着什么呢？我们似乎知道我们在期待着什么，其实事实证明我们并不知道我们在期待着什么。……在1993年的时候，突然那个窒息的氛围，那个密闭罩，那个无形的透明的魔罩被打破了，中国社会突然进入了一个格外的有诱惑力的年代"。[2]从这两位后来成为文化研究主将的述说中，不难窥见当时他们所处的历史情势就像霍尔所描述的，我们生活在"一个高度转型的时刻，一个恰似葛兰西式的情势……我们被置身于一个既不能充分占有也不能绝对离开的旧状态，和某种我们可能正在接近却又被我们忽视的新状态之间。置身于这种过渡状态有某种'之后（post）'感，即生活在之后的时刻"。[3]

可以说，这种置身于过渡状态有某种"之后"感，是彼时人文学者对于当下情势的普遍体认，从此，但凡有重大性事件发生后产生某种断裂感，都会用"之后"（或"后"）这个词语来加以称呼，我们似乎进入了一个普遍有着"之后"感的时代。这实际上暗示当时身处其中的知识分子正处于一种类似于葛兰西所描述的，持续性的、复杂的、有组织的危机情势之中，他将这种有组织的危机解释如下："一个危机的发生，有时会持续数十年，这种异常的持久性意味着不可治愈的结构冲突已经展示出它们自身（达到了成熟程度），而且，尽管如此，致力于保护和捍卫现存结构本身的政治势力正在尽一切努力治愈这种结构（在一定限度内）和克服它

---

[1] 周宪：《文化表征与文化研究》，北京大学出版社2007年版，第369—370页。

[2] 戴锦华：《文化研究的困惑和可能》，孙晓忠编：《方法与个案：文化研究演讲集》，上海书店出版社2009年版，第123页。

[3] Lawrence Grossberg, *Cultural Studies in the Future Tense*, Durham&London: Duke University Press, 2010, p.68.

们。"①或许正是其时"有组织的危机"仍然在持续，用戴锦华的话说，"伤害和重创的程度可能要延续很长很长的一段时间"，②尽管1992年确立了市场经济在国家体制的合法性，但危机情势并没有克服而仍在持续。正是在这种复杂的危机情势下，以政治性为导向，首要关注当下文化现象，旨在把握危机"事态"或"情势"和权力关系的当下分布，并通过批判性知识的生产来促成其改变的文化研究，③因应本土需要而适时进入中国大陆思想文化界。

因此，文化研究自登陆中国大陆学界伊始，便承负起回应当时处于危机情势中时刻发生着变化"错综复杂的问题域（problematic）"之使命。"问题域"这一说法来自法国马克思主义理论家阿尔都塞，他用来指涉一个思想家用以提出问题、分析问题和解决问题背后潜藏着的隐形理论构架。④在汉语学界，"problematic"除了"问题域"的译法，还被译成"总问题""问题框架""问题架构""问题式或问题化"以及"难题性"等，很显然，不管如何翻译，其所指涉的应该不是我们平常一般所说的"问题意识"，而是直接涉及知识实践与现实情境或情势的直接碰撞，涉及这种碰撞所造成的新的提问处境和提问方式。⑤在某种程度上，它类似于福柯的"认知型"。所谓"认知型"，按福柯在《词与物》中的说法，它指的是"词"与"物"借以被组织起来的那个知识空间，它决定着"词"如何存在，"物"为何物。它可以在一个特定时期内，划定经验总体性中的一个知识领域，规定这个领域中的认知对象的存在方式，给人们的常识提供理论的力量，决定人们对于那些视为真理的事物话语的认可。后来英国伯明翰学派代表人物斯图亚特·霍尔直接用这一术语来概括文化研究的方法论，他认为应当把文化研究看成一种独特的"问题域"或"问题架构"，一种与现实进行互动、对现实提问并介入现实的知识方式。它折射出思想与反映在社会思想范畴当中的历史现实之间的复杂接合（articulation）以及"权

① [美]劳伦斯·格罗斯伯格：《文化研究的未来》，庄鹏涛等译，金元浦审校，中国人民大学出版社2017年版，第68页。

② 戴锦华：《文化研究的困惑和可能》，孙晓忠编：《方法与个案：文化研究演讲集》，上海书店出版社2009年版，第123页。

③ [奥]雷纳·温特：《任性、反抗与政治性》，张忠梅、肖伟胜译，载《后学衡》（1），西南师范大学出版社2017年版，第52页。

④ [法]阿尔都塞：《保卫马克思》，顾良译，商务印书馆2011年版，第55页。

⑤ 孟登迎：《"文化研究"中国化的可能性探析》，《文艺理论与批评》2016年第6期。

力"与"知识"之间持续辩证的互动。① 这意味着，文化研究如果是对情势作出的回应，那么它必须理解自己的具体问题和需求构成。"问题域"构成了语境或情势，"这种构建或者依据问题的边界，或者依据相关的各种可能的一系列具有决定性的因素"。② 因此，文化研究的使命就是创造一种针对情势的批判性理解，一种对文化—历史情势的批判性理解。如此这般，文化研究便秉持着鲜明的激进的语境主义主张：任何实践和事件的身份、意义和影响都被复杂的关系决定，它们身处在由关系编织的环境中，并受到各种复杂关系的渗透和塑造。由于任何事件或情势都可以被理解成关系，而事态和语境总是在变化，奥地利文化理论学者雷纳·温特指出，文化研究正是对这些变化做出回应，用他的话说就是，文化研究"是一种坚定的、承负着智识—政治的实践，这缘于它企图描绘文化过程的复杂性、矛盾性和关系特性。它想要生产出（政治上的）有效知识以便理解事态的难题和问题。它希望帮助人们反对和改变权力结构，以促成激进民主关系的实现"。③ 因此，文化研究注重当代大众文化，关注被主流文化排斥的边缘文化与亚文化，尤为重视日常生活与社会中的性别、种族、阶级等问题，同时注意与社会保持密切的联系，关注文化中所蕴含的权力关系及其运作机制，它将理论政治化并将政治理论化。英国文化理论学者本尼特·贝内特认为，这一领域可被视为一种"人文学科内的跨学科交流中心"，或者用一种更具悖论性说法，是一种"跨学科学科"（interdiscipline discipline）。④

很显然，对于当时的人文学者来说，要理解 90 年代中国社会事态的难题和问题，也就是要窥见当时的真实情势，那么最有效的路径就是将当时的具体情境"问题化"。所谓"问题化"就是在研究者和语境之间进行一种隐喻性的对话，由于问题化的事物和问题化的过程之间存在一种关系，问题化作为一个"答案"回应的就是真实的具体情况。因此"问题化"要求，一方面要根据研究问题，把各学科的

---

① ［英］斯图亚特·霍尔：《文化研究：两种范式》，孟登迎译，载陶东风、周宪主编：《文化研究》（14），社会科学文献出版社 2013 年版。

② ［美］劳伦斯·格罗斯伯格：《文化研究的未来》，庄鹏涛等译，金元浦审校，中国人民大学出版社 2017 年版，第 45 页。

③ ［奥］雷纳·温特：《反思文化研究》，王琦、肖伟胜译，载《后学衡》（1），西南师范大学出版社 2017 年版，第 36 页。

④ Toby Miller, ed., *A Companion to Cultural Studies*, Massachusetts: Blackwell Publishers Ltd, 2001, p.32.

理论途径和方法结合起来，从而以多层面的、复杂的方式建构出对象，"从一开始，文化研究的任务恰恰是要去开发一些方法，去处理那些以前从未做过的事情"。[①] 这就需要文化研究者创造新的概念和话语，以便生产出政治上的有效知识来描绘不断变化的社会现实，如此这般，那些我们用以理解结构和权力斗争以及日常生活的条件都会被重新构造，或者至少会被重新思考。对于中国文化研究者来说，根据本土问题建构出属于自身的新对象，一则要有可以凭借的相应理论和方法，这无疑需要大量引介西方相关研究成果，于是一系列文化研究译丛相继推出，如"传播学与文化译丛""大众文化研究译丛""知识分子图书馆""文化与传播译丛""先锋译丛""当代学术棱镜译丛"等，这些无疑极大地丰富了中国文化研究的理论武库。与此同时，文化研究者凭借这些引进来的文化研究理论和方法，结合当下鲜活的文化实践开始创造出一系列新的概念和话语，如"隐形书写""文化英雄""发烧""追星"等颇具本土色彩的新颖术语纷纷登场，也产生出基于中国当代大众文化的一系列研究论文和专著，其中以1998年河南人民出版社刊行的"娱乐文化研究丛书"和1999年江苏人民出版社由李陀主编的"大众文化批评丛书"为典型代表。从当时学术界所讨论的话题来看，它们涉及从后现代到现代性、从市民社会到文化公共性、从高雅到通俗、从时尚到消费，等等，凡是与当下社会相关的话题无不涉猎。话题的驳杂和语境的复杂性显然要求文化研究者不能拘囿于单一的学术视野，必须要不断征用来自其他学科的知识和理论资源，当时除了80年代末就开始引介的后现代理论外，社会学和现代性理论、传播与媒介研究、文学、人类学与民族志研究、新史学和政治学等一批丰厚的理论资源均为其所用，这就逐渐形成了声势浩大的文化研究思潮，其影响所及几乎遍布人文科学的各个领域。我们不难看出，90年代的文化研究不仅在论域上与80年代已大为不同，关键是出现了新的提问处境和提问方式，这使得文化研究整个的话语方式发生了库恩意义上的范式转换，也就是出现了一种福柯所说的新的"认知型"，即"词"与"物"借以被组织起来的那个知识空间全然改变了。对中国大陆知识界而言，从某种意义上，这是一种具有重大意义的断裂，把霍尔关于"问题化"的论说用于描述这种断裂感颇为贴切："那些陈旧的思

[①] [奥] 雷纳·温特：《反思文化研究》，王琦、肖伟胜译，载《后学衡》(1)，西南师范大学出版社2017年版，第38页。

路在这里被打断，那些陈旧的思想格局被替代，围绕着一套不同的前提和主题，新旧两方面的各种因素被重新组合起来。一个问题架构的变化，明显转变了所提问题的本质、提问题的方式和问题可能获得充分回答的方式。"①从此中国大陆的文化思想景观可谓焕然一新了。

另一方面，由于"问题化"要创造一种针对情势的批判性理解，而情势是"一种对充满着断裂和冲突、伴有多条轴线、平面和等级的社会形构的描述，并通过不断的博弈和协商这样一种繁复的实践过程，来寻求暂时性的平衡或结构稳定"。②也就是说，情势是对变化、接合（articulation）与冲突的描述，它是一种临时性组配，从总体上来说，它是暂时的、复杂的、易变的。事实上，情势的聚合就是一个特定的问题域，即作为复杂接合整体的社会形态，由于情势旨在改变力量的配置，伺机达到一种力量的平衡或临时性协调，它通常以一种社会危机的形式存在，因此需要研究者通过政治分析才能把握。而对于要把握 90 年代中国社会危机"事态"或"情势"的文化研究者来说，由于语境和情势是"多重的、重叠的和内嵌"的复杂关系，③这种结构性的体制需要一方面要求研究者以跨学科视角来分析当时的文化实践和表征，另一方面还必须对研究构想和研究成果有自省反省的意识，也就是要对自己所使用的理论和方法之限度有着清醒的自觉。前述陶东风对于当时人文学者普遍所犯语境误置和机械套用的毛病之批判，就是将文化研究这种激进的语境化特点贯穿到自己研究之中的充分自觉，这种自省反省的意识也逐渐成为日后从事文化研究者的基本共识。

文化研究的这种激进语境化主张，更在于它将理论作为分析特定问题、斗争和语境的一种战略性资源，正如美国文化研究者劳伦斯·格罗斯伯格所说："文化研究试图从战略性的高度开展理论研究，以通过必要的知识来阐释多元的语境，并最终更好地实现政治层面的战略性接合。"④很显然，文化研究激进语境化背后真正意

---

① [英] 斯图亚特·霍尔：《文化研究：两种范式》，孟登迎译，载陶东风、周宪主编：《文化研究》（14），社会科学文献出版社 2013 年版。

② Lawrence Grossberg, *Cultural Studies in the Future Tense*, Durham&London: Duke University Press, 2010, pp.40—41.

③ Lawrence Grossberg, *Cultural Studies in the Future Tense*, Durham&London: Duke University Press, 2010, p.41.

④ [美] 劳伦斯·格罗斯伯格：《文化研究的未来》，庄鹏涛等译，金元浦审校，中国人民大学出版社 2017 年版，第 24 页。

图是一种政治性策略和诉求，这就是它的理论工作、文化分析为何常以政治性为导向的缘由。在这样的背景下，理论并非只是纯粹的学术关切，而是批判理论意义上的一种知识实践的表达，这种知识实践可以干预和促进民主变革及社会进步。事实上，真正的语境是建构的，这种建构包括分析语境，也包括分析我们提出的问题。可以说，以激进的语境主义作为其核心的文化研究从诞生伊始就认识到，"结构化的语境不仅体现权力的关系，而且还与政治上的愤怒、绝望和希望相关"。① 戴锦华正是在"期待着一场新的解放，一种新的社会民主进程的推进"当中慢慢找到了文化研究。② 文化研究之于她而言，有两点是基本的："一个点就是我有没有可能通过文化研究去触摸和把握当今中国的现实……而第二个动机就是我是不是能找到一个名目、一个旗帜、一块立锥之地，这就够了。片瓦和立锥之地让我能够保持一个知识分子的批判性工作。"③ 事实上，戴锦华道出的这两点无疑是当时文化研究者的普遍诉求。王宁引用戈莱梅·透纳的说法也表达了同样的心声："文化研究的使命之一，便是了解每日生活的建构情形，其最终目标就是借此改善我们的生活。并不是所有学术的追求，都具有这样的政治实践目标。"④ 回望中国大陆文化研究所走过的历程，我们可以作出这样的论断，身在其中的人文学者正在以果敢且决绝的姿态承负起回应社会情势错综复杂的问题域之重责。他们一方面力图去"触摸和把握当今中国的现实"，另一方面以批判的激情设法寻求别样生活的可能。周志强对此深有感触地说道，中国大陆的文化研究，"表面上借助于文化研究的学术活动，讨论大众文化、日常生活审美化、公众教育等问题，实际上却宿命地潜伏着对于中国社会政治体制的冷静反思、强烈批判乃至妥协性对抗的冲动"。⑤

　　由于文化研究这种旨在介入现实的政治性诉求，从而将理论作为一种战略性资源而拒绝受纯理论的驱使，因而，我们就不能将它与任何单一的理论范式或惯例等

---

　　① [美] 劳伦斯·格罗斯伯格：《文化研究的未来》，庄鹏涛等译，金元浦审校，中国人民大学出版社 2017 年版，第 41 页。

　　② 戴锦华：《文化研究的困惑和可能》，载孙晓忠编：《方法与个案：文化研究演讲集》，上海书店出版社 2009 年版，第 123 页。

　　③ 戴锦华：《文化研究的困惑和可能》，载孙晓忠编：《方法与个案：文化研究演讲集》，上海书店出版社 2009 年版，第 132 页。

　　④ [澳] 戈莱梅·透纳：《英国文化研究导论》，唐维敏译，台湾亚太图书出版社 2000 年版，第 298 页。

　　⑤ 周志强：《紧迫性幻觉与文化研究的未来》，《文艺理论研究》2017 年第 5 期。

同。也就是说，文化研究尽管是关于意识形态和表征的理论，或是关于大众传播的流通理论，或是关于霸权的理论，或是关于认同和主体性的理论，等等，但如果将这些视为文化研究本身，那就是对文化研究的误读。文化研究者对 90 年代中国社会情势的"问题化"，很显然就不是"要在理念领域去建立一种新'理论'，或者运用某种现成的理论对考察对象进行简单的'批判'，而是要在已有的思想阵地进行一种全新的知识实践，让思想和理论与现实境遇产生真正的碰撞，最终完成改造世界和改造知识者本人的双重使命"。①

结语

随着千禧年之际中国加入"世贸"被纳入全球化体系，尤其是随着互联网的广泛应用，中国社会逐步进入到了一个"微文化"时代。面对全球化资本强力、日常生活的"碎微化"，以及学术日趋经院化和商品化等"接合"而成的新的危机情势，身处其中的文化研究者以一种"跨学科学科"的宏阔视野，激进的语境主义鲜明主张，根据新的语境或事态及时更新着自己的理论战略武库：全球化与后殖民理论、网络文化与新媒介研究、物质文化研究、都市化与空间理论、视觉文化研究、后人类与人工智能研究，数字人文研究，等等。与此同时，他们也在与各种现代和后现代文化思潮相互论争中，策略性地运用手边的各种知识和理论资源，设法找到重新思考想象力本身的方法，致力于重新建构"可能的语境"和问题域：乡村建设与新工人运动、"文革"记忆与知青现象、工人新村、新穷人、微文化、商品美学、娱乐文化、电子游戏和糗文化，等等，力图让人们"更好地"理解当下社会"正在发生什么"，进而敞显中国现实的多种可能。这种旨在使人们能够想象另外的、更好的未来的可能性，是大陆文化研究者在知识实践领域发起的一场齐泽克所说的真正"行动"（act），这种行动与一般的主动介入性"行为"（active intervention 或 action）不同。因为它"彻底改变了行动的承担者（agent）：行动不是行动者简单'完成'某事——行动之后，我事实上'不再是同一个我了'。在这个意义上，与其说主体'完成'了一个行动，不如说主体'遭受'一个行动（'经受'它）：在这个过程中，

主体被歼灭了，并随即重生"。① 大陆文化研究者就在这种并不保证任何结果的行动驱策下，不断将当下社会情境"问题化"，从而不仅勾勒绘制（mapping）出当代中国新的文化地形图，而且回溯性地改变着当初介入时的思想坐标，进而在无畏勇气和焦虑情绪交织的疯狂冲动下，冒险地迈向一个别样的可能的未来。

原刊《学术月刊》2019 年第 10 期

---

① Slavoj Žižek, *Enjoy Your Sympotom!: Jacques Lacan in Hollyood and Out*, New York: Routledge Press, 2001, p.44. 另参见齐泽克：《享受你的症状：好莱坞内外的拉康》，尉光吉译，南京大学出版社 2014 年版，第 59 页，译文有改动。

主体间性与中国当代美学

——"新时期"之回顾及"新时代"之展望

郭勇健*

"主体间性"（intersubjectivity，又译"交互主体性"）是一个源于胡塞尔现象学的概念，它在海德格尔和萨特的存在论中，在英加登和杜夫海纳的美学中，在列维纳斯的伦理学中，在舒茨和哈贝马斯的社会学中，都留下了深刻的印记。进入21世纪以来，"主体间性"也成了中国美学界的一个关键词。这与杨春时的一系列论文有关，这些论文的要旨是论证中国当代美学的转向："从实践美学的主体性到后实践美学的主体间性。"[①] 不过，由杨春时先生肇始并在中国美学界流行的"主体间性"一词，说的是审美活动中的"物我同一"的现象，并且经常以"我见青山多妩媚，料青山见我应如是""情往似赠，兴来如答"等中国古代文学为例证。这种对"主体间性"概念的用法，脱离了其本来的学术语境，与现象学家的用法大相径庭，因此并不是现象学意义上的主体间性。本文力图恢复现象学之主体间性概念的本义，与胡塞尔、英加登、杜夫海纳等人的用法保持一致。在此基础上，以主体间性作为考察中国当代美学的一个瞭望台，回顾过去，并展望未来：亦即回顾"新时期"以来美学既有的状况，展望进入"新时代"之后美学可能的走向。

一、现象学的主体间性概念

主体间性这一词汇成为重要的学术概念，与胡塞尔现象学密切相关，因此我们

---

* 作者为厦门大学中文系副教授。

① 杨春时：《走向后实践美学》，安徽教育出版社 2008 年版，第 274 页。

必须根据胡塞尔现象学的理路来理解这个概念。对胡塞尔而言，主体间性或交互主体性概念，一方面是为了防止先验现象学（transcendental phenomenology）落入唯我论的困境；另一方面是为了建立生活世界现象学，生活世界必是一个主体间性的世界。胡塞尔说：

> 当我这个沉思着的自我通过现象学的悬搁把自己还原为我自己的绝对先验的自我时，我是否会成为一个独存的我（solusipse）？而当我以现象学的名义进行一种前后一贯的自我解释时，我是否仍然是这个独存的我？因而，一门宣称要解决客观存在问题而又要作为哲学表现出来的现象学，是否已经烙上了先验唯我论的痕迹？①

可见主体间性概念是为克服"独存的我"而出现。"独存的我"又称"孤立的心灵"，其哲学前身是笛卡儿的"我思"。"我思"是独存的、孤立的，先于世界而存在，并且与他人毫无关系。然而如果我们摆脱笛卡儿式的主体性哲学的视域，自然而然便会发现，自我是在与他人的交互作用中产生的。胡塞尔之后的西方哲学家大都意识到：他人先于自我，我们先于我，主体间性先于主体性。伽达默尔在《现象学运动》一文中指出："你们和我们，这两者本身都是多个的我，怎么能由一个超验自我构成？这个难题也给胡塞尔造成了麻烦，并立即使胡塞尔放弃了超验自我在方法论上的首要地位。"②伽达默尔揭示了胡塞尔后期思想的一个重大转变。"笛卡儿式的沉思"是胡塞尔现象学的进路之一，因此胡塞尔一开始也分有了笛卡儿"独存的我"的思想，事实上，胡塞尔的先验自我就是"独存的我"，他试图让先验自我去构造"他我"。但是，一旦胡塞尔意识到唯我论的困境，就"放弃了先验自我在方法论上的首要地位"，这意味着从主体性转向主体间性。通过这一转变，胡塞尔建立了生活世界现象学。

　　现象学还原与笛卡儿的还原不同。笛卡儿通过普遍怀疑实现了还原，他的还原

---

　　①［德］胡塞尔：《生活世界现象学》，黑尔德编，倪梁康、张廷国译，上海译文出版社2002年版，第150页。

　　②［德］伽达默尔：《哲学解释学》，夏镇平、宋建平译，上海译文出版社1998年版，第160页。

实际上是"否定",把一切都否定之后,只剩下不可否定的孤独的自我。现象学还原是"悬搁",悬搁了经验性的自我,但悬搁或还原之后并不是只有孤零零的自我。首先,自我成了"意向行为",它指向一个"意向对象";自我与对象相互依存,共同存在。也就是说,现象学还原发现自我就在世界之中,自我必有一个世界。用西班牙现象学家奥尔特加·加塞特的话说:"宇宙的基本讯据是:思想本然存在,由是思想者与被思想的世界同时存在。"① 胡塞尔的还原还发现,自我有一个世界,而且这个世界是主体间性的世界:"我所经验到的世界连同他人在内,按照经验的意义,可以说,并不是我个人综合的产物,而只是一个外在于我的世界,一个交互主体性的世界。是为每个人在此存在着的世界,是每个人都能理解其客观对象的世界。"② 生活世界是与科学世界相对而言的。生活世界先于科学世界。生活世界是主体间性的世界,科学世界则是客观的世界。

胡塞尔探索生活世界现象学,是为了应对"欧洲科学的危机"。在胡塞尔看来,欧洲科学的危机,已经隐藏了几个世纪之久,在 19 世纪以来的实证科学中开始凸显。胡塞尔指出:"在我们生存的危急时刻,这种科学什么也没有告诉我们。它从原则上排除的正是对于在我们这个不幸时代听由命运攸关的根本变革所支配的人们来说十分紧迫的问题:即关于这整个的人的生存有意义与无意义的问题。这些对所有的人都具有普遍性和必然性的问题难道不也要求进行总体上的思考并以理性的洞察给予回答吗?"③ 如果切换到中国语境,那么胡塞尔这里涉及的问题,有些类似于20 世纪 20 年代中国的"科学与人生观"大讨论。这场讨论被称作"科玄论战",即科学与玄学的论战。科学派以丁文江和胡适为代表,玄学派以张君劢为代表。张君劢和梁启超一样反对"科学万能",认为人生观与科学大相径庭。反之,丁文江和胡适等不仅是科学派,而且是坚定的科学主义者,主张科学可以且应当指导人生,因而要树立"科学的人生观"。一般认为,这场"科玄论战"以科学派的胜利而告一段落,确立了科学对人生的指导。如此说来,胡塞尔与胡适的立场相同或相近?其实不然。胡适与丁文江所说的科学,基本上就是胡塞尔所批判的实证科学、事实

①［西］奥尔特加·加塞特:《什么是哲学》,商梓书等译,商务印书馆 1999 年版,第 109 页。

②［德］胡塞尔:《生活世界现象学》,黑尔德编,倪梁康、张廷国译,第 153 页。

③［德］胡塞尔:《欧洲科学的危机与超越论的现象学》,王炳文译,商务印书馆 2001 年版,第 16 页。

科学。胡适曾有一篇演讲稿《哲学的将来》，其实是要断送哲学的将来：他认为将来的哲学必然要消失于科学之中，将来只有一种知识就是科学，只有一种求知的方法，就是实证方法。这些大体上就是 19 世纪末欧洲实证主义的观点，胡塞尔与之大相径庭。

科学提供人生的意义？乍一看，这是胡塞尔对科学的奢求，他试图让科学"越界"。1919 年，马克斯·韦伯在慕尼黑发表了《以学术为业》的著名演讲，明确宣称"科学不涉及终极关怀"①，不回答生活的意义问题。科学在事实这一边，而人生意义属于价值那一边。事实与价值之间的深沟大壑，在经验主义者休谟那里就已经挖好了。然而按照胡塞尔的倾向，韦伯所说的科学只是近代科学，或曰实证主义的科学，而不是古希腊意义的科学。胡塞尔认为，古希腊人就是在科学的指导下生活的，这种科学是哲学科学，或哲学—科学。胡塞尔认为，哲学为科学奠基，科学本该在哲学中取得自己的合理性，然而，"实证主义可以说是将哲学的头颅砍掉了"，"当代的实证主义科学概念是一种残留的概念。它将所有那些人们归之于或严或宽的形而上学概念的问题，其中包括所有那些被含糊地称作是'最高的和终极的问题'统统丢弃了"。因此，"科学的理念受到实证主义的限制"。②所以，不是胡塞尔扩大了科学的概念，而是实证主义缩小了科学的概念。

那么，科学又是怎么沦为实证主义的科学呢？胡塞尔认为，历史性的转折发生在伽利略创立的自然科学之中。在伽利略看来，自然这本书是用数学写就的，科学家作为自然之书的解读者，必须掌握数学语言。在伽利略之后，自然科学便成为"数学自然科学"。这便是胡塞尔所说的，"伽利略将自然数学化"。数学化带来的一个必然后果就是"精确性"。而精确性产生的后果就是"客观性"。伽利略之后，人们往往以数学化的程度来标识科学化的程度，以能否数学化作为一门学问是否科学的尺度。从此以后，科学被数学化了，而世界被"客观化"了。这就是胡塞尔所说的近代科学的"客观主义"。

近代科学的伟力，凸显了或造出了一个"客观"世界，这是一个"见物不见人"的世界，是一个灰蒙蒙无色彩的世界，是一个静悄悄无声音的世界，是一个无

---

① [德] 马克斯·韦伯：《学术与政治》，冯克利译，生活·读书·新知三联书店 2016 年版，第 34 页。

② [德] 胡塞尔：《欧洲科学的危机与超越论的现象学》，王炳文译，商务印书馆 2001 年版，第 19、17 页。

意义无价值的世界。关于这个世界，日本哲学家大森庄藏有着如下生动描绘："不仅是声音，自然科学的世界描述本来就是无声、无色、无味、无臭的，即舍去了眼耳鼻舌身意六根的描述。但这并非六根清净，而是除去了六根的描述。那种描述是即使没有一个人也没有一条狗也能够成立的描述；是距今 30 亿年前，还都不存在拥有感觉器官的一切生物就能够描述地球风景的描述方式。"① 胡塞尔要为科学世界奠基，试图让科学世界重新扎根于生活世界。在近代科学将人从世界剔除之后，胡塞尔重新把人塞回到世界中去。胡塞尔现象学恢复了世界的色彩和音响，从此世界不再是抽象的"见物不见人"的"客观世界"，而是重新变成了活生生的现实世界。我们不难发现，艺术和审美，正是发生于胡塞尔所揭示的生活世界之中。

现象学也讲"客观"，但它并不是自然科学意义的"客观"。现象学美学家莫里茨·盖格尔在谈论审美价值时指出："我们必须承认客观性，并且与此同时，必须通过艺术的主观性来理解它。"② 生活世界是经过还原的世界，因而必然是内在性的或主观性的世界，当然，这是"交互主观性"或主体间性的世界。现象学的"客观性"也就是"主体间性"。美国学者 V. 厄利希曾在其影响广泛的《俄国形式主义：历史与学说》一书中指出胡塞尔现象学对俄国形式主义的影响，并提及"主体间性"概念，作者在一个脚注中指出：

> 这是胡塞尔的关键概念之一。显然胡塞尔在"客观的"这一术语的使用上是十分谨慎的，因为这个词似乎意指一种独立于观察力敏锐之主体的实体。对胡塞尔来说，如同对康德一样，这种实体是不可接受的，孤立自在的和不可讨论的。因此，选择"主体间的"（intersubjective）仅仅意味着所讨论的现象是"给定的"（given），或面向许多"主体"而存在。③

厄利希对胡塞尔"主体间性"概念的理解有两个值得注意的地方。其一是将胡塞尔与康德联系起来，两者都不考虑那种独立于观察主体的"客观对象"；对康德与

---

① ［日］大森庄藏：《流动与沉淀——哲学断章》，潘哲毅译，北京大学出版社 2011 年版，第 34 页。

② ［德］莫里茨·盖格尔：《艺术的意味》，艾彦译，译林出版社 2012 年版，第 218 页。

③ ［美］V. 厄利希：《俄国形式主义：历史与学说》，张冰译，商务印书馆 2017 年版，第 81 页。

胡塞尔来说，"客观的"，也就是"交互主体性的"，"主体间有效的"。我们不妨回想康德对审美判断的"主观普遍性"的论述，主观普遍性也就相当于"主体间性"。按照康德的倾向，审美判断具有主体间性。第二个要点是，现象学的客体，既不是"纯客观"的，也不是"纯主观"的；换言之，它不是个人的内心体验的对象，而是"面向许多主体而存在"的客体。"主体间性"概论的这两个要义，对英加登和杜夫海纳的美学思想具有至关重要的作用。

英加登的现象学美学是一种文学哲学，其主要研究对象是文学作品，他要建立一种文学作品本体论，并主张文学作品是一个"主体间性的纯意向性客体"（a purely intentional formation）。英加登指出："纯意向性客体的存在决定于意识行动。"① "纯意向性客体"概念表明，文学作品并不是一种独立于创作主体和阅读主体的"客观存在"，而是依赖于作者和读者而存在，是作者和读者的"意向性客体"。"主体间性"概念表明，尽管文学作品的存在依赖于作者和读者的主观性，但还是有一种"现象学的客观性"；虽然文学作品总是会发生变化，但仍然有"变中的不变""多中之一"，不至于沦为"一千个读者就有一千个哈姆雷特"。英加登强调文学作品的主体间性，杜夫海纳则强调审美对象的主体间性。他说："主体间性是历史的根源，它的人类学上的等义词便是孔德所说的'人类性'：总有某个人，对他而言，对象作为对象而存在着；我可以参照某个对象，这个对象对他人来说也存在着，因为它对我说来已经存在了，反之亦然。"② 这里的"主体间性"或"人类性"也表现于审美活动之中，杜夫海纳指出："审美对象的现实性只能显示，不能论证。对它来说，唯一的保证只能是被知觉所证明，并置身于众多知觉的十字路口。"③ 审美对象必须由审美知觉来见证其存在，并且"置身于众多知觉的十字路口"，这就是上文所引厄利希的说法："面向许多主体而存在"。这"众多知觉"或"许多主体"，杜夫海纳又称之为"公众"。英加登的文学作品与一个读者社会相联系，而杜夫海纳的审美对象必是公众的对象。总之，正如英加登强调文学作品是主体间性的客体，杜夫海纳也主张，审美对象是主体间性的客体。

---

① [波兰] 英加登：《论文学作品》，张振辉译，河南大学出版社 2008 年版，第 148 页。

② [法] 杜夫海纳：《审美经验现象学》，韩树站译，文化艺术出版社 1996 年版，第 6 页。

③ [法] 杜夫海纳：《审美经验现象学》，韩树站译，文化艺术出版社 1996 年版，第 74 页。

主体间性和主体性是对偶概念。不过，主体间性只是与主体性相对，而并不与主体性相反。主体性与主体间性的关系，有些类似现代性与后现代性的关系。在哈贝马斯看来，现代性是"一项未完成的构想"[1]，因而后现代性并不是对现代性的否定，毋宁说是现代性的完成。我们或许也可以说，主体间性并不是对主体性的否定，而是对主体性的完成。例如胡塞尔现象学的直观领域本来都是主体性的，对个体而言是"主观视域"，而生活世界作为"普遍视域"是主体间性的；无论是主体性的还是主体间性的，都是"意向性的"。又如海德格尔说"在世界中存在"（In-der-Welt-sein），这个世界是"此在"（即自我）与他人"共在"的世界；另一方面，"此在"的本真生存又是个体性的，所以海德格尔说："只要死亡'存在'，它依其本质就向来是我自己的死亡。"[2] 可见，主体性和主体间性并不是一对"矛盾"的概念。但是，纵观欧洲哲学发展史，我们确实发现了一个从主体性哲学向主体间性哲学的转变，所以我们可以把主体性哲学和主体间性哲学视为两个历史阶段：如果说以笛卡儿、康德、黑格尔为代表的欧洲近代哲学属于主体性哲学，那么，胡塞尔和海德格尔之后的一些哲学便可视为主体间性哲学。德国哲学家哈贝马斯和阿佩尔都主张哲学的"交往论转向"，这正是主体间性转向的一种形式。

从主体性到主体间性，哲学的重心发生了转移。我们知道，主体性哲学肇始于笛卡儿的"我思故我在"，经过卢梭的"我感故我在"[3]，费希特的"我行故我在"，一直到费尔巴哈的"我欲故我在"。因此主体性哲学的实质是"自我哲学"或"意识哲学"，不妨合称"自我意识哲学"，简称为"'我'的哲学"。与之相对，主体间性哲学可简称为"'我们'的哲学"。所以段德智说，"主体性和主体间性≈'我'与'我们'"[4]。主体性哲学自然也会考虑"我们"，正如主体间性哲学也不得不考虑"我"；不过，在"我"和"我们"的关系问题上，主体性哲学把"我"视为在先的，主体间性哲学把"我们"视为在先的。如此我们就可以说，主体性美学是"'我'的美学"，主体间性美学是"'我们'的美学"。美学研究中也有着主体间性

---

① ［德］哈贝马斯：《现代性的哲学话语》，曹卫东等译，译林出版社 2004 年版，第 1 页。

② ［德］海德格尔：《存在与时间》，陈嘉映、王庆节译，生活·读书·新知三联书店 1999 年版，第 276 页。

③ 卢梭说："我存在着，我有感官，我通过我的感官而有所感受。这就是打动我的心弦使我不能不接受的第一条真理。"［法］卢梭：《爱弥儿》，李平沤译，商务印书馆 2001 年版，第 383 页。

④ 段德智：《主体生成论——对"主体死亡论"之超越》，人民出版社 2009 年版，第 9 页。

的转向。康德美学是主体性美学的最佳代表，而海德格尔和伽达默尔的美学则提供了通向主体间性美学的道路。但是，主体间性美学的建构，迄今尚未完成。在中国，随着"新时期"以来西方现代哲学尤其是现象学的涌入，美学的主体间性转向也在不知不觉中悄然发生。

二、"新时期"美学之回顾

众所周知，"新时期"指的是 1978 年 12 月十一届三中全会之后中国进入改革开放时期。与改革开放的"新时期"同步，从 1978 年到 1985 年左右形成了一场"美学热"，简称"80 年代的'美学热'"。"美学热"的最重要成果，就是形成了中国的"实践美学"学派，这个学派人物众多，人才辈出，其中最杰出者，当数李泽厚。李泽厚成了此后中国美学家们想要达到并试图超越的一座高峰。除了李泽厚的实践美学，新时期以来的美学还有：邓晓芒和易中天的新实践美学、杨春时的后实践美学、潘知常的生命美学、张世英的境界美学、叶秀山的现象学美学，等等。这只是择要而言之。本文意在从"主体间性"这个概念来审视新时期以来的美学，挖掘其有益于"新时代"美学建构的因素，因而选取了与"主体间性"可以对话的美学思想。

就时间而言，"主体间性"是到 21 世纪初才出现于中国美学界并成为一个关键词，而李泽厚的实践美学形成于 20 世纪下半叶，完成于 1989 年初版的《美学四讲》。就美学的性质而言，李泽厚把自己的哲学命名为"主体性实践哲学"或"人类学本体论哲学"，而杨春时也呼吁"从实践美学的主体性到后实践美学的主体间性"。既然如此，李泽厚实践美学对于本文的意义，似乎只能作为"主体间性美学"的对立面而遭到批判。然而事实并非如此。我们将会看到，按照本文对现象学"主体间性"概念的澄清，主张"主体间性美学"的后实践美学未必就是主体间性的，而李泽厚实践美学反倒有些主体间性的因素。

事实上，大多数美学都蕴含着主体间性的因素。如前所述，康德美学是主体性美学的最佳代表，这是由于他的美学从"我"出发，他的审美判断是"我"的判断，天才也只能是个体的天才。康德要为审美判断寻求普遍性，主张审美判断的普遍性是主观普遍性，亦即主体间性。只是由于从"我"走向"我们"的道路难以通达，因此康德对审美判断之普遍性的论证有些勉为其难。除了康德美学，中国进入新时期之后，美学界有个"共同美"的话题，常常引证孟子的"口之于味有同嗜焉"，其实就是去寻找"美"的超阶级的普遍性，亦即主体间性。丹麦现象学家丹·扎哈维指出："主体性和主体间性远非相互竞争的选择，而是实际上相互依存的概念。"①主体性美学和主体间性美学的区别在于，在"我"和"我们"的关系上，两者的先后次序或主次位置不同。李泽厚的实践美学固然属于主体性美学，但它也有主体间性的维度。然而，由于李泽厚的批判者杨春时将主体性与主体间性对立起来，致使李泽厚实践美学的主体间性维度隐而不显，遭到忽视。笔者认为，李泽厚美学的主体间性维度表现于三个方面：（1）李泽厚对"主体性"概念的用法；（2）李泽厚的"积淀说"；（3）李泽厚的"文化心理结构"概念。

李泽厚对"主体性"概念的使用颇为独特。在西方，主体性哲学也就是自我意识哲学，或称"第一人称哲学"，亦即从"我"出发的哲学，这种哲学的起点是笛卡儿的著名命题"我思故我在"。但是，李泽厚的"主体"概念，有两个特别之处。其一，它有时并不是哲学意义的，而是日常意义的，或者把哲学意义和日常意义混合起来使用，于是"主体"竟被李泽厚理解为"主人"。其二，它作为"主体"首先是"人类主体"，或"人类总体"，所以李泽厚说："通过漫长历史的社会实践，自然人化了，人的目的对象化了。自然为人类所控制改造、征服和利用，成为顺从人的自然，成为人的'非有机的躯体'，人成为掌握控制自然的主人。"②在《哲学探寻录》中，李泽厚把主体性分为"人类主体性"和"个人主体性"两种，"人类主体性"在先，"个人主体性"在后。倘若排除李泽厚对"主体性"概念使用不严谨的因素，那么我们应当说，他的"人类主体性"包含了主体间性的思想。此前我们曾引用过杜夫海纳的一个观点：主体间性在人类学的意义上即"人类性"。李泽厚的"积淀说"，其表述也不太严谨，缺乏逻辑性。积淀说的要义是"理性积淀在感性中，内容积淀在形式中"。由于理性是社会的，感性是个体的，因此理性积淀于感性，相当于"我们"积淀于"我"，可见积淀说也透露出几分主体间性的色彩。最后，在积淀说的基础上，李泽厚提出"文化心理结构"的概念。文化是社会性

①［丹］丹·扎哈维：《胡塞尔现象学》，李忠伟译，上海译文出版社 2007 年版，第 133 页。

② 李泽厚：《美学四讲》，生活·读书·新知三联书店 1999 年版，第 58 页。

的，也是历史性的，文化由群体创造出来，并在历史中形成。同时，要把文化内化于个体心理结构，必须经过长期习得和熏陶的过程，文化心理结构也是历史性地形成的。历史，无非是一种主体间性的时间。

邓晓芒和易中天的新实践美学，是对李泽厚美学的批判性继承。他们继承了李泽厚的实践论立场，并且继承了李泽厚的"文化心理结构"概念，如邓晓芒专著《中西文化心理比较讲演录》（2013）。新实践美学对李泽厚实践美学有继承，也有发展。新实践美学的核心是邓晓芒提出的"传情论"，笔者曾指出新实践美学的主体间性因素：

> 邓晓芒的传情论美学与以往的表现论美学、移情论美学等有着实质的不同，这种不同，集中表现于邓晓芒的情感观上。……按照邓晓芒的"同情"情感观，人并不是一个孤零零的笛卡儿式的"我思"。因此，邓晓芒强调"情感的社会性"，主张"情感也就是同情感"，实际上是一个近于"主体间性"的观点①。……近年来，杨春时主张，当代中国美学正在从"主体性的美学"转向"主体间性的美学"，这或许是有道理的，问题只在于对"主体间性"该如何理解。据我看来，邓晓芒的新实践美学，早在1989年就展示了接近于主体间性哲学的观点——尽管他还从自我意识出发，还站在主体性哲学的立场上。②

在杨春时看来，"新、老实践美学"都属于"主体性"美学，然而以上分析表明，它们都多少有着"主体间性"的因素，这些因素是我们建构"主体间性美学"可以使用的砖瓦。反之，杨春时以"主体间性"界定自己的后实践美学，然而他的"主体间性"概念却令人颇为困惑。杨春时引进"主体间性"一词，主要是为了让美学研究摆脱"主客二分"或"主客对立"的思维方式。照他的思路，要克服主客二分，只能让客体也成为主体，主体与主体交往，此即"主体间性"。于是他把任何审美对象（亦即审美客体）包括一棵树、一座山都视为"主体"。然而，杨春时

---

① 邓晓芒自己在谈到他的情感理论时，也曾提到"主体间性"概念，参见《新实践美学的审美超越——答章辉先生》，《河北学刊》2008年第4期。

② 郭勇健：《当代中国美学论衡》，清华大学出版社2014年版，第95—96页。

所说的"主体间性",就其美学意义而言,其实是"移情"或"拟人"。他自己常常用"同情"一词,而移情学派曾用"同情"和"象征"来说明移情现象。马克思的"人的本质力量的对象化"("情感的对象化")和"自然的人化",可以说是移情和拟人的哲学表述。因此,移情和拟人恰恰是主体性的,而非主体间性的。杨春时的贡献是指出了中国当代美学从主体性美学向主体间性美学的转向,这是一个值得重视的见解,但由于对"主体间性"概念的理解有误,致使杨春时本人并没有实现这一转向。需要指出的是,不少中国美学研究者从中国古代思想中寻觅"主体间性"的资源,往往寻到"情景交融""物我同一",甚至把"天人合一"也视为主体间性的一种表现,这恐怕是受了杨春时著述的影响。现象学的"主体间性"是主体与主体之间的关系,表现为人与人之间的关系,因此适用于社会,而非自然。事实上,儒家的"仁"比"情景交融""物我同一""天人合一"都更接近于主体间性。

潘知常的生命美学,亦可归属于"后实践美学"的阵营。生命美学以批判实践美学出道,但它与实践美学有一个共同的立场,即从历史进化的角度解释美感的形成。"从动物快感到人类美感"是生命美学的题中应有之义。但是,动物也是生命。况且在审美主体的结构中,生命处于较低的层次,在生命之上还有人格。莫里茨·盖格尔区分了表层艺术效果和深层艺术效果,"前者是对生命领域的影响,后者则是对人格领域的影响"。[1] 从美学的性质来看,生命美学和杨春时的后实践美学都把美学理解为审美学。陈望衡指出:"审美活动是具体的活动,表现在作为审美主体的人必须是个体的人,而不是抽象的人类或人群";"审美活动从来都是以个人为本位的"。[2] 因此,潘知常特别注重审美的个体性,强调"个体的觉醒"。且不说采取进化的视角和强调个体的视角不免有所扞格,笔者认为,西方现代哲学的主体间性转向和"语言转向",都是走出个体的标志性事件,因此,"忽视个体的美学,或许诚如潘知常所言,是'不真实'的美学,然而囿限于个体的美学,恰似十余岁的少年颇好表现自我张扬个性,其实也是'不成熟'的美学"。[3] 我们看到,审美学主要是以个体为本位、亦即以"我"为本位的美学,而主体间性美学则是以"我

---

① [德] 莫里茨·盖格尔:《艺术的意味》,艾彦译,译林出版社 2012 年版,第 71 页。

② 陈望衡:《当代美学原理》,武汉大学出版社 2007 年版,第 37 页。

③ 郭勇健:《当代中国美学论衡》,清华大学出版社 2014 年版,第 270 页。

们"为本位的美学。因此，走向真正的主体间性美学，往往意味着放弃"审美学"的美学理解。

　　新时期以叶秀山的美学最接近主体间性美学。叶秀山美学的代表作为《美的哲学》，此书完成于 1989 年，初版于 1991 年。在整个美学界都为实践美学所笼罩的年代里，叶秀山独辟蹊径，草创了中国第一个现象学的美学原理。遗憾的是，美学界迄今尚未对叶秀山的美学给予足够的重视和相应的评价。就本文而言，叶秀山提供的启示有三：（1）他在解释美和艺术时放弃了实践美学的主体性原则，而启用了海德格尔的存在性原则；（2）他放弃了笛卡儿以来的主体性哲学的第一人称视角，多次借鉴列维纳斯的"他者"视角，例如从"我—他"关系的角度区分科学、宗教和艺术，从"他者"的角度对模仿说和表现说给出全新的阐释；（3）他将文化引入胡塞尔的生活世界，把艺术视为一种文化形式，在文化世界中观照艺术。比较而言，杨春时的后实践美学只是使用了"主体间性"这个词汇，而叶秀山的现象学美学表面上不用"主体间性"一词，实质上已大致相当于主体间性美学了。不过，尽管叶秀山的美学并不以"美"为首要问题，也不试图给美下定义，实际上已经超越了"美的学问"或"美的哲学"的美学理解，但他仍然把自己的代表作名为《美的哲学》。这说明叶秀山对于西方美学发展的过程及其阶段缺乏明确的意识。

　　张世英的境界美学，较为系统地呈现于《哲学导论》（2004）一书中。与叶秀山相似，张世英也用胡塞尔的生活世界概念去阐释中国古代的术语"境界"。"境界"这个概念，很容易被理解为个体的境界，例如王国维的文学境界、冯友兰的人生境界，都偏于个体的精神境界，因而牟宗三甚至说境界是"主观的心境"。然而境界还有主体间性的一面。例如《庄子·大宗师》说："鱼相造乎水，人相造乎道。……鱼相忘乎江湖，人相忘乎道术。"人相造乎道，也就是说，人与人在道中相处，或曰共同生活于道的世界里，这表明道可以是一种"主体间性"的境界，并非只是个体的"主观的心境"。作为主体间性的境界，它与胡塞尔的生活世界是相当接近的。主体间性的境界，或是表现为社会意义的境界，或是表现为文化意义的境界。张世英也注意到境界的主体间性，因此他在《哲学导论》之后的著述，特别注重探讨"境界与文化"的问题。

　　以上是透过"主体间性"概念的窗口，对新时期以来的美学状况的简单回顾。

回顾过去与展望未来，具有相辅相成的关系。"新时期"近四十年的美学，潜藏着主体间性美学的维度，进入"新时代"之后，我们有必要使之从潜在状态过渡到现实状态，形成建构主体间性美学的自觉。

三、"新时代"美学之展望

主体间性概念与生活世界相关，因此主体间性美学也就是"生活世界美学"，但是，"生活世界美学"只是一种称呼，而非一种命名，我们将主体间性美学命名为"作为文化哲学的美学"。不取"生活世界美学"，理由有三：（1）"生活世界美学"这个复合概念，外延很大，内涵很小，本身并无具体的规定。（2）"生活世界美学"也可能与美学史上的其他主张相混淆。19世纪中叶俄国批评家车尔尼雪夫斯基曾提出"美是生活"的说法，近年来中国学界流行一种"生活美学"，为避免不必要的纠葛和误解，最好不用"生活世界美学"。（3）本文意在给出"美学"的新理解，而"生活世界美学"在形式上与"生活美学""身体美学""环境美学"等一样，只是美学的一个分支，并没有触动"美学"本身，并不能实现我们的意图。总之，现象学的主体间性美学，也就是"作为文化哲学的美学"，这是由于，胡塞尔的生活世界可以理解为文化世界，只是，这文化并不等同于新康德主义所说的文化，而近于叶秀山所说的"基本文化形式"。新康德主义的文化世界就是符号世界，而现象学的文化世界更为基础、更为本源。

美学是文化哲学，这并不是前所未有的全新看法。此前已经有了这种美学理解的蛛丝马迹。进入21世纪之后，德国美学家海因茨·佩茨沃德呼吁："我们必须努力建构超越美学的美学。我们亟须把美学重置于更加广阔的文化哲学的视角之中。如此一来，我们就能进一步丰富和扩展我们对艺术的理解。我所辩护的观点是使得我们能够把艺术理解成作为整体的文化中的某种生成力量。"[1] 意大利学者马里奥·佩尔尼奥拉指出："全球化已经使得美学更像是一种文化哲学，而不是对美和艺术之本质的一种思考。"[2] 不过，佩茨沃德是呼吁，但他的几篇探索性论文并不足

---

[1]［德］海因茨·佩茨沃德：《符号、文化、城市：文化批评哲学五题》，邓文华译，四川人民出版社2008年版，第62页。

[2]［意］马里奥·佩尔尼奥拉：《当代美学》，裴亚莉译，复旦大学出版社2017年版，第2页。

以建立起"作为文化哲学的美学"，况且他说的文化哲学也不是现象学文化哲学。佩尔尼奥拉是发现，仅仅发现美学向文化哲学转变，这还只是对历史动向的描述。笔者此前也曾发表过《论美学的文化哲学转向》一文，从趋势、学理、后果三方面揭示这一转向，并指出这一转向表现于"从审美到艺术""从自律性到泛律性""从主体间性到文化间性"等方面。① 本文是前文的深化，认为立足于现象学的主体间性概念和胡塞尔的生活世界理论，可以发展出一种"作为文化哲学的美学"。这有两个理由。其一，文化从来都是主体间性的。例如美国人类学家约翰·奥莫亨德罗给文化下了个定义："文化是一群人通过习得，对其所作所为和每件事物的意义共有的认识。"② 这里"共有的认识"也就是主体间性的认识。其二，胡塞尔的生活世界，作为"前科学的经验世界"，可以理解为文化世界。也许正因为如此，在叶秀山的《诗·史·思——现象学与存在哲学研究》这本书中，才会用了两章的篇幅讨论卡西尔及其"符号现象学"。

为什么要将美学理解为文化哲学，建立"作为文化哲学的美学"？这是由于以往的美学理解已经捉襟见肘，不再适用了。以往的美学理解，汇总如下：

> 在西方美学史上，美学主要有三种理解，即感性学（鲍姆嘉通）、审美学（康德）、艺术哲学（黑格尔）。19 世纪末，日本学者中江兆民将法国思想家维隆（Eugene Veron，1825—1889，又译名欧仁·佛隆）的著作译为《维氏美学》出版，这是汉字文化圈中首次出现"美学"一词。"美学"亦即"美的学问"或"美的哲学"，它可以上溯到古希腊柏拉图《大希庇阿斯篇》中对"美是什么"的追问。美学这个概念很快被日本学界接受并被输入中国。于是今天我们对美学共有四种理解：美学（柏拉图）、感性学（鲍姆嘉通）、审美学（康德）、艺术哲学（黑格尔）。③

鲍姆嘉通的感性学，是作为认识论的一个部门提出来的。感性认识与理性认识相

① 郭勇健：《论美学的文化哲学转向》，载刘小新、杨建民主编：《当代美学的文化使命与理论重构》，江苏大学出版社 2015 年版，第 213—218 页。

② ［美］约翰·奥莫亨德罗：《像人类学家一样思考》，张经纬等译，北京大学出版社 2017 年版，第 17 页。

③ 郭勇健：《现象学美学史》，社会科学文献出版社 2018 年版，第 337—338 页。

对，而理性认识已有逻辑学在研究，因此应当建立"感性学"（美学），以之与逻辑学相对。但是到了康德那里，却发现审美并不是认识，而只是体验。如此一来，鲍姆嘉通的"感性学"之名就不再适用了。① 美学被康德转变为"审美学"。"审美学"是对"感性学"的扬弃：抛弃了认识的意义，保留了感性的意义。因此杜夫海纳说，"审美对象不是别的，只是灿烂的感性"②；"审美对象就是辉煌地呈现的感性"③。感性对于审美对象是不可或缺的。"感性的"未必是"审美的"，但"审美的"必然是"感性的"。不只是审美，艺术也保留了感性。如黑格尔主张艺术是"理念的感性显现"。于是我们还可以说，"感性的"未必是"艺术的"，但"艺术的"必然是"感性的"。看来，"感性"实乃美学的学科基因，无论美学的形态发生了怎样的变化，无论是审美学还是艺术哲学，"感性"始终在场。今天中国美学界有不少学者主张"恢复感性学"，这恐怕是未能认识到"感性"早已被吸收到"审美"和"艺术"当中了。

从鲍姆嘉通的感性学到康德的审美学，是学术的进步，然而，康德的美学也有很大局限性。首先当然是主体间性美学固有的个体性、主观性。审美活动在康德那里是一种个体的、主观的行为，加之康德把审美的主体性依据归于情感，于是审美就成了一种个人的内心体验。康德的这个观点遭到黑格尔、海德格尔和伽达默尔的一致批判。黑格尔既反对"感性学"也反对"审美学"。他认为"伊斯特惕克"（aesthetica）这个词的准确意思是研究感觉与感情的科学，主观的心理反应并不能说明艺术作品的本质，美学并不是"情感学"。黑格尔认为，美学应当从主观走向客观，从审美走向艺术，因此，美学应当是艺术哲学。黑格尔的观点在 20 世纪赢得一批拥趸。克罗齐、杜威、苏珊·朗格、海德格尔、伽达默尔、丹托的美学都称为艺术哲学。英国学者 R.W. 赫伯恩指出："当代美学著述绝大部分关注的是艺术，

---

① 在 20 世纪下半叶，今道友信也反对鲍姆加登的"感性学"（aesthetics），他认为美学应当是"美的学问"，而美存在于超越性的、非感觉的领域，因此他主张美学应当是 Calonologia（卡罗诺罗伽）。这是今道友信自创的一个术语，把希腊语的美、存在、理性、学问四个词合成一个，"考虑到发音上的方便作了适当的缩减，概括成卡罗诺罗伽（calonologia）这个词。""之所以叫做卡罗诺罗伽，因为它是美的学问的意思。"（今道友信编：《美学的方法》，李心峰等译，文化艺术出版社 1990 年版，第 325 页）

② ［法］杜夫海纳：《美学与哲学》，孙非译、陈荣生校，中国社会科学出版社 1987 年版，第 53、54 页。

③ ［法］杜夫海纳：《审美经验现象学》，韩树站译，文化艺术出版社 1996 年版，第 115 页。

极少有关心自然美的。一些本世纪中叶的理论家甚至将美学界定为'艺术哲学''批评哲学'。"①如美国分析美学家比厄斯利认为，美学与艺术哲学现在仅仅存在着术语上的区别，他之所以还在使用"美学"一词，只不过是由于这个词已经约定俗成，使用起来比较方便而已。在 20 世纪的美国，美学基本上被等同于"艺术哲学"。

黑格尔的美学观也处理了"美"的问题。他高度评价了柏拉图对"美本身"的追问，认为这是哲学思维进入新阶段的标志。由于柏拉图的贡献，美学研究今后应当从理念即概念出发。但他随即指出柏拉图的缺陷，即走向"抽象的形而上学"。他强调："我们在艺术哲学里也还是必须从美的理念出发，但是我们却不应该固执柏拉图理念的抽象性。"②他主张"经验观点和理念观点的统一"，因此黑格尔美学中的"美"，并不是柏拉图那般抽象空洞的"美本身"，而是"艺术美"——美的本质被现象化了。黑格尔的美学即艺术哲学，而艺术哲学即艺术现象学——只是黑格尔的现象学与胡塞尔开创的现象学有所不同罢了。总之，审美学和艺术哲学这两个美学范式意味着，美学不再面对柏拉图的问题，不再思索"美本身"了。在 20 世纪，苏珊·朗格的《情感与形式》是艺术哲学的代表，杜夫海纳的《审美经验现象学》是审美学的代表，这两部经典著作都在不考虑美的本质的情况下建立起自己的美学体系。

总之，虽然美学在概念上可以有四种理解，但严格说来，西方美学史只有感性学、审美学和艺术哲学三个阶段。"美学"被分散于这三个阶段之中，并不是一个独立的阶段，美学家们对"美"的重视有高有低，而且呈现出越来越不重视"美"的趋向。只是在日本和中国这两个国家，"美学"才是一个独立的美学理解，形成一个独立的美学阶段。③

当美学于 20 世纪初被引进到中国时，康德和黑格尔的美学范式已经扬弃了鲍姆嘉通的"感性学"，因此，中国现当代美学也没有了"感性学"的阶段。20 世纪上半叶的中国美学家基本上跟随着西方的脚步，但是 1949 年之后，情况便有所不

---

① 引自［美］M. 李普曼编：《当代美学》，邓鹏译，光明日报出版社 1986 年版，第 365 页。

② ［德］黑格尔：《美学》第 1 卷，朱光潜译，商务印书馆 1996 年版，第 27 页。

③ 日本学者把美学理解为"美的学问"或"美的哲学"，这与中江兆民的翻译有关，与日本文化也有关。日本文化总的来说是一个唯美主义的文化，也就是说，在"真、善、美、圣、爱"这些人类价值中，日本人对"美"这一价值特别感兴趣，视之为最高的价值。

同。五六十年代有一个"美的本质问题大讨论",实际上把美学照字面意思理解为"美的学问"。80 年代美学的核心人物李泽厚仍然志在解答"柏拉图关于美是什么的问题"。20 世纪中叶到 20 世纪 80 年代,美学基本上被中国学者理解为"美的学问"。进入 20 世纪 90 年代之后,中国美学界占据主导地位的美学理解,是把美学视为"审美学"。直到今天,依然如此。①这与中国学术的特殊情况有关,可析为纵横两个方面。在纵的方面,如前所述,中国美学家长期探索抽象的"美的本质",夙夜操心于给出"美的定义",早已疲于奔命,转向审美问题,符合"从本质到现象"或"从抽象上升到具体"的思想发展过程。从美学转向审美学,在某种意义上可视为学术的进步。在横的方面,20 世纪 90 年代以后,艺术学在中国崛起,并且发展势头极为迅猛。艺术学在欧洲成立伊始,便要求与美学并列,不过这一初生牛犊并没有战胜彼时已有近两百岁的美学老虎,最终没能取得与美学并列的地位,欧洲艺术学思潮到了 20 世纪中叶就趋于偃旗息鼓了。然而近年来在中国重新崛起的艺术学,获得了教育部的大力支持,在大学的学科体制上站稳了脚跟,得以与美学平分天下。艺术学作为"一般艺术学",本来颇有几分"艺术哲学"的意味,如今艺术学既然成了与美学并列的学科,美学就不太好意思自居为"艺术哲学"了。因此,中国的美学只能限定自己的领域,甘居"审美学"的城池之内,与艺术学"划界而治",彼此相安。

问题在于,以审美为中心的美学,在欧美学界已经趋于冷寂。放眼美学史,审美先是属于哲学认识论,虽然康德已经意识到审美不是认识,但审美仍然基于认识论而得以考察。19 世纪末,心理学登上历史舞台,试图替代哲学认识论为美学奠基,于是审美成为心理学美学的核心问题。心理学美学之后,审美问题便从中心向边缘转移。在艺术哲学中,审美可以相当重要,也可以没有任何重要性。对海德格尔、伽达默尔、苏珊·朗格、丹托等艺术哲学家而言,审美没有任何重要性。而对于比厄斯利来说,审美仍然相当重要,因为他要以审美界定艺术,是个"审美功能论"者。20 世纪中叶还有一些比厄斯利这样的审美功能论者。时至今日,审美功能论者已成了稀有动物。理由很简单,杜尚的《泉》(1917)一劳永逸地改变了艺术的

---

① 例如这几年全国高校都在使用的"马工程教材"《美学原理》(尤西林主编),仍将美学等同于审美学。

行程，艺术已不愿再与美捆绑在一起，艺术品已不愿被当作审美对象了。相应地，艺术哲学家逐渐地放弃以审美界定艺术的传统思路，转而从惯例、体制、习俗、社会等角度去界定艺术了。丹托和迪基的"艺术界"理论便是最引人注目的成果。

从欧洲的诠释学美学和接受美学再跨出一步，就会遇到"作为文化哲学的美学"；从美国的"艺术界"理论再跨出一步，也会进入文化的领域，不再以审美界定艺术，而是以文化界定艺术。欧洲和美国的美学家似乎殊途而同归，都在有意无意地将美学演变为文化哲学。况且在今天这个全球化的时代里，文化—跨文化问题俨然成了头等重要的问题。塞缪尔·亨廷顿的"文明冲突论"是今日思想者不得不面对的问题。艺术是文化的本源性形式和生成性力量，也是比语言更重要的跨文化形式（如俗话所说"音乐是普遍性的语言"），因此，若要化解亨廷顿所说的文明冲突论或文化冲突论，今后的文化理论不能不考虑艺术。艺术之思通向文化，文化理论指向艺术，两者相向而行，给出了把美学界定为文化哲学的必要性。

在这个全球化和跨文化的时代，与其说文化哲学是西方美学的第四阶段，不如说是世界美学的第四阶段。换言之，中国当代美学的发展也指向"作为文化哲学的美学"。如前所述，中国现当代美学的历程并无"感性学"和"艺术哲学"，只有"美学"和"审美学"两个阶段。20世纪90年代以后，美学基本上被等同于审美学。把美学等同于审美学，在三十年前或许是一种进步，到如今却使美学停滞不前，几乎陷入山穷水尽之境地了。我们知道，心理学美学作为一个历史阶段成为过去之后，研究审美的有效路径主要有两条：一是借用认知神经科学的方法，二是重新回到哲学。认知神经科学在中国几乎还是一个尚未涉足的领域，对美学家而言更是极其陌生，因而总的来说，我们只能选择重回哲学之路。重回哲学之路，却又不能回到康德之前的认识论路径，因此，当代中国学者大都从存在论或本体论的角度研究审美问题。对20世纪90年代之后的中国学者而言，存在论的主要资源是海德格尔，而海德格尔并不研究审美问题。所以大致而言，当代中国的审美理论，主要是对海德格尔存在论之片段的挪用，加上一些个人的形而上思辨，或再掺杂一些中国古代文论的术语，并无多少启发性和创造性的学术成果。对今日中国学者而言，美学研究的状况也亟待改变。而把美学从审美学改造为文化哲学，或许正是一个可行的方案。

　　三十年来的中国当代美学，总体上表现为超越李泽厚实践美学的欲求，中国学者踊跃提出"走向新实践美学""走向实践存在论美学""走向后实践美学"等说法。这类说法当然都是有意义的，它们体现了中国当代学者的积极探索和努力创新。然而，它们都是把"中国美学"视为一个封闭体而得出的看法；它们的目光朝向中国过去的美学（实践美学），而不是朝向世界尤其是西方过去的美学（感性学、审美学、艺术哲学）；它们是"关起门来自说自话"，而不是与西方美学或世界美学对话。显然，西方美学是不可能走向新实践美学或后实践美学的。换言之，这类说法并不是主体间性（文化间性）的，不具有跨文化的品质。语言学家周有光曾大声疾呼："在全球化时代，要从世界看中国，不要从中国看世界。"[①] 美学研究也是如此。我们应当面向世界、积极融入世界，将中国当代美学视为世界美学的一个有机组成部分。

原刊《学术月刊》2019 年第 10 期

---

① 周有光：《岁岁年年有光：周有光谈话集》，天津人民出版社 2016 年版，第 111 页。

中国思想史研究中的
学派、话语与话域

李振宏[*]

曾几何时，在中国思想史的研究圈子里，"学派"这个词渐渐流行起来，诸如"侯外庐学派""刘泽华学派"等，已有不绝于耳之感，使人真切地感受到了学术的进步。回首 1949 年以来的学术史，一个最顽强的特征，就是学术思想与国家意识形态的高度统一，无论哲学、史学或一切社会科学，都不可能有所谓独立学派的产生。我们只有一个学派，那就是马克思主义学派。而只有一个学派，就等于是没有学派，因为理论方法论及论学宗旨上没有"异于是"的存在。如今"侯外庐学派""刘泽华学派"的出现，使我们看到了中国思想史研究步入到一个新的阶段。

一

国内学术界较早提出"侯外庐学派"的，是龚杰发表于 1989 年的《论侯外庐学派的代表作〈中国思想通史〉》一文。他说："《中国思想通史》集中体现了侯外庐学派的特色和成就，其中对学术界影响最大的，就是注重思想史与社会史的关联。"[①] 该文没有对"侯外庐学派"作完整的论述，它为什么是一个学派？它的学术宗旨是什么？有什么样的方法论体系？有什么样的学术个性？诸如此类学派所以为学派的基本问题，龚杰都没有给予回答，只是指出了该学派的"注重思想史与社会史的关联"这一学术风格。最近几年言说"侯外庐学派"颇具代表性的，是方克

---

* 作者为河南大学历史文化学院教授、博士生导师。
① 龚杰：《论侯外庐学派的代表作〈中国思想通史〉》，《西北大学学报》1989 年第 1 期。

立、陆新礼的论说："'侯外庐学派'是由马克思主义历史学家侯外庐先生开创的学术派别，其基本主张是用以唯物史观为核心的马克思主义世界观和方法论来研究中国思想的发展，强调思想史研究与社会史研究相结合，可以说是中国思想史研究中的唯物史观派。该学派已有三代人薪火相传，具体说就是：第一代是以该学派创始人侯外庐为代表的老一辈马克思主义学者，包括赵纪彬、杜国庠、邱汉生等人，代表作是他们共同编撰的多卷本《中国思想通史》；第二代是解放后随侯外老一起编著《中国思想通史》第4卷的'诸青'，以及侯外老在'文革'前培养的研究生和助手，如张岂之、李学勤、黄宣民、卢钟锋等人，代表作是《宋明理学史》和《中国近代哲学史》；第三代是……"① 在这段表述中，"侯外庐学派"有治学宗旨、学术风格，有代表人物和代表作等。但是，侯外庐本人似乎并不承认自己创造了一个独立的学派，如他说："要建立一个比较完整的马克思主义的中国思想史体系殊非易事。尽管有同志说我们的思想通史是自成体系的著作，而我们却不敢以此自诩。我很想说明一下，我们在史学研究中所注重的不是自己的'体系'，而是如何运用马克思主义历史科学的理论和方法，总结中国悠久而丰富的历史遗产。"② 显然，他并不认为在马克思主义的理论方法论之外，自己有什么独立的学术体系。侯外庐所致力于建立的只是"一个比较完整的马克思主义的中国思想史体系"，他仅仅是"马克思主义学派"的一员。前引方克立、陆新礼的文章中也已明言其为"唯物史观派"。既然这是一个地地道道的马克思主义学派，又如何能以侯氏的名字命名呢？在新中国几十年的学术史上，有什么人不是属于马克思主义学派吗？虽然侯外庐及其同仁或传人们比其他人做得要好一些，成果也集中一些，但他们的理论方法论体系，和其他学者并没有明显的差异。大家都是唯物史观派，用的是同一套话语体系，同一个思维模式，同一个理论准则，同一个价值标准。尽管如此，笔者还是愿意使用"侯外庐学派"这个概念，将其作为马克思主义中国思想史学派的代名词，作为用唯物史观解读中国思想史的一个典型。

---

① 方克立、陆新礼：《"侯外庐学派"的最新代表作——读〈中国儒学发展史〉》，《中国社会科学院研究生院学报》2010 年第 2 期。

② 转引自湛风、郑熊的《在人文学术园地不懈耕耘——张岂之先生访谈录》一文，《中国文化研究》2009年夏之卷。

以往人们解读侯外庐学派，最为关注的是他重视社会史研究与思想史研究的结合。其实，这只是这个学派方法论的一个方面，是他所坚持的"社会存在决定社会意识"的思想方法。这个学派在学理层面还有更为重要的东西，即对于思想的评价或判断以"唯物"或"唯心"为最根本的分野，把一部思想发展史解读为唯物论与唯心论斗争的历史，"唯物"与"唯心"构成这个学派最基本的话语元素。关于这一点，只要读一读侯外庐主编的《中国思想史纲·绪论》就非常清楚了。

除了唯物与唯心，社会与阶级、进步与反动，也是这一学派的基本话语元素。社会与阶级是其分析工具，一切思想的源头都归之于社会与阶级的运动，一切思想的实质都可以从阶级利益的角度去分析和解说。进步与反动是其价值判断标准，是其思想属性的标签，对一切思想都可以作出进步与反动的价值判断。而且在这样的学术体系中，唯物与唯心、社会与阶级、进步与反动，这些事实判断、属性判断和价值判断之间有着确定的对应关系。唯物→革命阶级或国民阶级→进步；反之，唯心→统治阶级→反动。[①]

还需要指出的是，由于唯物史观学派在基本理论体系上与现实社会的政治意识形态保持着高度的一致性，因此也使其现实批判功能弱化。一方面，这一学派对自己引为指导的理论缺乏反思和评论，如在其代表作《中国思想通史》第1卷中，引述了马克思、恩格斯、列宁的论述29处，都是作为论证依据而引述，而没有一处是评判性征引；另一方面，从这样的思想史研究中，也看不到学术针砭现实的批判作用。新中国在承接几千年封建专制社会的遗产时，对思想文化专制主义的批判是最紧迫的现实需要，而他们在多卷本的思想史巨著中，则没有对封建专制主义作系统清理，没有表现出应有的现实关怀。现实批判功能的弱化，制约了学派的发展潜力。

这里无意对侯外庐学派作出全面的分析和评价，更不是要来批评这个学派。以上所论，实际上是几十年间整个中国马克思主义史学中存在的普遍性问题。这样的史学，已经形成了一个固定的研究范式和话语体系，从理论到方法，从思路到话题，都已经标准化、程式化了。就中国思想史研究来说，侯外庐及其研究群体是这

---

① 侯外庐、赵纪彬、杜国庠：《中国思想史》第1卷，人民出版社1957年版，第44—45、49、180、128、191、253、305、326、532、645等页的有关论述。

个史学范式中做得最好的典范，他们已经尽力将"左"的影响降低到最低的程度，其学术成就也已攀登到了这个理论体系所可能达到的高峰，在这样的话语体系中，走出新路的难度可想而知。中国思想史研究的新局面，需要有新学派的产生。只有"异于是"的新学派的产生，才可能带来新方法、新视野，创造新的言说方式和新的话语体系，从而使中国思想史研究别开生面。

二

20世纪80年代，诞生了"刘泽华学派"。据说，在海外早已有人在谈论"刘泽华学派"，而在中国大陆使用这个术语则是近几年的事情[①]，并且至今还没有人对之作出整体性描述。但就笔者的考察，这个学派是成立的，他相对于唯物史观派的中国思想史研究来说，已经使人有了"异于是"的感觉。

刘泽华学派所以成立，在于这个研究群体有自己的学术个性，有区别于他人的治学宗旨和方法论体系，有独特的言说方式，并由此形成了一套新的话语体系。首先，从方法论上说，一是在看待中国思想史演进的基本路径上提出了区别传统唯物史观的特有角度。这一方法论突破，主要是根源于刘泽华著名的"王权主义"理论。刘泽华认为，中国古代社会的基本特点是"王权支配社会"，"这种王权是基于社会经济又超乎社会经济的一种特殊存在……这种靠武力为基础形成的王权统治的社会，就总体而言，不是经济力量决定着权力分配，而是权力分配决定着社会经济分配，社会经济关系的主体是权力分配的产物；在社会结构诸多因素中，王权体系同时又是一种社会结构，并在社会的诸种结构中居于主导地位"[②]。很显然，这样一种中国史观，是有别于传统唯物史观从经济角度看问题的思想方法的。而从这样的历史观出发，就产生了看待中国思想史进程的新的思维路径。刘泽华说："在观念上，王权主义是整个思想文化的核心。各种思想，如果说不是全部，至少是大部，

---

① 公开使用"刘泽华学派"这一概念的文章有方克立：《甲申之年的文化反思——评大陆新儒学"浮出水面"和保守主义"儒化"论》，《中山大学学报》2005年第6期；方克立：《关于当前大陆新儒学问题的三封信》，《学术探索》2006年第2期；秦进才：《形式主义史料与政治文化的存在方式》，《中国图书评论》2008年第9期；李冬君：《真理之辨——读毕来德〈驳于连〉》，《中国图书评论》2008年第5期等。

② 刘泽华、张分田等：《思想的门径——中国政治思想史研究方法论》，天津古籍出版社2006年版，第5页。

其归宿基本都是王权主义。"① 于是，王权主义就成为中国政治思想史研究的一个重要的分析工具，中国思想史研究就有了区别于"精神生产随着物质生产的改造而改造"（《共产党宣言》）的新的方法论。二是这个群体基本上废弃了传统唯物史观解释历史的最核心的方法论工具——阶级分析方法。刘泽华说："在阶级社会，政治思想的核心部分具有明显的阶级性质。但从政治思想的总体看，又不能全部归入阶级范畴……不能把每一种思想命题统统还原为阶级的命题，因为政治思想对象本身并不都是阶级的。"② 刘泽华从他的防御性思维（刘泽华语）出发，解释自己的理论时不得不遮遮掩掩，闪烁其词，要声明"在阶级社会，政治思想的核心部分具有明显的阶级性质"，而在做了"不能把每一种思想命题统统还原为阶级的命题"的委婉的表达之后，在他们的实际研究中，就基本上把阶级的痕迹全部抹去了。三是这个群体的思想史研究摒弃了传统的唯物与唯心、社会与阶级、进步与反动的概念体系，甚至抛弃了近代以来来自西方的最为强大的话语体系和分析工具，如专制与民主等，而从中国政治思想史内部、从中国古代固有的概念体系出发，提炼出言说思想史的概念和范畴，形成独特的适合中国思想史研究的话语体系。刘泽华在《中国政治思想史集》第一卷"再版弁言"中说："本书的立论基本上是来自归纳法，所有的材料都是从'母本'中梳理出来的，而且在解释和运用时也都以'母本'的整体性为前提。"③ 张分田在《中国帝王观念》一书的"导论"中说，他研究中国政治思想史基本问题的"途径和方式之一就是深入剖析各种思想体系的理论结构。这是本书所使用的主要分析方法"④。也就是说，刘泽华他们研究中国政治思想史所使用的基本概念，都来自中国政治思想史这个"母本"，是深入中国自身各种思想体系之中提炼的结果，而不是沿袭用西方概念解读本土思想的近代路径。正是从中国思想史的母体出发，刘泽华他们提炼出了观察中国古代思想史的概念体系，如君尊、

---

① 刘泽华、张分田等：《思想的门径——中国政治思想史研究方法论》，天津古籍出版社 2006 年版，第 6 页。

② 刘泽华：《先秦诸子思想史》，南开大学出版社 1984 年版，"前言"。

③ 转引自林存光：《思想、社会与历史——刘泽华先生的"王权主义"说评析》，《天津社会科学》2009 年第 3 期。

④ 刘泽华、张分田等：《思想的门径——中国政治思想史研究方法论》，天津古籍出版社 2006 年版，第 196 页。

臣卑，尊君、抑民，尊君、罪君，帝王观念、臣民意识，君道、臣道，兼听、独断，进谏、纳谏等。这些概念在他们的中国政治思想史大量著作中，被证明是有效的分析工具。

其次，这个群体有着强烈的现实关怀，有着明确的目的追求，这是他们的治学宗旨。刘泽华研究中国政治思想史的目的"就是为解析中国的'国情'，并说明我们现实中封建主义的由来"①。当被问到"这是否是'理念'先行而违背了学术独立的原则，是否有实用主义的毛病"时，刘泽华答曰："我不排除'我'的因素和目的，也不排除'理念'先行，不贯彻某种'理念'的历史认识几乎是不存在的。我所写的东西表达的是我的一种认识。'文革'以及前后那么多的封建主义，不全是新冒出来的，很多是中国历史的延续，对此不应袖手旁观和熟视无睹……有人说，从我著述中看到了某些现在的东西，能有这种感受，可谓得吾心矣！"② 可以说，刘泽华这个学术群体的所有相关著作，都体现了这个鲜明的学术目标。

最后，刘泽华学派所以成立，还在于他们已经有了足以体现其论学宗旨和学术风格的研究成果。这个学派的主要代表作有：刘泽华《先秦政治思想史》(南开大学出版社 1984 年版)，刘泽华《中国的王权主义》(上海人民出版社 2000 年版)，刘泽华主编《中国政治思想史》(三卷本，浙江人民出版社 1996 年版)，刘泽华、葛荃主编《中国古代政治思想史（修订本）》(南开大学出版社 2001 年版)，张分田《中国帝王观念》(中国人民大学出版社 2003 年版)等。

刘泽华学派的出现，产生了关于思想史的新的言说方式，新的话语体系，同时也意味着扩大了思想史研究的视域，人们开始跳出唯物与唯心、社会与阶级的视野去展望古代思想的多彩世界。

三

最近十几年来，除了刘泽华学派，也还有一些新的话语涌现，虽说没有形成气候，形成学派，但在思想史研究领域的影响力却也不能低估。

这里有必要提及葛兆光的中国思想史研究。1998 年，葛兆光的《七世纪前中

---

① 刘泽华：《中国政治思想史集·总序》，人民出版社 2008 年版，第 1 页。

② 刘泽华、范思：《治史观念与方法经验琐谈——刘泽华教授访谈录》，《历史教学问题》2006 年第 2 期。

国的知识、思想与信仰世界》出版问世，提出了一个"一般知识、思想与信仰世界的历史"的思想史理念，用一套全新的话语体系来言说中国古代的思想史。他说："过去的思想史只是思想家的思想史或经典的思想史，可是我们应当注意到在人们生活的实际世界中，还有一种近乎平均值的知识、思想与信仰，作为底色或基石而存在，这种一般的知识、思想与信仰真正地在人们判断、解释、处理面前世界中起着作用，因此，似乎在精英和经典的思想与普通的社会和生活之间，还有一个'一般知识、思想和信仰的世界'，而这个知识、思想与信仰世界的延续，也构成一个思想的历史过程，因此它也应当在思想史的视野中。"① 根据这样的学术理念，思想史研究的方法论就要作出创造性地改变，就要走出从子书到子书、从思想到思想或从社会到思想的研究套路，也就必然极大地拓展思想史的研究范围和资料范围。于是，葛兆光的思想史研究，将资料范围扩大到了传统的经书、子书之外，诸如非文字类的图像资料，如画像石、铜镜、宗教图像、雕塑、建筑等；普通适用的印刷品，如寺庙中的签文、一些格式化的祝祷词、皇历一类通用手册等；一般历史学家不大注意的文学性资料，如早期的讲经、变文以及后来的善书、可供艺人阅读的唱词、有固定场所的说书、家族祭祀或村社聚会时的演出等。② 正是这样一种新的研究方法，给他的研究带来了成功，使他超越了传统的思想史研究，为学界提供了无论从内容到方法都可以使人耳目一新的思想史著作。在这样的思想史研究中，言说的话语变了，话域也变得空前广阔。

雷戈的《秦汉之际的政治思想与皇权主义》是继葛兆光之后又一项在方法论上别开生面的研究成果。雷戈创立了一种"历史—思想"研究法，其方法论手段是制度分析和技术分析。"所谓制度分析，就是从制度与思想的互动建构来展示政治思想的复杂脉络。""所谓技术分析，就是从权力游戏和官场规则中描绘出某种普遍性的政治—思想共识"，侧重从政治仪式、官场规则、官僚行为、权术阴谋中考察一个时期的政治思想。③ 这样的考察，使得原来的经书、子书无力支撑，主要的资料

① 葛兆光：《中国思想史》第1卷，复旦大学出版社1998年版，第13页。
② 葛兆光：《中国思想史》第1卷，复旦大学出版社1998年版，第23—24页。
③ 雷戈对自己方法论的描述，参见《秦汉之际的政治思想与皇权主义》，上海古籍出版社2006年版，第22—25页。

依据变为一般历史研究所依赖的正史。于是，雷戈提出"正史和诸子具有相同的思想史价值"的论断，为思想史研究开辟出新的史料领域。① 实际上，雷戈的"历史—思想"研究法，就是从人们的实际历史活动中分析思想发展轨迹的方法。他强调一切历史记录，通常都和人们所依据的"诸子"一样具有思想史资料的价值；而以往的思想史研究，几乎忽略了"诸子"书以外的一切历史记录。的确，我们需要拓宽思想史的研究视野，从人类全部的历史活动中去考察思想的轨迹。

葛兆光、雷戈等人新的研究方法问世之后，由于种种原因还没有学者效法和跟进，于是也就没有发展为学术派别，但他们的方法论都是以代表性论著来标示的；而且这些新的方法论，也的确造成了新的话语系统，拓展了思想史研究的话域范围、对象范围和资料范围。他们在思想史研究中所产生的影响，是具有学派效应或范式效应的。如果说个性化的学派涌现才可能带来方法论的创新、话语体系的流转和话域的拓展的话，那么，中国思想史研究的蓬勃春天，也正待于此。人们期望刘泽华学派有新的发展，期待葛兆光、雷戈式的个性化研究也能继续光大而成为独树一帜、蔚然成风之学派。即使整个史学界都坚持一个唯物史观，也应该在这个史观的关照下，滋生出同一平台上的不同学派。孔子死后，"《春秋》分为五，《诗》分为四，《易》有数家之传"；作为马克思的后继者，也需要翩翩起舞，张扬其思维的个性力量。唯此，中国思想史研究才可能装扮得五光十色、斑斓多彩！

原刊《学术月刊》2010 年第 11 期

---

① 雷戈对自己方法论的描述，参见《秦汉之际的政治思想与皇权主义》，上海古籍出版社 2006 年版，第 22—25 页。

历史地理学界"话域"与"话语"的融通

侯甬坚[*]

民国时期，学人习用的"沿革地理"治学方式是受制于历史学的基本"话域"的。到 1961 年，学界完成从"沿革地理"到"历史地理"的转变，遂进入到地学"话域"的新阶段。在经历了顾颉刚、侯仁之两代人的探索后，历史地理学的学科"话域"终于确定，学者们的思维随之敞开，无论是在人文还是自然地理方面，"历史时期""地名定位""分布及其变迁"之诸多表述便构成了该学科最基本的同行话语，"时空差异""变化驱动力"等新词汇属于更进一步的地学表达。对近百年来历史地理学"话域"和"话语"进行语汇学上的分析，揭示学科建立的曲折之路，弄清楚其中更多的事实和原委，是今日学界的共同职责。

一、历史地理学的现代"话域"从"地理沿革史"起始

1934 年 3 月，一份朴素的同人刊物在北平市成府路蒋家胡同三号开始发行。这份名为《禹贡半月刊》的杂志扉页上写的出版者是禹贡学会，编辑者是顾颉刚、谭其骧，卷期是第 1 卷第 1 期，出版时间为"民国二十三年三月一日"，《发刊词》里这样写道[①]：

> 历史是最艰难的学问，各种学科的知识它全都需要。因为历史是记载人类

* 作者为陕西师范大学西北历史环境与经济社会发展研究中心主任、教授。

① 禹贡学会：《发刊词》，《禹贡半月刊》1934 年第 1 期。

社会过去的活动的，而人类社会的活动无一不在大地之上，所以尤其密切的是地理。历史好比演剧，地理就是舞台；如果找不到舞台，哪里看得到戏剧！所以不明白地理的人是无由了解历史的，他只会记得许多可佐谈助的故事而已。

这段文字言简意赅地阐明了历史研究中"地理"内容的重要性。"历史好比演剧，地理就是舞台；如果找不到舞台，哪里看得到戏剧！"如此通达、畅快的话语，谁读了都不会忘记（也就成了受话人）。《发刊词》还说"自然地理有变迁，政治区划也有变迁"，所举之例有黄河、济水、兖州，这就引出了"地理沿革史"的概念。

其实，在 1934 年之前，国内读书界已经有"历史地理"这个学术术语了。据研究，"1921 年 11 月至 1926 年 10 月，是《史地学报》提倡历史地理学并引领风骚的时期"[①]。禹贡学会的核心人物是私立燕京大学的顾颉刚（1893—1980），他被尊为中国历史地理学研究的倡导者[②]，何以在当时提出的是"沿革地理"[③]而不是"历史地理"？这同历史地理学当年"话域"的渊源有关。

原来，禹贡学会是"一群学历史的人，也是对于地理很有兴趣的人"，他们正在做的一种努力，就是"转换一部分注意力到地理沿革这方面去，使我们的史学逐渐建筑在稳固的基础之上"。[④]顾颉刚做事勇为，最擅长组织和编辑出版书刊，尤其爱惜人才，它借在燕京大学、北京大学开设"中国古代地理沿革史"课程之故，便邀请在辅仁大学讲授中国沿革地理课程的谭其骧一同创办学会、刊物，使三校学生的课艺文字有一个切磋和公开展示的机会。此举在当时诚为组织同人开展学术活动、培植后学上进的最佳方式和途径，在他的号召和身体力行下，禹贡学会聚集了一批学术英才。

由于禹贡学会的根基是"史学"，大家是在史学范围内说话写文章，形成客

①　彭明辉：《历史地理学与现代中国史学》，载张玉法主编：《中国现代史丛书》（四），台北东大图书公司 1995 年版，第 139 页。

②　《历史地理》编辑委员会：《沉痛悼念顾颉刚先生逝世》，见《历史地理》创刊号，上海人民出版社 1981 年版。

③　彭明辉分析说，"顾颉刚对历史地理学的看法乃系传统史学中的沿革地理，而研究沿革地理的目的，是为了从事历史研究时能有稳固的基础"（《历史地理学与现代中国史学》，载张玉法主编：《中国现代史丛书》（四），台北东大图书公司 1995 年版，第 13 页）。

④　禹贡学会：《发刊词》，《禹贡半月刊》1934 年第 1 期。

观存在的一种"话域",而它的基本成员均为在大学历史系研习"古代地理沿革史"的师生,"沿革地理"的内容即为大家的共同"话语",所以,从实质上看,《禹贡半月刊》即为一份同人刊物,是在史学"话域"中阐发己说的一个"话语"园地。

从禹贡学会中走出来的谭其骧、侯仁之、史念海等学者,后来都成为著名的历史地理学家,对中国历史地理学的发展作出了重要贡献,而早年的禹贡学会和《禹贡半月刊》自然就被今人视为培养历史地理学者的重要媒介了。他们以中国地理沿革史第一篇《禹贡》作为号召学人的旗帜,足以反映当时史地英才们的学识特点及其对学术渊源的崇敬和遵从;从之者达二百人的实际效果,则显示了中国地理沿革史的号召力。抗日战争结束后,顾颉刚恢复了禹贡学会的工作,曾借北平《国民新报》一角开办《禹贡周刊》。其《发刊词》说,本会以研究"中国地理沿革史"为标的,创办的《半月刊》历经数年,蔚为"历史的地理"之总集。[1]

从 1934 年《禹贡半月刊·发刊词》说"转换一部分注意力到地理沿革这方面去",到 1946 年《禹贡周刊·发刊词》把研究"中国地理沿革史"作为标的,透露出三点信息:一是禹贡学会的学术活动表明,其学术追求在于地理沿革史,虽属于历史地理学内容,但不是一般意义上的地理学,所以,禹贡学会成员中未见有地理教师(学者),致使研究中缺少了地理学者的话语表达。二是扎根在史学土壤里的"沿革地理",其结构严谨,论题具体,在具体研究中难以转换为地理学性质的研究。三是尽管《禹贡半月刊》中已有"历史地理"词语和术语的使用,"历史的地理"之理解也得其真谛,终因没有人专心留意和探讨它的理论[2],在 20 世纪三四十年代的时代背景下,致使这一学科"话域"不能呈现为当时的主流思想。

二、现代地理学对"话域"的强化

进入 1949 年以后,中国传统的"沿革地理"研究在受到多次冲击后开始向历史地理学转变(这意味着是从史学"话域"到地学"话域"的转变),其推动力来

---

[1] 顾颉刚:《发刊词》,《禹贡周刊》1946 年第 1 期。

[2] 侯甬坚:《"历史地理"学科名称由日本传入中国考——附论我国沿革地理向历史地理学的转换》,《中国科技史料》2000 年第 4 期。

自北京大学地质地理系的侯仁之教授（1911—2013）。这里面既有个人因素，也有诸多客观因素。

侯仁之的客观因素之一，在事隔五十八年后如他本人所说："一直到大战结束后，我前往利物浦大学的时候，Professor Poxby 已经退休，而他的继任者 Clifford Darby 教授正是现代历史地理学奠基人之一，我深受 Professor Darby 的影响，并把他所倡导的历史地理学的理论与方法，第一次介绍到中国来，并对中国历史地理学的发展作出了自己的贡献。"[①] 个人因素则是，侯仁之从燕京大学毕业即留校工作，"煨莲师早已体会到我的学术兴趣已经从历史学转到地理学"，所以，早在1938 年春天的某一天，身为燕京大学教务长的洪业（字煨莲）就通知侯仁之作出国深造的安排，具体是地理系师资很好的英国利物浦大学。侯仁之后来说，"……煨莲师的这一命题，实际上已经把我引向历史地理的研究领域，而煨莲师自己并非历史地理学家"[②]。由此看来，是明智而善于提携后学的良师在指点着学生的未来发展方向。

侯仁之于 1949 年在英国利物浦大学完成的博士论文《北平的历史地理》（*Historieal Geography of Beiping*）五十年后在国内刊出[③]。按照近代学位制度实行后的情况来看，该篇论文是中国留学生最早完成的历史地理学领域的博士学位论文，其指导教师达比（Cliford Darby）则是欧洲著名的历史地理学家[④]。当年侯仁之回国，投身到社会主义建设的洪流中，按其求学经历，属于美国地理学史专家詹姆斯·普雷斯顿所称的中国地理学界的"欧美学派"。

在侯仁之尚未回国前，他已将介绍西方历史地理学观念的译文投到天津的《益世报》上发表[⑤]，并做了一些学术沟通的工作。及至回国，先在 1950 年 7 月出版的《新建设》上发表《"中国沿革地理课程"商榷》一文，后在《北京大学学报（自然

---

① 侯仁之：《我从燕京大学来》，原载《晚情集：侯仁之九十年代自选集》，新世界出版社 2001 年版，第34 页。

② 侯仁之：《在教书育人的道路上——二记我师洪业教授》，原载《侯仁之燕园问学集》，上海教育出版社1991 年版。洪业教授事迹见陈毓贤所著《洪业传》一书，北京大学出版社 1996 年版。

③ "Hou Renzhi. Historical Geography of Beiping".原件存英国利物浦大学图书馆。新刊本为《侯仁之文集：我从燕京大学来》，生活·读书·新知三联书店 2009 年版，第 395—604 页。

④ 赵中枢：《达比对历史地理学的贡献》，《自然科学史研究》1994 年第 3 期。

⑤ 侯仁之译：《地理学的理论与实践》，《益世报·史地周刊》1948 年第 33 期。

科学版）》1962 年第 1 期发表《历史地理学刍议》一文，两篇论文发表时间相隔约十二年，均成为引导国内学界方向的重要文献。

相对而言，将个人的学术兴趣"从历史学转到地理学"毕竟是容易的，而对于一个学术团体的研究方向来说，显然是不容易的。困难之处在于，要在思想上跨越学科的界限，要从史学"话域"走向地学"话域"，不仅自己要接受他人的看法，而且还意味着有时要自己说服自己。在轻松的文字中尚难找到侯仁之的真情表白，他的思想严谨而锐利的学术论文却可以反映这一点。《"中国沿革地理课程"商榷》一文有如下话语：

> ……"历史地理"在我国学术界也并不是一个新名称，不过在以往大家把它一直和"沿革地理"这个名称互相混用了，以为两者之间根本没有分别，这是一个很大的错误，现在我们不应当再让这样的错误因循下去了。同时在大学历史系中所列为选修课的"中国沿革地理"，也应尽早改为"中国历史地理"，其内容不以历代疆域的消长与地方政治区划的演变为主，而以不同时代地理环境的变迁为主……到了我们真正在大学里能够开设一门比较合乎理想的"中国历史地理"的时候，不但历史系的学生就是地理系的学生也将视之为必要的课程了。

他于 1962 年初发表的《历史地理学刍议》一文，引用恩格斯著作里的论述作为论据，阐发了"沿革地理仅是历史地理研究的初步"的观点，代表地理学界高度概括了历史地理学的学科性质，具有很明显的时代语境：

> 历史地理学是现代地理学的一个组成部分，其主要研究对象是人类历史时期地理环境的变化，这种变化主要是由于人的活动和影响而产生的。历史地理学的主要工作，不仅要"复原"过去时代的地理环境，而且还须寻找其发展演变的规律，阐明当前地理环境的形成和特点。这一研究对当前地理科学的进一步发展有极大关系，同时也直接有助于当前的经济建设。

这篇论文发表之时，历史地理同人加盟地理学界的工作实际上已经完成了，因为在学会组织上加盟一事是出现在 1961 年 11 月 28 日。这一天，中国地理学会借助在上海举行年会的时刻，召开了一次历史地理学术讨论会，会上宣布成立了历史地理专业委员会。到会的历史地理学者共提交了十二篇论文，大家就历史地理学的研究对象、性质、作用及今后研究的方向和方法等问题展开了讨论，对不少重要问题取得了基本一致的看法。[①] 这一天前后，《光明日报》《文汇报》《人民日报》等都对有关历史地理学的讨论作了报道。从此以后，历史地理学者的论述，就多以属于地理学科性质来介绍了。而此时顾颉刚的身份是中国科学院历史研究所第一所一级研究员，谭其骧、史念海的身份分别是复旦大学、陕西师范大学的历史系主任。

据史念海说："我清楚记得，抗战初期，我在北碚时曾和顾颉刚先生谈到这个问题。颉刚先生也颇为不满这门学科继续限于沿革地理这样的范畴。如何改变，颉刚先生首先提到要用地理的变化说明问题。当时包括禹贡学会绝大部分的会员在内都是从事历史学的研究的，如何去运用地理学的理论从事论证？颉刚先生当时肯定地说，应该尽量努力学习地理学。"[②] 前后联系，尤其是参照国外历史地理学的发展路径，用地理学来促进中国历史地理学的发展，那是必然的。《禹贡半月刊·发刊词》所云"我们是一群学历史的人，也是对于地理很有兴趣的人"，于此走到了以地理为学问和事业的这一步。

三、历史地理学若干"同行"话语

历史地理学在经历了顾颉刚、侯仁之两代人的探索后，其学科"话域"终于确定了。从这个意义上说，历史地理学者可以被称为地理学者了。学科"话域"一旦确定，最为兴奋的还应该是本学科的学者们，他们的思维也随之敞开。历史地理学之内，习惯分为历史自然地理、历史人文地理两大门类，这也是将历史地理学划为地理学科的一个基本理由。学界内日常"他是搞自然的""我是搞人文的"这么一种认同，既反映了自然地理、人文地理之间存在的本质差异，同时也体现了研究者已具有的学术专长和兴趣。此外，结合历史学治学特点的"断代"习惯、结合地理

学治学特点的"区域"划分和"地理要素"选择，学者们根据自己的兴趣和治学条件，各有所取，发覆旧案，探索新题，不断开拓；而考据学方法仍然是部分学者根本所系的治学要领，采用其他的历史学方法、地理学方法、考古学方法或社会学方法等从事研究的人员则愈来愈多。

学界归属地理学科的一个自然结果，是学者们在治学中形成了不少的"同行"话语，这符合学者们对研究对象的自我认可，也经得起地理学目光的考量。作为说话人，学者们经常使用的学术"话语"有如下内容：

"历史时期"：有文字以来的人类历史，已成为中国历史地理学界普遍认同的历史时期的划分起始，而以近现代最近的时期作为研究段落的落脚，则完全尊重学者选题中的自我界定。只要是在"往日"之内，即符合历史地理学所探索的所谓"时过境迁"的那些内容。按朝代或任何一种历史分期来组织和叙述史实，皆为研究者的自愿。

"地名定位"：此即前人所做的"地望""地理位置"类的考订研究。这是历史地理学的基础性工作，数千年历史上大量的人类活动迹象和认识，很多都是由地名来记录和表征的。由于中文文献记录的逻辑性、准确性特点，大量的历史地名可以通过考证工作予以定位（含地名位置多解的场合），也有少量的地名限于文献记载简略而难以考证出今地了，如甲骨文与青铜铭文中的难考地名、谭其骧主编《中国历史地图集》部分图幅间所列"无考地名"[①]等。

"分布及其变迁"：前人习用地理事物之"考实""考异"来涵盖此类研究。地表地理事物在历史时期的分布状况，对于历史地理学来说是相当重要的。若缺乏这样的地理事物分布的内容，无异于说历史地理学所研究的对象是空泛的。甚至每一个时代每一个地区这样的地理事物分布都是最基本的，它们所构成的景观正是往日一个个时间断面业已日渐消失的地理面貌之基本图景。没有分布就无所谓变迁，而有了过去地理事物分布的内容，才有这些地理事物发生变迁的基本材料。识别和划分这些地理事物，早已有气候、地貌、水文、土壤、动植物等或者政治、经济、社会、文化等分别归属于自然地理、人文地理的诸项要素（地理学界习称部门地理），

---

① 谭其骧主编：《中国历史地图集》第2—6册，地图出版社1982年版。

可供研究者分辨和习用。在本质上，这些地理事物又同今日野外考察所见所识的地理现状相通相连。

"时空差异"：这是从地理学科直接习用的专业术语。当研究工作进入到地表地理事物分布及其变迁略为清楚的层次上，就有了对该专题时空差异进行理论分析的必要性。这里的时空指的是历史时期叠加历史区域，研究者构建的是一个历时的区域空间及其地理事物复原，而且要指出其时空差异之所在，这当然符合现代地理学的研究特点。现有的历史地理学性质的类似研究，其表述多为文字形式的，若有更细致的研究图表作为基础，当有利于作出高屋建瓴的理论分析。

"变化驱动力"：这是从全球变化领域直接习用的专业术语。历史时期由于加入了大量高频次的人类活动因素，所以影响地理环境面貌发生变化的驱动力就成为两个——自然界固有的变化过程与人类活动的叠加作用及其影响；而对于后者的研究，不仅是历史地理学者的自觉意识，也日益成为地理学界、地球科学领域乃至社会各界对人文社会科学领域的共同关注点。这是学科前沿所在。因此，选择地域上具有揭示环境变化时间序列及其主要症结的重要地点/地区进行持续不断地研究，尽可能形成系列的研究论著，得出精度较高的研究结论，是目前特别需要开展的工作。

从"沿革地理"到"历史地理"的演进，每一环节都有其迷人的魅力，吸引着众多的学人。不同之处在于历史地理学者的出身：历史学出身的学者成长之路为——修历史学而成为历史地理学者、地理学者，地理学出身的学者则为——修地理学而成为历史地理学者、地理学者（侯仁之先是在燕京大学修历史学，后在英国利物浦大学地理学系修历史地理学，归国后专事历史地理学研究，经历最为特别）。新近的一个现象是，刚刚加入研修历史地理学行列的人们感到历史地理学难学了，文理科术语都有，话语表达丰富且多元化，一时难以理解。因为要学习新的文科或理科的知识体系，就需要适时转换思维，调整思路。

在中国，历史地理学已经有近百年的学术史了，学人在研习中进入到共同的"话域"之中，彼此成为相互交流的同行。其中一个最鲜明的同行特征就是：使用着只有同行才更加心领神会的"话语"，时空交织，古今连通，将资料诠释得更加准确和到位，自会弄清楚本学科时空演变中更多的事实和原委。若按照英国剑桥大学贝克教授通过四种话语——区位话语、环境话语、景观话语和区域话语来深入探讨地理学与历史学之间的关系[①]，那还有更多的内容等待着学界同人来体会和研究。

原刊《学术月刊》2010年第11期

---

① [英] 阿兰·R. H. 贝克：《地理学与历史学——跨越楚河汉界》，阙维民译，商务印书馆2008年版。

西物东渐与历史
研究话域的拓展

熊月之[*]

　　器物的制造与使用，是人类最重要也是最基本的活动，伴随着人类的全部历史。诚如马克思、恩格斯所说，人类"为了生活，首先就需要吃喝住穿以及其他一些东西。因此第一个历史活动就是生产满足这些需要的资料，即生产物质生活本身，而且这是这样的历史活动，一切历史的一种基本条件，人们单是为了能够生活就必须每日每时去完成它，现在和几千年前都是这样"。[①] 近代工业革命以后，器物的演变、发展呈现加速态势，新器物构成了现代化、城市化的重要元素和零件，全面、广泛而深刻地改变了人们的生产方式与生活方式。近代中国新的器物绝大多数由西方输入，由成品输入，继而仿造，广泛使用，引起日用百货、经济结构、思想观念、风俗习惯等方面的变化。在中国，对西物东渐的研究比起在其发明地更添一重含义。倘若能以小见大，则西物东渐研究不一定就导致历史研究的碎片化，反而可以拓展更大的话域空间。

一

　　文化就其表现形态而言，通常被分为物质文化、制度文化与精神文化三个层面。器物文化属于物质文化的一部分，内涵较物质文化为小。所谓器物，指能够使

---

　　[*] 作者为上海社会科学院副院长、研究员、博士生导师。

　　[①] 马克思、恩格斯：《德意志意识形态》，载《马克思恩格斯选集》第 1 卷，人民出版社 1995 年版，第 79 页。

用、移动的器具。马路、桥梁能使用但不能移动，面包、牛奶能移动但不是器具，它们属于物质文化，但不属于器物文化研究的对象。

器物可以分为生产用具与生活用具两类。生活用具又可以分为饮食用具（筷子、刀叉、调羹、锅碗瓢盆、微波炉之类）、衣饰用具（衣服、领带、镜子、剃刀、电吹风、化妆盒之类）、交通运输用具（马车、自行车、火车之类）、学习用具（钢笔、计算尺、圆规之类）、休闲娱乐用具（玩具、游戏机、轮盘赌具之类）、其他用具（抽水马桶、洗衣机）。当然，还可以有其他分类方式，如从材质上可分为木质用具、陶瓷用具、铁质用具、塑料用具。有些生活用具有多种功能，如收音机、录音机既可以算娱乐用具，也可以当学习用具。以接触面与使用面而论，接触、使用生活用具的人远远多于接触、使用生产工具的人。原因很简单，接触、使用生产工具的人首先必须生活，他们也是接触、使用生活用具的人，而接触、使用生活用具的人不一定都要接触、使用生产工具。本文所述器物文化，主要指生活用具。

近代工业革命以后，新器物层出不穷，大到火车、轮船、飞机、汽车、拖拉机、电梯、起重机，小到钢笔、手表、拉链、电灯、电话、电筒、电冰箱、自行车、缝纫机、照相机、留声机、收音机、录音机、电视机，这些新的器物全面、广泛而深刻地改变了人们的生产方式与生活方式。不难想象，如果没有这些新的器物，人类的现代化将是一幅什么样的图景！

这些新的器物，作为商品，在其发挥使用价值时，比起原有的旧的器物，或光亮（电灯比起油灯），或快速（自行车比起步行、缝纫机比起女红），或准确（手表比起沙漏），或便利（钢笔比起毛笔、乘电梯比起登楼梯），在不同程度上改变了人们的原有的生活习惯和生活轨道。自行车、汽车加快了人们移动的速度，拉长了人们活动的半径；时钟、手表统一了时间，提高了群体活动的时间利用率；缝纫机的使用，将成千上万的妇女从家庭女红中解放出来；电梯为城市建筑提升高度提供了方便，为提高城市人口容积率提供了条件；电冰箱满足了对食品保鲜的需要，而电话、照相机、录音机这些新器物的发明，则开创了声音传递、图像记录、声音记录的新纪元，极大地延伸、拓展了人类耳朵、眼睛的功能，对人们日常生活有着难以估量的影响。

二

形形色色东渐之西物，持续不断地传入中国。中国由成品输入，继而仿造，广泛使用，引起日用百货、经济结构、思想观念、风俗习惯等方面的变化。

先以照明用具为例。

煤气灯、电灯发明以前，人类长期照明用的是油灯与蜡烛。近代以前，油灯所用的油是豆油或菜油。自 1859 年首次钻出石油以后，煤油逐渐成为油灯的主要燃料。用煤油灯照明，较之豆油灯，价廉，光亮，一盏煤油灯可相当于四五盏豆油灯。到 19 世纪 70 年代中期，上海已有五六家由广东人开设的商店，专门制造、出售玻璃煤油灯。从 19 世纪 60 年代中期，煤气灯开始进入中国城市。1864 年，上海第一家煤气公司大英自来火房开张；第二年，煤气灯开始使用于上海。以后，其他城市陆续使用。煤气灯较之煤油灯、豆油灯，不但光亮，而且便利，使用时只要拧转开关，点亮即可，而不用像煤油灯那样要不断向灯盏内添油。煤气灯起初主要用于洋行和街道，后来行栈、铺面、茶馆、戏楼以及居家竞相使用，这为夜市的繁荣提供了必要的条件。煤气灯的使用，对于改变城市面貌影响极大。入夜以后，火树银花，光同白昼，上海成了名副其实的不夜城。19 世纪 70 年代，上海人评选沪北即租界十景，其中之一就是"夜市燃灯"。1882 年，电灯开始出现于中国城市。这年 7 月，电灯开始照亮上海城市。到 1884 年，上海大多数街道都亮起了电灯。煤气灯、电灯这两种照明用具的引进，由城市而农村，延伸了人们的工作、休闲时间，扩大了人们的活动范围，对于改变延续了几千年的日出而作、日落而息的作息习惯，起了革命性的推动作用。

再以交通工具为例。

晚明时期，欧洲传教士乘帆船东来，要花近三年的时间；晚清咸丰年间，乘轮船行同样路程，需四月有余；到民国年间，随着轮船发动机的改进，行同样路程仅需月余。时至今日，乘波音飞机，从欧洲到中国，朝发夕至，一日即可。这是从大的范围来看。从小范围看，从苏州来上海，传统时代坐手摇小船，弯弯曲曲，要花两三天时间；火车通行以后，最多两三小时；现在火车提速，半小时即可。

交通工具的现代化，轮船取代帆船，火车、汽车取代马车、牛车、轿子、人力车，这一变革导致的结果，从物的角度说，货畅其流，互通有无，缩短距离，刺激生产，刺激消费，增加财源；从人的角度说，人畅其行，延伸活动半径，拓宽视野，增长见识。学术界研究成果表明，交通工具发达程度与城市规模有直接关联。一般说来，在从城市边缘到城市中心的旅行时间，就是居民单程出行可能承受的最大旅行时间，城市的半径往往等于居民在一小时内所能到达的距离。在古代，以步行为出行的主要交通方式时，罗马的城市半径是4公里；19世纪，当公共马车和有轨马车为主要交通方式时，伦敦的城市半径为8公里；20世纪，当市郊铁路、地铁或公共汽车成为主要交通方式时，一些大城市半径就达到25公里。

近代以前，中国交通运输，陆虽有车，水虽有舟，然南方以水田为多，路径狭窄，车则全用人力；北方因平原大陆，路径较大，多用骡马骆驼，间亦有用人力者，但是道路素不修治，高低凸凹，崎岖难行，每逢雨雪载途，则泥泞淖滑，行路维艰。至于河湖之行舟，除一般小船全恃人力使用篙桨外，其余较大者，均系帆船，可赖天然之风向，既省人力之推移，又增行驶之速力，但遇风平浪静，则失帆樯之效用，有时风波险阻，又为人力所莫可如何。近代以降，新式交通工具被引入中国，始而轮船，继而火车，再而汽车，中国交通工具、交通格局、交通网络发生很大变化，对中国社会产生了巨大影响。

物畅其流与人畅其行交互影响，加速了人口流动，加快了专业分工，增加了就业机会，扩大了城市规模，加快了城市化的步伐，改变了城市布局，有利于移民垦殖，开发边远地区，有利于加强地方与地方联系，加强中央与地方联系，增强国防实力，增强国家凝聚力，进而加快了人的空间、时间、伦理、价值等观念的变化，促进了人自身的发展。

再看照相与录音。

照相与录音是人类对于信息记录的革命性变革：一是眼睛功能的延伸，一是耳朵功能的发展，两者都广泛、深刻而持久地改变了人类的生活。

照相的特点是形象、逼真、直接。再好的画师，画人绘物，惟妙惟肖，但在眼与图之间，总有一个中介即手绘存在。眼观手绘，手绘可以无限接近于眼观，但永远不等于眼观。照相，则是将镜中所映对象直接定格下来，无需中介。这是照相与绘画的本质不同。作为人、物信息载体的图片，与记录人、物信息的语言文字有本质不同类型，有语言文字难以替代的功能。一图胜千语。这是照片、录像能够作为人物、场景真实性证明的根本原因。照相还有一个特点是主动。任何照相都是照相主体的主动行为，注入了人的主体因素，包括其情感、审美，所以有些照片会成为艺术珍品。由于具有上述这些特点，照相技术一经问世，就受到社会高度关注，被广泛地使用到政治、经济、社会、文化、军事、科技等各个领域，并对各个领域产生持久而深刻的影响。很难想象，如果没有照相技术，太空旅行、月球登陆、航拍地球的信息怎么传回控制中心？如果没有照相技术，身份证、学生证、护照会是什么模样？

有了留声机、录音机，人们对于声音的记录开始进入从无到有的新纪元。从此，长风之浩浩、流水之淙淙、战炮之隆隆、小鸟之啾啾、伟人之南腔北调、名角之千古绝唱，一切来去匆匆、无质无形之天籁、地籁、人籁，一切或强或弱、或长或短的声音，都可录之一瞬，存之永久。留声机以及唱片、录音机的使用，在相当广阔的范围里改变了人类的生活。信息传递、课堂教学、案件审理，一切与声音有关事情的处理方式，都可能因此而改变。对于推广与普及音乐、扩大戏曲曲艺影响，丰富人们的文化生活，其功至伟。

这些器物，每日每时地影响着千千万万民众的生活，在最本质的意义上影响着人类历史的进程，理所应当成为历史研究的对象。

这些器物，除了其商品属性，很多还附着其他的文化价值。情侣送的手表，除了计时的功能，还具有一切礼物所具有的特性，一份珍贵的情感，一段难忘的经历。商品匮乏年代，一块手表，一辆自行车，一架自用照相机，就是某种财富的象征。计划经济时代，一部家用电话，一辆专用轿车，就是某种干部级别的标签。上了年纪的老人，将几十年前使用的三五牌座钟、红灯牌收音机，视若拱璧地珍藏，往往不是因为其使用价值，而是因为那些器物与那些特殊的年代联系在一起，已经具有文物的某些属性。

三

近代绝大部分新的器物是由西方发明和率先使用，随后传入中国。这些器物大量、集中地传入中国，是在鸦片战争以后，带有鲜明的西方烙印。它们在中国社会激起的反应，往往比在其发明地西方多了一层含义。对于中国人来说，其感情常常是爱恨交集。一方面，称以"洋"字，洋钉、洋皂、洋衣、洋帽、洋枪、洋炮，洋洋乎大哉，不无羡慕之意；另一方面，因其器物挤占中国市场，造成工人失业、农村破产，其物主欺凌我民，强占我权，侵夺我利，不无仇恨之意。最典型的例子是火车、轮船的传入，在近代中国曾引起广泛的争论乃至激烈的冲突。上海吴淞铁路的建而复拆，拆而复建，是典型案例，其中有主权之争、利益之争，也有思想观念问题。在不止一个地方，由于铁路影响了坟茔，破坏了风水，导致筑路、拆路的冲突。著名学者王闿运说："火轮者，至拙之船也；洋炮者，至蠢之器也。船以轻捷为能，械以巧便为利。今夷船煤火未发，则莫能驶行；炮须人运，而重不可举。若敢决之士，奄忽临之，骤失所恃，束手待死而已"，因此，轮船、洋炮是万万不能仿造的。[①] 出使法国大臣刘锡鸿认为，火车虽然具有快速、平稳、载重量大等优点，但总的说来，它适用于西方而不适用于中国。他列举"不可行者八""无利者八，有害者九"，总共二十五条理由，概括起来，主要有以下一些：官府无钱，集资困难；容易损坏，难以维修；炸山过川，破坏风水；路基占地，影响生计；盗贼众多，难于管理；火车通行，物价必涨；火车通至内地，关隘失去作用，危及国家安全。

即使撇开西方器物与殖民主义紧密相连这一点不说，西物东渐的影响也是相当复杂的。与煤油灯输入连带一起，城市火灾发生率陡然上升，以至于上海道台一度发出禁用火油的通令。汽车多了，车祸随之增多，空气质量随之降低。新式交通带来了速度快、运量大等特点，也带走了传统时代一些特有的旅游审美情趣。坐汽车沿盘山公路上泰山，快则快矣，易则易矣，但是，姚鼐《登泰山记》中所述的攀登四十五里、石阶七十有余，"苍山负雪，明烛天南"的感受，游客是无论如何也体会不到了。叶圣陶就曾感叹，现代火车快是快，但是，传统航船也有航船的意味，"一包花生米，三个铜子白酒，得这么一点儿醉意，横下来呼呼一觉，待船家喊醒时，就跨上埠头，岂不爽快而有味"[②]！利弊、得失往往是一物之两面。

---

① 王闿运：《陈夷务疏》，载《湘绮楼诗文集》，岳麓书社1996年版，第44页。

② 叶圣陶：《旅路的伴侣》（1921年12月19日），载《叶圣陶集》第1卷，江苏教育出版社1987年版，第270页。

四

在相当长时间里，由于过分重视政治史，过分强调所谓宏大叙事，器物文化在历史研究中没有得到应有的重视。多年来，学界也曾经编写过轮船史、铁路史、电灯公司史，其书依据档案，扎实可靠，但是，作为行业史，即所谓内史，对于各式器物的社会影响，关注不够。这一情况，自 20 世纪 80 年代有了明显的变化。

从国际史学界来看，最近三十多年，随着年鉴学派影响的扩大，眼光向下，关注日常生活，日用器物越来越受到研究者重视。关于铅笔、拉链、椅子、礼帽、唱片、自行车、缝纫机，欧美学者都有研究性著作出版；[①] 关于缝纫机，至少有 7 部专著 [②]；自行车方面则有十多本著作或博士论文，分别从缝纫机或自行车的历史、技术、生产与社会影响等方面作了研究。[③]

---

① 这些著作有：别乔斯基的《铅笔的设计与环境史》（ Henry Petroski， *The Pencil: A History of Design and Circumstance*, New York, 1989 ），罗因森的《戴礼帽的男人，历史与画像研究》（ Fred Miller Roinson, *The Man in the Bowler Hat: History and Iconography*, Chapel Hill, N. C., 1993 ），弗里德尔的《拉链：饰品的探索》（ Robert Friedel, *Zipper: An Exploration in Novelty*, New York, 1994 ），克兰兹的《椅子，身体与设计的文化反思》（ Galen Cranz, *The Chair: Rethinking Culture, Body and Design*, New York, 2000 ），琼斯的《黄色音乐：中国爵士乐年代的媒体文化与殖民主义现代性》（ Andrew F. Jones, *Yellow Music: Media Culture and Colonial Modernity in the Chinese Jazz Age*, Duke University Press, 2001 ）等。

② 关于缝纫机研究的代表性著作有：罗杰的《缝纫机的发明与发展》（ Cooper， Grace Rogers, *The Sewing Machine: its Invention and Development*, Washington, D. C.: Smithsonian Institution, 1976 ），弗兰克的《缝纫机世界史》（ Godfrey, Frank P., *An International History of the Sewing Machine*, Robert Hale Limited, 1982 ），帕尔顿的《缝纫机史》（ James Parton, *History of the Sewing Machine*, University of Michigan, 1985 ），玻门的《缝纫文化：性别、消费以及家庭服装制作》（ Barbara Burman, *The Culture of sewing: gender, consumption and home dressmaking*, Oxford: Berg, 1999 ），卡尔逊的《发明物中的女皇：缝纫机如何改变世界》（ Laurie Carlson, *Queen of Inventions—How the Sewing Machine Changed the World*, The Millbrook Press, 2003 ）等。

③ 关于自行车的代表性著作有：史密斯的《欢乐轮转：一部自行车的社会史》（ Robert A. Smith, *Merry Wheels and Spokes of Steel: A Social History of the Bicycle*, San Bernardino: Borgo Press, 1995 ），汤普逊的《轮子上的第三共和国：19 世纪至二战，一部法国自行车社会、文化、政治史》（ Christopher S. Thompson, *The Third Republic on Wheels: a Social, Cultural, and Political History of Bicycling in France from the Nineteenth Century to World War II*, PhD diss., New York University, 1997 ），毕克尔的《自行车、酚醛塑料、白炽灯：关于社会技术变革理论的研究》（ Wiebe E. Bijker, Of Bicycles, *Bakelites, and Bulbs: Toward a Theory of Sociotechnical Change*, The MIT Press, Reprint edition, 1997 ）；诺克列夫的《驶向现代性：自行车在加拿大，1869—1990》（ Glen Norcliffe, *Ride to Modernity: The Bicycle in Canada, 1869—1990*, University of Toronto Press, 2001 ），罗森的《成功的产品：英国自行车工业的技术、文化与变革》（ Paul Rosen, *Framing Production: Technology, Culture, and Change in the British Bicycle Industry*, The MIT Press, 2002 ），海列莱因的《自行车：一项技术的一生传奇》（ Mark L. Hineline, *Bicycle: The Life Story of a Technology*, Greenwood Publishing Group, 2007 ）等。

　　国内学者在这方面也有一些可贵的探索。唐振常主编的《上海史》（1989 年），张仲礼主编的《近代上海城市研究》（1990 年），已经注意论述西方物质文明传入的过程及其引起的社会反应，涉及火油灯、煤气灯、电灯、自行车、火车、自鸣钟、缝纫机等。隗瀛涛主编的《近代重庆城市史》（1919 年）、罗澍伟主编的《近代天津城市史》（1993 年）、皮明庥主编的《近代武汉城市史》（1993 年），也都有这方面的内容。熊月之主编的《上海通史》（1999 年）中晚清、民国的有关社会、文化卷，介绍输入中国的西方器物种类更多，讨论更为深入。刘志琴主编，李长莉、闵杰、罗检秋等人编写的《近代中国社会文化变迁录》（1998 年），关注到大量西洋器物传入中国的情况，包括洋皂、玻璃杯、煤气灯、照相机、火车、洒水车、垃圾车、火警钟、洋水龙、洋针、洋纽扣、洋钉、洋笔、皮鞋、眼镜、洋伞、西装、缝纫机、留声机、录音机、自行车、汽车、电车、轮盘赌具等，摘录了近代报纸、杂志、笔记中关于这方面的丰富文字，为进一步研究这一课题提供了方便。

　　最近几年，研究西物东渐与社会变迁的专著也不断有所问世。其中，丁贤勇的《新式交通与社会变迁：以民国浙江为中心》（2007 年）[1]，研究了火车、轮船、汽车的使用对于浙江经济、社会、文化的影响。书中写出了轮船、汽车、火车不同新式交通工具在浙江不同地区、不同情境下的不同影响，写出了不同交通工具在速度、运量、价格、安全诸方面的不同特点，写出了新式交通工具对于改变人们空间观念、时间观念的复杂影响。浙江多山、多水，陆路、水路新式交通工具影响都很大。以浙江为个案，从多侧面、多途径、多区域了解新式交通工具对于社会变迁的综合影响，极有典型性。葛涛的《唱片与近代上海社会生活》（2009 年）[2]，深入研究了近代上海唱片的引进、唱片内容与中西文化、唱片与都市文化、唱片审查制度等方面内容，对近代中国规模最大、声誉最为卓著的唱片公司上海百代公司进行了个案分析。这两部书都由物及人，由器物及社会，以小见大，是研究新式器物与社会变迁的很好个案。关于自行车、缝纫机，也陆续有论文发表，诸如徐涛的《自行车普及与近代上海社会》[3]、万亚军与蒙睿的《自行车旅游起源、现状及发展趋势分

---

①　丁贤勇：《新式交通与社会变迁：以民国浙江为中心》，中国社会科学出版社 2008 年版。

②　葛涛：《唱片与近代上海社会生活》，上海辞书出版社 2009 年版。

③　徐涛：《自行车普及与近代上海社会》，《史林》2007 年第 1 期。

析》①、袁蓉的《缝纫机与民国时期上海私营军装工业》②。徐涛的《自行车与近代中国社会（1868—1949）》、葛涛的《唱片与近代中国城市社会研究》，先后于2008年、2009年被列为国家哲学社会科学规划项目，表明器物文化的研究开始受到学术规划与管理部门的重视。

　　器物文化研究涉及历史学、经济学、社会学、工艺学、美学、文化人类学等多门学科，很难将其归于已经成型的哪一具体学科，也很难说有哪一种研究方法最为适合。有人担心，研究这些器物，是否会导致历史研究的碎片化？即只看到一个一个具体的事物，看不出一个宏大的历史脉络。答案是"不一定"。如果仅就物论物，那尽管也有学术价值，但容易见小不见大，见器不见理。如果由器及事，由器及理，则此课题就能显示出极其强大的综合性、渗透性与艰巨性。诚如葛涛的研究已经表明的那样，通过解剖一个小小的照相机，可以看到镜片磨制技术、金属冶炼技术、显影定影化学水平；通过镜头反映出来的形象，可以看到妇女服饰演变、社会风气变化、侦破手段改进、印刷技术进步，看到结婚证、户口簿、身份证等制度变迁；一个人从小到大到老的照片排列起来，就是生动的生命变迁记；通过拥有照相机的人口比例，可以看到民众生活水准的差异，城乡之间的差距，东部与西部的差距；通过照相机市场的动态，可以看到中外经济领域的竞争。一粒砂中看世界。很多器物研究，如钟表、缝纫机、自行车、收音机，都有与照相机类似的以小见大的特性。

　　器物文化研究的艰巨性，主要表现为资料零碎。一般说来，器物内史的资料，比如某一缝纫机、照相机的结构演变、生产厂家的历史，比较容易获得，分析的路径、方法也比较现成，困难的往往是外史，即社会影响方面。所以，器物研究相当有价值，又有相当的难度，前景广阔，可以拓展的空间很大。

　　　　　　　　　　　　　　　　　　　　原刊《学术月刊》2010年第11期

---

　　① 万亚军、蒙睿：《自行车旅游起源、现状及发展趋势分析》，《太原大学学报》2009年第2期。
　　② 袁蓉：《缝纫机与民国时期上海私营军装工业》，《军事历史研究》2008年第4期。

中国史学史学科体系的思考

乔治忠[*]

中国史学史作为一个学科，是自近代梁启超等人倡导而逐步发展起来，其产生虽得自西方史学界学术著述的启示，但史学史这门学科的建立，特别适合于中国的学术文化史的发展状况，因为中国史学的发展连续不断，多种形式、多种体裁的史籍各自构成从古至今的完整记述，史学遗产之丰富，没有哪一国家和民族可以与之媲美。这决定了中国史学史的研究，必当构成系统的学科体系，而不应当处于支离、零散的知识拼合状态。中国史学史究竟应当具有怎样的学科体系？笔者认为主要应从三个方面予以思考。

一、关于中国史学史学科的任务与内容

史学史是研究历史学发生、发展与各个时期史学活动状况及其与各种社会因素相互关系的学科，是对历史学发展历程的反思与审视。中国史学史的性质，在学术界不存在显著分歧，定义的表述也不会有太大出入。但是，关于中国史学史学科的学术任务和研究内容，还应当进一步深入讨论。这对于学科体系的建设十分重要。

史学史的学术任务可以归结为逐次深化的三项内容，即清理史学遗产、阐明史学演进过程、揭示史学发展规律。清理史学遗产是史学史学科的基础性工作。中国的史学遗产异常丰富，清理工作尚有很大的空间有待开拓。其中，发现、开掘各种

---

* 作者为南开大学历史学院教授、博士生导师。

类型的史学撰述、历史文献以及相关资料，分析历史文献的内容和形式，考察史籍的史料来源、撰述过程、可信程度，探寻历史著述蕴含的史学观点、思想倾向等，是一项有考证、有分析、有评价的综合性工作，因此可能取得很显著的研究成果，但对于整个史学史研究来说，大部分是属于一个个"点"上的工作，与历史文献学、断代史研究的某些选题，有时是类似的和有交叉的。阐明史学演进过程，要求把清理史学遗产的各个知识"点"联结成包括时间先后在内的有序的线索。这不是各个"点"的简单相加，而是充满了对不同或相同时期史著、史家、史学现象的对比分析和总结概括，指出其间的联系，给各个史家、各种史著作出价值和影响的定位评析，剖析活跃在史学发展中的史学思想和史学方法，评述史学的社会作用。揭示史学发展规律，就是要探讨史学发展的社会条件与内在原因，剖析历史学在不同发展阶段的运行机制，这需要在史学史研究相当深入的基础上，通过中外史学的比较研究来逐步解决。

早在20世纪20年代，梁启超在提倡建立中国史学史学科之际，就提出了研究中国史学史的四项基本内容，即"一、史官，二、史家，三、史学的成立及发展，四、最近史学的趋势"，[①]现在看来未免有些粗糙，但这里初步规定了中国史学史撰述的大体结构，点明研讨的入手之处，推动了学科建设与发展。此后，史学界专业学者对中国史学史的内容各有表述，但未曾认真地进行学术讨论，故在整个学术界仍给人以雾里看花似的模糊印象。愚以为中国史学史的研究内容，可以分为八个方面：

（1）历史观，是对社会历史的概括性看法。系统化的历史观即为历史哲学，或称历史理论。史学史研究不能将所有的历史观问题囊括其中，因为那是历史哲学的研究对象，而对于史学有重大影响的历史观如"五德终始论""正统论"等，应当作为史学史的研究内容，而重要史家的历史观融入其历史著述，影响深远，也不能忽视。

（2）史学思想。这是对历史学本身的认识，涉及历史学的性质、功能、治史目的以及与此相关的方法论问题。例如，撰史目的是作为"名山事业"还是经世致用？史学的功能有哪些？史家必备的条件和素质是什么？怎样对待记载求真与史学致用的关系？等等。史学思想的系统化即为史学理论，一定社会背景下出现了声势

---

① 梁启超：《中国历史研究法补编·文化专史及其做法》，上海古籍出版社1987年版，第297页。

较大、影响广泛的史学思想，即可形成史学思潮，皆可广义地统属于史学思想的范围之内。

（3）历史编纂学。这里定义为关于编撰历史著述的具体方式、方法的学问，既涉及史书的编写形式、结构安排，又涉及史书的内容取裁和文字技巧，如史料的整理、鉴别和筛选，对史文的斟酌等。探讨以往历史编纂学的发展状况，是中国史学史的主要内容之一。

（4）官方史学及其相关的制度与举措。这是中国古代史学发展中的独有特点，影响及于朝鲜半岛与日本，成为与西方古代史学最显著的区别。在中国传统史学中，官方史学的成就和影响，足与私家史学匹敌，而且大多时期乃处于主导地位。

（5）史家的史学活动，是历史观、史学思想、历史编纂学等类内容具体、生动、活化的体现，与其政治活动、其他学术活动联系在一起的，不能截然割裂。因此，研究史家史学活动与研究官方史学活动一样，是史学史中特别具有综合性、写实性的内容。

（6）史学评论，就是对历史著述进行诸如材料真伪、结构优劣、成就高低、影响大小等方面的判断和论证。史学评论的问题涉及历史观、史学思想和史学方法的各个方面，是一项综合性的工作，为了恰如其分地评价史籍，有时还需要进行必要的考证。史学评论既是史学史学科的一个研究手段，也是史学史研究的一项内容，既要以史学评论的方式研究史学著述，也要研究过去史学发展中出现过的史学评论。

（7）史学与其他社会文化的联系和相互影响，是指史学史研究必当汲取哲学史、思想史以及历史学各门专业的研究方法和成果，同时也将自己的成果置于其他关联学科的知识系统中检验与定位。剧烈的社会动荡、声势较大的社会思潮，都对史学发展施加显著的影响，史学史研究对于诸如此类其他专业研究的问题，需要予以适当的把握和重新审视。

（8）史学发展的社会运行机制。历史学发展的原因，历史学发展的各个阶段的取向，历史学功能的发挥，史学潮流的形成和转变，等等，这些重大的与根本性的史学史问题，都必须置于整个社会背景、各种社会因素的内在联系中才能够探讨。这要比分析具体史学现象与某种社会因素之间的联系更为深入、宏观，将触及历史学发展的规律性问题。

以上诸项内容可以有不同的表述方式，但不应出现大的遗缺，尤其是第八项对史学发展的社会运行机制的考察，乃是深化中国史学史研究、使之真正构成学科体系的关键。史学史也不能漫无边际地包含哲学、文学等内容，不能模糊专业学科的界定。

二、探研中国传统史学发展的主导线索

明确中国史学史的学术任务和研究内容，仅仅是构成学科体系的第一步，因为若干项目的研究内容乃是其学科的板块式组合。作为一种专史，还应当揭示出贯穿长时段发展进程的主导线索，才能加深对史学发展状况和发展机制的认识。20 世纪60 年代之初和 70 年代之末，国内两度兴起中国史学史学科建设的讨论，在探索中国史学史研究内容、学科性质的同时，许多学者撰文将"历史规律"的概念引进对史学史研究方向的研讨，涉及中国史学史研究体系之主线以及如何认识史学发展规律的问题。例如，有人提出：中国史学史应当以时代为纲，以史家、史籍、史体和历史编纂组织为纬，而以阶级斗争作为贯穿史学发展整个过程的一条红线；[①] 也有人将中国史学史任务归结为探讨中国史学发展的规律，阐明中国史学思想领域内的阶级斗争，特别是唯物主义与唯心主义的斗争。[②] 这类看法不满足于对历代史学状况的描述，体现了对于中国史学史深层认知理路的探索，但观点并非得自史学史研究的充分展开，而是套用社会哲学理论，故难以尽合史学发展的实际状态。

从中国史学史的实际研究中总结和概括中国史学发展的主导线索、探讨史学发展的内在矛盾，应当是深化中国史学史研究的主要方向，这需要辅以中外传统史学的比较研究。中国与西方的传统史学，分别起源，山海相隔，各自独立发展两千多年，分析其间的共同之处，具有史学史研究的理论意义。通过对中国史学史的研究和中外史学的比较研究，可以得出关于史学发展的理论性判断：史学发展的内在矛盾，是撰史求真准则与史学致用观念之间的矛盾，史学的求真准则与撰史的致用意念之间的对立统一，贯穿于中国史学发展的历程之中，大多情况下属于非对抗性矛

---

① 汪伯岩：《中国史学史的研究对象问题》，《文史哲》1963 年第 4 期。
② 陈光崇：《中国史学史论丛》"前言"，辽宁人民出版社 1984 年版，第 2 页。

盾，总体上促进着史学的前进。但也有时会出现对抗性表现，如三国时期吴国韦昭的史狱、北魏崔浩的史狱等，在一定时期内破坏或扭曲了史学的社会运行。而中国传统史学，还具备官方史学与私家史学两条相互联系、互动、互补又互有排抑的发展轨道，这是显明昭著的特点。[①] 史学求真与撰史致用的矛盾，交织于官方史学与私家史学的互动、互补又互有排抑的进程之中，因此中国史学史的研究，可以抓住官方史学与私家史学的互动关系，作为考察传统史学发展的主线。以往的中国史学史论著也研讨古代历朝官方的修史活动，但这远远不够，还应当给官方史学与私家史学对等的史学地位，官方史学与私家史学构成两条相互联系的发展轨道，是为中国传统史学的独到特点，是中国史学之所以连续不断、繁荣兴盛的主要原因。以此思路予以研究，中国古代史学史研究的宏观结构和具体结论都会出现很大的改观，导致学科体系的有所更新。

司马迁《史记》无疑在中国史学史上占有重要的地位，历来论家甚多。但若置于官方史学与私家史学互动的线索中考察，则可以看出司马迁"成一家之言"的宗旨乃是私家史学个性精神的张扬，是对先秦源于官方的史学辅政、以史为鉴观念的疏离。司马迁的史学，是改变中国史学发展方向的一大尝试，但在扬雄、班彪、班固等学者及东汉官方的主导下，又被拖回传统史学的窠臼。东汉官修《东观汉记》的意义，在于官方不仅记录史事，而且修纂成品的、著作性的一代全史，标志着中国古代官方与私家两条史学轨道的形成，奠定了中国传统史学的基础。

魏晋南北朝时期史学现象缤纷多彩，头绪繁多，而从官方史学与私家史学互动发展的视野观察，则条理大为清晰，而且可以发现十六国、北朝少数民族政权竞相记史、修史，具有异乎寻常的历史意义，即促成以汉族文化为核心的民族大融合。我们讲这一时期形成民族大融合的局面，而通过史学史研究，才能够揭示出其先导的原因，在于各族政权均热衷于史学活动的历史文化认同。[②] 这实在是中国历史研究的一个重大问题。十六国、北朝这一历史阶段，是汉族和汉族政权相对弱势的时期，而恰恰这一时期，各少数民族政权纷纷开始记史、修史，从而在汉人政权弱势的形势下确立了汉文化的主导地位，推动了以汉族为中心的民族大融合，甚至出现

---

① 乔治忠：《古代中国官方修史视角下的中外史学比较》，《史学理论研究》2009 年第 2 期。

② 乔治忠：《中国传统史学对民族融合的作用》，《学术研究》2010 年第 12 期。

北魏孝文帝时期全面、主动的"汉化"改革。因此在某种意义上可以说：这一时期，传统史学引导了历史、改变了历史。

在对于清代史学的评价中，梁启超《中国近三百年学术史》基本上忽略了清朝官方的修史成就，《御批历代通鉴辑览》、"续三通"、"清三通"、《大清一统志》、《大清会典事例》等巨著皆未进入视野。陈寅恪更认为清代"虽有研治史学之人，大抵于宦成以后休退之时，始以余力肆及，殆视为文儒老病销愁送日之具。当时史学地位之卑下若此，由今思之，诚可哀矣。此清代经学发展过甚，所以转致史学之不振也"。[①] 此等说法，是陈寅恪从未研究中国史学史也未曾研究清史状态下的臆测，与史实严重违背，正如明清史专家郑天挺所指出："清代史学是有成就的，是和其他学术一样有发展的。不仅如此，它还有突出前代的贡献。"[②] 至今许多著述论及清代西北边疆史地学，总是从嘉庆后期说起，认为是边疆政治和领土危机所导致，对乾隆朝统一、经营新疆时期纂修的《皇舆西域图志》视而不见，更不能认知其书的重要价值和意义。试问：边疆史地学必须要在边疆发生危机的时期才会产生吗？难道在开拓和经营边疆的兴盛时期即使出现了重要著述也不算数吗？上述诸如此类的片面说法，是民国时期特殊政治文化背景下的产物，必须通过实事求是地研究清朝官方史学才可破解。由此可见，注重官方史学发展，是研究中国史学史的一个全局性重要问题。

三、划分中国史学的发展阶段

将中国史学的发展历程划分为不同的阶段，概括各个发展阶段的主要特点，显示了对史学史进程的整体把握。这是通过对史学发展状况前后对比得出的结论，包含了许多个案的探讨以及全面进行归纳、综合的研究，成为对中国史学史知识体系的一种动态的认识，构成学科体系的一个组成部分。因此，给史学的发展历程划分阶段，看起来简单，实际上是一种自觉性的深层探讨，在中国史学史的研究中是十分必要的。较早作出这种探讨的是仓修良《中国古代史学史简编》[③]，其第二编题目

---

① 陈寅恪：《重刻〈元西域人华化考〉序》，载陈垣：《元西域人华化考》，上海人民出版社 2009 年版。
② 郑天挺：《及时学人谈丛》，中华书局 2002 年版，第 322 页。
③ 仓修良：《中国古代史学史简编》，黑龙江人民出版社 1983 年版。

为"以人物传记为中心的汉魏六朝史学"，第三编为"主通明变的唐宋元史学"，第四编为"具有启蒙色彩的明清史学"。这里体现了史学发展阶段的划分和对各阶段史学突出特点的概括。瞿林东《中国史学史纲》^①在阶段划分上与仓修良区别甚大，如第三章为"史学的多途发展——魏晋南北朝史学"、第四章"史学在发展中的转折与创新——隋唐五代史学"、第七章"史学走向社会深层——明代史学"、第八章"史学的总结与嬗变——清代前期史学"等，分期不同，概括更异。这里我们不必比较哪一种分期和概括更为允当，但问题很明显：中国古代史学的发展是客观的历史进程，分期和概括不能随意进行，异同之处必有讹误，这是需要众多研究者共同探讨和论辩的问题。

加强对中国古代官方史学的关注，准确估量官方史学在中国史学总体之中的权重，也会涉及对中国史学发展阶段的划分。中国古代官方史学与私家史学互动、互补也互相牵制，使记史求真与史学致用的矛盾运动具备了更加丰富的运行机制。官方、私家都有"君举必书"、直书实录的规范，致用与求实是当作一个理想的统一体提倡的，但在具体实行中，却有着为君父讳、为尊者讳等抵消记史真实度的戒律，更不用说涉及政治私利时的故意隐瞒和曲笔。但是，中国古代反复地改朝换代，而且同一朝代也政局屡变，这可以使原先一些隐瞒的史实得以揭发。加之尚有私家史学这一轨道，与官方记载相参照，同样起到加强真实性作用。如唐太宗曾问史官："朕有不善，卿必记之耶？"褚遂良曰："守道不如守官，臣职当载笔，君举必记。"另一官员刘洎说："设令遂良不记，天下亦记之矣。"^②这形象地表明中国古代记史规范与官、私双方记录史事的相互牵制，撰史的真实性与功用性的矛盾，就在官私之间和政局变动的流程之中运转。在改朝换代之后，官、私史学的互动机制得以重新组合，撰史求真与以史鉴戒间的对立统一往往十分活跃，于是，官私史学都可能会出现新的起色。

由于官方史学与私家史学的互动机制，使中国古代史求真与致用的矛盾运动，多与王朝兴灭的节律大体相符，所以，划分中国古代史学发展的阶段，不必割

---

① 瞿林东：《中国史学史纲》，北京出版社 1999 年版。
② 《旧唐书》卷八〇《褚遂良传》，中华书局 1975 年版，第 2739 页。

宋明史家鉴于汉唐史学注重征实而逊于思辨的缺失，形成治史注重议论褒贬的义理史学思潮。两宋史学中有一派史家宣称史学的性质在于明道，欲借《春秋》儒家义理褒贬世道风俗，利用经学思想规范史学研究。朱熹撰《资治通鉴纲目》，特别强调书法义例和议论褒贬的重要性："岁周于上而天道明矣，统正于下而人道定矣，大纲概举而鉴戒昭矣，众目毕张而几微著矣。"① 宋元明史家运用义理思想为现实政治服务，不恰当地夸大了儒家义理思想的作用，突出史学的道德褒贬性质，过分强调史学劝惩资治功能，而对于史实考证不求其详、不重其实，致使中国史学出现了义理化发展趋势，造成史学腾驾空虚而驰骋议论的流弊。

清代史学从清初顾炎武、黄宗羲、王夫之，至乾嘉时期的赵翼、钱大昕、王鸣盛、崔述，再到嘉道年间的阮元，治史大力提倡史实考据，把考证历代典章制度和历史事件悬为鹄的，形成以"实事求是"为宗旨的考证史学思潮。钱大昕主张学者治史应该尊重古人本来面目，不能不顾历史事实而轻率訾议前人，表明自己"惟有实事求是、护惜古人之苦心，可与海内共白"。② 王鸣盛治史目的在于"以校订之役，穿穴故纸堆中，实事求是，庶几启导后人"，③ 强调研治经史之学要有求实的精神。阮元阐明自己的治史宗旨是"推明古训，实事求是"，④ 反对治史解经故意标新立异，与前贤相龃龉。这充分表明"实事求是"理念已经深深根植于清代史家的头脑里，表现为研治经史之学求真的学术思潮，目的在于反对史家离开具体历史事实对历史主观褒贬，主张通过历史事实本身的是非善恶垂鉴后世，起到惩恶劝善的作用。

19 世纪末至 20 世纪初，以梁启超为代表的"新史学"思潮又突出历史哲学，强调历史评价的价值。这一时期西方近代历史进化观念传入中国，改变了中国史家对于历史的认识，标志着中国古代史学的终结和近代新史学的诞生。梁启超说："凡学问必有客观、主观二界：客观者，谓所研究之事物也；主观者，谓能研究此事物之心灵也。和合二观，然后学问出焉。史学之客体，则过去、现在之事实是也；其主体，则作史、读史者心识中所怀之哲理是也。有客观而无主观，则其史有

①（宋）朱熹：《朱文公文集》卷七五《资治通鉴纲目序》，四部备要本。

②（清）钱大昕：《廿二史考异·序》，江苏古籍出版社 1997 年版。

③（清）王鸣盛：《十七史商榷·序》，中国书店 1987 年版。

④（清）阮元：《揅经室集·自序》，中华书局 1993 年版。

魄无魂，谓之非史焉可也。是故善为史者，必研究人群进化之现象，而求其公理公例之所在，于是有所谓历史哲学者出焉。"①梁启超所说的历史哲学，就是史家在研究历史时形成的历史观。这一理念受到学界群起响应，揭开了中国"新史学"时代的序幕。历史进化观念的传播和"新史学"思潮的兴起，极大地改变了中国传统史学的面貌。

20世纪三四十年代，中国史学中形成的新历史考证思潮再度强调实证研究，反对理论阐释。王国维、陈寅恪、陈垣、顾颉刚、傅斯年等人，是中国新历史考证学的主要代表人物。傅斯年认为："现代的历史学研究，已经成了一个各种科学的方法之汇集。地质、地理、考古、生物、气象、天文等学，无不供给研究历史问题者之工具。"因此，他主张"近代的历史学只是史料学，利用自然科学供给我们的一切工具，整理一切逢着的史料"。傅斯年的基本理念是对任何材料都必须"存而不补"，"证而不疏"，即不抒发语言解释和历史哲学。他认为史观无助于史学的发展，而"史料的发现，足以促成史学的进步；而史学的进步，最赖史料之增加"。②所以史家"必于旧史料有工夫，然后可以运用新史料；必于新史料能了解，然后可以纠正旧史料。新史料之发现与应用，实是史学进步的重要条件"。③新历史考证学派史学思潮的产生，为中国史学向科学化发展作出了重要贡献。

1949年中华人民共和国成立以后，马克思主义唯物史观占据史学领域主导地位，从整体上改变了中国史学的面貌。胡绳指出："马克思主义把辩证唯物主义的观点和方法应用到社会历史的研究上来，从错综复杂的历史现象中发现客观规律，并按照客观规律来说明社会历史的发展过程。这样，就使得社会历史的研究真正成为一门科学。"④在唯物史观影响下，20世纪五六十年代中国史学界出现了广泛研究理论问题的思潮，如社会分期问题、土地制度问题、农民战争问题、历史人物评价问题，等等。1978年改革开放开始以后，随着西方史学理论涌进国门，国内史学界再度掀起一场研究理论的热潮。史学界重新认识唯物史观，在科学的马克思主义

---

① 梁启超：《饮冰室合集》文集之九《新史学》，中华书局1989年版。
② 傅斯年：《历史语言研究所工作之旨趣》，载《出入史门》，浙江人民出版社1998年版。
③ 傅斯年：《史学方法导论·史料论略》，中国人民大学出版社2004年版。
④ 胡绳：《枣下论丛》，人民出版社1962年版，第47页。

理论指导下构建中国的史学理论体系，进一步克服了理论研究中的机械、教条、空洞、片面等弊病，深化了中国史学的理论研究水平，把史学研究推向一个前所未有的繁荣局面。

综上分析可见，中国史学中每一种史学思潮形成以后，都按其治史宗旨对中国史学重新加以诠释，显现出不同的学术风貌和史学形态。探讨各种史学思潮的内涵及其发展变化的轨迹，将会有助于揭示各个时期史学的利弊得失，从更深层次认识中国史学发展演变的规律。

二

史学批评范畴是中国历代史家（不限于史家）在对历史学自身研究、总结和评论的实践基础上形成的最普遍、最基本的概念，在中国史学中处于理论核心的地位。长期以来，中国史学史学科对自身范畴研究相当薄弱，已经在很大程度上制约着学科自身的深化和提高。具体表现在以下几个方面：

（一）尽管中国史学批评范畴古已有之，但很长时间没有进入研究者的视野。新中国建立后至"文化大革命"前的17年中，史学界主要是用马克思、恩格斯的辩证唯物主义和历史唯物主义作为历史学的指导思想，没有专门探索历史学自身的理论。尽管在20世纪60年代国家大力加强史学史学科建设，白寿彝等老一辈史学家撰写过借鉴和吸收古代史学优秀遗产的文章，然而多是作为史学史研究的问题，没有上升到范畴研究的高度。改革开放开始以后，人们认识到辩证唯物主义和历史唯物主义作为社会科学总的指导理论，虽然可以指导历史研究，但却不能代替历史科学自身的理论，否则不利于历史研究深入发展。于是人们开始借鉴西方史学理论，来构建中国的史学理论体系。开始时人们往往把对客观历史问题研究的理论和对史学自身问题研究的理论混为一谈，造成概念的模糊和无休止的争论。正如有学者所指出的："近年来我国史学界对理论问题的研讨虽然相当活跃，但却有一个很大的不足，那就是所讨论的问题大都属于历史理论的范围，而很少涉及史学理论。"[①] 还有学者认为："史学理论与历史理论是两个既相互联系又相互区别的研究

---

① 陈启能：《历史理论与史学理论》，《光明日报》1986年12月3日。

领域，后者是人们在研究宏观历史过程中积累和概括出来的理论，如历史发展的阶段性、规律性、统一性、多样性，历史发展的趋向，以及对重大历史现象和众多历史人物的评价的原则与方法，等等；前者是人们在研究史家、史书、史学流派、史学思潮等史学活动和史学现象过程中积累和概括出来的理论，如史学的目的、史家的修养、史书的编著、史学发展的阶段性和规律性、史学在社会实践中的作用，等等。这是它们的区别所在。同时，它们又是相互联系、相互渗透的：从历史的观点来看，史学活动也是一种历史活动，它也应当被包含在历史理论所概括的一切历史现象之内；从史学的观点来看，史学家乃至一切从事社会实践的人对历史的研究、评论，也都在史学理论所应当总结和概括的范围之内。"①认为历史学科的理论体系应当包括"历史理论"和"史学理论"两大部类。这样深入细致的考察，为进一步探讨史学批评范畴问题创造了条件。20 世纪 90 年代以后，国内已有史学批评范畴研究的成果问世。然而由于起步较晚，研究力量薄弱，不仅研究队伍范围狭小，而且发表成果数量不多，在整个历史学科中所占的比重很小，与中国史学厚重的遗产很不相称，亟须进一步专门研究。

（二）在与史学理论及史学史学科联系紧密的哲学史和文学史两个学科中，范畴研究历来受到本学科研究者的高度重视，已经撰写出一批中国哲学范畴史和中国文学批评范畴史著作，取得了丰硕的研究成果。哲学史学科如张岱年《中国古典哲学概念范畴要论》、张立文《中国哲学范畴发展史》、葛荣晋《中国哲学范畴史》和《中国哲学范畴通论》等。文学史学科如汪涌豪《中国古代文学理论体系·范畴论》《中国文学批评范畴及体系》《中国文学批评范畴十五讲》等。相比之下，中国史学理论及史学史学科在这方面研究极为薄弱。迄今为止，还没有一部专门研究史学批评范畴的专著问世。

（三）第二次世界大战结束以后，西方史家非常注重研究史学理论及其范畴，一直引领着世界史学的潮头。英国史家柯林武德《历史的观念》、意大利史家克罗齐《历史学的理论和实际》、苏联史家巴尔格《历史学的范畴和方法》等，皆为享誉世界的名著。西方后现代主义史学的兴起，更加注重对史家认识客观历史能力的

---

① 瞿林东：《史学理论与历史理论》，《史学理论》1987 年第 1 期。

反思，上升到历史学究竟属于科学还是艺术的高度，由此对传统史学固有的研究观念带来极大颠覆。反观国内的史学理论、史学概论、史学方法论一类著作，即使有的专著设置史学批评的章节，但都没有专门论述史学范畴的内容。中国史学界固守传统思维，认为历史是客观存在而不依赖史家主观构建的观念深入人心，不容置疑。当后现代观念向我们提出挑战时，我们的理论应对力不从心，因此需要加强范畴研究。

（四）究竟应当怎样确定史学批评的基本范畴，目前研究者尚未取得一致认识。其中最明显的问题，一是过于宽泛，如"名"与"实"、"文"与"质"、"创"与"循"等，任何学科都适用，并非史学批评特有的范畴；二是遗漏较多，如"史"与"道"、"实录"与"信史"、"良史"与"史权"等。除此之外，学者之间对史学批评范畴的内涵与外延没有经过相互讨论，所以选择范畴的层次和标准各自不同，存在较大随意性。例如，"文"与"史"、"文"与"质"、"简"与"繁"、"创"与"循"虽然都是史学批评中经常使用的术语，然而是否属于史学批评范畴，就很值得进一步论证。因为"文"与"史"的"文"属于学科内涵，相当于今天的文学和史学的分野；而"文"与"质"的"文"属于修辞内涵，相当于今天的形式与内容的分野。"简"与"繁"是"史文"的繁简，"创"与"循"是"史体"和"史例"的创循，都不是独立的史学批评范畴。如果这样确定范畴，那么和"文"与"史"在同一层次的"经"与"史"、"子"与"史"、"集"与"史"，和"简"与"繁"、"创"与"循"在同一层次的"长"与"短"、"优"与"劣"、"得"与"失"，也都是历代史学批评中经常使用的术语，要不要确定为史学批评的范畴呢？很显然，只有深入细致地研究史学批评范畴的内涵与外延，才能够达成共识，使上述问题得到圆满解决，进一步推动范畴研究的进展。

加强史学批评范畴研究，不仅对于史学史学科具有自身建设意义，而且对于整个历史学的发展具有学术价值。第一，中国史学史学科的发展，在史学批评范畴的发掘和研究方面尚有很大的拓展空间。正如有学者所指出的："德、才、学、识，这几个范畴，我们常常用来作为史学家自我修养的要求和准则，这是不错的。但从史学批评的角度来看，它们实际上是确定了、至少是基本确定了古代史学批评的范围和标准。不过，由于这几个范畴所涵盖的方面十分广阔，笼统道来，只能得其大体，对于丰富的古代史学批评遗产，尚难作深入的发掘和细致的整理。这就要求我们循着德、才、学、识这个思路作比较具体的探索。"①只有站在今天的历史高度，以敏锐的洞察力把握当代史学发展的脉搏，从现代意义上去认识和清理历代史学批评的范畴和理论内涵，才能建立科学的历史学理论体系。第二，任何一个学科，如果不重视自身范畴的研究，不仅会对本学科的研究工作带来阻碍，而且会妨碍整个学科理论水平的提高，使之处于低水平研究层面。加强史学批评范畴研究，可以对具体范畴的内容从各方面进行深入细致的考察，弄清楚每个范畴不同层面之间的含义。同时，也有助于认识不同范畴之间的相互区别和相互联系，判别与规定各自的研究对象。只有在史学批评乃至整个历史学范畴研究水平极大提高之后，才能建立起严密的理论构架和完善的学科体系。②通过史学批评范畴研究，不仅可以对具体范畴的内涵进行深入细致的考察，而且可以弄清各种范畴对史学发展所起的作用，以及特定社会对史学范畴发展的影响，有助于建立完善的史学理论构架和严密的史学理论体系。

原刊《学术月刊》2012 年第 1 期

---

① 瞿林东：《中国古代史学批评纵横》，中华书局 1994 年版，第 30—31 页。
② 罗炳良：《应当切实加强史学批评范畴研究》，载《史学批评与史学文化》，黑龙江人民出版社 2009 年版。

个问题不突出；一旦作品数量增加，重复问题就暴露出来。部分高明的史家，如王世贞、钱谦益，已经注意到这个问题，他们要求讲史法，先做长编，中做考异，最后写书。议论应是学术化议论，而不是政治化议论。史论的转变，就是王世贞、李贽与张燧学术史论的出现。由政治化史论到学术化史论转型，这是认识论进步的表现。也有部分学者，如王应麟、杨慎、胡应麟、顾炎武、钱大昕、王鸣盛、赵翼，只管写札记，不想写专著，他们发展出了独立的考据学。所谓考据史学，是指用文献互证手段来治史的一种史学类型，它以乾嘉考据学为代表。文献考据学是传统中国晚期的经典学术形态，始于宋代考据学，鼻祖是王应麟。元明之间，一度衰落。明代嘉靖时期，因杨慎的重视而再度中兴。至清代乾嘉时期，发展为成熟的考据学。考据是对书籍作有证据的讨论，本质上是一种文献性再研究。它以文献自身为研究对象，没有逻辑作支撑，也不需要架子，成果的表达方式多为札记，以书为中心，随意地将知识汇编在一起，大体先后布局而已，随意性较强，没有体系，别人理解比较困难；而西学的成果表达方式是有框架的专题论著。

史学考据学成长的过程，反映的是传统史学学术化过程，反映的是科学历史知识的增殖过程。考据学的优势是，学术有了相对充足的讨论，缺陷是为考据而考据，没有了更高形态的体系建构。在义理精神荒废史学之后，这样的学术方式是需要的，可以还史学一片干净的天空，但考据学时间不能过长，数量也不能太多，更不能成为独立的、全部的学术形态。考证之后应有更高层面的一家之言，完整的一家之言应是理论的一家之言、知识的一家之言、文字表达的一家之言、结构的一家之言。其写作风格，既不全是叙事，也不全是议论，而是夹叙夹议。章学诚出来大声疾呼，就是希望在考证基础上建构起更大规模的通史。在今天看来，章氏设想的通史模式也许不够理想，但章氏史学的高明正在于捕捉到了中国传统史学的学术化、近代化发展方向，梁启超正是沿着章学诚的路径走下来的，中国近代史学也正是沿着这个方向发展过来的。[①] 依据这个史学范型的转换视角，我们现在就处于这样一个史学史研究范型变迁的时代。

提倡用史学范型观照传统史学的意义在于容易把握传统中国史学发展的主流。

---

① 钱茂伟：《中国传统史学的范型嬗变》，黑龙江人民出版社 2010 年版。

中国古代史学史的分期，人们常用"发生""发展""繁荣""衰落"等词汇。这种分期法，着眼于史著的数量与质量，偏重外在形态的发展变化，却没有揭示出史学内在的发展理路。三大史学范型嬗变论的提出，可以更为高度、更为清晰地揭示传统中国史学发展的内在理路。

中国是一个史学大国，长期以来的史学史研究，有通代史与断代史之分，有体裁之分，有官修与私修之分，没有形态之分。三大史学范型论深刻揭示了传统中国史学发展背后的基本理念，以范型来概括史学著作背后的理论支持，各种体裁的史著均可在叙事史学、义理史学、考据史学概念的考察下得以重新审视，各时代史学变迁也可以在这一概念的审视下得到重新的诠释，从而有可能建立起中国传统史学演变轨迹的全新体系。

二、用国家与社会关系视角观照史学史

从国家与社会关系视角来看，历史书写可以区分为"国家书写"与"民间书写"两种，或者说"大历史书写"与"小历史书写"。以国家政府为对象的历史书写，就是大历史书写；反之，以社会民众为对象的历史书写，就是小历史书写。传统的观念，历史就是历史，没有大小之分。"大历史""小历史"是由美国华裔历史学家黄仁宇提出的概念。他是从历史视角入眼的，所谓"大历史"是指宏观历史，而"小历史"则是微观历史。赵世瑜也提出"大历史"与"小历史"概念。他所谓的"小历史"，是"那些局部的历史，比如个人性的、地方性的历史；也是那些常态的历史，日常的、生活经历的历史，喜怒哀乐的历史，社会惯制的历史"。所谓大历史，就是"那些全局性的历史，比如改朝换代的历史、治乱兴衰的历史，重要事件、重要人物、典章制度的历史等等"。[①] 这近于社会史与政治史研究。笔者所谓"大历史"与"小历史"，是从历史建构单位着眼的，是一个历史书写概念。大历史书写主要是国家史（政府史）书写，这比较容易理解。至于小历史书写，其内容很多，内部可细分多种形式，至少可以分为个体史与组织史两大类型。组织史，又可以划分为多种类型的组织史，如家庭（家族）史、乡村（小区）史、公司（企业）

---

① 赵世瑜：《小历史与大历史：区域社会史的理念、方法与实践》，生活·读书·新知三联书店 2006 年版，第 10 页。

史、特殊群体史（女性、劳工等）。再进一步观察组织史的四大类型，可以看到，家庭组织是最小的社会细胞组织。人是最基本的个体，家庭是最基本的单位组织。所以，个体史与家族史是小历史书写的最基本层面。有了这些，就可以研究其他类型的小历史书写。

一部史学史，实际就是一部历史书写史。从这样的史学史研究视角，可以重新审视传统史学，把握中国史学发展的轨迹及其方向。具体地说，有以下几个方面的意义：

一是可以发现中国传统史学的国家史学性。将史学史分为国家与民间的观察视角，可以让人大开眼界，它能促使我们重新思考传统史学的本质，重新认识传统史学的发展轨迹。用大国家史视角来重新观察中国史学，就会发现，传统史学书写内容侧重国家（政府）历史，是一种典型的"大历史书写"。一部中国古代史学史，本质上是一部国家（政府）历史书写史。国家书写的由来与发展，就是中国史学史的发展轨迹所在。据此可以找到中国史学发生的源头，发展的动力与规律，发展的主线，发展的成败得失。抓住这条主线，可以写出一部新式的中国史学史来。

二是可以发现中国民间史学发展的薄弱性与滞后性。学界有官修与私修之分，这是根据纂修身份的官私性来分的。就其书写的内容来看，都是国家书写。官方史学的编纂是受政府操控的，自然表现出国家史学的特征，那么，私修是否会有所变化呢？这是后人比较感兴趣的问题。回顾中国史学史，这个问题的答案可能让人失望。中国史学史上，私修比较发达的时期有三个，它们是六朝、南宋、明中后期。只要我们列举一下他们的作品，就会发现，他们书写的作品，清一色地都是国家史。这说明，官修与私修，仅是书写者政治地位的不同，而不是书写内容的不同。政府史官与民间学人，在本质上同属一个群体，他们都是士大夫群体，是政府存在的核心支撑群体。他们的思想，他们的价值观，他们的视野，都是相似的。作者政治倾向的相似性，决定了史书内容上的趋同性。更何况，由于官修的存在，私修者有一定的精神压力。国史是王朝史，不是全民史，所以是历朝政府控制的领域。未经政府的同意，学者私自撰写国史，在法律上是非法的，史家在心理上是不安的，明人称为"自专自用"。不敢直接用国史之名，"藏之名山"意识的普遍出现，正是这种虚弱心态的表现。总之，在古代中国，无论从内容上来说，或从作者群体来说，都不存在典型的民间史学。当然，这么说，并不表示传统史学中没有民间书写的因子。传统史学中存在不少民间书写的因子。如家谱，无疑是民间书写因子较多的一种载体。家谱以宗族、家族为客体单位，记录与介绍一个家族男系人口的历史与现状。虽然家谱的内容，重官、儒而轻农、商，但多少是可以归入小历史书写之中的。传记，虽然以精英人物为主，但也涉及了不少小人物。野史笔记中，也记载了不少民间生活的内容。在明清时代几部私修国史中，民间生活的比重也有所加强。甚至学术史编纂也出现民间因子，如同样书写明代儒学史的张夏《雒闽源流录》与黄宗羲《明儒学案》，视角就明显不同，前者以国家思想朱学为主线，后者则以民间思想王学为主线。

三是可以让人从"大历史"中解放出来，更加关注"小历史"书写。中国人一直处于无意识的"大历史书写"之中，书写国家史被认为是天经地义之事。把历史书写分为大历史书写与小历史书写，是为了凸显小历史书写的位置。小历史书写坚持大众史学观，强调人人都有历史，一个人有自己的历史，一个家族有自己的历史，一个村落有自己的历史。不是只有国家可以成为历史，民间的历史也可以成为历史，不是只有大人物的历史是历史，小人物的历史也是历史，人人的历史都是历史；不是只有国家才有历史，家族的历史也是历史，各个组织的历史都是历史。由大历史观而小历史观，这将更新人们的历史书写观念。小历史书写也将弥补国家大历史的不足，为国家大历史的书写提供可能。在传统精英史观下，历史的书写，突出大人物，忽略小人物。大众史学观强调，人类社会古往今来都是由大人物和小人物构成的，所以历史的书写既要写大人物，也要写人小物。小历史书写是大历史书写的基础，那样的历史才是完整的历史。家族史是小群体史，是大群体史的实验场所，借小历史可以观照大历史。总之，将历史书写区分为大历史书写与小历史书写，可以给小历史书写以应有的平等位置，改变史学史研究形成的倚轻倚重的畸形发展局面。

四是可以捕捉中国史学未来的发展方向。只有对国家史学作一个立体的透视，看到传统史学的不足，才能发展今日之新史学。由"君史"而"民史"，是人类史学发展的必然规律。中国史学史上的书写，从内容上来说，经历了由国家书写向民间书写转移的趋势。由国家书写与民间书写的消长，可以看出中国史学史的变迁。

图书在版编目(CIP)数据

当代中国哲学社会科学构建论集/金福林选编.—
上海:上海人民出版社,2023
(学术月刊丛书/金福林主编)
ISBN 978-7-208-18606-4

Ⅰ.①当… Ⅱ.①金… Ⅲ.①哲学社会科学-中国-
文集 Ⅳ.①C12-53

中国国家版本馆 CIP 数据核字(2023)第 197314 号

责任编辑 沈骁驰 裴文祥
封面设计 零创意文化

学术月刊丛书
金福林 主编
当代中国哲学社会科学构建论集
金福林 选编

出　　版　上海人民出版社
　　　　　(201101 上海市闵行区号景路 159 弄 C 座)
发　　行　上海人民出版社发行中心
印　　刷　苏州市古得堡数码印刷有限公司
开　　本　720×1000 1/16
印　　张　41
插　　页　4
字　　数　655,000
版　　次　2023 年 11 月第 1 版
印　　次　2023 年 11 月第 1 次印刷
ISBN 978-7-208-18606-4/C·702
定　　价　188.00 元